财务数智化

战略架构与场景应用

付建华 刘勤 著

这是一部系统性、实践性兼备的专业著作，聚焦数智化转型目标下企业财务管理的革新路径。本书以顶层设计、技术驱动、场景落地、实践验证为逻辑主线，深度融合前沿技术与企业财务实践，具体内容包括：从顶层设计切入，构建财务数智化转型的完善框架；解析人工智能、大数据、区块链等技术在财务领域的深度应用；覆盖会计、财报、预算、税务等全场景数智化解决方案；通过多家央国企领先实践案例，验证财务数智化转型路径的可行性与成效。本书不仅是财务数智化转型的工具书，更是企业拥抱数智化时代的行动指南，适合作为行业培训教材、企业内训手册及学术研究参考。

图书在版编目（CIP）数据

财务数智化：战略架构与场景应用 / 付建华，刘勤著. -- 北京：机械工业出版社，2025.7. -- ISBN 978-7-111-78886-7

Ⅰ. F275-39

中国国家版本馆CIP数据核字第2025JF6905号

机械工业出版社（北京市百万庄大街22号　邮政编码100037）

策划编辑：曹雅君　　　　责任编辑：曹雅君　蔡欣欣
责任校对：王　延　张亚楠　责任印制：单爱军
保定市中画美凯印刷有限公司印刷
2025年8月第1版第1次印刷
170mm×230mm・32.75印张・1插页・543千字
标准书号：ISBN 978-7-111-78886-7
定价：85.00元

电话服务　　　　　　　　网络服务
客服电话：010-88361066　机 工 官 网：www.cmpbook.com
　　　　　010-88379833　机 工 官 博：weibo.com/cmp1952
　　　　　010-68326294　金 书 网：www.golden-book.com
封底无防伪标均为盗版　　机工教育服务网：www.cmpedu.com

编委会

战略顾问：杜 宇
主　　任：付建华　刘 勤
副 主 任：李 凯　吕华新
委　　员（以姓氏首字母排序）：

陈丽华　程　博　蔡海生　杜仁杰　方高林　范华驰
高沙沙　胡文杰　何　晶　滑　超　黄业茂　矫东航
金　晔　姬传涛　吉培尧　蒋福静　刘国泰　刘洁娜
刘鸣涛　李　建　李　莹　李　媛　李一飞　梁高亮
彭林辉　孙启峰　苏景春　谭　喆　唐　懿　吴忠生
吴昌秀　吴维维　吴　静　王　华　解彦辉　徐　爽
杨　寅　赵金梅　赵伟刚　赵　翔　张　伟　张和彪
张　鸣　张祥楠　周旺民

秘　　书：李春影

序

技术一直影响和改变着商业，当代数字与智能技术正驱动着商业的变革与创新，特别是人工智能（AI）的普及应用，更是加快了企业数智化转型、数智商业创新和数字经济发展。企业通过业务在线、数据驱动、智能运营的进阶实现数智化转型，从而实现更高的经营绩效、更强的竞争优势、更可持续的发展。

当数智技术从辅助工具演变为新型生产力工具，企业运营与管理的底层逻辑正在发生根本性重构，财务作为企业价值管理的核心职能，也在与企业整体数智化转型同频共进。财务不再局限于传统的职能，而是向价值创造型财务转变，通过数智化手段提升财务管理的效率和质量，在企业的战略决策与业务发展中发挥着重要而独特的作用。

在数智技术的赋能下，会计核算自动化将财务人员从重复性劳动中解放出来，转向高价值分析；业财税资档一体化平台打通数据孤岛，让业务流、资金流、信息流深度融合；智能风控构建起动态监测网络，实现风险管理从事后检查到前置防控的跨越。而大模型技术的突破和引入，不仅能够高效处理海量结构化与非结构化数据，还能通过机器学习不断优化算法，为企业提供精准的财务预测、风险识别和合规支持。企业的财务数智化转型需要依托数智技术的深度应用和融合，实现会计核算、财务运营、业务运行、管理模式的全面变革，构建起高效协同的新型财务管理体系，提升支撑战略、支持决策、财务风险管控、业财融合、价值创造的能力。

全球会计创新发展史上已历经了15世纪欧洲基于复式记账形成的"财务会计"、20世纪20年代美国兴起的"管理会计"两个里程碑，随着全球数字和智能技术在会计领域的深入应用，第三个里程碑"智能会计"正在形成。智能会计以更多会计服务对象和目的、口径和标准、计量和呈现方式，提供更加精细、实时和智能的数据服务。智能会计的服务对象从投资者（股东）、各层级管理者到商业伙伴、员工、监管机构和公共组织等，服务范围也从企业级到社会级，从服务单一企业集团到服务产业链上下游、平台生态成员乃至整个价值网络，是当代会计创新发展的重要突破，重构了企业精细管理、敏捷经营的基础，服务数智时代企业的高质量发展。

基于中国数智商业环境和管理创新实践，可以预见中国企业和公共组织的智能化应用将走到全球的前列，我们有望在智能会计的创新上实现全球引领。这是中国会计人的历史性机遇，让我们携手并进，共创智能会计和数智财务的美好未来！

王文京

用友网络　董事长

2025 年 5 月

前 言

科技已然成为推动全球产业创新与经济发展的主要驱动力量。无论是云计算、大数据,还是 AI 技术,都在以前所未有的速度改变着人类的生产和生活方式。承载着创新使命的微观经济体——企业,正在积极拥抱全新一代技术,落实全面数智化转型战略,以期达成商业模式创新、产品升级、管理运营能力优化、盈利水平提升的目标。

生成式 AI 技术的迅猛发展,更是将人类卷入一场 AI 革命之中。AI 这一被共同认为"21 世纪最具影响力的技术",再次将全球科技创新带入快车道。伴随着通用大模型能力的进阶及开源,千行百业正在加速"AI+"行动。企业的运营和管理、产品创新、运营模式等也在加速与 AI 的融合。

企业的数智化升级将更加复杂。中国企业的数智化转型和升级,也将进入深水区。在数智化转型升级的新时期,企业面临众多课题,包括全面引入新一代技术(云原生、微服务、大数据、AI、信创);规划和搭建坚实的技术底座;开展管理变革及管理升级,为数智化工具应用奠定管理基础;开展数据治理工作;启动众多数智化建设项目等。

在企业数智化转型升级过程中,企业财务主管及所带领的团队始终站在运营及管理数智化转型升级的前沿,甚至引领着企业运营和管理的数智化提升。在今天的时代背景下,所有企业的财务团队均在积极思考、着手准备或者实施复杂的财务数智化,尤其是具有规模的集团型企业。

我近两年看到很多大型企业的 CFO 及财务管理团队高度关注数智化转型,高度关注技术发展,深度参与数智化规划,亲自引领财务数智化转型项目。我能深刻地感受到,这些 CFO、总会计师及财务管理者,迫切需要了解最新技术;想要找到企业开展数智化升级的路径和方法;希望借助专业工具对大型企业的财务数智化做好统筹规划；期待借助搭载最新技术的工具，支撑一批批丰富而有价值的财务管理场景，最终实现技术赋能管理，助力财务创造价值的目标。

作为长期在财务管理与数智化融合领域工作的我、我的团队，我们就产生了撰写一本新书的想法。我和上海国家会计学院的刘勤教授一拍即合。最后新书的书名确定为《财务数智化：战略架构与场景应用》，整本书经过撰写、反复打磨，最终呈现给大家。我们希望，在大型企业如此关注财务数智化的今天，能够有一本书比较系统完整地给企业财务管理者介绍财务数智化的知识、方法、场景、技术、案例等核心内容与专业观点。本书内容涵盖财务数智化转型的顶层设计、企业会计和财务管理全部领域的财务数智化建设场景内容、AI+财务的应用展望，最后以部分优秀企业的实践案例收尾。希望本书能够给众多企业财务管理者和实践者一定的参考，帮助企业数智化转型的成功开展。

本书的编写，由用友网络的数智财务专家团队与上海国家会计学院的刘勤教授等教授团队一起完成。感谢用友网络那些长期深耕财务数智化领域的专家们——他们日复一日奔波于各企业的数智化建设现场、提供咨询服务，并将长期实践中积累的财务数智化经验悉心总结，最终凝聚成了本书的核心内容。同时也感谢上海国家会计学院智能财务研究院刘勤教授所带领的教授团队，在本书编写过程中提供的理论支持和专业指导。

本书在内容总结、表达呈现及涵盖范围上或许仍有不足，恳请企业财务管理者不吝赐教，提出宝贵建议。

付建华

2025 年 5 月 28 日 北京

目 录

序
前言

第一部分　财务数智化转型顶层设计

第一章　财务数智化转型的基本逻辑 ……… 002
　　第一节　财务数智化转型的背景 ……… 002
　　第二节　财务数智化转型的演进 ……… 003

第二章　财务数智化转型的驱动因素 ……… 005
　　第一节　总体驱动因素分析 ……… 005
　　第二节　驱动财务数智化转型的技术因素 ……… 008
　　第三节　驱动财务数智化转型的组织因素 ……… 013
　　第四节　驱动财务数智化转型的数据因素 ……… 015
　　第五节　驱动财务数智化转型的流程因素 ……… 017

第三章　财务数智化转型内涵、目标、方法和路径 ……… 020
　　第一节　财务数智化转型内涵 ……… 020
　　第二节　财务数智化转型目标 ……… 022
　　第三节　财务数智化转型方法和路径 ……… 028

第四章　财务数智化转型的架构设计　038
第一节　财务数智化转型的业务架构　038
第二节　财务数智化转型的应用架构　047
第三节　财务数智化转型的数据架构　055
第四节　财务数智化转型的技术架构　062

第五章　财务数智化转型的核心技术　073
第一节　数据存储与云计算　073
第二节　数据治理与应用技术　078
第三节　AI 技术　085
第四节　数智化底座　090
第五节　安全合规技术　095

第二部分　财务数智化建设内容

第六章　智能会计开启财务全面数据服务　100
第一节　传统会计面临双重挑战　100
第二节　精细、实时、智能化的智能会计　103
第三节　智能会计的技术创新　105
第四节　智能会计创新应用场景　113
第五节　电子会计档案全链路管理应用　119

第七章　数智化财报：智能高效　精准合规　126
第一节　传统财务报告面临的问题与挑战　126
第二节　"3 体系 4 策略"构建数智财务报告体系　128
第三节　新一代技术构筑财务报告软件的多种新特性　137
第四节　基于数智化平台的财务报告应用模式　142
第五节　数智化财务报告应用场景　146

第八章　数智化经营分析：业财融合　实时多维　148

第一节　传统财务分析面临的挑战和问题　149

第二节　经营分析的转型目标与方向　151

第三节　基于业财融合的经营分析一体化平台建设方法　155

第四节　数智化经营分析应用场景探索　163

第九章　数智化成本管理：数智控本　赋能经营　167

第一节　新时期成本管理面临的挑战　167

第二节　新一代成本管理工具架构　171

第三节　新一代成本管理工具应用场景　177

第十章　数智共享开启财务管理全面转型　185

第一节　财务共享模式持续驱动财务管理转型　185

第二节　传统的核算型财务共享面临的困境　188

第三节　智能化技术开启财务共享新征程　189

第四节　智能技术在财务共享中的应用　198

第十一章　数智司库开启金融资源全面整合　205

第一节　传统资金管理面临的挑战与问题　205

第二节　资金管理发展方向与提升目标　208

第三节　数智司库的架构规划与技术优势　214

第四节　数智司库运营新场景　223

第十二章　数智化全面预算：智能敏捷　纵横贯通　228

第一节　不确定环境下企业预算管理面临的双重挑战　228

第二节　"5要素8全"构建战略导向预算管理体系　230

第三节　技术驱动全面预算从信息化走向数智化　234

第四节　新一代数智化预算系统应用架构和部署模式　238

第五节　新一代数智化预算系统应用场景　242

第十三章	数智化税务管理：精准税务 合规高效	252
第一节	新税收征管体系对企业税务管理的挑战与机遇	252
第二节	业财税深度融合：企业涉税数据管理体系搭建	256
第三节	涉税交易规则化：从税法自动遵从到智能遵从	263
第四节	出海跨境多组织：企业集团全球税务共享运营管理	269

第三部分　AI+ 财务应用和展望

第十四章	智能技术在财务领域的进展	278
第一节	财务智能化进展	278
第二节	财税大模型	279
第三节	财税小模型	283

第十五章	用友 AI 的发展	287
第一节	用友 AI 的整体进展	287
第二节	YonGPT 企业服务大模型	289
第三节	大模型平台	293
第四节	智友	295
第五节	友智库	303
第六节	知识图谱	310

第十六章	基于智能化的财务场景	316
第一节	AI+ 智能会计	316
第二节	AI+ 商旅费控	325
第三节	AI+ 共享服务	330
第四节	AI+ 企业绩效	336
第五节	AI+ 全球司库	341
第六节	AI+ 税务	346
第七节	AI+ 合同	352

第四部分　财务数智化转型中的业财融合与财财融合

第十七章　业财融合　　358
　　第一节　业财融合的内涵与发展趋势　　358
　　第二节　业财融合的体系与框架　　361
　　第三节　以流程为"基"，筑牢业财融合新纽带　　366
　　第四节　以数据为"源"，激活业财融合新动力　　370
　　第五节　以管理为"纲"，把控业财融合新方向　　375

第十八章　财财融合　　380
　　第一节　财财融合的内涵、价值与意义　　380
　　第二节　财财融合的整体架构　　382
　　第三节　财财流程融合，构建高效协同的财务运营新范式　　385
　　第四节　财财数据融合，激发深度洞察的财务分析新能力　　388

第五部分　大型企业财务数智化领先实践

第十九章　云投集团：财务数智化助力云投世界一流财务管理体系建设　　396
　　第一节　财务数智化转型背景　　396
　　第二节　财务数智化赋能过程及解决方案　　398
　　第三节　管理价值及效果　　403

第二十章　中国燃气：财务共享助力中国燃气集团从财务管控到财务赋能转型　　407
　　第一节　中国燃气财务共享中心建设愿景和目标　　407
　　第二节　中国燃气财务共享中心建设战略定位与战略职能　　409
　　第三节　中国燃气财务共享中心建设内容　　411
　　第四节　中国燃气财务共享中心的管理价值及应用成效　　423

目录

第二十一章　飞鹤乳业：深化业财一体融合，推动财务职能转型　425
  第一节　企业概况　425
  第二节　财务数智化赋能过程及解决方案　427
  第三节　管理特色及效果　438

第二十二章　某核电集团：借智慧司库之笔，绘财务数智蓝图　441
  第一节　集中型司库筑牢根基，智慧型司库指引航向　441
  第二节　接续奋斗开新局，智慧型司库扬帆起航　442

第二十三章　某大型装备制造集团：着眼世界一流打造数智化司库精品工程　462
  第一节　企业概况　462
  第二节　顶层规划与蓝图设计　463
  第三节　司库建设与六个突破　467
  第四节　建设体会与价值总结　474

第二十四章　某国际领先航空集团：基于价值创造的管理会计体系有效激活组织　477
  第一节　航空集团管理会计体系项目背景介绍　477
  第二节　财务数智化赋能过程及解决方案　480
  第三节　管理价值及效果　491

第二十五章　某大型通信服务商：集中预算平台助力创建世界一流信息服务科技创新公司　495
  第一节　集中化预算平台建设背景　495
  第二节　集中化预算平台建设思路和应用蓝图　497
  第三节　集中化预算平台数智化应用场景　500
  第四节　集中化预算平台应用成效　508

第一部分

财务数智化转型顶层设计

第一章
财务数智化转型的基本逻辑

第一节　财务数智化转型的背景

当前我国经济正在进入新旧动能转换的"深水区",已从高速增长阶段进入高质量发展阶段,经济发展对生产力提出了新要求,就是新质生产力。新质生产力强调创新起主导作用,摆脱传统经济增长方式、生产力发展路径,具有高科技、高效能、高质量特征,符合新发展理念的先进生产力质态。随着新一轮科技革命和产业变革深入发展,数字经济时代已来临,并成为重塑全球经济结构和竞争格局的关键力量。大数据、云计算、人工智能等数字技术广泛渗透各行各业,加速传统产业数智化、智能化转型。

人工智能技术的发展是推动财务数智化转型的关键驱动力,它通过自动化、智能化和数据驱动的能力,重塑了财务工作的效率与价值。近年来,随着人工智能技术的飞速发展,尤其是大模型技术的突破,财务领域正经历着前所未有的变革。以 DeepSeek 为代表的大模型技术,凭借其强大的数据处理能力和智能化分析功能,正在深度融入财务、会计和审计等核心场景。大模型技术不仅能够高效处理海量结构化与非结构化数据,还能通过机器学习不断优化算法,为企业提供精准的财务预测、风险识别和合规支持。此外,部分大模型的开源模式和本地部署功能,为企业提供了灵活且安全的解决方案,进一步降低了 AI 技术的应用门槛。可以预见,随着 DeepSeek 等大模型技术的持续演进,财务数智化转型将迈向更高效、更智能的新阶段,为企业创造更大的价值。

面对日益激烈的市场竞争,企业纷纷将数智化转型作为核心战略,利用数智技术重塑业务流程、商业模式和组织方式。财务管理作为企业的核心管理职能,必须与企业整体数智化转型相适应。在数智化转型的背景下,财务工作已不再局限于传统的职能范畴，而是向价值创造型财务转变，通过数智化手段提升财务管理的效率和质量，可以更好地支持企业的经营决策和创新发展。

因此，财务数智化转型是企业顺应数字经济时代财务管理模式变革与价值创造逻辑的迫切需求。利用大数据、人工智能、云计算、区块链等数智技术赋能财务管理流程再造、财务组织优化和财务人才培养的战略变革，是伴随企业数智化转型进程、产业数智化升级和新质生产力培育的财务职能革新过程，具有鲜明的系统性、协同性和渐进性特征。

概括而言，一方面，财务数智化转型是顺应数字经济发展大势、适应监管政策导向、满足行业生态协同的必然选择，需要与企业整体数智化转型战略保持一致，并综合考虑外部环境变化和内部管理需求，系统谋划、统筹推进。另一方面，财务数智化转型涉及财务数据、财务流程、财务组织、财务人才等多个方面，需要顶层设计和协调发展，在数据治理、流程再造、组织重塑、能力提升等方面形成合力，释放数据价值、构建财务数智化基础。同时，财务数智化转型是一个循序渐进、持续演进的过程，需要在明确目标和路径的基础上，合理规划阶段任务，有步骤、分阶段地稳步推进，以实现财务数智化、业财深度融合的变革目标。

第二节　财务数智化转型的演进

财务数智化转型是以价值财务为目标、以数智化技术手段为支撑、以数据驱动和全面数据服务为核心，依托数智技术的深度应用和融合，实现财务数据、业务流程、管理模式的全面变革，构建起高效协同的新型财务管理体系，提升支撑战略、支持决策、财务风险管控、业财融合、价值创造的能力，促进企业整体数智化转型与可持续发展的过程。

财务数智化转型并不是一蹴而就的，同样具有鲜明的系统性、协同性和渐进性特征。随着数字经济的深入发展以及财务管理理念的不断更新，财务数智化转型的内涵和外延也在不断拓展和深化。这一转型过程使得财务管理职能定位、管理重点和价值贡献逻辑发生了阶段性变迁。

传统财务部门对数智化转型的初始认知主要源于提升财务工作效率、强化风险管控的内在诉求。根据数智化转型聚焦领域以及财务管理变革的延伸方向，可以将财务数智化转型大致划分为流程驱动、数据驱动和价值驱动三个阶段。与这三个阶段的转型侧重点相对应，财务数智化转型的主导逻辑也由效率提升逻辑依次向管理赋能逻辑和价值创造逻辑演进。在流程驱动阶段，财务数智化转型聚焦财务业务流程自动化和财务操作智能化，通过 RPA、AI 等技术应用提升财务工作效率、降低运营成本。在数据驱动阶段，财务数智化转型致力于强化以数据为核心的管理会计职能，通过大数据分析、商业智能等手段深化财务决策支持，赋能企业经营管理。在价值驱动阶段，财务数智化转型进一步延伸到支持企业战略、驱动业务创新，通过构建数智化财务运营体系、深化业财融合、培育数智化财务人才队伍等举措，推动财务职能从"成本中心"向"价值中心"加速跃迁。

在此演进过程中，财务数智化转型实现了由浅入深、由局部到整体、由支持到引领的递进式变革。财务数智化也实现了由无到有、由有到优，进而由优到智的转型历程。这一转型历程始于对内部管理流程的数智化改造，进而延伸至对管理决策的数据化赋能，最终上升到对企业整体价值创造的战略性驱动。可以说，财务数智化转型是一场系统性变革，涉及财务管理理念、流程方式、组织形态、人才结构等方面。

同时，财务数智化转型还应当不断夯实理论与实践的结合，为构建具有中国特色的会计理论与实践体系提供重要支撑。2022 年 4 月 25 日，习近平总书记在中国人民大学考察时，强调"加快构建中国特色哲学社会科学，归根结底是建构中国自主的知识体系。"因此，构建中国自主的会计知识体系，也是顺应时代发展的必然要求。财务数智化转型能够为中国自主会计知识体系的发展提供丰富的实践经验和创新动力：①从知识创新的角度看，财务数智化转型为会计知识体系带来了新的研究领域和实践场景。数智技术的发展不仅为会计的创新应用提供了可能，而且极有可能通过知识创新的先进性和时代性，为会计增量知识贡献提供中国智慧。②从应用深化的角度看，财务数智化转型深化了会计（尤其是管理会计）在企业经营管理中的应用。数智技术的赋能使得会计在战略决策、成本管理、预算控制等领域的应用更加精准和有效。这些实践经验反过来能够丰富和完善中国自主会计知识体系，形成了理论指导实践、实践深化理论的良性互动。③从方法创新的角度看，财务数智化转型能够推动管理会计工具和方法的创新。数智技术的应用使得传统的管理会计方法得到了优化和升级，同时也催生了新的管理会计工具和方法。这些创新成果逐步被吸收进中国自主会计知识体系，促进了知识体系的更新和完善。

第二章
财务数智化转型的驱动因素

第一节 总体驱动因素分析

财务数智化转型是一个长期的过程，是数智技术在财务管理领域应用和持续优化的过程。从创新扩散理论的角度来分析，财务数智化转型是大数据、人工智能、云计算、区块链等新兴技术在企业财务管理活动中应用并进行推广而产生的一系列技术扩散活动。这一扩散活动体现了数智技术在财务领域的渗透途径和影响机制，揭示了财务管理模式变革的内在逻辑和演化路径。

从信息系统的应用角度来分析，财务数智化转型是财务数智化系统在企业中应用而产生的一系列规划、设计、实施、吸收和持续创新的过程。这一过程涵盖了财务数智化转型的总体规划、架构设计、平台搭建、流程再造、变革管理等关键环节，体现了系统思维和整体观念在财务数智化建设中的重要价值。财务数智化转型不仅仅是财务信息系统的单点突破，更是财务管理理念、组织架构、业务流程、数据治理等多方面的系统性重塑。

可以说，从创新扩散和信息系统应用的双重视角审视财务数智化转型，有助于我们全面认识这一转型过程的发展规律、关键驱动因素和实现路径，把握转型过程中的驱动机制、推广策略、吸收模式和优化方向。这对于系统规划企业财务数智化转型蓝图，科学设计财务数智化系统方案，持续推进数智技术在财务场景中的创新应用，具有重要的理论价值和实践意义。站在新的历史起点，深入研究财务数智化转型的规律和路径，对于加快构建数字时代下高质量财务管理体系，推动财务管理与时俱进、创新发展具有十分重要的战略意义。

本书以 TOE（Technology-Organization-Environment）框架为基础，融合数据因素和流程因素，构建驱动财务数智化转型的分析框架，如图 2-1 所示。

财务数智化转型的主体在于企业，企业需要根据自身的战略目标、业务特点、管理基础等因素量身定制财务数智化转型方案。因此，财务数智化转型在很大程度上受企业自身条件和环境的影响。但同时我们也应看到，财务数智化转型是一项复杂的系统工程，涉及技术、组织、数据、流程等诸多要素，既受企业内部因素的制约，也与外部环境因素密切相关。

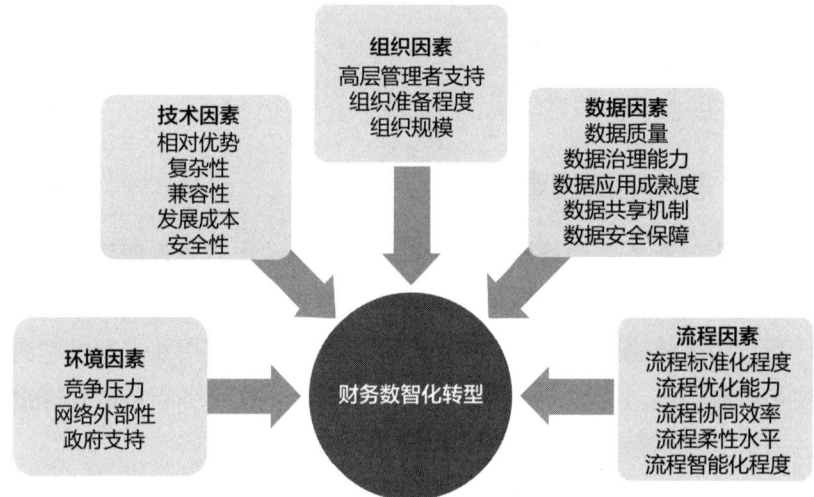

图 2-1　财务数智化转型的分析框架

从内部来看，数据是财务数智化转型的基础，数据质量和数据管理能力在很大程度上决定了财务数智化转型的成败。数智技术是财务数智化转型的工具，技术能力和创新水平是转型的关键动力。业财融合是财务数智化转型的方向，优化业财流程、实现数据共享是转型的重要抓手。数智化人才是财务数智化转型的保障，复合型人才的数量和素质直接影响转型的进程和成效。

从外部来看，国家政策是推动财务数智化转型的重要力量，高质量发展、新基建、数字经济等一系列政策为财务数智化转型营造了良好的制度环境。新质生产力的壮大是财务数智化转型的时代呼唤，数智技术正在重构生产关系、重塑商业模式，倒逼企业加快数智化转型步伐。行业竞争是倒逼财务数智化转型的现实压力，领先企业的标杆示范效应加速了行业整体的数智化进程。资本市场是引导财务数智化转型的外部推手，投资者日益青睐数智化程度高、数据运用能力强的优质企业。

财务数智化转型是一项涉及方方面面、受多重因素影响的系统性变革。企业既要立足自身禀赋，加强顶层设计，夯实数据基础，优化业财流程，注重人才培养，又要放眼外部环境，顺应时代大势，把握政策机遇，应对市场挑战，引领行业变革。只有协同推进内外部各项建设，统筹考虑技术、数据、流程、人才等关键要素，持续打造差异化竞争优势，才能真正实现财务数智化转型的突破。

一、环境因素简介

在 20 世纪 80 年代，随着复杂性科学的兴起，学术界开始将其理论体系引入企业管理研究领域。商业生态系统理论的奠基人詹姆斯·穆尔提出的复杂性理论（Complexity Theory），为理解企业环境提供了全新视角。复杂性理论强调企业需要在非线性动态环境中，主动构建和维护商业生态系统，并重视生态系统中各利益相关方之间的互动关系。

企业组织的复杂性既来自内部结构的多元化，也源于外部环境的多变性。这种环境的动态变化持续推动着组织变革。在众多环境因素中，市场因素对技术创新的扩散起着决定性作用。数字经济的快速发展，市场竞争的日趋激烈，推动着全球化程度的提升、需求个性化的增强、商业模式多样化的促进等。

与此同时，政府政策作为另一重要环境因素，通过各种支持措施引导技术创新的扩散。企业的创新行为和发展路径往往会受到政策导向的深刻影响，政府通过制定支持政策和优惠措施，能够有效促进技术创新在行业内的推广应用。

二、环境驱动因素分析

外部环境对财务数智化转型的影响主要体现在竞争压力、网络外部性和政府支持三个维度。这些因素共同构成了推动企业财务数智化转型的环境动力。

（一）竞争压力

市场竞争环境下，企业面临来自同业者的创新压力。当某些企业率先采用新技术并获得竞争优势时，其他企业就会产生跟进创新的动力。尤其是在当前市场环境不确定性增强的背景下，企业更倾向于效仿行业领先者的创新实践。这种现象在近年来财务领域表现得尤为明显，如财务共享中心建设的快速推广、智能财务机器人应用的普及等，都反映了竞争压力对财务数智化转型的推动作用。

（二）网络外部性

在现代商业环境中，企业间的协作关系构成了复杂的网络结构。当网络中的企业采用新技术后，会通过业务协作关系影响其他企业。随着采用财务数智化转型的企业数量增加，网络效应会进一步放大，促进数智化在更大范围内扩散。这种外部性不仅提升了财务数智化的应用价值，也推动了财务职能的创新发展。

（三）政府支持

政府通过构建完整的制度体系支持财务数智化转型发展。这个体系包含了从法律到具体规范的多层次制度安排，形成了相互衔接、功能互补的有机整体。具体而言，《中华人民共和国会计法》等基础性法律确立了总体框架，《会计档案管理办法》《会计信息化工作规范》等配套制度则提供了具体指引。这些制度性支持为财务数智化转型发展创造了良好的政策环境，通过完善基础设施建设、健全法律体系、强化标准规范等方式，持续推动企业深化财务数智化转型。近年来，政府对财务数智化转型的支持力度不断加大，形成了多层次的支持体系。2022年3月，国资委印发《关于中央企业加快建设世界一流财务管理体系的指导意见》。2024年11月，财政部进一步发布《关于全面深化管理会计应用的指导意见》。

第二节 驱动财务数智化转型的技术因素

一、技术因素简介

在财务数智化转型背景下，技术因素是推动变革的核心动力。从TOE理论框架来看，技术（Technology）要素涵盖范围广泛，包含了工艺、服务、发明、设计等多个维度。现代信息技术作为一个广义概念，不仅包括计算机技术、人工智能、通信技术、数据处理等基础技术，还包括这些技术在企业管理和运营中的创新应用。信息技术的融合与创新，正在深刻改变着企业财务运营的方式和管理模式。

世界经济论坛长期以来一直关注信息技术发展趋势。2001—2016年间发布的全球信息技术报告（Global Information Technology Report）全面记录和分析了信息技术在全球范围内的演进历程。特别是2016年的最终版报告指出，在第四次工业革命背景下，信息与通信技术已成为推动变革的中坚力量，各类组织的未来发展越来越依赖于其对信息技术的接纳和应用程度。

近年来，新一代信息技术快速发展，包括人工智能、大数据、云计算、物联网、区块链等新兴技术的突破性进展，使企业运营呈现出显著的数智化、网络化、智能化特征。这些技术创新正在重塑企业管理模式，推动业务流程优化和资源整合，使企业的采购、生产、销售等各个环节更加紧密联系。为了帮助财务人员积极应对技术变革带来的挑战，提升复合型人才培养水平，上海国家会计学院自2017年起连续开展"影响中国会计行业的十大信息技术评选"活动。连续8年的评选，不仅展现了财务技术发展的演进轨迹，这也反映出行业对新技术应用的重视程度正不断提升。从评选结果可以看出，财务数智化转型既需要基础设施如财务云、电子发票、电子档案的支撑，也需要新兴技术如RPA、智能流程自动化、数据平台等的创新应用。2024年影响中国会计行业的十大信息技术评选结果如表2-1所示。

表2-1 2024年影响中国会计行业的十大信息技术

技术名称	综合得票率	总排名
会计大数据分析与处理	52.93%	1
数电票	49.78%	2
流程自动化（RPA和IPA）	47.02%	3
财务云	45.93%	4
中台技术（数据平台、业务中台、财务中台）	42.53%	5
电子会计档案	38.13%	6
数据治理	31.24%	7
新一代ERP	29.96%	8
数据挖掘	28.98%	9
商业智能（BI）	28.67%	10

该评选活动还涵盖了多种具有潜力的候选技术，涵盖财务数智化转型中的多个领域，包括数据处理与分析、自动化、云计算、安全与隐私、可视化技术等。它们代表了当前财务领域数智化转型的主要技术趋势，旨在提高财务工作效率、增强数据分析能力、改善决策支持、加强风险管理，并推动财务职能向更具战略性的方向发展。

同时，评选活动还评选出2024年潜在影响中国会计行业的信息技术，如表2-2所示。

表 2-2 2024 年潜在影响中国会计行业的信息技术

技术名称	专家票数	百分比	专家排名
生成式人工智能（AIGC）	95	48.47%	1
数据资产及其管理的自动化与智能化	82	41.84%	2
AI 信任、风险和安全管理	82	41.84%	3
财务多模态垂直大模型	80	40.82%	4
财务数字员工及其智能调度与管理	78	39.80%	5

同样，评选活动涉及多项候选潜在技术，涵盖人工智能、数据管理、自动化、区块链、量子计算、虚拟现实等多个领域。这些技术有潜力彻底改变会计实务、财务管理和审计流程，能提高效率、准确性和决策支持能力，同时也带来新的挑战。

在驱动财务数智化转型的技术因素中，尤其要提及的是 DeepSeek 大模型[⊖]。DeepSeek 是一款基于先进人工智能技术的大模型，由国内领先的 AI 技术公司开发，专注于为企业和机构提供高效、智能的解决方案。其核心技术结合了自然语言处理（NLP）、深度学习和大数据分析，能够处理海量结构化与非结构化数据，并具备持续学习和优化的能力。DeepSeek 的开源模式和本地部署功能，使其在灵活性和安全性上具有显著优势，特别适用于对数据隐私和合规性要求较高的领域，如财务、会计和审计等。

以 DeepSeek 为代表的大模型技术，正在财务数智化转型中扮演着至关重要的角色。其核心作用体现在以下几个方面。

（1）数据处理与分析能力的革命性提升。财务领域涉及海量的结构化与非结构化数据，传统的数据处理方式效率低且容易出错。DeepSeek 等大模型技术通过自然语言处理和深度学习，能够快速、准确地处理复杂数据。例如，DeepSeek 可以从财务报表、合同文本、交易记录等非结构化数据中提取关键信息，并自动生成分析报告。这种能力不仅大幅提升了数据处理效率，还为财务决策提供了更全面、实时的数据支持。

（2）财务流程的自动化与智能化。DeepSeek 等大模型技术能够实现财务流程的自动化，减少人工干预，降低错误率。例如，在发票处理、报销审核、账务核

⊖ 2024 年 12 月 26 日，深度求索（DeepSeek）发布 DeepSeek-V3，性能对标 OpenAI GPT-4o。

对等重复性工作中，DeepSeek 可以通过智能识别和自动化处理，显著提升工作效率。此外，DeepSeek 还能够根据历史数据和业务规则，自动生成财务预测模型，为企业提供精准的预算规划和风险管理建议，推动财务工作从"事后反映"向"事前预测"转变。

（3）风险识别与合规管理的智能化支持。财务合规性和风险管理是企业面临的重要挑战。DeepSeek 等大模型技术能够实时监控财务数据，识别异常交易和潜在风险。例如，通过分析交易模式和历史数据，DeepSeek 可以快速发现欺诈行为或违规操作，并发出预警。同时，DeepSeek 还能够根据最新的法律法规，自动生成合规报告，帮助企业应对复杂的监管要求，降低法律风险。○

（4）财务决策的科学化与精准化。DeepSeek 等大模型技术通过数据驱动的分析，为财务决策提供了科学依据。例如，在企业并购、投资决策、成本优化等场景中，DeepSeek 可以通过模拟分析和预测模型，评估不同方案的潜在收益与风险，为决策者提供最优建议。这种基于数据的决策方式，不仅提高了决策的精准性，还增强了企业的竞争力。

（5）开源模式与本地部署的灵活性。DeepSeek 的开源模式和本地部署功能，为企业提供了更高的灵活性和安全性。开源模式使得企业可以根据自身需求定制和优化模型，而本地部署则确保了敏感财务数据的安全性和隐私保护。这种技术特性降低了 AI 技术的应用门槛，使更多企业能够享受大模型技术带来的红利。

总体而言，尽管 DeepSeek 等大模型技术在财务数智化转型仍面临一些挑战，例如，数据质量、技术成本、人才储备、数据安全与合规性等问题仍需完善解决，但是以 DeepSeek 为代表的大模型技术已不容忽视，正在推动财务领域从传统的"手工操作"向"智能化、自动化"转变。随着技术的不断成熟和应用场景的拓展，财务数智化转型将进入一个全新的阶段，为企业创造更大的价值与竞争优势。

二、技术驱动因素分析

信息技术对财务数智化转型发展的作用非常直接，是由信息技术本身的特性和发展状况所决定，包括技术的相对优势、复杂性、兼容性、发展成本和安全性等。

○ 2025 年 1 月 20 日，发布 DeepSeek-R1，性能对标 OpenAI o1。

（一）相对优势

在财务数智化转型中，技术应用能够为企业带来显著的竞争优势。通过新技术的创新应用，企业可以实现财务流程的自动化、智能化，显著提升运营效率，降低运营成本。数智化技术能够推动财务职能的全面转型，从传统的核算职能向管理职能和决策支持职能转变。同时，数智化转型还能促进财务与业务的深度融合，通过数据驱动实现业财一体化，为企业价值创造提供更强有力的支撑。高水平的数智化应用不仅能够优化企业内部管理，还能提升企业在行业中的竞争力，这种相对优势是推动企业持续投入财务数智化转型的重要动力。

（二）复杂性

财务数智化转型是一个复杂的系统工程，涉及财务组织架构调整、财务流程再造、财务人员能力提升等多个维度。企业需要制定全面的财务转型战略，将数智化建设纳入整体发展规划，确保转型目标与企业战略相一致。在具体实施过程中，企业需要充分考虑各个环节的复杂性，包括项目准备、财务需求分析、智能系统设计、实施落地、运维保障等多个阶段。每个阶段都需要细致的规划和有效的管理，以降低转型风险。同时，由于财务数智化转型往往涉及跨部门协作和财务流程重组，这种复杂性还体现在各利益相关方的协调和管理上。企业需要建立有效的沟通机制和管理体系，确保转型工作有序推进。

（三）兼容性

财务数智化转型方案需要与企业现有的财务管理体系和企业文化相适应。良好的兼容性不仅体现为技术层面的系统集成，更要考虑财务的组织适应性和文化认同度。企业应重视各个财务信息系统之间的集成对接，确保数据流转顺畅，并为未来的智能化扩展预留空间。同时，还要考虑智能技术与现有财务工作方式的融合，避免因兼容性问题导致的效率损失。在系统规划时，企业要充分考虑财务发展需求，为各功能模块提供灵活的配置能力，使系统能够及时响应外部环境变化和内部管理需求的调整。

（四）发展成本

财务数智化转型投入包括初始建设成本和持续运营成本。从支出类型来看，包括智能化硬件设施投入、财务软件系统购置、外部服务费用、内部人员成本等。从项目周期来看，涵盖了可行性分析、财务需求调研、智能系统开发、实施部署、运维支持等各个阶段的投入。随着技术的成熟和标准化解决方案的普及，某些领域的转型成本呈现下降趋势。但是，智能化技术的应用往往需要较大投入，企业需要根据自身实际情况，合理评估投入产出比，选择适合的转型路径和实施节奏。同时，还要注意控制重复建设和技术更新换代带来的额外成本，确保转型投入发挥最大效益。

（五）安全性

财务数智化转型过程中的信息安全风险日益凸显，需要企业建立全方位的安全防护体系，包括财务系统安全、财务数据安全、网络安全、智能应用安全等多个层面。企业需要通过严格的权限管理、数据加密、访问控制等技术手段，保障财务信息系统的安全运行。同时，还要建立完善的数据备份和灾难恢复机制，确保关键财务数据的可靠性和可用性。除了技术层面的防护，企业还需要加强财务人员安全意识培训和管理制度建设，建立常态化的安全监控和应急响应机制，全面防范各类安全风险。随着财务数智化程度的提升，安全防护的重要性将进一步凸显，这也是企业在推进财务数智化转型时必须重点考虑的因素。

第三节 驱动财务数智化转型的组织因素

一、组织因素简介

作为财务数智化转型的实施主体，企事业单位的组织特征将对转型进程产生深远影响。同时，财务数智化转型的系统性和复杂性往往会引发组织的深层变革。组织变革，尤其是数智化转型过程中的组织变革，一直是理论界和实务界共同关注的焦点。

早在 20 世纪 50 年代，Lewin 就在其代表作中提出了著名的组织变革三阶段模型。这一模型指出，成功的组织变革必须经历解冻、变革和再冻结三个阶段。解冻阶段打破原有平衡，变革阶段推进新的变化，再冻结阶段则巩固新的组织状态。这一经典理论为我们理解财务数智化转型中的组织变革提供了重要参考。

Leavitt 提出的钻石模型进一步丰富了组织变革理论。该模型将组织变革分解为组织结构、任务、人员和技术四个相互关联的核心要素。在这个模型中，组织结构变革涉及管理体系、制度流程的调整；任务变革体现为工作方式和职责划分的改变；人员变革包括观念更新和能力提升；技术变革则指向新型工具和方法的应用。这一模型揭示了财务数智化转型中各要素之间的内在联系。

实践表明，组织变革理论对财务数智化转型具有重要的指导意义。以 Leavitt 的钻石模型为例，其中任务对应财务数智化的战略目标，组织结构和人员则构成关键的组织要素。在推进财务数智化的过程中，技术应用必然伴随着业务重构、团队重组等组织变革。值得注意的是，相比技术因素，组织因素在财务数智化转型中的作用往往被低估。随着实践的深入，越来越多的专家认识到，技术问题虽然复杂但相对可控，但组织变革才是转型成功的关键所在。

二、组织驱动因素分析

（一）高层管理者支持

在财务数智化转型中，高层管理者的支持体现在认知和行动两个层面。认知层面反映管理者对财务数智化重要性的理解程度，决定了企业在转型过程中的资源投入力度。高层管理者的认知水平直接影响转型的定位，决定着是将其视为核心战略还是仅作为辅助手段。行动层面则体现在管理者对转型工作的直接参与程度，包括战略规划、资源调配、组织协调等具体工作。衡量高层支持度的关键指标包括：主导转型的领导层级、战略执行力度、资源保障程度等。由于财务数智化转型是一个持续的系统工程，高层管理者的坚定支持对于克服组织阻力、保障转型推进具有决定性作用。

（二）组织准备程度

组织准备程度反映了企业推进财务数智化转型的基础条件和内在动力。这包括组织的认知准备、资源储备、数智化基础和专业能力等多个维度。充分的组织准备有助于形成转型共识，降低实施阻力。如果组织准备不足，员工可能对智能化工具和新型技术产生抗拒心理。同时，财务数智化转型往往充满不确定性和变数，这就要求组织具备快速适应和灵活应对的能力。因此，科学评估组织准备度，建立敏捷响应机制十分重要。准备不足可能导致转型与现有业务模式脱节，影响集成效果，最终偏离预期目标。企业的变革意识、资源配置、数智化水平和人才储备，都是保障转型成功的基础要素。充分的组织准备将为财务数智化转型提供强有力的支撑。

（三）组织规模

组织规模在财务数智化转型中扮演着双重角色。大型组织通常拥有更充足的资源储备，更完善的数智化基础，更强的风险承受能力，这些都有利于推进高水平的财务数智化转型。但同时也面临着系统复杂、协调困难、历史包袱重等挑战。相比之下，中小型组织虽然资源有限，但决策链条短、组织灵活度高，且较少受限于既有系统，这使它们能够根据实际需求选择更适合的转型方案。不同规模组织的特点决定了它们在财务数智化转型路径上的差异化选择，这种差异性本身就反映了组织规模对转型进程的深刻影响。对大型组织而言，可能更适合分步实施、稳步推进的转型策略；而中小型组织则可能倾向于选择轻量级、快速落地的解决方案。因此，组织规模不仅影响转型方案的选择，也决定了转型的节奏和路径。

第四节　驱动财务数智化转型的数据因素

一、数据因素简介

数据是财务数智化转型的核心资源和关键要素。在数字经济时代，财务管理正从经验驱动向数据驱动转变，高质量的数据是发挥财务职能、创造管理价值的基础和前提。数据已经成为继土地、劳动力、资本之后的新型生产要素，是推动财务数智化转型的内生动力和战略资源。

一方面，财务数据的广度和深度不断拓展。除了传统的结构化财务数据外，非结构化数据、外部数据、实时数据等新型数据日益丰富，数据维度从单一的价值维度延伸到业务维度、管理维度，数据粒度从宏观走向微观、从静态走向动态，财务大数据体系加速形成，这为财务数智化转型提供了坚实的数据基础。

另一方面，大数据技术的发展赋能财务数据管理。云计算、数据挖掘、机器学习等新兴技术在财务领域广泛应用，海量数据的采集、存储、计算、分析能力大幅提升，数据处理进入自动化、智能化阶段，数据价值得以充分释放，数据治理能力成为财务核心竞争力，这为财务数智化转型插上了腾飞的翅膀。

二、数据驱动因素分析

（一）数据质量

数据质量是财务数智化转型的基础保障。高质量的数据应具备准确性、完整性、一致性和时效性等特征。准确性要求数据能够真实反映业务实质，完整性强调数据覆盖范围的全面性，一致性确保不同系统间数据的协调统一，时效性则保证数据的及时更新。

数据质量直接影响财务数智化转型的效果。低质量的数据不仅会影响日常业务处理的准确性，还会降低智能分析的可靠性。因此，企业需要建立完善的数据质量管理机制，包括数据标准制定、质量检查、错误纠正等环节。同时，还要注重源头治理，通过业务流程优化和系统集成来提升数据采集的质量。

（二）数据治理能力

数据治理能力反映了企业对数据资产进行规划、控制和优化的综合实力。这包括数据架构设计、数据标准制定、数据安全管理、数据价值挖掘等多个维度。良好的数据治理能力有助于建立统一的数据视图，提升数据使用效率。

企业的数据治理能力直接影响其财务数智化转型的深度和广度。治理能力不足可能导致数据孤岛、标准不统一、安全隐患等问题，影响转型效果。因此，企业需要建立专门的数据治理组织，制定数据管理制度，培养数据治理人才。同时，还要注重数据资产的价值评估和效益分析，确保数据治理投入产生实际回报。

（三）数据应用成熟度

数据应用成熟度体现了企业利用数据创造价值的能力水平。这包括数据分析能力、数据建模能力、数据可视化能力等。高水平的数据应用能力使企业能够从海量数据中提取有价值的信息，支持业务决策和管理优化。

数据应用成熟度往往经历从描述性分析到预测性分析，再到智能化分析的演进过程。低层次的数据应用仅停留在报表生成和基础统计层面，而高层次的数据应用则能够实现智能预警、趋势预测、决策建议等高级功能。因此，企业需要持续提升数据应用能力，包括引入先进的分析工具、培养专业人才、建立数据驱动的决策机制等。数据应用成熟度的提升将为财务数智化转型提供强大动力。

（四）数据共享机制

数据共享机制是实现数据价值最大化的重要保障。有效的数据共享机制应包括数据分类分级、访问权限管理、共享规则制定等内容。良好的数据共享机制能够促进数据在企业内部的充分流转和价值创造。

数据共享机制的建立需要平衡开放与安全的关系。过度限制会阻碍数据价值的发挥，而管理不当则可能带来安全风险。因此，企业需要建立科学的数据分级分类体系，制定差异化的共享策略。同时，还要建立数据使用的追踪监控机制，确保数据共享过程的可控性。有效的数据共享机制将为财务数智化转型提供持续动力。

（五）数据安全保障

数据安全保障是财务数智化转型的重要前提。随着数据价值的提升，数据安全风险也日益凸显。企业需要建立全方位的数据安全防护体系，包括技术防护、制度保障和人员管理等多个层面。

数据安全涉及数据采集、存储、传输、使用等全生命周期的保护。企业需要建立完善的数据分类分级制度，实施差异化的安全防护策略。同时，还要加强数据安全意识培训，建立应急响应机制，确保在发生安全事件时能够及时有效处置。数据安全保障能力的提升将为财务数智化转型提供坚实保障。

第五节　驱动财务数智化转型的流程因素

一、流程因素简介

流程是财务数智化转型的关键路径和重要抓手。财务管理活动归根结底是一系列流程的集合，涵盖了从数据采集、凭证处理到账簿记录、报告编制等一系列环节。传统的财务流程割裂了业务流程，割裂了业财数据，既制约了财务活动的时效性，又影响了业务决策的准确性。财务数智化转型的一个重要方向就是优化业财流程，实现业财融合，用流程再造的方式"强筋健骨"，夯实智慧财务管理的基础。

一方面，流程数智化是财务数智化转型的重要基础。通过 RPA 等自动化技术，可以将财务流程嵌入业务场景、内嵌到业务流程，实现合同、发票、付款等单据的自动采集、自动处理，极大提升了财务核算的效率和准确性。通过工作流引擎，可以将预算、报销等财务活动进行流程化、线上化改造，实现流程的自动审批、自动跟踪，显著提高了财务管控的时效性。通过流程挖掘，可以洞察财务流程中的瓶颈和痛点，实现流程优化和持续改进。

另一方面，业财融合是财务数智化转型的重要方向。传统的业务流程和财务流程各自为政，业务活动与价值活动脱节，业务信息传递给财务滞后，财务数据反馈给业务不及时，形成业财"两张皮"。推进业财一体化，实现业务流程和财务流程的连接，将业务活动与财务活动进行同步记录、实时映射，能够显著提高财务信息的相关性，增强业务决策的有效性。通过主数据管理，统一业务主数据和财务主数据标准，实现语义层面的无缝对接。通过共享服务，集中处理财务核算类事务，提升流程效率，强化专业分工。

二、流程驱动因素分析

（一）流程标准化程度

流程标准化是财务数智化转型的基础工作。高度标准化的流程具有规范性、可重复性和可量化性等特征。规范性确保流程执行的一致性，可重复性保证流程操作的稳定性，可量化性支持流程绩效的评估。

流程标准化程度直接影响数智化转型的效果。标准化程度不足会增加系统实施的难度，降低自动化效率。因此，企业需要建立完善的流程标准体系，包括流程文档编制、操作规范制定、考核标准设计等环节。同时，还要注重标准的持续优化，通过实践检验不断完善流程标准。

（二）流程优化能力

流程优化能力反映了企业持续改进流程的综合实力。包括流程分析能力、问题诊断能力、改进方案设计能力等多个维度。良好的流程优化能力有助于及时发现并解决流程中的问题，提升运营效率。

企业的流程优化能力直接影响其财务数智化转型的深度和广度。优化能力不足可能导致流程僵化、效率低下、成本增加等问题。因此，企业需要建立专门的流程优化团队，培养流程管理人才，引入先进的流程优化方法。同时，还要建立流程绩效评估机制，确保优化措施产生实际效果。

（三）流程协同效率

流程协同效率体现了企业各环节之间的配合程度。包括跨部门协作、信息共享、任务交接等方面。高效的流程协同使企业能够快速响应业务需求，提升运营效率。

流程协同效率往往受到组织架构、系统集成、人员配合等多个因素的影响。协同效率低下会导致业务处理延迟、信息传递不畅、资源浪费等问题。因此，企业需要加强流程协同机制建设，包括明确职责分工、优化审批流程、完善沟通机制等。流程协同效率的提升将为财务数智化转型提供重要支撑。

（四）流程柔性水平

流程柔性是指流程适应业务变化的能力。包括流程变更的灵活性、特殊情况的处理能力、异常情况的应对能力等。高水平的流程柔性使企业能够在保持标准化的同时，灵活应对各种业务场景。

流程柔性的实现需要在标准化和灵活性之间找到平衡。过度刚性会影响业务效率，而过度灵活则可能带来管控风险。因此，企业需要建立科学的流程变更机制，制定差异化的处理策略。同时，还要加强流程监控和风险管理，确保流程变更的可控性。

（五）流程智能化程度

流程智能化是财务数智化转型的重要目标。随着人工智能、机器学习等技术的发展，传统的手工流程正在向智能化流程转变。企业需要建立智能化的流程运营体系，包括自动化执行、智能决策、预测分析等功能。

流程智能化涉及流程设计、系统实现、人机协作等多个层面。企业需要根据业务特点和技术条件，规划智能化实施路径。同时，要注重人员能力提升，建立新型的人机协作模式。流程智能化水平的提升将为财务数智化转型提供持续动力。

第三章
财务数智化转型内涵、目标、方法和路径

第一节 财务数智化转型内涵

20世纪90年代以来,信息技术加快实现应用落地,从而使我国进入了数字经济时代。数字经济时代加速推动了要素创新配置和科技变革突破,为我国经济的高质量发展提供了强有力的支撑。数据作为要素已经成为我国重要的理论创新,充分发挥数据的资源、引擎作用,积极推动数据相关基础设施的建设,全面统筹数据的整合、共享、利用能力,加快形成以创新为引领的数字经济,不断做强做优数字中国,成为推动我国经济高质量增长的重要原动力。互联网相关技术给我们带来了更加紧密的相互连接和实时共享,从而使数据的规模和类型产生前所未有的变化。与此同时,大数据、人工智能、物联网等新一代数智技术为我们生产、生活获取数据的成本和效率带来了便利。

新一代数智技术的创新迭代与应用落地,对企业财务的创新管理和职能优化产生了深层次的影响。数智技术的发展推动财务工作由电算化、信息化时代走向数智化时代,其在财务工作中的深度应用将涉及工作流程、组织架构、运营模式和管理理念等各个方面,利用数智技术的高速、准确、智能等特点,实时、精准、安全地收集经济数据,并高效地对财务信息进行处理,帮助企业降低财务工作成本、提高效率、提升质量、加强风险管控、支撑财务转型。

财务数智化转型是企业财务战略思维、工作方式、管理模式、职能范围等系统性持续变革的过程,基于政策、技术、数据、流程、人员等核心要素,全方面地加速推动财务管理创新。企业财务数智化转型遵循数字经济本质,将数据、技术、场景三个核心要素与数智化转型的核心逻辑相互融合。

传统财务工作以流程驱动为主,将财务工作的流程和规则固化在信息系统中,实现业务事项和会计反映之间数据的自动传递,完成会计核算与监督的基本职能工作。财务数智化以流程与数据双驱动为核心思想,企业财务部门强调业务数据、财务数据、管理数据的价值,基于计划、采购、物流、库存、生产、销售、产品、服务等业务全流程,通过数据采集、数据挖掘、数据治理、数据算法、数据可视化等全过程数据链,实现基于业务流程的全财务职能。

财务数智化转型在强调数据驱动的同时,需要利用大数据、人工智能、云计算、数字孪生、知识图谱、GPT等新一代数智技术,完成财务所需的数据采集、数据传递、数据清洗、数据算法、数据指标、数据展示的数据链全过程。数智技术拓展了数据采集的范围和效率,提高了数据质量和数据标准,强化了财务职能的算法模型能力,丰富了财务所需全数据指标的可视化形式,从而构建了基于业务全流程的数据价值链。企业利用数智技术深度挖掘全数据要素的价值,实现财务会计、管理会计等场景的数智化,通过核算、报告、计划、分析、预测、预判等职能,进一步实现财务管理支撑战略、支持决策、服务业务、价值创造、防控风险的管理目标。

财务数智化的两大核心要素——数据和技术,主要体现在"数"和"智"两个方面,但更需要真实的财务场景才能体现价值。会计本身就是一个信息系统,企业的任何一个财务场景,不仅需要完成数据的输入、处理与输出,更需要依托数智技术,针对不同场景对这些数据进行专业化处理。核算、报告等财务会计工作利用OCR(光学字符识别)、专家系统、NLP、深度学习等数智技术智能化地完成。预算管理、成本管理、绩效管理、风险管理、资金管理、税务管理等管理会计工作也需要利用深度学习、知识图谱、数字孪生、大模型等数智技术通过构建模型算法完成。

财务数智化转型内涵可以归纳为数据、技术、场景三大核心要素相互融合的一种新型财务管理模型,它基于数字经济理论、管理学理论、数智化工具和先进方法,借助数据要素价值、数据技术能力和财务职能场景共同组成了一体化系统,通过财务人员和"数与智"的有机合作,去完成财务会计、管理会计、业务支持、管理决策等基于业务活动、财务活动、管理活动的场景,并在财务工作中逐步实现人机协同共生的工作模式。

第二节 财务数智化转型目标

企业基于数据、技术、场景三大核心要素加速推动财务数智化转型,从而为实现世界一流财务管理体系建设提供了强有力的基础。随着企业内外部环境的不断变化,企业不同发展阶段财务转型的目标是不断变化的,如图3-1所示。财务工作的基础目标是核算与监督,需要以货币为主要的计量单位,对企业在市场竞争中的各种经济活动进行数据的记录,主要以确认、计量和报告的形式对经济活动的全过程进行管理。财务工作将记录信息,对经济活动采集、输入、处理、输出各种会计信息,通过会计准则的具体要求和信息化手段,全面地将企业的会计事项通过多维度、多版本的数据表现出来。财务工作将对企业经济活动的合理性、有效性进行监督,通过指导、调节、控制、规范等各种监督形式,实现财务管理目标和企业战略。

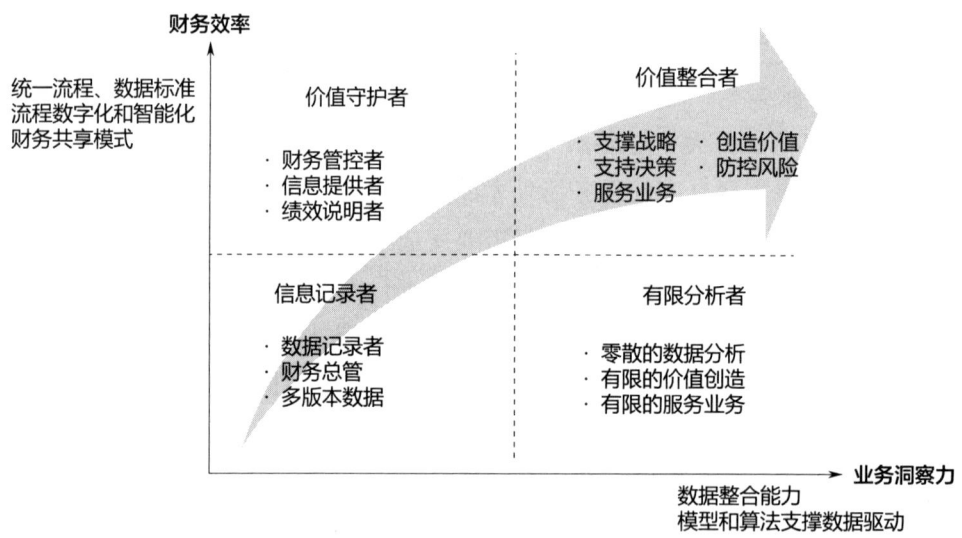

图3-1 企业不同时期的财务转型目标

企业财务转型需要不断地提升业务洞察能力,通过数据整合能力,基于人工智能提供的模型算法能力支撑对大量数据的处理。但在传统财务工作模式下,企业财务人员主要针对历史数据进行财务分析,而未能真正针对历史数据和未来数据进行整体的数据分析,从而只能对企业经济效益进行事后分析,参与一定的经济决策并凭借经验预测经济前景。企业财务人员作为财务分析者,在有限的数据要素条件下，为业务部门提供预算、绩效、风险、税务等有限的服务，在信息化环境下，无法全面地为业务部门提供服务，也难以为管理提供价值创造。

企业财务转型的目标之一就是提升财务效率，财务部门通过流程统一化、数据标准化、流程数智化等方式建设数智化财务共享模式，在处理财务基础交易工作的同时，加强企业管控。财务共享模式以流程化、标准化为核心思想，将企业的核算、结算、报表等基础交易工作统一完成，高效率地完成各种财务工作。财务共享模式通过统一的核算体系、信息系统、财务流程、财务制度，使财务工作者成为企业优秀的管控者。财务共享模式作为企业集中的数据处理中心，将会获取企业全部的交易数据，而财务人员则会按照会计准则和财务制度进行会计处理，从而获取各种会计信息，成为企业资源配置的决策者和绩效管理的说明者，并能参与企业的经营管理。财务共享模式的流程化、规范化、标准化等特征，为数智能力在财务共享的应用提供了天然的基础条件。机器人流程自动化（RPA）、OCR、NLP、知识图谱、机器学习等数智技术在财务流程自动化方面起到积极作用，能帮助企业智能化地处理重复性和规则性强的基础财务工作。财务共享服务中心的业务范围正逐步向数据服务和增值服务拓展——通过数据采集、数据分析等工作，为业务提供丰富的内外部所需数据，涵盖费用、资金、税务等多个领域。

在提升业务洞察力和财务效率的基础上，财务转型将更多地走向价值整合，从而实现支撑战略、支持决策、服务业务、创造价值、防控风险的世界一流财务管理体系的目标。按照国务院国资委印发的《关于中央企业加快建设世界一流财务管理体系的指导意见》，支撑战略主要内容为"科学配置财务资源，平衡好资本结构，建立由战略规划到年度预算、由预算到考核的闭环联动机制，推动上下贯通、协调一致，促进企业实现发展质量、结构、规模、速度、效益、安全的有机统一"，主要体现在财务赋能企业整体高质量发展的支撑。

支持决策主要内容为"积极有效参与重大决策全过程，提供准确、高效、多维数据信息，主动、及时发表专业性、建设性意见，支持理性决策、科学决策"，主要体现在财务为企业管理层提供的支持。

服务业务主要内容为"主动融入业务事前、事中、事后全流程，有效识别业务改进的机会和目标，帮助解决业务痛点和难点，为生产运行优化赋能"，主要体现在财务为企业内部各业务提供服务。

创造价值主要内容为"运用全面预算、成本管控、税务规划等有效工具,通过资金运作、资产管理、资源配置、资本运营等有效手段,主动创造财务价值,促进提升企业价值",主要体现在财务为企业内部管理活动提供管理会计相关服务。

防控风险主要内容为"健全风险防控体系,加强源头治理,强化穿透监测,实现经营、财务风险精准识别、及时预警、有效处置,为企业持续健康发展保驾护航",主要体现在财务为企业面临的各种风险提供及时、准确、高效的防控措施。

世界一流财务管理体系的支持决策、服务业务、创造价值目标为财务数智化转型提供了指引方向,基于此,我们归纳了财务数智化转型的五个目标:数据驱动、智能前瞻、场景全面、业财融合、安全可控,如图3-2所示。

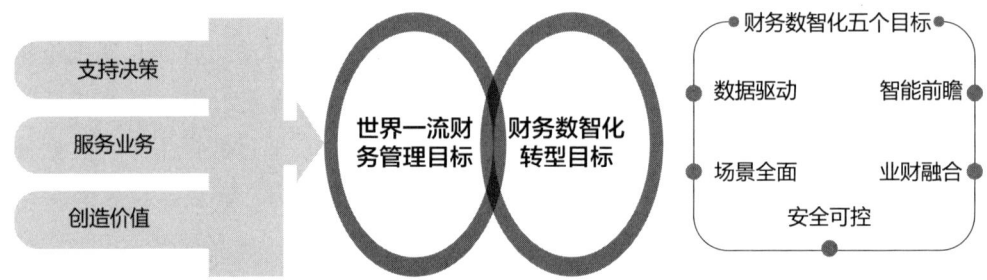

图 3-2 世界一流财务管理体系目标和财务数智化转型目标

1. 数据驱动

数字经济时代,数据资源及其价值成为影响企业高质量发展至关重要的因素。财务工作始终都要跟数据打交道,传统工作模式更多地强调原始凭证、记账凭证、账簿、报表等数据,而在数智化时代财务工作已经不能仅仅停留在处理财务数据上,更多的是需要融合外部数据、业务数据、管理数据,共同为财务工作赋能。财务数智化转型的核心要素之一就是"数"的问题,企业财务部门为了更好地基于世界一流财务管理体系实现企业高质量发展,需要思考如何借助于人工智能、数据挖掘等新一代数智技术应对大量、多维、异构、动态、实时数据的全生命周期处理模式,从而进一步为人工智能技术的决策支持能力提供强大的基础支撑。

在数据驱动下,企业首先需要应对数据链全流程中的各类相关问题,正如

《关于中央企业加快建设世界一流财务管理体系的指导意见》所提到的"建立健全数据产生、采集、清洗、整合、分析和应用的全生命周期治理体系，完善数据标准、规则、组织、技术、模型，加强数据源端治理，提升数据质量，维护数据资产，激活数据价值"。财务数智化的应用场景需要财务人员借助大量的数据才能完成具体的工作，企业在采购、物流、库存、生产、销售、服务等供应链全过程不断地产生数据，并且与政府、银行、税务等外部生态也在不断互动，产生数据，财务部门可以利用字符识别、数据爬虫、移动互联、物联网、数字孪生等数智技术采集企业运营的各类数据，从而汇集和建设数据平台。对于财务各种应用实践使用的数据，需要考虑其质量和标准，因此在财务数智化转型过程中，数据治理显得尤为重要。数据治理是为了确保数据资产的质量、标准、安全、可用、合规等特征，制定一套高效的数据资产管理体系，可以标准化、流程化、规范化、制度化地对数据的全生命周期进行管理，从而可以为财务部门的决策支持和业务运营提供强有力的支撑。财务部门有了多维度、高质量、标准化的大量数据，可以借助人工智能、知识图谱等数智技术，针对财务会计、管理会计、决策支持、服务业务等应用场景开展智能化地分析，从而为企业高质量发展创造价值。

财务数智化转型通过信息系统的建设，加强数据之间的融合程度，进一步推动数据驱动的能力。财务数智化建设通过利用规则引擎、专家系统等数智技术和财务专家的知识能力，实现不同系统之间多维、精细的业务数据、财务数据、管理数据的转换和映射，并进一步利用人工智能、大数据、知识图谱、NLP等新一代数智技术对业务、财务、管理等数据进行数智化的分析与处理，从而实现核算、报表等财务会计职能，预算管理、成本管理、绩效管理、风险管理、税务管理、管理会计报告等管理会计职能，以及业务决策、经营决策、管理决策等决策支持职能的数智化处理，进而实现数据驱动经营管理，提高决策效率。

2. 智能前瞻

科技革命促使人工智能等新一代数智技术不断创新，以及应用场景的持续扩散。传统的财务工作更多地需要财务人员借助信息系统或Excel等工具手工处理，从而导致工作效率低下、容易出错等问题的频繁出现。财务数智化转型的核心要素之一就是"智"的问题，企业财务部门在推动世界一流财务管理体系建设过程中，需要考虑OCR、NLP、专家系统、深度学习、机器学习、大模型等人工智能技术在财务会计、管理会计、司库管理、决策支持等财务工作中的应用。

财务数智化转型通过相关信息系统建设，运用先进、前瞻的数智化技术和工具，嵌入已有的财务共享、司库管理、ERP等信息系统的流程操作中，从而提升财务相关信息系统的敏捷性，并能增强财务人员工作模式的智能化水平，持续消除流程断点。另外，财务数智化转型需要通过构建智能模型算法，以解决数据处理相关应用场景的数智化落地。财务数智化转型需要应对除财务核心工作以外的业务、管理、市场等工作内容，由于这些财务工作不具有规则特征和标准化属性，传统模式下财务人员更多的是基于其财务经验和对业务的理解程度开展。而在数智化时代，财务部门可以通过人工智能技术构建的应用场景模型算法，帮助财务人员获取一定的决策数据结果，提高了数据处理的效率，从而高效率地解决财务部门所面对的业务问题和管理问题。财务数智化转型通过建设智能前瞻的信息系统和应用程序，加速促进财务管理模式转型，从而为建设世界一流财务管理体系提供技术支撑。

3. 场景全面

国务院国资委印发的《关于中央企业加快建设世界一流财务管理体系的指导意见》明确提出财务功能手段的应用场景主要体现在支撑战略、支持决策、服务业务、创造价值、防控风险。根据财政部印发的《会计改革与发展"十四五"规划纲要》，会计职能在管理会计建设、内部控制规范、可持续报告制度等方面对内拓展，以及在服务政府会计转型、服务宏观经济管理需要、服务政府监督需要、市场资源配置等方面对外拓展。从国家的政策制度中可以看出，财务已不再仅承担传统的核算与监督等基础职能，而进一步向两方面拓展：一方面是预算管理、成本管理、绩效管理、资产管理、风险管理、税务管理、管理会计报告等内部管理活动所对应的管理会计职能；另一方面是面向业务、管理等环节的决策支持职能。传统模式下，财务人员没有充足时间也缺乏足够的能力处理大量、复杂的财务应用场景；而到了数智化时代，"数智"技术为财务工作覆盖全面的应用场景提供了强有力的支撑。

财务数智化转型是在已有财务相关信息系统基础上，通过融合"数"和"智"的能力，将传统财务职能的核算、报表、费用报销等应用场景智能化地完成。财务人员也将从传统财务会计职能转型管理会计等高附加值工作，从而加速推动财务管理主要应用场景的全面覆盖、融合。财务数智化转型的核心能力主要体现在数智技术在构建各项精细、复杂业务模型中的作用。财务职能在对内对外拓展过程中，各种应用场景需要多维数据的支撑，并能利用人工智能技术针对不同的应用场景构建不同的智能模型算法，从而使财务可以支撑业务和管理的高质量发展，深度赋能全面财务管理体系建设落地及管理能力全方位提升。

4. 业财融合

业财融合始终是理论界和实务界共同关注的话题，而数智技术为业财融合的进一步发展提供了新的生机。业财融合的核心思想是将业务和财务共同面临的价值目标，通过数据、流程、组织、系统等维度，实现业务和财务各个层面的深度一体化。传统模式的业财融合主要通过信息化的手段使业务和财务相关流程在同一个系统平台实现数据自动处理与协同，从而实现业务数据和财务数据自动衔接，让大量业务数据成为驱动财务数据产生与流转的的有效动力，并能使财务数据更好地服务业务发展，从而提升财务决策支持工作相关数据的准确性和全面性。数智化时代，业财融合的数据融合、流程融合等核心内容可以通过新一代数智技术和数据资源价值实现。

国务院国资委印发的《关于中央企业加快建设世界一流财务管理体系的指导意见》明确提出"推动业财信息全面对接和整合，构建因果关系的数据结构，对生产、经营和投资活动实施主体化、全景化、全程化、实时化反映，实现业、财、技一体化管控和协同优化，推进经营决策由经验主导向数据和模型驱动转变"。财务数智化转型的"数""智"能力为业务融合实现提供了新的机遇。企业通过财务数智化转型的相关信息系统建设，实现业务系统与财务系统全面、精细、深入的衔接、集成，从而进一步实现业财融合所需要的数据融合和流程融合。企业通过事项法会计可以为财务部门提供多维细颗粒度的数据，其中融合了业务和财务所需的各项内容，为推进业财融合提供了数据基础。财务数智化转型通过多维、精细、动态的业财数据融合，加速推动企业供应链全过程业务数据的流转，并实现企业经营活动的事前、事中、事后的业财融合数据价值链。

财务数智化转型中的业财融合，除了要以数据融合为基础，更需以业财流程融合为前提。业财融合通过标准化的流程梳理，促进财务部门实现业务流程和财务流程的自动对接和高效协同。在数据融合和流程融合的基础上，财务数智化转型利用人工智能、大数据、知识图谱、物联网等数智技术作用于数据融合和流程融合，通过技术能力支持业财的数据融合、流程融合，提升财务对业务反映的及时性、精准性，最终实现业财管理融合。

5. 安全可控

安全可控主要体现在"安全"和"可控"两方面。从安全角度出发，需要保证财务数智化转型相关信息系统是安全可靠的，能够一定程度地实现对国外相似信息系统的全方位替代。从可控角度出发，需要保证信创国产，财务数智化转型相关信息系统从底层信息技术架构、数据架构再到上层应用软件的全系统链路均需要国产化的支持。

国务院国资委印发的《关于中央企业加快建设世界一流财务管理体系的指导意见》明确提出"加强系统、平台、数据安全管理，筑牢安全防护体系。探索建立基于自主可控体系的数智化、智能化财务系统平台"。财务数智化转型需要在软件安全开发、信息系统安全集成、信息系统安全运维等维度保证信息安全服务；在网络系统、应用系统、安防系统的集成过程中，可以实现安全需求界定、安全设计、安全实施、安全保障等；可以通过技术设施安全评估、技术设施安全加固、安全漏洞补丁通告、安全事件响应以及信息安全运维咨询，协助组织的信息系统管理人员进行信息系统的安全运维工作，以发现并修复信息系统中所存在的安全隐患，降低安全隐患被非法利用的可能性，并在安全隐患被利用后及时响应。财务数智化转型的数据安全问题至关重要，企业需要以自主自研的多维数据引擎，实现100%的自主安全可控，支持千亿级数据规模下的财务处理和分析。通过安全可信的国产化信创适配，财务数智化建设可以打造一个稳固可信、自主可控的平台，保护企业的数据安全。

第三节　财务数智化转型方法和路径

财务数智化转型方法是指企业为达到财务数智化转型的目的而采用的一系列手段、途径或程序，是企业进行财务数智化转型顶层设计的重要组成部分。转型方法通常被用来指导解决财务数智化转型中出现的技术和管理难题、完成系列转型任务、最终实现数智化的转型目标。

财务数智化转型路径是指企业财务管理从手工或半自动化的状态转型到先进的数智化管理状态这一动态过程中的具体实施路线或轨迹，它包含了实现数智化目标的一系列具体过程和环节。

尽管"方法"与"路径"在某些项目管理领域可能具有一定的相似性，但在财务数智化转型过程中通常具有不同的含义。"方法"侧重描述实现目标过程中的大步骤或策略，是一个相对宏观的概念，而"路径"则强调的是转型活动的方向和顺序，即从一种状态到另外一种状态的、有向的、逐步的演变过程，相对而言，"路径"是一个偏微观的概念。

探讨财务数智化转型的方法和路径具有非常重要的意义，它不仅可以为企业数智化转型目标的实现提供清晰的方向，确保转型过程的效率和效果，还可以提升转型团队的协作与沟通能力，帮助企业在数智化转型过程中更好地规划、执行和评估相关的项目。

科学的方法和路径设计需要依据或借鉴一些重要的原则、理论以及来自一线的优秀实践成果，如在设计时需借鉴企业价值导向的原则、用户中心化的原则、精益管理和敏捷开发的思维、一体化和系统化规划的理念、自上而下的设计思路、业财融合和数据驱动的思维，以及持续优化的思维等。本书描述的财务数智化转型方法和路径是在总结了用友几十年来帮助企业成功开发信息系统的经验基础上总结提炼而成的，对拟开展财务数智化转型的企业具有较强的通用性和适用价值。

一、财务数智化转型方法

本书给出的财务数智化转型方法重点关注了四个方面的内容，即转型规划和顶层设计（Planning and Design）、资源统筹和变革管理（Resource Coordination and Change Management）、需求梳理和系统建设（Requirement Sorting and System Implementation）、深入应用和迭代优化（Application and Optimization），我们将此方法简称为 DCIO 方法（参照图 3-3）。

（一）转型规划和顶层设计

在财务数智化转型过程中，转型规划和顶层设计扮演着至关重要的角色，它们为整个转型提供了战略方向、框架结构和实施路径。具体而言，在转型规划和顶层设计方面，需要进行政策及趋势分析、现状调研与差距分析、蓝图与架构设计、推进路径设计以及实施保障机制设计等。其中：

政策及趋势分析重点分析国家主管部门对数智化转型的宏观要求，如中央经济工作会议、工信部、财政部、国资委等部门出台的推动传统产业升级、加强数智技术研创、支持中小企业转型、推广典范经验方面的政策等，分析国内外数智

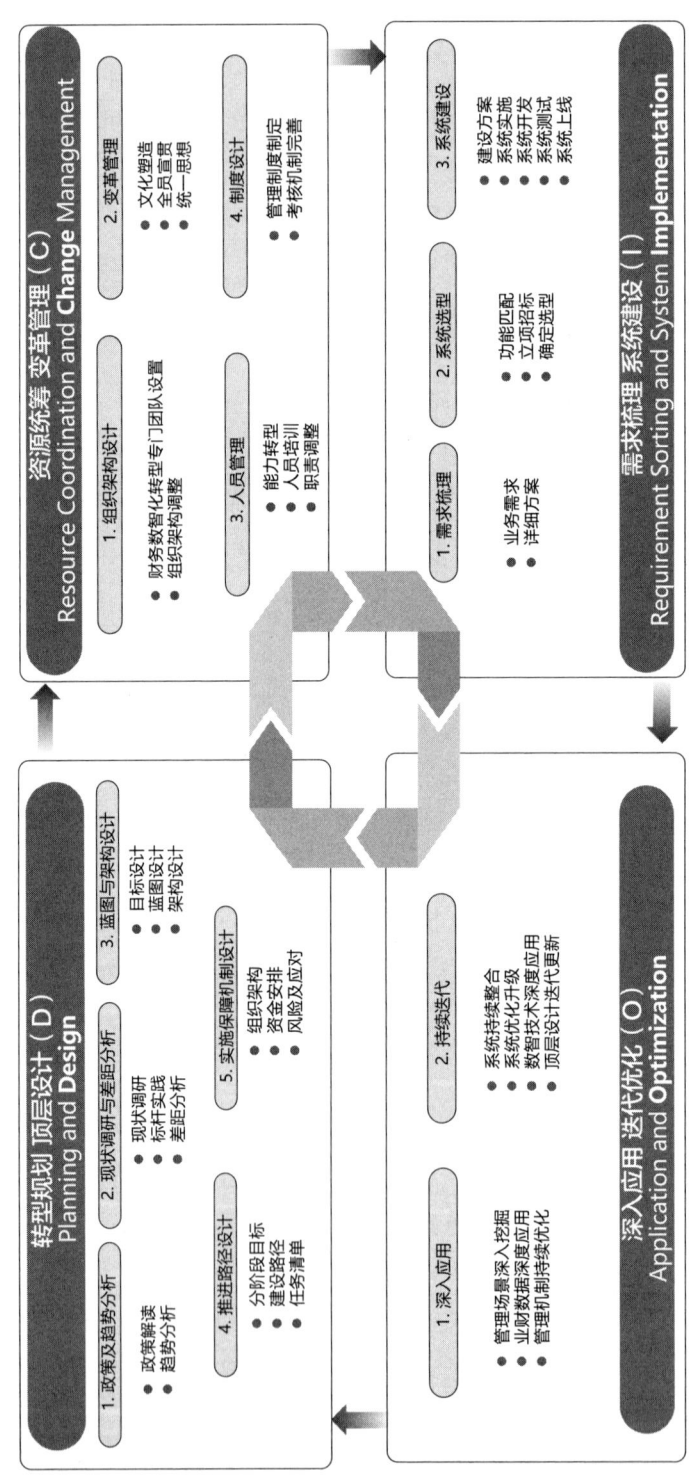

图 3-3 财务数智化转型顶层设计：DCIO 方法

化转型的发展趋势，如技术创新与融合、财务共享服务升级、智能财务发展、数据安全和隐私保护加强以及业财融合深化的趋势等。

现状调研与差距分析重点调研行业数智化的发展现状，考察行业标杆企业的最佳实践情况，并对本企业与标杆企业的差距进行客观分析。这一环节是为制定数智化转型战略、规划投资预算、选择技术方案提供科学依据，促进企业能够合理分配资源，集中力量解决关键问题；有助于推动组织的变革和文化转型。

蓝图与架构设计则对数智化转型的目标、蓝图、架构等进行设计。蓝图与架构设计将为企业勾勒出转型后的理想愿景，明确发展方向和目标。同时，科学合理的架构设计能确保系统各部分的有效协同，为后续系统实施提供坚实基础，保障转型工作高效、有序推进。

推进路径设计重点就数智化转型的分阶段目标、建设路径进行设计，列出任务清单。推进路径设计可为企业提供清晰的转型路线图，明确各阶段的目标和任务，确保转型过程有序进行。同时，合理的路径设计能帮助企业合理分配资源，避免重复建设和浪费。此外，推进路径设计还能帮助企业识别潜在风险，提前制定应对策略，保障转型的顺利进行，提升企业竞争力。

实施保障机制设计重点对变革管理的组织机构、资金等进行安排，对相关实施风险进行预判并设计应对方案。实施保障机制设计可确保转型过程有序可控，实现预期目标。企业可以协调资源、明确职责，提供技术支持与培训，帮助员工适应新技术。同时涵盖风险管理和合规检查，预防问题并确保法律遵从。通过设立监控指标和反馈渠道，持续评估转型效果，及时调整策略，支撑企业战略，促进长期成功。

这些活动可确保在充分分析数智化变革的宏观环境和实际需求的情况下，参照行业的标杆实践，设计出恰当的建设方案和实施路径，以帮助决策者在有限的资源支持情况下，实现财务数智化转型的目标。

（二）资源统筹和变革管理

财务数智化转型是一项高度复杂的系统工程，由于政策、技术、市场等环境的不断变化，在转型过程中会遇到各种各样的阻力，始终充满风险和挑战。企业需要集中统筹和调度各种资源，针对组织、流程、制度、文化等方面进行变革管理，以适应新技术环境下对财务管理的需求。

组织架构设计包括设立专门负责数智化转型的高层领导职位或团队，确保有明确的责任人推进转型战略，还需调整部门设置，设立新的部门如数智化创新部门、数据分析部门等以适应未来管理的需要。

变革管理包括塑造创新文化、鼓励创新思维、增强协作精神，宣贯数智化转型方案、统一变革思想、消除变革阻力。

人员管理包括调整财务人员的岗位和职责、加强对管理人员的培训、促进管理人员的能力转型等。

制度设计包括根据变革的需要设计新的管理流程和制度，设置关键绩效指标来衡量变革进展，定期检查预期目标的实现情况等。

（三）需求梳理和系统建设

信息系统是企业实现财务数智化转型的关键基础设施，它不仅可提升财务运营效率、促进业财信息的共享与协作、推动财务管理模式的创新，还可确保财务信息的安全性和合规性，支持数据驱动决策等。具体而言，在财务数智化转型过程中，参照系统工程的思想，对新的财务信息系统进行全生命周期的建设和管理，即首先认真梳理和分析数智化转型的需求，详细制订系统建设方案，根据开发需求对新系统进行选型，通过立项招标等程序选择成熟的系统供应商或委托专业软件团队进行定制开发，精心完成信息系统的开发、测试、上线、运营等一系列的工程管理工作。

（四）深入应用和迭代优化

在财务数智化转型中，深入应用以及持续迭代是确保财务信息系统发挥最大价值并适应不断变化的业务需求的关键因素。

深入应用不仅仅是简单启用一个信息系统，将该系统用于基本的、表面的任务处理，而是最大限度地发挥其潜能，通过不断深度挖掘数智技术的应用场景，加强业财数据的深度融合应用，持续优化财务管理机制等，更全面、深入地整合和利用新系统来优化业务流程、提升工作效率、支持决策制定以及创造新的商业价值。

持续迭代是指在系统投入使用后，根据用户反馈、业务需求变化和技术发展趋势，不断地对系统进行小规模的更新和改进。这种方式有助于保持系统的活力和适应性，确保它能够长期有效地支持企业的运营和发展，迭代的内容包括更新数智化转型的顶层设计方案，持续升级系统和整合新的信息系统，以及不断深化技术的应用水平等。

二、财务数智化转型路径

财务数智化转型路径的设计可以借鉴不同的理论和思路，如 Lewin 的三阶段（解冻、变革、再冻结）模型、ADKAR（意识、渴望、知识、能力和巩固）模型、六西格玛 DMAIC（定义、测量、分析、改进、控制）方法论和约束理论（Theory of Constraints，TOC）等。

从组织变革的宏观角度看，探索一条优秀的财务数智化转型路径必须首先明确转型的愿景与目标，以确保所有参与人都能够理解转型的目的和预期结果；必须精心设计相对经济、有效的转型步骤；在转型过程中，需要强有力的领导支持、良好的沟通机制以及具备对转型路径进行实时监控、评价和调整的动态项目管理机制。

从信息系统建设的角度看，转型路径主要体现在信息系统建设的先行后续关系上，按照 TOC 理论，我们可以通过识别和解决限制企业数智化发展的瓶颈问题，来优化整个信息系统的性能。应用 TOC 理论的优点是可集中资源和精力，在最关键的点上推动变革。

经过几十年的实践，建设者们已经总结出一系列数智化转型中的难点和痛点问题，包括数据孤岛、技术选型和系统兼容性等方面的技术问题；传统工作方式和思维模式固化、高层管理者对转型价值理解不充分等方面的组织文化问题；复合型人才短缺、新技术学习难度大、转型成本高昂等资源不足问题；转型战略不明晰、目标设定不合理、投资回报率不佳等战略和财务问题等。只有解决这些问题，才能有效实现财务数智化转型的目标，达到预期的效果。

本书基于两个维度给出了财务数智化转型的路径：一个维度是自底向上、从简单到复杂的整体建设思路，分解成筑底座、深融合、显价值三个阶段；另一个维度则从技术、业务、系统角度去观察转型的阶段（参见图 3-4）。

（一）筑底座阶段

该阶段的主要任务是搭建基础技术平台、初步实现内外系统的融合、完成基础的信息系统构建。这个阶段的具体工作内容包括：技术方面，搭建财务数智化技术平台底座，构建基于大数据、智能化、移动互联网、云计算技术的计算资源和存储能力以及高速低延时的通信网络，实现数据的采集、清洗、存储、分析等基本处理能力等。业务方面，启动财务系统与业务系统，财务系统内部各子系统之间，以及财务系统与企业外部生态系统的对接，推动业财系统、财财系统、生

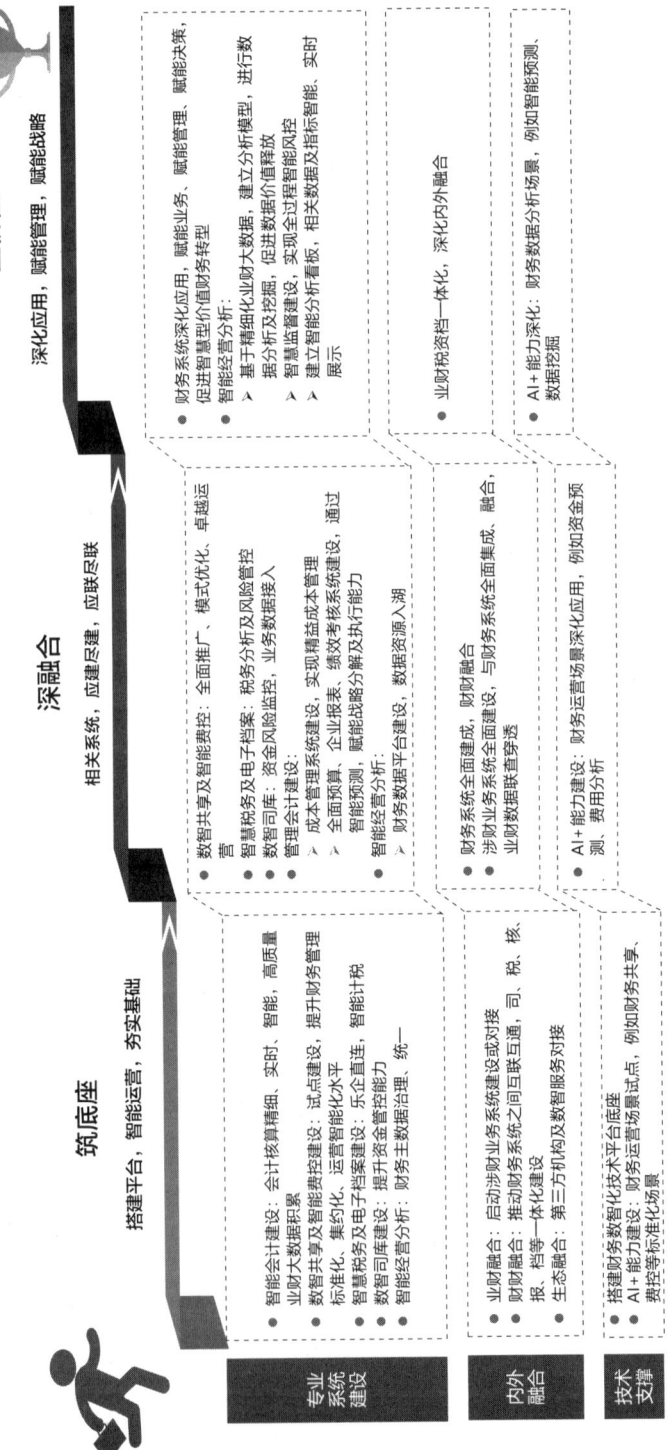

图 3-4 财务数智化转型路径示意图

态系统的互联互通，初步实现业财融合、财财融合以及组织与生态之间的融合。系统方面，启动数智会计、数智共享、智能费控、智慧税务、电子档案、数智司库、智能经营分析等系统的建设，实现财务主数据的初步治理和统一，为进一步深度应用和价值创造打下坚实的基础。

在筑底座阶段，建议关注以下内容：一是要保证战略对齐，即确保技术平台、系统对接和信息系统的构建与企业的整体战略目标紧密相连，所有决策都应支持并推动企业长期发展方向。二是关注数据质量与治理，即从一开始就重视数据的标准制定、清洗和质量管理，建立完善的数据治理体系，保证数据的一致性和准确性，为后续深度应用奠定基础。三要考虑安全性与合规性，即需要设计安全架构来保护敏感信息，确保遵守相关的法律法规，尤其是在数据采集、存储和传输过程中，避免法律风险。四是考虑扩展性与灵活性，即选择的技术解决方案应当具备良好的扩展性与灵活性，以便随着业务增长和技术进步而轻松升级或调整，减少未来改造的成本和技术债务。五是考虑集成与兼容性，即确保新建系统能够与其他现有系统无缝集成，并且可以平滑地与外部生态系统对接，促进信息流动和资源共享，避免形成新的"信息孤岛"。六是尽量采用试点验证与逐步推广的方式，即采用试点项目先行的方式，在小范围内测试新系统或流程的有效性，收集反馈并优化后再全面推行，降低大规模实施的风险。七是考虑持续改进机制，即设立有效的绩效衡量标准和反馈循环，定期评估转型进展，识别问题并及时调整策略，保持转型过程的动态性和灵活性。八是选好合作伙伴，即挑选可靠的供应商和技术伙伴，确保他们不仅有成熟的产品和服务，还能提供长期的支持和合作，共同应对挑战。

（二）深融合阶段

该阶段的主要任务是初步构建智能处理的能力，实现财务相关系统的应建尽建和应联尽联。具体内容包括：技术方面，逐步实现AI+的计算资源、数据和知识处理能力、算法与模型开发、AI应用场景开发等方面能力的提升。业务方面，全面建成财务系统及相关涉财业务系统，实现各类系统的全面集成和融合，实现业财数据的联查穿透功能等。系统方面，实现数智共享及智能费控系统的全面推广、模式优化和卓越运营，实现智慧税务及电子档案系统的分析及风险管控能力，实现数智司库系统的资金风险监控和业务数据接入能力，实现管理会计系统的精益成本管理、全面预算、企业报表、绩效考核系统建设，通过智能预测，赋能战略分解及执行能力，完成智能经营分析方面的平台建设和数据资源入湖等功能。

深融合阶段与筑底座阶段注重技术升级或系统对接不同，要深入挖掘数据的价值，通过智能化手段优化业务流程，进而为企业带来显著的竞争优势和经济效益。

在深融合阶段，建议关注以下内容：一是技术深化与智能应用方面，在筑底座阶段完成了基础技术平台搭建后，深融合阶段的核心任务是提升AI计算资源、数据处理能力及算法模型的应用。这不仅要求确保AI算法的准确性，还必须将这些技术实际应用于业务场景中，创造可量化的商业价值。二是跨部门协作与系统集成方面，深融合阶段强调财务系统与其他业务系统的全面集成，打破信息孤岛，促进数据共享。为了实现这一点，企业需要建立有效的沟通机制，确保各部门对于新流程和技术有一致的理解，避免因理解差异导致的操作失误。业财数据联查穿透功能的实现，使得跨部门的数据查询和追踪变得更加透明和可追溯，增强了审计和合规性。三是深化数据治理方面，在初步构建了数据治理体系的基础上，深融合阶段进一步强化元数据管理和主数据管理，提高数据的一致性和准确性。数据标准化和质量控制是关键，尤其是在支持复杂分析需求时。良好的数据治理为高级分析和机器学习提供了坚实的基础，同时也保证了所有数据都有清晰的来源和用途说明。四是风险管理与合规性方面，随着系统集成度增加，风险管理变得更为复杂。深融合阶段引入了更加先进的风险评估工具和技术，如基于AI的风险预警系统，以应对复杂的市场环境。同时，确保所有的智能化活动都符合最新的法律法规要求，特别是在数据保护、税收政策等方面，这对于维护企业的信誉至关重要。五是用户体验与员工赋能方面，此阶段特别关注如何帮助员工有效地利用智能化工具来提高工作效率。提供针对性的培训和支持，使员工能够掌握新的工作方式和技术，减少对新技术的抗拒心理。用户体验的设计应当考虑最终用户的操作便利性和直观性，确保新系统易于使用，从而提高采纳率。六是持续改进与反馈机制方面，设立完善的绩效衡量标准和反馈循环是深融合阶段的重要组成部分。定期评估智能化转型的效果，快速响应市场变化和技术进步，不断调整策略以保持竞争力。设立明确的关键绩效指标（KPIs），用于衡量智能系统的效能，并定期进行审查和调整，确保转型过程的动态性和灵活性。

（三）显价值阶段

该阶段主要强调通过深度应用智能化手段，使技术成为企业的核心竞争力，不仅追求技术上的卓越，更注重为企业带来可持续的价值增长。具体内容包括：技术方面，进一步强化大模型、数据挖掘、智能看板等方面的应用，可赋能管理创新。业务方面，实现业财税资档的一体化，深化各类信息系统的内外融合，实现关键数据的共建共享。系统方面，全面深化财务系统应用，赋能业务、赋能管理、赋能决策，促进向智慧型价值财务的转型；在智能经营分析方面，基于精细化业财大数据，建立分析模型，进行数据分析及挖掘，促进数据价值释放；开展智慧监督建设，实现全过程智能风险管控；建立智能分析看板，实现相关数据及指标的智能、实时展示。

在显价值阶段，建议关注以下内容：一是强化技术创新与优化，即进一步强化大模型、数据挖掘等先进技术的应用，确保技术始终处于行业前沿。开发智能分析看板，实现关键指标的智能、实时展示，为管理层提供直观的决策支持。二是推动系统的一体化建设，实现业务、财务、税务、资金和档案（业财税资档）的一体化管理，确保信息流无缝对接，提高工作效率。促进关键数据的共建共享，打破部门壁垒，增强跨部门协作和信息透明度。三是深入数据分析与价值释放，基于精细化业财大数据，建立分析模型进行深入的数据挖掘，揭示潜在的商业机会和风险点。利用智能经营分析平台辅助精准、快速决策，推动企业战略目标的实现。四是构建智慧监督体系，开展智慧监督建设，实现全过程智能风险管控，确保企业在复杂市场环境中稳健运营。同时，确保所有智能化活动符合最新的法律法规要求，避免法律风险。五是重视用户体验与员工赋能，确保新系统界面友好、易于操作，减少用户抵触情绪，并提供持续培训帮助员工掌握新技术，提升数字技能。六是设立绩效衡量机制，定义明确的关键绩效指标，定期审查调整，确保智能化举措直接支撑企业战略目标，为企业创造更多价值。

第四章
财务数智化转型的架构设计

第一节 财务数智化转型的业务架构

一、财务数智化转型的业务架构

企业财务数智化转型的业务架构（BA）与技术架构（TA）、数据架构（DA）和应用架构（AA）一起被称为数智化转型的四大架构（4A 架构）。在这四大架构中，业务架构是与企业财务的核心业务直接相关的架构，是转型的规划者进一步设计应用架构、数据架构和技术架构的重要依据。

与技术架构重点关注数智化转型所需的技术平台、工具和基础设施，数据架构重点关注企业数据的管理与价值实现，应用架构聚焦企业财务中各类应用系统的结构、相互关系以及系统的集成和交互等有所不同，业务架构重点关注企业财务的组织结构、业务功能、核心流程与管理模式等方面，更聚焦企业财务管理系统中的具体功能。

良好的业务架构旨在构建高效、敏捷、智能化的财务管理环境，它不仅可提升财务内部的运作效率，而且可增强财务管理对外部环境变化的适应能力。更重要的是通过资金的筹集、调配与管理，以及精准的财务分析与决策支持，可助力企业优化资源配置，提升经济效益，防范财务风险。因此，业务架构设计在企业财务数智化转型的架构设计中至关重要。

（一）业务架构的设计思路

在企业财务数智化转型中，业务架构的设计思路是确保企业的财务管理能够以企业战略为导向，与数智技术深度融合，实现业务流程的自动化、智能化和决策支持的精准化。以下是一些具体的思路。

1. 以企业战略为导向

在设计架构时，需明晰企业在行业中的竞争地位和发展战略，分析财务在其中应发挥的作用和面临的挑战，确保业务架构设计与企业战略相匹配，为企业的长期可持续发展提供有力的支持。需关注行业发展趋势和最佳实践，借鉴同行业或类似企业在财务数智化转型方面的成功经验，结合自身特点进行创新和优化，使财务数智化转型的业务架构具有前瞻性和适应性。

2. 以流程为核心

企业在对转型前财务业务流程进行全面梳理和分析的基础上，找出其中的瓶颈、痛点和冗余环节，运用流程再造的方法进行优化和改进，以期通过数智化转型提高流程的效率和质量。依据流程的重要性和复杂性原则进行分层、分级管理，建立端到端详细的流程视图，明确各个环节的输入、输出、处理逻辑和责任部门，确保流程的顺畅和贯通。此外，还需制定标准化的操作手册和管理制度，规范流程的执行和监控。

3. 以业财数据为基础

企业应构建统一的数据平台，打破内部各部门之间的数据壁垒，实现财务数据和业务数据的集中管理和共享。通过数据整合、清洗、转换等技术手段，提高数据的准确性和一致性，为财务分析和决策提供可靠的数据基础。应建立数据治理机制，制定数据标准、数据质量和数据安全等方面的管理制度和规范，确保数据的有效管理和利用。同时，运用数据分析和挖掘技术，深入挖掘财务数据背后的价值信息，为企业的战略决策、风险管理、绩效评估等提供支持。

4. 以客户需求为中心

树立以客户需求为中心的服务理念，将客户需求贯穿于财务业务架构设计的全过程。了解客户的业务需求和期望，优化财务服务流程和产品设计，提高客户满意度和忠诚度。

5. 强调灵活性与可扩展性

企业需采用模块化、组件化的设计理念，将财务业务架构分解为多个相对独立的功能模块和业务组件，便于系统的开发、维护和升级。同时，预留足够的接口和扩展点，以便能够快速响应未来企业财务的发展和变化，灵活地添加新的功能模块和业务流程。

6. 注重风险防控

企业应能识别和评估财务数智化转型过程中可能面临的各种风险，如技术风险、数据安全风险、资金风险、合规风险等，并制定相应的风险应对策略和措施。建立风险预警和监控体系，实时监测财务业务架构的运行情况，及时发现和预警潜在的风险问题，以便采取有效的措施进行应对和处理，降低风险损失。

（二）业务架构的基本构成

财务数智化转型的业务架构设计需以财务管理目标为指引，基于企业的基本经济业务活动，在先进的组织架构、制度流程、数据规则和平台工具支撑下，完成财务共享、财务核算、成本核算、内部市场化核算、全面预算、税务管理、司库管理、财务报告及财务分析、管理报告及经营分析等方面的财务管理任务（见图4-1）。

在图4-1中，位于最下方的经济业务活动以及组织架构、制度流程、数据规则和平台工具等，可被视为数智化转型业务架构的支撑层，是实现数智技术支持下新财务管理功能的基础。位于中间的各财务管理模块或子系统属于数智化转型业务架构的功能层，可实现从财务会计、管理会计到财务管理等不同的财务管理功能。位于最上方的财务管理目标包括支撑战略、支持决策、服务业务、创造价值、防控风险等属于数智化转型业务架构的目标层，是财务数智化转型最终需要实现的战略目标。

值得注意的是，在数智化环境下，企业财务共享、财务核算、成本核算、内部市场化核算、全面预算、税务管理、司库管理、财务报告及财务分析、管理报告及经营分析等系统并不是孤立存在的，它们之间相互依存、相互促进，具有非常紧密的联系，共同构成了一个高效、智能、协同的财务管理业务体系。

（三）业务架构中的核心内容

从图4-1可以看出，业务架构中存在着大量的财务管理模块和子系统，包括财务共享、财务核算、成本核算、全面预算、税务管理、司库管理、财务报告及财务分析、管理报告及经营分析等内容。

1. 财务共享系统

财务共享系统至少包括专业作业服务、流程优化服务、智能合规风控、质量稽核服务等功能。

值得注意的是，在数智化转型的背景下，财务共享服务正朝着更加智能化、

第一部分 财务数智化转型顶层设计

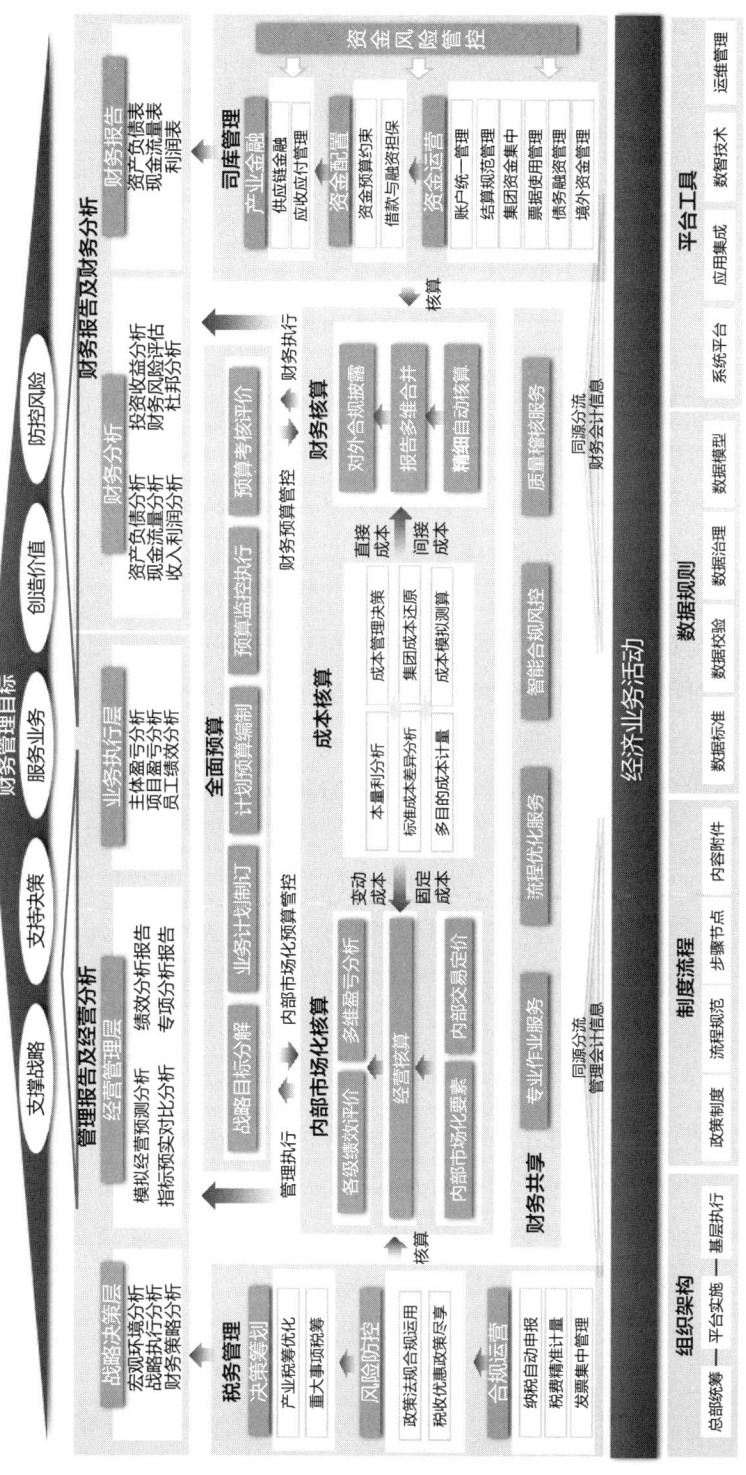

图 4-1 财务数智化转型业务架构图

高效化、全球化的方向发展，不仅提升了运营效率，还为企业创造了更多的价值。以下是在构建财务共享服务系统时需关注和参照的数智化环境下的特点及未来发展方向。

在智能化与自动化方面，机器人流程自动化正在大量用于处理重复性和规则明确的任务，如发票处理、账单支付等，它可减少人工干预，提高准确性。人工智能（AI）与机器学习开始应用于预测性分析、异常检测、智能审批等领域，可帮助识别管理模式并做出数据驱动的决策。

在数据分析与洞察力方面，大数据分析技术正在通过整合来自不同系统的大量数据，提供深入的业务洞察，支持战略规划和决策制定。实时报告与可视化工具正被用于为管理层提供实时的财务信息和绩效指标展示。

在云技术和移动化应用方面，财务共享中心正在采用云端解决方案来降低成本、提升灵活性，并确保随时随地的数据访问。通过开发移动应用程序，共享中心使员工可以远程提交费用报销、查询账户状态等，增强用户体验。

在一体化与集成化方面，共享中心内正在实现业务、财务、税务、资金和档案管理的无缝对接，提高工作效率，避免出现信息孤岛。

在全球化运营方面，根据不同国家或地区的法律法规要求，共享中心可提供多语言和多货币支持，为跨国企业提供统一的财务管理标准和服务，简化跨境交易处理。

在风险管理与内部控制方面，通过智能风险管控，引入先进的风险评估模型和技术，持续监测市场波动、信用状况等因素，及时调整投资组合或信贷策略；通过建立严格的内部控制系统，保证所有财务活动都在受控环境中进行，防范舞弊行为。

2. 核算管理系统

核算管理系统包括内部市场化核算、财务核算、成本核算等内容，其中内部市场化核算可根据内部市场化要素和内部交易定价对经营进行核算，并为各级绩效评价和多维盈亏分析提供依据；财务核算可完成精细化自动核算、报告多维合并和对外合规披露等功能；成本核算则支持利用多目标成本计算、成本模拟测算等方法进行标准成本差异分析、本量利分析、集团成本还原和成本管理决策等功能。

在建设企业新的核算系统时，需关注以下一些数智化背景下的发展趋势：首先，通过人工智能和机器学习技术的应用，财务核算正在实现高度自动化与智能化，极大地提高了核算效率和准确性。其次，数据驱动的决策机制成为主流，企业能够全量采集并实时分析财务数据，为战略决策提供有力支持。同时，业财融合的趋势日益加深，财务人员的角色逐渐转变为业务伙伴和战略顾问。此外，为了应对复杂的市场环境，企业强化了风险管理，建立了风险预警机制并加强了内部控制。最后，平台化与生态化发展也成为重要趋势。

3. 全面预算管理系统

全面预算管理系统至少包括战略目标分解、业务计划制订、计划预算编制、预算监控执行、预算考核评价等功能。其中，战略目标分解是将企业的战略目标细化为具体的、可操作的短期和长期目标，明确各部门和岗位在实现战略目标中的责任和任务，确保企业战略得以有效实施。业务计划制订是根据战略目标，结合市场环境、企业资源等实际情况，制订具体的业务活动计划，以支持战略目标的实现。计划预算编制是依据业务计划，对企业的各项经济活动进行量化预测和资源分配，编制相应的预算，如销售预算、生产预算、成本预算等，为企业经营提供明确的财务目标和资源安排。预算监控执行是在预算执行过程中，通过定期对比实际数据与预算数据，及时发现偏差并分析原因，采取相应的控制措施，确保预算的有效执行，保障企业经营活动的顺利进行。预算考核评价是对全面预算执行情况进行评价，总结经验，发现问题，优化管理。

在建设全面预算管理系统时，需关注以下一些数智化背景下的特点及发展趋势。

一是数据驱动的特点，即通过整合企业内部各个业务系统的数据，实现数据的集中管理和分析，为预算编制、执行和控制提供准确的数据支持。

二是智能化决策的特点，即利用人工智能、机器学习等技术，对海量数据进行深度挖掘和分析，预测市场趋势、客户需求等，为企业的战略决策和预算编制提供科学依据。

三是实时监控与反馈的特点，即借助信息系统，企业可以实时监控预算执行情况，及时发现偏差并采取纠正措施。同时，系统还可以自动生成预算执行报告，为管理层提供及时、准确的反馈信息。

四是高度集成与协同的特点，即通过与企业其他管理系统的高度集成，实现数据的无缝对接和业务流程的协同运作，以确保预算信息的准确性和及时性，提高企业管理的整体效率。

五是灵活性与适应性的特点,即在数智化环境下,企业的内外部环境变化迅速,全面预算管理需要具备足够的灵活性与适应性,能够快速响应市场变化、政策调整等因素的影响,及时调整预算方案,确保企业经营目标的实现。

六是全员参与的特点,即通过信息化平台的建设,全体员工可以方便地参与到预算编制、执行和监控的过程中,增强员工的责任感和参与感,提高预算管理的效率和效果。

4. 税务管理系统

税务管理系统至少包括合规运营、风险防控和决策筹划等功能。其中合规运营包含发票集中管理、税费精准计量、纳税自动申报等内容;风险防控包含税收优惠政策尽享、政策法规合规运用等内容;决策筹划包含产业税收筹划、重大事项筹划等内容。

在设计税务管理系统时,需关注以下一些数智化背景下的发展趋势。

在合规运营方面,数智化技术使税务管理系统能够自动执行更多的合规任务;能够实现对企业税务数据的实时监控;通过对历史数据和行业数据的对比分析,系统还可以预测潜在的合规问题,提前做好防范准备;税务管理系统将与企业的其他业务系统深度整合,实现数据的无缝对接和业务流程的协同运作以确保税务信息的准确性和及时性,避免因信息孤岛导致的合规风险。

在风险防控方面,企业能够收集海量的税务相关数据,包括内部交易数据、财务数据、市场数据以及外部宏观经济数据、政策法规变化等。运用大数据分析技术对这些数据进行深入挖掘和分析,可以更精准地识别出潜在的税务风险点,为企业制定针对性的风险防控措施提供有力依据。人工智能算法可以对大量的税务数据进行学习和训练,建立风险预测模型。基于这些模型,税务管理系统可以对企业未来的税务风险进行预测和评估,帮助企业提前制定应对策略,降低风险发生的可能性和影响程度。

在决策筹划方面,税务管理系统能够为企业提供更全面、准确、及时的数据支持,帮助企业管理层做出更科学的税务决策。通过对内部和外部数据的整合分析,企业可以更好地了解自身的税务状况、市场环境以及竞争对手的情况,从而制订更具竞争力的税务筹划方案。利用智能模拟技术,税务管理系统可以对企业的税务决策进行模拟和优化,数智化技术还可以帮助企业更好地把握税收政策的变化趋势和宏观经济形势，为企业的长期发展提供前瞻性和战略性的决策支持。

5. 司库管理系统

司库管理系统需考虑资金运营、资金配置、产业金融以及资金风险管控等内容。其中，资金运营需要考虑账户统一管理、结算规范管理、集团资金集中、票据使用管理、债务融资管理、境外资金管理等内容；资金配置需要考虑资金预算约束、借款与融资担保等内容；产业金融需要考虑供应链金融、应收应付管理等内容；资金风险管理主要考虑风险识别、风险评估、设定风险承受度、制定风险管理策略、实施控制措施等内容。

在设计司库管理系统时，需关注以下一些数智化背景下的发展趋势。

一是司库的战略定位从传统资金管理向支撑企业战略、支持决策和防控风险的战略性角色转变，将更加注重价值创造；二是进一步形成业财资全链一体化的管理模式，并不断深化基于数据的决策；三是加强与银行、征信机构、政务部门等外部合作伙伴的互联互通，形成全新的司库生态体系，特别是随着企业国际化进程的加快，逐步形成全球司库布局；四是进一步建立涵盖市场风险、信用风险、流动性风险、操作风险管理等完善的风险管理体系。

6. 财务报告及财务分析系统

财务报告及财务分析系统主要包括财务分析和财务报告等内容。其中，财务分析需提供资产负债分析、现金流量分析、收入利润分析、投资收益分析、财务风险评估、杜邦分析等功能；财务报告需提供资产负债表、现金流量表、利润表等报告的功能。

在设计财务报告及财务分析系统时，需关注和参照以下一些数智化背景下的发展趋势，即财务报告的自动化与智能化生成、实时性与动态性增强、个性化与定制化、数据安全与隐私保护加强、可视化呈现等方面的趋势；财务分析的深度数据分析与挖掘、预测性分析与风险评估、跨部门协同与融合分析、战略决策支持等方面的发展趋势。

7. 管理报告及经营分析等系统

管理报告及经营分析系统主要包括业务执行层、经营管理层和战略决策层需要的管理报告和经营分析等内容。其中，业务执行层主要提供主题盈亏分析、项目盈亏分析、员工绩效分析等；经营管理层主要提供模拟经营预测分析、绩效分析、指标预实对比分析以及一些专项分析等方面的报告。

在设计管理报告及财务分析系统时，需关注和参照以下一些数智化背景下的发展趋势。

在管理报告方面，数据驱动与实时性增强、个性化与定制化、可视化呈现与交互性提升、预测性与前瞻性内容增加、全球化与多维度视角等趋势，同时，除了财务指标外，管理报告还会纳入非财务指标，如环境、社会和治理（ESG）因素，以更全面地评估企业的可持续发展能力和社会责任履行情况。在财务分析方面，深度数据分析与挖掘、跨部门协同与业财融合、风险评估与管理强化、战略决策支持、新技术应用与创新等是重要的趋势。

8. 各模块或子系统之间的关系

在各子系统之间的关系中，首先是数据共享与交互的关系，如财务共享和财务核算系统是其他财务管理系统的基础，为成本管理、全面预算、税务管理等系统提供准确的财务数据，如账簿记录、凭证信息、财务报表数据等。其他系统的数据也会反馈至财务核算系统，对财务核算结果进行修正和补充。全面预算系统中的预算执行情况数据可反馈至财务核算系统，用于对比分析和差异调整。

其次是目标协同与支持的关系。各系统共同服务于企业的战略目标，通过相互协作实现企业价值的最大化。全面预算系统以企业战略为导向，制定各项预算指标，财务核算系统确保预算执行的准确性，成本管理系统控制成本支出，税务管理系统合理规划税务，司库管理系统保障资金的有效配置，最终通过财务报告系统和管理报告及经营分析系统为企业决策提供依据，支持企业战略的实施和调整。各系统之间的协同工作还有助于提高财务管理的整体效率。例如，司库管理系统与财务核算系统、全面预算系统等紧密集成，实现资金的集中管理和预算的动态监控，提高资金使用效率；成本管理系统与全面预算系统相结合，通过成本控制和预算执行分析，优化资源配置，降低成本浪费。

再次是流程整合与优化的关系。在数智化环境下，这些系统的业务流程相互关联、相互渗透，形成一个有机的整体。从业务活动的发生到财务数据的记录、处理和分析，再到财务报告和管理报告的生成，各个环节紧密衔接，实现了业务流程的一体化。例如，在采购业务中，采购订单信息会同时传递至财务核算系统、成本管理系统和司库管理系统，实现采购业务的财务处理和资金支付的自动化。各系统之间的协同还可以促进财务管理流程的优化和创新。通过数据分析和挖掘，企业可以发现流程中的瓶颈和问题，进而对流程进行调整和改进。例如，企业可以利用大数据分析技术对财务核算流程中的凭证审核环节进行优化，提高审核效率和准确性；通过对全面预算编制和执行流程的分析，引入滚动预算等先进的预算管理方法，增强预算的灵活性和适应性。

最后是风险防控与预警的关系。各系统在运行过程中会产生大量的数据和信息，通过对这些数据的分析，企业可以识别和评估自身面临的各种财务风险，如市场风险、信用风险、税务风险等。财务核算系统提供的财务数据可用于分析企业的偿债能力、盈利能力等指标，全面预算系统可监测预算执行偏差，司库管理系统可关注资金流动性风险等。当系统检测到潜在风险时，会及时发出预警信号，并提供相应的应对策略。例如，税务管理系统在发现企业可能存在税务违规风险时，会提前提醒企业进行自查和整改；司库管理系统在资金流动性紧张时，会建议企业调整资金安排或采取融资措施。各系统之间的协同配合，使得企业能够更有效地应对风险和降低损失。

分析和优化各系统之间的关系对于财务数智化转型至关重要。它不仅能够帮助企业在转型过程中优化资源配置、提升决策质量、增强风险管理能力，还能促进系统集成与协同创新、适应外部环境变化以及实现企业战略目标。

第二节　财务数智化转型的应用架构

一、应用架构的定义与设计原则

（一）应用架构的定义

企业财务数智化系统的应用架构是企业财务数智化转型四大架构（业务架构、应用架构、数据架构、技术架构）的关键组成部分，它定义了财务数智化应用系统的总体结构和应用组件之间的相互关系。应用架构旨在承接业务架构，是将业务需求转化为财务数智化系统方案的重要桥梁。科学合理的财务数智化系统应用架构，是实现系统与业务深度协同的关键。它不仅能精准映射业务需求，快速响应业务创新与变革，还可通过优化架构设计与功能布局，保障系统高效稳定运行、筑牢安全防线，为财务数智化转型目标的达成奠定坚实基础。

（二）应用架构的设计原则

设计财务数智化系统应用架构时，需遵循科学原则，保障架构设计的合理性与有效性。具体设计原则如下：

（1）以财务数智化目标为导向。在进行应用架构设计时，需要紧密围绕企业的财务数智化目标，从技术、集成、功能等方面入手，全方位渗透企业的财务数智化管理理念，促进财务数智化目标的实现。

（2）有效反映和支撑业务需求。应用架构承接业务架构，在充分理解企业业务架构的基础上，融合业务需求，确保财务数智化系统应用架构有效反映业务需求。从核算、税务、司库、费控、管会、报表、经营分析等财务管理业务域入手，设计财务数智化系统功能，全面覆盖各项财务管理需求。

（3）灵活应对业务创新和变化。数智化时代下，企业的经营管理需要不断应对变化，进行业务模式、组织架构等方面的调整，这也为企业的财务数智化系统提出了更高的要求。财务数智化系统应用架构在设计时需要确保架构的灵活性、可扩展性，能够支持新业务的快速部署与迭代，适应未来业务的发展变化。

（4）保障财务系统高效、安全运转。成功的财务数智化系统的重要特点之一是实现系统的安全、高效运转，进而灵活、敏捷地满足复杂、多元的财务管理需求。财务数智化系统应用架构，需凭借前沿且科学的技术路径、集成方式以及功能架构设计，全方位、深层次地挖掘系统潜能，将系统的高性能发挥到极致。通过对各类先进技术的合理运用，精心搭建系统间的数据交互桥梁，构建起层次分明、逻辑严谨的功能体系，确保财务数智化系统在面对海量数据处理、高频业务操作时，依旧能够稳定运行，安全防护机制时刻在线，为企业财务管理提供坚实可靠的支撑。

二、企业财务数智化系统应用架构的基本构成

财务数智化系统应用架构是企业财务数智化顶层设计的重要内容，成功的应用架构设计是财务数智化系统成功落地的关键起点。目前，我国企业推动财务数智化转型工作尚处探索期，对于如何搭建一个有效的财务数智化系统应用架构的经验相对不足。作为专业的第三方软件服务商，用友深度参与众多大型企业财务数智化转型实践，凭借丰富的系统建设经验，总结提炼出标准化、普适性强的企业财务数智化系统应用架构，为我国企业开展财务数智化架构设计提供理论支撑与实践参考，助力企业加速数字化转型进程。

财务数智化系统应用架构的设计需要锚定企业财务数智化目标。如第三章第二节所述，用友根据《关于中央企业加快建设世界一流财务管理体系的指导意见》对企业财务数智化转型的相关要求，以及丰富的财务数智化系统规划及建设

经验，提炼形成数据驱动、智能前瞻、场景全面、业财融合以及安全可控这五大核心目标（见图4-2）。数据驱动，即通过科学的应用架构设计，使得财务数智化系统具备海量业财数据的采集与治理、加工与处理，以及深度挖掘和分析的能力，为企业决策提供精准、及时的数据支持；智能前瞻，即通过数智化系统建设，运用先进、前瞻的数智化技术和工具，提升财务系统的敏捷性和智能化水平，持续消除流程断点，提高数据处理效率，促进财务管理转型；场景全面，即通过数智化系统建设，实现财务管理场景的全面覆盖，支持各项精细、复杂的业务模型和规则的落地，深度赋能全面财务管理体系建设及管理能力全方位提升；业财融合，即财务数智化系统与前端业务系统深度融合，通过业务明细数据自动触发精细化财务处理，实现业财数据的自动串联与可追溯。安全可控，即加强系统、平台、数据安全管理，筑牢安全防护体系，探索建立自主可控的数智化、智能化财务系统平台。

在架构层次上，财务数智化系统从用户交互、核心功能实现、系统链接集成、底层技术支撑等角度，自表及里进行设计，各层次各司其职又相互协同，全方位赋能财务数智化转型。其中，统一门户层为用户提供了便捷的数智化工作台，实现了多渠道的统一接入。系统应用层是核心功能层，从财务管理全场景入手，涵盖数智化经营分析、智能会计、数智化成本管理、数智化全面预算、数智化报表、智能费控、数智化税务管理、数智司库、电子会计档案、数智共享等多个关键应用模块，满足企业财务智能化运营、数据精细化分析等不同方面的财务管理需求。链接集成层致力于实现业财融合，通过统一业财平台建设或应用程序编程接口（API）、数据平台技术，实现财务与业务系统的无缝对接。技术平台层则提供了底层的技术支撑。财务数智化系统需实现统一技术底座，以企业人工智能服务大模型为核心，构建应用平台、数据平台、智能平台、云技术平台、开发平台、集成平台等，保障财务数智化系统的稳定运行和高效处理。

三、企业财务数智化系统应用架构的核心内容

数智化下的应用架构呈现出全新的模式和特点，有效适应新时代下的信息系统应用需求。其关键内容包括统一技术底座、建立深度业财融合、实现全面业务场景覆盖。通过上述三方面核心内容的建设，帮助企业从技术平台层、链接集成层、系统应用层三个关键点入手，助力财务数智化应用系统的高效落地。

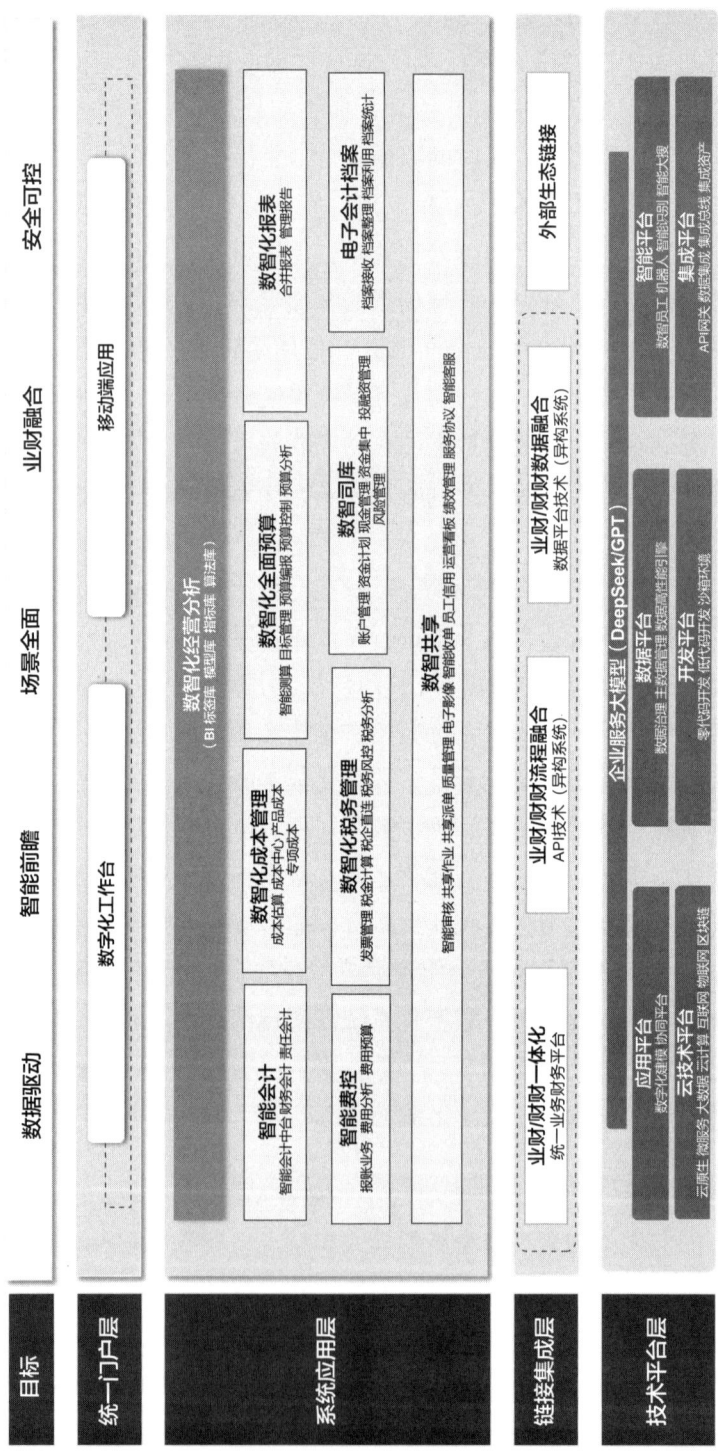

图 4-2 财务数智化系统应用架构

（一）构建统一技术底座

统一技术底座作为整个财务数智化系统的核心支撑，扮演着至关重要的角色。它能够为财务应用提供稳定、高效、可扩展的运行环境，促进数据、流程、应用与服务的全面整合与协同，提供强大的技术能力，能够为企业的财务管理带来前所未有的智能化与自动化水平。财务数智化应用架构的底座包括企业服务大模型、应用平台、数据平台、智能平台、云技术平台、开发平台、集成平台等在内的七大平台。

1. 企业服务大模型

企业服务大模型是数智化系统智能化能力的重要能力支撑，它是基于大规模商业数据和人工智能技术构建的企业级应用服务模型，能够与包括 DeepSeek、GPT 等在内的各类人工智能模型衔接。其融合了企业各领域专业知识和行业专有技术，通过预训练和精调，实现对企业数据的深度理解和应用。企业服务大模型覆盖了财务、人力、供应链等多个企业核心领域，提供全价值链、全场景的智能支持。

2. 应用平台

应用平台主要实现企业财务数智化系统相关的数据档案、业务规则、流程权限等的配置和维护。数智化系统下的应用平台突破企业边界，实现社会化资源共享与交易协同；基于微服务架构打造权限、流程、模板等通用企业应用能力，实现应用快速构建、灵活配置，满足企业业务的快速发展和变化。构建多语言、多时区、多币种等的全球化服务，支撑上层应用实现全球化业务，灵活满足数智化时代下企业全球化业务运营需求。

3. 数据平台

数据平台是财务数智化系统中的综合性数据处理与分析平台，它基于新一代的大数据处理技术，为企业提供一站式的数据采集、加工、治理和应用服务。高质量的基础数据是财务数智化系统成功的重要支撑，数据平台能力的建设成为企业推进财务数智化转型工作的关键一环。

4. 智能平台

智能平台是数智化系统架构下的创新平台，也是数智化系统发挥其生命力的关键内核。它基于云计算、大数据、大模型及人工智能等前沿技术，为企业提供智能化的解决方案和服务。在数智化系统下，受到新一代的数智化技术和平台的加持，企业的财务系统更加智慧、高效、便捷，系统能力实现质的飞跃。

5. 云技术平台

技术平台为所有 SaaS 应用的开发、运行、运维、交付、应用提供全方位支持。它保障了 SaaS 应用的安全性、稳定性、高弹性和高可用性，助力企业快速实现商业和管理创新。云技术平台具有多云适配、信创适配、标准云原生、简强云原生等特点，灵活满足企业不同的系统部署和硬件环境要求。

6. 开发平台

数智化系统下的开发平台是一个集工具、能力和资源服务为一体的综合性平台。它基于先进的技术架构，为企业提供快速、灵活的应用开发能力。其基于云原生、多租户与模型驱动技术，为全生态开发者赋能。它具备可视化设计、低代码及零代码开发能力，支持 Web、移动应用及小程序构建，一套代码可实现多端运行，能高效助力企业构建个性化应用。

7. 集成平台

数智化系统更加强调全面的内外部系统融合，高效整合内外部资源及能力，为财务管理全面赋能。数智化下的技术平台具有更加强大的链接集成能力，能够帮助企业更高效地连接内外部的系统及应用，从而扩展业务边界及运营范围。平台提供了从集成工具到集成资产的全面服务体系，帮助企业轻松连接内外部资源，加速数智化进程，实现商业创新。

（二）实现深度业财融合

在信息化时代，企业因缺乏业财系统融合的系统性规划，致使财务运营与决策效率显著受限。由于财务系统与业务系统未充分集成，大量财务处理依赖人工操作，业务数据采集存在颗粒度粗、时效性差等问题，直接削弱了财务数据的精细度与及时性，为财务分析和战略决策造成阻碍。

进入数智化时代，精细化、实时性与智能化成为财务数智化系统的核心能力。业财系统的深度融合作为关键突破口，通过建立实时、动态的数据交互机制，财务系统能够精准获取业务明细信息，实现业财数据从采集、转换到分析应用的全流程智能化处理，有效推动企业数智财务能力的构建。在数智化系统架构下，企业实现业财融合主要依托两种路径：

（1）第一种为业财一体化平台建设，即通过统一系统选型，在单一平台上搭建业财融合体系，从根源上消除异构系统集成壁垒。该模式以原生的数据互通能力，实现业务与财务信息的高效对接与精细化流转，既能保障数据一致性，又显著提升融合效率，已逐渐成为企业构建财务数智化系统的主流实践路径。

（2）第二种为异构系统集成方式，即通过 API 接口、数据中台等技术实现业财系统对接。该模式需攻克数据标准差异、系统兼容性等难题，实施复杂度与成本较高，适用于既有系统架构复杂、短期内难以完成一体化改造的企业，可分步实现业财数据贯通与流程协同。

在财务数智化转型进程中，系统融合的范畴已从企业内部的业财、财财协同，拓展至企业内外系统的互联互通。数据作为驱动数智化系统的核心要素，其跨系统的互联共享成为转型关键命题。传统信息化架构下，由于外部生态系统链接缺失，大量财务工作依赖人工操作，如手工下载银行回单、手动录入商旅订单、线下完成纳税申报等，不仅效率低下，且易出现数据偏差。数智化系统通过标准化接口与商旅、电商、金融机构、税务机关、海关等外部平台深度对接，在保障数据安全合规的前提下，实现企业与外部生态的无缝交互。这一模式不仅消除了财务流程中的断点，还极大丰富了财务数据维度，显著提升财务管控与战略决策的效能。

（三）实现全面深入的场景覆盖

在信息化时代，受限于系统功能边界、集成技术水平与数据处理能力，企业财务管理需求多聚焦于基础会计核算、预算编制及报表分析，呈现场景单一化特征。而进入数智化时代，伴随企业财务管理需求向战略决策、风险管控等多元领域延伸，加之大数据、人工智能等技术赋能，财务数智化系统应用架构实现了场景覆盖的跨越式升级。

财务数智化系统架构以功能模块集群构建完整生态。财务运营类系统集成数智共享、智能费控、数智税务、数智司库等系统，实现流程自动化与业财协同；财务数据处理及分析类系统整合智能会计、成本管理、全面预算等模块，通过数据深度挖掘支撑决策。同时，借助于数智化技术，各系统功能呈现出精细化、智能化特征，例如数智共享平台支持智能审核、自动结算等功能；电子会计档案实现档案全生命周期数字化管理；数智司库构建"资金预测—监控—调度"的闭环体系；经营分析系统则通过多维度数据建模，为企业战略规划与风险防控提供数据洞察，全面驱动财务数智化转型进程。

依托完备且智能的系统功能架构，财务数智化系统全面赋能财务管理场景的深度拓展与价值升级。主要体现为：

（1）智能重塑财务运营，消除流程断点。在传统信息化架构下，财务申请、审批等流程存在显著断点，大量人工干预与线下操作导致效率低下且易出错。财务数智化系统通过引入前沿技术，构建起智能交互、自动识别、智能审核等新型功能体系，推进去手工化进程。财务数智化系统不仅能够自动完成票据识别、合规校验等基础工作，还可通过智能决策引擎实现流程的自动化流转。这种智能化转型使财务处理流程更加流畅高效，将财务人员从重复性事务中解放出来，促使其向战略分析、风险管控等高价值领域转型。

（2）精筑业财数据根基，支撑多维决策。通过精细化的业财数据，满足产品、项目、客商、行业、区域、生产环节、内部利润中心组织等多维度、多主题的分析需求，改变传统模式下分析维度单一的弊病。例如，传统成本管理以月度计量分摊为核心，呈现周期化、粗放式特征，而数智化成本管理突破传统周期限制，实现日成本核算、全周期成本追踪及订单、工序级的精细化计量，通过数据深度挖掘定位优化点，推动精益成本管理落地。

（3）驾驭复杂分析场景，深化数据应用。财务数智化系统依托精细化业财数据底座与强大的数据处理能力，能够有效支撑复杂多元的分析场景需求。借助先进的数据建模技术，财务人员可针对不同业务场景构建定制化分析模型，为企业战略决策提供深度洞察。以智慧监督系统为例，通过实时采集财务审核全流程的业务与财务数据，企业可以运用关联分析与风险预警模型，实现事前规则防控、事中动态监控、事后精准追溯的全周期管理，显著提升内控水平。在预算管理、成本优化及产品定价等场景中，系统能够整合产销量、历史成本、市场动态等多维数据，通过复杂建模挖掘数据规律，科学设定关键参数，为企业资源配置与经营决策提供精准的数据支持。

（4）拓展全球运营视野，强化数智支撑。在企业全球化布局加速背景下，财务数智化系统架构深度适配海外运营需求。通过多准则并行处理机制，支持国际会计准则与属地化规范协同；融合多语言交互界面、多币种结算体系，兼顾全球用户使用习惯；强化跨境数据安全防护，构建合规的数据交互通道。系统从功能设计到集成部署的全链路优化，为企业海外业务拓展、全球财务管控提供坚实的数字化支撑。

第三节　财务数智化转型的数据架构

基于数字世界中的众多数据进行更深入的加工，可以获得很多新的数据。这些新的数据代表着对物理世界各种动作的统计、分析、建议、预测等内容。企业的管理者和员工可以应用这些新的数据，指导业务动作，从而产生更高的业务价值，并提升企业生产效率、降低运营成本、优化产品功能等。伴随着业务动作的执行，又一条新的数据在财务数字世界中产生。物理世界和财务数字世界互为映射，相互作用，往复不断。数据模型则是跨越物理世界与财务数字世界之间的桥梁，模型的稳定和公允将会让两个世界的贯通更加通畅。数据模型应当是数据工作之首，是一系列后续其他数据工作的前提。

传统的财务管理模式在数据处理、决策支持等方面逐渐暴露出诸多不足，难以满足企业在复杂多变的市场环境下的发展需求。财务数智化的数据架构是一种将数智化技术深度融入财务管理，以数据为核心驱动，全面支撑企业财务智能化转型的系统性架构体系。它整合了数据源、数据采集、存储、处理、分析以及应用等多个关键环节，旨在打破数据孤岛，实现数据的高效流通与价值挖掘，助力企业提升财务管理水平和决策科学性。

财务数智化转型成为企业实现战略升级、提升核心竞争力的必由之路。而数据架构作为财务数智化转型的底层支撑，其设计的合理性和先进性对于整个转型的成功与否起着决定性作用。构建科学、高效的数据架构，能够帮助企业整合内外部数据资源，实现数据的深度挖掘和价值创造，为企业的战略决策提供有力支持。

构建完善的财务数据架构，能够将海量的财务数据转化为有价值的信息，实现财务管理流程的自动化、智能化，精准把握财务状况，及时发现潜在风险，为企业战略决策提供有力依据，从而在激烈的市场竞争中占据优势。

一、财务数智化转型的数据架构设计原则

（一）以业务为导向原则

财务数据架构的设计应紧密围绕集团企业的业务需求和战略目标，确保数据能够为业务决策提供有力支持。在设计过程中，要充分了解各业务部门的工作流程和数据需求，将业务逻辑融入数据架构中，使数据架构能够灵活适应业务的变化和发展。

(二)标准化与规范化原则

建立统一的财务数据标准和规范是实现数据集成和共享的基础。集团公司应制定涵盖数据定义、数据格式、数据编码、数据质量等方面的标准规范,确保各业务系统和数据来源的数据一致性和准确性。同时,要建立数据管理流程和制度,明确数据的采集、存储、处理、使用和维护等环节的责任和规范,保证数据的质量和安全。

(三)开放性与扩展性原则

考虑到未来技术的发展和业务的拓展,财务数据架构应具备良好的开放性和扩展性。采用开放式的技术架构和接口标准,便于与外部系统进行集成和数据交换。同时,要预留足够的扩展空间,能够方便地增加新的数据来源、数据处理模块和应用功能,以满足企业不断变化的业务需求。

(四)安全性与可靠性原则

财务数据涉及企业的核心机密和商业利益,数据安全至关重要。数据架构设计要充分考虑数据的安全性和可靠性,采取多层次的数据安全防护措施,如数据加密、访问控制、身份认证、安全审计等,防止数据泄露、篡改和丢失。同时,要建立数据备份和恢复机制,确保在系统故障或灾难发生时能够快速恢复数据,保障企业的正常运营。

二、企业财务数智化转型的数据架构设计

企业财务数智化转型数据架构的总体框架包括数据源层、数据采集层、数据存储层、数据处理层、数据分析层和数据应用层六层(见图4-3)。

(1)数据源层:包括ERP核算系统、业务系统等,为数据架构提供数据来源。在财务数智化转型的数据架构中,数据源层处于至关重要的基础地位,它是整个数据体系的源头活水,源源不断地为后续的数据处理与分析提供支撑。数据源层涵盖了多个关键组成部分。首先是财务系统,作为记录企业财务信息的核心系统,其中包含了丰富的财务数据,如账务数据、报表数据、预算数据等。这些数据详细记录了企业资金的流动、成本的支出、收益的获取等财务状况,是企业进行财务分析、决策制定的重要依据。其次是业务系统,业务系统贯穿企业运营的各个环节,如销售系统记录了销售订单、客户信息、销售业绩等数据;采购系统包含了采购订单、供应商信息、采购成本等数据。这些业务数据与财务数据相

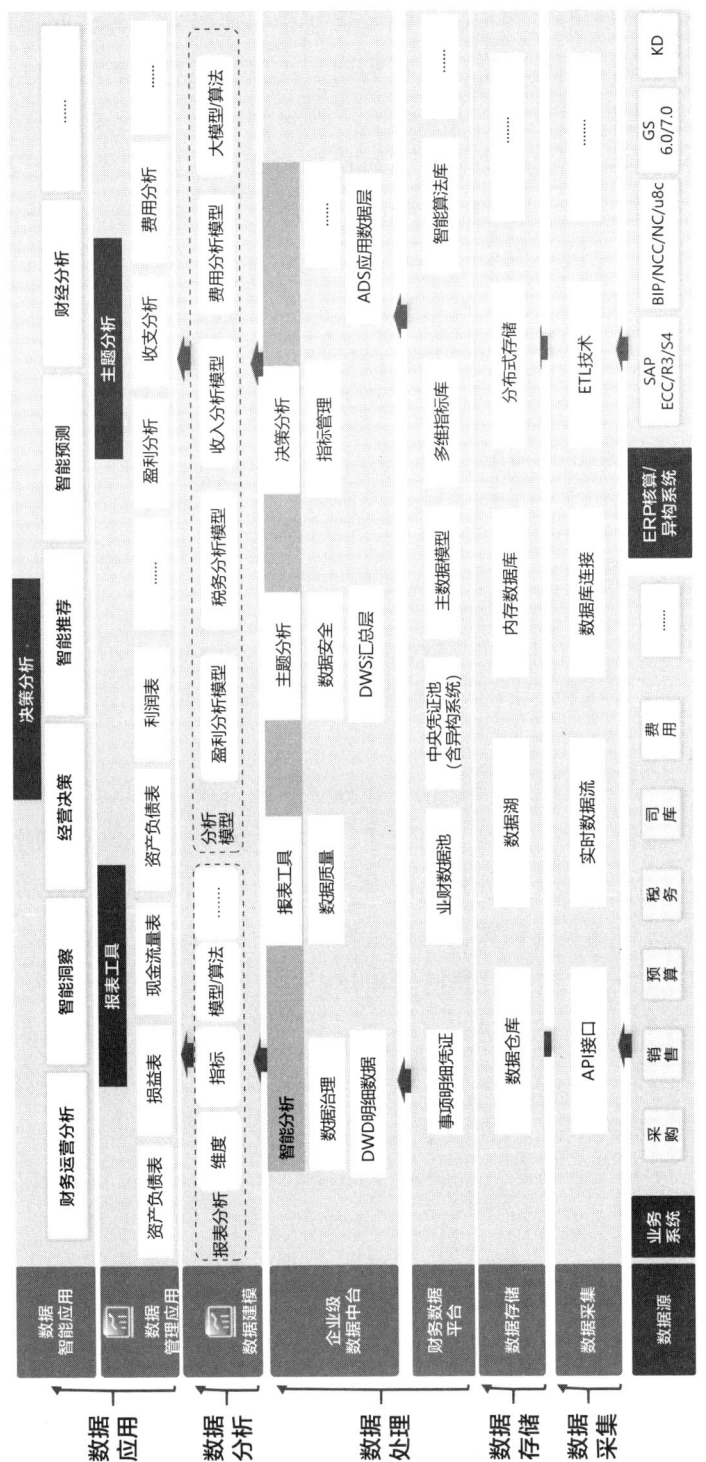

图 4-3 企业财务数智化转型数据架构

互关联，是实现财务与业务深度融合的关键纽带，通过对业务数据的分析，可以更好地理解财务数据背后的业务逻辑，为财务决策提供更全面的视角。此外，外部数据源也不容忽视。它包括行业报告、宏观经济数据、市场调研数据等。行业报告能够提供同行业企业的经营状况、市场份额等信息，帮助企业了解自身在行业中的位置和竞争力；宏观经济数据如 GDP 增长、利率波动等，会对企业的财务状况和经营策略产生深远影响；市场调研数据则有助于企业洞察市场需求和消费者偏好，为企业的产品定价、营销策略制定提供参考。数据源层通过整合财务系统、业务系统以及外部数据源，为财务数智化转型的数据架构提供了全面、丰富的数据来源，为后续的数据处理、分析和应用奠定了坚实的基础，推动企业在数智化时代实现更高效的财务管理和决策。

（2）数据采集层：采用 ETL、API 等技术，实现多源业财异构数据的采集和整合。数据采集层起着承上启下的关键作用，它是将数据源层的各类数据转化为可处理格式的重要环节。这一层主要采用 ETL（Extract, Transform, Load，即抽取、转换、加载）和 API（Application Programming Interface，即应用程序编程接口）等技术，实现多源异构数据的有效采集与整合。ETL 技术在数据采集层中应用广泛。面对财务系统、业务系统以及外部数据源中格式多样、结构复杂的数据，ETL 技术能够从不同数据源抽取数据，比如从财务系统中抽取账务流水数据，从业务系统里抽取销售订单数据等。抽取后，通过一系列转换规则，将数据转化为统一的格式，以适应后续分析处理的需求。例如，将不同系统中日期格式不一致的数据统一为标准格式，确保数据的规范性。最后，把转换后的数据加载到指定的数据存储区域，为进一步的数据挖掘和分析做准备。API 技术则为数据采集提供了更为灵活和高效的方式。通过与各类系统开放的 API 对接，企业能够实时、准确地获取所需数据。以与银行系统的 API 对接为例，企业可以实时获取账户余额、交易明细等财务数据，大大提高了数据采集的及时性和准确性。同时，借助 API，企业还能与第三方数据供应商建立连接，获取宏观经济数据、行业动态数据等外部数据，丰富数据维度。数据采集层运用 ETL 和 API 等技术，打破了业财、财财数据之间的壁垒，实现了多源异构数据的高效采集与整合，为后续的数据处理、分析和应用提供了高质量的数据基础，有力地推动了财务数智化转型的进程。

（3）数据存储层：构建数据仓库、数据湖等数据存储平台，实现数据的集中存储和管理。数据存储层是数据得以沉淀和有序管理的核心阵地，其重要性不言而喻。这一层主要通过构建数据仓库和数据湖等数据存储平台，实现数据的集中存储与高效管理。数据仓库作为一种面向主题的、集成的、相对稳定的、反映历史变化的数据集合，在财务数智化转型中扮演着关键角色。它将从财务系统、业务系统以及外部数据源经采集层抽取并转换的数据进行集中存储。把不同时期的财务报表数据、成本核算数据等按照统一的财务主题进行整合，方便财务人员进行深度的财务分析，如对比不同年度的财务指标变化，精准把握企业的财务状况和发展趋势。数据仓库的稳定性保证了数据的一致性和可靠性，为财务决策提供坚实的数据支撑。而数据湖则以其独特的架构，为企业提供了更为灵活和全面的数据存储方式。它能够存储结构化、半结构化和非结构化的各类数据，对于财务数智化转型而言，具有极大的价值。在财务领域，除了传统的结构化财务数据，还存在大量的非结构化数据，如发票、视频、音频、图片、财务报告文档、审计意见文本等多模态原始凭证。数据湖可以将这些数据统一收纳，通过先进的数据分析技术挖掘其中潜在的信息，为财务风险管理、内部控制优化等提供新的思路和依据。数据仓库和数据湖共同构建的数据存储层，实现了多源数据的集中存储与科学管理，打破了数据分散存储的局面，极大地提升了数据的可用性和价值，为财务数智化转型中的数据分析、决策支持等环节筑牢根基。

（4）数据处理层：利用数据清洗、数据转换、数据建模等技术，对数据进行加工处理，提高数据质量。数据清洗是保障数据准确性的基础步骤。财务数据来源广泛，可能存在缺失值、重复值和错误数据。例如，在财务报销数据中，可能出现员工填写不完整或填写错误的报销金额、报销事由等情况。通过数据清洗技术，运用特定算法和规则，识别并纠正这些问题数据，如补充缺失的报销信息，去除重复报销记录，从而确保数据的真实性和完整性，为后续分析提供可靠的数据基础。数据转换则是让数据以更适合分析的形式呈现。在财务领域，不同系统的数据格式和编码方式可能各不相同。比如，不同地区分公司的财务报表可能使用不同的货币单位和日期格式。数据转换技术能够将这些数据统一为标准格式，如将货币单位换算为统一币种，将日期格式标准化，使数据具有一致性和可比性，便于进行综合分析。数据建模是数据处理层的核心技术之一。它通过构建财务分析模型，如成本预测模型、预算执行偏差分析模型等，挖掘数据之间的潜在关系。以成本预测模型为例，利用历史成本数据、业务量数据以及市场价格波动等因素，建立数学模型，预测未来成本走势，帮助企业提前制定成本控制策略，优化财务管理。数据处理层通过数据清洗、数据转换和数据建模等技术，有效提升了财务数据质量，挖掘出数据的深层价值，为财务数智化转型中的精准分析和科学决策提供有力保障。

（5）数据分析层：运用数据分析、数据挖掘、机器学习等技术，可以对数据进行深度分析，挖掘数据价值。数据分析层是释放数据潜能、挖掘数据价值的关键层级，它依托数据分析、数据挖掘、机器学习等前沿技术，对经处理层加工的数据进行深度剖析，为企业财务决策提供强大的智力支持。数据分析技术是洞察财务状况的基础手段。通过运用对比分析、趋势分析、结构分析等方法，可以对财务数据进行多维度解读。例如，运用对比分析法，将本期财务指标与往期对比，快速识别企业盈利能力、偿债能力、运营能力等方面的变化；利用趋势分析法，绘制营业收入、净利润等指标的时间序列图，直观呈现企业的发展态势，可以帮助管理者把握财务走向，及时调整战略。数据挖掘技术则能在海量财务数据中发现隐藏的模式和规律。通过关联规则挖掘，分析销售数据与成本数据的关联关系，找出影响成本的关键销售因素，以便企业针对性地优化成本结构。在应收账款管理中，借助聚类分析，将客户按照欠款金额、还款周期等特征进行分类，识别出高风险客户群体，提前制定催收策略，降低坏账风险。机器学习技术的应用，为财务分析带来了更智能化的解决方案。企业可以构建智能财务预测模型，通过对历史财务数据和市场环境数据的学习，预测未来的财务指标，如收入预测、现金流预测等。在风险评估方面，利用机器学习算法建立风险评估模型，实时评估企业面临的财务风险，及时发出预警信号，助力企业提前防范风险。

（6）数据应用层：将数据分析结果应用于财务预测、风险预警、决策支持等场景，赋能财务数智化转型。数据分析层所产出的成果有着广泛且关键的应用，能够深度赋能财务数智化转型，尤其体现在财务预测、风险预警、决策支持等核心场景。在财务预测场景中，通过对历史财务数据以及市场动态数据的深度分析，能够精准预测企业未来的财务状况。如在消费品行业，利用时间序列分析等方法，对过往的营业收入、成本支出等数据进行建模，结合市场趋势、行业发展态势等因素，预测企业未来几个季度或年度的收入与利润情况。这不仅能帮助企业提前规划资源配置，还能为制定合理的预算目标提供依据。风险预警方面，数据分析结果发挥着至关重要的作用。通过建立风险评估模型，对财务数据中的关键指标，结合各企业所处的行业，将资产负债率、流动比率、应收账款周转率等进行实时监测与分析。一旦这些指标触及预设的风险阈值，系统便会立即发出预警信号。当资产负债率持续上升接近警戒线时，预示着企业可能面临偿债风险，企业可据此及时调整融资策略，优化债务结构，降低风险。 在决策支持场景下，数据分析结果为企业管理层提供了全面、准确的信息参考。在投资决策时，通过对项目的成本收益分析、风险评估等数据进行整合分析，帮助管理者判断项目的可行性与潜在收益，从而做出科学合理的投资决策。在制定财务战略时，依据对财务状况、市场竞争态势等多维度数据的分析结果，企业能够明确自身优势与劣势，制定出符合企业发展的财务战略，推动财务数智化转型，提升企业在市场中的竞争力。

三、企业财务数智化转型中的数据流转关系

财务数智化数据流转关系可以概括为"一个中心，两个循环，三个层次"。

（一）一个中心

以数据价值为中心，所有数据流转活动都围绕挖掘数据价值、赋能业务决策展开。

（二）两个循环

（1）内部循环：企业内部各部门之间的数据流转，例如财务部门与业务部门之间的数据共享。

（2）外部循环：企业与外部环境之间的数据流转，例如企业与供应商、客户、金融机构之间的数据交互。

（三）三个层次

（1）数据采集层：从各种数据源采集数据，包括企业内部系统（如采购、销售、生产）、外部数据平台（商旅、税务、银行、工商）、物联网设备等。

（2）数据处理层：对采集到的数据进行清洗、转换、加载等操作，并进行存储和管理。

（3）数据应用层：利用数据分析工具和技术，对数据进行挖掘和分析，并将分析结果应用于财务预测、风险控制、成本优化等场景。

四、构建高效财务数据流转体系的关键要素

（1）统一的财务数据平台：建立统一的财务数据平台，打破数据孤岛，实现数据的集中存储和管理。

（2）标准化的数据治理：制定统一的数据标准和管理规范，确保数据的准确性、完整性和一致性。

（3）安全的数据共享机制：建立安全的数据共享机制，保障数据在流转过程中的安全可控。

（4）先进的数据分析技术：利用人工智能、机器学习等技术，提升数据分析的效率和准确性。

第四节 财务数智化转型的技术架构

一、财务数智化转型技术架构概述

技术架构描述企业系统中技术组件的组织结构、相互关系以及运行原理，常用于指导系统的开发、实施和维护，以确保系统能够满足业务需求，并具备良好的性能、可扩展性、可靠性等特性。它是企业数智化架构的关键组成部分，就像建筑物的骨架一样，支撑着整个企业的信息系统和业务流程。TOGAF（The Open Group Architecture Framework）将技术架构定义为"描述了支持业务应用和数据架构所需的逻辑软件和硬件能力，包括 IT 基础设施、中间件、网络、通信、处理和标准等"。该定义从企业架构的角度出发，强调技术架构是为了支撑业务架构和数据架构而存在的，涵盖了硬件、软件、网络等多个技术层面的内容。

技术架构涵盖了硬件资源，如服务器、存储设备、网络设备等，以及软件资源，包括操作系统、数据库管理系统、中间件和各种应用程序。这些组件相互协作，共同实现系统的功能。技术架构通常可分为多个层次，如基础设施层、平台层和应用层。基础设施层提供基本的硬件和网络支持；平台层包括操作系统和中间件，为应用程序提供运行和开发的平台；应用层则是直接面向用户的各种业务应用。如图 4-4 所示，财务领域数智化转型的技术架构分为四个关键层次：访问接入层、SaaS 应用服务层、PaaS 底座层和 IaaS 资源层，它们共同支撑财务领域的数智化转型。

（一）访问接入层

访问接入层作为架构的顶层入口，为用户及外部系统提供统一访问接口，保障访问体验的安全性与流畅性。其核心功能涵盖身份鉴权、API 网关与安全防护：通过单点登录、双因素认证等机制验证用户权限；利用 API 网关标准化外部请求交互，集成负载均衡、限流等运维能力；构建包含防火墙、DDoS 防护、数据加

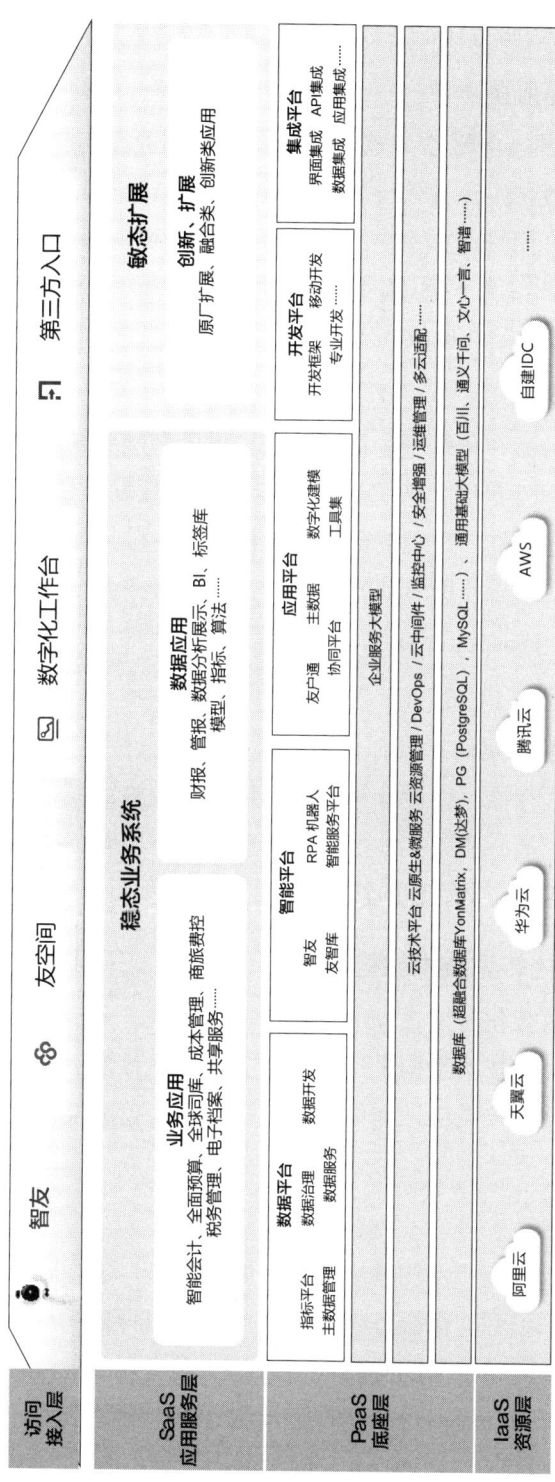

图 4-4 财务领域数智化转型的技术架构

密的多层次安全体系，防范攻击与数据泄露。

（二）SaaS 应用服务层

SaaS 应用服务层包含财务等核心业务服务，分为稳态与敏态两类应用。稳态应用聚焦生产计划、库存管理等核心场景，依托 ERP 系统、关系型数据库等成熟技术，保障高可用性与数据一致性；敏态应用面向市场创新需求，采用微服务架构、云计算平台及 NoSQL 数据库等敏捷技术，支持快速迭代与灵活响应，平衡业务创新与稳定性挑战。

（三）PaaS 底座层

PaaS 底座层作为数智化转型的核心引擎，提供多层次基础服务：技术平台支撑底层计算资源与弹性扩展，数据库服务管理海量数据存储，智能平台集成 AI 与机器学习技术赋能决策；开发平台降低应用构建门槛，集成平台打通系统间协同；数据平台通过治理与分析驱动业务创新，企业服务大模型提升决策效率，形成覆盖开发、集成与智能化的全链条支撑体系。

（四）IaaS 资源层

IaaS 资源层为上层架构提供弹性云资源：公有云依托阿里云、AWS 等主流服务商，提供分布式存储、弹性计算等高可用基础设施；混合云则按数据主权与合规需求灵活配置，核心业务本地部署保障安全可控，非关键业务云端托管优化成本，实现资源效率与安全管理的动态平衡。

二、财务数智化转型技术架构特性

在企业的财务数智化转型过程中，构建一个高效、灵活、可靠、安全的技术架构至关重要，良好的技术架构设计不仅能支撑企业日常运营，还能帮助企业应对未来的挑战，提升业务灵活性和创新能力。新一代技术架构应具备的部分关键特性如下。

（一）云原生

云原生是基于云计算特性构建应用的系统性方法，依托容器化封装应用及依赖环境确保跨环境一致性，微服务架构解耦单体应用为独立自治服务单元，支持独立开发与弹性扩展。通过 Kubernetes 等编排工具实现服务自动化部署、扩缩容与故障自愈，结合资源动态监控机制按需调配计算、存储资源，保障系统高弹性和稳定性。

（二）元数据驱动

元数据作为"数据的数据"，通过描述数据结构、关联关系及使用规则，构建业务与技术间的核心纽带。其核心价值在于统一数据定义、支撑治理合规、加速跨系统集成与业务创新。关键特性包括数据资产可视化（数据目录映射字段全生命周期）、动态关系映射（构建数据血缘）、自动化分类（AI识别敏感数据）及业务技术双向翻译（术语表关联指标与模型）。在数据湖治理、主数据管理、低代码开发等场景中，元数据通过驱动数据质量提升、合规追踪与智能分析，赋能企业实现数据资产价值最大化。

（三）数用分离

该架构将数据存储与计算解耦，支持独立优化与扩展。企业可弹性配置存储（如对象存储服务）与计算资源（如云服务器集群），既应对海量数据低成本存储需求，又满足峰值算力动态调用，避免资源浪费。分离模式可突破传统耦合架构的扩展瓶颈，提升处理效率的同时优化综合成本。

（四）多租户

多租户架构允许多用户共享底层资源池，通过逻辑隔离确保数据安全与隐私。租户可定制业务流程与界面，而平台通过统一资源调度降低运维复杂度与成本。此模式平衡了资源共享的经济性与租户个性化需求，成为SaaS服务的核心支撑架构。

（五）高可用性

通过冗余设计（双机热备、负载均衡）、故障自动转移及实时健康监测，确保系统在局部故障时持续运行。负载均衡技术分散请求压力，结合自动化恢复机制最小化业务中断时间，保障关键服务连续性。

（六）高可靠性

系统通过冗余备份、实时监控与预防性维护实现长期稳定运行。数据多副本存储与定期快照防止丢失，结合自动化测试与性能调优，持续提升容错能力，确保业务高峰期的稳定承载。

（七）可扩展性

支持横向（增加节点）与纵向（升级硬件）扩展，云原生架构可依据负载动态伸缩资源。自动弹性扩缩应对流量波动，结合分布式架构设计，实现高并发处理与大数据量分析的无缝扩展。

（八）可维护性

模块化设计解耦系统功能，便于独立升级维护。CI/CD 流水线与自动化运维工具可降低人工干预水平，实时日志分析与监控平台快速定位故障，缩短修复周期，提升系统迭代效率。

（九）高安全性

基于安全要求构建端到端防护体系：传输存储层采用 SSL/TLS、AES 加密；访问层实施多因素认证与细粒度权限控制；网络层部署防火墙、入侵检测实时拦截威胁；合规层通过定期审计与漏洞扫描满足 GDPR 等法规要求，形成纵深防御机制。

三、采用合适的部署模式

我国大部分企业集团为管理型企业集团，部分企业在管理上存在先天性的不足，存在产权不清、出资者不明、财务关系不顺、权责失衡、缺少外部监督机制等问题。内部信息不透明、不对称和不集成，致使集团总部的高层决策者难以获取准确的财务信息等问题，企业集团应当选择建立基于"决策层—管理控制层—核算操作层"自上而下的全透明的财务集中管理和监控信息网络，以财务管理的进步促进企业管理的进步，提高集团核心竞争力的财务集中管理模式。实行财务集中管理的主要目的就是增大集团总部对下属单位的财务监控力度，这也符合企业集团财务管理的特点和原则。

企业集团财务管理模式的选择，要充分考虑企业集团当前所处的发展阶段、企业集团内部的组织结构形式、成员企业所在地的外部环境，以及企业集团整体发展战略等因素。任何一种财务管理模式都有利有弊，企业集团财务管理模式的选择要因地制宜和因时制宜。结合我国目前大多数企业集团的实际情况，管理型企业集团选择"财务信息实时集中，集权与分权结合"的财务集中管理模式为最优。

要保证企业集团能够从源头实时获取真实、正确的信息，必须建立集团财务信息一体化平台，主要有以下几种模式。

（一）全集团统一部署模式

全集团统一部署模式（Centralized Deployment Model）是指大型企业集团在进行财务数智化系统部署时，采取统一的规划、统一的实施、统一的平台，确保企业集团内所有子公司、事业部及相关业务单元都在同一个系统平台上运行财务管理系统。该模式适用于管理层希望统一管理、规范化操作、提高数据共享和整合的企业集团，适用于需要集团总部对下属企业进行统一管理、实时控制、协同运作，并对内部财务报告的时效性、深度和广度要求都很高的企业集团。

集团总部与各下属企业之间建立实时的网络系统，形成信息一体化平台，集团总部统一制订财务制度，如会计制度、预算制度、人员权限等并下发给下属企业；整个企业集团只使用一套财务管理软件，所有分支机构作为集团的责任中心，在一套账簿里完成会计凭证填制、总分账簿登记、会计报表生成等工作，实现财务业务网上一体化在线处理。企业集团层面通过细化岗位职责和业务流程，赋予各级财务管理人员相应的权限，就可以达到重新配置财务管理权限的目的，对经济业务进行实时监督与控制，从而实现整个企业集团的财务集中管理（见图4-5）。

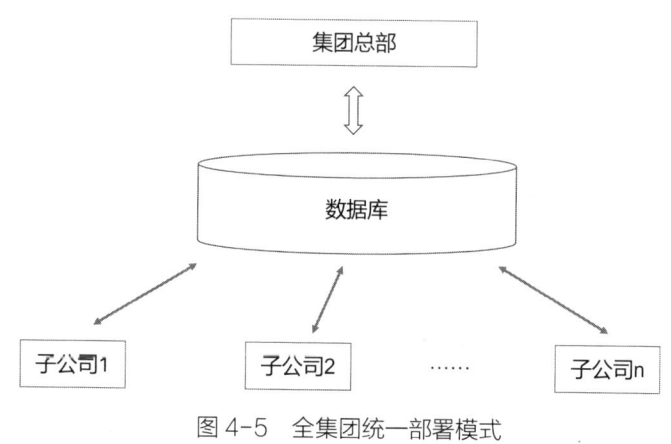

图4-5　全集团统一部署模式

1. 优势

（1）数据集中与统一性：全集团统一部署能够实现集团层级的数据集中管理，减少数据孤岛的情况，确保跨子公司、跨地域的财务数据能够无缝连接与共享。

（2）集中控制与标准化管理：财务管理人员和财务管理团队能够通过统一的平台掌控全集团的财务状况，提升预算、资金流、风险管控等管理的效率。同时，统一的财务数据标准有助于规范各项财务操作流程，提高合规性与一致性。

（3）技术协同与规模效应：统一部署能够集中采购和集中管理IT资源，降低硬件、软件采购和维护成本。此外，系统的维护和更新也能更加高效，可以避免不同子公司使用不同技术平台造成的复杂性。

（4）提高决策效率与精度：通过统一的财务数据平台，企业集团高层可以实时获取各子公司的财务状况，支持及时的决策制定，尤其是在预算分配、资金调度等方面。

2. 挑战与限制

（1）系统部署复杂性：在企业集团规模较大的情况下，统一部署涉及的子公司和业务单元繁多，系统的统一部署可能面临技术集成、流程标准化的复杂性，尤其在企业集团业务复杂、地域分布广泛时，系统的部署难度较大。

（2）执行和适应性问题：统一部署可能会面临个别子公司对系统功能的抵触或不适应，尤其是一些子公司拥有独特的业务流程或系统需求。为了确保整个企业集团的系统协同运行，可能需要进行大量的定制化调整。

（3）文化和组织整合难度：不同子公司和区域在组织文化、操作习惯、管理理念上的差异，可能使得系统统一实施的过程中遇到组织文化的阻力，影响系统的有效实施。

3. 适用场景

全集团统一部署模式适用于以下几种场景：

（1）企业集团规模庞大，且各子公司之间财务流程、数据需求较为统一。

（2）需要集中管理和严格规范财务数据和业务流程的企业，尤其是在合规要求较高的行业，如金融、制造等。

（3）企业集团对信息化建设有统一的战略规划和实施要求，且具备一定的技术基础与管理能力。

（二）部分统一部署模式

部分统一部署模式（Partial Centralized Deployment Model）是指在财务数智化系统部署中，集团总部进行整体规划并统一标准，但各个子公司在财务系统的选择和部署上保留一定的自主权。集团总部通过统一的标准、接口、数据管理规则等，确保各子公司间的数据能够有效对接和共享，但在系统选择和实施上保持一定的灵活性。集团总部与下属企业之间建立定期集中的财务信息一体化平台，在日常业务处理过程中下属企业将数据保存在当地，并定期通过网络等传输介质将各下属企业的账簿数据或者会计报表数据上传到集团总部进行集中管理。从企业集团管理和控制的角度看，即将实时控制权和管理权下放给下属企业，集团总部主要通过定期数据汇总、查询、统计和分析，对下属企业进行有效控制和评价。部分统一部署模式如图 4-6 所示。

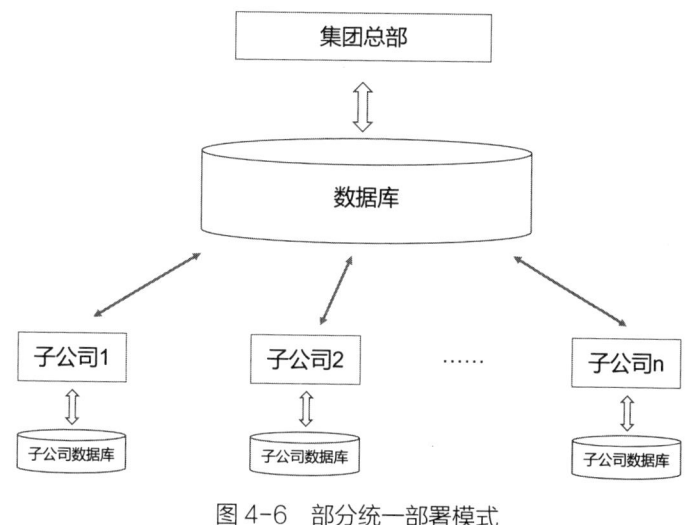

图 4-6　部分统一部署模式

从企业集团内部报告的要求来看，定期账集中模式和定期表集中模式对集团内部报告的支持度有较大的不同，定期账集中模式在内部报告的正确性、有效性、广度和深度上都优于定期表集中模式。

1. 优势

（1）灵活性与适应性：部分统一模式能够兼顾集团总部对财务管理的统一规划，同时为各子公司提供一定的灵活性，允许其根据自身的业务特点和 IT 基础设施选择最适合的系统。

（2）技术与业务的本地化支持：子公司可以根据本地市场、行业特性、业务需求等选择合适的系统，从而提高财务数智化系统的本地化适应性。

（3）逐步实施与分阶段推进：该模式有助于集团在实施过程中逐步推进，不需要一次性完成所有子公司的统一部署。集团总部可以先行实施并总结经验，逐步向下延伸，降低整体的实施风险。

（4）集中与分散的平衡：部分统一模式保留了集团总部的整体控制力，但又能够为各个子公司提供灵活性，避免了过度标准化带来的僵化。

2. 挑战与限制

（1）系统之间的集成与数据共享难度：由于各子公司在系统选择上存在差

异，数据的整合与共享可能存在技术壁垒，尤其是不同子公司使用不同的ERP或财务软件时，数据接口和集成的复杂性增加。

（2）治理与控制的难度：虽然集团总部可以规定统一的财务标准和流程，但各子公司在具体执行时，仍可能出现一定程度的偏差。这种局面可能导致企业集团整体的财务合规性、数据一致性和报告精度受影响。

（3）系统维护和支持成本较高：由于多个系统并行运作，企业集团需要投入更多资源进行系统维护和支持，尤其是涉及不同系统之间的数据转换、接口管理等问题。

3. 适用场景

部分统一部署模式适用于以下几种情况：

（1）企业集团业务较为多样化或地域分布较广，不同子公司之间的业务流程和需求差异较大，难以做到完全统一。

（2）子公司已经在使用成熟的财务管理系统，但希望通过整合统一数据和财务报告工具来提升整体财务管理水平。

（3）企业集团对数智化的推进比较谨慎，期望通过逐步推进来平衡总部统一性与子公司灵活性之间的矛盾。

（三）母子租户部署模式

母子租户部署模式是为大型多业务板块且业务差异较大的企业集团设计的一种模式，为满足"集团标准化管理＋子公司个性化业务"需求而设计的集约化组合部署模式。通过先进的多租户技术，支持租户与租户之间的资源隔离、数据隔离，实现集团总部与子公司间的数据穿透管理、资源隔离与高效协同，既满足企业集团层面合并架构、报表、科目、规则统一管理的要求，也支持子公司个性化管理需求，支撑合并流程全级次覆盖，兼顾标准化与灵活性，助力企业集团合并效率及管理能力的全面提升（见图4-7）。

结合集团总部和子公司需求，平台系统环境支撑集团母租户、独享集群租户、共享集群租户等多种资源组合使用模式。业务上支持企业集团层面统一设置标准，下发到各子租户，子租户可在标准下增加个性管理能力。子公司内的对账在子租户进行，跨子公司的对账，将内部交易明细上传到母租户后，在集团母租户进行，对账结果回传给子租户进行附表拆分，企业集团套表数据将全级次上报等复杂业务场景。

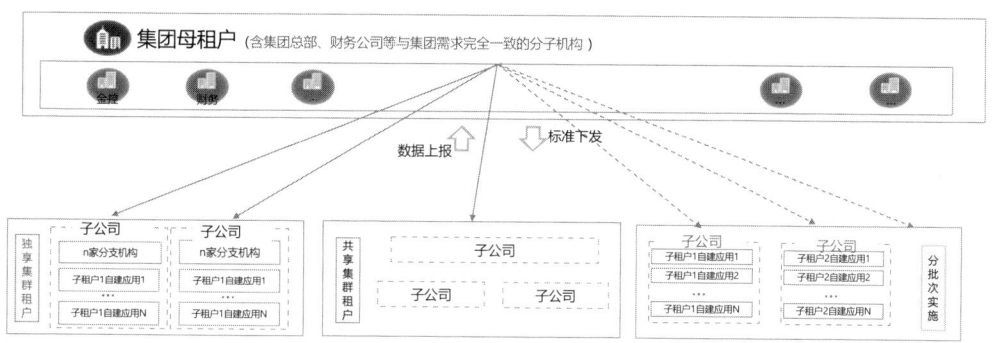

图 4-7 母子租户部署模式

(四)分子公司独立发展部署模式

分子公司独立发展部署模式(Decentralized Deployment Model)是指企业集团并不强制要求子公司使用统一的财务系统,各个子公司根据自身的业务需求和技术条件自主选择并部署各自的财务系统(见图 4-8)。集团总部更多的是提供必要的支持与引导,而具体的系统选择、实施与运营则完全由各子公司自行决定。

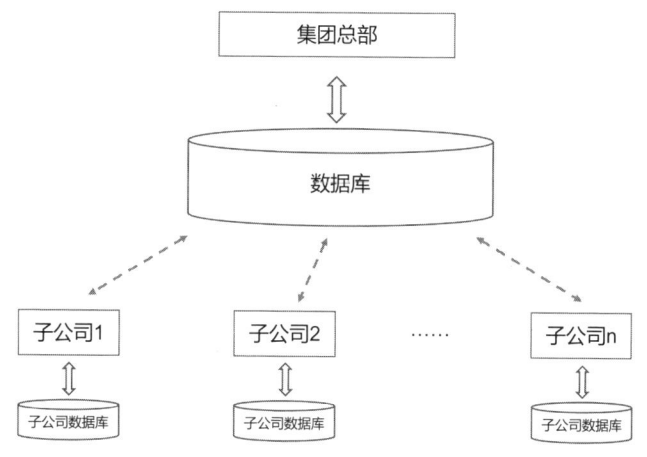

图 4-8 分子公司独立发展部署模式

1. 优势

(1)高度灵活性与独立性:各子公司可以根据自己的业务需求、地域特点以及技术成熟度选择最适合的系统,提高了财务系统的适配性和实用性。

(2)快速响应业务需求:由于系统完全自主,子公司可以更快速地根据业务的变化进行调整和升级，无须依赖集团总部的统一部署与审批流程。

（3）分散管理减少总部压力：集团总部不需要承担过多的管理和控制责任，各子公司可自主负责财务管理系统的运行和维护，减轻了总部的压力。

2. 挑战与限制

（1）数据整合与共享困难：由于各子公司使用的财务系统不同，导致集团总部在获取全面的财务数据时可能遇到困难，数据的整合、共享和统一报表的生成也变得更加复杂。

（2）难以确保统一的财务合规性：在分子公司独立发展的模式下，集团总部难以完全控制各子公司在财务管理中的合规性，可能存在不同子公司遵守不同标准的风险。

（3）资源重复投入与成本增加：各子公司自主选择财务系统可能导致重复投入，例如，多个子公司采购类似的财务软件，增加了整体的IT成本，并且系统维护和升级也变得更加分散。

财务数智化系统的部署模式和技术方案选择，应综合考虑企业的规模、业务需求、地域分布及技术水平。全集团统一部署模式适合那些希望实现财务数据集中管理、标准化财务流程的企业；部分统一部署模式则为集团总部和子公司提供一定的灵活性，兼顾统一与本地化；母子租户部署模式既保留了分子公司的灵活性，又维持了集团管控的统一性；分子公司独立发展部署模式则在子公司拥有自主性的同时，要求总部做好数据汇总与管控。不同的技术方案如云计算、大数据、API集成、数据加密、安全认证等，都在不同模式下发挥着至关重要的作用，帮助企业实现财务数智化的战略目标。

第五章
财务数智化转型的核心技术

第一节 数据存储与云计算

一、数据存储

数据已经成为企业最宝贵的资产之一,如何有效存储、管理和检索财务数据,直接关系到企业的财务管理运营效率、决策质量以及风险管理能力。数据存储与检索技术在这一过程中扮演着至关重要的角色。

(一)数据存储技术的缘起

1. 早期数据存储技术

在信息技术的早期,计算机的存储主要依赖于物理硬盘(HDD)和磁带,这些存储方式的容量有限且存取速度较慢。在企业初期的信息化建设中,数据量相对较小,对数据存储的需求并不复杂。

随着计算机技术的发展,硬盘存储逐渐得到普及,但依然面临着存储空间、存储成本和存取速度等瓶颈。此时,数据存储的技术和管理方法仍处于基础阶段。

2. 网络化和数智化带来的挑战

随着互联网和数智化技术的普及,企业在全球化、信息化的过程中面临着数据量的急剧增长。传统的存储技术已经无法满足大规模数据存储的需求。特别是大中型企业在进行财务数据管理时,面对海量的数据文件、报表和文档,传统存储方式面临着容量扩展、数据检索效率以及数据安全等问题。

3. 大数据时代的到来

进入21世纪后,数据量急剧膨胀,尤其是在云计算、大数据、物联网等技术的推动下,数据产生的速度和规模远超以往。此时,单一的传统存储方式已无法有效支撑高效的数据管理和检索需求。为了应对这一挑战,数据存储与检索技术的创新应运而生。

(二)数据存储技术的原理

数据存储技术的核心原理是将数据以某种格式保存在不同类型的存储介质中。根据存储介质的不同,数据存储可以分为:

(1)硬盘存储(HDD):使用磁性材料记录数据。传统的硬盘存储广泛应用于个人计算机、企业服务器等。

(2)固态存储(SSD):基于闪存技术,读写速度远高于传统硬盘,广泛应用于高性能计算和实时数据存储。

(3)云存储:数据被存储在远程数据中心,企业通过互联网进行访问。云存储具有极高的灵活性、可扩展性和成本效益。

(三)数据存储的现状

当前,数据存储技术正朝着以下方向发展:

(1)分布式存储:随着云计算和大数据的兴起,分布式存储技术得到了广泛应用。通过将数据分散存储在多个节点上,分布式存储提高了数据的可靠性和存取速度。

(2)对象存储:对象存储技术(如 Amazon S3、Google Cloud Storage)因其高扩展性、低成本和高可用性,成为近年来的数据存储趋势,尤其适用于海量非结构化数据的存储。

(3)高性能存储系统:对于需要高性能数据处理的应用,如财务数据分析、实时交易监控等,基于固态硬盘(SSD)和闪存的存储系统提供了更快的响应速度。

(四)数据存储未来发展趋势

1. 云存储与边缘计算的融合

未来随着 5G、物联网(IoT)等技术的发展,边缘计算将成为数据存储与检索的关键组成部分。边缘计算通过在数据生成源头(如传感器、智能设备等)附近处理数据,减少了数据传输延迟,提升了数据存储和检索的效率。

2. 高性能计算与量子存储技术

量子计算和量子存储技术是未来数据存储和检索的潜在革命性技术。量子计算利用量子位的特性，在处理大数据和复杂计算问题时展现出远超传统计算机的处理能力。虽然量子技术仍处于实验阶段，但它可能在未来改变数据存储和检索的现有模式。

二、云计算

云计算（Cloud Computing）作为一种先进的信息技术，已经成为推动企业数智化、优化资源配置、提升业务灵活性和响应速度的重要工具。对于企业的财务管理人员而言，理解云计算的基本原理、应用场景、影响力以及未来发展趋势，不仅有助于优化财务管控、提高决策效率，也能为企业制定数智化转型战略提供坚实的技术支持。

（一）云计算技术的缘起

在云计算兴起之前，大多数企业依赖于传统的本地 IT 架构来处理数据存储、应用服务、计算需求等。然而，传统架构存在着一系列问题，特别是在大规模部署和运营中，面临着硬件采购与管理成本高、资源利用率低、扩展性差、技术更新滞后等问题，对于预算紧张的中小型企业尤其困难。

云计算一词最早出现在康柏公司的商业计划书中，但其真正的兴起可以追溯到 2006 年，亚马逊推出了 AWS（Amazon Web Services）并提供弹性计算服务，标志着云计算进入商业应用领域。随着 AWS 的成功，谷歌、微软、IBM、阿里巴巴等科技企业也相继推出了各自的云计算平台，推动了云计算技术的快速发展与普及。

（二）云计算的原理与基础架构

云计算的原理基于分布式计算、虚拟化技术和互联网技术，主要依赖于数据中心中的计算资源、存储资源和网络资源的整合，通过按需分配资源来实现灵活性、可扩展性和高效性。

1. 云计算的三大基础架构

云计算通过三大核心架构（IaaS、PaaS、SaaS）提供不同层次的服务，分别满足不同的业务需求。

（1）IaaS（基础设施即服务）：IaaS 提供计算、存储和网络等基础设施资源，用户可以通过互联网租用这些资源并按需使用。例如，亚马逊 AWS、微软 Azure、谷歌云、阿里云等提供的计算实例、存储和网络等资源都属于 IaaS 范畴。

企业无须购买昂贵的硬件设施，只需按使用量付费，灵活调整资源规模，满足变化的需求。比如亚马逊 AWS 的 EC2（Elastic Compute Cloud）提供弹性的计算能力，企业可以根据需要租用虚拟机实例进行应用部署。

（2）PaaS：PaaS 为开发人员提供了开发、测试、部署和管理应用程序的平台，而无须关注底层硬件和操作系统的管理。PaaS 服务通常包括操作系统、数据库、开发工具等，帮助开发人员更加专注于业务逻辑的实现。比如 Google App Engine 和 Microsoft Azure 的 App Services 等都属于 PaaS 平台，它们提供了开发和部署应用的完整平台环境，企业只需要专注于代码的开发和应用的部署。

（3）SaaS：SaaS 是一种基于云计算的应用服务，用户可以通过互联网直接访问和使用软件应用，而无须安装和维护本地软件。SaaS 不仅节省了企业的 IT 运维成本，还提升了业务系统的灵活性和可扩展性。比如企业财务管理软件如 SAP S/4HANA Cloud、Oracle Financial Services Cloud 等都属于 SaaS 服务，企业可以通过浏览器直接使用这些应用，而无须进行烦琐的部署和维护。

2. 云计算的虚拟化技术

云计算的核心技术之一是虚拟化，它通过将物理资源抽象化，能够在一台物理服务器上同时运行多个虚拟机，并为每个虚拟机分配独立的计算资源和存储空间。虚拟化技术的应用，使得资源利用率大幅提升，同时为云计算的弹性扩展奠定了基础。

（1）服务器虚拟化：通过虚拟化技术，服务器资源能够实现更高效的利用，多个虚拟机共享物理服务器的计算和存储资源，从而减少资源浪费。

（2）存储虚拟化：将多个物理存储设备通过虚拟化技术组合成一个统一的虚拟存储池，简化存储管理并提高存储资源的利用效率。

3. 云计算的多租户架构

云计算采用多租户架构，即多个用户（租户）共享同一物理资源，但每个租户的数据和应用相互隔离。多租户架构使得云服务提供商能够高效地利用资源，并在多个租户之间分配资源，达到更高的成本效益。

（三）云计算的作用与影响

云计算技术的兴起对各行各业的业务运作产生了深远的影响，尤其在企业的财务管理和业务创新方面，云计算展现出巨大的潜力。

1. 降低 IT 成本

传统的 IT 架构要求企业进行大量的硬件投资，而云计算通过按需付费模式，让企业只为实际使用的资源付费，避免了高额的资本支出（CapEx），并且大大减少了 IT 运维的运营支出（OpEx）。通过使用云计算，企业能够节省数据中心建设和运维的成本，同时减少硬件设备的采购与维护费用。

2. 提高业务灵活性与可扩展性

云计算为企业提供了弹性计算能力，企业可以根据业务需求随时增加或减少计算资源、存储空间等，避免了资源的浪费和短缺问题。这种灵活性不仅支持了快速的市场响应，也为企业的数智化转型提供了坚实的基础。在财务管理上，云计算使得企业能够实时调配计算资源进行财务报表分析，避免了传统 IT 架构中需要频繁调整硬件和服务器的麻烦。

3. 加速创新与时间敏捷性

云计算使得企业能够快速部署新的业务系统和应用程序，极大地提高了创新效率。通过云计算，企业可以借助云平台的工具和资源，快速进行原型开发、测试和生产，缩短了产品上市的时间。财务领域的创新应用，基于人工智能的财务预测与分析系统，可以依赖云计算的弹性计算能力，快速开展数据处理和建模，提升财务决策的智能化水平。

4. 增强数据的安全性与可靠性

尽管初期有一些企业对云计算的数据安全性存在顾虑，但随着技术的成熟，云计算服务提供商已经在数据加密、访问控制、灾难恢复等方面采取了严格的措施。云计算平台通常提供高可用性和高容错性，可以保障业务的持续运行。企业通过使用云平台的备份与灾难恢复功能，能够确保财务数据的安全性和可靠性，避免因硬件故障或自然灾害导致的数据丢失。

（四）云计算的现状与未来发展趋势

云计算已经在全球范围内得到广泛应用，在各类大中小型企业中，云服务的使用逐年增加。根据 Gartner 的研究，全球云服务市场的规模预计将在未来几年继续增长，并逐渐渗透到各个行业和应用领域。

（1）企业应用：越来越多的企业将财务系统、ERP 系统、人力资源管理系统等核心业务系统迁移到云平台上，享受云计算带来的灵活性和效率提升。

（2）行业应用：金融、医疗、零售、制造等行业对云计算的应用不断深化，推动着行业的数智化转型。

未来，云计算将进一步与AI、大数据、物联网等技术融合，形成智能云计算平台。通过AI驱动的自动化运维、数据分析和智能决策支持，云计算将赋能企业更高效地处理海量数据、优化资源配置并提升决策水平。通过将AI技术嵌入云平台，企业可以实现自动化数据分析、智能财务预测、智能财务审计等操作，提升财务管理的效率和准确性。

第二节　数据治理与应用技术

根据IDC的数据，全球数据量预计将在未来几年内以每年23%的幅度增长，达到160ZB（1ZB=1兆GB）。在财务管理领域，各类业务数据、客户数据、交易数据以及外部市场数据不断积累，传统的财务系统和管理方式已经无法满足企业对海量数据的管理需求。数据的高维度、多样性和复杂性增加了管理和处理的难度，带来了数据冗余、不一致、质量差等问题，进一步影响了决策的准确性和效率。

一、数据治理技术

数据治理（Data Governance）是指企业在数据管理过程中，通过制定政策、流程和标准，确保数据的质量、合规性、安全性及可用性。数据治理不仅仅是数据存储的管理，更包括数据的采集、处理、使用、共享和保护等各个方面。其核心目的是使数据成为一种高质量的资产，并能为企业提供有效的决策支持。

（一）数据治理技术的缘起

数据治理源于应对数据复杂性与管理效率失衡的挑战，随着企业数据规模激增和业务需求迭代，从IT管理延伸至企业战略层面，成为提升数据资产价值的关键手段。其本质是通过规范数据全生命周期管理流程，保障数据的标准化、一致性与合规性，尤其助力财务管理人员在数据驱动决策中强化财务数据的可信度与战略价值。

（二）数据治理技术实践

数据治理架构分为战略层（制定目标与政策）、组织层（构建治理委员会与专业团队）、技术层（部署质量工具与元数据平台）及流程层（标准化管理环节）。核心要素聚焦数据质量管理（准确性、完整性）、安全合规（加密与权限控制）、元数据管理（数据背景溯源）、标准化（统一格式定义）及流程管控（优化采集到共享链路），形成覆盖数据价值链条的治理闭环。

（三）数据治理环节

数据采集需整合多源异构数据（ETL 工具、网络爬虫），结合 AI 技术解决实体识别与数据融合难题；存储架构根据数据类型选择关系型数据库或分布式系统，兼顾安全冗余与弹性扩展，以适应大数据环境下弱化结构标准、强化关联性的特点；管理环节依托元数据系统追踪数据全貌，融合机器学习实现自动化质量检测与问题修复；展示通过可视化工具（如 PowerBI）定制分层视图，将治理成果直观呈现；检索需打通业务元数据与技术元数据，构建类搜索引擎的精准定位能力；应用层面驱动决策支持与业务创新，通过智能数据服务实现治理与应用一体化，确保数据"看得见、找得到、用得好"。

（四）数据治理技术在财务领域的应用

财务领域通过数据治理实现报表自动化生成（减少人工错误）、预算执行动态监控（实时预警偏差）及风险智能预警（现金流异常检测），构建从合规性到战略支撑的全方位能力。治理技术助力财务部门提升数据驱动的精准决策效率，同时满足 SOX 等法规的严苛要求，降低运营风险与合规成本。

二、多维数据库技术

（一）多维数据库的发展现状与市场趋势

在信创政策推动下，国产多维数据库已从"能用"迈向"好用"阶段。例如，用友 BIP 多维数据库通过自研 MDS 引擎和卷积算法，实现了写入速度 250 万条/秒、亿级数据聚合响应时间小于 1 秒，性能超过某国际厂商 5 倍以上。其核心技术如纯内存多维结构、存算一体架构，已在能源等行业实现规模化应用，支撑千亿级数据处理需求。

随着企业精细化管理和数智化转型深入，多维数据库的应用场景从传统的 EPM（企业绩效管理）向智能预测、AI 融合扩展。国产厂商如用友、金仓等在金融、能源、电信等核心系统领域逐步取代 Oracle 等国际产品。

多维数据库不仅是技术工具，更是企业财务数智化转型的战略底座。其通过多维建模、实时计算与智能分析的结合，推动财务管理从"事后记录"向"事前预测"跃迁。未来随着 AI 与云原生技术的深度融合，多维数据库将更深度赋能企业战略决策，成为构建世界一流财务管理体系的核心引擎。

（二）多维数据库的技术原理

1. 多维数据库的核心设计

多维数据库以数据立方体（Data Cube）为核心结构，通过维度（Dimension）、度量（Measure）和层级（Hierarchy）实现数据的多角度组织。例如，在财务场景中，维度可定义为"时间—组织—产品—科目"，度量则为"收入、成本、利润"等数值指标。其技术特性如下：

（1）维度动态扩展：支持业务需求变化时新增维度（如市场区域、项目）并自动调整聚合逻辑。

（2）层级关系建模：通过父子节点定义组织架构（如集团 – 子公司 – 部门）或时间周期（年 – 季度 – 月），实现数据钻取与汇总。

（3）稀疏矩阵优化：采用压缩存储技术减少空值数据占用，提升存储效率。

2. 高性能计算引擎

现代多维数据库通过以下技术创新突破传统性能瓶颈：

（1）内存计算（In-Memory Computing）：将数据加载至内存，避免磁盘 I/O 延迟。例如，用友 BIP 多维数据库的 MDS 引擎实现每秒 250 万条数据写入，亿级聚合响应时间小于 1 秒。

（2）卷积算法（Convolution Algorithm）：优化多维数据聚合路径，减少冗余计算。某央企千家公司合并报表计算时间从 25 分钟缩短至 10 分钟。

（3）分布式架构：支持横向扩展，应对海量数据处理需求。用友 EPM 系统通过分布式节点实现千亿级数据实时分析。

（三）财务领域的应用

1. 合并报表与合规披露

通过统一数据维度（如会计准则、币种、组织架构）自动生成多版本报告。某央企实现"一本账"核算，合并层级达 10 级，支持 IFRS 与 CAS 双准则切换。

2. 动态预算管理与资源优化

基于 ARIMA 模型实现季度预算动态调整，结合卷积算法模拟不同市场情景下的资源投入产出比。某烟草企业通过多版本产销目标模拟，预算编制周期从 45

天压缩至 7 天。

3. 作业成本法（ABC）与盈利洞察

以"产品—客户—渠道"为维度分摊间接成本，航空企业通过航线作业成本分析优化资源配置，单机运营成本下降 15%。3D 热力图展示高毛利客户分布，支持销售策略精准调整。

4. 风险预警与智能决策

基于时序数据库+随机森林算法，实现应收账款坏账率预测（准确率>92%）。电力企业通过数字孪生模型监测日电费收入波动，现金流管理粒度从"月"细化至"小时"。

三、智能分析与预测技术

在数智化时代，企业的财务决策需要更加敏捷、精准和前瞻。传统的财务管理方法已无法适应数据量巨大、市场变化迅速的特点。智能分析与预测技术应运而生，能够从海量的数据中提取有价值的信息，并通过智能预测辅助财务管理人员和管理层做出更加精准的决策。

智能分析与预测技术借助 AI、机器学习（ML）、NLP 等先进技术，能够分析财务数据的深层次信息，识别潜在的趋势和风险，并根据历史数据预测未来趋势。这项技术对于优化财务决策、提升资金使用效率、降低运营成本、增强风险管理具有深远的影响。

（一）智能分析与预测技术的原理

智能分析与预测技术的核心在于数据收集与整合、数据预处理、模型选择与训练、实时分析与预测、结果可视化与决策支持，其原理涉及以下几个关键步骤。

1. 数据收集与整合

智能分析与预测技术的第一步是数据的收集与整合。现代企业的数据通常分布在不同的部门和系统中，诸如财务报表、现金流量表、销售记录、客户数据、外部市场数据等。为了准确进行分析，必须通过数据集成平台将这些数据汇聚到统一的数据仓库中。

2. 数据预处理

数据预处理是智能分析的基础步骤，主要包括数据清洗、数据去重、填补缺失值、数据标准化等。无论是财务数据还是市场数据，数据质量的高低直接影响预测结果的准确性。对于财务数据而言，任何不一致、不完整或错误的数据都可能导致分析的偏差，甚至影响决策。

3. 模型选择与训练

在数据预处理完成后，下一步是根据企业的实际需求选择合适的分析和预测模型。常见的模型包括回归分析、时间序列分析、神经网络、决策树等。机器学习模型会根据历史数据进行训练，找出其中的规律和趋势。例如，基于历史数据的回归模型可以用来预测未来的收入、支出及利润。

4. 实时分析与预测

通过模型的训练和验证，智能分析与预测系统可以根据实时数据对未来进行预测。例如，财务预测模型可以基于当前的销售数据、市场状况、生产成本等因素，实时推算未来的财务状况。此时，系统不仅能够预测未来的资金需求，还可以帮助财务管理人员预测潜在的风险和机会。

5. 结果可视化与决策支持

通过可视化技术，分析结果会以直观的图表、仪表盘等形式呈现，帮助财务管理人员快速理解数据背后的含义。高效的数据可视化能够揭示关键趋势、异常波动和潜在问题，支持决策者做出明智的决策。

（二）智能分析与预测技术的作用

1. 精准的财务预测

智能分析与预测技术的显著作用之一是提高财务预测的准确性。传统的财务预测通常依赖于历史趋势和经验，而智能分析技术则能够从大量的财务和非财务数据中提取出更加复杂和深刻的模式，帮助财务管理人员做出更为准确的财务预测。通过对企业过去几年财务数据的深度分析，结合市场变化、宏观经济波动、行业趋势等信息，智能分析能够提供未来几个季度或几年的财务状况预测，包括收入、支出、利润、现金流等关键指标。

2. 优化资金流动与现金流管理

在企业的日常运营中，资金流动与现金流管理是财务管理人员关注的重点。智能分析与预测技术能够通过对历史现金流数据的建模和分析，帮助企业提前预测资金缺口，及时采取应对措施。通过准确的现金流预测，企业可以合理安排融资、偿债和资金调度，从而提高资本的利用效率。

3. 风险识别与管理

智能分析与预测技术能够帮助财务管理人员及时识别和管理财务风险。通过对外部市场数据、内部财务数据的实时监控，系统能够预测可能发生的财务风险。例如，系统可以通过分析客户的信用评分、行业的市场波动等因素，预测潜在的坏账风险和流动性风险，从而帮助企业提前做好应对准备。

4. 成本控制与盈利预测

智能分析与预测技术能够帮助财务管理人员准确识别成本浪费，优化成本结构。通过对成本数据的深入分析，系统能够识别出各项成本中的冗余部分，并为企业提供改进建议，从而降低整体成本并提高利润率。此外，基于历史数据，系统还能够预测未来的盈利状况，帮助财务管理人员制定合理的利润目标。

5. 战略决策支持

在制定长期战略决策时，财务管理人员需要综合考虑多方面的因素。智能分析与预测技术可以帮助财务管理人员在制定战略目标时，提供数据支持。例如，通过对行业趋势、竞争态势、市场需求等方面的分析，智能技术能够为企业制定投资决策、并购决策、扩张战略等提供科学依据。

6. 提升决策效率与准确性

智能分析与预测技术能够帮助财务管理人员在复杂的数据中提取有价值的信息，减少了决策的盲目性和主观性。通过基于数据的决策支持，财务管理人员能够做出更加科学、合理、前瞻的决策。

7. 推动财务管理的数智化转型

智能分析与预测技术是企业财务管理数智化转型的核心工具之一。通过将传统的财务管理与现代技术手段相结合，企业能够实现财务流程的自动化、智能化，从而提高整体管理效率。

8. 降低运营风险

通过对市场风险、财务风险、运营风险等进行精准的预测和分析，智能分析与预测技术能够帮助企业提前识别潜在风险，并做出相应的风险防控措施，从而降低运营风险。

9.增强企业的市场竞争力

精准的财务预测、资金调度和成本控制能够帮助企业提高资本使用效率和盈利能力,从而增强市场竞争力。智能分析与预测技术帮助企业更快速地适应市场变化,在竞争中占据优势。

四、大数据分析技术在财务管理中的作用

(一)提高财务透明度和预测准确性

财务部门通过大数据分析技术能够实现对企业财务状况的深度监控和预测。通过对历史财务数据的趋势分析,财务管理人员可以更准确地预测未来的现金流、收入、支出和利润等关键财务指标。大数据技术能够通过量化历史数据,为财务管理人员提供预测模型,优化预算编制和财务规划。

(二)优化成本控制与资源配置

大数据分析技术能够帮助财务管理人员发现潜在的资源浪费和低效环节。例如,通过分析生产线数据、供应链数据,财务管理人员能够发现原材料采购、库存管理中的成本浪费问题,从而进行成本控制和资源优化。大数据还能够帮助财务管理人员实时了解各个业务环节的成本动态,并针对性地进行调整。

(三)加强财务风险管理

大数据分析能够对企业的财务风险进行实时监控,帮助财务管理人员及时发现潜在的风险。例如,通过分析财务报表、应收账款数据、客户信用状况等,财务管理人员可以评估企业的财务健康状况,识别可能的违约风险或流动性危机。大数据技术还可以通过构建预测模型,预测可能的经济波动和市场风险。

(四)支持实时决策与运营优化

大数据技术支持对实时数据流的处理,使财务管理人员能够在动态变化的环境中迅速做出调整。例如,在企业面临突发的市场波动时,财务管理人员可以通过大数据分析技术,快速调动资金、优化财务资源配置,确保企业运营的持续性。

(五)改善财务报表与审计效率

大数据分析技术能够完成生成财务报表、税务申报等工作,大幅提高报表的时效性和准确性。大数据的审计技术也可以帮助财务管理人员快速识别财务报表

中的异常数据，进行实时审计，减少人工干预，降低审计风险。

（六）企业决策的数智化转型

大数据分析推动了企业决策方式的根本性转变，传统的依赖直觉和经验的决策方式被数据驱动的决策体系所替代。财务管理人员可以利用大数据分析技术支持战略决策，特别是在财务预算、资本规划、并购重组等方面，通过数据提供更加精准的决策依据。

（七）财务管理的智能化和自动化

大数据不仅仅改变了企业的决策流程，还推动了财务管理的智能化和自动化。许多传统的财务工作，如账单处理、预算编制、报表生成等，能够通过智能化系统自动化完成。这不仅提高了效率，还降低了人为错误的风险。

（八）跨部门协作与数据共享

大数据分析推动了各部门之间的数据共享和协作。通过集成来自各个业务部门（如销售、市场、人力资源等）的数据，财务管理人员能够对企业的整体运营状况有一个更全面的理解，做出更加综合的财务决策。

第三节　AI 技术

一、AI 技术的缘起

AI 技术的根源可以追溯到 20 世纪 50 年代，计算机科学家开始研究如何通过机器模拟人类思维和决策过程。1956 年召开的达特茅斯会议被认为是人工智能领域的奠基石，标志着 AI 这一学科的正式诞生。AI 的早期发展主要依赖于规则和逻辑推理，计算机通过人工编程来完成任务。

进入 21 世纪，随着计算能力的提升、数据量的激增和算法的不断发展，AI 技术取得了飞跃进展。机器学习、深度学习等技术相继发展并广泛应用到各个领域，尤其是在图像识别、自然语言处理、金融分析等领域取得了重要突破。

人工智能技术的发展与大数据的爆发密切相关。在大数据时代，企业、政府和个人产生了大量的数据信息，这些数据具有丰富的内在联系和潜在价值。人工智能技术通过处理、分析海量数据，能够发现潜在规律，优化决策过程。AI 能够通过机器学习等方法，处理大规模的多维数据，从而为财务管理提供更为精准的决策支持。

二、AI 的核心技术原理

（一）机器学习

机器学习是 AI 的一个重要分支，其核心原理是通过让计算机从历史数据中学习规律，从而使机器能够自主做出决策或预测。机器学习可以分为以下三种主要类型。

（1）监督学习：监督学习通过已标注的训练数据进行学习，计算机通过数据中的输入和输出关系来推断规律。典型应用包括信用评分、财务预测等。

（2）无监督学习：无监督学习不依赖标注数据，而是由计算机自主从数据中发现其内在结构或模式。常见应用包括聚类分析、市场细分等。

（3）强化学习：强化学习通过与环境的交互获取奖励或惩罚，进而通过试错过程优化决策。强化学习在财务决策中的应用如风险评估、投资组合管理等领域。

（二）深度学习

深度学习（Deep Learning, DL）是机器学习的一个高级分支，它通过多层神经网络对数据进行特征抽取和模式识别。深度学习能够处理非结构化数据（如图像、语音、文本），在图像识别、语音识别、自然语言处理等领域取得了显著的成果。

（1）卷积神经网络（CNN）：CNN 特别擅长处理图像数据，它通过卷积层和池化层提取特征，进行高效的图像分类、目标检测等任务。

（2）循环神经网络（RNN）：RNN 主要用于处理时间序列数据，能够识别数据中的时序关系。RNN 常用于语音识别、时间序列预测等领域。

（三）NLP

NLP 是 AI 的一个重要领域，它使得计算机能够理解和处理人类语言。NLP 技术的核心任务包括文本分类、情感分析、机器翻译、语音识别等。在财务领域，NLP 技术可以帮助从财务报告、合同、市场新闻等文本数据中提取有价值的信息，进行风险分析、财务监控等。

（四）生成式 AI

生成式人工智能（Generative AI）是一类通过机器学习技术创造新内容的人工智能系统。其核心能力在于分析海量数据的内在规律，并基于学习的模式生成具有原创性的文本、图像、音频、视频等内容。与传统的复制或检索技术不同，生成式 AI 并非简单重复已有信息，而是通过算法模拟人类创造性思维，实现从"无"到"有"的内容生产。

主流的技术路径如下。

生成对抗网络（GANs）是由生成器与判别器构成的双系统架构。

生成器：尝试创建逼真数据（如合成人脸图像）。

判别器：鉴别生成内容与真实数据的差异。

二者通过持续对抗博弈，最终使生成的内容产生以假乱真的效果（典型应用如 Deepfake 技术）。

自回归模型（如 GPT 系列）采用序列预测机制，基于上下文逐字生成内容。例如，输入"量子计算是"，模型通过概率预测后续可能接"未来科技的核心"，而非无关词汇。当前主流大语言模型均基于此范式迭代演进。

变分自编码器（VAEs）通过编码—解码框架实现数据重构。

编码阶段：将输入数据压缩为低维特征向量。

解码阶段：调整特征参数后重建新数据。

该技术擅长生成风格化内容（如艺术绘画的数智化重构）。

生成式 AI 在财务领域的应用正在加速渗透，其核心价值在于提升效率、优化决策、降低风险，以下是典型应用场景及案例解析：

1. 自动化财务文档处理

（1）智能报告生成。

场景：自动生成财务报表、审计报告、经营分析等结构化文档。

技术实现：基于历史报告模板与业务数据（如 ERP 系统数据），通过大语言模型生成符合会计准则的文本，自动填充图表与数据透视表。

案例：德勤已推出 AI 审计报告工具，将报告撰写时间缩短 70%。

（2）合同与协议解析。

场景：自动审核采购合同、贷款协议中的条款合规性。

技术实现：通过 NER（命名实体识别）提取关键条款（如付款周期、违约金），对比法律数据库验证风险点。

案例：摩根士丹利利用生成式 AI 审查金融衍生品合约，使错误率降低 90%。

2. 智能财务分析与预测

（1）动态财务预测。

场景：现金流预测、收入成本模拟、市场波动敏感性分析。

技术实现：结合时间序列分析与生成式模型，模拟多变量影响下的财务指标变化，生成可视化预测报告。

案例：Workday Adaptive Planning 集成生成式 AI，实现实时滚动预测。

（2）风险预警与决策支持。

场景：检测异常交易、识别洗钱模式、评估信用风险。

技术实现：通过生成对抗网络（GANs）模拟欺诈行为数据，训练风控模型识别潜在风险。

案例：PayPal 使用生成式 AI 检测新型支付欺诈模式，使准确率提升了 40%。

3. 个性化财务服务

（1）智能财务顾问。

场景：为个人或企业提供税务优化方案、投资组合建议。

技术实现：基于用户财务数据（收入、负债、风险偏好），生成定制化财富管理报告。

案例：摩根大通 COIN 平台为高净值客户生成动态资产配置方案。

（2）自动化客户服务。

场景：7×24 小时应答账单查询、报销政策咨询等高频问题。

技术实现：构建财务知识图谱 +RAG（检索增强生成），确保回答符合最新会计准则。

案例：Intuit TurboTax 的 AI 助手处理 80% 的税务咨询问题。

4. 流程优化与合规管理

（1）智能记账与对账。

场景：自动识别发票信息、匹配银行流水与会计凭证。

技术实现：CV（计算机视觉）+NLP 提取票据关键字段，生成标准会计分录。

案例：用友财务系统通过 AI 实现 95% 的发票自动入账。

（2）动态合规监控。

场景：跟踪全球税务政策变化（如 BEPS 2.0），生成合规操作指南。

技术实现：持续爬取监管文件，通过微调行业专用大模型输出解读文档。

案例：Thomson Reuters Checkpoint 每日生成税务合规更新简报。

（五）RPA

RPA 使得计算机能够模拟人类在财务业务中的操作，如自动处理数据录入、账单支付、费用报销等。RPA 能够自动执行重复性高、规则明确的任务，解放财务人员的时间，使其可以专注于更具战略性的工作。

三、AI 在财务管理中的作用

（一）提升数据分析和决策支持能力

AI 通过对大量财务数据的实时分析，帮助财务部门识别趋势和异常，进而为决策提供支持。AI 能够从复杂的财务数据中提取出有价值的信息，为财务管理人员提供更加精确的预测与决策依据。例如，AI 可以结合外部经济数据和企业历史数据，预测未来的收入、成本等关键财务指标。

（二）财务预测和预算优化

机器学习和深度学习的应用能够为财务部门提供更加精准的预测。AI 可以分析历史数据，结合外部经济因素进行动态调整，从而提供更为准确的预算和财务预测。这些预测不仅可以帮助财务部门实现资金的合理调配，还能够在风险发生前进行提前预警。

（三）财务报表自动化

AI 技术，特别是 RPA 和 NLP，可以极大提高财务报表的编制效率。通过自动化的数据采集和报表生成，企业可以大幅减少人工干预，提高数据的准确性和实时性。NLP 还能够帮助财务部门快速从非结构化文本中提取关键财务信息，加速报表编制和审核流程。

（四）财务风险管理与合规监控

AI 能够帮助企业实时识别财务风险。通过机器学习算法，AI 能够对财务数据进行模式识别，分析出潜在的异常交易、欺诈行为或合规性问题。例如，AI 可以通过异常检测技术，实时监控财务数据，发现不符合规定的财务操作，从而避免财务欺诈和合规问题。

（五）业务流程自动化

RPA 技术能够自动执行大量重复性、规则明确的财务任务，如数据录入、发票处理、账单支付等。通过 RPA，企业可以提高财务部门的工作效率，减少人为错误，从而提升财务工作的整体质量。

四、人工智能技术的未来发展趋势

（一）智能财务决策助手的普及

未来，智能财务决策助手将成为财务管理人员的重要工具。这些助手将通过 AI 分析企业财务状况，为决策者提供实时、精准的决策支持，帮助财务管理人员做出更加科学的财务规划。比如基于生成式 AI 构建的 CFO 智能助手，通过整合企业内外部多源数据（财务、运营、市场、政策等），模拟首席财务官的决策逻辑，提供从战术执行到战略规划的全周期智能支持。

（二）更强的可解释性

未来的 AI 将更加注重可解释性，尤其是在财务领域，财务管理人员需要能够理解 AI 的决策过程。为此，AI 将更加透明，允许决策者根据 AI 提供的理由做出判断。

（三）财务业务流程的全面智能化

未来，企业的财务管理将实现全流程的智能化。从数据收集、报表编制、预算预测到风险管理和合规监控，人工智能将在整个财务流程中发挥重要作用，提高财务部门的自动化程度和智能化水平。

（四）跨部门协同

AI 将不仅仅用于财务部门，还将跨部门协同，推动财务与其他部门的数据共享与协作。通过 AI，企业可以更加高效地进行跨部门的资源调配与决策支持，提升整体运营效率。

通过 AI 的全面应用，财务管理人员不仅可以在传统的财务管理中进行更高效的操作，也能在日益复杂的商业环境中做出更加精准、灵活的决策。

第四节　数智化底座

企业要践行数智化优先，根本上需要依托健全的体系化数智平台。数智化底座技术作为企业数智化转型的核心支撑平台，具备很多成熟的能力、模型、行业最佳实践等优势，可以企业在数智化总体规划的指引下，形成上下一致的认知和统一、有序的行动，建立一体化的数据资源治理与服务框架，体现从战略、组织、文化到技术、产品、服务的一系列关联要素，基于底座构建可共享、可持续升级的数据智能服务，涵盖数据治理、建模、开发、集成以及跨域场景应用等重要环节，形成全链路数据价值开发和应用能力。将企业创新过程中所积累的经验、方法、流程等进行数智化功能沉淀，并提炼出共性服务能力，形成可共享、可复制、可迭代的平台化功能服务，满足生产流程、资源管理、市场营销、财务管理、经营分析等过程的运行保障和转型创新需求。数智化底座应提供技术平台、应用平台、数据平台、智能平台、开发平台、集成平台等产品与服务。

一、技术平台

技术平台是数智化底座的核心基础设施，集成了计算、存储、网络、操作系统和安全功能的基础性平台，为整个企业提供稳定、高效、弹性的基础架构，承担着支撑其他应用平台、数据平台及智能平台等正常运作的责任。通常，技术平台依赖于云计算、大数据等先进技术，实现资源的高效共享、分配和管理。

技术平台的基本任务如下。

（1）计算资源分配：为上层应用提供灵活、高效的计算能力，支持企业的高并发业务处理。

（2）存储资源保障：提供企业级数据存储方案，确保数据的安全性、可恢复性和高效存取。

（3）网络服务：为企业内部各项应用提供稳定的数据传输和访问保障，确保跨地域、跨设备的数据流畅性。

（4）安全性保障：通过数据加密、身份认证、访问控制等措施，保护企业数据的安全。

（5）微服务与容器支持：微服务平台为应用提供微服务架构支撑，容器云平台支持容器化部署，提高应用的部署效率和资源利用率。

（6）运维与监控保障：监控平台提供全面的监控能力，云监控中心实现云上云下、云端一体的架构设计，提供实时智能运维与专家问题诊断。

（7）多租户与数据隔离：领先的多租户、多数据中心技术，按租户、领域分库，提供高弹性资源隔离模式，满足客户不同 SLA 要求。

二、应用平台

应用平台是构建在技术平台之上的一层中间平台，主要用于支撑和管理企业的业务应用系统。它将业务流程、用户需求与技术平台的资源整合，通过标准化、模块化的设计，使得企业能够快速开发、部署和优化其各类应用。应用平台的核心任务是为企业提供统一的业务流程管理、信息协作、用户体验提升等服务。

应用平台的主要功能如下。

（1）敏捷流程服务：具备强大的流程管理能力，可快速搭建和优化业务流程，支持流程的自动化流转、监控和优化，提高业务流程的效率和灵活性。

（2）基础应用组件：如权限、组织、编码规则、调度任务、流程、消息、模板、公式、附件、日志、打印管理和服务，并通过工作台组装起来，以统一形式提供给客户，以支撑客户进行企业互联网应用的管理、业务动态建模和运行。

（3）服务的抽象与共享：将企业不同系统的业务逻辑、服务等进行抽象和封装，支持跨平台、跨部门的服务共享。

（4）用户体验优化：提供一致的用户界面和交互设计，使得不同应用之间的使用体验无缝衔接。

（5）提供灵动工作入口：为企业员工提供统一、便捷的数智工作入口，方便员工快速访问和处理各种业务事项。

（6）提供降本增效工具：提供一系列实用工具，如智能审批、智能报表、公共档案等公共服务，深度与智能助理融合，降低企业运营人力成本。

三、数据平台

数据平台是数智化底座的核心组成部分，它集成了数据采集、存储、管理、分析等功能，是支撑数据驱动决策的基础。数据平台的功能涉及数据的全生命周期，包括数据采集、清洗、存储、查询、分析和可视化等。数据平台能够帮助企业实现信息的整合与分析，形成对内外部环境的洞察，推动智能化决策。

数据平台的主要功能如下。

（1）数据存储与管理：提供高效、可扩展的数据存储方案，支持对大量结构化和非结构化数据的存储、查询和管理。

（2）数据集成与治理：整合企业内部各类异构数据源，并进行清洗、去重和标准化，确保数据的准确性和一致性。

（3）实时数据处理与分析：支持对大数据进行实时分析与处理，为决策层提供即时的业务洞察。

（4）端到端数据管理：以支持 HTAP 场景、向量化、库内批流一体的企业级超融合数据库为高性能引擎，实现企业数据从采集到治理再到分析可视化的全生命周期管理。

（5）智能数据分析：开创指标驱动的智能数据分析新模式，基于大模型 ChatBI 能力让数据分析更灵活、更智能，能自动识别数据中的模式和趋势，提供深入的业务洞察。

（6）自助分析与呈现：提供自助分析工具，具备一键生成报告和看板功能，使用户能够迅速从数据中提取有价值的信息，并以直观的方式呈现。

四、智能平台

智能平台是数智化底座中的高端平台，利用 AI、机器学习、NLP 等技术，帮助企业从数据中提取洞察并进行智能决策。智能平台通过集成多种 AI 技术，能够实现从数据分析到自动化决策的全过程。

智能平台的核心功能如下。

（1）智能数据分析：利用机器学习和深度学习技术，对海量数据进行深入分析，揭示潜在的规律和趋势。

（2）预测与优化：通过历史数据和实时数据分析，帮助企业预测市场趋势、用户行为等，并提供优化方案。

（3）自动化决策：基于 AI 模型的分析结果，自动化地调整业务策略或优化资源配置。

（4）融合大模型与应用：拥有智能平台产品、大模型平台，以及端侧的数智员工、Agent 等，并与多领域深度融合，构建起完整的数智化平台能力。

（5）任务分解与执行：如智友智能助理能够将复杂任务分解为一系列子任务，用户通过简单对话即可完成烦琐业务操作。

（6）知识管理与决策支持：友智库可以实现多类型数据的快速索引、精准定位，利用知识图谱实现知识体系化，助力经验传承和科学决策。

五、开发平台

开发平台为企业提供了一个统一的开发环境，支持从应用开发到部署、运维的全过程。开发平台提供了一整套工具和框架，帮助开发人员快速构建、部署并管理企业级应用系统。它不仅可以提高开发效率，还能够帮助企业降低开发成本、减少错误，提高系统的可靠性和可维护性。

开发平台的主要功能如下。

（1）低代码和无代码支持：提供低代码和无代码开发功能，帮助业务人员快速定制和开发应用，减少对技术人员的依赖。

（2）可视化应用构建：通过可视化画布，无须大量编写代码，用户即可快速构建企业业务应用，降低开发门槛和成本。

（3）支持多种开发语言和框架：提供对 Java、Python、Node.js 等多种开发语言的支持，帮助开发人员根据需求选择最适合的工具。

（4）自动化部署与运维：提供自动化的 CI/CD 工具，支持持续集成、持续交付和自动化部署，确保应用系统的高效交付与运维。

六、集成平台

集成平台是数智化底座中的一个重要组成部分，主要用于实现企业各类系统、应用、数据的集成与交互。通过集成平台，企业能够将不同业务系统、不同数据源、不同平台之间的功能和数据进行有机连接，从而实现信息流的无缝流转，提升业务的协同效率。

集成平台的主要功能如下。

（1）系统集成：支持不同系统之间的数据交换和功能调用，实现跨部门、跨业务的无缝协作。

（2）数据同步：通过实时同步、批量同步等方式，确保企业不同系统之间的数据一致性。

（3）接口管理：提供统一的接口管理工具，支持 API 的统一管理、调用和监控。

（4）多类型连接能力：提供业务连接器、技术连接器、设备连接器等，支持事件、消息、API、数据等多种集成方式，30 + 连接器、3000+openAPI，实现商业连接和集成开发。

（5）API 管理与 ESB 服务：具备 API 网关，对 API 进行统一管理和监控，企业服务总线（ESB）实现不同系统之间的服务集成和通信。

（6）主数据管理：云主数据管理功能，确保企业内主数据的一致性、准确性和完整性，为企业各业务系统提供统一的主数据服务。

第五节　安全合规技术

一、安全合规需求

数据和信息的安全性不仅直接关系到企业的业务运营、用户信任与企业声誉，还涉及企业的法律责任和社会责任。因此，如何保障企业的数据和信息安全、遵循相关的法律法规并确保合规性，已经成为财务管理人员等高层管理人员必须关注的核心问题。

在跨国企业中，安全合规能力的建立不仅是应对数据泄露、隐私侵犯和网络攻击等安全风险的需要，也是在国际化运营中满足各国法律法规要求的必然选择。财务管理人员作为企业的财务决策者，在推动数智化过程中，应具备相应的安全合规战略，确保数智化转型过程中的合规性和安全性。

二、安全合规技术

（一）数据安全

数据安全通过技术手段保障数据存储、处理、传输全周期的机密性、完整性与可用性，核心措施包括：数据加密采用 AES、RSA 等算法满足法律要求（如 GDPR），访问控制基于 RBAC/ABAC 实现权限精细管理，数据备份加密存储确保可恢复性，以及脱敏技术平衡隐私保护与数据效用。跨国企业需统筹跨境流动合规性，确保数智化平台满足全球化安全标准。

（二）网络安全

网络安全聚焦动态威胁环境下的防御能力，通过防火墙及 IDS/IPS 实时拦截恶意流量，网络分段隔离核心业务降低攻击风险，VPN 加密保障远程通信安全。全球化运营需适配混合架构，兼顾跨境数据传输的合规性与网络灵活性，支撑云化转型中的系统稳定性与攻击防御。

（三）身份认证与访问控制

以多因素认证（MFA）强化身份真实性，单点登录（SSO）简化跨系统访问流程，最小权限原则结合 RBAC/PBAC 限制资源暴露面，并通过 IAM 平台统一管理用户生命周期。跨国企业需构建弹性权限体系，适配多地区角色差异与合规约束，以防范内部滥用与外部渗透风险。

（四）安全审计与监控

集中化日志管理与 SIEM 系统聚合分析全量数据，结合 AI 行为分析识别异常模式，实现实时威胁预警与响应。全球化业务需建立分布式监控网络，确保跨地域操作可追溯，以提高内部合规审计与风险处置效率。

（五）隐私保护与合规性

基于加密脱敏技术保护敏感数据，遵循 GDPR 等法规约束数据主权与跨境流动，透明化隐私政策获取用户授权。跨国企业需动态跟踪区域法律差异，平衡数据利用与合规责任，规避隐私泄露导致的财务与法律风险。

三、等级保护

信息安全等级保护是我国信息安全保障工作的一项基本制度，旨在对不同等级的信息系统实施不同强度的安全保护，以确保信息系统的安全稳定运行，保护国家、社会和公民的信息安全。

（一）等级划分

（1）第一级（自主保护级）：一般适用于小型企业、个体工商户等组织的信息系统，以及一般的个人信息系统。例如，小型电商企业的内部办公系统，其主要影响的是企业自身的运营，对国家安全、社会秩序和公共利益基本无影响。此类系统运营者只需依据自身安全需求，自主进行安全保护，重点保障系统的基本运行和数据完整性。

（2）第二级（指导保护级）：适用于一些涉及一定量个人信息或企业敏感信息的信息系统，如普通企业的客户关系管理系统（CRM）。该系统的安全状况对社会秩序和公共利益有一定影响，但影响程度相对较小。运营者需要在国家信息安全监管部门的指导下进行安全建设和保护，除了保障系统的基本功能和数据安全，还需采取一定的身份认证、访问控制等安全措施。

（3）第三级（监督保护级）：针对涉及大量公民个人信息、企业核心商业秘密或对国家安全、社会秩序有较大影响的信息系统，如大型金融机构的核心业务系统、政府部门的重要业务系统等。国家信息安全监管部门会对其进行监督、检查，运营者必须严格按照相关标准进行安全防护体系建设，包括完善的网络安全防护、数据加密、安全审计等措施，以确保系统能抵御较强的外部攻击和内部违规操作。

（4）第四级（强制保护级）：主要针对涉及国家安全、社会稳定的关键信息系统，如国防、军事相关的信息系统。由于此类系统的安全性直接关系到国家的安全和稳定，因此国家采取了强制保护措施，运营者需投入大量资源构建高度严密的安全防护体系，该体系具备极强的抗攻击能力和灾难恢复能力，以应对各种复杂且高强度的安全威胁。

（5）第五级（专控保护级）：适用于关系到国家核心利益的极其重要的信息系统，如国家重要战略决策支持系统等。这类系统由国家专门控制，采取特殊的、专有的安全保护措施，以确保系统的绝对安全，防止任何可能的安全风险和破坏。

（二）主要工作内容

（1）**定级**：信息系统运营者根据系统的重要性、所处理信息的敏感程度以及可能受到的威胁等因素，依据相关标准确定信息系统的安全保护等级。例如，若系统涉及大量公民个人敏感信息，且一旦泄露可能对公民权益造成严重损害，就可能被定为较高等级。

（2）**备案**：在确定信息系统的安全保护等级后，运营者需将系统的相关信息向当地公安机关进行备案，提交包括系统基本情况、安全保护等级等信息的备案材料。

（3）**安全建设整改**：根据信息系统的安全保护等级，运营者按照相应的国家标准和技术规范，进行安全技术措施和安全管理措施的建设与整改。例如，对于三级信息系统，需要部署防火墙、入侵检测系统、数据加密设备等安全技术设备，同时建立完善的安全管理制度、人员安全管理机制等。

（4）**等级测评**：定期委托具备资质的测评机构对信息系统进行等级测评，检查系统的安全保护措施是否符合相应等级的要求，是否存在安全漏洞和风险。测评机构会根据测评结果出具测评报告，指出系统存在的问题和改进建议。

（5）**监督检查**：公安机关等信息安全监管部门对信息系统的安全保护工作进行监督检查，确保运营者按照规定落实各项安全保护措施，保障信息系统的安全运行。对未按要求进行等级保护工作的单位，监管部门将依法进行处罚并督促整改。

信息安全等级保护制度的实施，能有效提升我国各类信息系统的整体安全防护水平，降低信息安全风险，为国家的信息化建设提供坚实的安全保障。

四、发展趋势

1. 智能化安全防护

随着 AI 和大数据分析的不断发展，企业将能够更加智能地预测和识别潜在的安全威胁，通过自动化响应系统提高对网络攻击和数据泄露的防护能力。

2. 合规管理自动化

随着各国数据保护法律法规的不断变化，企业将采用自动化工具来确保其合规性，自动化合规审查和合规报告将成为未来的发展趋势。

3. 零信任安全架构

零信任安全架构通过对所有访问请求进行严格验证，确保每一个请求都经过多重身份认证和权限检查，避免内部人员和外部攻击者获取未经授权的访问。

4. 数据主权与合规性

随着全球数据保护法的不断完善，跨国企业将更加注重数据主权问题，特别是在涉及跨境数据流动时，企业需要严格遵守各国的法律规定。

5. 云原生安全架构

随着企业业务的数智化和云计算的普及，云原生安全架构成为企业安全防护的重点。企业将更加注重云平台的数据安全和合规性，提升整体的安全保障能力。

第二部分

财务数智化建设内容

第六章
智能会计开启财务全面数据服务

第一节 传统会计面临双重挑战

在当今快速发展的经济与科技浪潮中,传统会计正面临着来自管理与技术层面的双重严峻挑战。从管理视角而言,企业规模的不断扩张、业务范畴的持续拓展以及商业模式的日新月异,使得传统会计核算业务模式难以适应。传统会计侧重于事后核算与监督,对企业经营活动的前瞻性把控不足,难以在企业战略规划、决策制定等关键环节提供有力支撑。而在技术领域,大数据、人工智能、云计算等新兴技术如雨后春笋般涌现,对传统会计的数据采集、处理以及服务方式发起了冲击。因此,传统会计的变革迫在眉睫,探索转型路径成为当务之急。

一、传统会计在财务管理方面的挑战

(一)难以支撑财务成为企业管理决策辅助者的角色

传统会计长期以来主要聚焦于完成法人口径核算任务,并基于核算信息完成对外披露的工作,对企业的内部管理决策层面的支撑作用极为有限。传统模式下,会计人员遵循既定的会计准则和法规,以确保财务报表的准确性与合规性。这种工作方式使得会计信息更多地服务于外部利益相关者,如投资者、债权人、税务机关等,满足他们了解企业财务状况和经营成果的需求。

然而,对于企业内部管理决策而言,由于传统会计在核算过程中压缩了大量的业务维度,核算结果提供的信息存在明显不足,缺少业财精细化数据。传统会计往往无法及时提供有关市场趋势、成本结构优化、业务风险预警等方面的信息,难以帮助管理者深入了解、跟踪企业经营活动的内在逻辑和潜在问题。这就导致管理者在决策过程中缺乏足够的数据以支持专业分析、洞察和预测,可能会做出片面或不准确的决策,影响企业的长期发展。

（二）难以支撑多元化企业集团的管控要求

在当今竞争激烈的市场环境下，企业发展规模不断扩大，越来越多的企业朝着多元化经营的集团型企业方向发展。传统会计模式在应对多元化业务时，对于不同业务在核算工具、数据格式、核算方法、报表编制等方面的个性化需求，难以做到既精准又高效，往往导致信息孤岛的形成，影响了集团整体决策的及时性和准确性。

在追求业务多元化的同时，多元化企业集团也更加注重集团层面的财务集中管控与资源整合，以期实现资源的优化配置和风险的统一管控。这要求财务管理系统能够具备跨业务、跨地域的财务数据整合与分析能力，确保集团总部能够实时掌握各子公司的财务状况。然而，传统会计模式受限于其分散的数据处理方式、缺乏灵活性的系统架构，难以实现对集团财务活动的全面、深入监控，更无法有效支持集团层面的战略决策和风险管理，从而难以满足多元化企业集团对于高效、统一、透明的财务管控要求。

（三）难以支撑多目的核算的管理需求

传统会计核算视角相对单一，主要侧重于完成财务会计核算。然而，随着企业管理理念的不断发展和精细化管理的需求日益增长，当下企业越来越关注不同视角下、不同目的的核算。例如，经营会计将企业内部划分为多个责任中心，如成本中心、利润中心、投资中心等，对每个责任中心的收入、成本、利润等指标进行单独核算和分析，以便清晰地评估各责任中心的经营绩效和责任履行情况。通过这种方式，企业管理层可以深入了解各个业务单元的运营状况，发现问题并及时采取针对性的措施进行改进，从而实现资源的优化配置和企业整体绩效的提升。传统会计的单一核算视角无法满足企业对内部管理精细化的需求，难以提供各责任中心详细、准确的核算信息，限制了企业内部管理决策的科学性和有效性。

（四）难以支撑财务辅助经营洞察的能力拓展

传统会计在数据服务能力方面存在明显不足，难以满足现代企业财务管理的需求。随着商业环境复杂化，企业管理层对财务数据提出了更高要求，特别是在实时性、可视化呈现和多维度分析等方面，传统会计已难以有效支持经营洞察。

首先，数据可视化能力不足制约决策效率。传统会计系统通常只能生成格式固定的标准财务报表，如资产负债表、利润表和现金流量表等，既缺乏交互式仪表盘,也无法提供动态可视化图表。在实际操作中,财务人员不得不耗费大量时间手工加工基础数据,这不仅增加了人力成本,更影响了数据的准确性。其次,分析维度过于单一限制了经营洞察的深度。传统系统缺乏对业务数据的多维度钻取功能,无法满足按产品线、区域、渠道等多角度分析的需求,导致管理层难以获取全面的经营洞察。最后,数据时效性不足直接影响决策质量。在当前快速变化的市场环境下,传统的月度结算节奏已明显滞后,难以为经营决策提供及时有效的数据支持,严重制约了财务部门对业务发展的支撑作用。

二、传统会计在系统工具方面的挑战

(一)难以支撑业务快速发展对财务敏捷核算的挑战

商业环境的变化给企业带来了新的业务机会,而新业务往往具有独特的业务模式、运营特点和财务需求,需要个性化的核算方式支撑。例如,新兴的互联网企业可能涉及大量的虚拟资产、平台交易、用户补贴等特殊业务,同时新业务的开展伴随着高风险,通常需要迅速建立相应的财务核算体系,以便及时跟踪业务进展、评估经济效益。传统会计工具在快速接入新业务并完成核算方面存在明显的滞后性,因为其更新和调整较为复杂,需要耗费大量的时间和人力,导致财务核算无法及时跟上新业务的发展节奏,影响企业对新业务的监控和管理。

(二)难以应对大数据洪流

在数字化浪潮中,企业经营产生的数据量呈爆炸式增长。传统会计系统在设计之初,并未考虑到如今大数据时代的海量数据处理需求。其数据处理能力有限,面对电商企业每日数以万计甚至百万计的订单交易数据,传统会计系统的处理速度缓慢,容易出现数据积压和处理延迟的情况。

传统会计工具的数据存储方式也难以适应大数据的存储需求。随着数据量的不断增加,传统的本地存储设备可能面临存储空间不足的问题,且数据的安全性和可靠性难以得到有效保障。在数据传输方面,传统会计系统的数据传输效率较低,无法满足企业对实时数据的获取需求,影响了企业决策的及时性和准确性。

(三)难以提升财务系统的可靠性和处理效率

传统会计信息系统通常采用集中部署模式,其业务逻辑处理、数据存储和用户访问功能均依赖单一的服务器或数据中心。随着企业规模的扩大和业务复杂度提升,这种架构的弊端日益凸显,严重影响了企业运营效率和合规管理。

首先，单点故障风险高。由于高度依赖单一服务器，当发生硬件故障、网络中断或遭受网络攻击导致服务器宕机时，整个财务系统将立即瘫痪，可能导致报表生成延误、支付业务中断等严重后果，甚至引发合规风险。

其次，系统性能存在明显瓶颈。在月末结账、年度审计等业务高峰期，单台服务器的计算和存储资源往往不堪重负。此外，跨国分支机构访问远程数据中心时，网络延迟问题进一步降低工作效率。

再次，系统扩展性严重不足。传统架构只能通过升级单台服务器硬件来提升性能，不仅需要高昂成本，还必须安排停机维护。这种扩展方式完全无法适应现代企业快速发展的需求。

最后，数据安全保障能力薄弱。集中存储模式使系统面临"一损俱损"的风险，传统备份方案的数据恢复时间（RTO）往往超过24小时，完全无法满足关键财务系统对业务连续性的要求。

第二节　精细、实时、智能化的智能会计

一、数智技术推动会计核算工具持续进化

数智技术在会计领域的深度应用，为各行各业会计核算能力的根本性提升开辟了前所未有的路径。低代码、大数据、AI 等技术在会计核算中的广泛应用，构成了推动传统会计工具向智能化、高效化、精细化转型的核心驱动力。

低代码平台通过简化应用程序开发流程，使得非技术背景的财务人员也能参与到会计系统的定制与变更中，会计核算可以根据企业的具体需求和业务流程进行灵活配置和调整，提高了会计核算工具的适用性和实用性，加速了会计流程的创新与响应速度。

大数据技术与分析模型的结合，使会计系统能够处理海量交易数据，生成直观、易懂的可视化报表和图表，帮助管理者快速理解复杂的财务数据和信息，并从中挖掘出关键财务信息与非财务信息，为企业的财务决策提供更为精准、全面的数据支持。

人工智能和机器学习技术的应用使会计核算工具能够自动识别和处理财务数据中的异常值和错误，提高数据的准确性和可靠性。以会计核算结果为基础，结合大数据和人工智能技术，能够深入挖掘财务数据中的模式和趋势，为管理层提供有价值的见解和预测，进一步增强了财务部门的决策支持能力。

二、智能会计的发展方向和提升目标

随着数智技术的深化应用，会计核算工具实现了质的蜕变，智能会计应运而生。智能会计是以为企业提供全面数据服务为目的的会计核算工具，提供精细、实时、智能的会计服务，能够满足企业多目的核算的需求。

（一）精细、实时、智能的会计核算工具

智能会计为企业提供精细化、智能化、实时性的会计核算服务。精细化包括两层含义，一是最小化数据颗粒度，智能会计能够实现对企业业务按明细交易进行核算，对企业发生的每次经营活动进行确认、计量并生成会计分录。二是多维度，智能会计支持将业务运营、管理分析所需的业务维度进行采集和记录，在会计核算结果中沉淀详尽的财务信息和业务信息。

智能会计的实时性体现在业务活动发生时，即时进行会计确认与计量，实时生成会计记录，而无须等待月底结账、关账等动作。以支持企业敏捷获得会计核算结果，进而及时进行报告、监控、预测与及时决策，使得企业可以在事中及时进行业务决策及干预。

利用大模型技术，智能会计可以实现智能化的规则引擎支撑会计核算，与人工智能技术结合进行数据智能服务，智能会计可以实时对业务交易进行监控和预警，进而能够预测分析、智能建议和支持决策，使其更具智能化和自适应性。

（二）智能会计满足企业多目的的核算需求

在数字经济时代，会计服务的对象是多元化的，它不再局限于企业股东、监管部门或税务机关等组织，企业的内部管理者、潜在的投资者、生态伙伴、公益组织、员工等，都可能是会计数据的使用者，他们可以通过智能会计精细实时的数据，洞察企业的经营状况，从而使内部管理者更好地进行业务决策，外部使用者更好地进行投资或合作决策。智能会计不仅延续了传统的财务核算服务，还能以更细颗粒度、更多维度的多维分摊数据为基础，为管理会计盈利分析和多视角经营洞察提供支持。特别对于需依据不同会计准则进行财务会计、经营会计等核算工作的场景，智能会计能够达到传统会计无法企及的灵活性与准确性。

（三）智能会计为企业提供全面数据服务

随着数据挖掘、大模型、人工智能等技术的深化应用，企业的会计数据不再

局限于提供实时的财务报表和报告，以智能会计精细、实时、业财融合的核算结果为基础，可以为企业提供及时的业务洞察、风险预警、资源分配、产品优化创新等数据分析与决策支持，使企业的会计数据服务进一步走向智慧化，为企业创造更大的价值。

第三节 智能会计的技术创新

智能会计借助数智技术突破传统核算系统架构的束缚，实现能力跃迁。传统核算框架下，业务交易往往通过业务单据的形式，以点对点对接的方式被接入核算系统，并依据预设的代码或可配置的核算逻辑，生成会计凭证分录。然而，此架构高度依赖大量的 IT 代码工作来执行核算凭证的处理流程，这不仅极大地限制了财务自动化核算的潜能，还制约了财务部门对核算规则调整的反应速度，影响了核算灵活性与效率。

智能会计打破了这一局限，通过引入更先进的技术和智能化的算法，减少对 IT 代码的依赖，提升核算规则的动态调整能力，从而实现更为敏捷、高效的财务核算管理。

一、围绕业财融合的中台架构设计思路

智能会计系统通过中台化架构，针对数据采集、数据加工处理以及核算结果存储三大关键环节实施了创新设计，形成了"业务事项—会计事务—事项分录"的三层设计架构。此创新不仅极大地提升了核算的精准度与效率，而且为企业的经营管理决策提供了坚实、可靠的财务数据支撑，进一步强化了数据在决策制定过程中的基础性作用。

（一）业务事项：交易数据采集的桥梁

在智能会计系统的集成过程中，首先要确立标准化的"业务事项"模型（见图 6-1），作为交易数据在智能会计系统内存储的统一对象。业务事项作为连接交易数据与智能会计的桥梁，它要求将源自多个不同业务系统的交易信息，依据交易类型进行高度的归纳与抽象，进而归类为特定的业务事项类别。举例来说，零售企业既涵盖线下门店的销售出库，也包含多个线上销售渠道的销售出库，尽管这些数据源自不同的业务系统、交易要素也不尽相同，但在智能会计系统，统一将这类交易数据定义为"销售出库业务事项"。

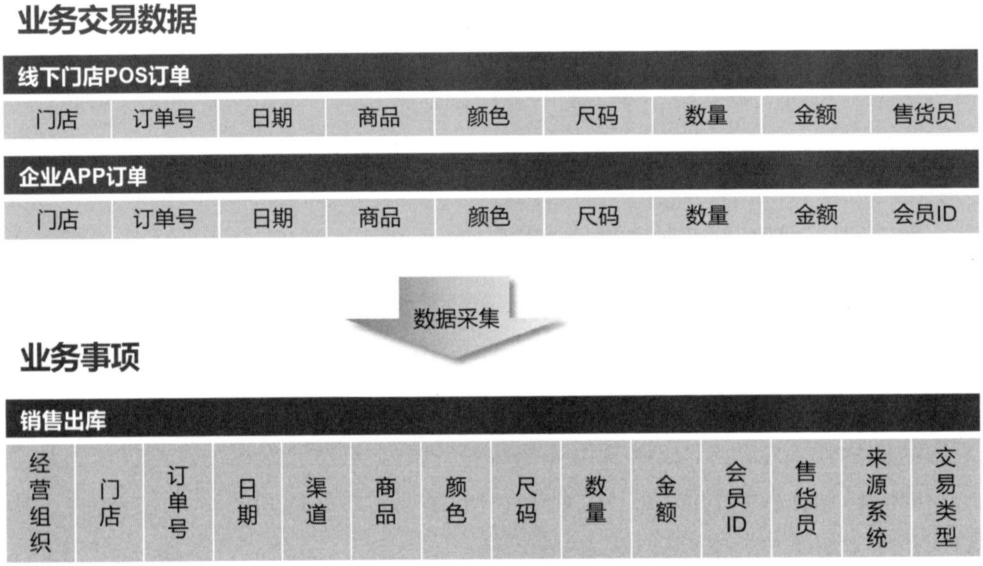

业务交易数据

线下门店POS订单									
门店	订单号	日期	商品	颜色	尺码	数量	金额	售货员	

企业APP订单									
门店	订单号	日期	商品	颜色	尺码	数量	金额	会员ID	

数据采集

业务事项

销售出库												
经营组织	门店	订单号	日期	渠道	商品	颜色	尺码	数量	金额	会员ID	售货员	来源系统	交易类型

图 6-1　零售企业销售出库业务事项模型

在采集交易数据时，至关重要的是保持信息的原始颗粒度，例如销售订单，同时力求采集尽可能多的业务维度信息，包括与销售订单相关的客户属性、产品类型、经营组织、销售区域等多个层面，为企业经营分析与决策提供详尽且未经汇总的精细化数据。

业务事项将同类交易数据的信息统一，以统一的业务维度接入多个业务系统的交易数据。它不仅是会计核算的核心数据来源，也是实现各业务系统交易数据无缝接入智能会计系统的标准化接口。借助统一的业务事项模型，智能会计能够灵活适应业务系统与核算处理之间的扩展对接需求，确保了交易数据采集的效率。

（二）会计事务：会计核算处理的基本单元

智能会计引入"会计事务"的概念，作为会计核算处理的基本单元，它涵盖了企业从采购到付款、销售到收款、差旅与费用管理等的关键财务核算流程。会计事务严格遵循会计准则的规定，对会计确认与计量的处理过程进行抽象与分类，构建标准化的会计事务模型，完成从业务到会计核算处理的精准映射。举例来说，基于企业不同场景的会计确认要求，针对销售出库这一业务事项，智能会计系统将其会计核算处理映射为暂估应收会计事务，将销售开票的会计核算处理映射为确认应收会计事务（见表6-1）。

表 6-1 销售出库业务的会计事务模型

序号	业务事项	条件	会计事务	说明
1	销售出库	出库立账、立账方式为暂估应收	暂估应收	销售出库立暂估应收
2	销售出库	出库立账、立账方式为确认应收	确认应收	销售出库立确认应收
3	销售发票	出库立账、立账方式为暂估应收、不红冲发票	暂估应收回冲	销售发票暂估应收回冲
4	销售发票	出库立账、立账方式为暂估应收、红冲发票	暂估应收红冲	销售发票立暂估应收红冲
5	销售发票	出库立账、立账方式为确认应收、不红冲发票	确认应收补差	销售发票确认应收补差
6	销售发票	开票立账，或立账方式为确认应收，且不红冲发票	确认应收	销售发票立确认应收
7	销售发票	开票立账，或立账方式为确认应收，且红冲发票	确认应收红冲	销售发票立确认应收红冲

通过会计事务建模、业务事项到会计事务的映射，不仅确保了核算的标准化，还允许针对不同业务场景下的同一业务事项进行灵活的财务核算扩展，以适应多样化交易数据的财务处理需求。

智能会计实现了对企业核心核算场景的深度整合与事务化处理，通过会计事务的引入，智能会计实现了对不同业务事项的标准化核算处理，同时保留了足够的灵活性以支持复杂的财务核算场景，从而显著提升了核算的准确性和效率，为企业的财务管理奠定了坚实的基础。

（三）事项分录：业财大数据中心

为实现精细化核算的目标，智能会计在集成交易数据与执行核算处理时，不仅接入了直接影响财务核算的关键信息，还深度整合了交易数据中的关键业务信息，确保这些信息在核算处理完成后得以完整保留，并将这一融合的核算结果定义为"事项分录"。

事项分录是经济交易活动经由会计事务核算处理后，以会计分录为载体，详尽记载交易的财务信息与非财务信息，为企业后续的财务管理活动与深度分析提供详尽的数据支撑。在核算处理过程中，通过科目、核算维度等的标准化，完成了会计标准化的数据治理，形成精细化、业财融合的大数据中心。举例来说，确认应收的核算流程将生成确认应收事项分录，此类分录详尽记录了交易的含税金额、净价、适用税率、税额等财务细节，同时记录了交易主体、商品、渠道等业务维度及其关键属性，如客户类别、商品品类、品牌、渠道类型等。事项分录以交易信息的最小单位（例如销售订单明细）进行存储，确保了数据的原始精度（见图 6-2）。

业务事项

销售出库												
经营组织	门店	订单号	日期	渠道	商品	颜色	尺码	数量	金额	会员ID	售货员	来源系统	交易类型

↓ 确认应收核算处理

事项分录

确认应收																			
	业务信息													财务信息					
经营组织	门店	订单号	客户	区域	业务线	日期	渠道	商品	税率	颜色	尺码	会员级别	售货员	交易类型	……	会计主体	账簿	科目	金额	币种	期间	数量	……

图 6-2　确认应收事项分录

事项分录是业务数据与财务数据深度融合的核算结果，存储的业务信息不仅包含了交易数据维度，还可以提供业务维度及相关的标签属性，丰富了数据分析的维度。

智能会计通过创新的业务事项、会计事务、事项分录三层架构，不仅在流程层面实现了业务与财务的无缝对接，还在数据层面促进了业务数据与财务数据的深度融合，同时也强化了财务数据内部的整合与一致性，为企业的财务管理与决策提供了强有力的支持。

二、智能会计实现了领先技术与会计核算的融合

（一）低代码技术：可视化建模实现业财架构解耦

企业复杂多样的业务系统与交易数据，使得传统会计系统需针对每类交易构

建特定的数据接口，以实现交易数据向会计处理平台的接入。每当新的交易类型出现时，传统会计还需定义新的接口，这就形成了复杂的网状系统接口，增加了系统维护的复杂性与工作量。

智能会计通过引入业务事项的概念，作为交易类型的归纳与分类，实现了对不同渠道销售交易的统一兼容与扩展支持。这一创新机制打破了业务系统与财务系统之间的架构耦合，使得新业务与交易类型的数据能够无缝接入，无须频繁调整系统接口。

低代码技术的引入为智能会计的业务事项定义带来了革命性的变化。通过直观的拖拉拽方式，财务人员能够轻松完成交易要素的定义与配置。随着业务系统的扩展与新交易类型的出现，低代码平台支持快速适应数据要素的变化，通过可视化业务事项建模，以自定义的方式替代烦琐的系统接口编码，极大地提升了接口适配与交易数据采集的效率（见图6-3）。

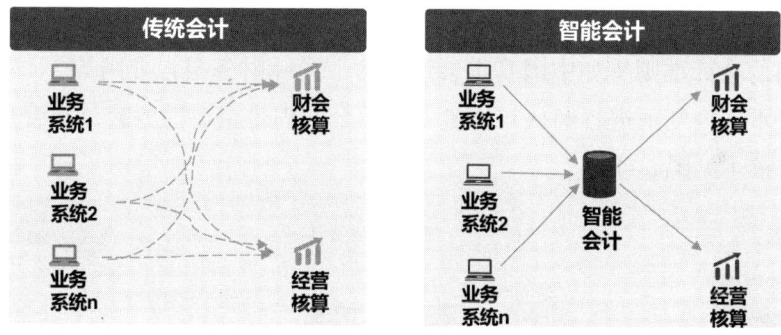

图6-3 传统会计系统架构与智能会计业财解耦的系统架构

在数据采集流程中，智能会计专注于交易信息的精准采集，而将交易信息向会计数据的转换过程留待后续的财务处理环节进行。这一技术层面的解耦，不仅提升了交易信息采集的时效性与准确性，还确保了财务处理的高效性，为智能会计的高效运作提供了有力保障。

为保障会计核算合规性与准确性，智能会计还用低代码可视化方式，在业务事项接入环节嵌入先进的稽核机制。该机制依据预设的规则，对业务交易数据进行严格的合规性与合理性审查。通过智能化技术，系统能够实时识别并预警异常交易数据，在业财解耦的基础上有效防范潜在风险。例如，在销售出库业务事项中，稽核规则可对订单金额、客户信用额度等关键信息进行审查，一旦数据触发预警条件，智能会计系统将立即标记为异常，并通知会计人员及时核查与处理。这种前置的合规性检查机制，确保了会计信息的准确性与可靠性。

（二）会计核算模型：事务化的核算规则引擎

智能会计的基础要求是自动化地实现财务对业务交易数据的确认与计量，进而依据既定规则将其转化为准确的会计分录。会计事务作为会计核算流程的基本单元，是定义会计核算规则的起点。在实务处理中，一笔业务交易数据可能涉及多个会计事务的处理。例如，在采购流程中，收到供应商发票后，企业需依次执行暂估应付回冲与确认应付两项会计事务；而在内部销售场景下，内部交易单则需同时触发销售方的暂估应收与采购方的暂估应付两项会计事务。智能会计创新性地分离了业务事项向会计事务转换与会计分录生成的过程，在完成业务事项向会计事务转换后，再依据会计事务生成相应的会计分录。

鉴于会计服务对象的多元化需求，智能会计的转换规则不再局限于特定的会计准则或核算目的，而是能够依据不同的核算需求（如财会核算与经营核算）及遵循不同的会计准则（如中国基本会计准则、国际财务报告准则等），对同一业务交易在不同规则下进行确认与计量，从而全面满足企业财务会计与管理会计等的多重需求（见图6-4）。

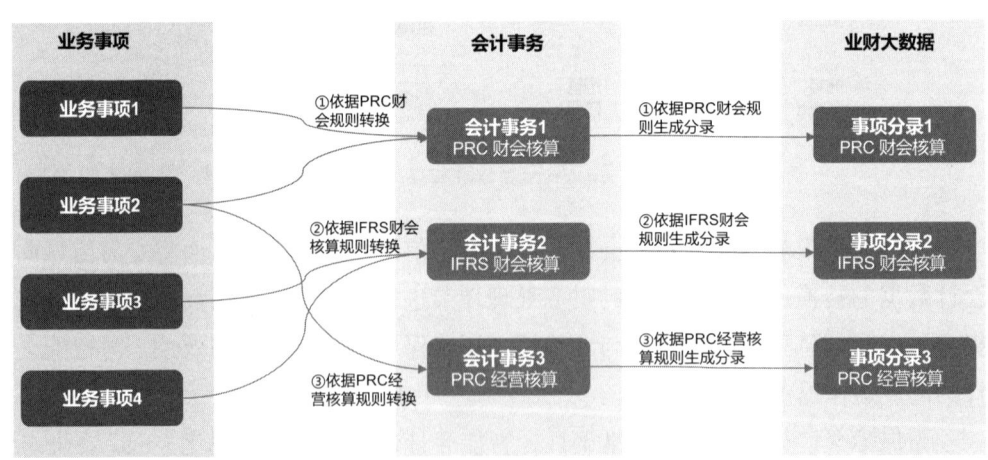

图6-4 智能会计核算模型

会计事务将财务核算处理流程转化为事务化处理模式，实现了业务向财务转换的实时性。当会计规则发生变动时，智能会计能够迅速调整并即时生效，确保了会计核算的时效性与准确性。

通过制订灵活的业财转换规则与核算规则，智能会计实现了多目的、多口径的会计核算处理，极大地促进了财务服务的灵活扩展，以及业务与财务之间的无缝对接。这一机制不仅提升了会计核算的自动化水平，还增强了财务信息的透明度与可追溯性，为企业决策提供了更为精准、全面的数据支持。

（三）大数据技术：业财融合的财务大数据底座

随着智能会计的演进，业务和财务的融合已成为必然。这种融合通过整合财务数据和业务运营数据，为企业提供了更为全面、深入的洞察能力，有助于企业更精准地理解财务状况与业务运营之间的内在联系，并准确评估业务活动对财务指标的深远影响。

事项分录很好地实现了业务和财务的数据融合。它不仅记录了传统的核算数据要素，如会计主体、利润中心、成本中心、账簿、科目、币种、金额、汇率、税率等，还保留了丰富的业务交易关键维度，如存货规格、重量、商品类型、销售渠道、区域分布、客户级别等。这些数据的融合，使得事项分录成了一个集研发、生产、采购、销售、资金、资产、人力资源等各大业务流程数据于一体的业财大数据底座（见图6-5）。

事项分录

	业务信息												财务信息					
收入	门店	经营组织	主体	客户	区域	业务线	日期	渠道	商品	税率	品牌	品类	颜色	尺码	会员级别	售货员	……	会计主体	责任中心	账簿	科目	金额	币种	期间	数量	……

	业务信息											财务信息					
成本	门店	经营组织	主体	供应商	区域	业务线	日期	物料	税率	颜色	尺码	单价	……	会计主体	责任中心	账簿	科目	金额	币种	期间	数量	……

	业务信息							财务信息					
费用	主体	部门	区域	日期	费用项	费用明细	……	会计主体	责任中心	账簿	科目	金额	币种	期间

图6-5 智能会计的业财大数据

事项分录所融合的业务和财务数据，不仅来源于直接的业务交易，还涵盖了业务维度的标签属性。智能会计倡导将企业关注的业务、财务维度信息进行档案化管理，通过数据治理手段实现维度数据的规范化、标准化。同时，业务维度与其标签属性之间建立了明确的从属关系，如商品的属性包括品类、品级、品牌等。在事项分录生成时，系统能够自动从商品档案中抽取相关信息，从而构建出更加多元化、多视角的业财大数据。

这种多视角的财务大数据，是基于最明细的业务交易生成的，如销售出库单的商品明细、采购入库单的物料明细等。这些交易级的事项分录，保留了原始的业务颗粒度，从而支持从财务追溯到交易的每一个细节，复现出真实、完整的业务全貌。

事项分录所形成的业财大数据，为智能会计系统提供了坚实的数据基础，支持了财务会计核算、经营会计核算、管理会计报告、成本管理以及企业经营分析等多方面的业务需求。这一数据底座的构建，不仅提升了财务管理的智能化水平，还为企业决策提供了更为精准、全面的数据支撑，推动了业财融合的深入发展。

（四）HTAP 数据库：流批一体的海量数据高效核算

某些企业的日交易量达到十万级乃至百万级，在追求多维度、精细化财务管理的实践中，事项分录的数据量呈现爆炸式增长，构成了对核算性能极大的挑战。每增加一个核算维度，如商品品类（假设维值数量为 10 个），事项分录的数据量随即扩展至原来的 10 倍；若再增加一个维度，如客户级别（同样假设维值数量为 10 个），则数据量将激增至原来规模的 100 倍。

面对如此海量的数据环境，确保核算的高性能与准确性成了首要任务。为此，智能会计集成了多种分布式存储解决方案，涵盖 MPP 数据库、HTAP（Hybrid Transactional/Analytical Processing，混合事务分析处理）数据库、时序数据库、分布式关系数据库以及图数据库等，并运用了 Impala、Hive、Spark、Streaming 等先进的分布式计算技术，旨在最大化提升海量数据的处理效率。

值得一提的是，HTAP 数据库通过其流批一体的处理能力，为高性能核算提供了强有力的支持。该数据库依托先进的存储引擎与向量化计算引擎，采用列行混存、数据预聚集、批量运算以及智能压缩等一系列核心技术，大幅提升大数据量查询效率和海量数据批量计算速度，同时降低存储成本，确保了海量数据环境下核算的实时性、精细化与多维度。

此外，HTAP 架构以其一栈式设计的优势，实现了数据全生命周期内的高效库内流转。通过库内独立的固定域、弹性域与分析域，有效隔离了业务资源与分析资源，不仅支持了更高的业务负载，还确保了业务处理服务的稳定性与数据分析能力的强大。这一架构为企业在海量数据环境下实现高效、精细的财务管理提供了坚实的支撑（见图 6-6）。

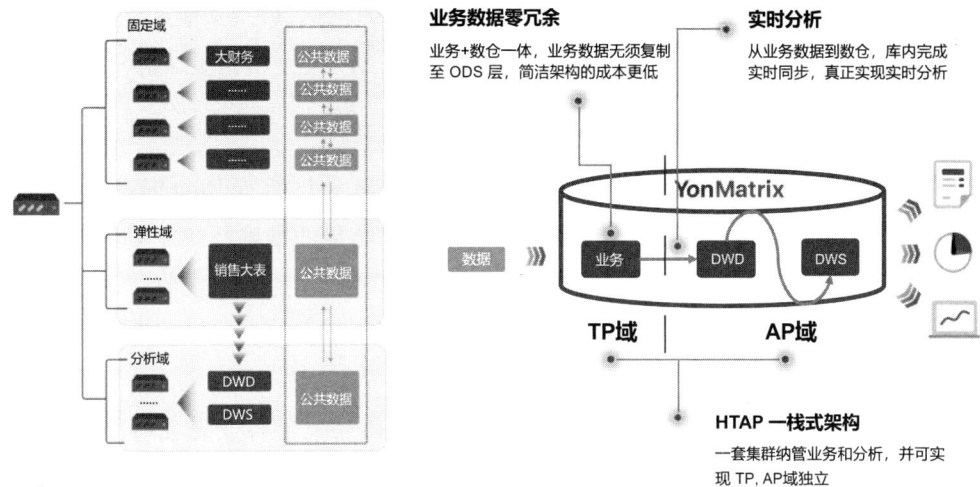

图 6-6　HTAP 独立分析域架构与实时分析

第四节　智能会计创新应用场景

智能会计凭借先进的技术和灵活的模型，能够显著提升财务核算的能力与效率，助力企业在成本控制、预算管理、风险管理、经营洞察等多个领域实现能力的飞跃，从而以高效、精准且合规的财务管理，助力企业实现可持续发展。

一、多目的核算拓宽财务职能

在传统会计体系下，财务人员的工作重心多集中于法人层面的财务处理，而难以深入探究财务结果背后复杂的业务动因。这一局限性阻碍了企业对整体经营状况的全面把握。

智能会计成功地打破了这一束缚。它凭借灵活的业务事项与会计事务转换机制，能够依据不同的核算目的（如财会核算、经营核算、管会核算等），遵循相应的会计准则，实现业务信息与财务信息的精准转换，进而为财务、税务、管理等多个领域提供多维度、精细化、实时性的会计服务。

在财务领域，智能会计能够精确记录并核算企业的日常交易活动，严格遵循相关法律法规与会计准则，及时编制并提供可靠、透明的财务报告，全面、清晰地展现企业的财务健康状况。

在管理领域，以智能会计的核算结果为基础，可以对业务与经营进行深入分析与解读，为企业提供财务状况的精准评估与未来预测，为企业的财务决策提供有力依据。无论是投资决策的明智性,还是融资决策的安全性,以及其他重要财务决策的科学性,智能会计都能提供翔实的数据帮助分析,助力企业做出更加精准的决策。

二、准确核算落实合规管控

智能会计的核算模型为集团型企业构建了一个统一且标准化的核算体系,有效落实了集团规范化的核算要求,从而确保了核算结果的准确性和完整性。以销售收入的核算为例,该模型能在集团层面统一制订销售出库暂估应收、开票后回冲暂估并确认应收的要求,此举消除了集团内部应收数据的差异,促进了集团应收账款管理的规范化。

智能会计不仅维护了集团的统一核算规范,还兼顾了各业态独特的核算需求。其丰富的业财核算维度允许各业态在遵循集团规范的基础上,展现个性化的管理信息,实现更精确的核算。例如,零售企业因其独立的物流管理业务,需要对物流业务的固定资产折旧和物流费用进行精细核算,具体到每一辆车。智能会计便能够在统一的核算模型下,将车辆信息作为个性化的核算维度进行记录,满足这一需求。

当会计准则更新、集团管控要求变更、经营管理规则变化以及业务个性化调整时,智能会计的核算模型能够迅速且准确地修订与更新核算规则,确保了对规则变动的高效适应与即时响应。

智能会计的实时核算结果能够即时反馈至业务交易流程中,对业务交易进行预警和管控,从而确保财务合规管控要求的落实。以采购流程为例,根据成本核算结果,智能会计能够检查采购订单的物料价格是否符合财务管控标准,自动审核订单并预警潜在风险。

在监管报表的特殊报送口径要求方面,智能会计同样展现出显著优势。传统会计下,企业需基于财务数据进行烦琐的内部调整以满足监管要求。而智能会计则在核算处理过程中,通过智能匹配与多维度核算能力,精准对应业务数据与监管报送口径,迅速汇总生成符合监管要求的核算结果。这种能力不仅大幅提高了监管报表的报送效率,还确保了报表的合规性,为企业应对复杂的监管环境提供了坚实保障。

智能会计通过统一核算规则、核算维度,并结合灵活的核算规则,为企业的准确核算提供了坚实保障。它既确保了核算结果的合规性,满足了管控要求,又保证了核算结果的可分析性和可对比性,为管理会计报告与经营分析奠定了良好基础。

某鞋服零售企业集团借助智能会计系统建设，成功构建了集团统一管控下的核算模型。此模型统一了旗下各品牌销售公司的业务与财务接口、核算维度及核算规则，将原先繁杂的 200 多种业务交易类型的核算规则，精简并整合为 17 个会计事务。这一变革不仅赋予了模型高度的灵活性，以适配各子公司多样化的核算需求，而且在处理具体核算任务时，如销售核算，仅需一个会计事务便能涵盖小规模纳税人、一般纳税人、外部销售及内部销售等多种复杂场景，极大地简化了核算规则体系。此外，核算结果细化至 57 个业务与财务维度，实现了业务、财务数据的深度融合。

集团集中管理和维护这一核算模型，从而在集团层面确保了整体核算要求的统一性和高效管控。该模型不仅实现了交易数据的精准、合规财务核算，还规范了核算流程，有效降低了错账、漏账等会计差错及人为干预的风险。同时，它也为企业的业务扩展提供了强有力的支撑，为管理层编制报告提供了详尽、精细的数据基础，助力企业决策更加科学、精准（见图 6-7）。

三、精细核算实现管理升维

基于智能会计构建经营核算体系，可以促使企业责任组织的优化与完善。在确立企业责任组织体系时，应当从管理的视角出发，全面而深入地审视企业的业务运营和经营管理状况，准确把握管理的核心要点，从而构建出清晰的责任组织体系，同时建立多维度、全方位的分析视角，以满足经营决策的精准化需求。

智能会计通过将核算体系细化到最具体的交易层级，并与各交易背后相关联的责任组织及业务维度紧密融合，实现了对不同责任组织、多样化业务维度以及财务维度核算数据的高效整合。这为责任组织的内部结算、预算管理、绩效考核等一系列核心管理活动提供了坚实而可靠的数据支撑。例如，企业可以针对采购业务、产品管理、客户经营等关键环节设立相应的责任组织体系及其绩效评价标准，这不仅可以有效评估各责任组织的经营状况，还能进一步深入产品、客户等更为细致的分析层面，充分挖掘"产品"与"客户"背后所蕴含的潜在价值。

随着阿米巴管理模式、内部交易结算机制等先进管理理念的引入，企业日益加大了对责任组织的精细化管理力度。智能会计通过构建科学的分摊与结算框架，依据业务量的分摊动因（诸如人员数量、办公面积等）或内部结算的驱动因素（例如工作小时数等），实现了对责任组织成本及费用的更为全面且精细化的

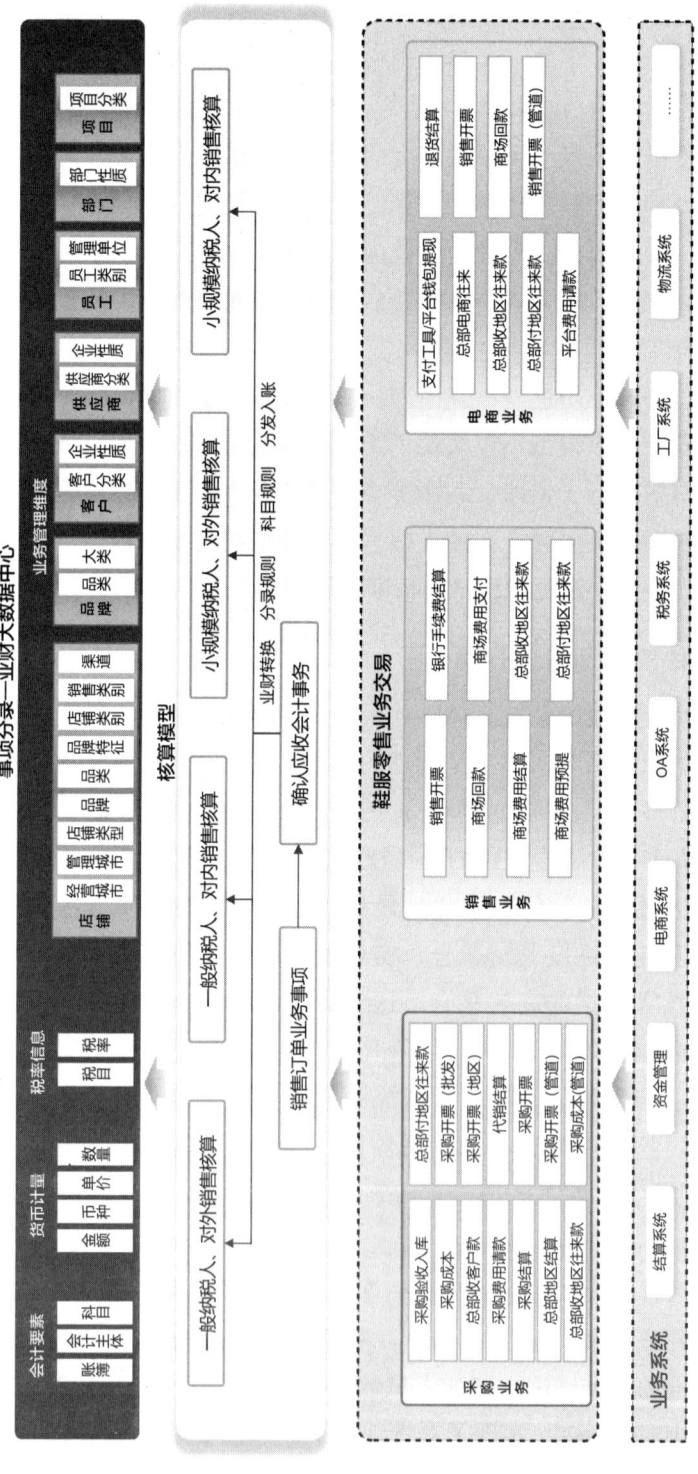

图6-7 鞋服零售业核算模型

核算。因此，智能会计能够精确地评估责任组织的盈利能力，进而提升企业对责任组织的价值管理水平。更为深远的是，它为企业的产品优化、组织优化等价值挖掘活动奠定了坚实的基础，促进企业的持续发展。

某食品集团智能会计强化阿米巴管理模式的实施。通过智能会计，该集团构建了以阿米巴组织为核心的七级责任组织体系，实现了内外业务交易的高效核算，可以精确计算出超过 700 个责任组织每日的经营业绩。从财务报表到具体交易活动，系统均能实现数据追溯，进而支持基于订单、业务员、销售团队等多个维度的日损益分析及业绩追根究因。以智能会计为基础，该集团实现了日订单损益考核机制，这一机制显著增强了销售人员的全局经营意识，促使他们更加注重日常经营活动的效益，从而形成了一个持续改进与绩效不断提升的良性循环。此外，智能会计系统还为地区经理提供了强大的助力，使他们能够迅速捕捉市场动态和需求变化。依据这些实时信息，地区经理能够制订出更为灵活有效且贴合市场需求的采购与生产计划，从而大幅提升了决策的效率与准确性（见图 6-8）。

四、内部市场化核算增强了企业的价值创造能力

内部市场化核算在推动企业价值最大化方面发挥着显著作用。借助智能会计的业财深度融合与精细化管理能力，以各业务单元为价值创造的核心与市场运营的主体，通过模拟市场化运营模式，对每项业务活动和资产进行精细化核算，精确衡量投入与产出，企业可以构建出一套针对各业务单元价值贡献的评估体系。该体系与绩效考核机制紧密衔接，有效引导企业资源的优化配置。

智能会计通过科学划分责任组织，从价值管理视角出发构建责任组织架构，并将企业的经济效益指标细化分解至各个责任组织。在完成对外部收入、内部模拟收入、可直接追溯的成本费用的精细核算的基础上，对多个责任组织共同承担的成本与费用进行科学合理的分摊，从而实现对收入、成本及费用的全面归集与精确核算，全面满足对各责任组织权责利的精细化管理及深入分析需求。

基于对各责任组织详尽核算数据的整合，企业以责任组织为基本单元，实施精细化的绩效考核管理。通过内部模拟计算，各责任组织能够清晰展现其价值贡献，为经营盈亏分析提供有力的数据支持。这一机制不仅提升了管理的透明度与精确度，更为企业的战略决策提供了坚实的数据基础，有力推动了企业价值的最大化实现。

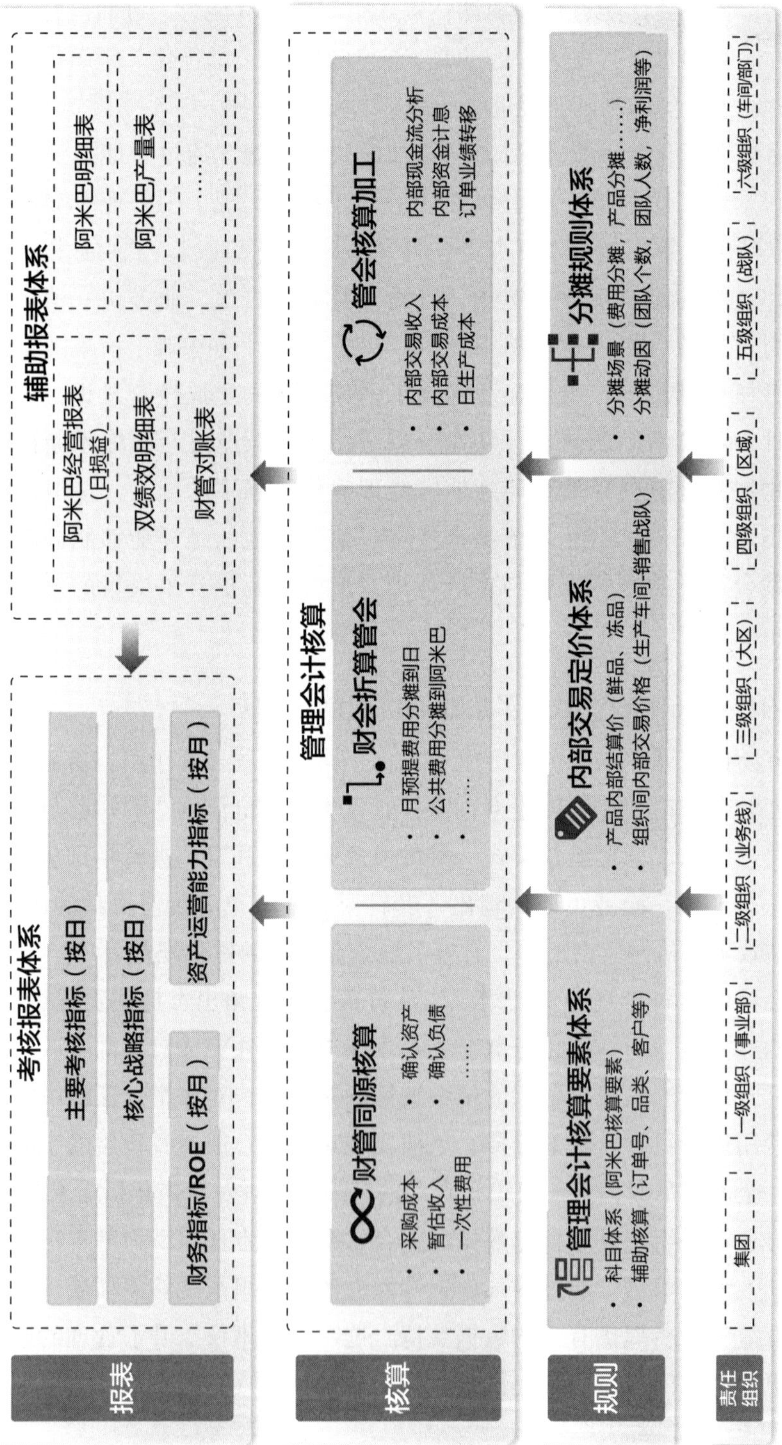

财务数智化：战略架构与场景应用

报表

考核报表体系
- 财务指标/ROE（按月）
- 主要考核指标（按日）
- 核心战略指标（按日）
- 资产运营能力指标（按月）

辅助报表体系
- 阿米巴经营报表（日损益）
- 双绩效明细表
- 财管对账表
- 阿米巴明细表
- 阿米巴产量表
- ……

核算

管理会计核算

财管同源核算
- 采购成本
- 暂估收入
- 一次性费用
- 确认资产
- 确认负债
- ……

财会折算管会
- 月预提费用分摊到日
- 公共费用分摊到阿米巴
- ……

管会核算加工
- 内部交易收入
- 内部交易成本
- 日生产成本
- 内部现金流分析
- 内部资金计息
- 订单业绩转移

规则

管理会计核算要素体系
- 科目体系（阿米巴核算要素）
- 辅助核算（订单号、品类、客户等）

内部交易定价体系
- 产品内部结算价（鲜品、冻品）
- 组织间内部交易定价（生产车间-销售战队）

分摊规则体系
- 分摊场景（费用分摊、产品分摊……）
- 分摊动因（团队个数、团队人数、团队产量、净利润等）

责任组织

一级组织（事业部） | 二级组织（业务线） | 三级组织（大区） | 四级组织（区域） | 五级组织（战队） | 六级组织（车间部门）

图 6-8 某食品集团的经营核算体系

五、数据资源助力敏捷经营

智能会计通过其事项分录，为企业提供详尽且多维度的收入、成本等核算数据，进而支持企业做出迅速且精准的经营决策。借助智能会计的能力，企业可以迅速从商品维度聚合并获取全面的核算数据，深入洞察商品的盈利能力、价格竞争力以及市场受欢迎程度等关键信息，这不仅极大地扩展了分析的深度与广度，还助力企业制定更为精准的商品发展策略。

企业可以通过智能会计的建设，推动基础数据质量的全面提升，增强整体数据资源的管理效能，为企业的数智化转型战略注入强劲动力。通过对业务事项的精细化建模，智能会计不仅明确了前端业务交易的数据需求，还逐步推动了与前端业务系统的深度整合，促进了业务流程与财务流程的紧密融合与高效协同。此外，智能会计的事项分录强化了对业务及财务数据标准化与一致性的要求，全面提升企业基础数据、业务交易数据、财务核算数据等数据质量，成功实现了数据向资产的转化，为企业数据资源入表工作提供了强有力的支撑。

智能会计利用大数据、人工智能等先进技术，收集并分析海量数据，以会计信息的精细化、智能化处理和分析为目标，推动会计从传统账务处理向经营管理的转型。通过智能会计支撑数据分析，企业能够精准把握市场动态和客户需求，优化产品与服务体系，提升运营效率和市场响应速度，实现数据驱动的决策制定，优化资源配置，为企业的精细管理和敏捷经营提供坚实的财务支撑，实现可持续发展。

第五节　电子会计档案全链路管理应用

一、企业电子会计档案全链路管理应用势在必行

随着新技术的广泛应用，企业之间、企业内部机构之间的交互信息载体发生了颠覆性变化，从传统的纸质资料逐步被电子文件、电子凭证所替代。如何做到电子凭证等会计资料的"应归尽归"、会计档案的"应收尽收"，成为企事业单位在财务数智化转型过程中的必答题。财政部修订发布的《会计信息化工作规范》《会计软件基本功能和服务规范》，不仅指导企业加强会计信息化建设，规范数字经济环境下的会计软件基本功能和服务，更为企业有效解决各类电子凭证"报销难、入账难、归档难"的棘手问题提供指导方向。

当前，企业会计档案管理的现状与痛点主要包括：会计资料及档案以实体纸质档案管理为主，手工工作量大、重复性工作多；会计资料实体纸质档案邮寄成

本、管理成本高；业财系统全流程线上化不断完善，部分业务的原始凭证存在线下归集、影像件缺失和线下审批作业；会计实体纸质档案存在附件不规范和缺失问题，纸质档案装订存在不规范问题；会计实体纸质档案搜索效率低、调阅不方便，集团无法查询、调阅分子公司会计档案信息；企业针对九类电子凭证的管理方式和手段，与政策法规要求不相符等。

按照企业财务数智化转型整体规划蓝图的要求和企业会计档案管理面临的迫切需求，企业通过建立健全会计档案管理相关的制度、流程和信息系统，借助数智化技术和工具，构建绿色安全、合规高效的企业会计档案管理体系和系统工具，成为大中型企业会计档案数智化应用的大趋势。

二、企业电子会计档案全链路管理建设内容

企业电子会计档案管理作为企业财务管理的一个重要职能和企业档案的专业门类，既要符合政策法规与企业档案管理的专业性要求，又要在企业财务数智化整体规划下，与业财系统深化融合（见图6-9）。

一套体系：企业档案管理是一项整体性、系统性工作。基于电子会计档案合规要求和电子档案单套制管理规范，企业电子会计档案管理依托制度建设、资源建设与管理、系统建设、安全管理来构建来源可靠、程序规范、要素合规的电子会计档案，确保其与传统载体档案具有同等效力。

两大能力：安全可靠能力和数据存储能力。电子文件具有可复制、易篡改和依赖设备系统读取等特性，需确保其安全、可靠、防窜改的能力，以实现管理安全、过程可溯、长期可用、风险可控的目标，这需要从系统安全、存储备份、转换迁移、安全检测、审计跟踪五个方面进行保障。会计资料覆盖了企业经营活动中经济业务发生的全流程，业务发生的频率高、数量级大，从档案后续的使用涉及的跨年度大数据体量审计抽查应用来看，需要对档案存储的结构及数据处理的性能进行合理保障。

四大转变：在电子档案管理模式下，档案数据由分散到统一集中管理；模式由线下转变到线上线下联动管理；档案事项处理由人工操作迈向自动智能化；档案资料质量管理由事后追溯优化为事前管控。

核心场景：作为企业财务数智化转型的重要一环，电子会计档案管理信息系统正成为企业数据资产的重要枢纽，也是信息记录、传输、交换、利用与共享的主流方式。基于会计档案全生命周期管理，系统建设蓝图应涵盖以下应用场景：

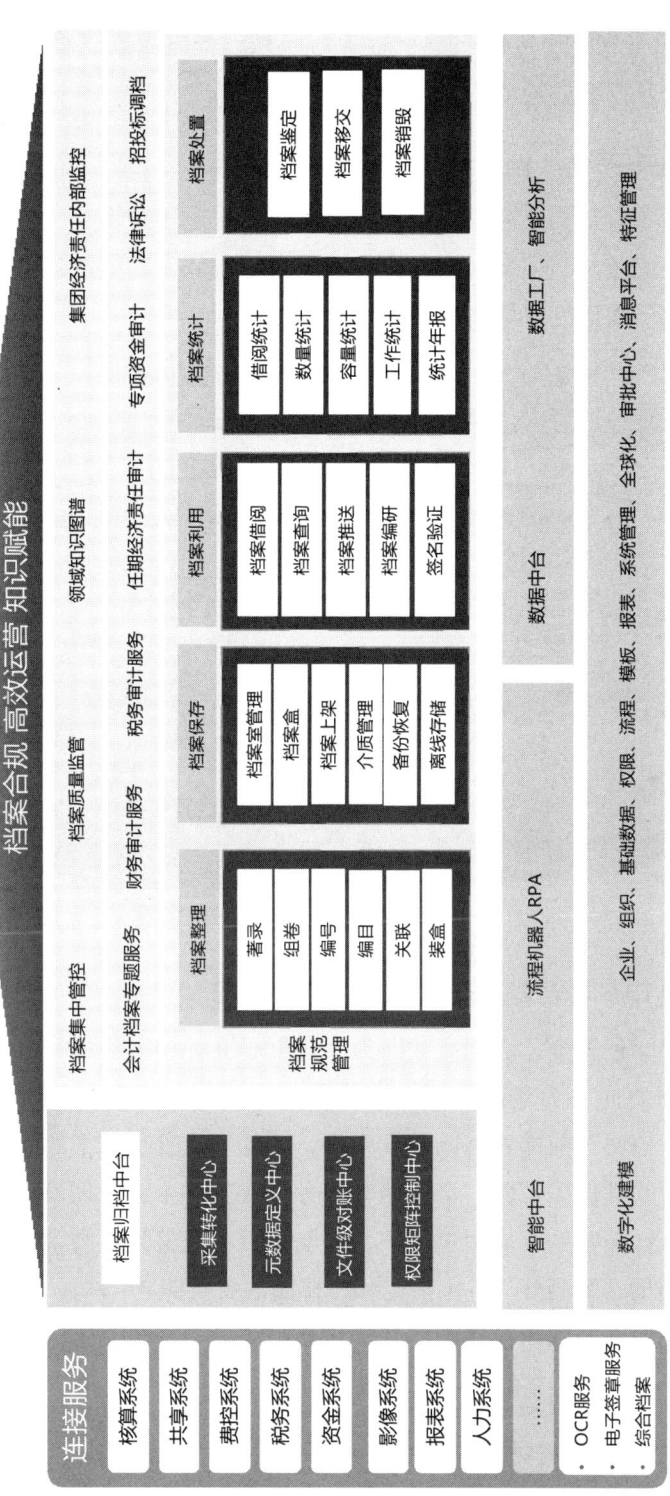

图6-9　企业电子会计档案全链路管理建设内容

会计档案基础管理、形成与归集、整理与归档、档案保管、档案利用、档案统计、档案移交、档案处置。

三、企业电子会计档案全链路管理建设路径

企业在电子会计档案建设落地时，核心是基于电子化保存，从存储规范、保管安全、业务完整、与业务融合的合理规划设计、软件功能的规范设计、配套制度的约束几个层面进行规划（见图6-10）。

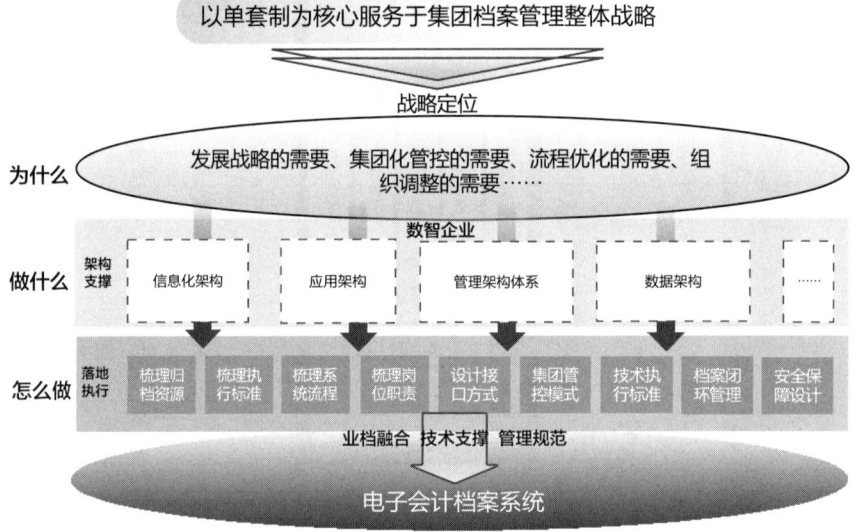

图6-10 企业电子会计档案方法路径

四、企业电子会计档案全链路管理应用场景

以实现"绿色安全、合规高效"为企业电子会计档案建设目标，坚持以"统一管理、业财协同"为建设原则，完善会计档案管理体系，打通业财税资档系统，实现会计档案与前端业财的深度融合，业务环节进行档案的完整性治理，归档环节进行合规性保障校验，会计档案服务有效支撑企业管理模式和集团管理模式。在电子会计档案系统应用过程中，以电子资料完整为原则，能够促进并优化业务流程全面的"数智化"，包括凭证、账表、各类报告归档；同时进一步规范流程，固化制度并嵌入内控规则。基于长期服务大中型企业的应用实践，用友梳理出企业数智化会计档案的核心应用场景。

（一）应用场景一：会计档案用户场景设计

会计档案管理由会计人员、档案人员分工负责，涉及财务核算系统、业务系

统、电子会计档案管理系统等多个信息系统，电子会计资料的采集范围包括电子凭证和纸质凭证，以满足用户对会计档案管理的需求。

1. 财务人员

（1）前端产生：通过梳理并重塑会计档案电子化流程，前端业财系统产生数智化或影像化原始凭证，包括电子凭证和纸质凭证。

（2）财务核算：财务人员根据数智化或影像化的原始凭证在系统中完成对账、审核等财务处理，同时系统自动生成记账凭证、账簿、报表等电子会计档案。

（3）档案管理：系统按照预设规则生成档案号，自动匹配关联、整理成册及分类保管原始凭证、记账凭证、账簿、报表等各类会计档案，后续财务人员在系统中查询、移交电子会计档案。

2. 档案管理人员

（1）归档：按照系统接口，推送会计档案，并根据会计档案类型（包括凭证、账簿、报表及其他等）分类归档。

（2）调阅：对于已归档的会计档案，配合内外部检查，系统调阅并提供会计档案。

（3）鉴定：对于已到保管期限的会计档案，档案管理人员在系统中发起会计档案鉴定申请，档案管理部门、财务部门、IT部门、合规监察部门等部门分别完成系统审批，系统自动生成"会计档案鉴定意见书"。

（4）销毁：对于经鉴定需销毁的会计档案，系统自动生成"会计档案销毁清册"（包括公司或机构、会计档案类型、期间、归档号等）并经档案管理部门、财务部门、IT部门等部门分别完成系统审批，并提交公司负责人审批。审批完成后，系统自动完成电子会计档案销毁。

3. 内外部审计人员

（1）应用于审计合规监察及财政税务等内外部检查，可支持远程检查。

（2）对于内外审等常规检查，可对检查人员开放特定范围的查询权限，检查人员从系统中调阅电子会计档案。

（3）对于专项检查，可由财务人员在系统中快速调阅并提供电子会计档案。

（二）应用场景二：电子会计档案采集与归档

电子文件收集整理的核心服务，对电子文件形成完整数据，即包括文件本身及其对应的元数据，对业务处理各个环节的文件需要进行自动化组件，按照业管理模式以类型、时间等维度进行组卷，并按类型进行分类排序。

（三）应用场景三：电子会计档案四性检测

归档环节、移交与接收环节及长期保存环节，是确保电子档案真实性、完整性、可用性和安全性的关键性环节。在上述业务处理中，需要对档案进行检测。在移交、接收及长期保管环节还需要进行"四性"专项检测。同时，在各个环节需要根据必要检测项目，设定对应的检测策略与检测方案。

（四）应用场景四：电子会计档案与纸质档案一体化管理

各类文件按国家档案局及单位自身发布的归档范围进行电子文件收集，同时需要从业务角度考虑档案的完整性、及时性，完成文件的整理。系统间业务融合设计应合理，归档文件应遵循文件形成的规律，保持文件材料之间的有机联系。此外，对单位内部各类档案进行分类、编码，以便于保管和利用。同时，明确每一类（最小类别）文件的保管期限。对于需要保存纸质档案的部分影像件，应建立电子影像件与纸质实体档案间的关联关系（见图6-11）。

（五）应用场景五：电子会计档案数据服务支撑价值利用

电子会计档案的应用能够更高效地完成审计数据采集。电子会计档案可以满足常规审计工作所需的大部分数据资料，省去了被审计单位烦琐的审计数据准备工作，避免了被审计单位根据审计人员的审计需求单来准备电子数据的烦琐工作。

五、企业电子会计档案建设效益

经济效益：按每份凭证至少用纸4张（如凭证封面、审批单、电子发票、银行电子回单或工单、料单等）测算，如果一个集团企业每年产生约100万份凭证，每年节省纸张约400万张、硒鼓500个，节约纸张、耗材、档案管理成本和人工成本合计约150万元。

社会效益：通过企业电子会计档案建设，可推动各行各业电子会计档案单套制管理的发展，为大中型企业加强档案的集中、合规、高效、安全等方面的管理树立榜样，同时助力企业塑造绿色发展形象，提升经营管理能力、管理创新能力，最大限度地创造经济、社会的综合价值。

管理效益：企业电子会计档案管理使会计资料"应归尽归"，并支持便捷利用。电子会计档案使查询资料变得非常简便，让使用者可以随时随地地提取所需要的资料，为财会监督管理者提供完整、真实的会计资料。

第二部分 财务数智化建设内容

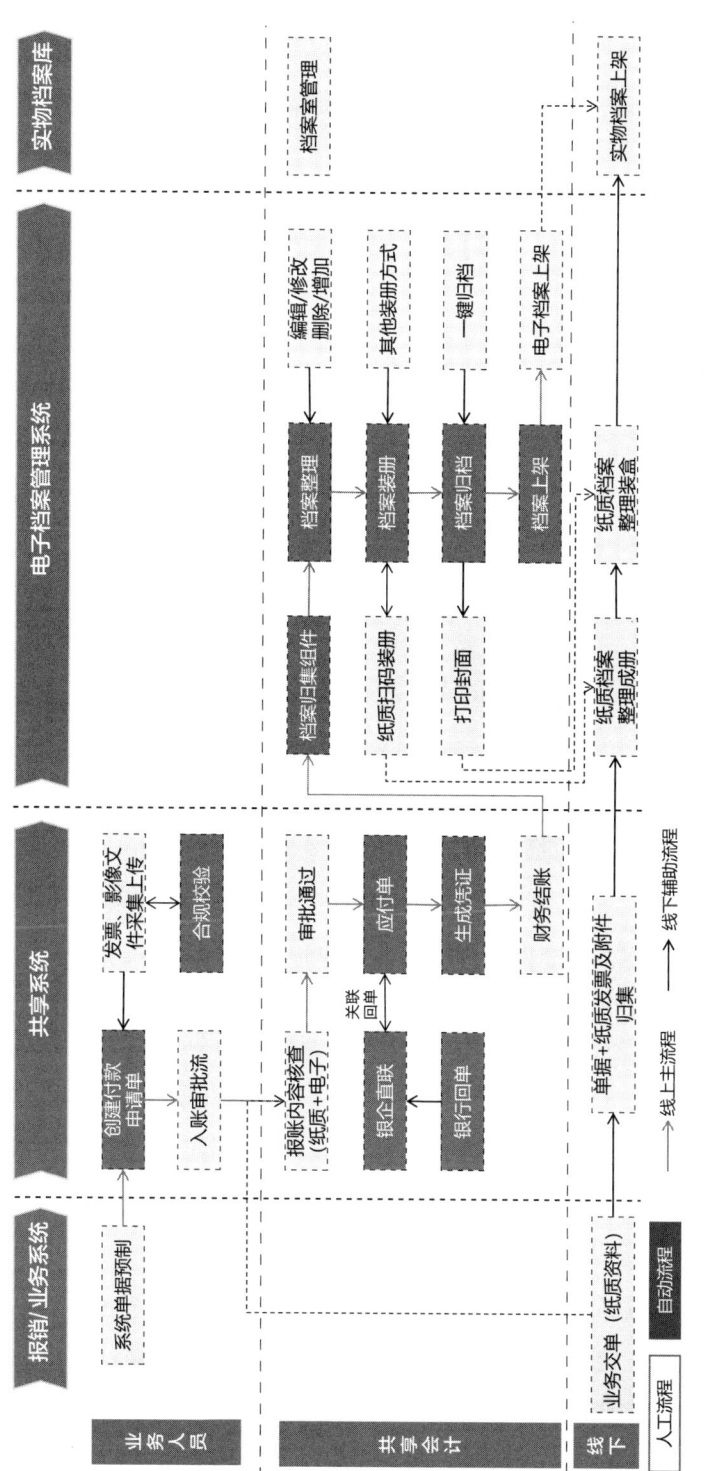

图6-11 企业电子会计档案纸电一体化应用场景

第七章
数智化财报：智能高效 精准合规

在数智化浪潮奔涌的时代背景下，大型集团企业的财务管理理念正经历深刻变革，对合并报告的实时性与智能化的追求愈发强烈。报表数据作为合并报告的核心要素，承载着无可替代的关键价值。报告所需的时期数据与时点数据，借助先进的数智技术，得以实现深度、有效的整合。这些整合后的数据，犹如坚固基石，为报告编制筑牢根基，提供精确且全面的依据，让报告价值得以精准呈现，有据可依。正因如此，合并报告成为企业决策层时刻关注的关键所在，为企业战略规划与决策制定提供不可或缺的支撑。

第一节 传统财务报告面临的问题与挑战

一、传统财务报告面临的新挑战

1. 企业如何强化核算报告、确保精准合规并逐步迈向世界一流水平

近年来，国资央企推动世界一流企业建设提速起势，建设世界一流企业已转入"加快建设"阶段，突出强调以对标世界一流企业价值创造行动为关键抓手，提高核心竞争力。在此背景下，报告及合并系统可以利用自身优势进行深度挖掘，满足不同行业、不同领域企业的分析需求，找到企业可持续发展的攻略。在全球经济深度交融、市场竞争愈发白热化的当下，强化核算报告与精准合规成为关键重点。

2. 企业如何利用领先技术为财务报告的编制提效加速

领先技术的不断革新为企业财务管理领域带来了前所未有的变革，尤其在编制财务报告方面，一键出表和高效合并得以实现，极大地提升了企业的运营效率。对于大型集团企业而言，下属子公司众多，合并财务报表的编制过程困难重重。领先技术打破了数据壁垒，各子公司的财务数据能够实时上传至云端，通过

分布式账本确保数据的一致性和安全性。基于云计算强大的运算能力，系统能够快速对各子公司的数据进行合并处理，自动抵销内部交易和往来款项，精准生成合并财务报表。这种高效的合并方式，不仅缩短了报表编制周期，还提升了数据的准确性和及时性，为企业管理层提供更具时效性的决策依据，助力企业在瞬息万变的市场中抢占先机，实现快速发展。

二、传统财务报告亟待解决的问题

1. 传统财务报告编制过程中数据整合困难，流程冗长且效率低

传统财务报告编制模式在长期的实践中暴露出诸多难以克服的问题。在数据处理方面，数据收集过程烦琐且低效。企业需要从众多子公司、分支机构收集财务数据，这些数据往往存储在不同的系统中，格式各异，甚至存在手工记录的情况。以某跨国企业为例，其在全球拥有数百个子公司，每个子公司都有自己独立的财务系统，数据格式和编码规则各不相同，收集一次完整的财务数据就需要耗费大量的人力和时间。而且，数据在传输过程中容易出现丢失、错误等情况，进一步影响了数据的准确性和完整性。

2. 企业财务报告披露延时给企业带来的不良影响

目前中国上市公司年报披露中，"压线交卷"的情形仍较为常见。依据有关上市公司披露时间的调研报告剖析，年报提速已然成为众多上市公司的共同诉求。数据显示，49.7%的出资人对年报加速有着强烈期望；49.3%的相关方认为年报加速有助于提升企业内部管理水平；37.5%的企业将对标标杆企业作为年报加速的目标；52%的企业坚信年报加速能够有力推动企业财务转型；还有47.5%的企业期望借助年报加速项目实现"一键合并""一键出表"的高效成果。

同时，上市公司在信息披露环节存在诸多问题。部分公司披露行为随意，信息缺乏真实性与充分性。例如，有的公司只披露利好消息，对不利情况避而不谈；一些公司信息披露缺乏规范，随意调整利润分配方案；还有公司中期报告内容过于简略，难以开展有效的财务分析与评价；甚至有部分公司的财务报告中不提供上年同期重要数据，对于公司所处的市场竞争态势、通货膨胀影响、利率汇率波动、营销策略以及宏观产业政策等关键信息，要么揭示不完整，要么干脆不披露。这些信息质量问题，既违反了相关会计信息披露制度规范，也会给企业声誉和形象带来负面影响，阻碍了企业的长远发展。

3. 传统财务报告不能满足多元化集团下属公司个性化需求

随着社会经济的发展，企业集团多元化发展的态势愈发显著且深入。这些企业凭借雄厚的资金实力、广泛的市场资源以及先进的管理理念，积极拓展业务边界，不仅涉足传统制造业、零售业，还逐步向新兴的科技、金融、医疗等领域进军，业务版图不断扩张。随着多元化进程的推进，下属单位数量持续攀升，且各自所处的行业赛道、市场定位、运营模式截然不同，这就使得下属单位的个性化需求如雨后春笋般不断涌现。集团层面统一建设的合并报表，原本是为了实现整体财务数据的集中汇总与分析，以便从宏观角度把控集团的财务状况和经营成果。然而，在实际操作中，这种统一模式却难以满足下属子集团复杂多样的个性化需求。以一家同时涉足电商和房地产的企业集团为例，电商子公司由于业务交易频繁、数据更新快，需要合并报表能够实时反映订单收入、物流成本、客户退款等动态数据；而房地产子公司则更关注项目的长期开发成本、预售资金监管、土地增值税核算等内容，对合并报表的周期和数据颗粒度有着不同要求。这种供需之间的矛盾，导致合并报表在实际应用中无法为各子公司提供精准、有效的财务支持，一定程度上阻碍了子公司的精细化运营和决策制定。

4. 传统财务报告无法有效满足中国企业国际化发展披露的诉求

随着国家"引进来"和"走出去"战略的深入推进与全面落地，中国企业的国际化征程不断加速。越来越多的企业积极投身国际资本市场，国际化发展需求与多口径财务报告披露已成为企业运营中的新常态。企业不仅要满足国内资本市场的监管要求，还需遵循国际资本市场的规则与惯例，以应对更为复杂的财务报告编制与披露挑战。

第二节 "3体系4策略"构建数智财务报告体系

基于在大型集团企业服务领域多年的深厚沉淀与丰富实践，我们深度剖析并精心总结提炼出"3体系4策略"方法论。此方法论体系的目的在于全方位赋能集团企业，从多个维度、多个层级，以高度系统化的方式，构建起全面且智能的财务报告体系，助力集团企业在数智化转型的浪潮中，精准洞察财务数据价值，深度挖掘数据背后的商业逻辑，为企业战略决策提供强有力的支撑，推动企业实现高质量、可持续发展。

一、"3 体系"筑基财务报告体系

在数智化时代的浪潮中,企业面临着日益复杂多变的市场环境和竞争压力。为了在这一环境中取得优势,实现可持续发展,构建高效、精准、智能的数智化财务报告系统成为众多企业的关键战略举措。数据基础体系、规则模型体系和全口径报告体系作为数智化财务报告系统建设的三个核心组成部分,它们相互协作、相互支撑,共同为企业创造巨大的价值。

(一)夯实数据基础体系:规范数据标准化

作为数智财务报告体系的基石,数据基础体系至关重要(见图 7-1)。它涵盖了数据的收集、存储、清洗与整合等环节。通过建立统一的数据标准和规范,确保集团内各业务单元的数据能够准确、及时地汇聚。同时,运用先进的数据清洗技术,去除重复、错误的数据,为后续的数据分析和报告生成提供高质量的数据基础。例如,某大型投资集团通过实施数据基础体系标准化,将原本分散在不同行业子公司、格式各异的财务数据进行了统一整合、规范标准,使得数据处理效率大幅提升,数据准确性超过 99%。该集团以对财务核算与账务处理的基础数据标准化提升报表数据基础质量,保障单体报告自动化生成;构建数据模型,运用规则模型,理顺管理模型,高效合并;以报表引擎,灵活输出报告。

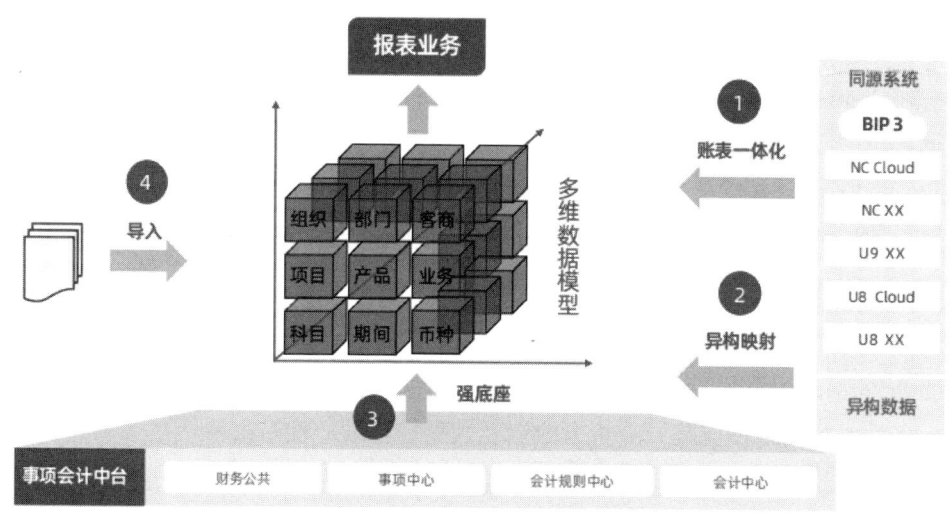

图 7-1 财务报表基础数据模型

（二）优化科目结构

集团科目体系设置应满足集团统一管控要求。以现有科目体系与统建报表项目指标进行匹配，查漏补缺，优化现有科目体系，形成集团统一的核算科目体系标准。

调优辅助核算，财务报表口径通常较粗，以收入披露为例，往往仅披露收入的简单分类信息，此类信息往往可以直接通过科目余额表取数。而管理报表通常需要更细的口径，如需要分析销售的客户、渠道、产品型号等更多的信息。要将相关信息通过 ERP 系统自动生成，则需要将相关内容通过辅助核算字段或者其他方式进行完善。

（三）完善核算规范

完善核算规范，包括关联交易模式、现金流记账方式、损益结转规范等多方面优化数据源头，下文以介绍关联交易模式为例展开。

完善企业内部关联交易模式，往往需要三步落地执行：①保证科目体系的完整性，并整理核定识别内部关联交易的科目清单；②保证客户或供应商辅助核算项目设置的完整性，并形成内部客商列表备查；③内部关联交易相关科目与客商辅助核算强关联，明晰表达内部关联交易的类别，满足内部交易信息的获取要求，并可准确获取"余额/累计发生额"数据。

（四）搭建规则模型体系：合并抵销自动化

随着企业规模不断扩张，其对报告及合并工作提出了更为多元且深入的要求：

（1）服务对象的多元化拓展：报告及合并不再仅仅局限于满足外部披露的需求，更深度融入企业内部管理分析，为企业战略决策、运营监控等提供关键支持，实现内外部双轮驱动的服务模式。

（2）数智化转型的迫切需求：为紧跟企业快速发展的步伐，报告及合并工作正面临着从传统模式向数智化转型的关键变革。数智化转型不仅是技术层面的升级，更是对整个工作流程、分析方式以及数据应用的全面革新。

（3）多维报告的升级变革：报告及合并的数智化转型，核心在于驱动报告后台引擎的根本性变革以及分析方式的创新。从传统的二维报告模式向多维报告模式升级，实现了数据维度的拓展与深度挖掘。

在多维建模技术的坚实基础上，用户能够实现多维切片即席分析，这一功能

的实现也催生出众多的数据加工需求。为此,相应的新产品算法引擎具备以下显著特点:

- **语法灵活易上手**:基于特定规则语言,财务用户经过简单学习后,即可进行基础编程操作,降低了技术门槛,使财务人员能够更深入地参与到数据处理与分析工作中。
- **丰富预置函数**:预置了 20 多种数据交互函数,方便用户引用系统中各种类型的数据,轻松实现复杂的数据交互、赋值回写等功能,满足多样化的数据处理需求。
- **灵活场景模型扩展**:预先设置了权益抵销、往来抵销等常见业务场景模型,用户可根据自身实际业务需求进行灵活扩展,适应不同企业、不同业务场景下的个性化需求。
- **可视化配置便捷高效**:模型可视化配置功能让规则建模配置变得直观易懂,用户通过简单的拖拉拽方式,即可定义大部分数据加工业务处理场景,极大地提高了操作的便捷性与效率。

财务报表合并规则模型如图 7-2 所示。

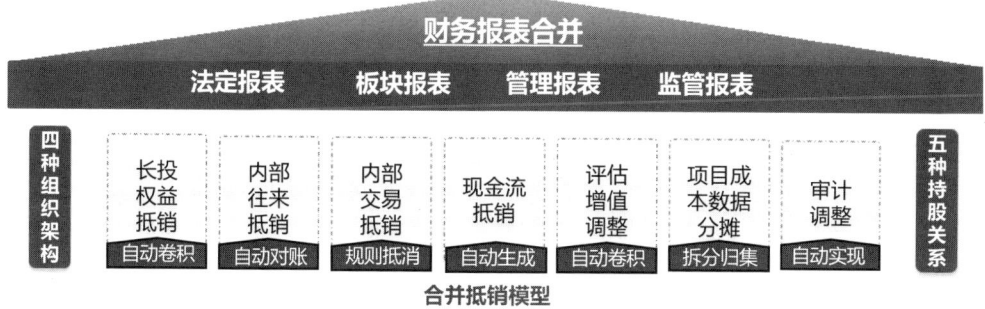

图 7-2 财务报表合并规则模型

(五)输出全口径报告体系:报表应用灵活化

基于完善的数据基础体系和规则模型体系,生成的财务报告突破了传统财务报告的局限,可以扩展至业务信息,可涵盖生产、销售、采购等各个业务环节的业财信息。对于报表的编制与加工,不仅包括传统的财务报表数据,还需要实现包含业务信息、管理信息的报表以及对监管机构报送的报表等。

（1）结合大型汽车制造集团的报表报告需求，可以将生产环节的成本分析、销售环节的利润贡献分析等纳入报告范畴。在月度财务报告中，详细呈现各车型的零部件成本构成、生产效率指标以及不同销售渠道的销售业绩和利润情况。

（2）针对全球性电商企业集团，可在报表报告中呈现不同地区、不同产品线的销售趋势、客户流量、转化率等信息。在季度财务报告中，结合财务数据和业务数据，分析不同地区的市场份额变化、客户获取成本以及客户生命周期价值等指标。

（3）针对多元金融企业集团，需要面向不同的利益相关者，提供多层次、多维度的报告内容，需要严格按照监管要求披露企业的风险状况、资本充足率等关键指标。在年度决算报告中，详细报送企业在不同金融业务领域的资产配置情况、风险敞口以及收益表现。

通过建设全口径报告体系，不仅满足不同利益相关者的信息需求，提升企业的透明度和公信力。同时，也可以帮助管理层全面了解企业的财务状况和经营成果，为制定战略决策提供全方位的信息支持。而且，企业相关高层通过全口径报表报告的数据分析，能够更全面地了解市场动态和业务运营情况，及时调整战略方向和营销策略。

财务报表报告体系模型如图 7-3 所示。

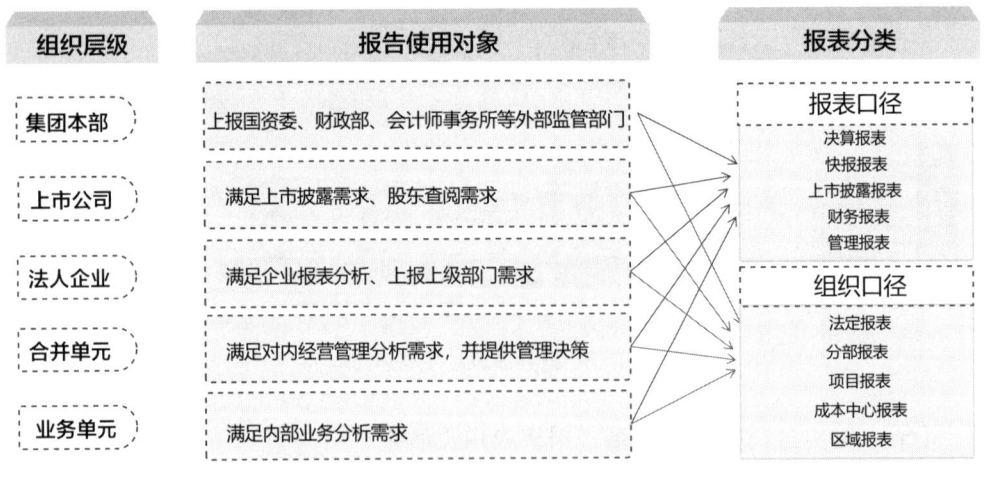

图 7-3 财务报表报告体系模型

二、"4 策略"完善财务报告体系

在数智化转型的大趋势下，构建高效的数智化财务报告系统已成为企业提升竞争力、实现可持续发展的关键。通过集团管控兼顾共性与个性需求、平衡效率与质量、统一推进与分布规划、信创国产化等多方面策略，能够打造出贴合企业实际且具有强大效能的数智化财务报告系统，为企业创造巨大价值。

（一）集团管控策略：兼顾共性与个性化

从财务报告出具的角度，按照企业集团统一管控的原则，企业集团统一设置财务报告表样与标准，下发给子集团子公司子板块，收集数据。在这个过程中，子公司也会有自己的财务报告体系，其与集团要求上报的财务报告体系之间，有数据重合的部分、可以直接复用、无须再重复做多遍。同时，子公司也会有自己个性化的财务报告需求，例如在多元化集团企业中，金融子公司与能源子公司的主营业务收入与主营业务成本明细项是不同的；又例如在主营业务为服装生产与销售的集团中，面向高端定制市场的子公司和主打快时尚的子公司，在产品设计、生产周期、营销渠道等方面可以有不同的策略，以更好地适应不同细分市场的需求，那么在财务明细相关报表上的产品分类、销售渠道等也是不一样的。

在规划财务报告体系的时候，结合集团统一管控与子公司个性化要求，可以梳理共性报表，供全集团及子公司使用，减少子公司重复编制的工作。同时，各子公司可以在共性报表的基础上，延伸延展建设个性化报表或者独立建设个性化报表。

（二）质量效率策略：平衡效率与质量

对于大型集团企业来说，结合体量大、板块多、业务复杂、应用深、要求高的企业特点和实际情况，在财务报告合并系统的建设过程中，一方面需要考虑精益管理需求，细化报表数据的颗粒度，提升报表数据的准确性；另一方面也需要根据时间要求等提升报表编报效率、对账效率和报送效率。

结合大型集团企业及各子集团的信息化建设情况、报表业务要求等，可以从如下几个方面着手考虑提升效率与平衡质量。

（1）完善合并主数据的标准和规范。通过财务报告合并报表系统建设，为实现企业集团合并主数据的准确性和一致性，在集团总部制定数据标准和规范，对于合并主数据的录入、管理、审核等环节都要有明确的规范要求，以保证数据的正确性和一致性。

（2）提升报表数据采集自动化效率。采用先进的信息化、智能化技术，自动实时地从集团内各子公司多元业务系统，如财务核算、供应链管理、销售管理等系统中，采集资产负债、收入成本等各类财务及相关业务数据。通过财务报告合并报表系统的数据采集模块，可以直接由用户设置多异构系统的配置采集核算数据，也可以扩展数据文件、语义模型等，经预设的数据映射规则与清洗算法，将来源、格式不同的数据标准化后再整合，通过自动化采集与整合，极大地减少人工手动收集整理的工作量与时间，从原本可能需要数周缩短至数小时甚至更短。

（3）提升复杂股权自动化处理水平，合并计算环节，设定同一控制合并、非同一控制合并、购买少数股权、交叉持股、联合持股、处置、注销等复杂合并场景的处理规则，实现自动抵销，系统内置智能算法，依据会计准则和内部政策，自动完成股权计算、内部交易抵销等复杂任务，快速且精准，避免人为疏忽导致的错误，可通过系统运用并行处理与分布式计算能力，将数据处理任务拆分至多个计算节点同时进行，整合结果，大幅提升数据处理速度。

（4）提升自动对账效率，利用合并报表系统的关联交易对账模块，自动采集全集团关联交易数据，可支持实现单据级对账、凭证明细级对账、余额级对账，可通过系统差异提醒、差异快捷处理等，提升对账效率。

（5）预设数据校验逻辑，根据报表体系的表间表内校验设定校验规则，保障数据质量。对于主附表编报，可以结合集团报表编报与管控要求，综合应用主附表联动与主附表分离的设计。例如，大型集团企业定期（如月报）需要收集子公司的利润表、管理费用明细表等，其中管理费用在利润表与管理费用明细表之间的稽核可以设计为主附表联动逻辑，既提升了自动化实现水平又保障了数据稽核质量。

（6）完善财务报告数据维度更明细。在财务报告合并系统中可设置多维模型应用，通过数据集成与转换的工具，结合多维与二维的技术融合，实现多维合并数据无缝向固定格式的监管报表数据的二维转换，对于企业集团而言，既实现保障多维合并报表的运行效率，又兼顾报表数据的多种格式要求。

综上所述，提高数智化财务报告系统的运行效率，采用先进的自动化技术和大数据处理技术，自动化数据采集系统能够实时从各个业务系统中抓取财务数据，减少人工录入的时间和错误。同时，企业建立了严格的数据质量管控机制，对采集到的数据进行多轮校验和审核，确保财务报告质量。

（三）系统建设策略：统一推进与分步规划

集团层面制定统一的数智化财务报告系统建设战略和目标，明确整体架构、技术标准和实施路径。这确保了整个集团在数智化转型过程中的一致性和协调性。例如，统一选择适合集团业务需求的财务软件供应商和技术平台，制定统一的数据接口规范和安全标准。通过统一推进，避免了各业务单元自行建设系统可能导致的重复投入、系统兼容性问题和数据孤岛现象。同时，集团成立专门的项目管理团队，负责统筹协调系统建设的各项工作，确保项目按计划顺利推进。

考虑到各业务单元的实际情况和业务差异，分步规划实施是必要的。对于业务相对简单、信息化基础较好的子公司，可以率先开展系统建设和上线工作，作为试点单位积累经验。例如，企业集团旗下某家规模较小但信息化程度较高的子公司，可以先行实施数智化财务报告系统，在实施过程中总结出优化数据采集流程、完善合并抵销过程、提升用户使用效果等方面的经验教训。然后，将这些经验推广到其他业务单元，根据不同子公司的特点进行适当调整和完善。

对于业务复杂、涉及较多特殊业务流程的子公司，则制订更为详细的分步实施计划，逐步推进系统建设，确保系统能够适应其复杂业务需求。这种统一推进与分步规划相结合的方式，既保证了项目的整体推进速度，又能充分考虑各业务单元的实际情况，提高项目的成功率。

（四）国产化策略：全栈式国产信创适配

全栈式国产信创适配，以全新的国产化合并报表系统建设，为国内央企、国企等集团企业提供了全方位的创新思路和实现路径。先进的合并报表系统通过在技术架构、功能模块、数据处理和安全保障等方面的创新与研发，能够打造出更加高效、智能、安全的系统，助力企业实现数智化转型和高质量发展。

（1）从技术架构角度来说，方面，国内厂商自主研发核心框架，摒弃依赖国外现成技术框架的传统模式，投入研发力量打造具有自主知识产权的报表系统核心框架。这一框架能够针对国内企业的实际业务特点和管理需求进行定制优化，确保系统在性能、扩展性和稳定性上达到最佳平衡。例如，采用微服务架构，将合并报表系统拆分为多个独立的服务模块，如数据采集服务、报表计算服务、报表展示服务等，每个模块可独立开发、部署和升级，大大提高系统的灵活性和可维护性，满足企业在不同发展阶段的业务变化需求；另一方面，积极与国内芯片、服务器、操作系统及数据库厂商展开深度合作，确保合并报表系统能够在国产基础软硬件环境中高效运行。通过对国产鲲鹏芯片、麒麟操作系统、达梦数据库等进行适配和优化，实现从底层硬件到上层应用的全栈国产化，提升系统的安全性和可控性，同时也为国产信息技术产业的发展提供有力支撑。

（2）从功能模块角度来说，一方面，开发智能化的合并多维引擎，改变以往烦琐、人工干预度高的合并报表编制流程。该多维引擎能够根据预设的合并规则和业务逻辑，自动完成数据的采集、转换、汇总，以及抵销分录的生成。例如，利用规则算法对历史数据进行分析，自动识别和处理特殊交易事项，如复杂股权结构下的权益法核算与长投权益抵销、内部交易的跨期抵销等，可大大提高合并报表编制的准确性和效率，减少人为错误；另一方面，除了传统的报表展示功能，同时又打造了多维数据分析与可视化功能模块。对于报表处理过程及数据加工过程的可视化展示、数据流转过程的穿透查询与联查、从报表结果数据到报表源头数据的层层追溯等，用户可以通过相应的功能模块对合并报表数据进行多维度的切片、切块分析，从不同角度洞察企业的财务状况和经营成果，也可借助先进的数据可视化技术，如柱状图、折线图、饼图、仪表盘等，将复杂的数据以直观、易懂的方式呈现出来，帮助企业管理层快速做出决策。

（3）从数据处理角度来说，一方面，在合并报表系统中建立完善的数据标准化与清洗机制，确保采集到的数据符合统一的格式和规范。通过制定数据标准字典，对各类数据进行分类、编码和定义，消除数据的不一致性和歧义性。同时，利用数据清洗算法对原始数据进行自动筛查和纠错，如识别重复数据、缺失值和异常值，并进行相应的处理。例如，通过数据匹配算法自动识别和合并来自不同数据源的重复客户信息，可提高数据的准确性和完整性；另一方面，实时进行数据处理与更新，打破传统合并报表系统数据处理的滞后性，引入实时数据处理技术，实现合并报表数据的实时更新。通过与企业的业务系统（如 ERP、CRM 等）进行实时对接，及时获取业务数据的变化，并将其反映到合并报表中。例如，当企业发生一笔重大销售业务或资产购置时，系统能够立即捕捉到这一信息，并自动更新相关的财务数据和合并报表，为企业管理层提供及时、准确的决策依据。

（4）从安全保障角度来说，一方面，采用国产加密算法，在数据传输和存储过程中，对数据进行加密处理，可确保数据的安全性和保密性。国产加密算法如 SM2、SM3、SM4 等具有自主知识产权，安全性高，能够有效抵御各种网络攻击和数据窃取行为。例如，在数据传输过程中，使用 SSL/TLS 协议结合 SM2 加密算法对数据进行加密传输，可防止数据在网络传输过程中被窃取或篡改；在数据存储方面，对数据库中的敏感数据字段使用 SM4 加密算法进行加密存储，确保数据的安全。另一方面，构建多层次的安全防护体系，从网络安全、系统安全、应用安全和数据安全等多个层面保障合并报表系统的安全稳定运行。在网络层，部署防火墙、入侵检测系统（IDS）、入侵防御系统（IPS）等安全设备，防止外部网络攻击；在系统层，定期进行操作系统和软件的安全漏洞扫描和修复，加强用户身份认证和访问控制管理；在应用层，采用代码安全审计、漏洞扫描等技术手段，确保应用程序的安全性；在数据层，建立数据备份与恢复机制，定期对重要数据进行备份，并存储在异地灾备中心，防止数据丢失。

随着国家对信创国产化的大力推动，企业在构建数智化财务报告系统时积极响应政策要求，采用国产化的软硬件产品。这不仅有助于企业遵守国家相关政策法规，还能提升信息系统的安全性和自主性。在硬件方面，选用国产服务器、存储设备等，降低因使用国外硬件设备可能导致的安全隐患。在软件方面，采用国产的操作系统、数据库管理系统和财务软件等。国产数据库管理系统具有强大的数据处理能力和安全防护机制，能够有效保障财务数据的存储和管理安全。同时，国产财务软件在功能上不断优化，能够满足企业多样化的财务报告需求。

第三节　新一代技术构筑财务报告软件的多种新特性

在数智化转型的浪潮中，财务报告软件正经历深刻变革。用友 BIP 财务报告软件实现了多维技术与二维技术的融合、母子租户部署模式的突破，为打造创新且高效的财务报告软件开辟了全新路径。

一、多维与二维技术融合，全面助力财务报告提升效率与质量

二维技术在财务报告软件中应用已久，它以行和列构成的二维表格形式呈现数据。随着企业业务的多元化、精细化发展，二维技术的局限性逐渐凸显：难以对复杂业务场景下的数据进行全面、深入的分析，数据维度单一；难以满足管理层对多视角、多层次财务分析的需求。多维技术允许从多个维度对数据进行分析，如时间、地区、业务板块、产品类别等。借助多维模型，企业能够将财务数据与业务数据深度融合，实现跨部门、跨业务的数据整合与分析。

在二维与多维技术融合方面，用友借鉴国际先进经验，结合自身技术沉淀与丰富实践，精心构建了科学合理的融合架构。在这一架构下，二维与多维模块相互独立，有效避免了二维数据处理对多维数据模型的干扰，确保多维模块始终保持高效运行。同时，两个模块之间能够实现数据的双向顺畅转换与传输。这不仅充分发挥了多维合并技术在复杂数据分析与处理方面的优势，还能将多维合并数据精准转换为符合监管要求的二维数据格式，实现数据的无缝对接与共享（见图 7–4）。

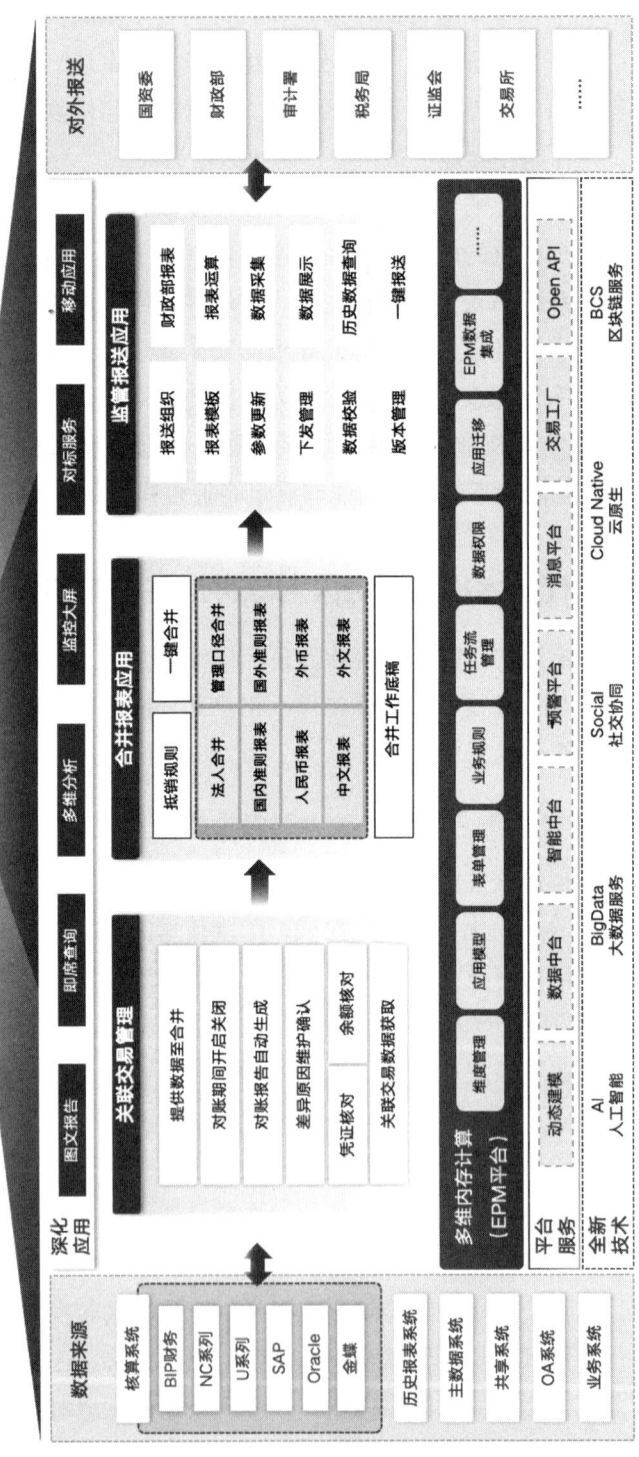

图 7-4 多维与二维融合的财务报告软件应用架构

同时，用友 BIP 财务报告软件能够充分发挥多维与二维的优势，打造出对企业用户财务报告需求实现更强大、更全面的财务报告软件。在数据采集阶段，用友 BIP 财务报告软件利用多维技术全面收集各类业务数据，确保数据的完整性和多维度特征；在数据存储环节，用友 BIP 财务报告软件采用多维数据库进行高效存储，方便数据的快速检索与调用。而在数据展示时，对于常规的财务报表披露，用友 BIP 财务报告软件依然沿用二维表格形式，以满足外部监管和投资者对标准化财务信息的需求；对于内部管理分析，用友 BIP 财务报告软件则运用多维可视化工具，将数据以更直观、灵活的方式呈现，如通过柱状图、折线图、雷达图等多种图表形式，从不同维度展示财务数据，帮助管理层快速洞察数据背后的业务问题。通过融合技术，用友 BIP 财务报告软件能够实现从简单的二维数据汇总分析，向基于多维数据的深度挖掘和预测分析转变。例如，利用机器学习算法对多维财务数据进行分析，预测企业未来的财务状况和业务趋势，为企业战略规划提供前瞻性建议。同时，借助用友 BIP 财务报告软件的数据钻取功能，用户可以在二维报表的基础上，深入挖掘多维数据的细节，从总体数据逐步细化到具体业务单元、产品或交易层面的数据，实现对财务数据的全方位剖析。

用友 BIP 财务报告软件采用开放的平台与架构，基于统一的平台和公共服务，整体提高领域、行业产品开发效率和质量，同时打造商业创新生态的强大底座，成为用友及生态未来整体业务的统一平台。用友 BIP 财务报告软件以智能会计多维精细的业财数据为支撑，基于内存计算多维数据库技术，从多方面方面支撑企业合并报告应用：

- **基于账务仓的账表一体应用**：基于数据中台构建集团财务数据集中的凭证池账务仓，基于用友核算报告一体化平台，解决报告的正向追溯反向联查问题。
- **异构系统数据集成**：解决异构系统数据集成问题，支持财务用户自动同步，可视化映射。
- **多维数据库及规则引擎支撑灵活建模和计算**：基于多维数据库的灵活建模和规则引擎实现高效的数据加工。
- **国际化支持**：支持日趋复杂的国际化报告合并应用需求，支持多准则、多币种、多语言应用，自动实现准则转换，报表折算。
- **关联交易对账**：将对账前置，从传统的科目级余额发生额对账，扩展到凭证级、发票级、订单级数据对账。
- **自动合并抵销**：基于最新的《企业会计准则第 33 号——合并财务报表》的要求并结合大型集团合并业务特点，预置基于五种持股关系、四种结构变化下的权益抵销模型，往来与交易抵销模型，现金流量抵销模型，实现合并规则的模块化、组件化及智能化。
- **一键合并**：通过合并工作台，一站式监控下属各级公司报告合并数据完成情况，例如是否完成了报表提交，数据校验等，一键执行合并，即可完成下属公司数据汇总抵销工作。
- **多样报告展示**：报告合并系统提供不同的数据分析展现方式，包括传统 PC 端展示，移动展示和大屏展示等。
- **数据输出外系统**：报告合并平台预置了与久其、BI 系统接口，多维模型数据可以导出供外部系统直接使用。
- **自助分析**：与电子表格（例如 Excel，WPS）集成，在电子表格端实现"拖拉拽"自助分析。
- **换甲信创无感替换**：针对使用国际化产品的客户，有国产化信创替换需求的，用友可提供替换专案。通过系统迁移、场景优化、价值提升三步，在系统迁移阶段，配套迁移工具，支持原产品基础数据、历史数据、报表、规则迁移，面向最终用户尽可能实现"无感替换"。

二、母子租户部署模式满足财务报告的共性与个性需求

对于母子租户部署模式，则更适合具有明显层级结构、各子公司或分支机构相对独立运营，又需要在集团层面进行统一财务管控的企业集团。这种模式能够在保证子公司运营灵活性的基础上，实现集团对财务数据的集中管理和分析。例如，连锁企业集团旗下的各门店作为子租户，具有一定的自主经营权，但集团需要通过母租户模式对各门店的财务数据进行汇总和分析，以掌握整体的经营状况和财务表现。

用友 BIP 财务报告系统从技术上领先实现母子租户部署方式，考虑集团与子公司需求的共性与个性化，集团为了兼顾考虑满足子公司个性化，允许子公司在集团共性需求之下、可以有一定的独立性。所以，从子租户层面来讲具有一定的灵活性，各子公司可以根据自身业务特点和当地法规要求，对子租户财务报告系统进行个性化配置，如设置特定的报表科目、明细对账流程、出表要求等。然

而，母租户对整体架构和数据标准的统一要求，在一定程度上限制了子租户的过度个性化，以确保集团层面数据的一致性和可比性。例如，子公司在符合集团统一要求出表的基础上，可以根据子公司个性化需求调整流程，但涉及集团合并报表的关键数据标准和格式必须与母租户要求一致。

基于用友 BIP 财务报告软件的母子租户部署，在企业集团的财务报告系统建设项目过程中综合考虑集团统一管控需求和子公司个性化需求，这与之前集团型企业内部、本部公司与子公司分散建设系统的思路完全不同。通过母子租户模式，横向到边，财管可比，实现法定财务报告和各种口径管理报告的同源同质；纵向到底、业财可查，实现对集团全级次数据的标准下发与报表上收。在这种模式下，企业集团作为"母租户"，各子公司或分支机构作为独立的"子租户"。每个子租户拥有相对独立的财务报告应用环境，能够根据自身业务特点和管理需求进行个性化配置。同时，母租户又具备对各子租户数据的汇总、监控与管理权限。这种模式在保证子公司运营灵活性的同时，实现了集团层面的财务数据统一管控与分析，很好地平衡了集中管理与分散运营的需求（见图 7-5）。

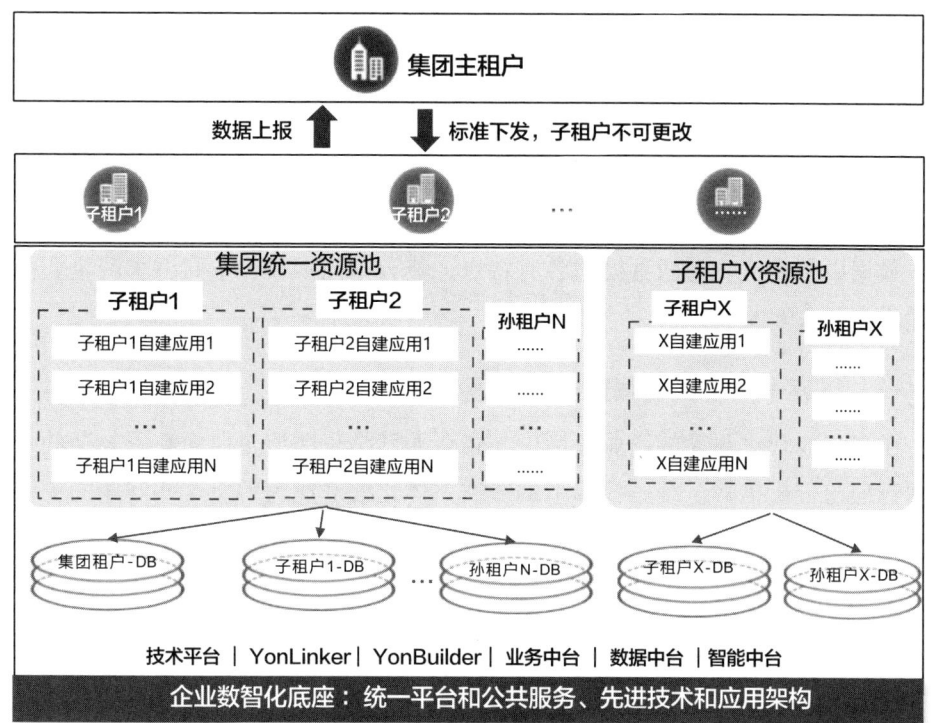

图 7-5　母子租户部署方式

从数据处理角度来说，母子租户间以相对独立又有层级关联的方式进行。每个子租户（通常对应子公司或分支机构）拥有自己独立的财务报告数据处理环境，在各自的系统中进行日常的财务报表编报等操作。子租户的数据按照自身业务逻辑和管理需求进行初步处理。而母租户（企业集团层面）则主要负责对各子租户处理后的数据进行汇总、合并与进一步分析。例如，子公司先完成自身财务报表的编制，再将数据上传至母租户系统，由母租户对这些数据进行合并抵销等操作，生成集团层面的财务报告。

第四节　基于数智化平台的财务报告应用模式

在当今这个数智化经济蓬勃发展的时代，企业规模不断扩张，业务复杂度日益增加，对于财务报告数据的要求越来越高，对于合并报表系统的建设需求也愈发迫切。集团公司的财务信息化建设，由于集团公司存在"先经营主体，后组集团公司""并购划转"等特殊历史背景，财务信息化建设在集团层面缺乏统一规划或起步较晚，信息系统多以下属实体企业自主建设，导致系统平台不统一、业务要求不一致，未能在集团内部形成统一的业务标准规范，特别情况下整个集团的核算系统多达十几个品牌，数十个版本，使得核算系统整体布局杂乱无序，不能实现数据传递和互联互通，无法有成效的实现各信息系统建设的使用价值。通过紧密结合大数据、云计算、人工智能等先进技术，以及多年来在众多客户项目中的实际应用经验积累，总结出合并报表系统建设的两种主要模式：账表一体模式、数据中台模式。这两种模式各有特点，能为不同规模、不同诉求的企业提供更优质、更适配的选择。

一、账表一体模式加强穿透式管理

在当今数智化驱动的商业环境中，企业尤其是集团型企业面临着复杂的财务数据管理与分析挑战。统一核算下的账表一体化处理成为解决这些问题的关键路径，通过账务处理的科目标准化、系统统一以及核算标准统一等方式，实现高效、准确的财务管控与决策支持。

（1）科目标准化是统一核算与账表一体化的基石，统一的会计科目使得企业内部不同主体之间的数据具有可比性。在企业中，不同业务单元、子公司或分支机构可能对同一经济业务使用不同的会计科目进行记录。例如，在记录办公用品采购时，有的部门使用"管理费用—办公用品"，而有的则使用"行政支出—办公耗材"。这种不一致性导致数据在汇总与分析时产生分歧，无法准确反映企业的财务状况。通过建立统一的会计科目体系，明确每个科目的定义、核算范围和使用规则，能够消除这种数据混乱。所有部门和子公司在进行账务处理时，都必须遵循这一标准科目体系，确保相同业务在财务记录上的一致性。

（2）核算标准统一要求企业在整个组织范围内制定并遵循统一的会计政策和核算方法。例如，在固定资产折旧方面，统一规定采用直线法或加速折旧法，并明确折旧年限和残值率；在存货计价上，统一选择先进先出法、加权平均法或个别计价法等。这样，无论企业的业务发生在何处，都能按照相同的核算标准进行账务处理，保证财务信息的一致性和可比性。例如，在合并报表的编制过程中，各子公司按照统一的核算标准提供财务数据，大大简化了合并报表的编制流程，提高了报表的准确性。

（3）实现系统统一是账表一体化处理的关键环节。传统的企业信息系统往往存在多个独立的财务系统和业务系统，各系统的数据相互孤立，形成"数据孤岛"。在统一的核算系统平台，将财务系统与业务系统进行深度融合。通过实时数据接口和数据同步机制，确保业务系统中的每一笔交易数据能够实时、准确地传递到财务系统中，并自动触发相应的账务处理。当销售部门完成一笔销售订单时，系统自动将订单信息传递至财务系统，生成销售收入和应收账款的记账凭证，同时更新相关的报表数据。这种实时集成大大提高了数据的及时性和准确性，减少了人工干预和数据重复录入的错误。

综上所述，核算系统的统一，还意味着建立统一的数据存储与管理机制。所有财务和业务数据集中存储在一个数据中心，采用统一的数据标准和格式进行管理。这不仅便于数据的备份、恢复和安全防护，还能为数据分析和报表生成提供便捷的数据访问。利用数据仓库技术，对海量数据进行整合、存储和分析，支持多维度的报表查询和数据挖掘。例如，管理层可以通过统一的数据平台，快速查询不同时间段、不同业务部门、不同产品类别的财务数据和业务数据，进行综合分析和决策（见图7-6）。

二、数据平台模式强化数据集中

部分集团企业采用数据平台将各分子公司异构系统数据归集，并基于数据平台作为数据源提供数据给合并报表系统出具报表与合并。数据平台模式强调数据的汇聚、治理与共享。

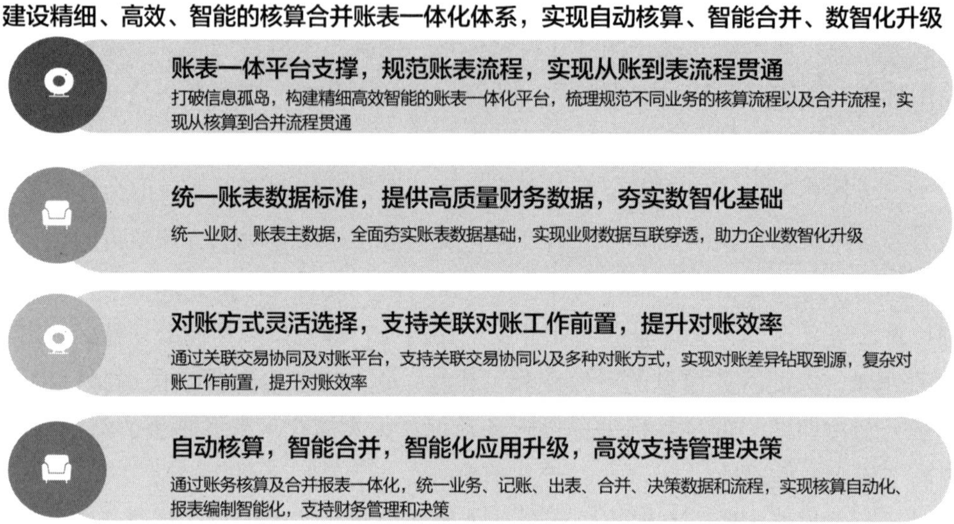

建设精细、高效、智能的核算合并账表一体化体系，实现自动核算、智能合并、数智化升级

- **账表一体平台支撑，规范账表流程，实现从账到表流程贯通**
  打破信息孤岛，构建精细高效智能的账表一体化平台，梳理规范不同业务的核算流程以及合并流程，实现从核算到合并流程贯通

- **统一账表数据标准，提供高质量财务数据，夯实数智化基础**
  统一业财、账表主数据，全面夯实账表数据基础，实现业财数据互联穿透，助力企业数智化升级

- **对账方式灵活选择，支持关联对账工作前置，提升对账效率**
  通过关联交易协同及对账平台，支持关联交易协同以及多种对账方式，实现对账差异钻取到源，复杂对账工作前置，提升对账效率

- **自动核算，智能合并，智能化应用升级，高效支持管理决策**
  通过账务核算及合并报表一体化，统一业务、记账、出表、合并、决策数据和流程，实现核算自动化、报表编制智能化，支持财务管理和决策

图 7-6　账表一体应用价值

数据平台模式着重构建一个集中的数据处理枢纽（见图 7-7）。它将企业内分散于各个业务系统（包括财务系统）的数据，如财务交易数据、业务运营数据、客户数据等，进行大规模采集与整合。利用数据平台强大的数据处理能力，对数据进行清洗、转换、建模等一系列操作，将原始数据加工成高质量、结构化且具有一致性的数据资产。例如，把不同业务部门对同一客户的不同记录进行整合与清洗，形成统一的客户数据视图，为财务报告提供准确、全面的数据支持。这些数据资产可按需被抽取用于生成各类财务报告，实现数据的一次处理、多次使用。

数据平台模式的核心是数据共享和复用，通过数据平台搭建合并报表系统，可以有效提升报表的准确性、及时性和灵活性。所以，这种模式适用于业务多元化、数据来源广泛且需要深度挖掘数据价值的企业集团。这类企业集团通常拥有多个业务板块、复杂的组织架构和大量的内外部数据，数据平台模式能够整合各方数据，为财务报告提供全面、深入的数据分析支持，同时也能满足企业跨部门、跨业务的数据分析和决策需求。例如，大型跨国企业旗下涵盖制造业、服务业、金融等多个领域，通过数据平台模式可以将全球各地不同业务的数据进行整合，生成高质量的集团财务报告，并为企业战略决策提供支持。

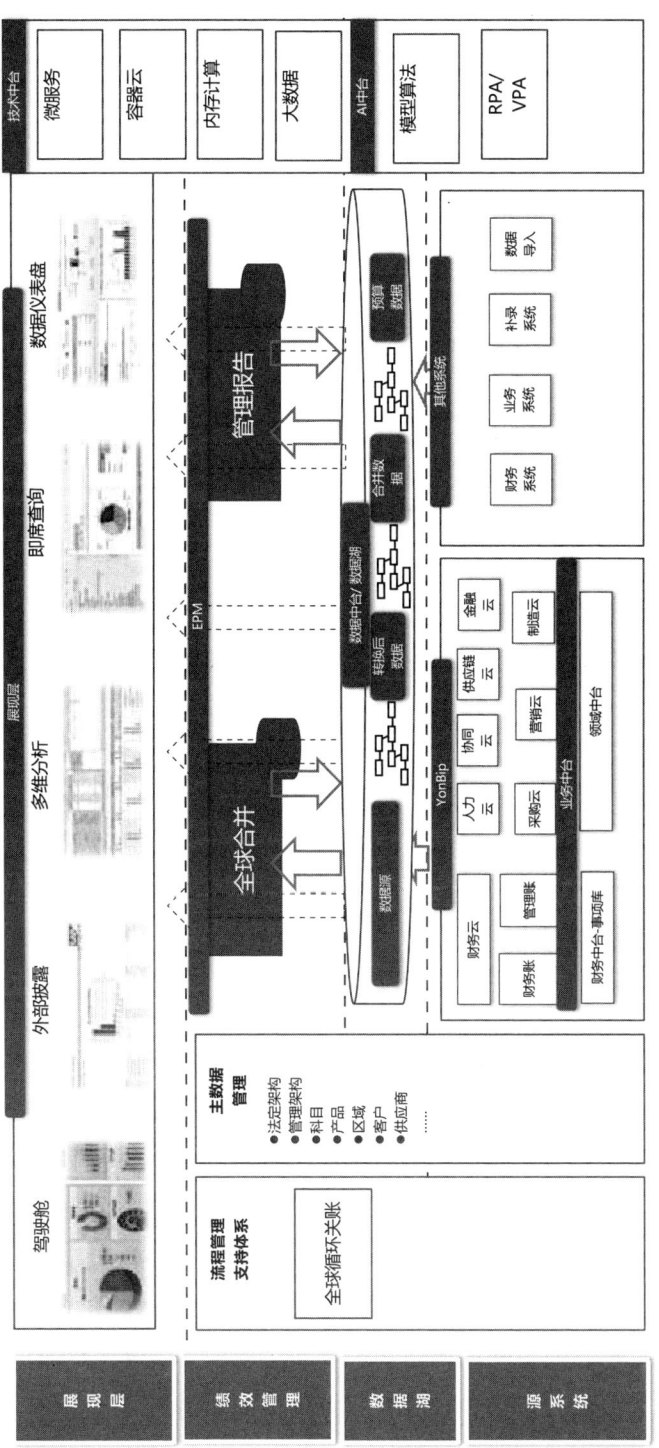

图7-7 数据平台模式

综上所述，合并报表系统建设的两种模式，分别从不同角度满足了企业在合并报表编制过程中的多样化需求。企业应根据自身的业务特点、规模、技术实力和发展战略等因素，选择适合自己的建设模式，以提升财务管控水平，为企业的可持续发展提供有力支撑。在未来，随着技术的不断进步和企业需求的进一步演变，这两种模式也将不断优化和创新，为企业合并报表系统的建设带来更多的价值。

第五节　数智化财务报告应用场景

在数智化转型浪潮中，数智化和智能化技术的应用场景层出不穷，利用大数据、移动互联网、云计算、区块链等新技术与企业运营管理深度融合，将业务经营信息、财务信息转化为数据，以数据要素、科技要素作为生产要素，通过人机协同新流程，持续挖掘新价值、加快形成新质生产力，促进经营管理的数智化进阶。随着技术的不断进步，数智报告的创新应用将更加广泛和深入，为企业带来更多价值。

一、智能对账：让关联交易对账更便捷

在企业运营中，关联交易的对账工作繁杂且重要，传统对账方式效率低下、易出错。随着 AI 技术的发展，其在关联交易智能对账中展现出显著优势。

智能对账系统运用全新智能技术，能快速理解和处理各类交易数据文本。无论是结构化的表格数据，还是非结构化的合同条款、交易备注等信息，智能对账都能精准识别关键内容，实现与各 ERP 系统及各业务系统的台账明细数据对接，以满足附表自动取数的功能。例如，支持从核算系统按照客商抓取关联交易数据，自动生成内部交易附表，形成关联交易对账明细，并自动进行对账，再根据对账结果生成对应的抵销分录。实际对账过程中，系统首先自动采集来自企业各个业务系统和财务系统的关联交易数据，将这些数据整合到统一的数据平台。接着，利用建立好的模型和智能匹配算法，对交易数据进行自动匹配和比对。一旦发现数据差异，系统会依据预设的规则和算法，快速定位差异原因，如数据录入错误、汇率换算差异、交易时间差等。智能对账能大大提升对账效率，减少人为因素导致的错误，提高对账的准确性和可靠性，为企业的财务管理和决策提供了更及时、更精准的数据支持，并且能够根据每次对账结果自动优化模型，不断提升对账的智能化水平。

二、智能合并：让报表合并过程更高效

智能合并是依据预设的合并规则，快速且准确地将各子公司的财务报表进行整合。它能够自动识别不同报表中的相同项目，并按照既定的会计准则和企业内部要求进行合并计算，比如对长期股权投资与所有者权益的抵销处理、内部交易的调整等，大大提高了合并报表的准确性和及时性。通过智能合并，无论是基层单位的初始编报，还是上级部门的汇总与合并，每一步的状态都尽在掌握。同时可借助整体工作台的进度查看界面，集团不仅能够准确知晓各个下属单位报表报送的整体进度，比如哪些单位已经按时完成，哪些单位尚在进行中，还能够对报送质量进行有效的评估。

三、智能稽核：让报表数据质量更有保障

智能稽核拥有丰富的稽核规则库，涵盖了从数据完整性、合规性到逻辑合理性等多方面的检查标准。智能稽核功能能够对报表数据进行全面扫描，比如检查资产负债表中资产与负债的平衡关系、利润表中收入与成本的配比情况等。一旦发现不符合规则的情况，立即发出警报，并提供详细的问题描述和可能的解决方案，帮助财务人员及时纠正错误，提升报表质量。

例如，通过对已提交报表的数据完整性、格式规范性等方面的初步审查，提前发现可能存在的问题。这种全面且细致的掌握，为集团的管理工作提供了强有力的支持。一旦发现有单位的报送进度滞后，集团可以及时进行催报，通过系统内通知、邮件提醒或电话沟通等多种方式，确保所有单位都能按时完成报表任务。同时，对于报送质量不佳的情况，集团能够迅速启动管控措施，要求相关单位重新检查、修正数据，保证最终合并报表的准确性和可靠性，从而为企业的决策提供坚实的数据基础。

四、智能报送：让监管报表报送更顺畅

智能报送环节则为报表编制画上了圆满的句号。当报表经过智能合并、智能对账和智能稽核，确认无误后，智能报送功能可以根据预设的报送流程和接收对象，自动将报表发送至相关部门或外部机构。无论是向税务部门报送纳税申报表，还是向监管机构提交财务报告，它都能准确无误地完成任务。同时，它还能记录报送过程中的关键信息，如报送时间、接收反馈等，方便财务人员随时查询和追溯，确保报表报送工作的顺利进行。

第八章
数智化经营分析：业财融合 实时多维

过去20年，大量企业的财务信息化是围绕财务核算系统、资金结算系统、费控报销系统，延伸至税务发票、电子档案这些围绕财务业务的流程进行构建。随着近年来云服务、大数据、人工智能，到现在AIGC生成式人工智能技术的快速蓬勃发展，企业的财务数智化建设已迈入新阶段，由1.0业务在线阶段向2.0数据驱动的方向转变。

我们需要回答除了提高财务工作的效率与准确性，还能如何通过数智化手段提供企业更加需要的决策赋能的价值。从而实现更深层次的数据洞察，支撑企业战略决策。

2024年11月财政部发布的《关于全面深化管理会计应用的指导意见》明确指出，"推动现代信息技术在管理会计中的应用。积极应用大数据、人工智能、云计算、物联网等新技术，推动管理会计从信息化向数智化、智能化转型，提升管理会计支持决策的能力。积极推动以全面预算、经营分析、合并报告等为核心的一体化平台建设，提高战略执行能力和资源配置效率。"

本章将通过分析传统财务分析面临的挑战与问题，说明传统财务分析的发展方向与提升目标，并结合宏观政策环境中对推进企业战略管理、价值链管理体系的建设要求，说明传统财务分析升级进阶到数智经营分析的路径与推进策略，通过典型的经营分析的创新场景来清晰呈现数智经营分析为企业带来的核心价值。

我们所指的经营分析是用于企业经营过程中的决策与分析，旨在通过深度挖掘和整合财务与业务数据，揭示经营活动的本质规律，提供精准的决策依据，推动企业实现高效资源配置和持续价值增长。

第一节　传统财务分析面临的挑战和问题

一、传统财务分析在业务层面的挑战和问题

（一）财务分析的服务主体不断扩大

财务分析过去由财务部门单独设置，是基于企业每月结账的财务报表进行经营结果分析，主要面向企业的经营决策者，所依赖的均为传统的财务报表分析方法，例如杜邦分析法等，存在局限性。

另外，从单一财务部门扩展至多部门协同，数据需求多样化，甚至有很多业务部门基于独立获取的业务数据进行分析，例如电商企业的营销部门会根据销售数据独立进行市场趋势预测，操作层上基于数据对获客与交易下单的算法进行优化，而物流部门则依据运输数据优化配送路线等。

综合来看，传统财务分析无法满足跨部门的综合决策需求，从服务主体来看，从企业经营决策者不断拓展下沉到部门管理者、业务单元及基层员工，需求愈发多样化和个性化。

（二）财务分析的内容主题不断外延

数智企业对会计的功能支撑提出了更高的要求，会计不能再停留在传统功能定位即"对经济活动的记录反映和监督"上，尤其是对经济事项事后的记录和监督，不能局限于货币计量的信息。

传统会计更多强调经济活动的价值反映，从经营分析来看，单纯依靠财务数据的传统分析无法满足企业数智化时代敏捷响应快速发展的要求。

从分析内容上看，无论是比率分析（如盈利能力比率、偿债能力比率、运营效率比率、资本结构比率），还是趋势分析（如分析收入、成本、利润等关键指标的趋势变化），抑或是针对财务报表、预算与差异的分析，都无法反映实际经营情况背后的核心业务动作原因，有效的业务赋能也就无从谈起。

其核心原因是传统财务分析依托会计核算数据，而核算数据本身从业务发生中来，经过会计判断加工后已经丢失了大量业务明细信息。例如销售收入的凭证记账，按准则要求记录时间、科目、法人主体、交易对手方信息，缺乏收入来源、发生地点、产品规格、合同执行情况等业务信息。

（三）数据载体的会计报表有局限性

在分析企业经营状况时，仅依靠财务报表中的数据是不够的，因为这种做法

忽略了非财务指标（例如到货及时率、客户满意度、员工士气、市场占有率等）对企业业务的影响。

传统的财务分析方法往往只能提供有限的信息，这些信息不足以支持复杂的决策制定过程，特别是在面对不确定性较高的情况时。

在这些情况下，企业需要更多的数据来评估风险和机会，而传统的财务分析方法往往无法提供足够的数据支持。

（四）计量差异导致业务财务沟通障碍

由于传统财务分析依托会计核算数据，会计核算依赖准则的价值计量判断，这与人的理解有差异，这就必然导致业务理解与核算处理的差异。

国际财务报告准则（IFRS）和国内会计准则的频繁更新给财务分析带来挑战。法规变化可能导致企业需要重新评估其财务策略和报表编制方式。财务人员无法及时向业务人员解释会计准则与实际经营的准则差异。

例如，不同准则下的资产减值测试、收入确认等关键会计处理方法的差异，可能会导致业务人员难以理解财务报表中的数据。

此外，准则差异还可能引发跨部门沟通障碍，影响数据解读的一致性，进而削弱财务分析对业务决策的支持力度。财务人员需耗费大量时间解释准则细节，而非专注于数据背后的经营洞察，降低了分析效率。

二、传统财务分析在技术层面的挑战和问题

（一）数据处理的时效滞后

由于财务报表通常是在一个会计周期结束后编制的，这使得分析结果具有一定的滞后性，不能反映企业的最新状况，从而影响了决策的时效性。财务数据通常是历史数据，它反映的是过去的经营成果，因此无法及时反映市场变化和企业当前的经营状况，这可能导致决策者无法准确把握最新的市场动态。

财务报表的这种特性导致其缺乏前瞻性和即时性，不利于及时做出决策，特别是在快速变化的市场环境中，这种滞后性可能对企业造成不利影响。

如何快速敏捷地反映经营成果，很多企业做出了尝试，提出了实时结账等目标，如引入实时数据监控系统和动态财务分析模型，都是为了提升决策的时效性和准确性，降低这种滞后性带来的影响。

（二）数据获取和协同困难

客观上，由于企业的组织形态特点，不可避免地导致不同部门之间存在信息

壁垒，财务部门与其他业务部门之间缺乏有效的沟通机制，这造成了信息孤岛现象。

另外，从业务系统的建设上，由于业务系统建设的首要目标是通过业务线上化提高业务流程运行的效率，并不是在做数据分析时使用，因此数据分散在各个系统中，难以整合形成统一的视角。同时，企业内部信息系统的不兼容性，进一步加大了数据获取和协同的难度。以上两个方面使得企业难以从整体上把握经营状况，影响了决策的准确性和效率。

（三）传统信息技术和工具限制

当下大部分财务人员依然利用Excel进行数据处理与分析，而这类传统软件不具备高效的数据处理和分析功能，难以处理大量复杂数据，这限制了企业分析的深度和广度，导致分析结果的准确性和时效性受限。此外，手工操作易出错，效率低下，无法满足快速变化的业务需求。

大量企业缺乏现代化的技术支持，如数据平台、商业智能（BI）、大数据分析、甚至是AI等，导致分析效率低下，无法满足企业对数据驱动决策的需求。

（四）基于业财融合的数据预测

如何从数据视角建立起业务数据与财务经营结果数据的联系，基于验证性数据分析，开展业务指标敏感性变动分析，进而揭示业务指标变动对财务结果的影响路径，实现业财融合真正的价值。

但现实情况是缺乏数据积累和有效的数据加工进一步限制了企业利用数据进行科学精准的经营预测。

第二节 经营分析的转型目标与方向

对于企业的经营管理者来说，需要经营分析提供的是：基于精细、多维、实时的数据，以提升价值链整体竞争力，为订单、项目以及投资提供决策支持。事前计划数据通过预测和规划，为企业的经营活动提供指导。事后反馈数据通过分析实际结果与计划的差异，为未来的决策提供参考，进而为企业的数智化转型和市场竞争力的持续提升奠定坚实基础。未来的数智化经营分析将有力支撑企业数智化转型，助力企业实现高效、智能的经营管理。

一、从财务分析到业财融合经营分析

财务分析主要关注企业的财务报表，通过比率分析、趋势分析等方法，评估企业的盈利能力、偿债能力、运营效率和市场表现。而经营分析则更侧重于企业的日常运营活动，包括市场定位、产品或服务的竞争力、供应链管理、客户满意度、市场份额等方面。通过结合财务分析和经营分析，企业能够识别问题、发现机会，并制定出更有效的战略决策。

从财务分析到经营分析，主要体现在分析服务的主体更加全面，覆盖高层决策者、中层管理者、基层执行者，能够从不同层级的需求出发，提供可操作可执行的数据洞察后的建议。

业财融合的经营分析通过整合财务与业务数据，实现数据驱动的精准决策。它不仅提升了数据的利用效率，还增强了决策的科学性和前瞻性，构建了业务动作到财务结果转化的路径，使得企业能够精准定位问题根源，及时调整策略。

二、经营分析的本质是五层数据服务

经营分析依赖对数据的加工、使用和分析，在技术实现的语境中我们通常称之为数据服务，而经营分析只是众多数据分析场景的统称，典型的如经营绩效分析、成本改善分析、预实对比分析、供应链管理分析、销售渠道分析等。

数据服务不只是数据分析。全面的企业数据服务有五个层级（见图8-1）。第一层是展现级，如各种各样的对外披露报表、对内管理报告。第二层是分析级，如企业的经营分析，或者为某个决策场景使用的专题分析。第三层是控制级，如企业的经营风险预警、内控内审，还有很多日常运营中的执行控制。第四层是决

图8-1　全面数据服务的五个层级

策级,如基于使用业财数据来做智能定价、销量预测与产能匹配。第五层是创新级,如基于业财大数据,对产品优化和改进提出方案,推进产品改进,甚至是产品创新。

在实务界,我们也看到越来越多的企业在会计部门配置专职的数据分析师岗位,也有越来越多的企业开月度、季度的经营工作会,由会计部门的数据分析师最先报告或分析企业当月或当季最新的经营数据。会计部门的数据分析师通过深入挖掘数据揭示经营趋势,助力企业精准决策。这种跨部门协作模式不仅提升了数据利用效率,更推动了企业整体战略的优化与实施,实现了数据价值最大化。

三、一体化分析平台的建设成为必然

财政部在深化管理会计应用的指导意见中指出:"积极应用大数据、人工智能、云计算、物联网等新技术,推动管理会计从信息化向数智化、智能化转型,提升管理会计支持决策的能力。积极推动以全面预算、经营分析、合并报告等为核心的一体化平台建设,提高战略执行能力和资源配置效率"。"探索建立跨组织的管理会计协调、分配和价值创造机制,打造开放共享、价值共创的平台型组织。积极探索机器学习、自然语言处理等模型在管理会计报告自动化、辅助决策、重大风险预警等领域中的应用。"

结合前文提到的这五个层级的数据服务,我们可以大胆预测未来经营分析的系统建设应当聚焦于构建业财一体化平台,实现数据实时共享与多维分析,打破信息孤岛,提升数据透明度。方向上,需强化数据分析能力,培养复合型财务人才,推动财务角色从核算向战略支持转变,助力企业精准决策与持续优化。

四、实时多维是未来平台的关键特性

基于数智技术的快速升级,云服务、云计算能力的提升,实时的数据处理成为可能。财务不必局限于对历史数据的静态分析,而是能够实时监控经营动态,通过多维度的数据切片,精准捕捉市场变化,快速响应调整策略。依托云计算与边缘计算的双向驱动,数据处理的时效性和准确性得到大幅提升,为企业决策提供强有力的数据支撑。

另外,未来的经营分析需要构建多维数据分析体系,提升决策支持能力。精细多维计量依赖坚实的数智化底座平台,基于对业务事项的详尽记录与核算规则的精准转换,确保了会计信息的准确性与透明度,通过多维数据分析体系,企业

能够实时监控各项业务指标，精准识别成本节约点，优化资源配置。同时，多口径、多标准的数据处理，确保内外报告一致性，提升税务处理效率，全面支持企业战略决策。

数据可视化工具可以将复杂财务数据实时转化为直观图表，便于业务人员理解。同时，建立跨部门协作机制，促进财务与业务部门紧密合作，共同优化决策流程。

借助一体化的智能经营分析系统，企业可实时监控经营状况，精准识别潜在风险，及时调整销售策略。通过持续优化智能分析系统，企业可实现全流程透明化管理，优化资源配置，降低成本。同时，企业能更精准地预测市场趋势，调整经营策略，提升响应速度。

五、人工智能与行业大模型深化应用

在具备多维实时的数据底座基础上，企业才能够进一步借助人工智能和大数据技术，优化分析模型，提升预测准确性和风险防范能力，从而助力企业实现高效、智能的经营管理。基于大数据的积累，调优AI算法生成预测模型对未来趋势进行预测，帮助企业制订长期战略计划。

未来系统应集成AI算法，自动生成多维报表，实时预警风险，助力管理层洞察先机。同时，通过数据可视化工具，直观展示经营状况，提升决策效率。通过情景分析，评估不同的战略选项，选择最有利的发展方向。

例如，通过ML算法对生产数据进行深度分析，某企业将原材料利用率提升了20%，生产周期缩短了15%。借助NLP技术，供应链信息处理效率提高了30%，决策反应速度显著加快。综合运用AI技术构建多维数据分析体系，不仅提升了决策支持能力，还为企业的持续创新和市场竞争力的提升奠定了坚实基础。

DeepSeek的出现也大大提高了经营分析过程中的深度逻辑推理能力，可以为管理层展示推理过程，全面严谨地分析企业经营数据以及相应的原因和解决方案。通过深度学习算法，精准挖掘数据背后的隐性关联，揭示潜在问题。

通过智能推理引擎模拟专家思维，提供多角度决策建议，助力管理层高效决策。同时，系统自动生成动态报告，实时反映经营状况，确保决策依据的时效性和准确性，进一步提升企业应对市场变化的敏捷性。DeepSeek还能结合历史数据和市场趋势，预测未来风险点，提前制定应对策略。通过智能优化资源配置，降低运营成本，提升盈利能力。其强大的数据分析能力，助力企业精准把握市场脉

动，实现战略目标的高效达成。

第三节 基于业财融合的经营分析一体化平台建设方法

传统的数据平台+BI的建设方法从技术实现层面初步为我们构建了一条可行的路径，但在对企业经营决策的复杂场景探索中，我们发现需要通过一套完整的面向用户应用场景的一体化平台建设方法来指引未来的平台建设工作。

通过业财一体的数据架构方法，不断积累和迭代企业数据资产，再将数据服务于各层级数据应用，从而建立起面向经营分析的一体化平台。

在参考和吸收数据平台、数据治理等建设方法之上，我们提出业财数据融合四部曲"聚""建""识""创"，全面重塑面向经营分析的企业业财数据资产。

一、第一层：聚数据

从数据的视角来看，传统会计担负了产生财务数据的功能，但若以能够辅助决策、创造价值为目标，仅靠财务数据又是远远不够的，所以在第一层，应当首先对影响财务结果的业务数据进行有效数据治理，然后有效利用事项会计理论构建中台，以融合业务和财务的基于事项的数据作为基础，夯实数据底座。

（一）业财数据治理平台

业财数据治理是为了确保财务数据的准确性、完整性和合规性，以及提高数据的可用性和价值而采取的一系列管理措施和流程。这通常包括建立数据治理框架、制定数据标准、明确数据责任、实施数据质量控制、进行数据安全保护以及持续的数据监控和改进。

通过面向价值结果的业财数据进行数据治理，实现数据清洗、整合与标准化，确保数据质量。构建统一的业财数据仓库，以支持自助式分析、赋能业务和财务人员自主获取数据为目标。通过数据溯源机制，保障数据可信度，夯实业财融合基础。

（二）构建智能会计中台

通过事项会计法，将业务活动细化为具体事项，确保数据精准映射，这就需要我们建立智能会计中台来完成相关工作。

智能会计中台是业财融合的连接底座，为所有需要接入财务核算的业务系统提供统一的业务数据接入服务，事项中心是多业务系统与财务服务之间的一个

"精细、多维、实时"的事项数据采集与分发平台,可利用核算规则把事项中心中的业务事项数据生成多核算目的、多核算主体的会计事务数据,然后通过会计规则中心最终生成事项分录。

1. 业财融合一体化数据集成服务

为财会、管会等会计域提供业财融合一体化数据集成服务,统一数据接入与输出,提供标准统一的业务模型定义与管理、分发与转换等服务,提供基础会计档案、基础核算／管理核算、对账等应用服务。

2. 全面的业务财务数据分析服务

打造智能会计平台数据底座,主要包括业务量指标、按账簿分析账龄、会计信息档案归档、内部管理报告。我们可以依托业务量指标、资金账龄分析、基础会计档案的补充,基于事项的不同业务特性标签,从而收敛与完整呈现多维的内部管理报告。

(三)建设财务智能中台

在具备了大量精细、多维、实时数据的基础上,一方面需要通过人工提炼和总结,但另一方面对于预测和历史趋势的拟合分析上,我们需要基于大会计的行业智能算法、AI工作坊,调优AI算法,从而生成人力所不能及的场景应用,如基于业务数据的利润预测,实时经营报告的AI语音交互智能的应用等。

通常在财务智能领域我们用到的算法有:LSTM基于时间序列分析的预测模型、通过LSTM模型精准预测业务走势;通过随机森林算法进行财务与经营风险评估;深度学习网络优化财务供应链的资源配置决策。以上这些都需要结合业务场景实现智能财务洞察。

通过这些智能算法的应用,财务智能中台不仅能提升预测准确性,还能优化决策流程,进一步夯实业财融合的基础,实现业务与财务的深度协同,推动企业高质量发展。通过智能算法的深度应用,财务智能中台将数据价值最大化,精准预测业务趋势,实时监控财务风险,助力企业战略决策,提升运营效率,实现财务管理的智能化转型。

二、第二层:建模型

在汇聚数据的基础平台搭建完成之后,需要建立数据模型,从而有效地对数据进行加工与整合,利用模型承载各项管理维度与管理规则,从而完成二次加工,进而能够面向场景应用构建承上启下的数据模型,实现业务数据化与数据价值化的双向转换。

这里的数据模型要具备分层级、分主题的多维数据模型特点,从而面向企业管理提供数据。

使用多维内存计算技术,对业财事项进行数据建模、数据收集和可追溯的实时计算,数据查询分析的实时计算,能更高效率地呈现价值数据。尤其将其应用到多维数据库上,既满足了数据聚合的资源管理诉求,又在应用上实现了个性化自助分析加通用管控。

(一)构建维度数据

数据模型构成的核心要素之一便是维度数据。

1. 提炼维度数据

在构建经营分析体系时,分析维度的主数据是非常重要的组成部分。这些主数据提供了对业务活动进行分类和分析的基础,帮助组织从不同角度理解和解释业务数据。

下面是一些常见的分析维度及其主数据:

(1)时间维度(如年份、季度、月份、周、日、节假日/非节假日、工作日/周末等)。

(2)地理维度(如国家、地区、省、城市、大区、区域等)。

(3)产品维度(如产品类别、产品线、SKU、产品品牌、产品生命周期阶段等)。

(4)客户维度(如客户名称、客户类型、客户级别、客户细分、客户地理位置、客户行业等)。

(5)渠道维度(如销售渠道、分销商/零售商、电商平台、直销/代理、渠道合作伙伴等)。

(6)营销活动维度(如活动ID、活动类型、活动时间、活动成本、活动目标等)。

(7)成本中心维度(如事业部、子公司、部门、成本中心代码、项目、业务单元等)。

(8)人力资源维度(如员工编号、职位等级、雇佣状态、工作地点、技能/证书等)。

（9）供应商维度（如供应商 ID、供应商等级、供应商地区、供应商类型等）。

（10）科目维度（如收入/支出类别、账户代码、资产类别、负债类别等）。

这些维度数据共同构成了企业多维数据分析的基础，确保数据的颗粒度精细且多维，从而准确反映业务交易事项，提升财务智能中台的洞察力和决策支持能力。通过规范化的维度数据，企业能够更全面地理解经营状况。

2. 规范维度主数据

（1）数据一致性：确保在不同系统和报表中的数据一致性。

（2）数据质量：维护高质量的数据，减少错误和不准确的信息。

（3）数据标准化：采用标准格式和编码方案来描述数据元素。

（4）数据集成：促进不同系统之间的数据交换和整合。

（5）数据治理：建立数据管理和使用规则，确保数据的准确性和可靠性。

（二）维度数据实施五步法

一是需要定义维度数据的标准：为每个维度定义清晰的数据标准和编码规则，确保数据的统一性和可比性。

二是要建立维度数据字典：详细记录每个维度的定义、来源和用途，记录更新规则等。定期审核和更新主数据，确保其时效性和准确性。通过数据治理平台，实现数据的集中管理和监控，提升数据质量和使用效率。

三是建立主数据管理系统：考虑使用专门的主数据管理系统（MDM）来管理这些数据。实施数据权限管理，确保不同角色访问数据的合规性。

四是维度数据清洗与治理：定期执行维度数据清洗流程，去除重复和不一致的数据。修正错误信息，保证数据的纯净和可靠。通过数据治理平台，实现数据的集中管理和监控，提升数据质量和使用效率。定期审核和更新主数据，确保其时效性和准确性。

五是数据流程集成：确保主数据管理系统与现有业务流程和 IT 系统的集成。持续优化数据流程，提升数据透明度，确保决策依据的精准性。

另外，在数据类项目的实施上还应当注意数据审计与数据培训：

数据审计：实施定期的数据审计程序，检查数据质量和完整性。定期评估数据管理成效，不断改进策略，保障数据价值的发挥。

数据培训：对员工进行数据管理和使用的培训，提高整体数据素养。鼓励员工反馈数据问题，及时调整和优化数据管理策略。

通过上述方法，企业可以确保其分析维度的主数据是准确、完整且可用的，进而支持有效的业务决策和经营分析。

（三）规划维护指标体系

从企业的应用层面，无论是业务统计指标、财务分析指标还是绩效考核指标，均需要企业从管理需求梳理出适配企业内外部使用的指标体系。

指标体系的建设应当包括指标分类、指标内容、指标计算方式、指标数据来源、指标应用方向等。

1. 统一定义、纵横贯通、体现因果关系的指标体系

需要构建统一定义的、纵横贯通的、体现因果关系的指标体系。纵向上，确保指标从战略层到经营层和业务层的畅通；横向上，确保结果指标能够追溯至业务源头指标，如从收入可以追溯至订单，从订单可以追溯至商机。基于此构建的指标，沿纵向能够清晰找到责任主体，沿横向能够找到影响核心指标的问题的本质，实现纵横"归因"分析，构建了从财务到业务的追根溯源分析指标体系，将经营分析深入业务端。

2. 建立指标基线库，智能透视经营的预警提示

指标信息的呈现，不仅仅要呈现历史数据，还要集中展现预测数据和预算目标。通过多种差异的比较，将问题提前传递给战略层和经营层，以便通过经营分析会议研究应对方案。这就要求指标需要积累基线库，从而实现多种差异分析比较，包括历史的、标准的、同业的、标杆的基准比较，如预算，去年同期、上期、最近 N 个季度（月度）的平均值，行业均值等，投入产出 ROI 的基线，为管理者提供"一站式"信息，反映企业的经营问题，实现智能透视经营的预警提示功能。

实时监控关键指标的变动能够快速识别异常情况，触发预警机制，为决策者提供及时、准确的信息支持。这样的指标基线库不仅增强了决策的时效性和精准性，也促进了企业资源的合理配置和风险的有效控制。

3. 参考行业指标库，对标最佳实践，汲取先进经验

传统的指标构建模式依赖 BI 等数据工具，用户需要按照个人理解来完成指标模型的搭建，而行业指标模型库是用友根据不同行业的独特商业模式和经营特点，经过深入研究和细致分析，提炼并总结出的一套全面且系统的指标体系。以

行业领先企业所关注的核心指标为基础，涵盖了一系列关键绩效指标和运营指标，旨在为各行业企业提供有力的借鉴和参考。通过对这些核心指标的深入解读和应用，企业可以更精准地把握市场动态，优化经营策略，提升竞争力和盈利能力。该模型库不仅包含了财务指标，还涉及市场占有率、客户满意度、创新能力等多个维度，力求全方位反映企业的综合实力和发展潜力。通过这一模型库，企业可以更加科学地搭建指标，指导业务经营。

（四）规则加工与实现

企业需要按照财务规则、内部管理会计核算规则、分析决策模型进行数据的加工处理转换，这就需要基于数据模型进行承载。它能够将各种规则以可视化编辑规则的方式进行维护与迭代，方便业务及财务用户根据管理需要进行动态需求的维护以及变更。

这些逻辑规则从技术上既包括对于核算数据处理的（会计引擎）、基于行业业务特点的数据加工（行业模型）、经营管理及绩效考核规则（规则引擎），也包括应用逻辑构建（低代码能力）。

从业务上看，如对期间费用按照不同的成本中心进行分摊，要确保费用归属准确；收入确认则依据合同条款和实际履约情况，避免虚增或漏记。通过这些精细化的规则设定，企业能够实现财务数据的精准核算，为决策提供可靠依据。这些都是通过模型层来完整加工与处理。

三、第三层：识场景

基于企业的战略发展方向和关键业务举措，用场景来定义包括财务价值体系衡量和业务价值串联在内的业财主题；以场景为颗粒度搭建财务价值衡量体系，并运用业务价值链模型将公司级指标向具体部门级和岗位级指标分解。

（一）沿企业价值链解耦

大部分企业通过积累数据、构建模型、仍然无法从本质上提高企业的决策分析能力，实现分析能力再造创造价值。主要原因在于企业的价值创造过程是复杂且成体系的，需要一系列业务活动来完成价值创造过程。

那么由此而来的数据分析必然需要拉通价值创造的各个环节，同时也需要回归到业务活动中来。但提供这样的分析服务所构建的数据架构是极其庞大和复杂的，大企业尤甚。举例来说，一家大型生产制造企业覆盖从原材料到最终交付给客户的整个物料流和数据流。它详细描绘了所有增值和非增值环节，需要特别关注物料在各个工序间的流动、库存情况、等待时间、加工周期等，旨在揭示整个流程的现状并发现浪费，从而进行管理改善。

这就需要我们按照企业价值链的方法解耦各个关键业务流程，将复杂的业务流程拆分成可管理的模块。通过这种方式，企业能够更有效地识别和进行有效的经营数据分析。

（二）战略解读与场景识别

在绘制和梳理企业价值链后，我们需要从战略层面分析企业的关键业务活动，区分哪些是基本活动和支持活动，哪些能够为企业带来竞争优势。通过分析这些活动如何创造价值、消耗资源以及相互之间的关联，来识别企业的成本优势和差异化来源。

例如，某能源企业通过战略信息输入和战略要点澄清，明确了系列核心的业财应用场景，如：

（1）围绕高质量订单签约，实现订单级净利润的有效增长。

（2）追求最优成本，采购降本与工艺降本双措并举，提升成本优势。

（3）强化供应链物流及时率，提高原材料资产周转水平。

（4）通过实时数据分析，优化库存管理，减少资金占用和库存积压，提升资产周转水平。

（三）锁定高价值应用场景

围绕"追求最优成本，采购降本与工艺降本双措并举，提升成本优势"场景，可以识别各项公司级指标和部门/岗位级指标，围绕指标进行分析维度、分析方法的梳理。将具体业务活动细分为可管理的模块后，企业便可以构建针对性强的业务流程改进计划。例如，针对采购环节，可以通过分析供应商表现，识别成本节约空间，实施精细化采购策略，强化采购谈判能力。同时，工艺降本可通过技术创新和工艺优化实现，确保在不影响产品质量的前提下减少生产成本。最终，通过优化价值链的每个环节，企业能够更加灵活地应对市场变化，提升整体竞争力。

企业基于前述业务价值链的成果分解净利润率指标，围绕变动成本、固定成本、事业部费用及平台部门费用进行逐项分析；关联相关部门的关键流程，描绘关键环节成功要素，并与分解后指标进行关联匹配，如变动成本中的标准值以

"降本累计额"来衡量。

四、第四层：创价值

（一）搭建多维分析报告

基于多维模型构建分析报告，确保历史、预算和预测数据的集成和灵活展现，实现沿管理架构和指标体系进行追根溯源式分析，从而实现上下数据共享，实现从"人找数据"到"数据找人"的转变。各层级管理人员按照管理需要，可以通过多维度组合的方式，敏捷获取实时数据。通过这种方式，公司能够快速定位问题所在，并及时调整策略。

例如，CFO通过数据平台提供的多维度、多视角的数据钻取功能，首先定位影响销售业绩的区域，然后通过智能会计中台提供的多维明细数据，钻取到这个区域每个大客户、每个产品品类的销售明细数据，进而定位可能出问题的产品品类。接着，通过智能会计中台业财融合的明细数据，进一步钻取到生产业务数据，通过对生产这个品类产品的每个工厂、每个生产线的明细数据分析，实现对问题的精细化定位。CFO发现升高的退货率主要集中在某地区生产的一款新上市的产品，结合市场反馈信息，问题可能在于该产品在某些市场存在质量问题。

进一步地，CFO利用数据平台的分析功能，将退货率上升的原因与特定区域的消费者偏好和产品质量反馈进行关联分析。通过匹配这些数据，CFO发现新上市产品的质量问题确实与特定区域的高退货率存在显著相关性。结合客户反馈和市场调研，企业迅速调整生产工艺，改进质量控制流程，最终实现了该产品的市场表现回归正常，避免了进一步的损失。

（二）结合智能技术全方位提供数据服务

通过大模型技术，在数据服务的五个层级上创造企业价值。在第一个层级通过实时的业务预警，展现报表报告。第二个层级通过洞察业务，数据挖掘与分析，找到管理机会点。第三个层级通过风险的控制，完善控制策略，优化内控方法，降低风险。第四个层级通过优化业务决策，利用智能会计提供的数据来做资源配置，优化成本结构，提高潜在收入。第五个层级通过创新业务，对准商业机会、贯彻企业战略，包括对产品的优化和改进来进行商业创新。

面向战略层提供战略管理、综合业绩、合并财报、全面预算、经营分析、风险分析、重大专项决策的数据和分析报告。面向经营层提供投资分析、项目可研、融资规划、业务计划、盈利分析、资金管理、成本管理、绩效评价等数据和报告。面向操作层提供研发、采购、生产、供应链、销售、资产、人力等方面的数据。

通过生成式人工智能（AIGC）技术，企业能够自动产生各类财务报表，并通过智能化分析，揭示数据背后的商业洞察。在决策支持方面，AI可以辅助企业进行更精准的预算编制和成本控制，提高资源配置的效率。同时还能够实时监测市场动态，快速响应外部环境变化，为企业的战略调整提供数据支持，确保企业能在竞争激烈的市场中保持领先地位。

第四节　数智化经营分析应用场景探索

从大量领先的企业在实务界的探索上来看，数智化经营分析应用场景可以分为战略决策、运营优化和风险控制三大类。

战略决策场景下，企业利用大数据分析市场趋势，制定精准战略；运营优化场景下，企业通过实时数据监控，提升生产效率和资源利用率；风险控制场景则借助智能预警系统，及时识别并应对潜在风险，确保企业稳健运营。在风险控制场景中，智能预警系统能够实时监测异常数据，及时发出警报，帮助企业迅速应对。

例如，通过分析供应链数据，系统能够识别潜在供应中断风险，提前调整采购策略。同时，提示管理人员必须加强对采购行为的全链条监管，确保其在预设合同交付期间、价格范围内运行，防止超基线采购行为发生。

一、基于责任中心的经营报告

由于传统企业的生产组织形式已不能适应更大规模、更复杂的市场环境与客户需求的变化，很多企业已经成功运用类似阿米巴模式下的责任中心经营报告，来衡量责任中心价值贡献。通过细化各责任中心的成本与收益，精准评估其价值贡献，助力企业优化资源配置，提升整体运营效率。各责任中心的数据透明化，便于管理层实时监控，及时调整策略，确保企业战略目标的高效达成。

例如，某大型航空央企从企业的投资和战略决策上精确核算每条航线从开设到运营周期的投入产出，月度和年度的盈亏情况，来决策是否要取消或新设。从经营管理上，确定每条航线上不同航班的班次是否要执飞，航班要不要合并执飞。从资产和日常作业的管理上，确定哪些飞机型号在周期内维护经济性高，哪些地勤保障单位的作业效率高。

一方面，这些涵盖了战略层面、经营决策到日常管理的方方面面，企业的管理人员面临大量的挑战；另一方面，这些方面对会计人员以往以法人账套为核算主体到现在以业务、资产、部门、航线（责任中心）为主体的核算也提出重大挑战。因此，该航空公司进行了以下四个方面的革新。

（一）重构计量基础：多维计量

建设"管理会计核算平台"，并实现内部市场化的模拟核算，要求每个责任组织、每项业务、每项资产按照市场化模式模拟运营，计算投入产出并引导资源合理配置，形成了供决策支持使用的数据模型。

（二）责任中心费用：多维分摊

通过智能会计中台，对成本构成中无法直接识别归集的成本和期间费用确定了几百条分摊规则，按照责任中心分类进行多维度的成本分摊，形成多维盈利分析的数据基础。

（三）内部市场化：内部交易实时结算

通过智能会计中台处理上千个责任主体的航班精细化成本核算。根据多维作业模型识别关键成本作业动因，归集航班成本。通过智能会计中台，连接大量的前端业务系统，通过内部结算交易规则，精细核算每个责任主体的内部虚拟收入。

（四）价值报告输出，实现价值增值

在应用服务上，对责任中心进行分级分类设计指标体系，分主题规划了分析报表，同时面向这些责任中心设计了专门的价值创造报表，每个价值创造报表均按业务需求设计关键指标，并可根据对相关指标的监督进行业务改善，实现价值增值目标。

二、降本增效分析

近年来，某大型制造企业产品市场价格持续震荡走低，对企业的传统经营分析决策带来新的挑战，不仅需要从财务科目的视角分析产品成本构成与成本的合理性，还需要能够指导业务改善，提出真正可执行落地的措施。

（一）经营成果指标量化业务措施

该企业通过深入分析各环节成本构成，率先开展基于业务管理措施的降本增效体系。实施五大类三十余项成本改善措施，通过逐项跟踪措施与落实责任人，在原有的全面预算系统与管理报告系统上进行革新，打通数据链路，并通过改造 OA 办公系统集成预算与管理报告数据，建立专项任务跟踪体系，跨部门进行体系化的分析，精准识别冗余支出。

（二）成本控制数据实时嵌入比对

通过制定成本控制标准并落实在成本数据库中，嵌入式提供标准差异分析，实时监控各部门的成本动向和合理性。而后针对性地采取改善优化行动，实时进行数据分析比对，并依据改善结果动态配置预算资源。

（三）优化数据维度支撑成本分析

借助智能化数据处理工具，在原有数据分析基础上，优化数据生产流程，细化数据维度和颗粒度，例如从业务生产环节对物料标签进行细化，区分高低价值与消耗频率，从而更好地支撑经营分析使用。

这些数智化技术的应用，使企业能够实时跟踪成本节约的成果，确保每项投资都符合成本效益原则。通过这种方式，企业在激烈的市场竞争中保持灵活性和竞争力，从而实现长期稳健增长。

三、日成本效益分析

部分流程制造行业的原材料与产成品一般为大宗商品，会根据国际市场产生日价格波动。日成本效益分析通过实时监控原材料价格波动、生产能耗及人工成本，精准核算每日运营成本，及时发现异常波动，迅速调整生产策略，确保成本控制在最优范围内，助力企业实现精细化管理和高效运营。

利用 AIOT 平台实现的物联网感知技术，企业能够实时采集生产线上的数据，从而准确掌握生产效率和资源利用率。比如，通过监控设备状态和能耗，及时调整生产流程，以减少不必要的停机时间和降低能耗成本。此外，日成本核算的实施让企业能够更精细化地管理成本，通过动态感知影响成本的各项因素，持续优化成本结构，实现成本效益最大化。

通过日成本的核算与分析，企业能够实时掌握成本动态，精准定位成本节约点，优化资源配置，选择更高边际贡献的产品进行生产，提升运营效率，确保在激烈的市场竞争中保持盈利，确保战略目标稳步实现。

四、基于业财融合的利润预测

在消费品行业的头部企业已经开始探索基于业务交易动态数据的财务利润率预测。因为消费品具有高度的季节性和波动性，销售量受多种因素影响，同时基于电商的销售行为数据量巨大，算法预测能够灵活处理这些复杂性，动态调整模型，从而输出基于历史和未来行为的拟合销量数据，结合业务动因与敏感性因素对财务结果的影响，快速转换为对企业当期的利润预测。

除此之外，基于 AI 的算法预测还可以对不同产品线、区域市场进行细分分析，提供更为精细和定制化的预测，帮助企业更好地制定销售策略，提高营销费用投入的转化效率。例如，通过分析消费者的购买习惯和偏好，企业能够及时调整产品线，优化库存管理，减少积压。同时，利用大数据分析，企业可以准确预测市场趋势，提前布局新产品或服务，以满足市场需求。这些基于业务和财务数据融合的预测方法，不仅提高了利润预测的准确度，还为企业提供了强大的决策支持，助力其在不断变化的市场环境中保持领先地位。

第九章
数智化成本管理：数智控本　赋能经营

第一节　新时期成本管理面临的挑战

一、中国企业成本管理的发展历程

中国企业成本管理的发展历程反映了从计划经济时期—经济体制转轨时期—社会主义市场经济体制时期—新时期的演变过程，每个阶段都立足其政治经济环境，有其特点和核心进展。

计划经济时期，经济管理主要由国家通过高度集中的计划来实现，工业企业主要履行生产职能。为了满足"一五"开始的大规模经济建设和企业管理的诉求，借鉴苏联成本管理的理论和实务经验，引进其成本管理的最新成果。1959年，财政部陆续印发了《关于加强成本计划管理工作的几项规定》《财政部关于国营企业会计核算工作的若干规定》，明确了企业计算成本的目的，规范了工业企业成本计算、分配与结算的基本程序，统一了工业企业的8项生产费用和11项工厂成本的成本项目，基本统一了成本规程。

经济体制转轨时期，国务院颁布了《国务院关于加强工业企业管理若干问题的决定》，要求工业企业尽快改变物质消耗在总成本中占比过高的状况，积极推进和完善质量管理和经济责任制，企业从生产型转变为生产经营型，自主权扩大，市场机制开始发挥作用，成本管理也随之"转型变轨"。企业开始注重提高经济效益、降低成本，形成了对成本管理的各个环节、以价值管理为中心的质量成本管理。

社会主义市场经济体制时期，随着市场经济体制的建立和完善，企业成本管理的内容和方法更加多元化。在这一时期，成本管理实务的典型代表是"模拟市场核算，实行成本否决"，企业不仅关注成本核算和控制，还注重成本预测、决策，形成了更加全面和系统的成本管理体系。

新时期，随着我国经济发展进入新常态，产能过剩、创新不足、供需结构性失衡是我国大多数企业面临的问题。2014年，财政部发布《财政部关于全面推进管理会计体系建设的指导意见》，把"推进管理会计指引体系建设"作为四大任务之一；2024年，随着全球经济格局的深刻变化和科技革命的迅猛发展，中国式现代化的探索实践催生了一种新的生产力形态——新质生产力，这一概念以创新为核心驱动力，强调全要素生产率的大幅提升。同年11月，财政部发布《关于全面深化管理会计应用的指导意见》，企业成本管理走向深水区。

二、新时期成本管理面临的挑战

提高全要素生产率是新时期发展新质生产力背景下提出的新课题，是引导企业战略发展、强化资源配置能力及可持续发展的必要措施。在此背景下，提高全要素生产率对新时期成本管理模式提出了严峻挑战，企业亟须在成本规划、核算、控制与实践层面进行深刻变革，以适应新质生产力发展的内在要求，提升自身在市场竞争中的核心竞争力。现阶段企业成本管理面临的挑战突出在成本数据难实时、成本核算不精细及成本经营缺智能等方面。

（一）成本数据分布广、难实时

当前多数企业仍沿用传统成本管理模式，主要采取月度集中归集、分配及结转的机制。这种静态化、滞后性的成本管理模式已难以匹配现代企业快速响应市场变化的诉求：一方面，物料采购、生产消耗与财务入账之间存在显著时间差，业务端动态变化无法实时同步至财务端，导致业财"两张皮"，报告数据失真；另一方面，业财数据脱节使得管理层难以准确捕捉成本波动，制约了企业成本管控效能的提升。

而企业成本数据的实时化管理面临双重结构性障碍。首先，成本数据存在全流程、全领域分布的特点与业态适配难题。成本数据分散于库存管理（物料成本）、生产管理（BOM物料清单）、资产管理（生产设备折旧）、能源管理（水、电等耗用）、人力资源管理（薪资）等多业务领域，特别是多业态集团型企业，不同业态在成本数据归集来源、归集规则及关键控制点均存在显著差异，如制造业态物料、设备折旧成本占比高，零售业营销费用波动显著，导致成本数据难以做到集中一点归集。

其次，业财割裂情况下难以实现业务发生即财务发生。企业运营中业务应用与财务应用普遍采用独立架构设计，应用异构性阻碍业财数据流通，业务的成本发生时点（如项目进度确认、服务验收时点）与财务权责发生制要求存在口径差异，关键业务事件发生后往往需要人工干预才能完成业财转化，缺乏智能化的规则引擎进行自动匹配，难以实现高时效业财转换，造成成本数据滞后。

（二）成本核算不精细、目的单一

传统的成本核算，其成本对象的粒度往往聚焦于分批次、分品类的成本核算，其核心目的在于支撑批次、品类的盈利水平分析。但其存在三方面局限：

第一，难以做到精细分项核算。在当前生产制造体系中，成本分项精细化核算的推进面临显著难题，其核心矛盾源于生产环节海量数据的高频生成与传统核算系统的低效处理能力难以匹配。生产现场每日产生的原材料批次耗用记录、工序工时统计、设备能耗监测等多达数十万条异构数据，需通过人工或半自动化方式从分散系统中采集提取，跨部门协作中的信息重复核对与转换进一步加剧了处理延迟。这种数据淤积与处理低效的双重困境，使得企业难以在合理周期内完成成本核算的精细化，进一步赋能生产管理。

第二，利润中心成本核算缺失。当前法人核算颗粒度无法适配现代企业组织形态，在利润中心制管理模式中，缺乏对内部服务成本（如采购共享部门、财务共享部门对其他部门的服务结算）、区域市场专属成本（如区域市场跨组织的合规支出）的计量、归集和分配能力，致使各利润中心的真实盈利能力信息失真。

第三，缺乏集团成本核算。集团化运营场景下，产品的研发设计、生产和销售通常涉及多个子公司，其成本结构复杂，各子公司或业态的成本核算各具特性，传统成本核算既无法有效处理多法人主体间的成本协同效应（如集中采购带来的规模折扣），亦难以实现跨法人卷积成本时内部利润的剔除，导致合并报表中经常出现成本重复计算或漏计现象，难以支撑集团整体资源优化配置，并提高集团整体的运营效率和经济效益。

（三）成本经营不闭环、缺智能

虽然大数据、云计算、AI等新技术层出不穷，但是尚未形成新工具、新手段赋能成本管理，企业成本管控不闭环、成本决策低效等问题仍然存在。企业成本经营管理面临闭环断裂与智能缺位的双重挑战。

成本管控闭环缺失，无法实现全周期管理。企业现行成本经营模式呈现"强事后、弱事中、缺事前"的失衡状态：在事前预测层面，尚未形成覆盖研发、采购、销售等全价值链的动态预测机制，研发环节未能对目标成本进行前瞻性预测，新产品开发阶段缺乏基于物料清单、工艺路线、外协任务及供应链弹性的成本仿真推演，导致产品商业化后实际成本频繁突破预设阈值。在事中控制环节，未建立成本关键阈值预警体系，对供应链异常差异、生产异常损耗和销售环节的异常费用等风险缺乏自动化拦截能力，往往待月度核算时才能追溯问题。在事后考核阶段，虽依托人工台账进行成本归因分析，但受制于部门墙阻隔和手工数据加工效率，考核结果通常滞后业务周期，难以反向驱动前端流程的改善。这种断裂的管理链条，使得企业成本控制长期陷于"发现问题—被动补救"的滞后循环。

新技术层出不穷，但技术落地不足，成本经营决策效率依然低下。当前成本运营过度依赖人工经验传导，分析决策层缺少 AI 预测引擎与仿真推演能力，成本会计大部分工作时间耗费在数据整理与基础报表制作上，无法开展多场景成本沙盘模拟（如价格战情境下的盈亏平衡点位移测算），难以真正实现"数据驱动决策、系统替代人力、预测先于发生"的智能化成本管理。

三、企业成本管理的数智化提升目标

面临企业成本管控困境，企业亟须构建实时、精细、智能的成本管理体系，将成本管理提升到企业经营战略层面，在原有的分品类、分批次的成本核算基础上，引入智能化手段，强调成本的主动规划、优化与增值，通过合理配置与优化利用成本资源，挖掘成本潜力，创造新的价值增长点，以实现企业经济效益的最大化与可持续发展。

实时融合的成本数据底座：适配不同业态的成本数据分布特点，汇集全流程、全领域的成本要素，贯通业财转换路径，实现从业务发生—业财融合—成本凭证—成本报告的全流程贯通，建立实时、融合的成本数据管理体系，夯实成本管理数据底座，为充分释放数据要素的生产力夯实基础。

多维精细的成本核算引擎：在分品类、分批次的成本核算对象的基础上，成本核算对象进一步细化至工序、订单等多维度组合，核算过程实现动态、结构化的成本流转，进而支持开展精细化的成本控制及成本优化；构建利润中心核算目的的成本核算体系，支持基于内部结算价格的利润中心成本核算，助力企业落实内部经济责任制；构建集团成本核算目的的成本核算体系，支持剔除内部未实现利润的集团成本核算，助力集团整体资源优化配置和经营策略调整。

全面智能的成本经营模型：结合新技术，建立覆盖事前、事中和事后的成本经营闭环。结合 AI 工具，面向研发、供应链和销售等职能提供目标成本预测、采购建议和盈利能力推理分析等；结合云计算、大数据等手段，高效汇集分散的成本要素、精准完成成本数据的业财转换并产出成本报告，实时监控成本变化，迅速发现问题并及时进行调整，助力企业优化排产计划，通过成本经营推动更多价值创造。

第二节　新一代成本管理工具架构

在企业成本管理走向"实时、精细、智能"的发展趋势下，新一代成本管理工具基于 iuap 企业数智化底座构筑了包括成本数据、成本核算和成本经营的三层结构。（见图 9-1）。

一、成本数据层

成本数据层以智能会计中台为基础，提供实时融合的成本数据归集、业财转换能力。以智能会计中台为底座，实时归集业财大数据，提供全要素的业务信息和财务信息，保证了成本管理数据的完整融合及可靠，借助智能会计中台对接异构业务系统，确保异构业务系统的业财数据也可实时融合。成本数据层有如下三个特性。

（一）基于中台的实时成本数据归集

传统的成本核算通常需要成本会计在月末或定时手工拉取业务相关财务信息进行财务记账和核算，既不能做到实时，也不能自动，使得企业很难实现成本的事中管理；智能会计中台提供了推式、自动化的数据处理服务，能够进行实时的业财信息收集和分发，业务发生即财务发生，即分录记账，真正实现了及时的成本管理和分析（见图 9-2）。

（二）基于智能会计中台的业财融合

业财融合通常指将企业的业务运营和财务管理进行有机结合，实现业务与财务的高效协同和互动。数据归集层的数据沉淀于智能会计中台，通过对原始业务事项的会计解读，全面记录了企业业务事项发生后的业务信息和财务信息，形成业财融合的大数据，使得企业的会计核算第一次有了未经汇总加工的业务细节，会计处理不再损失业务信息，实现了真正意义上的业财融合。

图9-1 新一代的成本管理工具架构

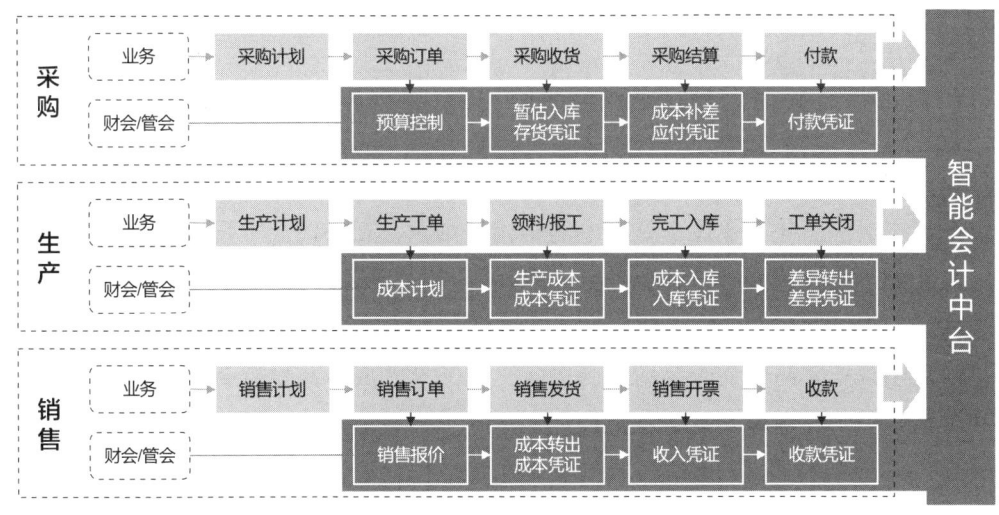

图 9-2 基于数据驱动的事实成本核算示例

(三)基于全链路数据线索的完整数据追溯

因为业财数据的完美融合,智能会计的业财大数据信息具备了全链路的数据线索,从业务事项、会计事务一直到总账,数据的加工过程全程记录来源线索,从而使得成本核算结果可以逐层追溯会计数据的来源。

二、成本核算层

成本核算层提供多维、精细的成本核算能力。成本核算是企业经营管理的重要基础,不同行业因其业务模式和管理需求的差异,对成本核算的关注点各不相同。新一代成本管理工具在支持精细的成本要素核算基础上,可完成多口径成本信息核算,同时也支持多种成本核算方法。面向不同行业的关注重点,成本管理工具可灵活组合,满足不同行业成本核算诉求。

在数智化时代,企业可借助新一代的成本管理工具,从核算对象、核算目的和核算方法等方面做到精细多维的成本核算。

(一)精细的成本要素

新一代的成本管理工具在完成成本对象精细化的同时,对核算要素也进行了极致的细化;基于分步法的成本核算支持逐步综合结转分步法核算,也支持逐步分项结转分步法核算,成本核算支持按成本要素的明细核算,保证了成本逐层精准转移。

成本核算范围不仅包含了生产过程耗用的各类料工费，而且贯穿整个价值链条，包括设计、采购、生产、销售等，结合营销云、供应链云、制造云等应用服务，完成全价值链条全要素成本核算，助力成本精益管控和降本增效。

（二）集团成本还原

为应对集团化企业成本核算中的结构性难题，新一代成本管理工具推出集团成本还原功能，通过"剔除内部利润"与"集团层面重新卷积"两大核心特性，重构成本管理体系，助力企业实现集团级成本透明化与战略决策精准化。

集团内部交易中，子公司间的关联交易常导致成本数据掺杂内部利润，造成成本结构失真，通过交易链条追踪和多口径价格管理体系，剔除关联交易中的溢价部分，还原真实的物料成本、人工费用等数据，确保成本核算的客观性，通过剔除虚增利润与跨组织数据整合，解决集团成本"层层加码"的失真问题。

多组织、多层级的生产模式下，分散的成本数据难以统一归集，导致集团无法穿透分析全链成本构成。基于实际组织间物料转移和领退料关系追溯成本，跨组织整合各环节成本数据，按照实际生产路径重新卷积集团总成本，形成"从原料到成品"的全链路成本视图，提供集团级成本结构对比分析，识别高耗能环节并优化资源配置。

（三）利润中心成本核算

新一代成本管理工具推出利润中心成本核算功能，通过独立定义组织架构、业务量指标设置、多套价格体系和内部交易关系自动确认四大核心特性，赋能利润中心自主经营与高效协同。具体特性如下。

一是独立定义组织架构，灵活适配利润中心经营模式。利润中心可配置独立的会计基本假设，可定制符合自身特性的假设条件，包括会计科目表、会计分期和计量币种等，满足独立核算、独立出具分析报告的要求。

二是支持业务量指标设置，灵活管理虚拟化核算。传统利润中心核算依赖实际业务量数据，难以应对非标业务或临时性项目的成本归集、分配需求。新一代成本管理工具支持自定义虚拟业务量指标（如工时占比、任务复杂度系数），将抽象业务转化为可量化成本对象，适配研发、服务等非生产型利润中心成本核算。

三是支持多套价格体系，动态成本匹配市场与战略需求。单一价格体系无法满足多元化场景（如内部结算、外部报价、成本分析），导致数据割裂与决策偏差。新一代成本管理工具内置存货结存价、市场价、标准成本价等多套价格库，支持按场景切换。例如，内部交易采用计划价消除利润虚增，对外报价则调用实际结存价计算相对准确的成本，精准预估盈利能力。

四是内部交易关系自动确认，消除核算盲区并自动对账。利润中心间交易依赖手工确认，效率低且易滋生数据篡改风险。基于预设规则（如服务协议、BOM 关联）自动触发交易确认，实时生成内部结算单，确保数据透明可追溯。

（四）支持多种成本核算方法

现代企业成本管理有一系列的成熟成本管理方法，如标准成本核算法、作业成本核算法、变动成本核算法等，这些成本管理方法已经进行过大量的理论实践，有些已经是国际上通用的管理方法。与此对应的是，国内企业成本管理软件大多还是基于传统成本管理理论，采用实际成本核算方法进行成本核算，核算方法陈旧，管理效果不足。

为了解决这一问题，新一代成本管理体系在提供了实际成本核算方法的同时，也引入了标准成本核算法、变动成本核算法等先进成本管理方法。尤其是标准成本核算模式，不仅支持了实时的成本核算和账务处理，更是对订单成本核算进行了差异细化，支持转入和转出 10 余种订单成本差异，包括转入/出业务差异、转入/出生产价差、转入/出变价差异、转入数量差异、转入替换差异、转入目标量差等，透过差异及时管控不合理的采购价格波动、材料用量差异、人工效率差异及制造费用差异等因素，严控整体成本。

三、成本经营层

成本经营层提供丰富、智能的成本经营手段，助力企业实现真正的 PDCA 管控闭环。传统的企业成本分析具有以历史数据为基础、财务主导、以核算为核心的线性管理、依靠人工判断等特点，虽然在成本控制和核算方面发挥了重要作用，但在前瞻性、全局性、闭环管理和智能决策方面存在一定局限性。随着企业管理需求的升级和技术的发展，成本经营正逐步向可预测、可闭环、全员参与和智能决策等方向转变。

（一）从经验驱动到算力驱动

新一代成本管理平台通过整合智能中台，解决了传统模式下依赖人工经验、响应滞后的问题，面对复杂制造、多级供应链和动态市场环境，最终实现成本经营在事前预测、事中控制和事后报告在数据精度与解读智能化程度的全面提升，摆脱过去严重依赖财务人员历史经验的困境。

在事前成本测算及盈利预测环节，新一代成本管理平台通过智能解析产品BOM结构与工艺路线，自动整合实际结存价、采购发票价、战略协议价等多维度价格口径，动态生成精准成本测算模型，并结合历史订单盈利水平及企业营销策略（如客户分级折扣、区域定价规则），快速输出具备市场竞争力的报价建议；与此同时，平台可横向对比不同工厂的工艺效率、资源消耗、物流配置等成本差异，深度解析产能布局优化空间，例如识别某工厂因工艺标准化程度不足导致的边际成本偏高问题，进而为管理层提供数据驱动的经营策略——如集中生产高毛利产品、推动低效工厂技术升级或动态调整跨区域订单分配，从而在保障客户需求响应的同时，实现从"被动核算"向"主动创效"的商业价值跃迁。

在事后成本报告分析环节，新一代成本管理平台通过自动化抓取成本报告数据，诊断核心成本指标波动根因（如原材料单耗异常、设备空转率攀升或物流路径低效），定位问题责任部门，同步调用知识库中历史改进案例生成定制化改进建议，形成"数据洞察—策略生成—执行反馈"的完整管理回路，助力企业从成本分析中挖掘长效降本机会，驱动经营决策从"事后归因"向"前瞻防控"升级。

（二）从分析历史到面向未来

传统的成本管理主要以静态视角开展回顾性分析，依赖历史核算积累的财务数据对已完成的业务活动进行总结，注重已发生的成本情况，缺乏对未来趋势的预测和前瞻性判断。

随着新技术的发展，云应用、大数据、人工智能等数智化技术的引入，成本管理已经可以按场景提前规划和预测，使构建更加动态和前瞻性的成本经营分析体系成为可能。

成本预测提供量本利分析、边际成本分析及研发销售成本预测等。量本利分析可以帮助企业理解成本结构、定价策略和盈利能力之间关系，优化产品组合和定价策略，确保在实现成本控制的同时，最大化利润空间。利用边际成本分析，企业可以了解生产规模与成本之间的关系，评估产品的经济性，避免盲目扩张导致的资源浪费，从而优化生产决策。通过强化预测能力，企业可以突破传统成本分析的局限性，构建更加灵活、有前瞻性和智能的成本管理体系，有助于应对复杂多变的市场环境，为战略决策提供有力支持，推动企业实现可持续发展。

（三）从财务主导到全员参与

传统成本会计分析工作以财务为主，无论是提供外部公开报告，还是内部经营分析使用，均主要由财务部门负责，其他业务部门参与较少，导致成本分析与实际业务脱节，数据割裂，难以形成全面的成本洞察，财务很难赋能业务发展、服务管理决策。

随着成本管理逐步将成本决策、成本控制等纳入管理范畴，成本管理不再是财务部门的专属职责，而是贯穿于企业的各个层级和业务环节，逐步向全员参与的方向发展。生产部门可以通过自产/外包决策模型，决定某项工艺流程是否外协来降低整体生产成本；销售部门可以通过产品定价决策，立足市场分析和客户需求洞察，明确具有市场竞争力的产品定价，减少不必要的营销费用；研发部门则可以通过创新设计和材料优化，从源头控制产品成本。公司决策层则可以从跨法人的集团视角，审视集团收支情况，从而统筹整个集团的经营策略。

（四）从局部线性管理到成本闭环管控

传统的成本管理理论包括成本预测、成本决策、成本计划、成本控制、成本核算、成本分析和成本评价七部分内容，这七部分内容又可以归纳为成本计划、成本控制、成本核算和成本评价的 PDCA 成本管理闭环。

新一代成本管理体系不仅注重成本核算的过程，在成本计划、成本控制和成本评价分析方面也提供了大量的能力和方法，真正做到成本管理的闭环。

第三节 新一代成本管理工具应用场景

新一代成本管理工具凭借成本数据、成本核算及成本经营的三层架构，结合实时、精细和智能的强大特性，能够适配企业不同业态的成本管控诉求，在成本预测、成本控制、成本核算及成本评价等应用领域展现了强大的能力，助力企业合理配置与优化利用资源，科学决策，以实现经济效益的最大化与可持续发展。

一、成本模拟测算助力事前算赢

在传统成本管理框架下，财务部门往往沦为数据搬运工，大部分精力被束缚在成本核算与报表迷宫之中。当研发团队需要预判新产品目标成本时，财务只能提供历史数据的"后视镜"视角；在销售报价的关键窗口期，销售团队常常因缺乏实时成本测算模型支持而错失良机；而采购部门制定采购策略时，因无法合理估计采购对成本影响而错失战略备库的机会。这种割裂的现状，使企业如同带着过时情报在战略盲区拼杀。

在传统成本管理掣肘企业发展的关键节点，新一代智能成本管理工具通过构建成本估算引擎成功破解这一难题。通过构建"要素—数量—单价"黄金三角模型，深度集成BOM与工艺路线，实现成本要素、数量的精准锚定。这套标准化、参数化的估算模型，不仅实现了目标成本测算精度的提升，更关键的是提供了实时可信的成本沙盘推演能力，真正实现了成本管理从滞后核算向事前算赢的范式跃迁（见图9-3）。

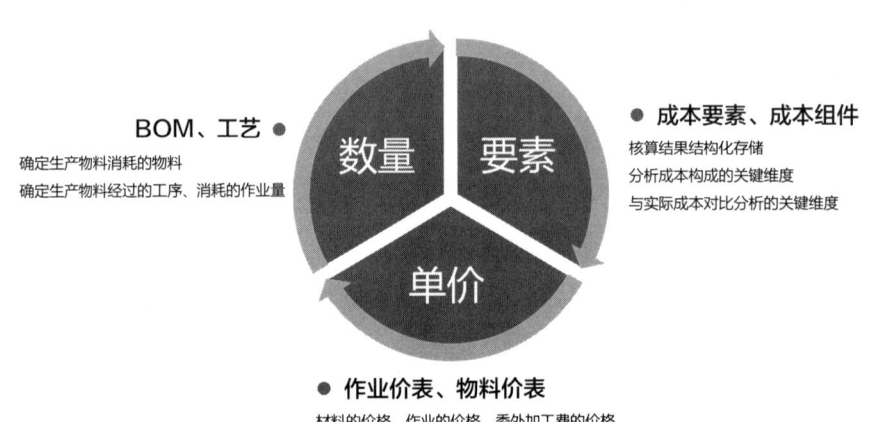

图9-3 成本估算黄金三角模型示例

某纸业集团借助新一代成本管理工具，成功构建临时成本利润预测体系，指导报价和接单实时利润评估。在大宗原料市场价格频繁波动的情况下，该集团的临时成本利润预测模型实时接入大宗原材料临时预测价和成品销售临时预测价，锚定原材料价格和销售价格，结合客户纸张和工艺要求，锁定BOM定量信息和工艺路线费率信息，精准测算包括纸浆成本、化工成本、能源成本、包材成本、吨纸人工成本定额、吨纸企管折旧定额等，实时预测单位生产成本；结合商务订单信息，精准预测销售收入，进而开展接单利润评估和接单决策。

通过构建临时预测利润评估体系，该纸业集团的成本利润预测频率由月度提升至实时，由于实时接入大宗原材料价格表和成品销售价格表，一线销售人员可更科学、理性地做出接单决策，成本管理真正实现了赋能业务、创造价值的智能转型（见图9-4）。

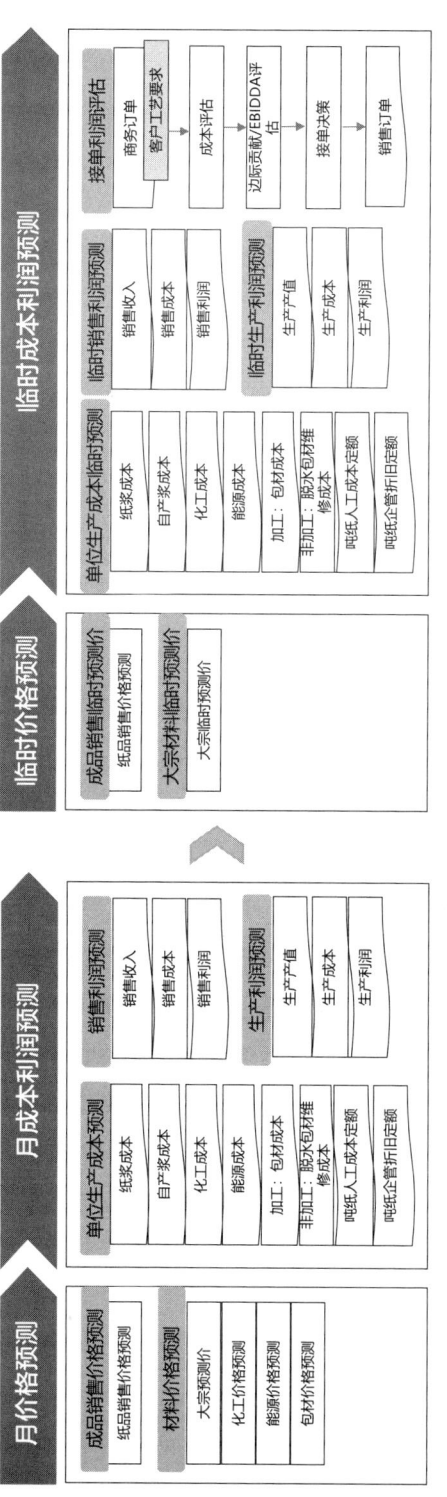

图 9-4 某纸业集团的临时预测利润评估体系示例

二、工序成本核算助力生产改进

在传统成本管理模式下，生产工艺改进由于缺少数据支持容易陷入决策困境。一方面，粗放的历史核算数据难以穿透工序级异常波动，导致工艺优化缺乏工序粒度的数据指引；另一方面，静态成本归集无法动态捕捉生产工序投入的生产变量，如原材料耗用批次、工序工时记录、设备能耗数据等，致使工序改进过程长期游离于滞后的成本信息之外。这种割裂的管控模式，使企业失去了成本数据与工艺改进的动态协同能力，削弱了生产端降本增效的可行性。

新一代成本管理工具在支持工序成本核算的同时，引入了标准成本价格体系，支持开展工序成本差异分析，既保证核算粒度可以到各生产工序，又能利用标准成本管理模式分析成本波动，支持开展生产工艺改进。同时，工序成本结转模式支持平行结转和分步结转，根据企业对现场管理和考核评价需求的不同，可动态监控在产品、产生品的成本结构变化。

将成本核算对象细化到工序，从根本上实现了成本的源头收集和控制，在工序管控上，可以及时进行工序成本核算、分析，对工序消耗提供实时的控制和改进建议；在成本分配上，按工序产耗进行订单成本转出分配，为订单成本和月末实际核算提供可靠的数据来源，使核算更准确合理；在绩效考核上，支持从数量管理转变为价值管理，考核指标更加直观和可操作，便于现场控制和车间责任评价和考核；在辅助决策上，支持进行工序间成本平衡和工艺决策，为工序委外决策提供科学数据支撑。

某高科技制造企业借助新一代成本管理工具，搭建了精细化的工序成本核算体系。工序成本精细核算前，该企业厘定工序管理的七类任务，包括费用归集至工序、资产认定至工序、人员部门到工序、定额资料到工序、生产领料到工序、能耗统计到工序、作业报工到工序，以此为基础开展会计核算到工序。此外，该企业创新性将工序成本和标准成本结合，搭建工序标准成本估算体系，结合工序实际成本核算结果，实时分析工序成本差异，有效识别高耗能、低效的工序环节，优化资源配置，推进了生产工艺改进（见图9-5）。

三、集团成本核算透视真实盈利

在全球产业链深度整合与集团化运营成为主流的当下，企业竞争已从单一法人实体转向全产业链协同效能比拼。随着现代集团企业加速构建全产业链布局，产品的价值创造往往横跨多个法人主体，经历十余家关联企业的生产流转与资源

第二部分 财务数智化建设内容

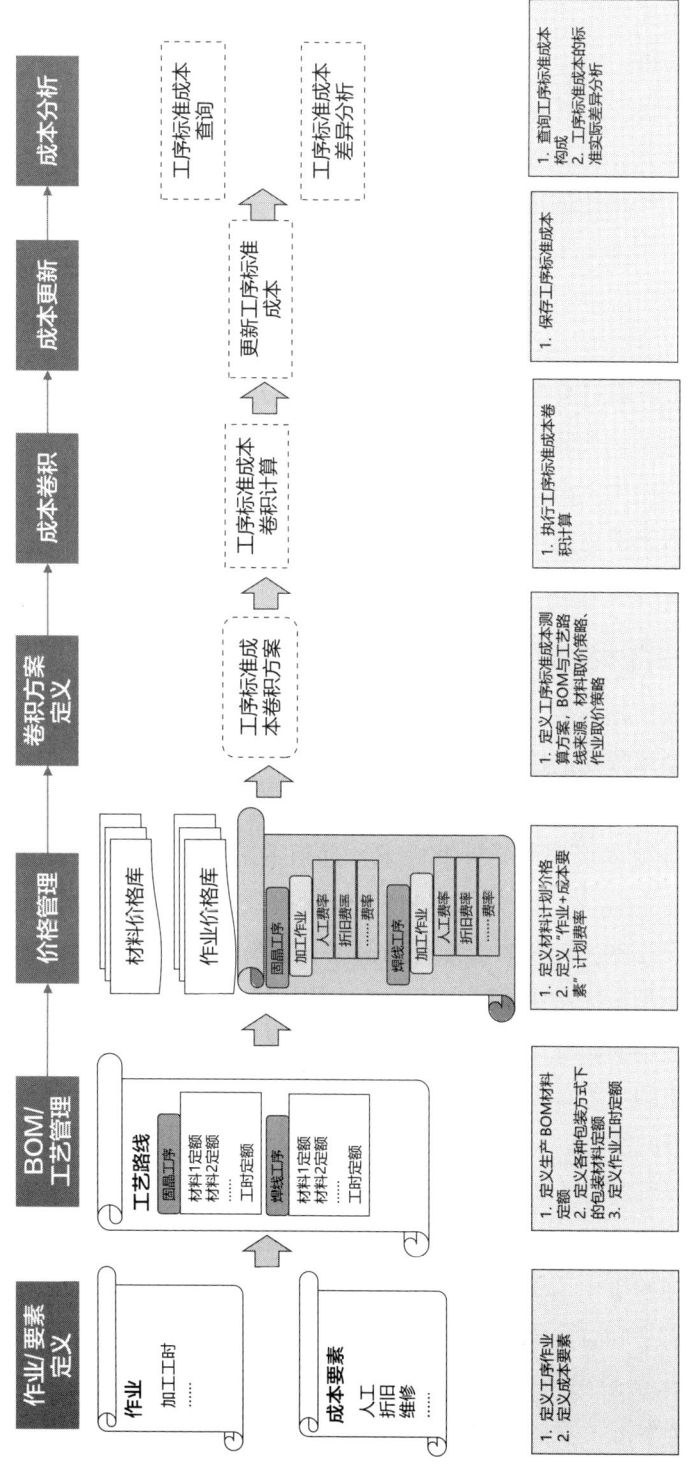

图 9-5 某高科技制造企业工序标准成本差异分析示例

交互。然而，传统财务体系固守以法人边界为核算单元的模式，导致集团管理层难以看清真实盈利。

新一代成本管理工具通过集团成本核算服务解决了这一难题。通过捕获关联法人间的物料调拨、加工服务等价值交换节点，实现全价值链成本要素的有机聚合，基于真实生产路径进行动态卷积计算，构建起"从原料进场到成品交付"的集团级全链路成本透视体系，彻底打破法人边界的成本数据壁垒。

某光电企业在现有法人架构下，成立了服务各产品线、贯穿法人的事业部治理架构。借助新一代成本管理工具的集团成本核算功能，对于跨法人、跨事业部的内部交易事项，通过采购订单、调拨等协同逐级追溯内部利润和中间产品的成本要素，成功剔除法人间、事业部间的内部交易利润，逐项还原最终产品的成本要素，透视集团视角下全产业链的产品成本。借助集团成本核算体系，各事业部的产品报价数据支持更精准，报价流程效率和准确性有了极大提升，产品盈利能力也得到了极大提升（见图9-6）。

四、基于日成本的动态经营决策

在传统成本核算框架下，企业受制于会计分期和系统算力，难以实现精准的日成本跟踪。会计分期的刚性要求导致资产折旧、长期租赁费用及间接人工等周期性成本要素难以做到按日归集；与此同时，工单级成本归集、跨部门共同费用分摊及多维度分配逻辑的海量计算需求，远超手工或半自动化系统的承载能力，致使成本数据始终滞后于业务实际进度。这种时效的成本数据缺失，不仅导致经营层无法基于日成本波动及时校准排产策略，更易造成生产资源配置与市场需求脱节，制约了企业在快速变化的市场竞争中的敏捷应变能力。

由新一代成本管理工具提供的日成本计算模型，通过加强业务流程标准化、数据采集智能化和核算体系自动化等手段，实现了成本日清日结，为企业提供按日跟踪成本动态的能力。

以某传统流程制造企业为例，通过搭建日成本、日利润跟踪体系，密切跟踪预测达成进度，促进月度经营目标完成。通过日成本、日利润跟踪体系，该企业实现了经营目标的事中监控及干预，及时跟踪生产经营偏差，发现问题并做出改进，提高管理水平和竞争能力；同时客户营销、产品管理和外部定价也可参照最新的成本信息，摆脱了历史数据依赖，使企业始终具有成本优势和市场竞争优势，保持可持续发展（见图9-7）。

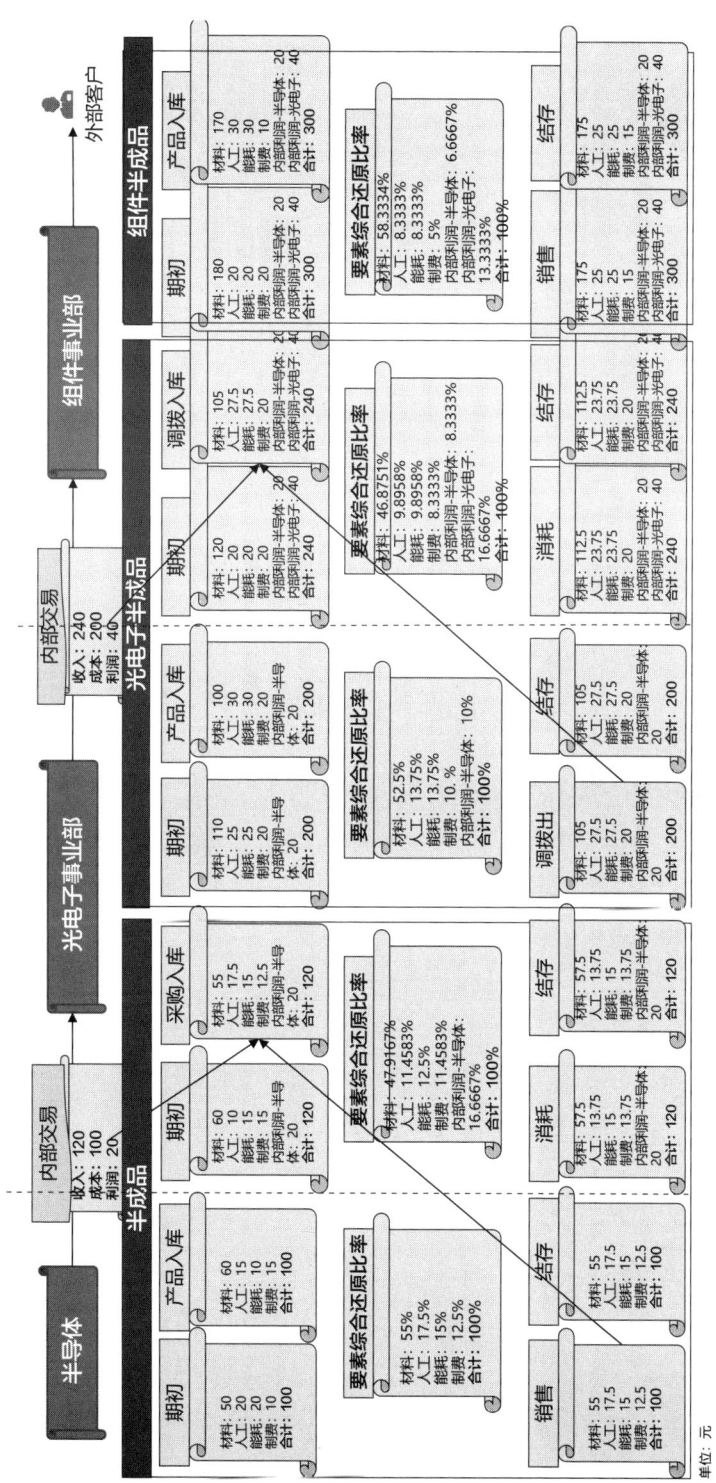

图9-6 某光电企业集团成本还原示例

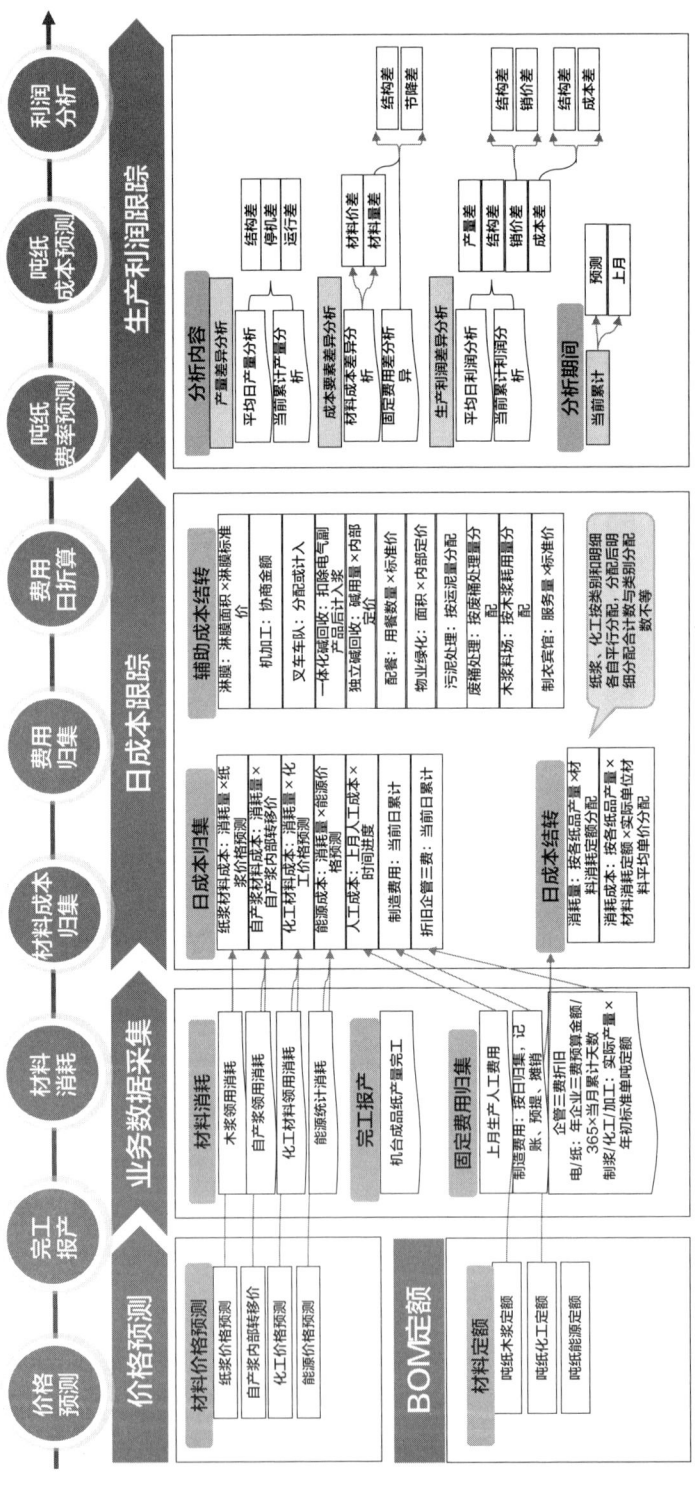

图 9-7 日成本模型支撑的经营决策场景

第十章
数智共享开启财务管理全面转型

第一节 财务共享模式持续驱动财务管理转型

在全球化竞争加剧、信息技术日新月异的今天，企业财务管理正面临着前所未有的挑战与机遇。长期以来，财务共享模式作为财务管理领域关键创新手段，以业务集中化、流程规范化、规则标准化为核心管理变革举措，深度融合信息系统与专业管理策略，有效推动了财务管理的转型，为企业财务管理数智化转型筑牢根基，助力企业在数字化浪潮中抢占先机，稳健前行。

一、财务共享模式是推动财务管理创新的重要手段

（一）管理模式创新

财务组织模式的变革：要求集团企业打破传统财务管理中总部与下属公司"层级鲜明"以及各下属公司间"各自为政"的局面，推动财务管理向集中化、统一化、价值化方向发展。企业需要重新审视财务管理的战略定位，建立战略财务、业务财务、共享财务的"三分财务"组织模式。

财务管理职能转型：推动财务管理从传统的核算型向战略决策支持型转变。财务共享使更多财务人员从日常烦琐的核算工作中解放出来，有大量时间和精力进行财务分析、风险预警和战略规划，为企业决策提供支持。

资源集中化管理强化：财务共享促进了财务资源的集中配置和管理，将各分子公司的财务核算、资金管理等集中到共享中心，便于集团对整体财务状况进行实时监控和统筹调度，增强了集团的财务管控能力。

（二）"管控＋服务"理念创新

服务理念转变：在传统的财务管控职能之上，树立以客户为中心的服务理

念，将财务共享视为提供专业服务的"内部供应商"，为企业内部各部门和员工提供高效、便捷的财务服务，提高内部客户满意度，促进业财融合。

服务内容拓展：除传统基础核算服务，财务共享中心还为内部业务部门提供财务咨询、税务管理、资金管理等增值服务，满足企业多样化的财务管理需求，配合企业发展提供灵活的服务支撑。

（三）推动财务流程精益管理

流程标准化与规范化：财务共享将各业务单元的财务流程进行整合与梳理，制定统一标准，如费用报销、账务处理等流程，使财务操作有章可循，提升了财务信息的准确性和可比性，减少因流程差异导致的错误和风险。

流程优化与自动化：借助信息技术，财务共享对业财流程进行重新设计，去除冗余环节，实现自动化处理。例如，通过系统自动进行发票识别、单据审核、自动记账及结算，缩短业务处理时间。成熟的运营管理体系还可以帮助财务共享中心持续挖掘流程优化的机会，构建流程的精益化管理能力。

（四）促进数据与技术创新

数据整合与价值挖掘：财务共享平台借助业财流程融合，天然形成企业级业务、财务数据的集中，在财务共享中心通过数据治理，借助数据分析技术，能够深入挖掘数据背后的价值信息，为业务财务与战略财务提供精准的财务洞察和预测，快速支持企业决策。

新技术应用加速：促进了大数据、人工智能等新技术在核算流程及财务管理中的应用，如利用人工智能实现财务数智员工自动处理重复性工作，运用大数据技术建立模型监控财务安全。

（五）人才管理创新

人才结构优化：促使企业财务人才结构从以核算为主向管理、技术等多元化方向发展，增加具备数据分析、风险管理、战略规划等能力的人才比例，提高财务团队的整体素质和竞争力。

人才培养与发展多元化：为财务人员提供了更广阔的职业发展空间和多元化的培训机会。财务人员可以在共享中心接触不同业务领域和复杂的财务工作，通过轮岗、培训、项目等方式，提升综合服务能力，培养跨领域的复合型财务人才，成为业务财务和战略财务的重要后备军。

二、财务共享模式对价值创造的重要贡献

（一）降低财务运营成本

财务共享模式通过集中化和标准化管理，减少了重复劳动和资源浪费，降低了财务运营成本。同时，通过优化财务流程和提升财务管理效率，企业可以更加有效地利用财务资源，实现成本节约和效益提升。例如，某服务类企业因分（子）公司设立比较分散，每拓展一处业务就要配套新增2~3名财务人员，但成立财务共享中心后不仅在初期通过集约管理减少了15%的核算人员，后期业务增长或新公司业务也被财务共享自然覆盖吸收，体现出很强的规模效应。

（二）提高财务服务质量

财务共享模式通过专业化的财务服务团队和统一的服务标准，提供了更加优质、高效、专业的财务服务。共享中心会约定单据处理的时效，跟踪问题单据的处理，快速响应业务提问，及时解决业务难题等，对比传统的财务管理模式有助于提升企业内部客户（业务部门）的满意度，还有助于增强企业的外部竞争力。

（三）支持企业战略决策

某些卓越运营的财务共享中心通过数据治理、数据加工，为各主体提供准确、及时、多维的数据服务，满足战略财务和业务财务数据需求，支持企业的战略决策和业务发展。例如，零售行业企业财务共享通过提供实时多维盈利数据分析，帮助业务财务发现潜在的市场机会和风险因素，帮助经销商及门店提升管理能力。

（四）促进企业风险管理

财务共享模式通过集中管理和监控财务流程及数据，增强了企业对财务风险的识别、评估和应对能力。财务共享通过流程控制和数据反馈，帮助管理层及时地发现并解决潜在的财务风险问题，确保企业的财务安全和稳定。例如，通过结合外部供应商及客商信息的实时监控和预警系统，财务共享可以及时发现供应商及资金交易相关的财务风险信号，发布信息，以便相应的业务部门采取应对措施。

（五）助力企业兼并重组及全球化扩张

在企业进行战略兼并重组的过程中，财务共享中心能够迅速整合被并购企业的财务流程及数据，实现财务信息的统一管理，为兼并重组后的企业提供准确、及时的财务信息，助力并购企业快速实现财务协同和效益提升。另外，在全球化

扩张过程中，财务共享模式能够跨越地域限制，实现全球范围内财务核算业务的集中管理，为企业提供全球视角的财务流程监控和财务信息分析，支持企业的全球化战略决策顺利开展。财务共享系统可以解决多语言、多币种、多准则、多时区服务问题，能够降低跨国企业的财务管理成本，提高财务管理效率，是企业全球化扩张有力的基础保障。

第二节　传统的核算型财务共享面临的困境

财务共享模式成为财务管理变革的重要基础，但财务共享服务的推广应用却遭遇了一系列全新的困境与挑战。一方面，已完成财务共享建设的企业，面临着如何在确保质量提升的同时持续提效降本；另一方面，尚未开展财务共享建设的多业态集团企业，则在思考如何借助财务共享平台，有力推动集团化企业财务管控的有效穿透。

传统的核算型财务共享面临以下四大困境。

一、流程优化与标准化的困境

流程优化难度大：财务共享建设需要对传统的业财流程进行重构和优化，以实现财务核算业务的集中处理和自动化提效。然而，在多元化企业不同业务单元之间的业务系统及业务流程存在较大差异，导致一统到底的流程方案执行难度大、推广难，提效效果弱。

标准化管理挑战多：财务共享中心为了提升价值，在完成核算标准化和流程标准化之后需要进一步承担财务数据标准化治理的责任，以确保业财数据的一致性和可追溯性。但是在实际操作中企业即使建设了数据中台，将分子公司、各业务单元数据全部进行了收集，但财务数据格式、标签规则等方面存在巨大的差异和不统一性问题，数据应用面临诸多挑战。

二、技术融合与创新的困境

技术融合难度大：财务共享模式需要借助共享平台实现财务业务的集中处理、流程化运营管理。然而，企业内不同业务单元之间的业务系统往往存在烟囱式建设，大量的业财系统断点问题需要通过共享平台实现融合，对于技术要求高、集成成本高。

技术创新滞后：随着智能化技术的不断发展，财务共享也需要不断引入新的技术来持续提升其效率和效果。最新智能技术应用对共享平台架构有一定的要求，而且为了产生更好的创新效果，往往要进行相关业务系统及财务系统的改造。因此很多企业的报账式共享平台存在很难进行颠覆性技术创新的现象。

三、数据安全与隐私保护的困境

数据安全风险高：财务共享模式涉及大量的财务数据和信息的集中管理，这些包含企业核心管理的经营数据，甚至涉及商业机密。然而，在智能化时代，数据安全风险日益加剧，给企业的数据安全带来了极大的威胁。为了保障数据的安全性和准确性，财务共享中心需要加强数据安全管理措施，如建立完善的数据备份和恢复机制、加强数据加密和访问控制等。

隐私保护难度大：在全球财务共享平台的建设过程中，如何保护海外企业和个人的隐私信息是一个重要的问题。由于财务数据涉及企业的商业信息和个人信息，在实际操作中，特别在全球化发展中各个国家的法规要求也不一致，如何既实现集团管控又可以充分保护隐私，是会涉及海外业务合法经营的重大难题。

四、人才短缺与技能提升的困境

人才短缺问题突出：财务共享模式需要专业的财务人员来支持其运营和发展。在智能化时代，具备财务管理和信息技术双重背景的人才相对稀缺，同时随着共享中心自动化水平的不断提升，基础人才冗余矛盾突出。

技能提升需求迫切：随着智能化工具应用的低代码、零代码化，财务人员可以通过不断学习和掌握新的技能，来适应财务共享的创新和升级。由于技能提升需要投入大量的时间和精力，存在一定的学习成本，因此提高整体的学习能力和创新能力方面存在挑战。

第三节 智能化技术开启财务共享新征程

随着大数据、云计算、人工智能等技术迅猛发展，智能时代已然来临。人工智能等技术不断深入企业管理的各个领域，为财务共享带来前所未有的发展契机，开启了新一代数智财务共享建设的全新征程。

一、财务共享从基础核算向数智化跃迁

随着企业数字化转型的加速推进，财务共享服务正经历从基础核算型向数智

化的深刻变革。新一代数智化财务共享不仅全面承接传统财务共享的核算与业务支撑职能，更依托人工智能、大数据、云计算等前沿技术，针对制约传统财务共享发展的核心困境实现系统性突破。基于数智化底座，从财务共享中心的组织目标、组织变革特征、业财融合程度、数据服务能力、数智化建设重点等方面带来全方位变革与提升（见图10-1）。

（一）基础核算型财务共享

基础核算型财务共享具有四个核心特征，分别体现在效率提升、组织转型、业财协同及数据服务能力方面。此阶段主要借助集中化、标准化和流程化手段，把分散于各分支机构的核算业务统一归集到财务共享中心，有效减少重复劳动，提升核算效率与合规性。

在组织转型方面，该阶段有力推动财务职能向专业化三支柱模式转变。共享中心主要配备基础核算人员，工作重点放在作业集中与成本优化上。通过系统集成，企业初步缓解了信息孤岛问题，但业财融合程度依旧较低。财务共享工作以事后核算为主，数据汇聚存在滞后性，难以给业务决策提供实时支撑。

数据服务方面，会计核算数据标准化程度得到提高，基础报表的及时性和准确性有所改善。然而，由于业财数据未能充分整合，在基础分析工作中，仍需依靠大量手工台账，导致数据价值挖掘十分有限。

财务共享平台建设以系统集成和自动化工具应用为核心，推动业财税资档全链路系统整合，实现端到端流程贯通，提升核算与报表效率；拓展商旅、电子发票、银企直连等场景，增强外部协同能力；结合OCR、RPA等技术优化全流程自动化水平。该阶段实现了共享平台的作业处理能力，也初步构建了运营管理体系，为财务共享向智能化、服务化转型奠定基础。

（二）新一代数智财务共享

新一代数智财务共享以价值创造为核心，推动财务管理向智能化、平台化转型。在组织目标上，财务共享中心从基础核算转向价值赋能，通过整合业财数据并提供深度分析，直接对业务事项执行风险监控以及支撑战略决策。组织架构呈现平台化特征，在传统三支柱基础上增设CoE专家中心，人员结构优化为核算专家、智能财务专家和AI训练师为主，并引入数智员工处理标准化作业，实现组织敏捷响应。

业财融合实现质的飞跃，从流程衔接升级为数据驱动，财务深度嵌入业务全

第二部分 财务数智化建设内容

	基础核算型财务共享	新一代数智财务共享
组织目标	以流程为中心,通过专业化集中化集中提升效率,降低财务运营成本,通过标准化流程提升合规性及核算质量。	以价值创造为目标,助力企业数字化转型,通过数据分析和洞察赋能业务决策,提升企业财务管理整体价值。
组织变革特征	• 传统财务职能转向三分财务 • 强调集中化、标准化和流程化 • FSSC以基础核算作业人员为主	• 在三分财务基础上,分离出CoE专家中心 • 少量核算专家,以智能财务专家、AI训练专家为主 • FSSC组织更加合作平台化、敏捷化和智能化
业财融合程度	• 实现业财流程融合 • 财务与业务系统相对独立 • 财务主要进行事后核算、数据滞后	• 流程融合到数据融合,实现业务全流程 • 财务以数据为抓手参与业务全流程,提供事前预测、事中控制和事后分享 • 数据实时共享,支持业务决策
数据服务能力	• 会计核算数据的标准化,及时准确提出基础报表 • 数据分散在各个系统,以大量手工台账支撑基础业务分析	• 以业财融合持续推动业务标准化 • 业财数据治理、数据价值挖掘、数据应用服务化 • 推动数据指标、分析模型的智能化,分析结果依个性展示目可穿透
数智化建设重点	• 通过财务共享平台集成业财税资质,实现流程全贯通、提升记账和报表自动化率 • 财务共享平台合了流程作业能力,还应具备服务运营力 • 推动商旅费控系统、电子发票+增值税自动化、银企支付直连 • OCR、RPA、规则引擎等自动化工具的应用	• 财务共享中心智能化、卓越运营 • 流程中的AI场景及应用、智能提单、智能审单、智能月结、智能质检等 • 垂直领域小模型+横纵员通大模型 • 数据资产逐步形成

图 10-1 财务共享向数智化跃迁

流程，通过实时数据共享参与事前预测、事中控制和事后分析，真正成为业务伙伴。数据服务能力显著提升，通过标准化治理将业财数据转化为可服务化资产，构建智能化分析模型，支持指标穿透式查询和个性化展示。

数智化建设聚焦 AI 深度应用，在提单、审核、月结等关键流程部署智能场景，并基于"大模型+垂直小模型"架构开发智能体，持续优化数据处理与分析能力。这一阶段财务共享已超越传统作业中心定位，通过数据资产化和智能场景创新，成为企业数字化转型的核心驱动力。

财务共享从基础核算型财务共享阶段向新一代数智财务共享阶段的转型，是智能化数字化技术与财务共享管理模式深度融合的过程。数智财务共享平台作为关键技术工具，借助不断融入智能化场景以及拓展数据利用场景，持续推动财务共享向数智化方向转型升级。

二、数智能力中台化的新一代数智财务共享平台

数智财务共享平台（见图 10-2）以企业服务大模型为核心引擎、通用大模型为底层支撑，深度融合规则引擎、知识图谱、图像识别、智能搜索等 AI 技术，构建全方位的智能化能力，赋能财务共享全流程与全场景，实现"无人值守、安全共享"的目标。平台通过智能体和知识库（智能搜索入口）两大交互入口实现自然语言交互与快速响应，重塑人机协作模式，同时依托应用层的智能业务覆盖、系统层的数智底座（数据平台、智能平台、云技术平台等）以及基础设施层的安全云环境，确保灵活扩展、稳定运行与数据安全。在业务场景中，平台深化 AI+ 财务共享融合，推动智能填报、智能作业、智能运营等全业务环节的自动化与智能化升级，兼具易用性、安全性与扩展性，显著降低运维成本，助力企业实现财务数智化转型与智能化运营。

三、数智财务共享平台推动财务共享变革与提升

数智财务共享平台通过搭建统一的数智底座，依托生成式大模型技术，将数智员工、智能审单、智友、友智库等 AI+ 应用，深度嵌入企业业务报账、共享作业以及运营管理的全流程核心业务中。实现财务共享在报账、作业、运营、内控等全业务场景的智能化覆盖，推动财务管理向自动化、智能化和数字化全面革新。显著增强具有不同经营管理特征的企业在构建财务共享模式时的灵活性与适应性。从报账模式的优化、作业模式的创新，到运营模式的升级以及风控模式的

第二部分　财务数智化建设内容

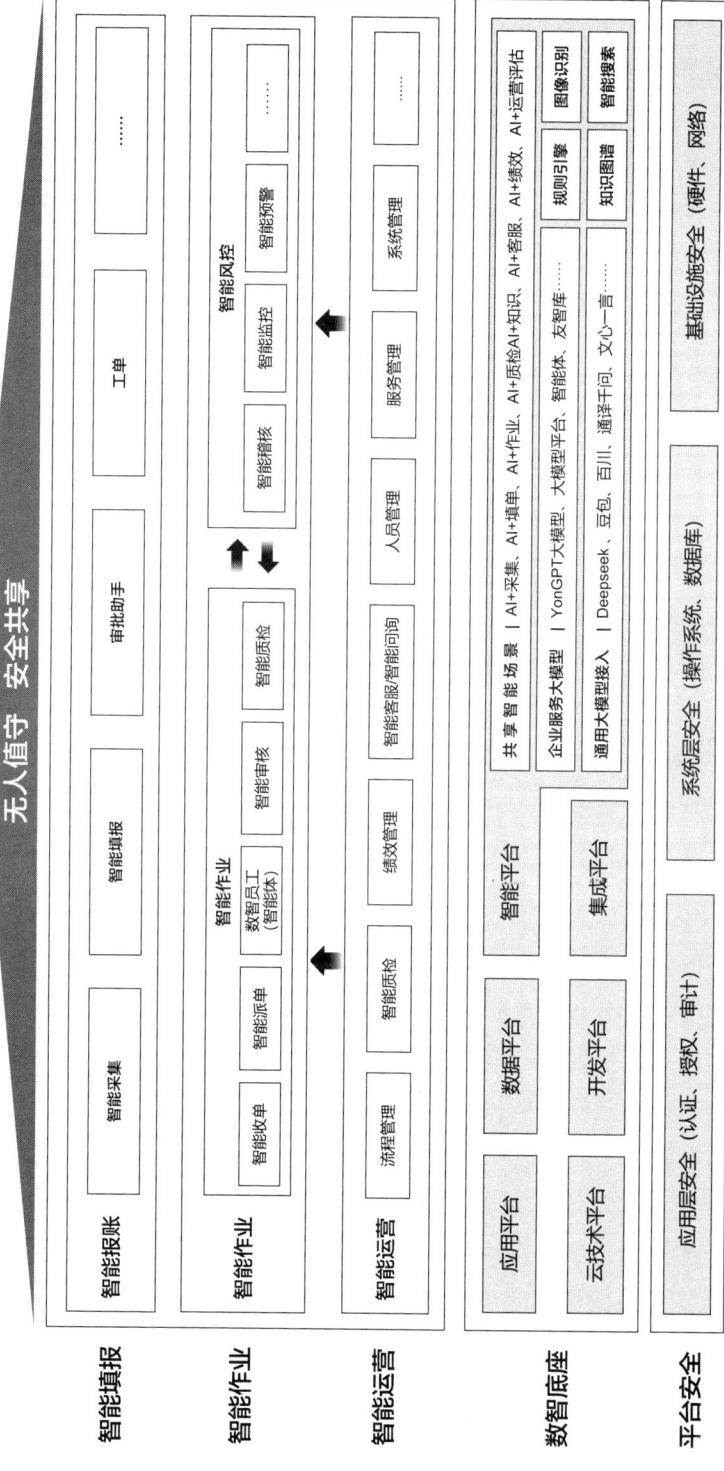

图10-2　数智财务共享平台架构

完善等方面进行变革，全方位提升企业的财务服务与管理能力。

（一）优化报账模式

在财务共享报账流程中，外部附件信息采集与报账单填报是两大核心任务，面向企业全员应用。这两项工作的操作便捷程度和人机交互友好与否，直接影响着全员参与财务共享工作的积极性与效率，进而对财务共享变革的推进成效产生关键影响。智能报账平台通过引入NLP自然语言交互，基于智能体构建财务智能助理以及多模态数据采集和转换工具，实现外部标准化及非标准化附件信息的智能采集与自动报账。

1. 基于大模型的非标附件识别与采集

在基础核算型财务共享阶段，企业运用OCR技术、电子文件采集技术以及规则引擎技术，通过预先设置识别模板，能够实现将标准化附件信息采集并转换为系统结构化账单。

但非标准化附件的数据采集问题，成为制约数据采集与加工效率及准确性的瓶颈与难点。随着大语言模型技术的发展，在传统图像识别技术的基础上，深度融入大模型能力，基于识别训练模型算法、深度学习技术、自然语言语义理解，不断提升从非标准化附件中提取并识别多种关键要素的精准度，输出准确结果。在传统图像识别能力基础上，进一步增强了对非标准化附件的识别能力，实现了对非标准化附件数据的精准采集。

2. 基于NLP交互和规则引擎的智能填报

借助智能体打造智能报账助手，运用VPA技术，用户能够以自然语言交互的方式，与智能报账助手进行互动并下达报账指令。

智能报账助手被触发后，会自动调取报账单，并引用通过智能采集原始票据所生成的结构化账单数据，依据账单信息以及预设的智能填报规则，自动生成具体的报销明细数据。

通过与智能报账助手的自然语言交互方式，最大限度地减少了人工选择操作，为填报人员提供了最为直接、高效的填报体验，有效提升了报账效率与准确性，降低了人工填报的烦琐度与出错率。

（二）创新作业模式

数智财务共享平台借助智能体打造数智员工，并将智能化场景全面融入共享作业流程，从而大幅提升共享作业的智能化程度与作业效率。在共享作业的各个关键环节，如智能派单、智能监控、智能审核、智能核算以及移动共享等方面，广泛应用智能化技术。推动财务共享中心能够实现无人值守智能作业模式以及人机协同处理模式。无人值守智能作业模式下，诸多常规任务由系统自动完成，减少人工干预；人机协同处理模式则充分发挥人和智能系统的优势，提升复杂任务的处理质量。两种模式协同作用，为共享作业各环节带来显著的效率提升。

1. 数智员工

通过智能体构建数智员工，并赋予数智员工岗位职责，赋予工作技能，如自动填单、智能审核、结账、报表编制等，实现数智员工 7×24 小时无休执行，实现数智员工替代或者辅助人工作业。

2. 智能派单

利用 AI 算法智能分析作业量和作业难度等因素，合理分配和调度作业，提高作业效率和质量。

3. 智能监控

通过实时监控和预警系统，对作业进度和质量进行实时监测和预警，保障作业流程的顺畅和高效。

4. 智能审核

在基于基础规则模型的单据检查、敏感词检查、重复事件检查、票单检查、附件检查、影像检查、模拟实现分录检查、舆情检查等智能审核功能基础上，引入大模型技术，构建大模型检查、非标附件检查和自定义检查等高级智能审核能力，通过自然语义理解快速灵活的构建审核规则，并通过应用大模型与互联网数据运算支撑更全面灵活的智能审核。

5. 智能核算

基于智能会计中台功能，对共享作业处理的报账单自动进行多目的核算处理，可在审核过程中进行凭证预览和预制凭证等业务操作。

6. 移动共享

构建移动共享 App 应用，将共享作业人员工作流程和财务共享运营场景迁移至移动端，使财务人员不受物理空间限制，随时随地处理共享作业、监控运营和进行数据分析。

（三）升级运营模式

数智财务共享平台以数据和智能技术为核心，为多种财务共享组织模式的构建与高效运行提供坚实技术支撑。同时，推动财务共享业务范围从传统财务核算向管理会计、数据服务和决策支持等领域拓展，实现财务共享运营管理及监控的智能化、在线化与实时化。

1. 共享组织模式变革

数智财务共享平台打破时间和空间对共享作业及运营管理的限制，支持灵活多样的多财务共享中心组织形态。越来越多的企业能够灵活构建总—分中心模式，满足跨区域、多元化经营、境内境外、上市或非上市企业的独立分中心建设需求。此外，平台集成先进通信工具，实现跨地域、跨时区团队成员的无缝协作，促进财务团队打破地域限制，形成虚拟团队，服务于集团或企业整体财务管理需求，推动企业尝试实体+虚拟或纯虚拟共享组织模式。

2. 共享流程优化变革

通过运用 OCR、NLP、RPA、大模型智能审核、数智员工等先进技术和应用，数智财务共享平台实现业务流程的自动化和智能化处理，大幅减少人工干预，使得将更多业务量较小、存在业态或者管理场景差异化的流程纳入财务共享服务范围成为可能，进而实现更高效的财务处理。

3. 共享运营管理变革

数智财务共享平台全面提升财务共享服务中心在服务、质量、绩效、知识、流程和客服服务等方面的运营管理能力。融入 AI 技术，构建智能运营平台，基于实时动态量化数据的计算与分析，驱动共享运营持续优化，提高整体运营效率和服务质量。

智能服务：平台拓展财务共享服务中心的服务范围，在基础业务服务中增加专业财务、大数据分析和智能化决策支持等增值服务；借助智能客服等应用，提高服务响应速度和效率，降低错误风险，并可根据客户需求提供定制化服务，提升客户满意度。

智能质检：利用大数据分析和机器学习技术，通过对大量历史作业及单据的深度持续学习，预测潜在质检风险，实现对财务处理质量的智能化监控和在线管理，优化质量检查流程和质检任务，建立持续改进机制，提升服务质量。

智能绩效：实现绩效数据的自动化采集和分析，设置全面科学的绩效指标，准确反映员工工作表现，建立激励奖惩机制，激发员工积极性和创造力，提升整体绩效水平。

智能问答：运用智能化知识管理工具，实现知识的自动化采集、整理和传递，建立知识共享交流机制，促进知识积累传承，形成知识全生命周期管理，为智能客服等应用提供完备的知识库数据。

流程管理：基于智能技术实现流程的自动化监控和优化，建立标准化流程管理和优化机制，使流程变更和调整更便捷高效，快速适应企业业务变化，提高运营效率。

智能客服：基于智能问答、友智库、智能客服等智能化服务场景，财务共享中心可提供 7×24 小时不间断服务，快速满足客户需求；通过机器自主学习、实时数据分析和预测，提供高效、个性化、准确便捷的服务体验，持续优化服务流程，提升服务质量和针对性。

（四）完善风控模式

传统财务共享模式在内控及风险管理方面主要依赖人工审核和事后控制，执行标准受人为因素影响，难以有效识别和防范潜在风险。而基于业财深度融合与智能融合的智能财务共享模式，将预算控制、标准控制、合同履约、合规控制、风险控制等规则标准化、结构化并嵌入端到端流程全过程，同时运用智能稽核、自动控制、动态数据分析与预警等智能化手段，实现事前、事中、事后全过程智能化的内控与风险管理。

1. 智能风控预警

利用 AI 算法实时监测和分析业务数据，及时发现潜在风险并预警。

2. 智能风控执行

通过内置风控模型和合规性检查机制，实时监控各分散共享中心运营活动，发现并预警风险点，确保操作符合法规和内部政策要求，实现风险控制的自动化执行和实时监控，增强企业风险管理能力。

3. 智能风控决策

通过 AI 算法对风险事件进行智能分析和评估，采集、汇总、分析、挖掘和监控企业经营管理中的业务和财务数据,提升财务共享中心数据分析和风险管理的时效性,为管理层提供精准风险控制建议和优化方案。

4. 社会化风控

动态采集社会化大数据并整合进智能风控系统,实现对上下游业务相关的供应商、客户履约等风险的实时动态监测与预警,拓宽风险管理范围。

第四节 智能技术在财务共享中的应用

随着科技的飞速发展,财务共享更是智能技术被广泛应用的主要领域。智能技术在财务共享服务中心中的应用日趋全面与成熟,正在逐渐改变财务共享服务中心的作业方式与业务流程。智能技术不仅可以提高财务共享服务中心的工作效率,降低运营成本,还能助力财务共享服务中心为企业提供更高价值的服务,使财务共享服务中心发挥更多的作用。

一、智能技术在财务共享"前台、中台、后台"的全场景应用

(一)智能技术在前台的应用

1. 智能采集"免填报"

在财务共享服务模式下的业财闭环流程中,数据采集是业财流程的初始环节。传统的数据采集方式往往需要人工填写业务单据,并附上相关票据,有时还需要手工录入票据的信息到业务单据上,导致数据采集过程烦琐、耗时,效率低且易出错。而现在,借助OCR、机器学习算法、智能语音识别等智能技术,可自动完成业务数据采集、附件信息采集等,实现业务数据自动生成业务单据,而无须人工填写单据信息。

通过OCR技术,员工只需将票据拍照,系统即可自动识别票据图像信息,并将其转换为报销单信息。对于非标附件(如合同、企业自制单据等),通过OCR+机器学习算法,训练识别模型,可让系统学会识别各类非票附件,并自动提取关键信息。如通过OCR+机器学习算法训练系统识别合同文本,可使系统自动识别合同文本中的关键信息(如税务信息、付款条件、免责条款、竞业信息等)并将其结构化。该技术在合同审核场景中的应用,可帮助审核人员自动识别并提取合同关键信息,结合合同风险模型,可实现对合同的自动审核与风险识别;该技术在合同履约场景中的应用(如合同付款单审核场景),可自动识别作为合

同付款单附件的合同文本的履约条款,并自动与合同付款单付款信息进行比对,实现合同付款单的自动审核与付款控制。

2. 智能语音"好助手"

随着 AI 技术的飞速发展,智能语音助手已成为我们生活中不可或缺的一部分。从智能手机到智能家居,这些智能助手通过语音识别、NLP 等技术,为我们提供天气预报、日程提醒、音乐播放等多样化的服务,极大地便利了我们的日常生活。而智能语音技术在财务共享服务领域也起到了很大的作用,使我们的工作更便捷、更高效,是日常工作的"好助手"。

智能语音识别通过声学模型和语言模型将语音信号转化为文本。声学模型负责将语音信号转化为声学特征,而语言模型则基于大规模文本数据预测可能的文本序列。随着深度学习技术的应用,语音识别的准确率显著提高,使得智能语音助手能够更精准地理解用户指令。

NLP 是实现智能交互的关键技术。NLP 通过文本语义分析和意图识别,理解用户的真实需求,并管理整个对话流程。深度学习技术如 Transformer 模型在 NLP 中的应用,进一步增强了智能语音助手的语言理解和生成能力。

通过智能语音识别技术,员工可通过与系统"对话",即可快速生成业务单据,而无须手工填单;通过智能语音识别技术预定差旅行程,经过多轮引导式语音交互查找,调用后台 AI 算法结合时间、价位等用户偏好,动态调整差旅行程预定的查询条件,进行精排推荐;通过多轮对话式智能问询,可基于偏好实现更精准的内容联想与推荐。

智能语音助手的实现不仅限于语音和文本交互,多模态交互正逐渐成为其重要发展方向。通过融合语音、文本、图像等多种信息形式,智能语音助手将为我们带来更加自然、高效的交互体验。

3. 智能收单"免核对"

在财务共享服务模式中,对于纸质附件的报账场景,存在业务与财务交接的环节。传统的处理模式,需要财务人工核对交单的实物与业务人员上传系统的实物的电子影像是否一致,因此在传统的财务共享服务中心的岗位设计中,需要在各分支机构设立收单岗,或由分支机构其他岗位兼职,以便完成收单工作。但收单环节由人工处理,往往效率低、易出错,容易造成实影不符或实物管理不慎的风险,而且还需要在分支机构设立单独的收单岗位,造成人力资源的重复与浪费。而智能收单技术的发展，结合智能收单设备的应用，使收单环节得到了极大的改善与效率提升。

智能收单可实现两种收单场景：一是报账人员将纸质附件的影像上传后，将纸质附件投递到智能收单设备内，智能收单设备会自动比对投递的纸质附件与影像的一致性，如一致，则自动将纸质附件收入收单柜内部，等待后续处理，如不一致，则会给出"未对符"提示，拒绝收单并退回给报账人，而系统上报账单也会被标记"未对符，交单失败"，从而提示流程中的下个环节，或禁止触发后续流程。另一种场景，是将"采集纸质附件影像并上传"与"投递、核对并收单"两个步骤合并处理，即报账人提交电子报账单后，无须上传纸质附件影像，而是直接将纸质附件投递至智能收单设备中，由智能收单设备直接完成对纸质附件的影像采集与上传，并直接将纸质附件收入收单设备中，等待后续处理。

智能收单技术免去了收单岗人工核对的环节，极大地提升了收单效率和准确性，并且在智能收单设备完成收单的情况下，分支机构无须再设立"收单"岗位，节约了财务人力资源，降低了人力成本。

（二）智能技术在中台的应用

1. 智能派单"免实体"

传统模式下，建立财务共享服务中心需要建立一个或多个实体组织，以便把分支机构的财务人员集中起来处理核算业务。这种"实体"模式下，财务人员迁移往往成为难题。随着财务人员迁移而产生的人员编制问题、人力成本承担问题、人员安置问题，以及人员迁移可能造成的分支机构财务人手不足问题等，都将成为制约财务共享服务中心成立的阻力。而今随着支持共享模式运营的智能派单技术的不断成熟，财务共享服务中心不再受限于"实体组织"，更多的财务共享服务中心选择"虚拟"模式或"虚实结合"模式。

通过智能派单技术，所有需要进入财务共享服务中心审核的业务单据，均会先进入共享服务系统的待办池，随后根据系统设定的派单规则，自动将待审核的业务单据分发给各作业小组，形成各作业小组的待办池。各作业小组的成员再从小组待办池抽取待审核单据进行审核，审核完毕的单据会出池，进入支付环节或直接生成财务凭证。这样一来，无论共享服务中心的人员在哪里办公，均可通过登录系统，获得派单的任务，从而完成单据审核。另外，智能派单还有移动端应用，使共享服务中心人员可在手机等移动端随时随地处理业务，而不必非要坐在工位上处理业务。

智能派单技术改变了建立财务共享服务中心一定要建立实体组织的固有模式，解决了因采用财务共享服务模式而带来的人员迁移的种种问题，最大程度上利用了原有的财务资源，降低了财务共享服务中心的组建成本。

2. 数智员工"免审核"

传统财务共享服务中心的共享财务在审核业务单据时依赖于人工审核，因此共享财务需要对审核的业务具有一定程度的了解，并依据专业与经验做出判断。在这种模式下，往往不可避免地存在弊端。例如，虽然财务共享服务模式的专业分工在一定程度上避免了过高的学习成本和过多的经验依赖，但即使同样的业务，也会存在因审核人经验和理解不同而产生的审核偏差，从而影响业务的准确性与合规性；财务对业务单据的审核要点往往琐碎而繁杂，容易遗漏或审核不全，即使审核全面，也需要花费共享财务大量的时间和精力；另外由于业务人员往往对财务知识了解不足，如果业务单据审核不通过被退回，财务人员往往需要花费大量时间与业务人员沟通解释，沟通成本较高。

由于人工审核的种种弊端以及智能技术的迅猛发展，"数智员工"应运而生。数智员工可以在一定程度上代替财务人员审核业务单据，从而提升审核效率和准确性。通过梳理业务审核要点与固化审核规则，数智员工可自动执行业务单据审核，包括逻辑性审核、票单审核、附件审核、敏感词审核、控制类稽核、企业舆情风险监控等。数智员工可依据审核规则迅速、完整地审核业务单据，对审核要点一丝不苟地执行，对通过与否进行鲜明的提示。而且，数智员工执行的智能审核，在业务单据提交、业务领导审批、共享财务审核、资金支付等多个环节均能执行，因此单据是否通过以及不通过的原因，直接明了地标注在审核结果中，任意环节的流程参与者均能查看并知晓原因，无须找财务询问，节省了沟通成本。

数智员工在财务共享服务中心的广泛应用，进一步为共享财务节省大量的审核成本，大幅度提升作业效率与审核的准确性，也在一定程度上改变了财务共享服务中心的岗位配置与人员比例。据实践，数智员工代替人工审核，其单张单据的审核速度在秒级，免人工审核比例（以单据量计）可超过30%。

（三）智能技术在后台的应用

1. 智能质检"防出错"

财务共享服务中心作为对外输出财务凭证、财务报表、财务分析等财务数据的组织，需通过质量控制来保证财务相关数据的准确性。除了在生成财务数据的过程中通过设置规则，让系统自动生成数据，尽量减少人为干预，还在事后通过质检的方式，抽检已经完成的审核任务进行复检，作为保证数据准确性的"事后"措施。

传统的质量管理中，质检样本的选择依赖人工，而人工选择质检样本具有局限性，受限于个人经验可能造成样本选取不准、无法结合历史数据将最可能出问题的样本进行精准选取等，造成质量管理的效果大打折扣。而将人工智能技术融入质量管理后，质量管理的准确性和对业务改进的作用得到了极大的提升。

智能质检利用计算机视觉和机器学习技术，使用历史真实质检数据对抽样算法模型进行不断训练，智能考虑影响质检抽样准确性的因素并智能调整不同因素所占权重，对共享审核任务潜在的质量风险进行智能预测，从而智能推荐质检抽样方案，提升质检抽样的准确性。

智能质检不仅提高了样本抽样效率和准确性，还在数据挖掘和分析方面展现出巨大潜力。通过对历史质检数据进行分析和建模，智能总结整改问题及整改方案，财务共享服务中心可以了解容易出错的业务，发现导致质量问题的关键因素，从而采取有效的改进措施。智能质检还能够自动统计质检数据，自动判断质量问题的类型和严重程度，并自动生成质检报告。

智能质检在优化质检流程、提升质检效率和准确性、改进业务质量、降低质检成本方面发挥了重要作用。随着技术的不断进步，智能质检将成为财务共享服务中心不可或缺的一部分，推动财务共享服务中心向更高质量、更高效的管理模式转型。

2. 智能搜索"搜万象"

作为企业财务信息的统一出口，财务共享服务中心一般通过设置客服中心，为一线业务人员、财务 BP 等提供问询、答疑的窗口。传统财务共享服务中心一般通过设置客服人员，人工解答问询。但随着各形态的信息不断在企业中积累，客服人员很难通过一般搜索快速、准确地找到答案。而结合了人工智能技术的新一代"智能搜索"则很好地解决了这一问题。

智能搜索是由 AI 大模型驱动的新一代企业级搜索引擎，聚焦企业各类搜索场景，提供多模态信息智能搜索能力，可搜索文档、图片、视频、课程、知识图谱等多类型信息，帮助使用者准确、快速获取所需信息。

通过智能搜索，财务共享服务中心可构建自助信息搜索窗口，或提供智能客服，采用引导式问答方式，利用智能搜索强大的语义理解和分析能力，智能搜索并整合信息，为问询者提供解答服务。

智能搜索正不断推动信息获取方式的变革。在大数据时代，智能搜索能够从海量信息中快速定位到问询者所需信息，极大地提升了信息检索的效率。随着算法的不断优化和应用领域的拓展，智能搜索将在财务共享服务中心与企业管理的更多场景中发挥重要作用。

3. 智能运营"实时知"

智能技术提供的强大算力，通过实时监控和分析财务共享服务中心的业务处理情况，随时掌握每个小组、每个人的工作量、工作效率、差错率等情况；每单业务的处理进展、处理结果、流程效率等情况；如果企业存在多个财务共享服务中心（如区域共享、板块共享、全球共享等多共享中心模式），则财务共享服务中心总部也能实时看到各个分支的共享运营情况、业务处理情况，以及每个人的工作情况。

智能运营数据还为财务共享中心的持续优化提供了依据。通过对流程执行情况的监控和分析，企业可以发现流程中的瓶颈和低效环节，进而进行改进。

二、智能化背景下共享未来的展望

随着全球经济环境的变化和技术创新的不断推进，财务共享服务中心作为一种先进的财务管理模式，正逐渐成为企业提升财务管理效率和降低成本的重要工具。未来，财务共享服务中心将在以下几个方面展现出更加广阔的发展前景。

（一）全面智能化

随着智能技术的不断进步，财务共享服务中心将朝着全面智能化的方向发展。从数据采集、处理、分析到决策支持，智能技术将覆盖财务共享的各个环节，助力财务共享服务中心为企业提供更为高效、精准的财务服务。

（二）人机协同

尽管智能技术在财务共享服务中的应用越来越广泛，但人类的专业知识和经验仍然是不可替代的。未来，智能技术与人类专家的协同工作将成为财务共享服务中心的普遍模式。智能技术和虚拟员工负责处理大量数据和常规任务，而人类专家则专注于复杂问题的解决和业务决策。

(三)管会共享

未来财务共享服务中心的服务范围将不再局限于基础财务核算,而是向更高附加值的财务管理和数据服务领域延伸,包括全面预算、资金管理、企业绩效管理、成本管理、税务管理、风险管理、数据分析等。先进的智能化技术,使管会共享成为可能。

(四)数据中心

随着财务与业务数据的深度融合,财务共享中心将逐渐演变为企业的数据中心和分析中心,财务数据不再孤立存在,而是与业务数据紧密结合,形成全方位的企业数据网络。未来财务共享中心将不再仅仅是服务提供者,而是转变为数据价值的创造者。对海量财务数据的分析和挖掘,可帮助企业获取更为前瞻的经营洞察数据,支持战略决策。数据管理、应用和分析将成为财务共享中心服务的核心内容,帮助企业实现更为精准的经营预测、风险控制和绩效评估。

智能技术的应用正在推动财务共享服务向更高水平发展。智能技术的应用,不仅改变了财务共享服务中心的作业模式、运营模式,提升了工作效率,更使财务共享服务中心能够给企业提供更高价值的服务。未来,随着技术的不断进步,财务共享服务中心将不断进化,成为企业财务管理数智化转型的重要推手。

第十一章
数智司库开启金融资源全面整合

数字经济的本质是以数据为基础资源和引擎,是以管理创新为主要引领和支撑的一种可持续、可渗透的速度型新经济。新经济生态中传统产业要实现从传统资源要素驱动向数据要素、科技要素驱动的转变。

数智司库的运营体系建设将带来全新管理模式和工作流程。从分散到集中,从粗放到精细,从被动管控到主动洞察,从自动化到数智化,驱动"传统"业务模式向"数字"生态模式转变,提高资金周转率、资金收益率,降低资金筹措成本,降低资金风险,保障资金安全,为企业可持续发展提供坚实的财务保障。

第一节 传统资金管理面临的挑战与问题

随着数字经济的蓬勃发展和企业业务的日益复杂化,传统资金管理在业务和技术层面均面临多重挑战。

(一)资金管理在业务层面上的挑战与问题

1. 资金管理环境与主体发生变化

传统资金管理主要面向实体经济环境,管理主体是以盈利与价值创造为目标的各类经济实体组织,其组织形式多采用直线职能制、事业部制、控股制等,与之相适应的资金管理大多遵循分级和归口管理原则。数字经济下,基于互联网数字经济环境和信息技术革命带来的商业模式变革,资金管理主体呈现多元化的特征,扩大到包含虚拟组织、线上和线下结合组织,以及大量自我驱动型组织和平台自治型组织等。它们具有边界不明晰、经营灵活、响应快速等特点,组织结构走向扁平化、数智化、网络化,要求资金管理结构也相应改变。

2. 资金管理对象与内容产生调整

传统资金管理的对象和内容主要是企业内部现金资源,更多体现的是存量资金的监测和管理,而随着数字经济发展,企业将面临更多元的应收账款,更多样的保证金、票据、信用证、保函、外汇等结算工具。在业务量扩大和复杂性增加的情况下,传统资金管理的准确性难以得到保障,资金信息容易出现错误、偏差或丢失,部分信息甚至不能反映真实业务活动,影响资金管理职能作用的发挥。此外,由于资金管理与业务经营分离进行,按传统方式结算、处理的资金信息分散滞后,不能满足业务部门和组织决策的需求。

3. 资金管理模式和职能持续演变

数字经济同时改变了企业业务处理方式和资金管理模式。传统单一化、管控型、被动式资金管理模式向综合化、价值型、主动式的资金管理模式转型演变。传统的资金管理重结算和监督、轻分析和预测,资金管理目标与战略、经营目标缺乏有机整合,资金管理职能单一。数字经济下,随着组织业务流程穿透联动和业务处理效率提高,资金管理职能朝着多元化、复合型方向发展。资金管理强调高效结算、资金统筹、金融筹划、风险控制等方面,资金管理要在经营管理预测决策、内部控制、风险管理、战略制定等方面发挥重要作用。

4. 资金管理组织与人才有新要求

数字经济时代,资金管理变革的核心驱动是技术和人才,而技术由人创造。人是驱动资金管理变革的核心要素,资金管理转型中不能忽视"人"的主导作用。数字经济时代对资金管理人员的复合性和综合素质提出了更高要求。资金管理的人才一定是"综合化"和"数智化"的,专业组织需要懂得业务、熟悉技术、擅长财务、知晓金融的复合型人才,这样企业才能够将资金管理职能向战略和风险管控转变,为企业战略服务带来更大的价值。

5. 资金管理的运作效能低效问题

企业在资金管理中过于保守,过分依赖内部积累,缺乏对外部资本市场的有效利用,使得资金周转速度慢;缺乏科学的资金规划和调度机制,资金在转移和调度过程中耗费过多的时间和成本,影响了资金的使用效率;在资金收益管理上缺乏长期战略眼光,资金收益管理不足,使企业在投资决策上面临较大风险;容易产生"资金埋在土里、浪费在路上、损益在收获上"等运作低效的问题。

(二) 资金管理在技术层面上的挑战与问题

1. 结算效能不高,难以支撑在线交易

随着数字经济的持续发展,在线交易场景已经变得越来越普遍和多样化,数智技术的不断进步和应用场景的拓展，在线交易场景也将在企业资金结算中发挥更加重要的作用。而传统资金系统无法满足高并发、低延迟的交易需求，例如，跨行转账、跨境支付、批量支付、二维码支付、数字钱包、加密货币等便捷和安全的支付方式，通过传统资金管理系统结算往往需要较长时间才能完成，且手续费较高，增加了企业的资金成本。随着银企直联、数字货币、区块链新技术的普及与推广，势必带来更高效、更便捷的资金交易方式，提高企业资金交易的效率、安全性和透明度。

2. 管理功能简单，难以满足复杂需求

传统资金管理系统功能相对简单，主要集中在资金的现金记账、收付结算等基础功能上，缺乏对资金集中管控、投融资管理的线上化功能，缺乏对资金流动的全面监控、风险预警和智能分析。随着企业规模的扩大和业务复杂度的增加，需要更为精细的资金集中统筹的管理调度功能，更为完整的投融资业务管理功能，形成更为全面的资金管理功能，实现对资金流动的实时监控、风险预警和智能分析，并能够支持多币种、多账户、跨境支付等复杂需求，提高企业的资金管理水平。

3. 业财融合不足，难以促进精益运营

在传统资金管理模式下，资金数据和信息分散在不同的业财系统和文件中，这些系统往往也缺乏统一的规划和设计，相互之间在数据的实时共享和集成上缺乏实时联动，资金统筹调度上缺乏与业务部门的深度融合，使得资金运筹及管理决策时难以获得全面、准确的数据支持，如资金结算时无法及时监测账户头寸的变化，投融资决策时无法精准识别内外部资金成本与业务经营账期的匹配情况等情况，在资金需求、资金配置、资金调拨的各个环节上都无法及时精准掌握企业的财务状况和业务风险情况，就可能导致资金安排上出现偏差，进而影响企业的整体运营。

4. 智能应用欠缺，难以发挥数智价值

传统的资金管理系统仅停留在基于台账化的管理阶段，仅仅是线下流程的线上化复制，往往流程烦琐，可能还需要进行大量的人工数据录入和核对，在处理大规模交易和跨境业务时，这种系统的性能和稳定性往往会导致资金流转不畅，资源调度不均衡，甚至可能引发财务风险。而利用大数据分析技术对海量的资金数据进行深度挖掘和分析，引入规则引擎工具、智能算法模型等智能应用工具，如机器学习、深度学习等智能算法对资金流动性进行智能分析和预测；搭建更为高效的自动化流程、更为安全的资金风控模型，更为精准的资金预测算法，促进系统自动学习和模拟资金流动背后的规律和趋势，才能发挥出新时期下资金管理的数智价值。

5. 技术底座陈旧，不符合信创安全要求

近年来，地缘政治环境日益复杂，国际竞争日趋激烈。在这种背景下，信息技术作为国家安全和经济发展的关键领域，受到了前所未有的重视。各国纷纷加强信息技术领域的自主可控能力，以应对可能的安全威胁和外部压力。资金管理系统作为企业的核心系统之一，存储着大量的敏感信息和资金数据，其安全性和自主可控性对于企业的稳健运营至关重要。其必须符合信创要求，以确保企业资金的安全和高效管理。通过采用自主可控的技术底座、提升安全性能、实现生态协同与集成等措施，企业可以构建更加安全、可靠、高效的资金管理系统，为企业的稳健运营提供有力支持。

第二节　资金管理发展方向与提升目标

一、数智司库就是资金管理的进阶方向

在当今复杂多变的全球环境下，企业面临着前所未有的风险与不确定性。为了应对这些挑战，国家从政策层面出发，为企业财务管理指明了方向。

政策特别强调了司库体系作为现代企业治理机制的组成部分，鼓励企业利用前沿数智技术推广应用，充分调拨金融资源，不断优化司库管理机制，实现司库管理的精细化、集约化和智能化，司库职能由注重管资金向注重管资源、管资本转变。

1. 传统资金管理与数智司库运营的差异

传统资金管理与司库体系在管理水平上存在明显的差异。随着市场竞争的不断加剧和企业规模的不断扩大，司库体系将发挥越来越重要的作用，成为企业实现可持续发展的关键因素之一。

（1）管理理念的转变：传统资金管理注重短期效益和现金流的稳定，往往以满足日常运营和短期偿债为目标。而司库体系则强调长期规划和战略性管理，通过精细化的资金管理和风险控制，实现企业价值的最大化。这种理念上的转变使得司库体系在面对复杂多变的市场环境时，能够更加从容应对。

（2）运营流程的优化：传统资金管理通常由财务部门负责，缺乏跨部门的协同合作。而司库体系则建立了集中统一的资金管理平台，整合了企业内部的各种资源，实现了跨部门、跨地区的资金穿透业务的流程协作管理，这种运营流程优化不仅提高了资金管理的效率，而且加强了企业内部的信息共享和协同作战能力。

（3）风险管理的强化：传统资金管理往往只关注市场风险和信用风险，忽视了其他潜在风险。而司库体系则建立了全面的风险管理框架，包括市场风险、信用风险、流动性风险等在内的多种风险类型。通过科学的风险评估和有效的风险控制措施，司库体系能够确保企业资金的安全性和稳定性。

（4）数据价值的挖掘：传统资金管理主要依赖手工操作和有限的信息系统，数据处理和分析能力较弱，难以充分挖掘数据资产的价值，导致业务洞察不足、客户理解有限、风险控制手段单一以及流程优化受限。而数智司库体系则打破信息孤岛，提高数据质量，确保数据的一致性和准确性，利用先进技术和工具，实现数据的全方位收集、深度挖掘和广泛应用，并利用数据驱动的业务流程优化，提高工作效率，节约运营成本，实现企业的精细化管理，为企业战略决策提供了强有力的支持。

（5）数智技术的深化：随着科技的不断进步，传统资金管理逐渐暴露出效率低下、风险高等问题。司库体系则引入了先进的信息技术手段，如大数据、云计算等，实现了对资金流动的实时监控和智能分析。这些技术手段的应用不仅提高了资金管理的精准度，也降低了操作风险。

（6）人才队伍的建设：传统资金管理人员主要具备财务会计背景，缺乏对市场和金融的深入了解。而司库体系则需要具备多元化背景的专业人才，如金融、经济、法律等领域的专家。同时，司库体系还注重人才的持续培训和职业发展，通过引进和培养高端人才，提升企业的整体资金管理水平。

综上所述，传统资金管理与司库体系在管理水平上存在显著的差异。通过推进司库体系建设，企业可以实现资金管理的精细化、智能化和战略化，从而提升整体运营效率和市场竞争力。未来，随着市场竞争的日益激烈和企业规模的进一步扩大，司库体系将成为企业资金管理的重要发展方向。

2. 升阶数智司库运营职能的发展方向

数智司库运营体系可以帮助企业更合理地配置资源，确保资金在各部门和项目之间的合理分配。卓越的司库运营能力的构建作为财务数智化转型的突破口，要基于财务数智化平台底座形成数据引擎的新动力，要有更绿色的智慧结算交易服务保障安全高效的交易，要有更广泛的资金资源统筹提高资金调度效率，要有更多元的金融工具催生经营链与产业链的融合价值，要有更智能的风险管控激活数据要素潜能，如图11-1所示。

（1）绿色结算：要充分运用数智技术，精准压降银行账户数量，优化重构支付方式，规范结构化和非结构化单据信息，形成全天候实时在线的闭环共享数据，确保与各金融机构及交易伙伴实现无缝衔接，全面推动业务结算流程的数智化革新，覆盖从申请审批到实际支付的每个细小环节，实现入口统一化、全流程无纸化、全电子化的数字人力作业模式，为企业在全球化竞争中的财务管理赋予绿色低碳的敏捷性和准确性。

（2）资源统筹：要将数字生态模式下的企业经营活动都通过标准化的过程体现在IT系统内，将管理对象、数据载体与业务标签等量化为各类数据信息，依托企企互联、银企互联、政企互通的连接渠道实现内外循环流转，实现智能化资金运营能力的构建。

（3）金融生态：实现数字经济下更多元化的业务场景互动融合，实现从资金流、业务流、数据流的深度融合共享，在企业生产、营销、投资和控制环节中，用更为精准的方式来配置生产要素资源，利用产融协同推动创新发展，以实现多元化的价值创造与保护。利用数智化的优势精准拓展产业生态圈，进而优化企业可持续发展的产业布局，司库管理通过优化要素激活现值构建的生态金融模式，从企业效能赋能到产业链价值提升，从内部统一资金调配向内外结合的生态金融统筹转变，从业务创新到战略引领、前瞻性的目标实现。

（4）风险防控：要能充分利用数字时代下汇集的海量业务、财务数据，通过算法模型，建立风险监测评估模型，进行各种业务情景模拟分析。根据执行结果，不断调整预测模型中的影响因子，确保预测结果更契合业务发展规律，合理规避流动性风险，避免现金流断裂，更科学地保障资金流动性的安全，建立企业在数字经济下可持续的价值保护机制。

二、打造数智司库革新资金管理模式

1. 数智司库的技术特点与业务特点

数智司库利用大数据、云计算、人工智能等先进技术，实现了企业资金的全

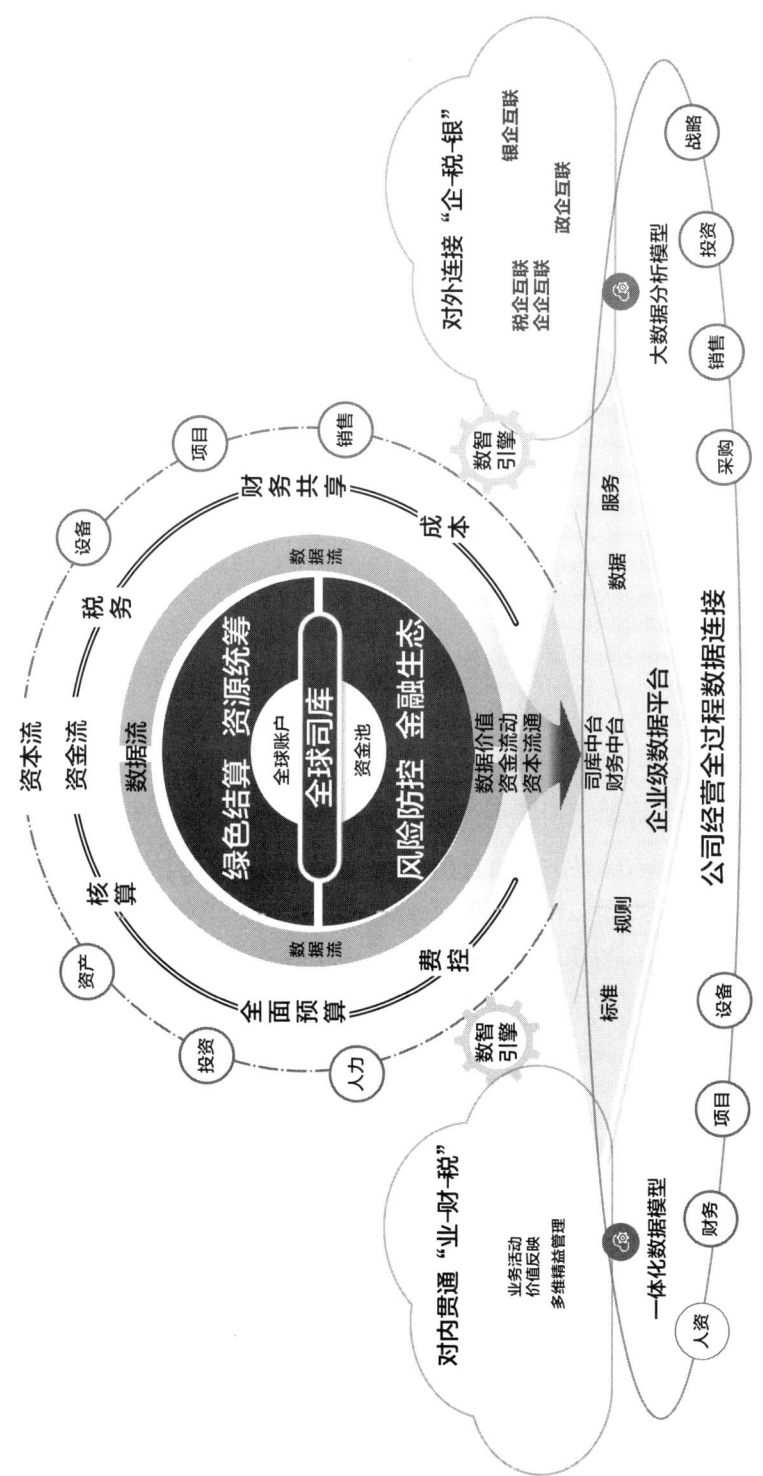

图 11-1 数智司库体系建设蓝图

面、实时、智能管理，推动企业资金管理进入了新的发展阶段。

数智司库具有高效性、安全性和智能性三个技术特点。

（1）一是高效性，通过自动化和智能化的手段，大幅提升资金管理的效率。

（2）二是安全性，借助先进的风险防控技术，确保企业资金的安全与合规。

（3）三是智能性，运用人工智能技术，实现对企业资金流的智能分析与预测，为企业决策提供有力支持。

从加强资金管理能力来看，数智司库具体有以下业务特点。

（1）数智司库具备垂直化管理特点：将资金管理延伸到经营活动的协同过程中，实现资金的"可视化、可控、可预测"。

（2）数智司库具备支撑业务流程的敏捷性和高效性：通过加强账户管理、资金结算、资金集中、内部借贷等流程管理，提升对业务支持的敏捷服务。

（3）数智司库具备流程的持续优化和创新特点：通过数据分析、流程挖掘等手段，促进业务管理进阶。

（4）数智司库具备对资源的高效配置与风险管理：在实现企业资源的高效配置和风险管理应有显著优势。

2. 司库体系发展演变的四个形态

根据企业不同发展阶段司库所需履行的主要职能及其产生的价值和收益，司库体系的演变可划分为结算型、管控型、价值型以及战略型四个形态。

（1）结算型：该类型适配企业发展初期，主要目标是对资金交易监控提供基础交易保障，司库系统的功能主要体现在账户管理、资金结算、统收统支等资金管理功能上；司库管理体系仍是狭义的资金管理，资金运营行为不活跃，更多发挥后台支持部门的角色，缺少完善的管理政策制度和管理体系，缺乏标准化、制度化的流程设计。

（2）管控型：该类型司库适配企业扩张阶段，主要目标是对资金集中管理和使用效率的提高，司库系统的功能主要体现在流动性、营运资金管理功能上；企业开始对资金管理流程进行梳理，仍然存在新的业务没有进行制度规定，只能根据管理经验进行处理的情况，缺少对司库管理体系的业务架构进行科学的顶层设计，未能厘清司库组织体系的职责与管理重点，缺少独立的纵向垂直管理的司库组织体系。

（3）价值型：该类型司库适配企业深化运营阶段，主要目标是降低资金运营成本，促进业务创新，司库系统的功能主要体现在资金管理流程的优化功能上；为满足高效的资金运营机制的建立，初步形成以集团总部为资金管控中心、以财务公司或类似资金管理机构为资金运作平台、分子公司为资金运营责任主体的三层司库管理体系，通过对各业务领域的资金数据的实时采集与集中分析，辅导管理决策层布局资金资源到有精益经济价值的业务领域上。

（4）战略型：该类型司库适配全球发展阶段，主要目标是发挥集团资本管理作用，推动战略价值的达成。司库管理体系侧重实现资金主线转型的价值最大化，财务部门则从信息决策的角度发挥决策信息支持和信息反映职责；治理结构上，形成集团司库委员会和司库运营管理中心—境内外资金管理平台—集团各产业集群（所属各级公司）"三位一体"的司库管理组织，分别对应总部统筹、平台实施、基层执行三个层次。

3. 数智司库的建设路径的三个阶段

企业司库管理体系的建设不仅是一套系统的建立，是涵盖了组织、制度和职能系统的工程，也往往被认为是集团"一把手"工程。把司库的价值发挥到最大化，要形成司库体系的顶层设计，明确司库管理定位与总路线，可采用"顶层规划、分步实施、适度超前"的总体思路，可以划分为顶层设计、夯实基础，业财融合、深化应用，价值挖掘、产融协同三个阶段来进行推进，如图11-2所示。

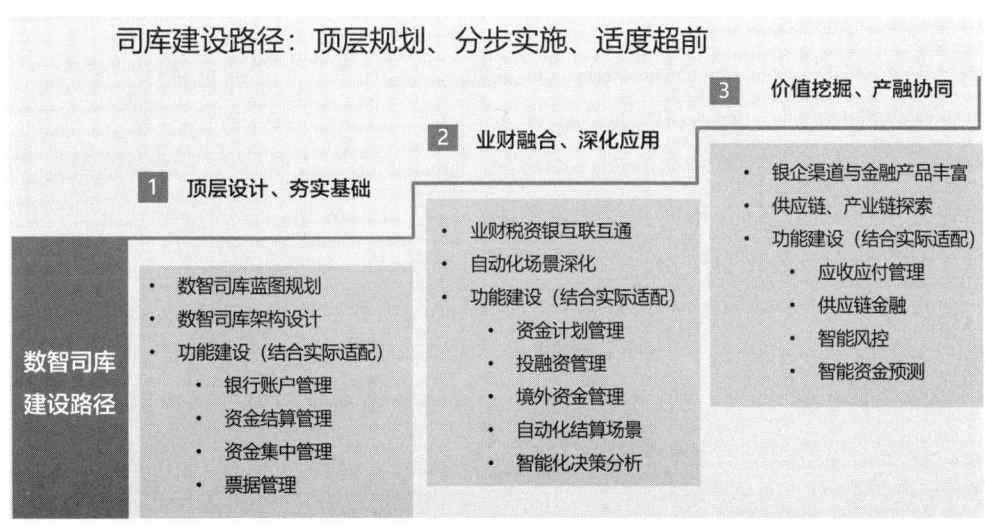

图 11-2 司库建设路径示意

第三节 数智司库的架构规划与技术优势

一、围绕产融协同的司库架构

数智司库的建成要充分体现"智能友好、穿透可视、功能强大、安全可靠"显著的数智化特点，按照企业全景架构规划的体系化方法，数智司库的架构规划包含了业务架构规划、数据架构规划和应用架构规划。

数智司库是统筹企业内外部金融资源的资金运营平台，支撑企业实现内外部资金统筹管理，全球金融资源配置调度，全程风险管控的数智司库运营体系，如图 11-3 所示。

依照国资委政策，数智司库的业务架构中明确司库的核心职能包含 11 项业务主题内容和四类风险管理要求。

1. 司库的核心职能

11 项司库核心业务主题如下。

（1）加强银行账户统一管理：要将子企业银行账户的开立、变更、注销纳入集团统一管控。明确银行账户开立标准和合作银行准入名单，合作银行范围外开立账户需由集团总部审批。要严格控制银行账户数量，定期开展低效、无效银行账户清理。要努力实现银行账户银企直联全覆盖，自动实时监控银行账户余额、交易明细和资金流向。

（2）加强集团资金集中管理：按照"依法合规、公允定价"的原则，建立跨账户、跨单位、跨层级、跨区域的"资金池"，及时做好子企业资金的定期归集，力争做到按日归集，有条件的企业做到逐笔归集。

（3）加强资金预算约束管理：要按照"量入为出、以收定支"的原则做好集团资金预算安排，建立年度预算确定总盘、月度计划滚动调整的资金动态管控机制。要严控预算外项目支出，做到"有预算不超支，无预算不开支"，确有需要的预算外支出要履行相应的审批程序，加强资金预算执行情况的分析、监控与考核，强化预算刚性约束。

（4）加强债务融资严格管理：对年度融资总额和银行授信资源进行统一管理，合理安排债务融资品种和期限结构。要充分发挥集团整体信用优势，加强银行关系管理，加大统筹融资力度，开展融资利率市场化竞价，多渠道、多品种、多方式降低融资成本。要利用集团"资金池"加强子企业之间的资金余缺管理，

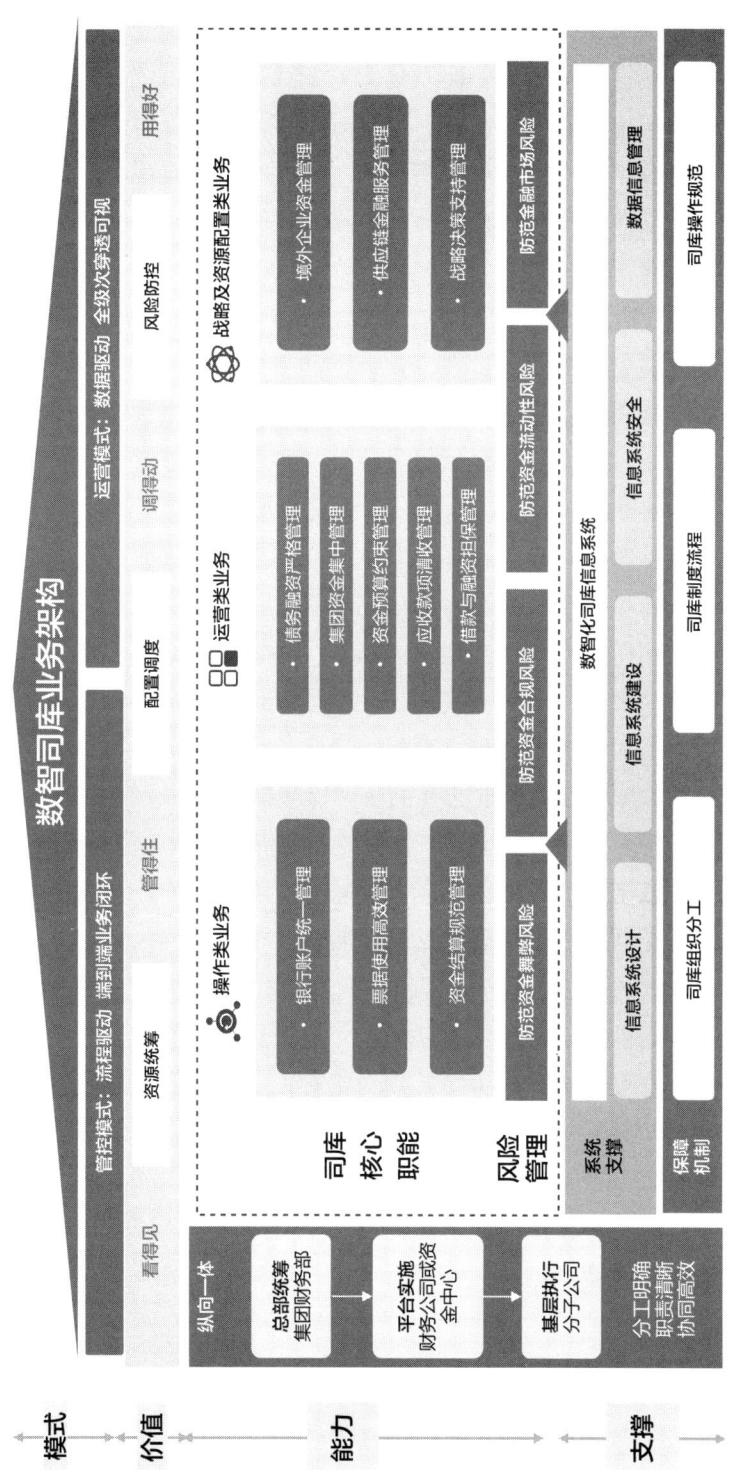

图11-3 数智司库业务架构规划

防止资金低效配置导致存贷双高。

（5）加强资金结算规范管理：建立集团电子结算平台，统一对外接口，实现业务结算全流程线上审批和电子结算，逐步减少银行网银支付和支票、现金的使用，有条件的企业要结合"资金池"实现统一对外结算。要规范资金结算审批标准和权限，完善前端业务发起、在线流转审批、自动核算校验的结算流程，实现业财信息共享和合规管控。

（6）加强票据使用高效管理：建立集团统一的"票据池"，实现票据开立、接收、背书、贴现、兑付的线上管理，积极推动与票据交易所、银行等机构系统实现直联，力争实现票据信息的动态采集、可视监控和兑付预警。要将票据纳入资金计划管理。有条件的企业可在做好风险控制和内部转移定价的基础上，探索开展集团内部电子票据的统筹使用，进一步提高票据周转效率。

（7）加强应收款项清收管理：加强对供应商和客户债权债务等关键信息的统一管理，推动子企业健全供应商和客户信用体系。要监测供应商和客户信用状态变化，动态调整信用等级并及时在集团内共享，将失信企业纳入黑名单并采取相应的风险管控措施。要进一步加强集团子企业债权债务的核对和处理，重点做好对同一企业应收、应付款项的清理。要建立应收款项清收责任制和配套激励约束机制，对逾期应收款项要及时采取必要的法律保全措施。

（8）加强借款与融资担保管理：要将借款和融资担保纳入信息系统统一管理。严禁对集团外无股权关系企业提供借款，金融子企业在批准业务范围内开展的对外借款除外；对子企业借款要综合评估风险收益，审慎开展；原则上对金融子企业和未纳入合并范围的参股企业不得提供借款，确有必要的需经集团董事会批准。

（9）加强境外企业资金管理：开展境外企业银行账户的开立、注销的统一管理，通过境外银企直联等方式，力争实现对银行账户的全球动态监控。已经停止开展业务的银行账户要及时清理。开展境外资金集中管理，力争按国别或者地区对资金进行集中管理和统筹调度。有条件的企业要建立境内外货币一体化"资金池"。开展境内外企业资金预算的全面管理，实现全球资金统一调度。有条件的要将境外企业纳入集团资金结算统一平台，依托境外机构力争实现统一审核、统一支付。

（10）加强供应链金融服务管理：合理借助上下游业务、资金等信息，发挥数据和服务支撑作用，引入优质金融资源，搭建供应链金融服务平台，精准对接供应链实体企业特别是中小企业在生产、流通、交易等各环节的金融需求，提供优质高效的供应链金融服务。灵活运用各类金融产品依法合规盘活存量资金。要严控供应链金融业务范围，严禁提供融资担保，严禁开展融资性贸易业务和虚假贸易业务。

（11）加强战略决策支持管理：要不断增强和完善司库信息系统功能，全面挖掘数据价值，对资金头寸、融资成本、利率汇率等进行多维度、全方位的分析研判，及时识别风险隐患。要开展关键业务和历史记录的大数据分析，总结资金收支波动的规律，优化资金预算管理；要根据各金融机构授信额度、利率和期限，结合集团各类融资需求，优化债务融资方案；要充分利用业务系统数据建立从资金后端到业务前端的全流程分析模型，实现资金分析场景化、动态化和智能化，为企业重大经营投资活动提供决策支持。

四类司库风险管理要求如下。

（1）严格防范资金舞弊风险：把申请、审批、执行等关键环节和管控标准、阈值等关键信息嵌入系统。要严格执行出纳和会计岗位分离，银行印鉴、网银密钥等支付介质要由不同人员分别保管等规定。要严格做好用户权限的审核审批，定期清理"僵尸账号"和"过期"权限，不得存在"超权限用户"。要定期修改支付密钥密码，工作交接时要立即修改，有条件的企业要利用生物特征识别等新技术手段进一步消除安全隐患。要将票据与银行预留印鉴分开保管，及时安全存放于保险柜，并定期由第三人监督盘点。要按月开展银企对账，已建立银企直联的企业要开展银企自动对账，由非出纳人员编制银行存款余额调节表，发现差异后要立即核实处理。要全面管控银行账户，避免资金体外循环，严禁设立任何形式的"小金库"。要定期开展内控流程和要求的穿行测试和检查评估，及时发现并堵塞管理漏洞。

（2）严格防范资金合规风险：要根据重要性原则，建立资金支出分级授权审批制度，严格支出范围和审批程序，对于大额资金事项要建立并严格执行"三重一大"集体决策和支付联签制度。在资金支付流程中嵌入合规性预警机制，从付款金额、付款频次、付款用途、付款对象等多维度设置预警参数和控制阈值，触及预警和控制条件的要再次核实后方可支付。要通过设置敏感信息筛查，对支付事项、支付对象是否合规进行审核和预警。要对大额对私支付、同一时期同一对象多次付款等异常支付进行审核和预警。

（3）严格防范资金流动性风险：要加强负债率、带息负债结构、经营性现金流、债券余额比例、永续债及其他隐性债务规模等资金风险指标的监控，尤其对债务规模大、债券占比高、集中兑付压力大、生产经营困难、资金状况紧张、投资规模大的子企业要建立重点监测名单，并对企业债务到期设置预警提示，动态监测经营现金流和债务期限的匹配情况，根据资金缺口提前做好融资接续预案，防止发生流动性风险。

（4）严格防范金融市场风险：要加强金融投资、利率、汇率等风险管控，动态监测国内国际市场股票、债券、汇率、利率、大宗商品等重要价格参数变化情况，建立与业务相匹配的风险管理模型，定期评估对冲工具有效性，合理控制各类金融产品风险敞口，有效防范市场性风险。

2. 数智司库的数据架构规划

数智司库的数据架构是组织和管理司库业务数据的方式，包括数据的收集、存储、处理、流动和使用等方面的设计和布局，旨在提高数据的有效性、安全性和可用性，以支持司库业务的运营、决策和风险管理。通过构建科学合理的司库数据架构，企业可以更有效地管理和利用数据资源，推动司库业务的数智化转型，如图11-4所示。

图11-4 数智司库的数据架构规划

数智司库的数据架构规划需要包含全级次、全流程闭环的业财税资档一体化信息形成业财一体的数据流，以及外部金融机构、合作伙伴、资讯平台等外部数据信息。内外部信息的融合，将使司库数据的体量出现规模化提升和复杂性指数化提高，数据质量决定了司库平台价值创造作用的发挥。

3. 数智司库的应用架构规划

数据司库的建设在落地应用的阶段需要根据企业总体经营发展战略、方针、政策，对司库系统总体功能架构进行规划和设计，并配合企业总体战略规划路线，综合司库管理职能范畴的不断深化，规划适配于企业战略路线的司库系统建设分期计划，需要基于多角度的驱动因素，全面承接业务架构、数据架构，以全面数智化为基础，综合运用智能化技术，来规划数智司库应用架构，如图11-5所示。

（1）统一账户管理：建立银行账户开销户管理标准，通过RPA、OCR等智能技术的综合运用，将账户开立、变更、冻结、销户、印鉴、证书等全部线上化，实现账户管理的全天候在线处理；利用银企直联能力保障100%账户全连接实时、精细查询，保证对存量资金的安全性、流动性管理和异动监控。

（2）资金集中管理：搭建多模式的集团资金池，通过银企直联通道服务，提供资金上收、资金下拨、资金调拨、业务查询等业务服务；支持灵活设定各级组织的归集和下拨策略，自动执行任务调度；集中监控账户头寸，集中审批大额及特殊支出，集中监控非受限资金，全面掌握内部账户存款计息，支持代理收付款业务，实现集团资金整体管控，成员资金集中调度的统一管理。

（3）资金结算管理：构建业务单据到结算单据的双向穿透，电子回单到凭证的实时互联，建立统一集中化的结算工作台；支撑灵活适配的结算方式、结算日期、结算金额等结算模式的组合，预置数智员工实现结算自动化作业、智能检查和智能风险控制等智能结算场景。

（4）票函证管理：实现商业汇票、信用证、保函业务的全生命周期的管理，构建票据工作台集中处理收票、贴现、背书、银行托收以及签发、付票、兑付等票据应收应付业务场景；支持建立集团票据池、银行票据池统一管理，并通过新一代银企直联服务，建立电票直联交易，为企业提供高效的票据额度调剂及内部票据调剂等服务。

（5）资金计划管理：建立多维预算、精准预测的资金计划管理机制，满足资金计划编制、审核、汇总、调整、执行、管控、考核、分析等全生命周期线上化管理，支持计划目标下达、各级计划主体的计划数据录入上报审批、计划调整、

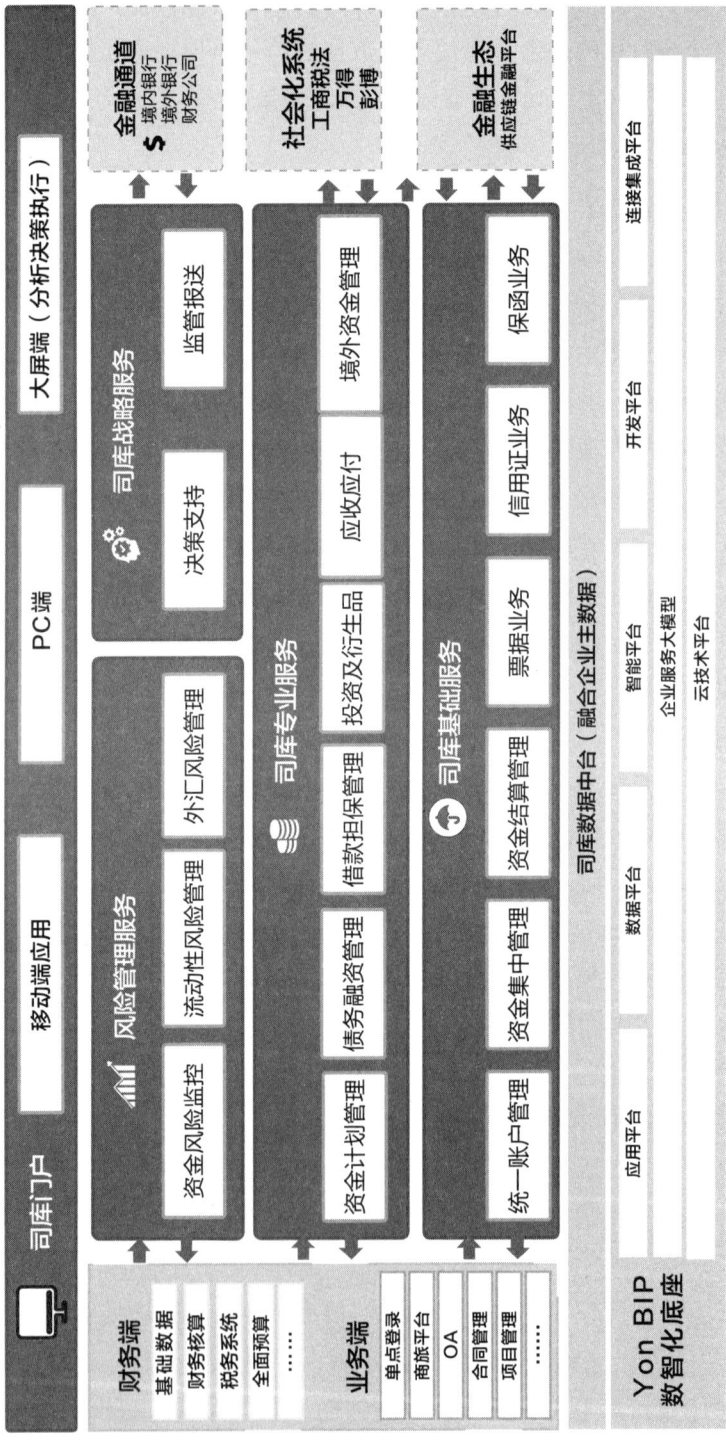

图 11-5 数智司库应用架构设计

查询分析等通用功能，支持计划年度、月度等周期的执行控制。

（6）债务融资管理：构建投资理财、直接融资、间接融资的金融业务全过程，实现金融品种的自动定义扩展，包括融资方案与融资计划的制订、授信管理、担保管理、金融机构评级管理、融资业务全流程管理、融资成本管理、融资跟踪、利息计算、到期还本预警、融资信息全量可视化汇总分析等多项业务功能。

（7）应收应付管理：紧密协同财务核算侧的账款业务，在资金管理层面展开应收、应付账款逾期提醒与预警等业务，连接天眼查、万德等外部社会化数据，实时获取供应商与客户的外部信用信息，进行信用动态调整，实现供应商与客户的准入管理。

（8）境外资金统一管理：通过 Swift、直联专线或中资行在境外的分行建立银企直联通道，实现境外资金账户动态可视，境外资金池实时监控。并将境外融资数据在融资管控中心统一汇总，实时对外汇敞口、外汇波动与各类金融衍生品风险进行风险防控，实现全球资金预算一体化控制。

（9）决策分析服务：建立司库决策分析指标库，通过统一的资金分析管理驾驶舱，提供包括存量资金分析、头寸平衡分析、资金集中率分析、流动性分析、融资结构与成本分析等全量分析；预置账户分析、流动性分析、融资分析、投资分析、风险分析、预测分析等单一主题分析报表，帮助企业提升资金分析、预测、风险管控能力。

（10）风险管理服务：建立风险防控指标库，进行单一风险防控规则制订与组合风险预警模型的搭建，满足流动性风险预警分析与外部金融风险预警分析，结合企业各类贸易存量历史数据和外部上下游管理数据构建虚假贸易监控模型，形成体系化的合规与舞弊风险组合化风险管控服务，实现智慧化风险防控。

数智司库可通过可持续挖掘数据价值的司库中台，积累丰富的金融产品数据要素、业务规则与适用场景，建立司库体系内的金融产品工厂，满足融资、债券、租赁、保函、保理、股权投资、基金、外汇衍生品等不断变化的业务类型，显著提升企业投融资管理过程的灵活性和多样性，激活金融资源的要素发挥，构建产融结合的战略生态，推动企业司库建设实现世界一流的数智管理目标。

二、基于数智底座的技术优势

在数智化时代的浪潮下，由信息技术与互联网技术迅猛发展所驱动，各行各业正经历着前所未有的变革。在这场变革中，一系列前沿数智技术如 RPA、VPA、大数据分析与处理、AI、区块链、司库直联以及云计算与云存储等，成了推动司库管理智能化、高效化、精准化的核心力量。

（1）RPA：RPA 是司库建设中提升效率的重要工具。它能够模拟人在计算机上的操作，自动执行重复性高、规则明确的任务，如余额流水批量查询、回单批量下载、对账等。借助 RPA，企业可以显著减少人工操作，优化司库管理流程，降低运营成本。

（2）VPA：VPA 为司库运营提供了智能化的知识沉淀与便捷化的交互体验。它能够通过语音或文本与 VPA 进行交互模拟，自动执行组合化的司库场景指令，提升用户的操作体验，如实时查询企业的资金流动情况，包括账户余额、交易记录、资金划转状态等。

（3）大数据分析与处理技术：大数据技术为司库管理提供了强大的数据洞察能力。通过收集、存储、处理和分析海量数据，企业可以实时掌握资金流动情况，进行趋势预测和风险评估。此外，通过对大数据的深入挖掘，企业可以优化资源配置，提高资金利用效率，为企业的战略决策提供数据支持。

（4）AI 技术：AI 技术在司库建设中的应用进一步提升了管理的智能化水平。AI 可以通过机器学习、自然语言处理等技术，对资金流动进行智能分类、异常交易识别等处理。同时，AI 还能结合历史数据和当前市场情况，构建预测模型，对企业未来的资金需求和流动情况进行预测。这些功能为企业的资金管理和风险防控提供了强有力的支持，有助于企业实现更精准的决策和更有效的管理。

（5）区块链技术：区块链的去中心化、不可篡改等特性，可以确保资金交易的真实性和透明度，降低欺诈风险。同时，区块链技术还能实现资金交易的快速确认和结算，提高资金流转效率。在跨境支付、供应链金融等领域，区块链技术具有广泛的应用前景。

（6）司库直联技术：司库直联通过技术升级与生态构建，实现金融服务从数量到质量的飞跃，极大地丰富了企业的司库直联资源池，拓展了服务边界；司库直联不仅局限于与银行的连接，还可以将连接范围扩展至保险、券商、担保公司、基金、票交所、境外金融机构、第三方支付公司、海外汇款公司、供应链金融平台乃至金融市场信息提供商等多类金融机构和服务平台，为企业提供更加全面的金融服务。它不仅是连接企业与金融机构的桥梁，更是提升企业资金管理效率、降低风险、优化资源配置的关键工具。

（7）云计算与云存储：云计算和云存储技术为司库管理提供了灵活、可扩展的 IT 基础设施。通过云计算平台，企业可以实现司库系统的快速部署和灵活扩展，满足业务发展的需求。同时，云存储技术提供了安全可靠的数据存储解决方案，确保司库数据的安全性和可用性。

利用 RPA、大数据、AI、区块链、云计算等新技术与企业运营管理深度融合，将业务经营信息、财务信息转化为数据，以数据要素、科技要素作为生产要素，通过人机协同新流程，持续挖掘新价值、加快形成新质生产力，促进经营管理的数智化进阶。

第四节　数智司库运营新场景

AI 技术的快速发展迭代，使得"人工智能+"势在必行，在这场数智化转型浪潮中，数智化和智能化技术的应用场景层出不穷，司库作为企业数智化变革的切入点和突破口，从自动采集信息、自动甄别风险、自动审核审批到自动收付结算、自动策略修订等新型智能场景深化和普及，形成了一系列面向数字时代的司库运营的新场景。

一、基于业财大数据的现金流预测

更多全天候实时的经营财务数据的积累，更丰富的资金运营场景化经验的沉淀，给予 AI 大模型充分的数据要素营养，基于数学规律和趋势的模拟运行进行资金预测已经是一场科技与智慧的较量。利用统计学和机器学习技术构建一个能够预知企业未来资金流动性状况的预测模型，并通过预置的 AI 资金助理引导资金管理人员进行科学的资金调配，是数智化技术应用在司库管理过程中的典型场景。

以大模型可持续提升的智能助手引导用户更熟练地应用多维度内外部大数据为基础构建的资金预测模型，其结合历史经营数据和未来计划数据进行多维计算，直观地勾画出战略级全球司库体系中的资金曲线，而智能助手也将为企业资金管理者进行司库运营决策时提供科学性的辅导建议。

某能源央企通过数智司库平台收集和处理大量的业务和财务数据，包括销售收入、采购支出、应收账款、应付账款等，经过清洗、整合后，形成了更加准确、可靠的预测数据基础；通过建立资金预测的数学模型，引入社会化即时的利率、汇率、商品价格的信息，监测汇率趋势、利率趋势与折现率趋势的变化，对比宏观经济指数 GDP、CPI、PPI、社融规模、发电量等，展开对资产负债敞口的预测，实现对经营现金流、融资现金流、投资现金流、衍生品现金流的预测，指导资金计划的配置与安排。

二、从自动化到智慧化的资金结算

在自动化领域，RPA 与新爆发的生成式 AI 都是强大的技术，都可以用来实现自动执行重复耗时的任务。生成式 AI 则具备了强大的自然语言理解与推理能力。如果将两者融合，则可以实现更加智能化、更具适应能力、更高效的自动化流程方案，更好地应对复杂的任务场景与数据，拓展 RPA 自动化的边界，实现增强的 RPA 机器人。

将增强 RPA 机器人应用到资金结算作业过程中，对全量收付款单据的集中处理，支持多种结算方式，如银行转账、商业汇票等，通过银企联通道实现直连支付。将智能分类、退票监测、交易查重、自动关联业务单据和银行流水等关键信息形成统一的规则组件，通过生成式 AI 的引入，支持智能规则实现自动化结算，提高审批效率和风险控制能力。对资金结算监控执行统计，自动识别可转化的自动规则，形成自动标准，并在单据、凭证、回单处理作业上进行自动化与标准化的智能结合，提高资金交易结算的效率。

三、联动投融资的收支资金调度

在数字生态模式下，企业日常的经营活动都通过业务标准化的过程体现到 IT 系统内，通过管理对象、数据载体与业务标签等量化为各类数据信息，依托企企互联、银企互联、政企互通的连接渠道实现内外循环流转。财务数据生态需要财务面向多维精益化的管理变革，实现更丰富的资源，更精益的管理，更广泛的连接，更共享的机制，更协同的运营，实现智能化资金运营能力的构建。

依托全数智化的智慧资金运营平台，在数据互联中实现对企业经营活动现金流的收支池的多维精益管理，在流程互通中实现对企业投融资现金流的协同管控，通过收入池、支出池与融资池、投资池的循环联动，实现池化资金统筹调度的高效运营。

某一级央企在构建司库体系时深化业财融合的价值创造，构建资金预算精益化管理运营机制，通过获取各类预计付款信息，按刚性支付、月内支付、可延期支付，预计资金付款时序，形成付款结算池；获取各类预计收款信息，按时间、金额、收款进度比例、款项性质及收款方式等，预计资金收款时序，形成收款结算池；获取各类投融资的还款信息、回购信息，按时间、金额、本金进度比例、还款方式、利率趋势等，预计资金投融资进出时序，形成了融资资金池、投资资金池；定期按照"以收定支和融资规模最低、时点最优"原则，配置结算排程规则；结合资金存量、票据规模和支付优先级，最大程度拟合收入和支出，自动生成日排程信息（应急事项支持人工干预调整）；实现对增量资金按日预测，存量资金动态监测，大额资金提前预警排期。

四、穿透业务端的资金计划管控

如今，政府、金融机构、法院、税务、企业等各方都在打破壁垒，推动数字信用体系的集成应用建设，内部经营数据与外部社会化数据的边界正在逐步消融。数据量的提升、数据时效性的加强、数据来源复杂化、数据维度多元化、数据共享化，促使资金管控向企业经营全场景渗透。数据驱动的过程实际上也是数据流动的过程。通过数据产生、数据治理、数据处理、数据应用、数据反馈的闭环促进着资金预算制定、资金计划管控的数智化转型。

企业各种业务数据分散在不同的信息系统中，企业以连接为基础，统一企业数据规则，明确数据归属，基于互联网，将企业内部各个部门、企业与企业之间、企业与管理机构之间实现数据共享，推动企业数据融合，建立一套企业统一、公认的数据用于企业资金预算编制、分析、考核、评价等经营分析和决策活动。

构建多维度资金计划控制模型，自动获取业务数据实现资金计划编制、汇总、执行控制的自动化管理，实现企业开展资金年度专项预算、月度资金计划、周计划、日排程多维精细闭环管理，严控计划外支出，做到"有预算不超支，无预算不开支"，有效管理资金头寸平衡资金，提升资金使用效率。

五、大模型赋能智能画像自动报告

数据标签是数据经过治理标准化后的规模复用。利用数据标签技术的发展和应用场景的拓展，司库体系中也需要提供以标签为基础而产生的数据服务。司库应用数据服务过程中，需要从资金后端到业务前端的全流程分析模型，对合作伙伴、子企业、专项业务、项目等进行智能画像，辅助生成管理报告，为企业重大经营活动、发展战略提供决策支持。

基于数据平台和智能中台的融合产生的大模型服务，将充分提升画像的准确性、降低画像的成本和提高画像的实时性，通过复杂的算法，学习和挖掘用户的深层次的特征和需求，提高画像的质量和覆盖度；利用深度学习的技术，提高画像的效率和规模；利用实时的数据，通过动态的方式，调整和优化标签画像，增加标签画像的灵活性和时效性，提高标签画像的敏感度和响应度。

六、数据模型驱使的交易流程编排

司库在推动企业数智化转型建设中，强化了企业的内部数据整合。内部数据整合不仅限于打通各个业务系统中的交易对手数据、交易数据以及沉淀下来表现业务经济价值的收益数据，而是在数智化信息系统中的移动端、PC端等设置数据埋点，取得全过程交易行为数据，沉淀管理标签、风险偏好，形成交易数据聚合，满足对交易过程中各类风险甄别分类的场景化模型，通过模型驱使的分层分类风险策略来调度交易流程的适配与流转。

司库运营过程中利用资金交易中沉淀的专家经验，形成从交易准入、交易审查、交易限额、合同签署、审查审批、发货付款到交易评价的全过程、全周期的风险管理模型。依靠多元聚合的交易数据，搭建多维度风控模型，甄别低风险交易特征，中风险交易形态，高风险交易指标等流程策略因子，推动交易流程从人工流程到全自动流程的高效转变，以科技要素促进企业经营交易流程的优化与变革。

七、量化模型动态指导"两金"压降

应收账款和存货是企业的重要流动资产，既是构成资产负债表的主要项目，也是资金占用的最大组成部分。提高资金流动性，需要有效盘活资产，减少存货、应收款项"两金"占压。提高企业资产质量，统筹运用市场、信用、法制手段，进一步盘活资产、回笼资金、提高流动性，防范债务风险，提高资产运营效率。

司库管理中建立以应收管理为线索的量化多维分析模型，量化记录"两金"占流动资产比率、应收账款周转率，指导逾期应收款项的清欠策略，严控账款规模，加快存货周转，严控存货规模。

八、适配数据资产价值的金融工具

企业持续经营发展过程中一定会面向未来更多元化的业务场景进行互动融

合，实现资金流、业务流、数据流的深度融合共享，在企业生产、营销、投资和控制环节中，用更为精准的方式来配置生产要素资源，利用产融协同推动创新发展，以实现多元化的价值创造与保护。

利用通用金融产品中积累的产品要素、业务规则与适用场景等组件，构造司库体系内金融产品工厂，对外部金融工具进行统一的产品化管理，满足企业投融资过程中高效高质的融资、债券、租赁、保函、保理、股权投资、基金投资、外汇衍生品等系列化金融服务工具的使用。打通企业可融金融要素到金融机构的金融产品直通式联动，通过对资产实现更为精准的估值计算，依托更灵活的担保组合方式获取更高性价比、更有针对性的融资产品，实现对企业多样化融资模式的创新拓展。

九、基于区块链的供应链金融协同

传统金融系统的交易结算需要通过银行或其他中介机构，而这些机构需要处理大量的交易数据，并需要进行人工核对和处理。区块链技术可以使交易直接由参与者完成，并使用智能合约自动完成结算和清算。

借助区块链理念，构建包含账款管理、交易服务、金融服务于一体的供应链金融服务平台，并与司库平台协同开展结算服务、交易服务、风控服务、金融服务，更高效、安全地完成与客户、供应链上下游生态业务的协同结算处理。通过连接交易对手、金融机构、中介机构等生态伙伴，社会化商业生态中的交易往来数据形成了全天候数智化、可视化、可追溯数字生态，以区块链为底层逻辑形成的分布式账簿、哈希算法、去中心化、智能合约的场景确保了数智化生态链的高效集成，智能识别业务信息与交易数据的链接关系；避免人工参与操作过程中的成本和风险，有效提升了数字生态内的企业之间交易结算的协同效率。

第十二章
数智化全面预算：智能敏捷　纵横贯通

第一节　不确定环境下企业预算管理面临的双重挑战

当今世界正处于"百年未有之大变局"时代，外部看贸易战、供应链脱钩断链风险剧增；内部看国内很多行业产能过剩、消费不足，投资信心下降导致经济下行压力增大。各行各业面临越来越不确定的外部环境和日趋激烈的市场竞争，企业经营状况也变得难以预测，传统的粗放的财务预算管理模式越来越难以适应企业的管理需求，企业预算管理面临管理和技术双重挑战，主要体现为预算管理效力和效率双重不足，如图 12-1 所示。

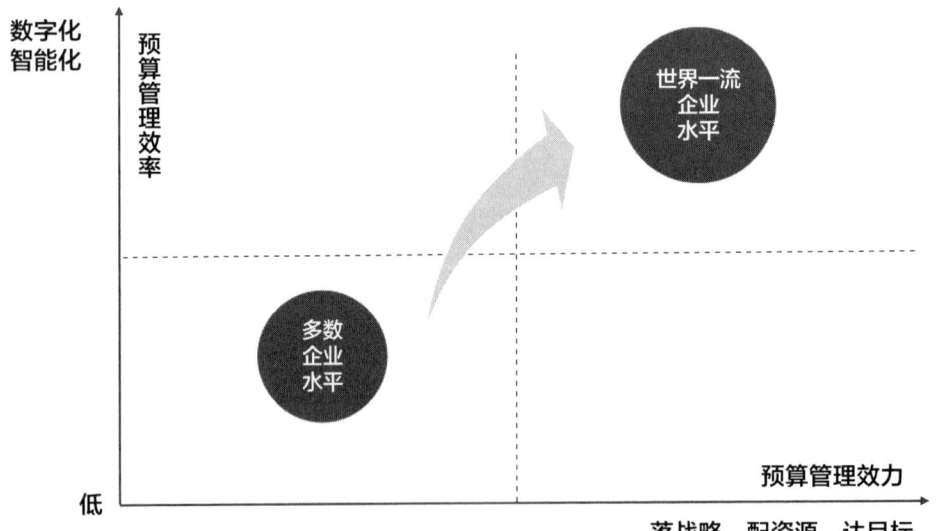

图 12-1　企业预算管理面临管理和技术双重挑战

一、管理挑战：粗放的预算管理体系导致预算效力不足

企业开展全面预算管理的目标是落实企业战略目标，协同集团上下、左右各级单位的行动方向，确保企业有限的资源能够投向战略优先方向。然而，当前很多企业的预算管理体系仍然比较落后，无法充分发挥预算管理的作用，主要表现在以下三个方面。

（一）预算组织理念落后

企业开展全面预算的起点是预算责任划分和定位。尽管大多数企业已经构建了预算委员会、预算归口管理单位、预算管理办公室和预算执行单位，但在实际预算推行过程中难以推行到位，预算委员会难以真正发挥作用，管理层和各业务部门都认为预算就是财务部门的事，各业务部门被动参与预算管理，预算成为"数字游戏"。

（二）预算管理流程脱节

企业虽然有战略规划和目标，也有年度计划，但全面预算前与战略研讨、年度计划流程脱节，后与组织绩效流程脱节。导致预算资源配置无法对准战略和重点计划进行配置，预算的业务指标和财务指标无法精准落到组织绩效中，各部门对预算的重视度不足，企业管理难以形成"合力"。

（三）预算管理模型粗放

多数企业的预算、预测编制模型偏财务口径，缺乏业务计划支撑，或者业务计划及财务预算编制的维度单一、颗粒度粗，无法完整体现业务部门未来一年的业务增长方向和降本增效的方向。预算分析模型仅能进行简单的预实对比分析，说不清差异产生的原因和业务改进的方向。

二、技术挑战：落后的预算管理工具导致管理效率不高

当前，多数企业还在依靠 Excel 进行预算管理，Excel 虽然应用灵活，是财务部门很擅长使用的一个单机工具，但对于企业深入开展全面预算来说，存在以下痛点。

（一）算力受限，预算编制准确度和效率低

绝大部分利用 Excel 编制预算的单位，只能进行简单粗放的财务预算编制，预算缺乏业务计划支撑；或者预算编制相对比较全面，但企业内部数据收集和分析不完善，导致预算编制的基础数据存在误差，同时在预算主数据规范、预算逻辑规范、预算校验规范等方面陷入无尽检查中，预算准确性下降，编制和审核效率低。

(二)协同管理和灵活测算能力不足

随着企业规模的不断增长,企业预算编制涉及的产业链条越来越长,全球化、多层级、多架构、多部门之间的预算协同越来越复杂,数据计算和逐级汇总的效率越来越低,数据差错的风险也越来越大。此外,在不确定性环境下,企业编制预算的各种假设基础,如汇率、价格、大宗商品价格、业务组合等变化越来越频繁,企业通过滚动预测或者灵活测算对资源进行动态调整,对业务组合进行模拟测算的需求越来越紧迫,传统 Excel 工具无法满足灵活测算的需求。

(三)基于手工台账控制,控制环节滞后效率低

因缺乏预算系统,企业预算执行控制涉及各类业务系统,如立项系统、采购系统、合同系统、费控系统、资金系统等,无法与预算系统集成,导致预算管理只能靠手工台账进行预算审批控制或者干脆因工作量太大而放弃控制,导致预算执行缺乏及时有效的信息反馈机制,管理层和各业务部门无法及时了解预算执行情况,预算超支风险大。

(四)无法与业务系统集成,预算分析和评价效率低

由于传统核算系统无法提供精细化的管理口径数据,需要财务人员在法定核算的基础上,手工进行一部分管理会计数据处理才能满足预算分析需求,如进行内部结算、数据的拆分、分摊、剔除等,靠人工生产各类分析报表,不仅效率低,数据准确性存疑,且在时效性、精细度、灵活性等方面均无法满足管理层需要。另外,通过预算对企业资源评价的维度很多,传统核算数据也无法支撑从产品、渠道、客户等维度对企业的资源投入产出做出科学评价。

第二节 "5要素8全"构建战略导向预算管理体系

针对预算管理面临的管理和技术上的双重挑战,企业必须围绕全面预算管理的目标,从管理变革和数智化两方面同步转型升级:管理变革是指通过对标世界一流企业预算管理模式,从预算组织、流程和模型三个方面进行管理体系升级;数智化是指通过预算数据治理和构建新一代数智化预算平台,实现和企业业务和财务系统的融合,构建集中的、一体化的计划、预算、预测和分析平台。基于上述"5要素",从"8全"展开,实现企业预算管理从财务预算体系或者全面预算体系升级到战略导向全面预算体系,如图12-2所示。

第二部分 财务数智化建设内容

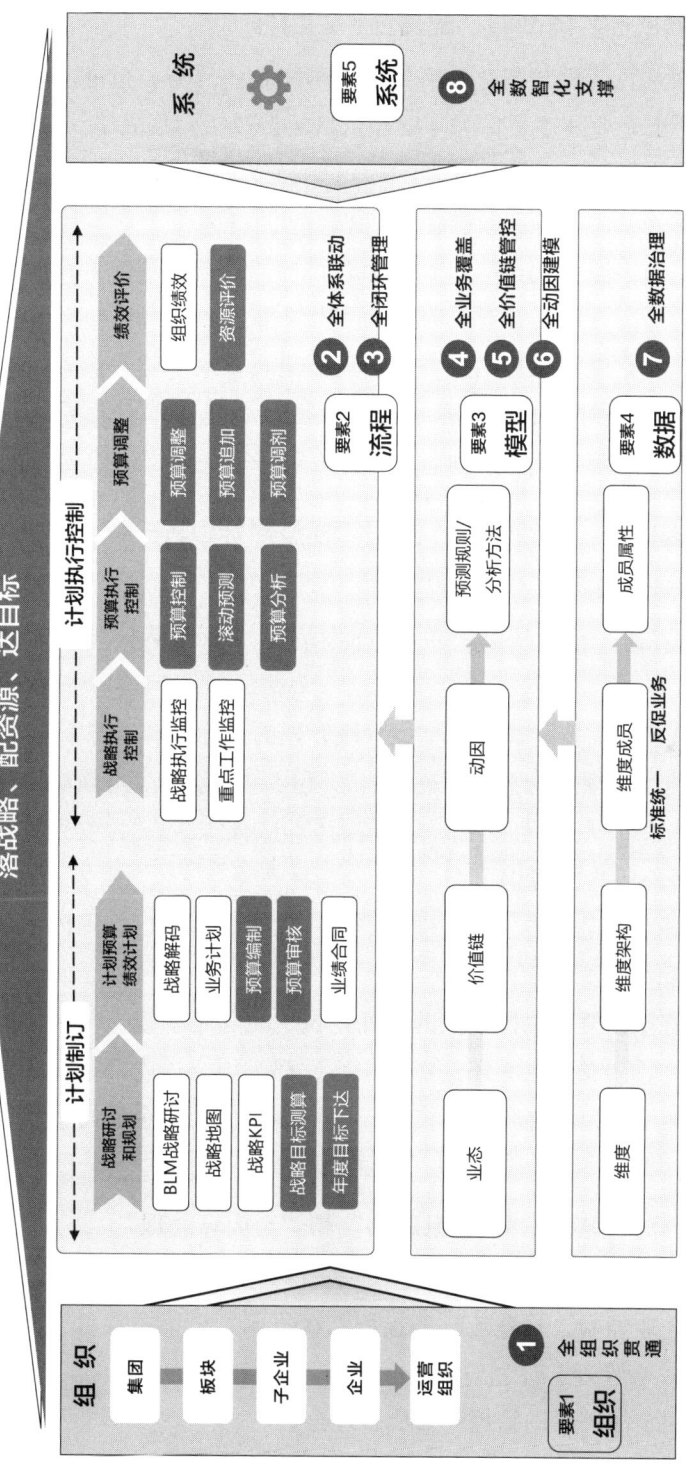

图12-2 "5要素8全"重塑企业预算管理体系

一、预算目标：落战略、配资源、达目标

企业全面预算管理数智化的目标是：落实企业战略，精准配置资源和强化过程管控，以达成企业战略目标和年度经营目标，概括为落战略、配资源、达目标。

落战略：基于统一共识的企业战略目标和关键举措，构建企业自上而下的一体化的作战部署，协同各部门的经营计划。

配资源：对准企业的战略目标、经营目标、经营计划配置资源，确保有限的资源得到最优的配置，提升资源的投入产出效率。

达目标：一是基于预算对业务执行过程进行事前事中控制；二是针对市场变化，基于滚动预测对企业的经营状况进行持续跟踪，针对业务偏差提前进行应对，并对企业的资源配置进行动态优化，以确保年度经营目标达成。

二、管理变革：预算组织、流程和模型对标世界一流

（一）预算组织实现"全组织贯通"

"全组织贯通"包括从以下四个方面入手，对标世界一流企业的预算管理组织和理念：

一是企业集团需要构建从上至下分级管理的预算管理组织职责体系。

二是在预算管理理念上，明确各级管理层和业务部门是预算管理的主角，财务仅是组织者和牵头部门；明确预算是为公司战略服务、为业务服务，提升各部门主动参与预算管理的意识。

三是根据管控模式的不同，构建集团有效的预算归口管理体系，实现"专业的事由专业部门管理"。

四是明确各级预算执行单位的责任定位，尤其是末级责任单位的定位，无论定位是利润中心、成本中心还是费用中心，都必须通过内部结算和分摊，实现对其责任的精确计量，杜绝"免费资源"的占用，从而在企业内形成良性的、主动的资源配置机制。

（二）预算流程实现"全体系联动"和"全闭环管理"

"全体系联动"和"全闭环管理"是指对标世界一流企业预算管理的流程，应借鉴国际企业经验，构建流程型组织，在集团、子集团或者三级公司层面，将每个层面的战略管理、计划管理、预算管理和绩效管理拉通，实现战略、计划、预算和绩效四个体系联动管理，形成管理合力。

在预算编制阶段，流程起点是市场洞察和战略研讨，企业商业模式再设计以及关键举措的制定、关键举措的跨部门落地分解、战略目标测算。在此基础上，才能开展自下而上的预算编制，确保预算资源配置对准战略和重点业务计划方向。最后，将战略指标、重点工作任务、年度业务和财务指标纳入组织绩效。

在预算执行阶段，要将战略主题、重点工作进展、绩效回顾等与预算资源的执行进度结合起来进行过程管控，不仅包括业务执行过程中的费用和资金的控制，更重要的是基于市场变化，通过滚动预测对业务计划和资源配置进行动态调整，以确保年度经营目标的达成。

（三）预算模型实现"全业务覆盖""全价值链管控"和"全动因建模"

对标世界一流企业预算管理的模型，企业要建立分级、分类管理的预算模型，实现集团预算管理全业务覆盖、全价值链管控和全动因建模。

全业务覆盖：集团企业通常会涉及相关多元化或者不相关多元化，集团不同业务的管理重点、管理成熟度和管理维度不同。因此，必须构建"1+X"的预算预测模型，以实现业务的全覆盖，其中，"1"是指集团总部管控视角的预算模型，颗粒度相对粗，以管控视角评估各业务板块增长目标是否合理，资源配置是否符合战略方向等；"X"是专门为各业务板块设计的预算模型，体现业务特征，维度更多，颗粒度更精细，以满足各业务板块强化内部管理的需要。

全价值链管控：不同行业的价值链不同，预算管理必须根据不同行业的价值链，构建全价值链管控的预算模型。例如，对于一般制造业，我们的预算起点通常是销售预算，构建"以销定产、以产定采、销产供协同的"预算模型；机场、酒店、交通等行业则是资源驱动型预算，基于服务的客户的目标对资源进行评估，包括维护资源投入和新增资源投入等。

全动因建模：全动因建模是全价值链管控的进一步延伸。不同业务、不同价值创造环节都有预算管理的动因，例如销量、收入、产量、人数、功率、面积等都可能是某项预算编制的关键动因，在明确动因的基础上，基于行业对标，测算预算基线，寻找提升方向。当前市场环境变化越来越快，企业需要构建基于关键动因的弹性资源配置体系，实现全动因建模。

三、数智赋能：预算数据治理和新一代数智平台支撑

（一）预算数据实现"全数据治理"

预算全数据治理包括以下三项内容。

一是预算管理的主数据治理,集团需要从预算编制和分析评估的角度系统梳理预算的组织、科目、产品服务、区域、物料、客户、渠道等预算主数据,以产品服务维度为例,需要规范集团层面看到哪个颗粒度,子企业看到哪个颗粒度,产品服务的最末级需要打哪些属性标签等,必须进行统一、清晰的定义。

二是必须系统梳理集团层面、板块层面、子公司层面关注的核心指标及其分解的二级、三级指标体系,明确梳理每个指标的名称、单位、计算规则、取数规则、数据源和查看频率等。预算指标体系是企业预算管理的灵魂,预算预测编制和分析均是围绕指标体系展开的。

三是基于前瞻性的预算管理需求,审视业务和财务系统是否可以提供满足预算分析要求的多维、精细的实际数据,如果无法满足,需要制定短期和长期解决方案,以倒逼相关系统升级改造,发挥预算管理在提升企业精细管理中的引领作用。

(二)预算系统实现"全数智化支撑"

企业预算管理面临多业务、多层级、多用户、多语言、大数据量、多系统集成等复杂的需求,基于传统 Excel 或者二维关系数据库开发的预算系统无法解决很多难题,包括:预算建模的灵活性、预算编制的多维度和精细化、预算控制的灵活性、预算分析可视化、预测的灵活性、大数据量下的系统性能和稳定性等。随着云计算、大数据、AI、多维数据库和内存计算等技术的成熟,这些问题将取得革命性突破。通过全流程数智化支撑实现集团预算管理流程高效协同,数据快速计算汇总,预算报表快速灵活出具,从而使企业预算管理纵向层层贯通和穿透,横向高效协同和贯通。

第三节 技术驱动全面预算从信息化走向数智化

企业全面预算管理和 ERP 最大的不同是:前者更侧重数据建模和应用,属于典型的数据类业务,后者更侧重业务流程处理,属于典型的流程类业务。从全面预算应用系统发展的历程看,经历了三个阶段,如图 12-3 所示。

一、二维数据库技术支撑的信息化 1.0 阶段

在多维数据库问世之前,企业的全面预算应用与 ERP 系统紧密耦合在一起,支撑其应用的技术为擅长流程型应用(如 ERP)的 OLTP(On-Line Transaction Processing,联机事务处理过程)技术,即关系数据库相关技术。企业只能在各

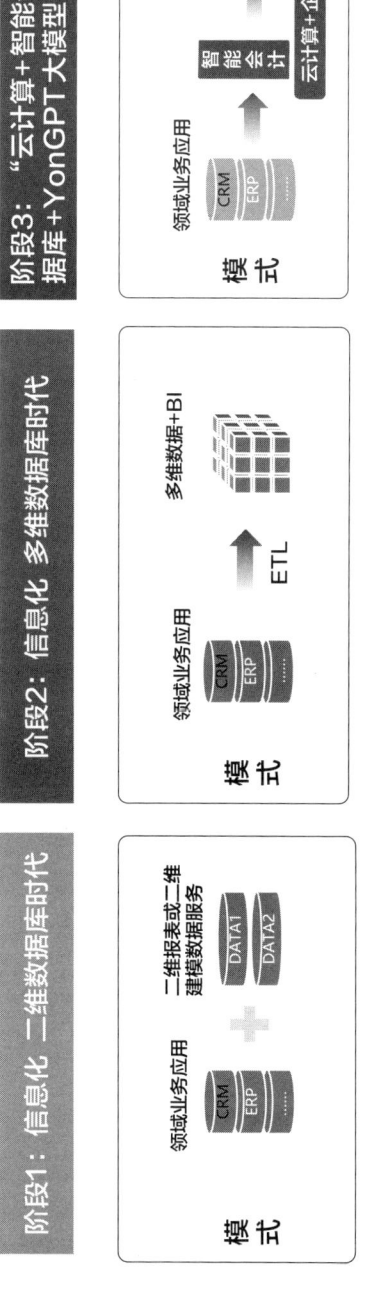

图 12-3 技术驱动全面预算应用从信息化走向数智化

应用系统中开发一些简单的报表，难以构建跨异构系统的数据应用，或者只能开发与 ERP 紧耦合的预算模块。早期 sap、oracle、用友等 ERP 厂商均有预算相关的模块，但受制于 OLTP 技术，预算建模和应用只能基于二维的单元格级建模。基于关系型数据库，数据被组织成二维表格的形式，每一行代表一条记录，每一列代表一个字段，查询数据时通常涉及多个表的连接，效率非常低，如打开一张数据量较大的汇总报表非常慢。且基于关系数据库构建的预算系统适应企业业务变化的能力（如组织变化、管理精细化、核算科目变化等）弱，在企业中进行规模化推广应用效果不佳，很多企业不得不牺牲预算管理的精细度从而满足系统性能要求。此外，这一阶段的预算系统缺乏异构系统实际数据的整合能力和可视化的数据分析能力，一般线下进行异构系统实际数据加工整合。

二、"多维数据库+BI"技术支撑的信息化 2.0 阶段

随着国外擅长数据型应用的 OLAP（On-Line Analytic Processing，联机分析处理过程）技术（多维数据库）出现，基于多维数据库技术开发的全面预算产品开始为国内企业所青睐。

与关系型数据库的数据被组织成二维表格的形式不同，多维数据库则基于多维数据模型，将数据分为维度和度量。维度代表数据的属性，如时间、地点或类别；度量则表示数据的值，如销售额或数量。多维数据库的结构通常以星型或雪花型模型呈现，其中核心事实表由多个维度表围绕。这种结构允许快速进行多维查询，如按地区、时间或产品等维度进行分析，而无须进行复杂的多表连接操作。因此，多维数据库与关系型数据库的主要区别在于查询方式。在关系型数据库中，查询通常涉及多个表的连接，以获取所需信息。而在多维数据库中，查询则更加直接，如同操作单张表一样，大大简化了查询过程。因此，多维数据库的设计旨在提高查询性能，尤其适合于进行复杂的数据分析和报告生成，以便为决策者提供实时、准确的数据洞察。

另外，与基于关系数据库的二维表单元格建模不同，基于多维数据库的预算建模更加灵活、敏捷和简洁，能够很好地满足企业从业务到财务、从事项到指标、从计划到预算等环节分场景构建模型的需求。这种灵活性体现为预算系统更易包容企业业务和管理的变化，如科目变化、组织变化等，一般无须重新检查维护原有的系统计算逻辑。

这个阶段的全面预算应用虽然解决了第一阶段所面临数据建模、应用灵活

性、计算性能和数据分析可视化问题，但在异构系统数据整合能力方面比较弱。由于异构系统的数据标准不一致，企业需要通过 ETL（抽取、转换和加载）的方式进行数据整合（如将一个含多维度信息的科目拆分为多个字段），其过程十分琐碎，工作十分繁杂，数据质量难以保证，数据维度较少，且从报表无法追溯至交易级明细数据。

为了弥补单纯依靠多维数据库技术的短板，部分企业开始建设数据平台，以一定程度地解决实际数据的拆分、分摊等实际数据加工处理问题。但仍然存在数据加工"黑匣子"、数据维度和颗粒度不够细、数据处理不及时等问题。

三、新一代数智技术支撑的数智化时代

近年来，数智技术在企业服务领域的发展风起云涌，基于"云计算＋企业服务大模型＋多维数据库＋ChatBI"的数智预算时代已经来临：云计算为预算应用提供充足算力；基于国产更高性能的多维数据库和内存计算技术，预算建模和分析性能更高；基于 AI 和企业服务大模型技术极大地提升了预算的智能化应用；基于智能会计有效解决了企业异构系统实际数据整合加工能力弱的问题。因此，基于新一代数智技术为企业构建集中化、一体化的计划、预算、预测和分析平台已经成为现实。

多维数据库和内存计算技术：随着国产多维数据库的问世，如用友 YonMDbass 多维数据库基于全栈信创环境存算一体、基于 MDS 引擎技术和多维卷积专有算法实现数据处理性能质的飞跃，经第三方测试，千亿数据量的顶级卷积耗时小于 1 秒，1 分钟可计算 100 万行 Python 规则，并且计算公式链路可追踪，支持维度多版本存储和沙箱模拟测算，是预算灵活建模、算得快、算得准、经营洞察的发动机。

企业服务大模型：随着业界首个企业服务大模型（YonGPT）的发布，企业基于数据的智能监测预警、归因分析、模拟测算和智能决策方面的应用将走向前台，"实时洞察、智能运营"的数智预算管理将成为现实。

基于逻辑回归、决策树、随机森林、神经网络等多种机器学习模型，进行算法训练后支持对业务进行智能预测，以缩短预算预测编制周期。另外，通过强大的自然语言处理技术和理解能力，YonGPT 可赋能企业预算应用和数据服务，让机器与用户进行自然而流畅的对话交流，用户只需说出预算数据分析所要查看的产品 / 期间 / 科目 / 区域等视角即可实时获取数据报告，也可依托预算模型做出敏

感性因子的调整指令，如销售价格、数量、费用控制比例，即可完成模拟测算，系统会自动按要求展现测算的财务利润结果，即时分析展示数据。

智能会计：基于事项法理论的智能会计实现了从业务发生到基于交易的实时会计确认与计量，形成了交易级的实时、多维、精细、智能的业财大数据集，这一过程输出了对象化、规则化、标准化、标签化了之后的高质量的业财数据，有效解决了传统通过 ETL 或者数据平台进行实际数据加工的"数据黑箱"难题。智能会计可以理解为数智时代通过业财数据对企业业务运行情况的"数字孪生"，而数智预算刚好是基于历史数据对企业未来运行情况的预测，因此智能会计精细数据不仅仅解决了预算执行跟踪的实际数据问题，更大的价值在于为预算编制提供了标准和基线，也为基于"高质量历史数据＋算法"进行智能预测提供了基础。

第四节　新一代数智化预算系统应用架构和部署模式

新一代企业全面预算系统是构建在企业各类业务系统之上，同时又需要和相关业务系统进行交互实现预算控制的企业级系统。领先企业将全面预算系统定位为企业信息系统的神经系统，通过全面预算系统进行业务预测、经营模拟和分析，以快速感知企业经营情况，支撑各级管理层进行经营决策。因此，领先企业将全面预算系统视作"作战指挥系统"或者"经济运行平台"，成为各级管理者最依赖的经营管理系统。

一、新一代数智化预算系统应用架构

新一代全面预算系统的应用架构如图 12-4 所示。

（一）IUAP 平台层是企业数智化统一底座

IUAP 平台层也称为企业数智化统一底座，它是基于大数据、人工智能、云计算、物联网、移动互联网、区块链等数智技术，采用云原生、元数据驱动、中台化、数用分离等新一代技术架构，由云技术平台、业务平台、数据平台、企业服务大模型、智能平台、连接集成平台、低代码开发平台组成的企业 PaaS 平台，是企业数智化的底座。IUAP 平台为企业提供了中台化应用构建能力、多云环境下的混合云开放集成互联互通能力、技术普惠化下的低代码开发等应用快速构建能力，同时也提供开放共享的生态连接，赋能客户开展商业创新，成就数智企业，其中智能平台内置大量的预测分析模型和算法等智能化能力，可支撑企业在

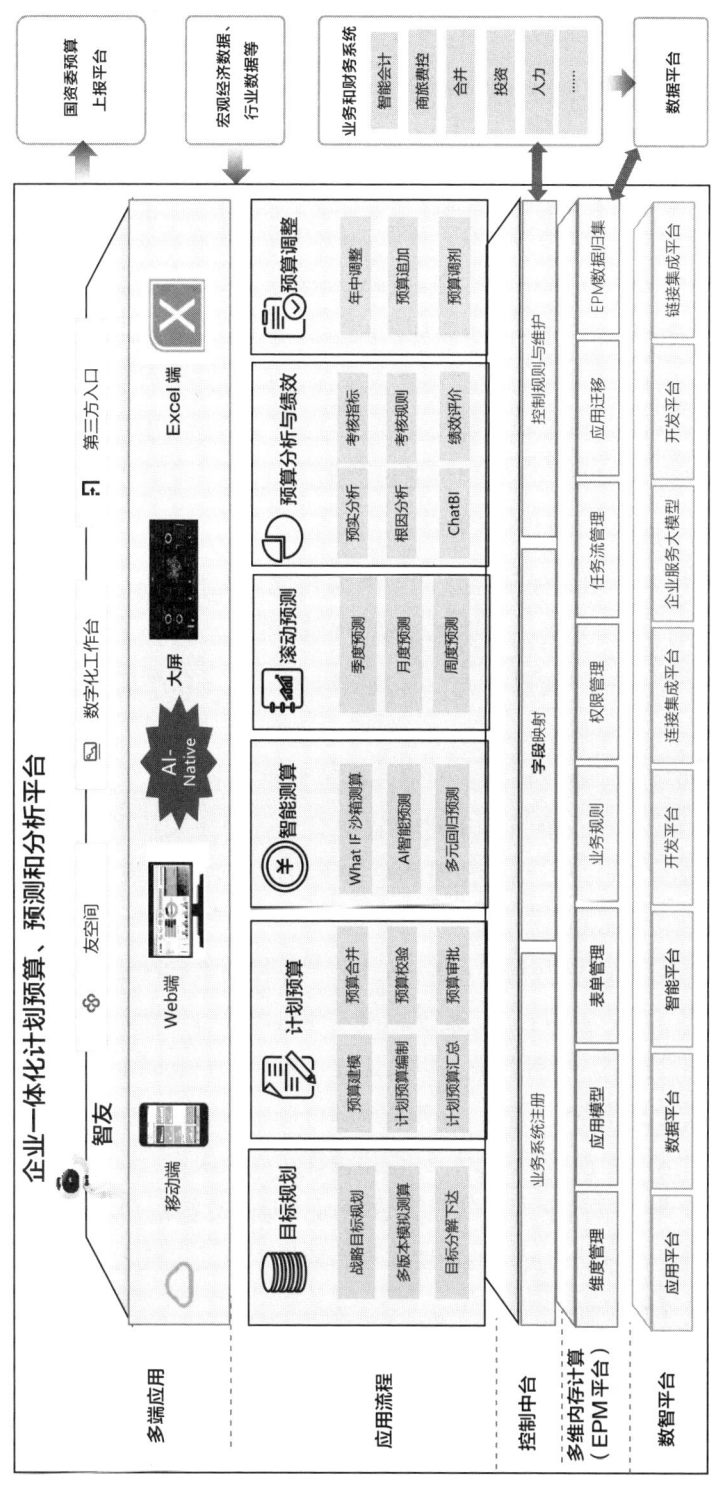

图12-4 新一代全面预算系统应用架构

预算应用层面构建各类智能预测和分析的应用场景。

（二）EPM 平台层是企业预算应用建模平台

EPM 平台层是面向企业预算系统管理员或系统实施顾问进行预算系统应用搭建和维护的平台，通常根据企业预算管理需求，可进行预算维度设置、预算建模、预算表单设计、预算权限设置、预算流程设置、预算应用迁移和数据集成。

因此，全面预算系统实施过程和 ERP 类系统完全不同，全面预算系统实施难度很大，完全是基于客户的行业特点和需求进行定制化的系统搭建、测试的过程。

EPM 平台层的数据集成是全面预算系统与企业业务系统和财务系统进行数据集成的工具。企业年度预算编制的历史参考数据、预算编制动因、预算分析所用实际数、滚动预测所用的实际数均可通过数据集成工具，通过 E（抽取）、T（转换）、L（加载）的方式进行数据集成。

（三）预算控制中台是预算系统和业务系统之间的桥梁

预算控制中台是预算系统和业务系统之间的桥梁，基于其提供的业务单据注册、预算控制策略统一设置等能力，有效解决上一代预算产品（如 Oracle、海波龙、SAP、BPC 等）控制能力不足的局限。

年度预算批复后，系统将数据锁定并推至预算控制中台，由中台和各业务系统（如商旅费控、采购、项目等）进行数据交互。如相关业务系统是异构系统，则可以在预算控制中台进行系统注册和单据字段的映射，即可实现与异构业务财务系统的对接。

财务可以在预算控制中台进行"一站式"预算控制策略设置：如控制维度（部门＋科目；部门＋项目＋科目）、控制标准（年度预算数或滚动预测数据）、控制方式（警告、刚性控制、弹性控制、以收定支等）等。完成以上设置后，业务部门在相关业务系统发起业务流程时，业务系统即可调用预算控制中台的控制规则，并返回业务系统当前可用预算是多少，是否超预算。如果未超，业务流程可以向下流转，同时将本次业务单据中占用的预算数据返回至预算控制中台进行预算额度扣减，同时这些在流程启动初占用的额度如果后期未审批通过或者未使用完，则系统也会释放回预算控制中台。

（四）预算应用层是用户开展预算工作的功能层

预算应用层是用户开展预算工作的功能层。应用层可构建企业级战略到执行的端到端流程，包括战略目标规划、战略目标模拟测算、年度目标分解、年度重点工作任务分解、年度业务计划和财务预算编制审批、预算执行控制、滚动预测、沙箱模拟测算、经营分析与绩效评估、预算调整等。预算应用层的构建过程就是预算系统实施过程。因此，全面预算客户不是买一套标准软件，而是"标准软件+定制化实施服务"，全面预算系统提供了强大的应用自定义功能，全面预算系统是否好用的关键在于服务商和客户能否一起根据企业的行业特征、管理成熟度和行业领先实践来为企业量身定制出适合企业的全面预算应用。

另外，不同用户根据使用习惯可以采用不同的端口接入，也就是支持"多端应用"，如管理层一般通过大屏或移动端跟踪预算指标执行情况，一般用户往往通过 web 端或 Excel 端进行预算编制和分析。同时，所有用户都可以唤起智能助理，进行报表的打开、数据探索式分析等，可逐步摆脱鼠标和键盘的操作。

（五）外部对接实现与外部系统的互联互通

全面预算系统的外部对接通常包括三个方面：一是通过数据集成工具获取企业内部业务和财务系统数据；二是获取国家宏观经济数据，如人口数、GDP 增速、汇率、行业发布的销量、销售额、价格等数据；三是一键上报国资委预算平台，对于央国企来说，基于企业内部预算可以自动生成国资委口径的预算，并支持"一键上报"国资委预算平台。

二、新一代数智化预算系统部署模式

对于企业，尤其是多业态、多层级的超企业来说，如何部署全面预算系统是一个非常重要的问题。通常来说，决定部署模式主要考虑两个因素：集团管控力度、系统算力和数据承载能力。基于这两个因素，企业的全面预算系统部署分为以下两种模式。

（一）信息化时代分散部署模式

信息化时代，很多大型企业通常以战略管控或者财务管控为主，加上当时的系统的算力和数据承载能力有限，这些企业通常采用集团和二级单位分散部署的方式，即总部和各子集团分别安装一套软件，内部管理和协同靠制度、靠人"软约束"的方式，集团总部的预算应用通过数据集成实现对子企业跨应用取数和数据汇总。这种模式虽然减少了大用户数并发和大数据量计算给系统带来的压力，也充分发挥了预算分级管理优势，但集团管控力度也弱化了，体现在预算主数据的标准化、数据的上下透明、实时汇总和穿透能力等方面受到影响，另外，系统的维护工作量也较大。

(二)数智化时代集中部署模式

数智化时代,在云计算充足的算力的加持下,在大数据、多维数据库和内存计算等技术的支撑下,随着国资监管要求的不断提升,一些超企业也期望强化集团管控能力,因此集中的部署模式出现了。

在集团集中部署模式下,集团和下属企业虽然共用一套主数据,但下属企业可以在集团数据颗粒度的要求下根据自身业态精细管理的要求,自主细化预算主数据,也可以根据自身管理要求自定义预算模型。集团可以通过跨模型取数将下属企业的精细数据实时汇总至集团,集团根据管控需要可以从集团粗颗粒度报表穿透至下属企业的明细报表,集团纵向条线管理和每一管理层级横向归口管理部门的管控能力均可以充分发挥,从而实现"纵横贯通"的管理要求。

第五节 新一代数智化预算系统应用场景

一、基于机器学习的战略目标测算

企业确定目标通常有两种方法:方法一是根据战略研讨,输出内容基于算术逻辑测算,方法二是基于机器学习等进行智能测算。

方法一是战略部门每年组织中高层召开战略研讨会,输出一致共识的战略规划,包括公司转型方向、转型动因、业务设计(商业模式创新)、关键举措等。财务部门基于以上输出内容在预算系统中搭建测算模型,测算不同版本的3~5年目标,并经全体中高层一致确认后,将第1年目标基于不同的动因分解至下级单位。

方法二是基于智能中台中内置的多种机器学习模型预测3~5年战略目标,基于大模型的智能体,可以深度融合企业内外部多源异构系统数据,依托AI算法构建动态预测模型,显著提升业务预测的精准度和适配性。智能体可同步销售流水、订单履约、客户信息等业务数据,利用自然语言处理技术解析外部市场报告、行业发展信息、宏观经济动态等非结构化数据。基于对内外部数据的整合梳理,可利用特征工程识别数据规律,智能匹配 Prophet 时序预测(适用于强季节性业务)、XGBoost 集成学习(适用于多变量非线性归因分析)、LSTM 神经网络(适用于处理复杂时序依赖)等最佳算法组合。根据预测需求提供完整的模型代码,基于内部数据对收入模型进行训练和调优,推演不同场景下未来时期的收入情况,并提供相关的策略建议。以国内某大型通信运营商为例,其具体应用过程和效果如图12-5所示。

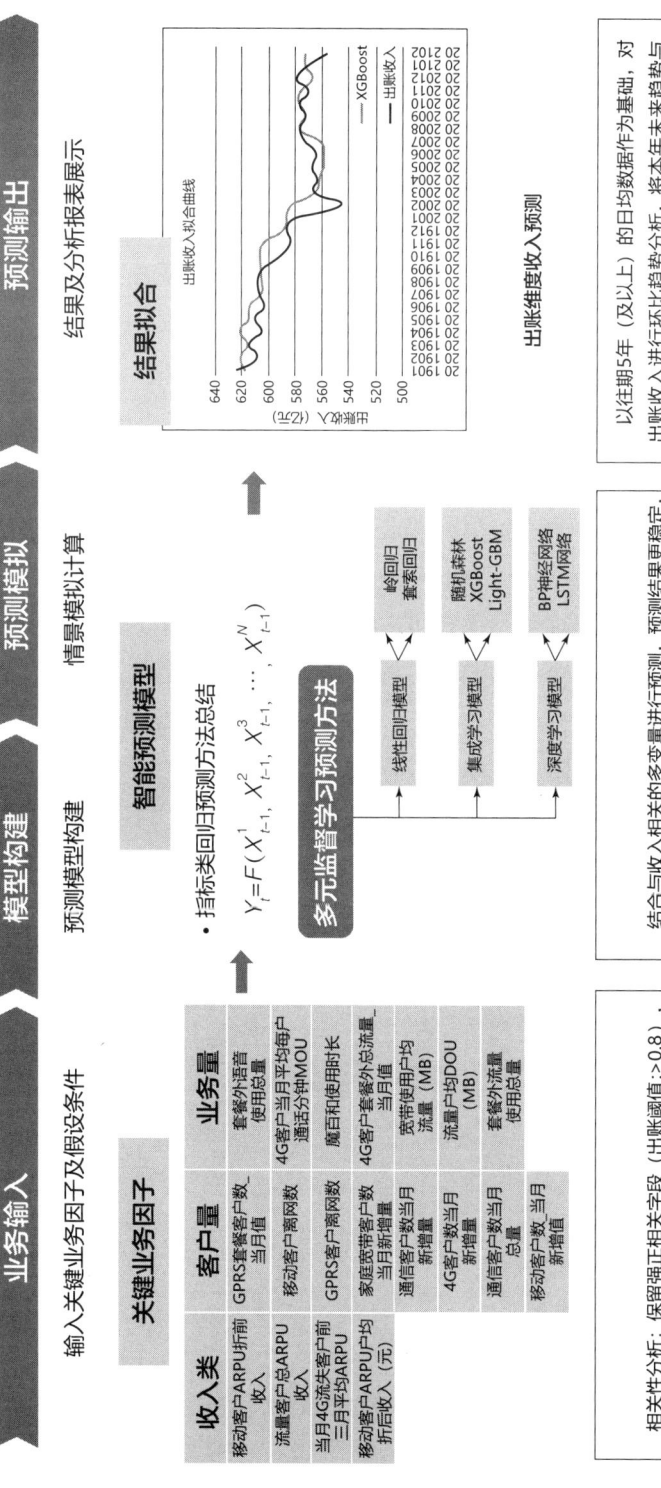

图 12-5 某企业基于机器学习的收入目标预测

二、多维计划预算实现预算纵横贯通管理

（一）战略解码重点任务制订和跟踪

企业基于战略解码制订各部门的重点工作任务，传统都是靠线下 Excel 制订，基于新一代数智预算平台可以将传统散落在各部门的计划通过统一平台协同起来，有利于公司体系化作战部署的开展，改变传统靠电话、开会沟通催办，信息不对称造成的低效模式。通过透明的协同平台，哪个部门子任务的落后造成上级任务甚至全局任务的延误清晰明了，无形中提升了企业的执行力。

（二）多部门协同的多维业务计划制订

业务计划是预算编制的起点，包括销售计划、生产计划、库存计划等，基于年度经营目标，计划部门需要组织相关部门自下而上编制明细的业务计划，如基于区域、产品、渠道、客户、月份的销售计划，基于生产基地、产品、月份的销售和库存计划等。

数智化业务计划和预算编制平台可以基于各行业特点编制业务计划，如基于去年的历史销量基数，将今年的销售目标自动分摊拆解至具体的区域、产品、渠道、客户、月份。也支持存量客户基于一定的增长率自动编制，新增客户由一线输入，一线单位可以基于附件说明新客户的开发计划。同时系统也支持企业将预算编制的要求和原则设为校验规则，不满足规则的情况下，下属单位无法向上提交预算，可以有效减少预算分工的次数，缩短编制周期，如图 12-6 所示。

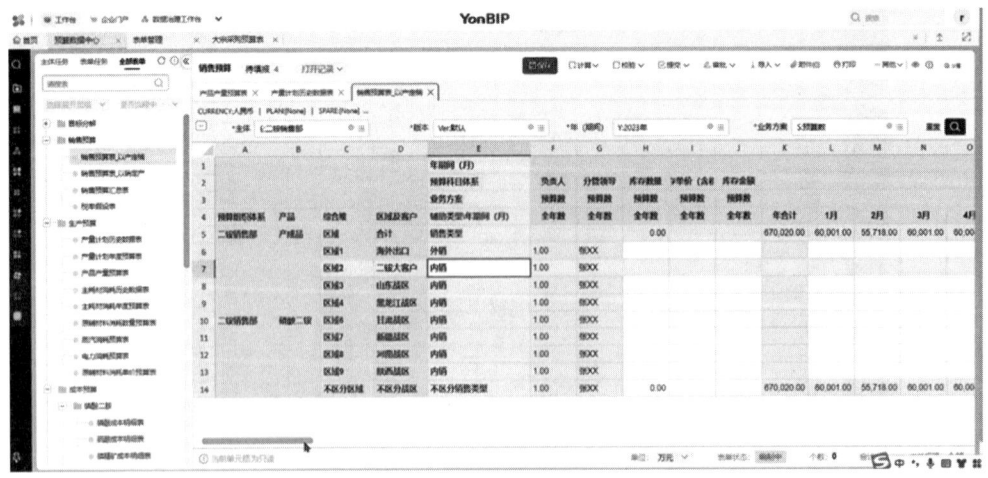

图 12-6　业务计划和预算编制平台

（三）基于智能会计生成预算定额和基线

在智能会计应用场景下，企业可以形成业财拉通、对象化、规则化、标准化的高质量业财大数据集，这些对象包括产品、工序、作业、车间、机台、班组、客户、供应商、渠道、区域等。例如，一个机台所对应的设备功率和消耗的电能，设备每隔多长时间必需的维护保养耗材，一个维护人员理论上可以看护多少台设备，每项设备的维护人员成本，机台设备每小时投入的原材料及产出物数量等，这些以机台为对象的精细的投入产出数据将为精细化的生产和成本预算编制提供基础；同理，针对不同行业的特性，选择以车间、作业、工序、产品等为对象，也可以归集出明细的投入产出信息。以供应商为对象可以归集出采购量、供应商级别、供应商信用、付款政策、质量、价格、物流成本、售后等信息，这将为采购预算的精细编制提供高质量数据基础；以客户为对象可以归集出客户信用、销量、价格、商务政策、运输成本、销售费用、服务费用等信息，这将为销售预算、售后费用预算的编制提供高质量数据基础。

（四）基于"数据+模型"智能生成预算

数字商业条件下，基于智能会计实现了对业务的"数字孪生"，基于业务对象所积累的业务数据越来越丰富，并且深度嵌入企业研发、生产、管理、决策、营销、服务等各项运营活动中，以数据为纽带将各项运营活动紧密结合、协同配合、形成合力，将基于管理者素质与经验驱动的运营方式转化为数据驱动的运营方式，从而能实现企业全面预算的自动生成，以及高效、敏捷经营。基于智能会计中台所积累的面向对象（客户、工厂/产线等）的丰富的数据，也为构建各种生成式预测模型（包括线性回归、机器学习等）提供了基础。正如业内比较流行的一句话——"无数据不智能"。因此，这就解决了"数据从业务中来到业务中去"的应用闭环，即基于业务计划和丰富精细的预算定额实现预算的自动生成，同时基于预算对业务执行进行全链路自动监控。

较传统"几下几上"的预算编制方式，基于"业财大数据+模型算法"的智能自动生成式预算具有以下三个特性。

（1）客观性：基于高质量、精细的历史数据和外部数据，基于模型和算法自动生成预算可以有效规避上下级信息不对称的风险，减少人为因素对预算编制的影响，使预算更加客观和准确。

（2）精细化：生成式预算依赖高质量、对象化的经营口径的业财大数据，可以对各业务部门和业务对象进行精细化的预算编制，提高预算的精细度和准确性。

（3）动态性：这种预算编制方法可以基于企业内外部数据的变化而变化，可以更好地适应快速变化的市场环境，以帮助企业构建动态敏捷的预算管理体系。

另外，数智化计划预算平台在云计算、多维内存计算等技术支撑下，可以有效支撑超企业集团建立纵横贯通的"大集中"式预算应用，支撑集团各层级对数据进行快速汇总，从不同视角评估集团的资源配置是否科学，极大地提升资源配置的精准度和敏捷经营能力。

（五）基于多维模型自动生成审核报表

基于多维数据库的预算系统在数据的汇总方面非常灵活，为适应集团型企业纵向条线审核、横向归口审核的要求，基于多维数据库的预算系统可以根据条线部门或者归口部门审核的数据权限，自动生成审核用报表。如IT部门条线审核各企业上报的IT投资预算；行政部门审核本企业各部门编制的办公费预算等。如果是基于关系数据库的预算系统，这一点需要设置大量的汇总计算公式才能实现。

三、一体化集成实现预算事前控制

"无预算不开支"是国资委在《关于中央企业加快建设世界一流财务管理体系的指导意见》中提出的重要要求。当前，绝大部分企业因为预算控制规则和应用场景的复杂性无法实施到位，比如需要在涉及控制的各业务系统开发预算控制功能，手工将预算数据导入业务系统进行控制，财务需要在各业务系统分散维护控制策略等，一旦控制规则有变，系统无法快速响应。因此，很多企业望而生畏，放弃了预算控制应用或者仅实施了简单的费用控制。

新一代多维数智预算平台将预算控制规则和策略的维护作为公共能力实现了中台化共享，在预算系统和各异构业务系统之间建立了一个桥梁，如图12-7所示。这不仅为财务提供了一个"一站式"维护各类预算科目控制策略的统一界面，更减轻了业务系统与预算系统频繁交互的压力，还可以快速响应控制策略变化对系统进行修改的要求。这是一个创新的架构和应用设计，有效解决了困扰企业多年的预算控制的难题。

在具体控制策略制定方面，支撑企业根据业务量进行预算控制，如针对营销费用的控制，上半年允许在一定范围内投入资源（如70%全年费用），但到了下半年，则要和业绩进行关联控制，如果业绩完不成，则费用将被冻结。

第二部分 财务数智化建设内容

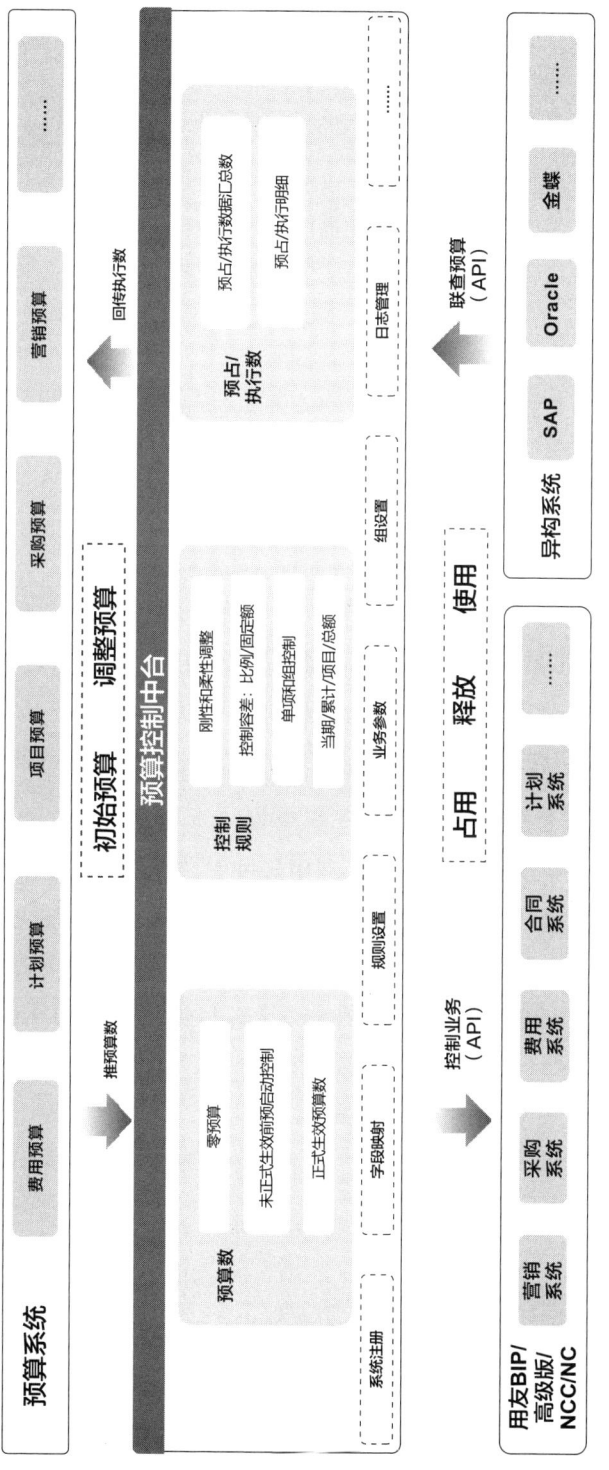

图12-7 预算控制中台应用示意图

四、T+X 滚动预测助力企业经营预测

年度预算是基于年初的市场洞察解决年度资源配置的问题，但当前企业面临越来越不确定的市场环境，必须持续洞察市场变化，对资源进行动态配置。因此，滚动预测首先要解决的是季度、月度甚至周度的资源配置问题。部分领先企业将其和月度甚至周度运营计划有机结合起来，充分发挥预算预测对企业经营的指导作用。另外，滚动预测也是企业的高效管理控制工具，它将滚动预测结果和管理报告分析结合起来，让经营者提前识别未来的经营结果与年度目标的差距，以便管理者提前采取措施。

新一代数智化预算平台可以支持企业灵活设置滚动预测的方式，如滚动周期可以滚动到季度末，也可以滚动到年底或滚动至项目结束。同时平台可以通过系统集成自动获取实际执行数，预测周期内的预测数据可以支持以下三种应用场景预测方式。

1. 基于管理经验人工预测业务动因，快速进行财务预测

在年度预算场景（Budget）之外，利用规则引擎，以 T 时点实际数据为基础，结合未来相关情况，预测 N 期（N 可以是月，也可以是季）。业务部门仅需完成关键动因的滚动调整，即可快速实现联动的业务到财务的预测，实现资源配置的动态刷新。

2. 基于业务系统数据通过数学模型进行自动预测

基于各业务系统的明细数据，利用规则引擎预置算法，自动预测未来几个月的数据。如企业基于 CRM 系统的商机及状态预测未来的签单额，如商机状态可以分为前期接触（引导需求）、评估初期（能力展示）、评估后期（能力证实）、商务合同谈判、赢单，财务可以基于历史大数据预估不同商机阶段的赢单比例，预算系统即可定期自动预测出合同额。

3. 基于历史数据进行智能预测

基于逻辑回归、决策树、随机森林、神经网络等机器学习算法，基于事项会计提供的丰富的高质量业财数据，以及通过数据集成工具快速获取宏观经济等社会化数据，预算系统通过对部分业务指标的智能预测（具体方法同场景1），以进一步缩短预测编制周期，加快预测流程。

五、基于沙箱测算的智能模拟推演

沙箱测算是指企业对不同策略下的经营情况进行模拟测算、What-if 分析、敏

感性测算，以测算不同策略下的财务结果，为管理决策提供备选方案。随着企业服务大模型能力的发展，利用大模型所具备的先进机器学习技术，企业可以模拟暂停销售、改进产品质量、提供退货补偿等策略可能对财务状况、生产计划、库存、物流等多个方面的影响；模拟产品质量提升对于销售额和退货率的影响；预测提供退货补偿对于客户满意度和再购买意愿的影响等。具体测算场景如下。

数智预算系统提供的沙箱测算和传统的多版本测算相比，最大的优势是敏捷，传统的多版本测算需要在系统中建立另外的版本，然后修改业务动因后，启动计算，才能看到测算结果。而沙箱测算可以在无须另存一套数据的情况下进行任意动因组合的测算，用户可自定义测算场景。测算数据来源丰富，可选择原始表单中的数据。运行模测算后，在测算场景下，可敏捷提醒测算数据与原始版本之间的差异，以高亮字体提示，并支持不同测算版本的对比分析。如果用户对测算结果满意，可以选择存储到系统中作为预算更新数据或者滚动预测数据。

在 YonGPT 大模型的支撑下，未来的经营分析和模拟将无须鼠标和键盘操作，更无须财务部门提前准备纸质版经营分析报告。企业的高管层将在配有大屏的"作战指挥室"，通过语音直接唤起 YonGPT 大模型，直接对系统下达经营模拟的指令，如"调整某类产品销量、降低管理费用"，企业全面预算系统将快速进行经营模拟，并以可视化的方式将模拟结果展现出来，以支持企业快速动态决策，如图 12-8 所示。

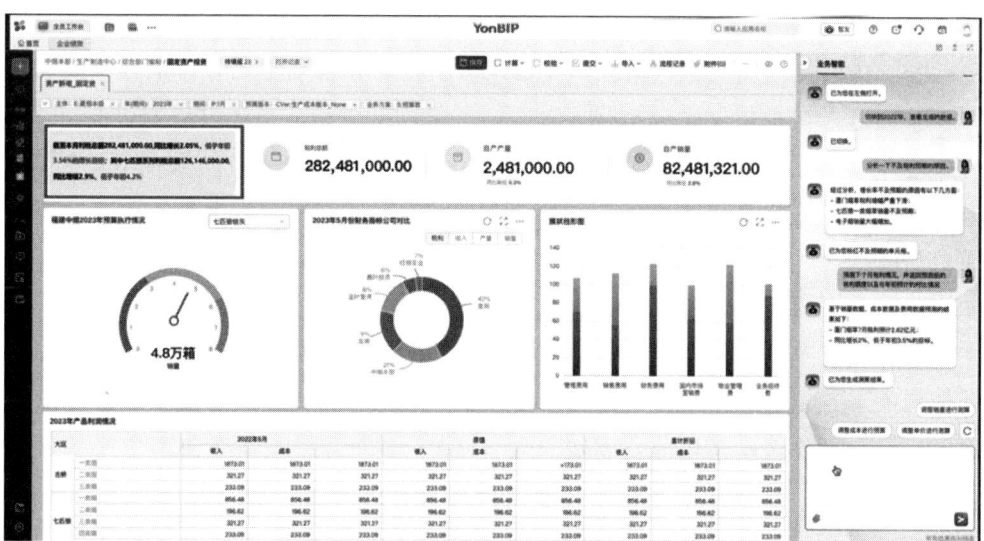

图 12-8　基于沙箱测算的智能模拟推演

六、多维预算分析满足不同角色使用

传统预算分析的难点之一在于实际数据获取难，企业 ERP 系统及财务系统无法提供可直接使用的数据，需要财务线下进行分摊、剔除、补充等，导致分析的及时性、准确性、精细度等无法满足管理要求。难点之二在于如何基于不同层级的管理要求，以可视化、多维钻取、究因分析等方式动态灵活展现数据。

数智化时代企业的会计核算系统正在从传统的信息化进阶至数智化时代。传统价值法核算正在被事项法替代，基于事项法理论的智能会计可有效实现业财数据的拉通，支撑企业精细、实时、智能地进行管理会计核算，从而满足预算分析的实际要求。

在预算分析报表的展现形式上，针对不同角色的管理人员支持不同的展现形式：

（1）为企业级管理层提供固定格式的可视化分析：数智化预算平台可以提供可视化的预算 KPI 执行预警分析，支撑集团级管理者对指标进行追根溯源的探索式分析，数据分析报表定期推送，实现从"人找数据"到"数据找人"的转变。

（2）为各部门级管理者提供固定格式的多维分析报表：数智化预算平台可以提供更明细的各类固定分析报表，分析的维度和颗粒度更加详细。除与预算比外，会引入更多的基线或基准进行比较，如去年同期、上期、最近 N 个季度（月度）的平均值，行业均值等，为管理者提供"一站式"信息，以评价业务的经营状态。

（3）为财务部门分析人员提供自助式分析报表和自动生成分析报告：数智化预算平台除了可提供固定分析报表外，财务部门的分析人员还可以通过 Excel 或 WPS 插件访问预算多维数据库，实现更加灵活的"拖拉拽"式自助分析。同时，基于实时的图表数据可为财务部分析人员快速生成 Word 分析报告，极大地提升了分析效率。

基于大模型构建的智能体实现预算智能分析。随着 Deepseek 的横空出世，基于智能体构建平台为用户提供更加便捷、高效的智能体开发环境，全面预算智能体将在全面预算数智化场景中被广泛应用。例如，在预算分析方面，智策智能体可随时访问预算多维数据库，支持"随时唤起、随叫随到和随查随有"的预算数据查询和分析。其核心能力包括：既可以通过人机对话、自然语言理解的方式，实现图表唤醒，一键打开驾驶舱等；又可以理解用户需求后深度查询数据，不依赖于表单配置、开发工作，并自动生成可视化图表；通过提示词工程可持续训练，满足企业个性化分析需求，如图 12-9 所示。

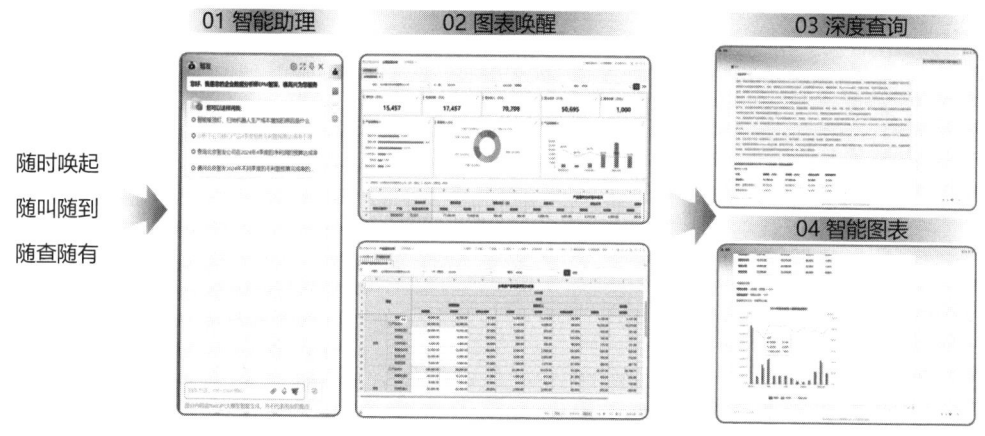

图 12-9　全面预算智能体用在预算分析领域的应用

在数据深度洞察和挖掘方面，智策智能体可理解用户需求并深度思考，利用其高效的大数据处理能力缩短数据分析周期，根据现象（利润率不高、周转率低等）关联业业务场景，基于数据链条求证影响它的业务动因，帮助用户快速发现问题本质。

七、预算考核平台实现绩效速查和预警

预算管理的核心功能是资源配置，预算考核和评价是实现预算资源配置的重要手段。数智化预算平台能够为企业各级管理者自动生成绩效指标执行数据，并结合多维数据库算法模型和智能中台算法模型快速计算绩效得分，实现各级管理者在一个平台上共享数据，满足各级管理者的绩效速查和预警，也便于上级领导对下属进行绩效辅导，一起回顾经营情况，研究改善对策。

八、多维资源评估助力资源配置更优化

除上述基于责任单位的绩效评价外，数智化多维预算系统强大的数据处理能力，也可以为企业管理者提供更多维度的评价，如产品的盈利分析、客户盈利分析、区域盈利分析、渠道盈利分析，基于多视角的盈利分析赋能企业经营策略的制定和企业资源的及时调整，让预算资源配置的功能得以充分发挥。

第十三章
数智化税务管理：精准税务　合规高效

随着国内税收法治加速建设、国际税收规则协同以及国内外税务机关持续创新税收征管数智化手段，企业在税务管理领域面临着巨大的挑战。在探索税务管理制度建设的进程中，诸多集团性企业历经变革，从早期分散且非专业化的管理模式，逐步建立集约式、专业化的管理模式，如今更是向自动化、智能化管理模式迈进，通过税务管理的数智化转型，构建企业层面的"智慧税务"管理体系。

本章将通过介绍在税收征管体系不断优化升级的背景下传统税务管理面临的挑战，剖析传统企业税务管理的优化方向，探讨如何通过数智化税务管理系统功能的应用化解"智慧税务"征管体系带来的税务合规与风控难题，实现精准、合规、高效的税务管理工作目标，从容应对复杂多变的国内外税收征管环境。

第一节　新税收征管体系对企业税务管理的挑战与机遇

当前，国内外税务机关不断创新税收征管数智化手段、加速税收法治建设与国际税收规则协同，这既给企业税务管理带来了诸多挑战，也创造了更多机遇，为企业税务管理数智化转型指明了方向。

一、"智慧税务"征管模式下企业税务管理面临的业务难点

（一）税务管理组织架构不健全

一方面，企业税务管理团队人员配备不足。部分企业未单独设立税务部门，税务管理工作全部由财务人员兼职完成；而部分企业仅在总部设立税务部门，并招聘专业税务人员负责牵头管理集团税务事宜，但在二级单位及下属单位，既未单独设立税务部门，也未招聘专业税务人员，各层级实体的纳税申报工作均由财务人员兼职完成。

另一方面，企业税务管理组织架构分散化，不能支持集团总部的税务管控需求。大多数企业尚未推行集团统一的税务管理工作制度。成员单位自主登录各地电子税务局，完成纳税申报与缴款，无须集团统一审批。税务工作流程缺乏一致性，同时也没有建立针对各级成员单位纳税申报数据的归集与汇总管理机制，使得集团在后续税收风险管控和税收优惠管理工作中缺失基础数据，无法合理开展统一的税务风控与税务规划。

（二）税务管理作业方式效能低

许多企业仍维持传统手工线下的税务管理作业方式，不仅效率低下，也无法满足集团的税务管控需求，更不用说出海企业全球运营下的税务管控需求。首先，集团内各级成员单位依赖人工完成销项开票、进项认证及各税种纳税申报表的填制等基础税务工作，耗费财务人员大量时间，使得财务人员无暇顾及税务分析与风险管控等价值创造工作。其次，不少企业的集团总部仍通过手工收集报表统计各级成员单位的纳税情况，用于开展事后税收风险管控与税务统计分析，不仅时效性差，而且数据准确性难以保障，数据颗粒度也难以对齐，致使风控分析工作推进不力。最后，集团总部的线下税收分析指标、税务管理报表样式等多变，不能连贯地反映集团内各板块、各业务实体的税务状况，导致数据分析价值低，无法满足税务决策分析需求。

（三）业务、财务、税务处理不同步

在特定交易场景下，对是否产生纳税义务与纳税义务发生时点的判定依赖对业务实质的理解，并影响后续财务上对于税金的核算。在传统企业税务管理模式下，企业的业务、财务与税务管理流程相互脱节。具体表现为业务人员在开展业务活动时，缺乏主动寻求税务专业咨询意见的意识；财务人员进行税金计提与核算操作时，未能与税务人员协同作业；税务人员获取财务核算数据用于纳税申报时，对业务实质缺乏深入探究。这样不仅影响了税金计算的精准度，还可能导致因税金计算不准确、申报缴款不及时、税务风险识别滞后产生高额的税收罚款和滞纳金。

二、"智慧税务"征管模式下企业税务管理面临的技术难点

（一）税企信息不对称压力陡增

随着数电发票、乐企平台等"金税四期"基础设施的建设，税务机关"以数

治税"的征管模式不仅渗透至企业税务数据,也逐步打通其他政府机构掌握的企业大数据,带来了巨大的税企信息不对称压力。

新一代智慧税务征管系统具备强大的数据处理能力,通过"一户式""一人式"的税务数字账户,系统能够自动获取纳税人的涉税数据,还能够高效归集、统计和分析纳税人在税务系统沉淀的交易数据、发票数据、纳税申报数据以及非税项目缴款数据等关键数据。

与此同时,从"三证合一"到"二十四证合一",税务机关运用云计算技术与海关、商务、财政、工商、公安、社保等政府机构对接,实现数据集成与信息共享,打破数据壁垒。通过整合多方政府机构的数据,税务机关不仅可以将多元化的增量信息应用于以大数据分析驱动的税务风险管理流程中,提升了税收征管的数据驱动能力,而且能了解企业沉淀在税局数字账户的税收数据与其他机构共享的股权结构、交易流水、外贸业务数据、客商关系,让企业的纳税遵从情况越来越透明、税收风险特征画像越来越清晰。

(二)企业涉税数据多元分散

虽然税务管理是企业管理流程中偏后端的一个环节,但却贯穿企业经济活动的始终,从签订合同、采购原材料、加工产品交货到售后服务,每个环节都会产生税务影响。

同样,企业在建设信息化系统时,税务系统建设也落后于业务系统、财务系统。这就导致税务系统需要采集的涉税数据分散在不同时期建设的业务系统、财务系统中,且数据格式千差万别,存储位置也不同,使税务管理系统整合这些数据的难度陡增。此外,各系统间的数据架构、数据接口标准不一,还会导致数据交互不畅、数据传输不稳定、数据质量不高等问题。

三、"智慧税务"征管体系下企业税务管理数智化转型机遇

"智慧税务"征管模式的深化应用是一把双刃剑,既给企业税务管理带来了挑战,也给企业税务管理转型升级创造了机遇。一方面,在"智慧税务"征管体系下,企业涉税数据透明度提高,便于税务机关精准监管,更精准地识别企业潜在的税务风险;另一方面,税收征管模式的数智化改造与智能化升级将从根本上推动企业税务管理模式的升级,为适配数电发票、"确认式"申报、乐企平台数字接口等"金税四期"新基建,企业只能建设税务管理系统,充分运用大数据、云计算、人工智能等信息技术,打通内部业财税系统,对接局端税收征管系统,实现

涉税数据从产生、采集、加工、转换、应用到分析全链条智能化处理，促成税务管理模式由被动遵从向主动遵从和自动遵从的转变，实现税务管理数智化转型。

（一）涉税数据管理技术智能化

企业税务管理数智化升级的必然趋势之一是智能化技术在涉税数据管理中的应用。智能化技术在涉税数据的采集、分析、处理与存储领域的深化应用，不仅可以提升税务操作效率，也可以提高税务统计、税务风险与税务筹划管理的效能。

新一代信息技术将提高企业税务管理中数据采集、分析、处理与存储全流程效率。企业只有通过数据获取技术才能及时获取来源于集团内业务、财务与税务系统的税收大数据；通过云计算技术，整合分散的业务数据、纳税申报数据、银行交易流水等数据，实现数据集成与信息共享；通过运用包括大数据、人工智能等数智化技术，进行异构系统间数据的动态交互，固化涉税数据标准、取数逻辑、计税规则等，提升税务操作的自动化处理水平；通过涉税数据训练算法模型，实时统计税负情况，动态监控税收风险，并基于业务与财务预测数据进行税负成本预算。

新一代信息技术也可以提高发票管理、税务风险识别与税务筹划分析的效能。通过税务管理系统进行销项管理，可以显著节约开票时间，提高入账效率，提升发票统计准确率，降低发票退票率，降低空白发票丢失率；通过税务管理系统进行进项管理，可以显著节约发票查验时间和认证时间，提高发票对账效率和抵扣效率，降低发票丢失率；通过数智化技术包括大数据、人工智能、移动互联等提升涉税数据挖掘与分析利用能力，识别税务风险、统计税负成本与筛查税收优惠，可以显著提升税务风险监控与识别的精准性、涉税数据归集的时效性以及确保税收优惠享受的及时性。

（二）税务遵从模式逐步自动化

企业税务管理数智化升级的另一必然趋势是与税务机关税收征管系统的无缝衔接，实现纳税遵从自动化处理。根据经济合作与发展组织（OECD）发布的《税收征管3.0：税收征管的数智化转型》，税务机关的税收征管系统将嵌入纳税人的原生系统，税务征管流程也将与纳税人的原生系统适配，促成即时税收征纳，确保税务遵从。这一趋势也与当前中国税务机关推行的"金税四期"的改革方向相印证。

早在 2018 年 3 月，国家税务总局就发布了《国家税务总局关于发布财务报表数据转换参考标准及完善网上办税系统的通知》（税总发〔2018〕32 号），要求省税务机关升级其网上纳税申报系统。同时，为了确保全国范围内处理的协调一致，税总发〔2018〕32 号还定义了财务报表数据转换参考标准（1.0 版），并保持定期更新。

当前，税务机关逐步向纳税人不断开放接入税务征管系统的 API 接口和技术框架支持。除了目前已向符合条件的企业纳税人开放接入的数电发票用票能力的乐企平台外，税务机关也在纳税申报等其他开放接口推进方面持续发力。通过开放这些接口，企业能够将自身的业务系统、财务系统与税务征管系统进行深度对接，使企业与局端的税务数据交互更加顺畅高效。

（三）税务管理服务全面共享化

企业税务管理数智化的另一必然趋势是整合集团税务人员资源，将集团内除属地化税务职能以外的税务流程集中到集团税务共享中心进行处理，实现税务管理的模式升级和服务全面共享化。

税务共享模式是指依托统一基础数据库与税务信息化系统构建统一的税务共享平台，制定并实施标准化的涉税业务流程、集中化的数据处理模式与自动化的税务风险监测体系，形成数据共享、人员共享与知识共享的垂直化集团税务管理模式。统一的基础数据库与税务信息化系统是税务共享的技术支撑，标准统一的涉税流程是税务共享的前提，通过集中数据、人员与税务知识，税务共享可以实现企业涉税数据集中处理、涉税事项统一与税务风险自动监控。

税务共享模式分为部分职能集中式和全面集中式。实践表明，通过完全集中的税务共享模式进行税务管控，可以集中税务管理资源，减少属地化税务管理职能人员，降低运营成本；可以推动税务合规管理标准建设，提高税务处理流程的自动化程度；还可以打通税务信息沟通渠道，解决业务、财务与税务处理流程分离带来的信息不对称问题，从而提升集团整体视角下的税务规划能力与税务风险管控能力。因此，企业可以根据自身税务管理需求及基础，以全面税务服务共享化为目标，分阶段地进行税务职能的集中。

第二节 业财税深度融合：企业涉税数据管理体系搭建

数据是数字经济的核心，也是企业的重要资产。随着我国税务征管逐步进入

"金税四期"时代以及数字经济发展进入关键时期，涉税数据治理成了企业税务信息化建设和数智化转型至关重要的一步。

一、企业涉税数据管理体系的总体架构

企业涉税数据管理体系是一套涵盖数据采集、存储、处理、分析、应用、安全存储等多个环节的综合性管理架构，旨在对企业生产经营过程中产生的各类涉税数据进行标准化管理与运用，从而实现企业税务管理的高效性、合规性与智能化。

企业涉税数据管理体系汇聚、治理涉税数据，挖掘分析并提供给业务前台部门应用。涉税数据管理体系按照"数出一源、一源多用"的管理理念，构建在技术平台、数据资源池之上，利用涉税数据平台，向内外部提供一致的涉税数据服务。整体蓝图如下。

不断迭代的数智化技术应用于税务涉税数据的全面采集、精准计税、高效分析、安全存储等环节，不仅可以减少手工操作，提升税务操作效率，还可以加速业财税数据融合，提高涉税数据采集、转换、分析的准确性与时效性，高效算税，精准识别税务风险，辅助企业制定合规、合理的税务规划策略，挖掘税务数据价值（见图13-1）。

二、企业涉税数据管理体系的建设路径

企业将生产经营中各要素和各流程环节形成的各种涉税数据，以及经营过程中的实物流和资金流形成的"信息流"，按照税务法规和内部管理的要求进行标准化。通过定义涉税数据分类要求和存储机制，利用数据采集管理、数据质量管理、数据仓库模型建立、数据最终展现等功能，在企业数据中心建立统一的涉税数据结构，形成涉税业务"标准数据库"，为采集全面、规范的业务数据打下基础。

（一）建设目标

企业涉税数据管理体系建设的目标是构建一个系统化、规范化、信息化的涉税数据管理平台，实现涉税数据的全面采集、准确记录、安全存储和高效利用，确保税务合规性，提升税务管理效率，支持企业的决策分析，最终推动企业的可持续发展。

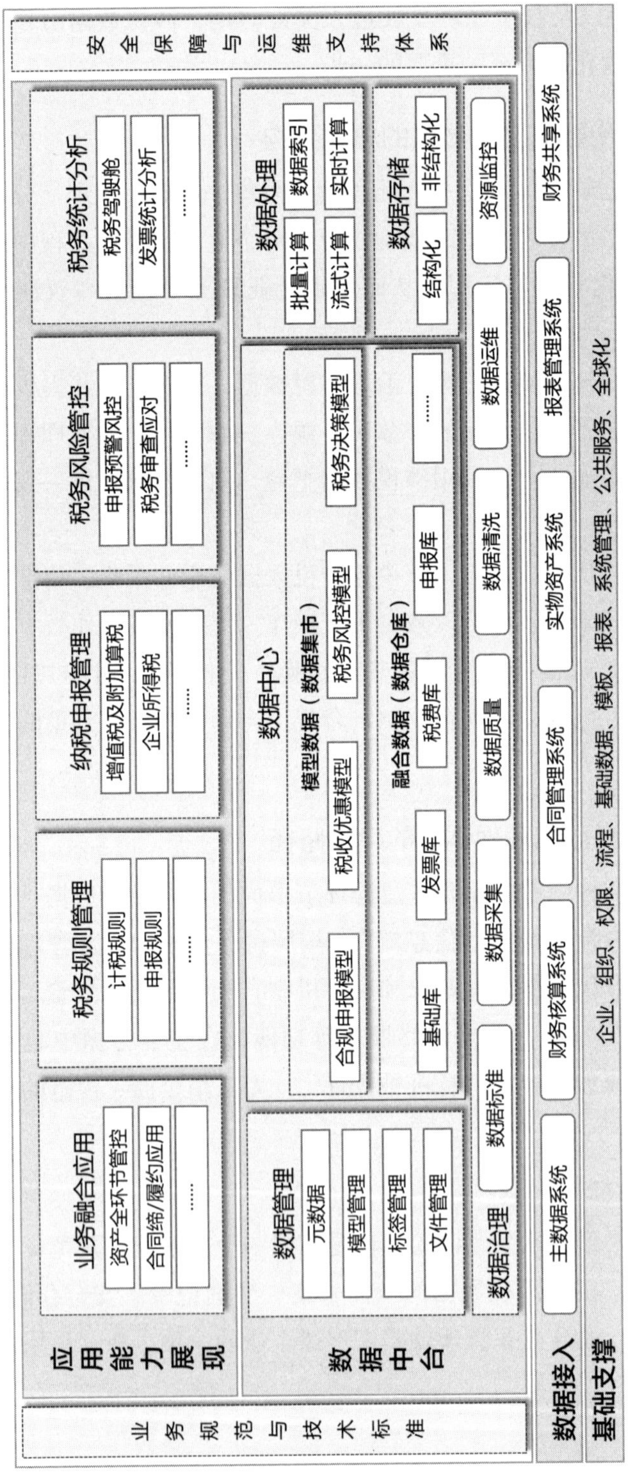

图13-1 企业涉税数据管理系统蓝图

（二）建设路径

1. 统一数据标准

涉税数据标准是进行税务数据标准化建设的主要依据。构建一套完整的涉税数据标准体系是开展数据标准管理工作的良好基础，有利于打通数据底层的互通性，提升涉税数据的可用性。在贯穿整个数据的集成、管理、存储、治理等过程中，需要提供有效数据访问、数据处理、数据归档等一系列标准规范，它是整个税务信息化平台的数据基础。

2. 涉税数据集成

涉税数据集成是对涉税数据的采集、抽取、清洗、装换、加载等一系列功能的简称。涉税数据集成是对分散在各业务系统、财务系统不同层级间涉税数据的下发、下载、同步集成功能，通过建立统一完整的数据集成环境，实现设计、部署、配置、管理的统一化、集中化、自动化，进而全面实现涉税数据集成功能。

涉税数据集成需要将各种不同应用系统的涉税数据，按照统一的涉税数据集成平台所设计的格式进行数据的抽取、加载、转换工作。合理可扩展的体系结构可以保证对各种数据存储和集成方案的兼容性，方便数据集成平台系统的实施。

涉税数据集成需满足离线计算、实时计算、集成分发等多种需求，并进行全程状态监控。

3. 强化数据治理

数据治理旨在提高涉税数据资产的效能，为涉税数据应用提供持续性支持，通过人员结构的调整、数据标准的制定、管理制度的执行等工作，使系统中的各种技术工具达到有机的整体协调，更有效地通过技术手段实现对数据资产的维护。

数据治理包括数据标准管理、元数据管理、数据资源目录管理等内容。通过数据治理可以有效地发挥元数据管理的优势，进一步完善数据质量监控和数据运维机制，逐步实现全程数据的监管。

数据标准管理包括主数据模型的建立，实现主数据映射，通过分发实现整体主数据的全流程管理和维护。

元数据管理包括元数据获取、元数据查询检索和关联分析等基础功能以及数据链路分析等应用模块，并通过元数据服务接口为数据质量管理、分析系统等应用提供辅助支持。

高质量涉税数据能够确保税务申报的准确性和合规性，为企业的税务决策和风险管理提供可靠依据，从而支持企业的稳健经营和可持续发展。

4. 数据资产后续管理

数据资产管理从数据资产盘点出发，厘清数据之间的关系，建立数据资产管控的标准和体系，形成涉税数据的资产地图，为数据进一步的应用和挖掘奠定基础。

三、企业涉税数据管理场景应用示例

在合同与税务的涉税数据管理场景下，企业通过合同系统获取相关涉税数据，贯穿合同缔约、履约全周期（见图13-2）。

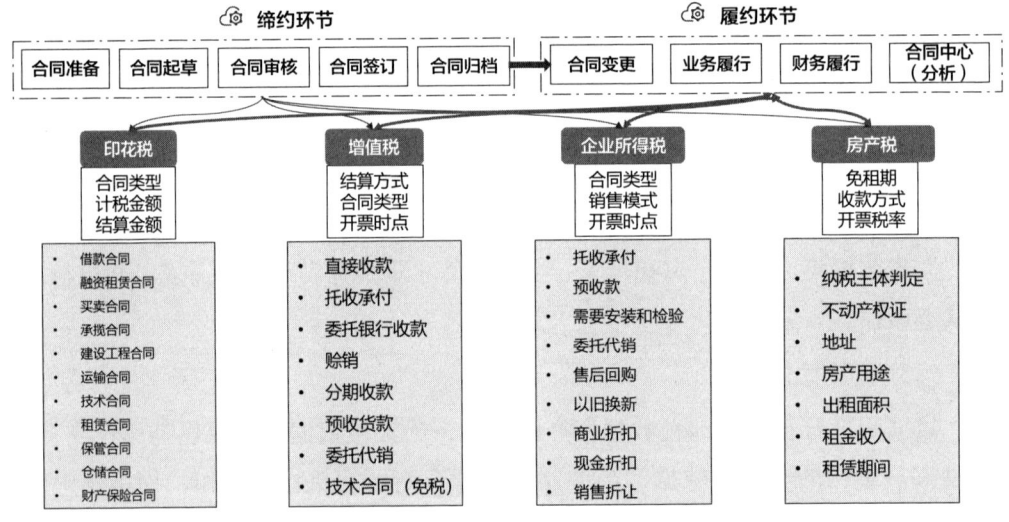

图 13-2　合同缔约、履约环节的企业涉税数据管理

（一）合同缔约环节

1. 交易性质与税种

在合同谈判初期，根据业务实质判断交易属于销售货物、提供劳务、转让无形资产、不动产等何种类型，进而明确适用的税种，如增值税、企业所得税等。例如，软件开发业务，若合同约定软件著作权归受托方所有且可对外销售，则为销售软件使用权，适用增值税；若著作权归委托方所有且不对外销售，则为技术服务，适用不同的税率。

2. 合同主体信息

根据合同双方的名称、纳税人识别号等关键信息，判断与税务登记信息是否一致，检查发票开具是否合规。如企业名称变更后未及时更新合同信息，会影响税款抵扣和纳税申报，可能引发税务风险。

3. 合理约定合同价款条款

明确合同价款的金额、支付方式、支付时间等，对于价外费用、混合销售、兼营等情况做出清晰界定。比如在销售商品时，若存在运输、安装等价外费用，在合同中明确其金额及计税方式，避免因价外费用未计入销售额导致少缴税款。

4. 确定发票开具要求

约定发票的类型、开具时间、内容等细节。如对于增值税专用发票，明确开票项目、税率、金额等要素，确保发票与合同内容、实际业务相符，便于受票方进行进项税额抵扣。若合同未约定发票开具要求，可能使受票方无法及时取得合规发票，影响税前扣除和资金结算。

5. 考虑税收优惠政策

结合企业自身情况和业务特点，关注可享受的税收优惠政策，并在合同中体现相关内容，以降低税负。例如，对于符合条件的技术转让业务，可在合同中明确技术转让的范围、金额等，以便享受免征增值税和企业所得税的优惠。

（二）合同履约环节

1. 监控业务执行与纳税义务发生

在合同履行过程中，实时跟踪业务进展情况，依据合同约定和业务实际发生的时间节点，准确确定纳税义务发生时间，及时申报缴纳税款。如建筑施工合同，根据工程进度和收款情况，按照增值税规定计算并缴纳相应税款。

2. 发票管理与流转

督促合同双方按照约定及时、准确开具和接收发票，确保发票的流转与业务流程相匹配。对于分阶段付款的合同，根据付款进度和业务完成情况，分批开具发票，避免发票开具与资金收付、业务交付脱节，造成税务风险。

3. 成本费用核算与税前扣除

企业依据合同约定和实际发生的业务支出，准确核算成本费用，并收集、整理合法有效的税前扣除凭证,如发票、合同、验收单等,以便在企业所得税汇算清缴时进行税前扣除。若合同履行过程中产生的费用未取得合规发票,将无法在税前扣除,增加企业所得税负担。

4. 关联交易税务处理

对于存在关联关系的企业之间的合同履约,严格按照独立交易原则进行定价和结算,确保交易价格公允,避免通过关联交易转移利润、逃避税收。税务机关会对关联交易进行特别纳税调整,若企业不能提供合理的定价依据和合同执行证据,可能面临补缴税款和被罚款的风险。

5. 合同变更与税务调整

当合同在履行过程中由于各种原因需要变更时,如调整合同价款、延长或缩短履行期限、变更交易内容等,应及时评估变更事项对税务的影响,重新确定纳税义务、发票开具和税前扣除等相关事宜,并按照规定进行税务申报和调整。若合同变更未及时进行税务处理,可能导致税务申报不准确,引发税务风险。

(三)合同退出环节

1. 结算与尾款处理的税务事宜

在合同履行完毕,进行最终结算时,要关注尾款的支付和发票开具问题。对于因质量扣款、违约金等导致的尾款调整,明确其税务处理方式,如质量扣款是否冲减销售额、违约金是否需要缴纳增值税等,并据此进行税务申报和发票处理。

2. 合同终止或解除的税务处理

若合同因故提前终止或解除,要根据合同约定和相关税法规定,确定已履行部分和未履行部分的税务责任。对于已开具发票但未完全履行的合同,可能涉及发票的红冲或作废等操作;对于已缴纳的税款,若因合同终止导致业务实质未发生或发生改变,还需考虑申请退税或抵税等事宜。

3. 后续税务风险排查与应对

在合同终结后,要对整个合同周期的税务处理进行全面回顾和排查,检查是否存在未申报、少申报税款、发票使用不规范、税前扣除不准确等问题。若发现问题,及时采取补救措施,如补缴税款、更正申报、补充税前扣除凭证等,避免因历史遗留的税务问题引发税务稽查风险。

第三节　涉税交易规则化：从税法自动遵从到智能遵从

企业涉税数据管理体系的搭建，界定了数据采集、存储、治理和应用等关键环节，为企业税务管理数智化转型奠定了坚实的数据基础。在此基础之上构建涉税交易规则模型，能够有效搭建涉税数据管理与税务智能应用之间的桥梁。

一、涉税交易的税务管理现状与挑战

（一）涉税交易的税务管理现状

在早期的税务管理阶段，企业主要依靠既定的流程和系统设置来实现纳税遵从的自动化。例如，在发票管理环节，企业运用增值税发票管理系统，按照规定的格式和要求开具发票，系统会自动校验发票内容是否符合税法规定，诸如税率的选择、金额的计算等；在纳税申报环节，企业财务人员依据会计核算数据，按照税务机关规定的申报表格和填报规则，将相关数据填入系统，系统会自动进行逻辑校验，以确保申报数据的基本准确性。

然而，这种纳税遵从模式存在一定的局限性。首先，它高度依赖人工对业务的判断与录入。在复杂的业务场景中，人工判断可能出现偏差，比如在一项涉及多种税率的混合销售业务里，财务人员可能由于对税法条款理解不够透彻，错误地划分业务类别，致使税率适用错误。其次，传统的纳税遵从模式主要适用于相对固定、明确的税法规则，却难以快速适应不断变化的税收政策和复杂的特殊业务场景，无法准确、合规地进行税务处理。例如，税收优惠政策的频繁调整，可能导致企业无法及时在系统中更新相应的判断逻辑和计算规则，从而错过享受优惠的机会，甚至错误的享受优惠。

（二）涉税交易规则化的挑战

涉税交易规则化是指将复杂的税收法规、政策和业务流程转化为计算机可执行的模型和算法，以便系统能够自动判定涉税交易的纳税义务、匹配应税行为的计税规则并执行税金计算或税务复核，实现税务计算自动化、税务风险识别或税收优惠匹配智能化。在人工智能技术不断深化发展的背景下，涉税交易规则化是税务管理数智化转型的必然趋势。

在推进涉税交易规则化的过程中，企业面临着数据质量、系统集成和人员保障等关键挑战。第一，数据质量问题，如不准确、不完整或更新不及时，会严重

影响税务处理的准确性。企业应建立完善的数据质量管理流程，明确各环节责任人，设置数据监控程序，定期清理数据，并将数据质量纳入绩效考核。第二，系统集成方面，企业常面临现有系统兼容性差、集成成本高和维护升级难的问题。为此，需深入进行需求分析，选择合适的硬件和软件资源，加强团队沟通协作，确保系统长期稳定运行。第三，人员保障问题，员工能力的培养也是数智化系统顺利上线并应用的重要一环，企业应开展全面培训计划，包括技术、实践能力、综合素质、职业发展和团队建设培训，提升员工对新系统和新技术的理解与操作能力。

通过将标准化的税务规则深度嵌入企业的业务流程及信息系统，企业在日常运营中能够实现对税法规定的自动且精准遵从，同时借助智能化技术手段智能筛查潜在的税务风险和可适用的税收优惠，显著提升税务管理效能。因此，涉税交易规则化，不仅能大幅提高企业税务管理的效率与准确性，还在降低税务风险、优化企业资源配置等方面发挥着至关重要的作用。

二、涉税交易规则化的应用路径

涉税交易规则化的前提是在企业内部搭建数据共享平台，打破财务部门与业务部门之间的数据壁垒，确保税务管理系统可以及时、准确地获取交易信息，进行纳税义务判定，自动匹配结构化的涉税交易规则。

在数据融合的基础上，企业需要全面梳理业务活动相关的现行有效的税收法律、法规、政策以及实操口径，将其转化为逻辑表达式、决策表或规则引擎语言等，并利用数智化税务管理平台的技术能力将税务规则预置到税务规则引擎中，开放给业务系统、财务系统在业务发生时调用，实时评估纳税义务，计算应交税金，使税务控制点前置到业务环节。

此外，企业需紧密依据涉税交易规则，全面梳理内部税务管理流程，并将涉税交易规则嵌入企业税务管理流程。例如，在采购流程中，应清晰明确取得合规发票的具体要求，详细规范进项税额抵扣的具体流程以及精确的时间节点；在销售流程中，针对不同销售模式，制订严格规范的纳税义务确认流程，确保涉税业务基于结构化的涉税交易规则进行税务处理；在企业重组、并购等重大涉税交易流程中，要制订详尽的专项管理流程，从交易前的规划阶段，到合同签订、资产交割的关键环节，都需要嵌入税务影响评估流程，以便开展税务规划，明确交易双方的税负承担义务，优化整体交易成本。

三、涉税交易规则化的应用场景示例

随着数智化技术的发展，涉税交易规则化成为实现从自动遵从到智能遵从跨越的关键。智能遵从借助大数据、人工智能、区块链等技术，将涉税交易中的各类规则进行深度挖掘、梳理和转化，使系统能够自动识别业务场景、匹配适用税法规则，并进行准确的税务处理和风险预警。为了更直观地理解涉税交易规则化如何助力企业实现从税法自动遵从到智能遵从的转变，下文将通过讨论几个具有代表性的涉税交易规则化场景，深入探讨涉税交易规则化在数智化税务管理中的价值。

（一）研发费用精准归集与优惠计算管理

在创新驱动发展的时代背景下，大型集团企业的研发投入持续增加。2024年3月24日召开的国务院常务会议决定，将符合条件行业企业研发费用税前加计扣除比例由75%提高至100%，并作为制度性安排长期实施，这使得研发费用的税务管理变得尤为关键。

对注重研发投入的企业，可通过数智化税务管理平台，融合企业的项目、人力、资产、财务核算等相关系统，标记研发过程中的研发领料、研发人员、研发使用的资产等，实现研发费用一发生就自动按项目归集，或按系统的分摊规则自动分摊后归集至项目上，并自动生成或获取法规要求的留存备查材料，以支撑税收优惠享受过程的合规性，防范税务风险，实现税法的智能遵从（见图13-3）。

首先，企业可以通过系统建立详细的研发项目库，对每个研发项目涉税事项进行独立编码与跟踪管理，如研发项目属于自主研发或委托研发，是否涉及境外委托研发等。在费用发生时，系统会根据《国家税务总局研发费用税前加计扣除新政指引》等税务政策的深度学习，自动判断费用是否属于可加计扣除的研发费用范围。例如，对于研发人员的薪酬支出，系统通过与人力资源管理系统对接，获取人员岗位信息、工作时间分配等数据，准确判断研发人员薪酬中可计入研发费用的部分。对于研发过程中使用的原材料、设备折旧等费用，系统会依据费用发生的时间、项目归属等信息，自动进行分类归集。此外，涉税交易规则也可以帮助企业实时监控研发费用的归集，判断是否满足高新技术企业认定标准，帮助企业及时发现研发项目管理中的异常情况。

（二）固定资产加速折旧智能判定与动态管理

2014年9月24日召开的国务院常务会议部署完善固定资产加速折旧政策，

图13-3 研发费用精准归集与优惠计算管理方案

以促进企业技术改造和创业创新。自该政策出台后，资产加速折旧及一次性税前扣除政策一直是相关人员讨论的热点话题。从政策层面来看，可享受资产加速折旧、摊销及一次性扣除的行业范围、资产范围十分广泛。然而，根据实际观察，在实务操作中，真正落地享受该优惠政策的企业占比并不高。部分企业认为，享受该政策需要对资产进行全生命周期的税会差异管理，不仅会增加工作量，而且仅起到递延缴税的效果，因此并不倾向于使用。还有部分企业担心，享受该优惠政策会不会面临税务机关更为严格的监管，如果企业财务人员对政策理解不够透彻、操作不合规，反而会给企业带来损失。

针对上述普遍存在的顾虑，企业可考虑通过涉税交易规则化方式加以解决。在购入固定资产时，企业能够借助规则引擎，自动识别新增资产是否符合加速折旧条件，如是否属于特定行业设备或满足一定价值标准等。对于符合条件的资产，系统根据企业选定的加速折旧方法（如双倍余额递减法、年数总和法等）自动计算每期折旧额，并在财务核算中与会计常规折旧方法进行比对，自动生成纳税调整记录，与企业所得税预缴、汇算清缴申报进行联动管理。同时，涉税交易规则引擎还能持续跟踪固定资产的使用状态，如维修、改造、报废等情况，一旦状态发生变化，立即重新评估折旧计算的准确性，以确保享受该优惠政策的合规性与税会差异管理的准确性，实现税收优惠应享尽享的目标（见图13-4）。

此外，如企业在税务亏损状态下或在免税期时享受加速折旧、摊销，则虽然前期可抵扣较多的折旧、摊销费用，但对企业现金流没有明显的影响，等到后续实际获取利润、需要缴税时，可以抵扣的折旧、摊销费用反而变少，则无法充分利用资产加速折旧、摊销政策缓解现金流压力的作用。因此，在进行固定加速折旧智能判定时，可将企业的盈利情况、可弥补亏损、其他在享受的税收优惠等条件均纳入涉税交易模型中进行综合分析，以保障企业享受最大程度的税收优惠减免。

（三）基于独立交易原则的关联交易管控

大型集团企业内部通常存在大量的关联交易，如母子公司之间的产品销售、劳务提供、资金借贷等。如果这些关联交易的税务处理不当，极易引发税务风险。例如，在关联企业之间的资金借贷业务中，若借款利率不符合独立交易原则，税务机关可能会进行纳税调整，要求企业补缴税款并加收滞纳金。

在传统的自动遵从模式下，企业虽然会制订一些内部关联交易的税务处理规范，但在实际执行过程中，由于业务的复杂性和人工操作的局限性，很难全面确

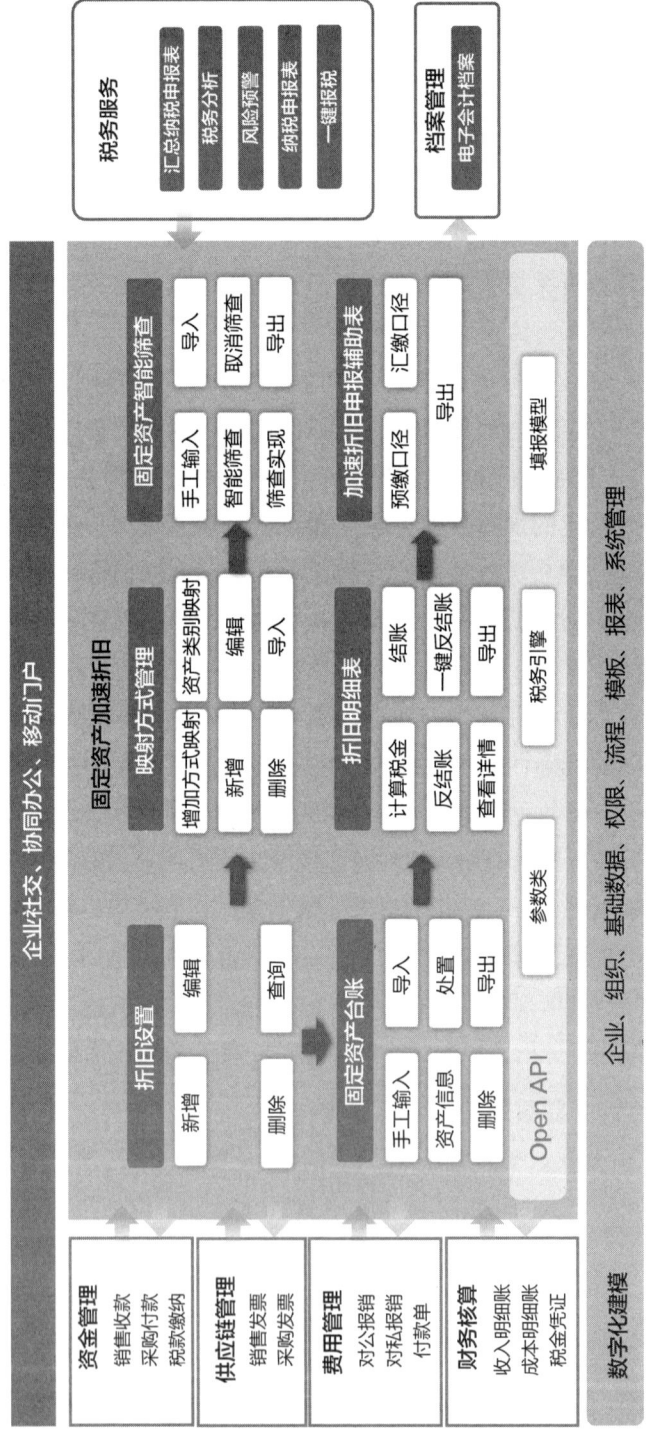

图 13-4 固定资产加速折旧智能判定与动态管理方案

保每一笔关联交易的税务合规。例如，在计算关联企业间劳务费用时，可能因对劳务成本的核算不准确或未能充分考虑市场公允价格，导致劳务定价不合理。

通过涉税交易规则化构建智能遵从体系，企业可以对集团内部关联交易进行全流程记录和监控。每一笔关联交易的详细信息，包括交易双方、交易内容、交易金额、定价依据等，都被实时记录，以确保数据的可追溯性。同时，利用人工智能算法对海量的关联交易数据进行分析，与行业标准、市场数据进行比对，自动识别出可能存在税务风险的交易。例如，当系统发现某笔关联资金借贷的利率明显偏离市场平均水平时，会立即发出风险预警，并提示企业财务人员进行进一步核实和调整。此外，系统还能根据预设的税务规则，自动对关联交易的税务影响进行模拟分析，帮助企业在交易发生前合理规划税务安排，降低税务风险（见图13-5）。

第四节　出海跨境多组织：企业集团全球税务共享运营管理

一、出海企业全球税务共享运营管理的背景

在"一带一路"倡议、工业现代化、全球供应链重构以及地缘政治等多重因素的推动下，众多中国企业正通过"走出去"战略，积极拓展海外市场，迈入全球化发展的新纪元。然而，随着全球化的深入，出海企业也面临着日益复杂的税务管理挑战，尤其是国际税收政策和海外各国税制的复杂性导致税务合规难度陡增。为有效应对全球税务风险，出海企业必须重视全球税务管理数智化建设，以提高全球税务管理的合规性，进而提升出海企业全球竞争力。

（一）出海企业税务管理转型的驱动力

1. 国际税收征管数智化转型加速

近年来，数智技术的迅猛发展正深刻影响着国内外的税收征管领域，促使其迅速向数智化、智能化的全新阶段迈进。涉税数据与先进技术、税收业务实现了前所未有的深度融合，共同编织出一张高效、精准的税收管理网络。通过智能化分析和处理海量涉税数据，结合尖端科技的应用，境内外税务机关的税收征管工作变得更加高效、精确，有力保障了税收治理体系的稳健运行。

为应对数字经济带来的税收征管难题，2020年底，经济合作与发展组织第十三届税收征管论坛（FTA）召开线上会议，提出税收征管3.0的理念。其主要

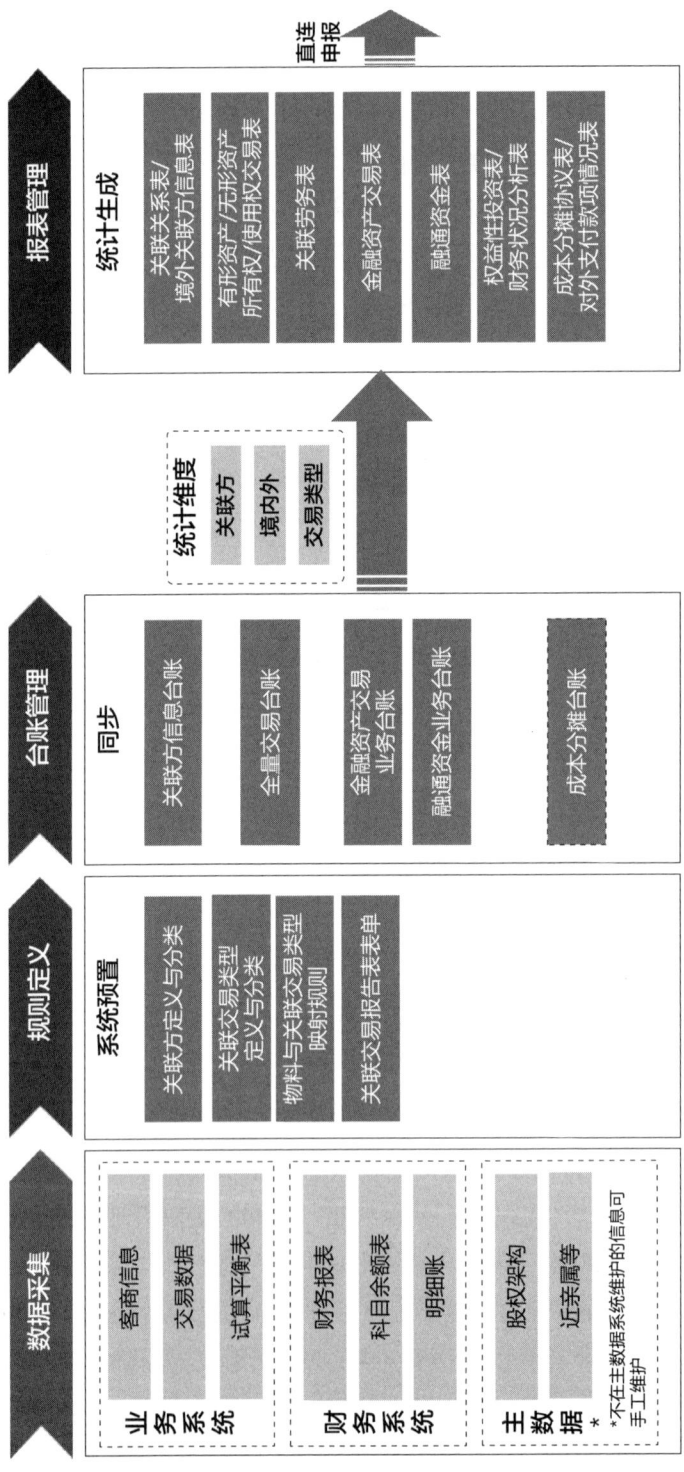

图13-5 关联方及关联交易智能判定与分类管理方案

设计目标是尽可能使用纳税人自身会计系统或软件等受信任系统导出的数据，弥合税收征管各个环节，显著降低因税收征管流程与纳税人日常业务流程差异而带来的遵从成本，实现即时征纳。其构成模块如图13-6所示。

目前世界各国都在积极探索、推进符合本国国情的税收征管数智化转型之路。根据经济合作与发展组织发布的《税收征管2023：经合组织与其他发达经济体和新兴经济体的比较信息报告》，针对全球58个发达经济体和新兴经济体在税收制度及征收管理数智化转型进展进行了调研，其中已有87%的税务机关建立自然人纳税人和企业纳税人的数字身份系统，以便纳税人自助获取税收征管服务，同时为税务机关和其他政府机关提供数据服务；已有50%的税务机关根据交互所需的安全级别使用不同的身份验证；约85%的税务机关创建涵盖税务登记、提交纳税申报表、缴纳税款等多个税务环节的API，将税收征管嵌入纳税人的原生系统；约95%的税务部门使用数据科学和分析工具，进行纳税评估与风险预测。通过运用大数据、AI和机器学习等技术手段，税务机关对大型数据集管理越来越得心应手，税务机关税收征管系统的计算能力越来越强。

2. 国际税收征管制度变革加速

在国际税收征管制度领域，"双支柱"成为绝大多数国家应对数字经济下税收征管问题的首选解决方案，已有138个税收辖区支持。"双支柱"规则不仅是经济发展与合作组织搭建的具备广泛国际共识的国际税收规则，可以响应不同税收辖区在全面处理经济数智化带来的税收挑战，还可以有效兼顾不同发展阶段经济体的税收利益，形成稳定可预期的国际税收体系，消除单边措施下全球贸易形势恶化的风险。

最新动态显示，OECD于2024年6月发布了支柱一金额B报告的最新指南，同时还发布了确保支柱二下全球最低税规则一致实施和适用的补充指南，包括支柱二第四套《征管指南》、CbCR安全港指南以及GloBE规则合格地位指南。支柱二全球反税基侵蚀规则计划在2023年底落地生效，适用于全球合并报表年收入超过7.5亿欧元的跨国企业。据此，部分在全球布局供应链的出海企业需从2024年1月1日起或豁免期满后收集纳税数据用于填报GloBE信息申报表。

因此，出海企业必须提前考虑诸如BEPS2.0"双支柱"规则对于集团海内外税收成本的影响，组织税务专家进行政策研究，并与数智化工程师配合，及时完成BEPS2.0双支柱规则的数智化建模并嵌入税务管理系统中，以便提前完成潜在

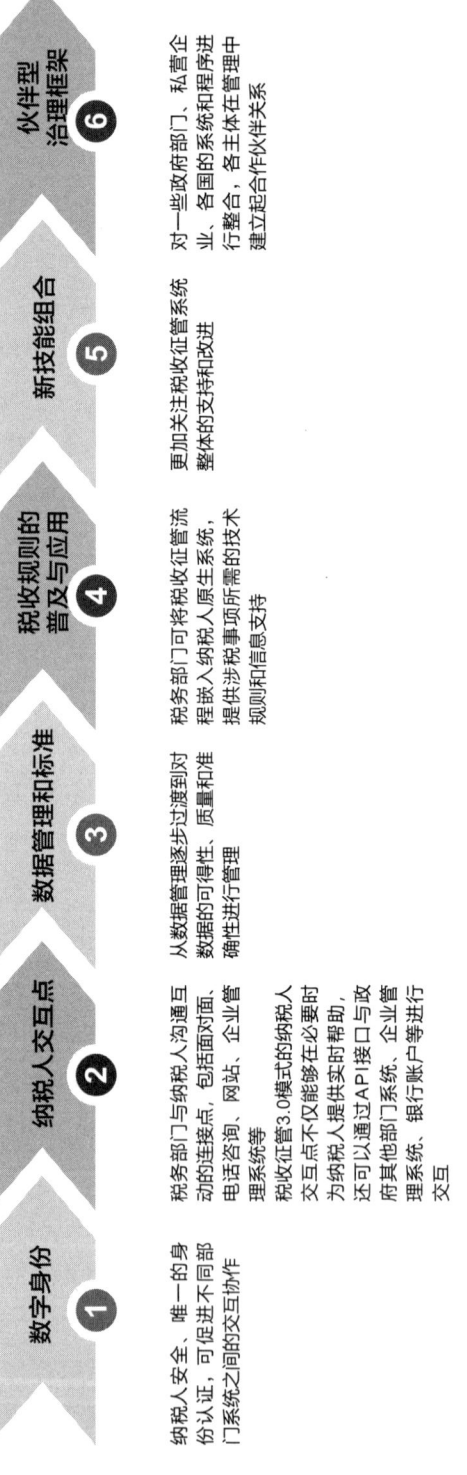

图 13-6 税收征管 3.0 模式的构成模块

税务影响评估，并适当调整境内外交易结构、税收优惠申请等战略规划。

（二）出海企业税务管理面临挑战

国际与海外各国的税收征管数智化转型、税收征管政策更新给出海企业跨境业务和海外业务的税务合规、风险管控、争议解决及数智化转型等管理带来了极大的挑战。

首先，纳税合规管理难度大幅增加。在全球化运营过程中，中国总部的首要任务是确保海外分子公司开展跨境业务和海外业务时遵守当地税收管辖区的税法，包括但不限于：税收政策（比如纳税义务、纳税义务发生时点、计税规则、减免税规则）、税收征管方式（比如税收居民身份登记、代扣代缴）、国际税收政策（比如双边或多边税收协定、关贸协定、BEPS2.0双支柱规则）等。随着出海业务涉足的国家越来越多、业务模式越来越复杂且各国信息披露要求不断提高，出海企业需要投入更多的资源来履行纳税申报义务与税务信息披露义务。如果缺乏系统化的数据采集机制，而是单纯依赖个人或传统的信息收集方式，可能导致涉税数据收集不准确，资料准备、报表填报等过程费时费力。

其次，跨国税务争议解决愈发复杂。由于各国税制的差异，出海企业在海外开展业务活动时，容易因关贸管制、跨境电商纳税义务、技术转让或技术许可征税问题等事项产生税务争议。这些争议主要围绕双重征税、税收抵免、税收饶让、税收优惠、反倾销与反补贴调查等问题。企业需要在充分了解当地税收政策及税局/海关管理口径的前提下，综合应对税收争议，可以通过税务抗辩参与反补贴与反补贴调查，避免加征关税，必要时也可以通过政府进行应诉，提交行业性的答卷与证据，进行抗辩。

最后，税收征管数智化转型带来的税企信息不对称压力陡增。随着数字经济形势下税收征管难度的提升，各国政府也逐步拓展税收征管数智化手段的应用。为应对全球税务征管数智化转型带来的税企信息不对称压力，税务管理数智化转型是提升出海企业税务管理水平的关键手段。通过建立企业内部的数智化税务管理系统，一方面，出海企业可以更便捷地获取业务相关的税收政策，更高效地推送给海外财税人员学习和运用，更准确地处理海外开展业务涉及的纳税义务；另一方面，出海企业集团总部也可以自上而下搭建集团内统一的涉税数据标准、涉税数据采集流程、税务分析指标，通过数据管控出海企业海内外实体的业务情况、纳税情况与税务风险情况。

二、出海企业全球税务共享运营管理的应用场景

在国际税收政策变革与国际税收征管数智化转型的驱动下，出海企业可以立足于集团总部全球税务统筹、数据集中的税务管控方向，通过应用数智化技术，搭建包含税务知识中心、税务数据中心、税务运营中心、税务分析中心、税务风控中心的全球税务共享平台，实现对全球多国家、多组织、多税制下的税务管控，打造集纳税申报、税务分析、风险监控等多功能于一体的数智化税务管理平台，推动全球税务管理向智能化、数智化和共享化的方向迈进（见图13-7）。

（一）全球税务知识管理

在出海企业全球化布局的投前阶段，全盘的税政调研对于出海企业集团总部开展合理的税务规划至关重要。除了跨境交易、海外业务活动涉及的进出口关税义务、海外流转税纳税义务、海外实体的所得税纳税义务、对外支付的源泉扣缴义务等税收规则，全面的税政调研还应对包括投资目的地针对海外业务活动的准入限制、税务架构设计与优化、海外业务实体的设立类型要求、税收优惠或税收返还的申请条件、转让定价政策规定与执行口径，以及资本退出的税务处理与限制性条件等方面进行研究，以确保集团全球化业务布局的税务合规性和效益性，避免因对投资东道国当地政策了解不足而造成额外的投资成本和时间成本，甚至做出错误的投资决策。与此同时，税政调研过程中积累并经业务验证的海外税制也为数智化税务管理平台的计税引擎搭建提供了可靠的一手信息来源。

（二）全球涉税数据管理

考虑到税务机关间的信息共享使得税务遵从的透明度与合规性要求日益严格，出海企业亟须在全球化税务共享平台中建立全球税务数据中心，统一涉税数据管理流程，通过涉税数据集中，实现集团统一的税务管控，确保集团税务管理的合规性与合理性。

首先，出海企业可以组建由业务税务BP组成的涉税数据管理中心，负责涉税数据标准的收集、整理与对齐，具体包括涉税数据的范围、来源、颗粒度、分析维度等，并将成型后的涉税数据标准汇报给集团数据资产管理委员会。其次，出海企业可以在全球税务共享平台中设置统一的涉税数据标准，明确各类税种涉税数据的采集范围、规范涉税数据格式、制定涉税数据编码规则、确立涉税数据采集与传输流程，并确保涉税数据传输、存储满足各国数据合规要求。

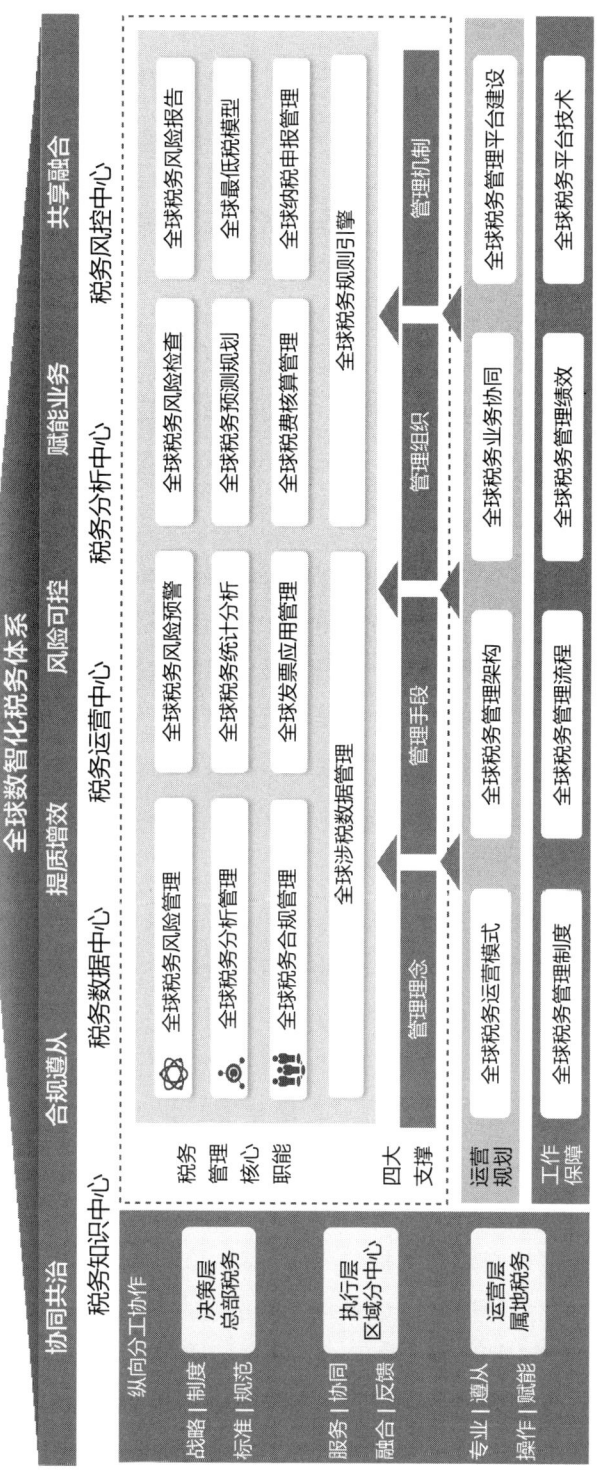

图 13-7 出海企业全球税务共享蓝图规划示例

（三）全球税务运营管理

出海企业可以通过全球税务管理平台对接电子税局或数字政府提供的开放数据接口，构建业财融合的全球税务运营中心。

全球税务共享平台通过 API 接口、模板导入等方式，按照不同税种的申报周期归集全球业务实体的业务数据、财务数据与发票数据，并基于计税引擎中的税务规则自动计算应交税金、基于可用的税企直连接口智能填报纳税申报表。在出海企业集团的领先实践案例中，集团可以通过全球税务共享平台收集全球业务实体的发票数据，在数智化程度较高的国家或地区，实现税金自动计算、申报表自动生成并通过税务机关开发的数据接口完成一键报送；在未推广纳税申报自动化的国家，也可以协助海外税务专员完成税金计算，用于线下纳税申报表的填报。

（四）全球税务分析管理

出海企业还可以在全球税务共享平台搭建集团所需的多维度税负分析模型、全球最低税分析等模型工具，协助集团在业务拓展过程中全面把控集团全球税务合规状态，同时通过对业务、财务、税务等多口径数据的对比分析，为集团投资并购交易、税收优惠申请等重大事项提供数据支撑。针对重大筹划事项，数智化税务管理平台将定位可优化的税务事项，形成集团总部决策所需的税务影响测算支持；针对新市场、新投资、新交易、新业务模式等，全球税务管理平台将提供业务层级的税务影响分析数据支撑。

（五）全球税务风控管理

在全球税务共享平台聚合业务数据、财务数据、发票数据、纳税申报数据的基础上，出海企业还可以建立全球税务风控体系，在全球数智化税务管理平台定制化设计集团公司风险指标体系，设计各税种税务风险监控分析模型，明确风险防控指标、数据来源、计算方法及风控模型等，并在税务流程中设置风险控制点，加强事前预警、事中监控及事后应对与管理。

在税务机关发起税务稽查或检查的场景下，全球税务共享平台的风控中心可以融合集团税务外部检查管理流程和功能，支持发生税务纠纷的企业将纠纷现状录入系统，并根据纠纷解决进展适时补充信息，为全球税务纠纷的文档留存、持续动态管理提供信息支持；在出海企业内部发起税务自查的场景下，出海企业集团总部通过全球税务管理平台下发税务自查任务，收到自查任务的境内外实体税务业务人员通过系统响应任务，运用系统工具编制税务自查报告。

第三部分

AI+ 财务应用和展望

第十四章
智能技术在财务领域的进展

第一节　财务智能化进展

财务智能化经历了电算化、ERP、数智化的三个发展阶段。每个阶段都代表了技术进步与财务管理理念深化的结合,标志着财务工作的不断进化。

1. 电算化阶段

电子计算机技术的应用推动财务工作从手工记账转向电子化,实现了三大突破:数据存储数字化、计算方式自动化、处理效率指数级提升。这一变革显著提高了数据处理效率和准确性,解放了财务人力,为后续发展奠定了基础。

2. ERP阶段

ERP系统的普及推动财务流程自动化,呈现出三大特征:业务流程标准化、规则引擎智能化、系统集成化。进入ERP阶段后,通过预设的程序和规则,财务流程中的多个环节,如账务处理、报表生成开始自动运行。这种变化进一步减少了人工干预,提高了工作效率和连贯性,确保信息的及时更新。

3. 数智化阶段

在数智化时代的大潮中,财务职能已然超越了传统基础操作的范畴,转而聚焦于运用大数据技术进行实时深度分析,为业务决策提供有力指导。通过对销售数据、成本构成以及资金流动等关键信息的精细剖析,财务部门能够为业务部门提供关于定价策略的合理性、库存管理的优化方向以及市场拓展的潜力挖掘等方面的精准而深刻的见解。

与此同时,财务大数据的融入为企业管理注入了新的活力,推动了业务与财务的深度融合与管理模式的优化升级。管理层得以基于更为全面、细致的数据支撑，制定出更具前瞻性和针对性的战略规划，从而全面提升企业的运营效率与竞争力。

智能化财务系统以其强大的实时监控与分析能力，成了企业财务风险防控的得力助手。它能够迅速捕捉并分析财务数据中的异常波动，精准识别潜在的风险点，并及时向管理层发出预警信号，助力企业及时发现并有效应对各类财务风险，确保企业财务安全的稳固无忧。

智能化技术的广泛应用，也悄然改变着财务人员的角色定位。随着自动化与智能化技术在财务领域的深入渗透，传统的事务性财务工作正逐渐被这些高效工具所取代。在此背景下，财务人员需要积极适应这一变革趋势，将更多的精力投入高价值的财务分析与决策支持工作中去。他们不再仅仅是记录与核算的"账房先生"，而是逐步转型为企业的"战略伙伴"与"业务顾问"，在企业的战略决策与业务发展中发挥着重要而独特的作用。

财税大模型的兴起：面对智能化的需求，财务大模型应运而生。这类模型具备强大的数据分析能力，能够整合大量财务及相关业务数据，揭示数据间的潜在联系和规律，为企业提供深入的财务洞察和决策支持。它们不仅能够全方位评估企业的财务状况并预测未来趋势，还能帮助企业提前做好规划，有效应对各种潜在风险。

与此同时，针对特定领域的"小模型"也在发挥重要作用。这些模型专注于具体业务场景，具有高度灵活性和快速响应的特点。例如，在产品成本变动趋势预测或短期资金需求分析等方面，"小模型"能够迅速给出精确的结果，助力企业的精细化管理。

第二节　财税大模型

财税大模型是融合前沿技术与海量专业知识的创新产物，旨在通过大数据和人工智能技术为企业提供智能化财税管理和服务支持。这些模型不仅利用先进的算法对海量数据进行深度挖掘与分析，还经过专业训练和精调，以确保能够提供高度精准且智能化的服务（见图14-1）。

目前构建财税大模型的技术途径主要包括：大模型Prompt（通过定义场景的提示词、加上FewShot例子），大模型Agent（创建能执行复杂任务的代理），大模型RAG(检索增强生成技术)，大模型微调（提供少量的微调数据微调大模型），以及大模型后训练（使用大规模数据集训练基础模型）。在企业应用中，根据不同的任务以及企业资源情况选用不同的方法来构建大模型，从而更好地支持企业数智化转型应用需求。

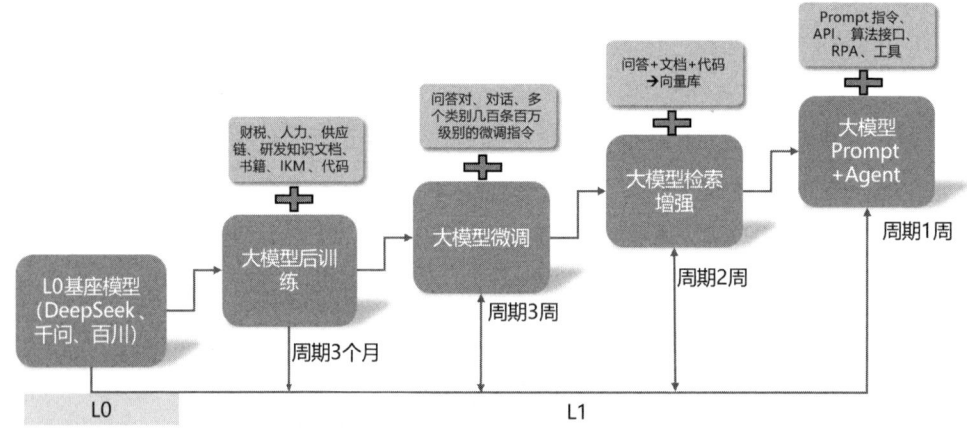

图 14-1　构建财税大模型的几种途径

1. 大模型 Prompt（提示语）

大模型改变了我们使用 AI 的方式。过去，不同的 AI 算法有不同的输入输出方式，现在，大模型通过统一的提示语（Prompt）让我们更容易与之交互。这就像有了一个智能助手，只要输入合适的提示语，它就能帮我们完成各种任务。大模型是通过上下文学习（In-context learning）技术来实现通过提供的自然语言指令或者提示语中的个别任务示例引导，在没有额外训练和参数更新的情况下，生成与指令或示例相符的期望输出。

在财务场景中，用户可以设计一个提示语，让大模型自动分析财务报表。比如：

> 请按照以下步骤分析财务报表：
> 分类识别：区分报表中的收入与支出大类，说明每个类别包含的具体项目（如营业收入、投资收益、研发支出等）；
> 数据提取：提取各项目金额并计算占总收入/总支出的比例，标记占比超过 15% 的核心项目；

> 趋势对比：对比最近三个季度的数据，指出增长率超过20%或下降率超过10%的异常波动项；
>
> 关联分析：检查高支出项目是否与收入增长项存在直接关联（例如营销费用与销售收入的关系）；
>
> 总结观察：最终列出前三大收入来源和前三大成本项，并说明它们对企业盈利能力的综合影响。
>
> 说明：
>
> 通过分步引导明确分析维度（结构/比例/趋势/关联）；
>
> 要求量化判断标准（15%、20%等阈值）；
>
> 强调逻辑推导过程而非简单罗列数据；
>
> 输出时自动生成带注释的表格和结论性陈述。

好的提示语设计要考虑清楚你想让模型做什么，以及怎样运用它的能力。

为了提升模型的表现，我们还可以使用更高级提示语的方法，比如思维链，让模型一步步推理出答案。这些高级方法可以通过自动提示工程（APE）来生成和优化。

企业用大模型Prompt实现企业应用，实施周期一般一周以内。需要客户不断优化Prompt来提升整个应用效果。一般不是特别复杂的智能财务场景，可以使用这种方式实现。

2. 大模型Agent

大模型Agent是一个可以自主行动的智能实体，它不仅能理解用户指令，还能根据环境做出决策并执行任务。在财务场景中，用户可以创建一个Agent来自动监控账户余额，它会在余额不足时提醒用户。在税务场景中，它可以自动收集所需文件，准备税务申报。

为了让Agent更有效地使用外部工具（如API），研究者们开发了各种训练方法，比如Toolformer，让模型学会何时使用工具以及如何设置参数。

3. 大模型RAG（检索增强生成模型）

大模型RAG结合了信息检索和大模型生成的能力，能够从外部知识源中检索相关信息，并生成更准确的回答。由于大模型训练的数据不能及时更新，通过

RAG可以将最新的互联网数据或者企业内部数据引入，并使用上下文学习来提升大模型效果。在财务场景中，RAG可以帮助用户查找最新的财务法规和政策，并根据这些信息给出合规建议。在税务场景中，它可以检索相关的税务法规，确保你的税务申报准确无误。

4. 大模型微调

微调是将预训练后的大模型适配到具体任务上的过程。在财务场景中，用户可以对模型进行微调，让它更好地理解财务报表中的专业术语和数据结构。在税务场景中，微调可以帮助模型更准确地理解税务法规和计算规则。

微调包括指令微调和对齐两种方式。指令微调使用针对目标任务构建的指令格式语料集来训练模型；对齐则使用经过人类反馈校准的语料将模型的行为与人的价值观、偏好对齐。

训练方式：在预训练模型的基础上，使用标注好的财务、税务数据进行微调，通常是<问题+指令数据，回答>这样结构化的数据。

训练数据规模：微调所需的数据量比预训练要少得多，通常需要几百到数万条标注数据来确保微调效果。

5. 大模型后训练

后训练通常是在大模型基座模型基础上，利用文本数据进行二次预训练。目前的财务大模型都是在某个基座大模型上融合专业的财务、税务等专业数据训练而成。后训练目前是构建垂类大模型的基础步骤，它决定了模型的基本能力和泛化性能。在后训练阶段，预训练不仅要加入专业数据，同时也需要加入一定配比的通用数据，这样保证模型在学到专业能力的同时，还能保持通用大模型的基础能力。

训练方式：使用大规模的无标注数据进行预训练，通过不断迭代和优化来提升模型的能力。

训练数据规模：通常需要数十亿到数百亿条无标注数据，以确保模型的预训练效果。这些数据可以来自财务、税务领域的各种文本资源，如报告、法规、新闻等。

训练周期：大模型后训练根据数据不同、GPU资源不同，时长也不同。通常周期大约为3个月左右。

第三节 财税小模型

一、预测分析模型

预测分析模型利用历史数据与先进算法,精准预估财税领域的核心指标,助力企业做出前瞻性决策。

1. 收入预测

销售趋势分析:运用时间序列模型(ARIMA、Prophet)及深度学习模型(LSTM、Transformer),捕捉销售数据的趋势性和季节性特征。最新进展包括 Temporal Fusion Transformer(TFT),它能有效整合静态与动态特征,显著提升预测精度。

新业务潜力评估:针对新业务或产品线,采用贝叶斯网络和蒙特卡洛模拟处理数据稀缺性挑战,结合迁移学习技术,复用相似业务场景的历史数据,提高预测可靠性。

客户价值预测:集成 RFM(最近购买时间、购买频次、购买金额)模型与深度学习算法(如 DeepFM),通过客户行为数据预测其未来收入贡献,为精准营销和客户关系管理提供依据。

2. 成本与开支预测

原材料成本趋势:结合时间序列分析(如 GARCH 模型)与供应链大数据,运用图神经网络(GNN)优化供应商关系管理,实现原材料成本的精准预测。

人力成本规划:利用回归分析与深度学习模型(LSTM),结合薪酬结构、员工流动率等数据,评估人力资源政策的影响,辅助人力资源规划。

运营开支控制:整合宏观经济因素(通胀、利率变动)与企业历史开支数据,采用梯度提升决策树(XGBoost)构建预测模型,提升开支控制的精细化水平。

3. 现金流管理

短期现金流预测:基于时间序列模型(Prophet)与轻量级机器学习算法(LightGBM),实现 1~3 个月的现金流精准预测,支持日常运营决策。

中期财务规划:结合生产计划、投资计划与市场趋势,采用蒙特卡洛模拟评估现金流的不确定性,为中期财务规划提供科学依据。

长期财务展望：运用 DCF（折现现金流）模型与深度学习技术（Transformer），整合市场趋势、战略规划等因素，预测企业长期财务健康状况。

二、风险管理模型

风险管理模型通过数据分析，识别、评估并应对财税领域的潜在风险，保障企业财务安全。

1. 财务风险监控

偿债能力评估：结合财务比率分析与机器学习算法（随机森林、XGBoost），动态监控资产负债率、流动比率等关键指标，预警潜在的偿债风险。

盈利能力分析：利用深度学习模型捕捉毛利率、净利率等盈利指标的动态变化，结合 SHAP 值解释模型，提高盈利分析的透明度。

运营效率提升：通过财务比率与机器学习算法分析应收账款周转率、存货周转率等运营效率指标，识别运营瓶颈，提出改进建议。

2. 税务合规管理

政策变动预警：运用 NLP 技术（BERT、GPT），实时监测并分析税务政策文本，预测政策变动对企业的影响，提前规划应对策略。

合规性审核：集成规则引擎与机器学习算法（决策树），自动检查税务申报的合规性，降低税务违规风险。

税务筹划优化：采用贝叶斯网络与蒙特卡洛模拟，评估不同税务筹划方案的合理性和风险，为企业提供最优税务筹划建议。

3. 市场风险管理

利率与汇率风险：运用时间序列分析（GARCH 模型）与深度学习算法（Temporal Convolutional Networks），预测利率和汇率的波动趋势，为外汇管理和债务管理提供决策支持。

行业竞争态势：通过 NLP 技术（BERT）分析行业动态报告，结合图神经网络（GNN）构建行业竞争关系图谱，帮助企业把握市场趋势，制定竞争策略。

三、OCR 与文档自动化处理

OCR 技术在财税领域的应用，极大提升了发票、财务报表及税务文档的处理效率，降低了人工干预成本。

1. 发票识别与管理

增值税发票处理：采用深度学习模型（CRNN、Transformer），结合图像增强技术，实现增值税发票关键信息的快速准确提取。

特殊发票类型支持：利用领域自适应技术，扩展 OCR 系统的适用范围，有效识别机动车销售发票、海关专用缴款书等特殊格式的发票。

2. 财务报表解析

结构化数据提取：结合 OCR 与 NLP 技术（LayoutLM），从资产负债表、利润表、现金流量表中自动提取结构化数据，为财务分析提供基础。

语义理解与关联：运用知识图谱技术，建立财务报表数据之间的语义关联，实现数据的自动化分析和可视化呈现。

3. 税务文档处理

纳税申报表识别：采用多模态学习模型，同时处理文本和图像信息，提高纳税申报表的识别精度和效率。

税务通知与公告解析：利用 NLP 技术，自动提取税务通知中的关键信息，辅助企业快速响应税务政策变化。

四、智能分类与数据治理

智能分类模型在财税数据治理中发挥着重要作用，实现了费用、税务与财务报表项目的自动化归类，提高了数据处理的准确性和效率。

1. 费用分类管理

功能性与性质分类：结合机器学习算法（XGBoost、LightGBM）与规则引擎，实现销售费用、管理费用等费用的自动化分类，优化费用管理。

成本习性分析：运用聚类算法（K-means、DBSCAN）区分固定成本与变动成本，为成本控制提供科学依据。

2. 税务分类与流程管理

税种与纳税主体识别：集成规则引擎与机器学习算法（随机森林），自动识别流转税、所得税等税种，以及纳税主体的类型，简化税务管理流程。

征管流程自动化：采用序列模型（LSTM），处理纳税申报、税款缴纳等征管流程数据，实现税务管理的自动化和智能化。

3. 财务报表项目分类

资产与负债分类：结合机器学习算法（XGBoost）与规则引擎，实现流动资产、非流动负债等财务报表项目的自动化分类，提高报表分析的准确性。

所有者权益管理：采用深度学习模型（BERT），处理实收资本、未分配利润等复杂所有者权益项目，为股东权益管理提供有力支持。

财税小模型通过预测分析、风险管理、OCR与文档自动化处理、智能分类与数据治理四大技术模块，全面提升了企业财税管理的智能化水平。随着多模态学习、因果推断、图神经网络等前沿技术的不断融入，财税小模型正逐步向更加智能化、场景化、生态化的方向发展，成为企业数字化转型的重要支撑力量。

第十五章
用友 AI 的发展

第一节 用友 AI 的整体进展

用友 AI 经过多年的发展，已经形成一个能够全面赋能企业数智化转型的智能平台，作为企业数智化体系中的智慧大脑，其架构分为四个层次：智能基础平台、模型与算法、应用框架及智能产品，旨在支持各类领域和行业的智能应用开发和服务调用。用友 AI 根据客户的应用场景抽象出四大方向——业务运营、人机交互、知识生成与应用生成，并细分为八个类别：分析洞察、智能审核、审批决策、知识伴随、智能预测、人机交互、知识生成以及应用生成（见图 15-1）。

在底层，用友 AI 构建了一个结合大模型平台与传统机器学习平台的智能基础平台，确保数据管理、算力分配、模型训练、评估优化、推理过程直至发布与运维等环节均能高效共享资源。这一平台不仅支持大规模模型训练，同时也适用于传统的机器学习和深度学习算法训练，为上层应用提供了坚实的基础。

基于此智能基础平台，用友 AI 进一步开发了包括 Agent、RAG 及智能服务在内的应用框架，从而催生了智友和友智库这样的智能平台产品。这些产品和 AI+ 领域、AI+ 行业形成的解决方案类产品共同构成了一个强大的智能产品矩阵，助力企业实现数智化转型。

对于企业而言，用友 AI 的产品和服务能够带来多方面的价值，包括成本降低、效率提升、流程优化、风险防控、科学决策以及业务创新（创造增量），通过 AI+ 企业服务，促进智能从"辅助工具"向"核心生产力"的价值跃升。接下来会分别展开这几个部分进行介绍。

图 15-1 智能平台 YonAI：企业数智化大脑

第二节　YonGPT 企业服务大模型

YonGPT 用友企业服务大模型是用友融合企业各个领域专业知识和各类行业商业技术诀窍，经过大量业务数据的预训练和精调的企业服务大模型，帮助企业实现智能化的业务运营、自然化的人机交互、智慧化的知识生成、语义化的应用生成四大能力，为企业提供智能化的人机协作、业务洞察、商业决策支持和智能运营服务，是深懂企业服务的垂类大模型。

2023 年 7 月 27 日，用友正式发布基于数字和智能技术、服务企业和公共组织数智化的最新研发成果——YonGPT1.0，也是业界首个企业服务大模型。YonGPT1.0 创新发布了包括企业经营洞察、智能订单生成、供应商风控、动态库存优化、智能人才发现、智能招聘、智能预算分析、智能商旅费控、代码生成等在内的数十种智能应用。

经过一年的发展与训练，2024 年 8 月 10 日，YonGPT2.0 正式发布，沉淀了财务、人力、供应链等垂直领域模型，并具备更强的专业能力和完善的大模型训练体系。YonGPT2.0 与行业领先企业一起通过大模型平台、结合行业/企业应用中的知识与数据，训练提升行业/企业个性化的专业能力，将"繁杂的企业应用需求"与"通用大模型"连接起来，是深懂企业服务的垂类大模型，成为企业 AI 应用新引擎。

YonGPT 企业服务大模型的发展历程如下。

- 2023 年 7 月 27 日，发布业界首个企业服务大模型 YonGPT；
- 2023 年 8 月 19 日，发布六大场景：经营分析、大搜、人才发现、智能办公、智慧商旅、订单生成；
- 2023 年 10 月，基于 RAG 大模型问答上线应用，表格理解增强；
- 2023 年 12 月，基于 Agent 智友上线应用：多维查询、利税分析，推理加速优化；
- 2024 年 2 月，应用生成，实施脚本生成，RPA 自动生成脚本，指令数据体系化；
- 2024 年 2 月 18 日，网信部备案（110108673625801240017 号），表格理解插件化；
- 2024 年 6 月，应用调用、ChatBI 应用发布，训练框架完善；

- 2024年8月10日，YonGPT2.0正式发布，沉淀了财务、人力、供应链等垂直领域模型，并具备更强的专业能力和完善的大模型训练体系，2.0框架形成；
- 2025年2月，智能体进一步完善，发布智能体构建平台，进入数智员工2.0。

下面介绍YonGPT企业服务大模型体系的形成逻辑。

企业在经营过程中面临一些痛点问题，这些问题来源于人、财、物、服、供、产、销、研等多个领域。从这些问题中我们进行抽象归纳，形成四个方向——业务运营、人机交互、知识生成与应用生成，再进一步可分为八个细分类别：分析洞察、智能审核、审批决策、知识伴随、智能预测、人机交互、知识生成以及应用生成。

基于全场景数据，我们对其进行分析洞察，包括企业经营分析、对比分析、归因分析、异常分析与预警、智能报告生成。在企业场景中，智能审核也无处不在，包括审核要点生成、合同审核、方案审核、标书审核、智能判题、合规/风险审核、文件比对等。审批决策在企业应用软件中随处可见，在进入审批页面上，能进行个性化信息感知，从而提供历史相关数据、行业标杆、相似审批推荐、自动审批。通过知识推荐、规章制度推荐、政策/标准推荐、流程推荐、行业案例推荐形成全场景的知识伴随。在智能预测方面，有产品计划预算、销量预测、资金预测、风险预测、价格预测/指数等，这五类归为业务运营方向（见图15-2）。

对于业务运营、人机交互、知识生成、应用生成四个方向的企业应用，我们分别提出以Agent、RAG应用框架作为解决方案来分类解决这些问题。而这些框架也是大模型应用所必需的框架，我们在此逻辑下提出YonGPT 2.0三层闭环框架（见图15-3）。

YonGPT 2.0融合了专业模型、一体化平台与三大应用框架，与四大应用领域紧密相连，构建了一个持续迭代进化的"模型+应用"闭环生态系统。通过构建三层中间层——涵盖大模型能力、大模型平台及应用框架，并结合四类应用抽象——业务运营、人机交互、知识生成及应用生成，YonGPT 2.0成功跨越了"复杂企业需求"与"通用大模型"之间的鸿沟，成为驱动企业AI应用创新的新引擎。这一引擎赋予了企业定制开发AI应用的能力。

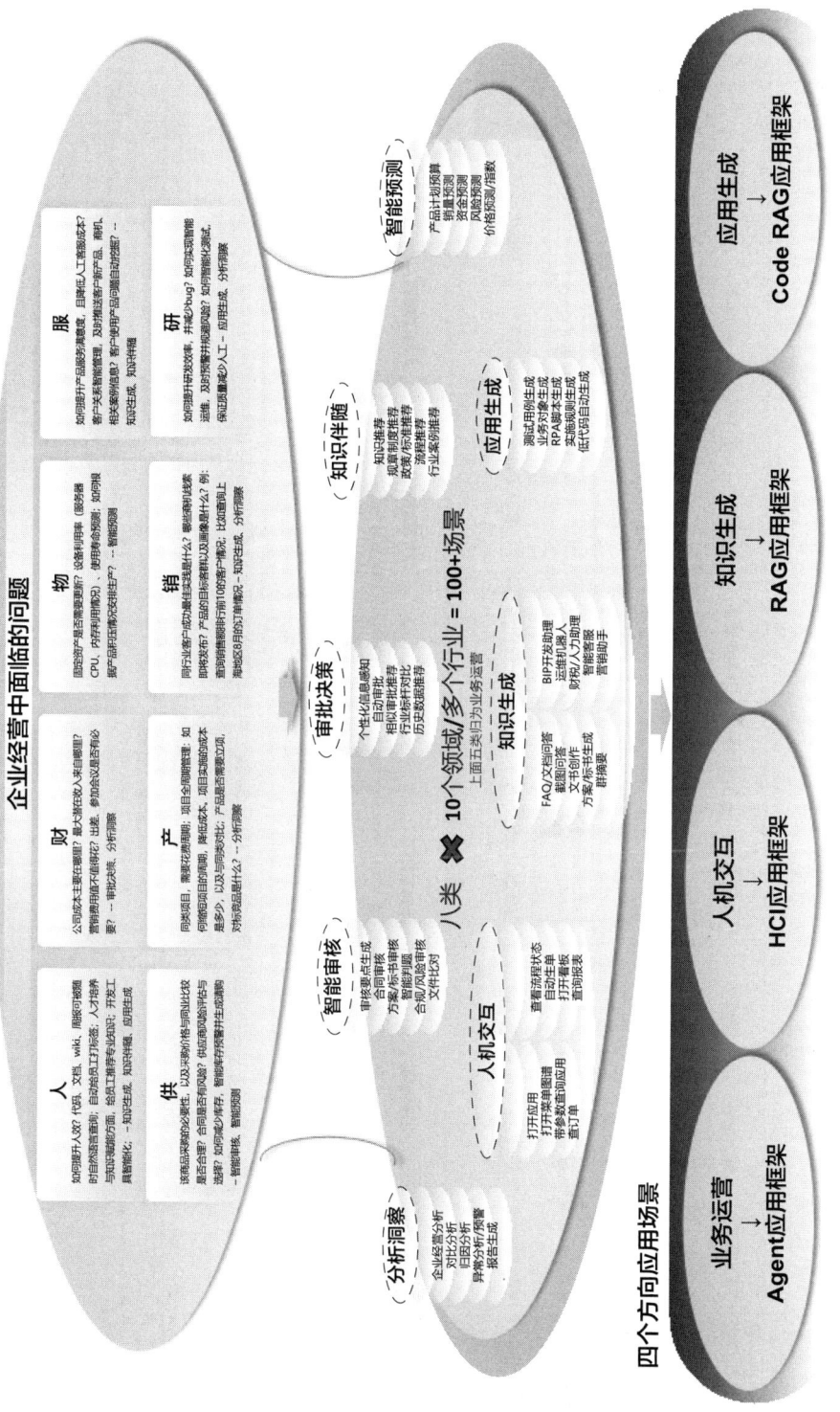

图 15-2 企业经营的问题以及抽象出的 AI 解决类别和方向

图15-3 YonGPT 2.0 整体框架

专业模型是指在多个关键领域实现了专业能力的显著提升,包括但不限于领域知识的深度增强、精准的安全拒识能力、高效的PPT分析报告自动生成、合同文档的自动生成与审核、业务逻辑及报表对象的深入理解、表格数据的智能解析,以及BIP代码的自动生成。

借助强大的大模型平台、两大核心框架(Agent与RAG),以及应用中的数据闭环机制,YonGPT 2.0不断优化并提升自身的专业能力,成为一个深懂企业服务的垂直大模型。

另外,通过Agent框架的技能注册功能,YonGPT 2.0能够调度用友BIP中的API,进而实现灵动化的企业应用创新平台——AI BIP。这一平台不仅推动了企业应用的智能化升级,更为企业的数字化转型注入了强大的动力。

第三节 大模型平台

大模型平台是一个全面覆盖数据管理、模型训练、性能评估、发布部署及推理应用的全链条式大型模型开发与优化平台。该平台不仅集成了前沿的加速技术,如动态批处理、Page Attention机制及量化技术,还具备多模型高效调度多个大模型的能力,显著加速了模型的处理速度。另外平台内置了广泛适用的标准数据集,仅需结合企业少量的特定任务数据,即可迅速实现专业模型的微调,从而为企业量身打造高效、灵活且易于扩展的服务解决方案(见图15-4)。

该平台的核心服务与显著优势如下。

先进的模型加速技术:采用最新的动态批处理、Page Attention优化及量化技术,同时支持多模型智能调度,大幅提升模型处理效率。

多元化大模型微调支持:全面兼容YonGPT、千问、百川等多种大型模型的微调训练,满足企业多样化的需求。

闭环式应用开发流程:无缝连接训练、评估、发布与推理环节,构建即时可用的应用闭环,加速模型从开发到部署的进程。

全面的评估体系:提供大模型通用评估与专业评估的双重标准,并通过可视化界面直观展示评估结果,助力企业精准掌握模型性能。

高效的数据集支持:内置通用配比数据集,有效增强微调效果,使企业能够更快速地构建出符合业务需求的专业模型。

面向企业客户,大模型微调训练平台整合了专属的数据资源与先进的大模型

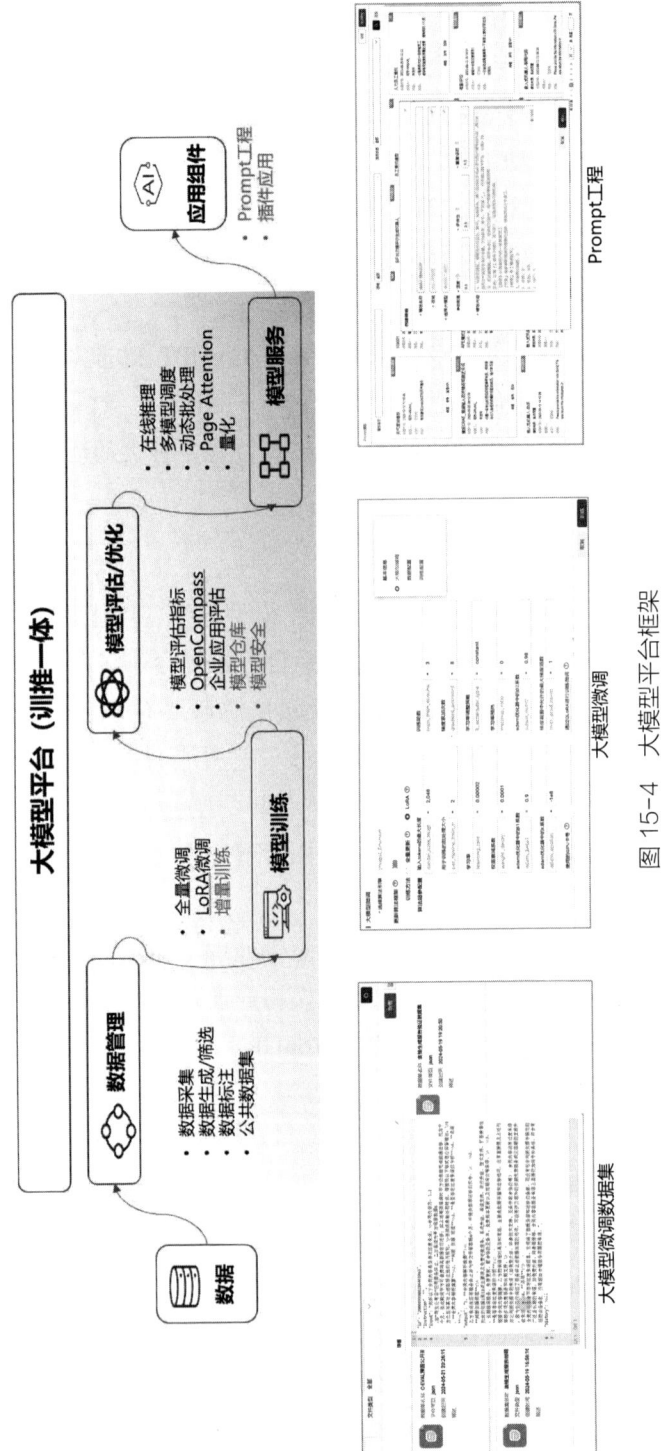

图15-4 大模型平台框架

开发工具，提供了一站式的模型微调、评估及优化服务。通过这一系列产品工具，企业能够快速构建大模型应用，同时沉淀出通用的服务能力，灵活支撑各类智能服务应用场景的快速落地。

第四节 智友

智友（Agent）是用友智能平台下智能助理和数智员工的统一品牌，它包括智能体构建器、智能助理、数智员工三大部分，其涵盖了业界通用的 Copilot 与 Agent 的概念内容，是大模型应用的最重要的应用框架类产品。该框架内的智能助理与数智员工均依托智能体构建器的强大功能，能够灵活调用大模型市场中的多样化模型、技能市场提供的丰富技能，以及整合的知识库与数据库资源。针对明确且复杂的任务需求，通过意图流的编排，融合各项技能与数据，创造出复合技能，进一步融入大模型调度体系，实现更精准的复杂任务调度执行（见图 15-5）。

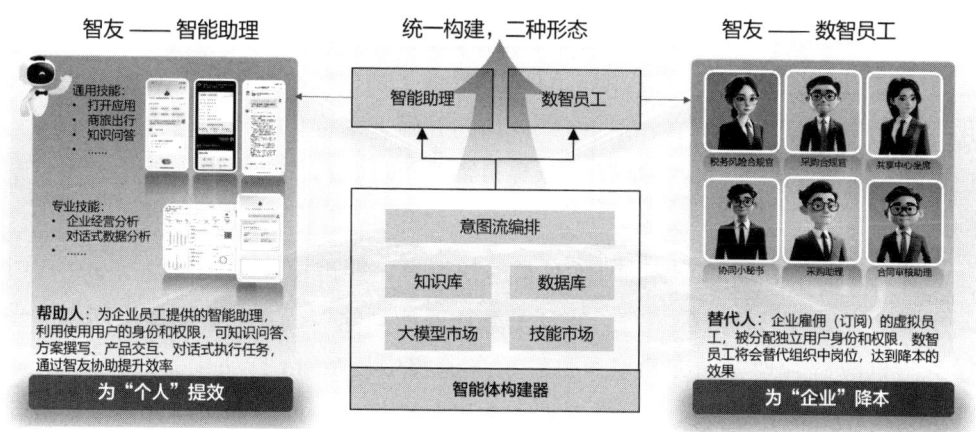

图 15-5 智友、智能助理、数智员工和智能体构建器的关系

用友智友定义智能助理和数智员工两个形态，是为了解决企业级应用中不同角色对应不同权限的问题。

智能助理专为赋能企业员工而生，它基于用户的特定身份与权限，提供全方位的知识查询、方案定制、产品互动及对话式任务执行服务。借助智友，员工的工作效率得以显著提升，工作体验更加流畅、便捷。

数智员工则是企业数字化转型中的新型劳动力——一种被正式雇佣（或订

阅）的虚拟存在，拥有独立的用户身份与权限配置。数智员工将会替代组织中低水平重复劳动的岗位，达到降本的效果。

语言大模型发展初期只能解决聊天对话、答疑解惑等问题，随着技术的发展以及能力提升，大模型不仅要提供对话能力，还要具有执行任务的能力，这样 Agent 也就应运而生。从早期"ChatBot+RPA+ 传统算法"技术发展到"人机协同助理 +Agent+ 大模型"的阶段。智友是用友 AI 在企业服务领域为了解决"大模型 + 企业应用"的一种新的智能产品形态，让大模型不仅仅停留在对话层面，而是深入任务执行层面，解决企业应用中存在的全自动化的堵点、风险防控、标准遵循、跨流程打通与协同，把智能由辅助功能转化为数字生产力。

随着大模型推理能力的增强，特别是以 DeepSeek 为代表的长思维链方式的加持，用友基于"大模型 + YonBIP + 多智能协同"提出全新一代的灵动化的企业创新平台（AI BIP）。在 AI BIP 中，"推理大模型"技术通过跨智能体推理调度执行机制，有效应对了复杂任务处理、海量数据处理及精准计算能力需求等挑战。大模型作为核心，可将复杂任务精准分解为一系列任务链，并能确保任务执行的精准与高效。

为处理企业庞大的私有数据，AI BIP 整合了结构化数据的多维引擎、非结构化数据全文查询引擎和向量查询引擎，访问并筛选结构化与非结构化数据，为大模型提供决策依据。同时，通用工具集负责数值计算与信息提供，强化了大模型的处理能力。

在此机制下，Agent 作为训练有素的执行者，能迅速响应大模型指令，通过调用 BIP 微服务、算法模型等，实现系统任务的高效执行。多智能体协同调度在财务与供应链管理方面尤为显著：在财务流程中，Agent 自动化完成数据收集、整理与核算，显著提升效率与准确性；在供应链管理中，从供应商选择至物流配送跟踪，Agent 无缝协同，实现了全流程自动化与协同，展现了多智能网络组合效应的强大力量。

"推理大模型"结合跨智能体调度机制，不仅克服了复杂任务与结构化与非结构化数据访问的难题，还克服了大模型计算幻觉问题。AI BIP 通过大模型的分解调度、Agent 的高效执行以及多维引擎、查询引擎、通用工具集的协同作用，显著提升了企业运营效率与竞争力，彰显了多智能体网络的组合优势（见图 15-6）。

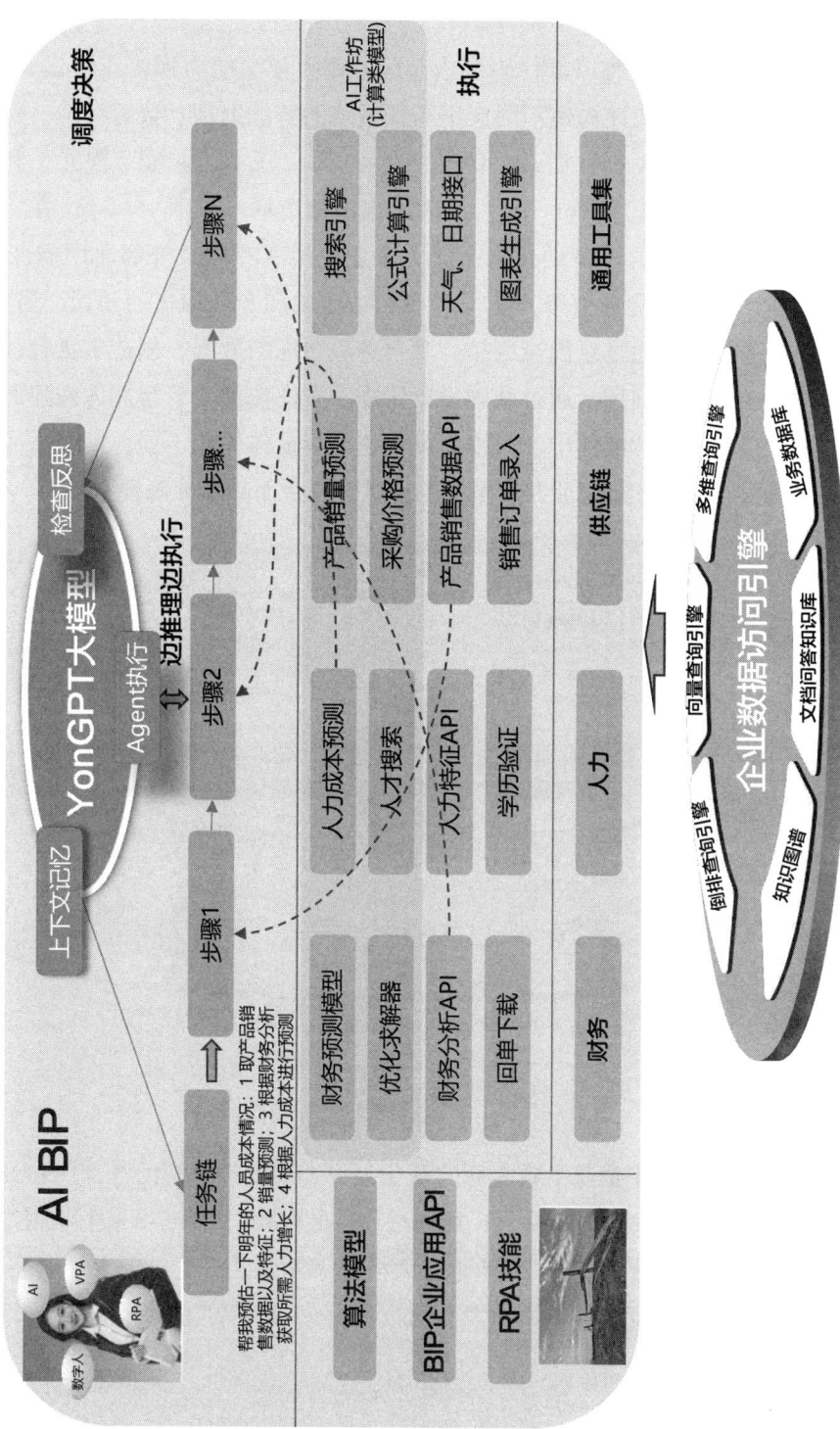

图15-6 大模型＋BIP＋多智能协同＝灵动化的企业创新平台（AI BIP）

一、智能体构建平台

智能体构建平台是一种以低代码形式充分利用大模型能力来快速构建AI智能体的平台，支持企业快速构建不同应用场景用途的智能助理、数智员工，平台包括通用大模型（DeepSeek、通义、豆包、文心一言、百川、kimi、混元）和垂类大模型（企业服务大模型YonGPT）组成的大模型市场（见图15-7）。在智能体构建平台中，不仅包含丰富的技能市场（企业原生API以及外部通用插件）、还包括知识库、数据库管理引擎，能及时导入结构化和非结构化的知识。另外，针对复杂的任务需求，通过意图流编排，融合各项技能与数据，创造出复合技能可供智能体构建过程中使用。通过基础设置管理、意图流编排、智能体构建的三层体系都能以技能进入智能体中，可以保证构建的智能体适应不同粒度、适应不同企业的应用功能，且又能保证大模型调度不过于复杂而导致准确性下降。

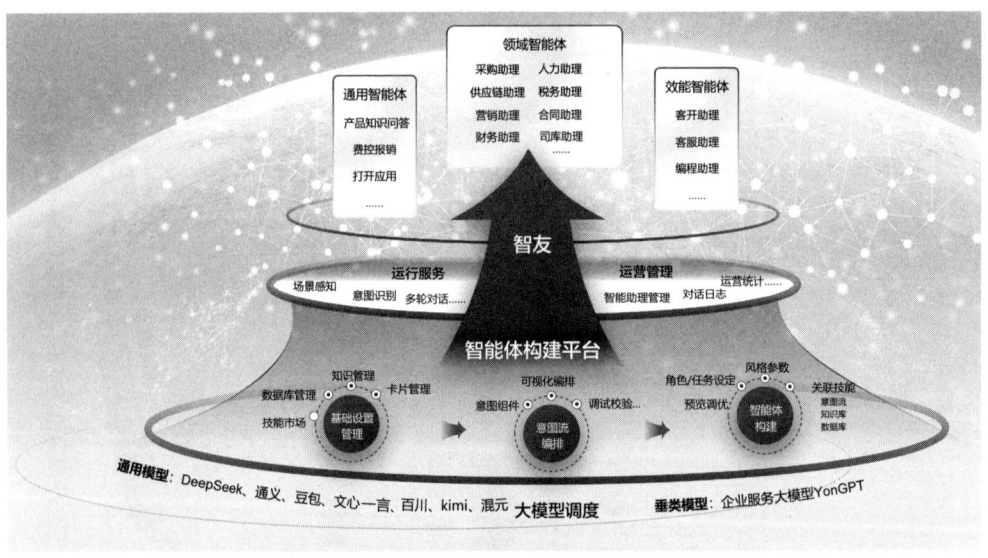

图15-7　智能体构建平台

例如，企业需要构建企业关联客商的企业画像查询助理，帮助各部门在处理业务时能准确地获取相关企业的信息，可通过简单的配置，图15-8是企业画像—信息查询的意图流配置界面，在这里通过大模型调用进行信息提取以及结果总结。构建完智能体后，可以根据需求发布为数智员工或者智能助理，用户可以和其进行对话。

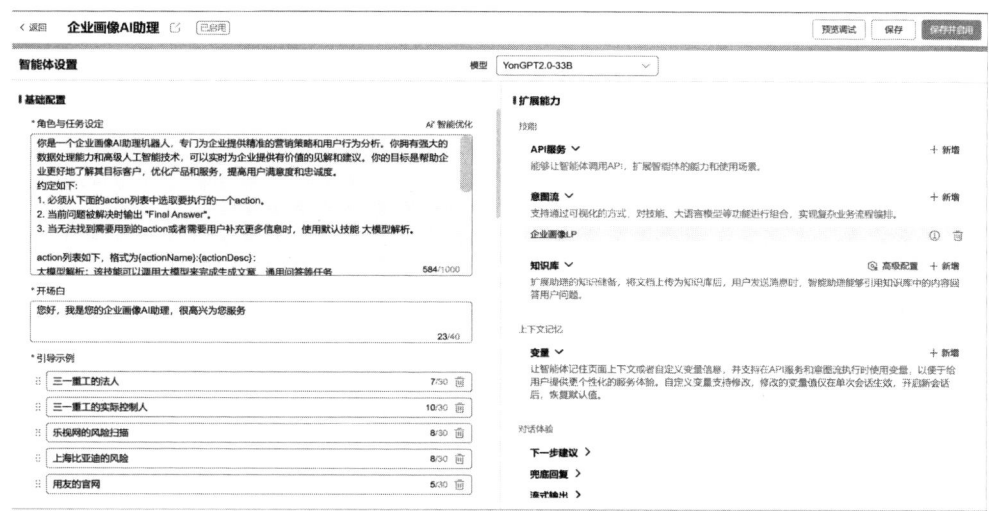

图 15-8 创建智能的配置界面

二、智能助理

智友—智能助理拥有上下文记忆能力,能够敏锐感知并精准理解用户的意图。面对复杂任务,它可将其分解为一系列条理清晰的子任务。用户只需与智友进行简单对话,便能轻松完成一系列烦琐的业务操作,涵盖企业经营洞察、合同风险审核、智能生成报告、知识搜索与推荐等多个方面,为用户带来无处不在的智能化交互体验。同时,智友提供了智能体的智能助理运行态,有力支持了企业管理和使用智能助理。

智能助理深度集成于 YonBIP 应用之中,作为企业员工的一站式信息与服务枢纽,发挥着重要作用。它借助语音、自然语言处理、知识图谱、机器学习等前沿人工智能技术,将人类自然语言表达精准转化为应用系统可识别的指令。这使得员工能够随时随地、精准高效地操作系统,彻底改变传统的人机交互习惯,显著提升企业员工的工作效率。

智能助理在交互模式与协同能力上实现了多维突破,具体表现如下(见图15-9)。

自然交互:支持语音、拍照、多轮对话等多种模态的自然输入方式,极大提升了信息输入的便捷性与灵活性。同时,具备跨系统操作能力,能够从外部系统的聊天消息、邮件、表格中获取输入所必需的信息,并顺畅接入智友。此外,还支持多端交互,手机可轻松控制桌面以及电视大屏;智友能够敏锐感知场景,并与工作区实时联动，为用户打造无缝衔接、高效流畅的操作体验。

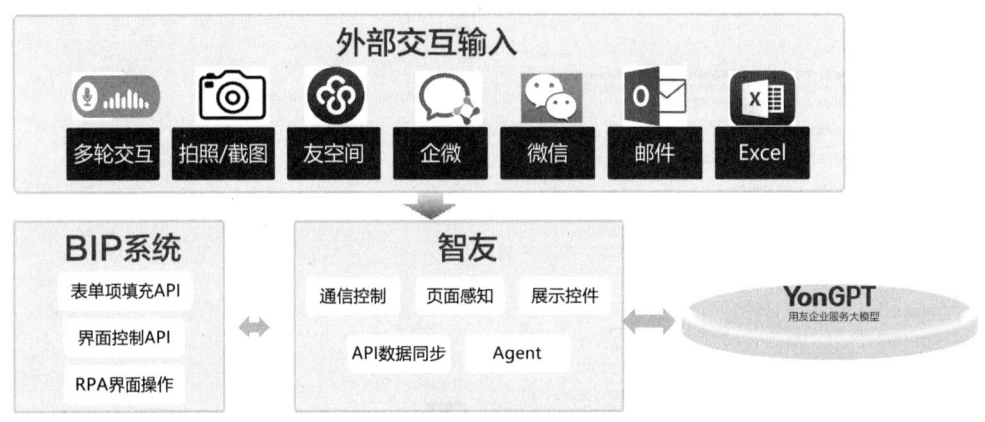

图 15-9　智能助理自然交互框架

人机协同：以 Copilot 形式嵌入 YonBIP 系统中，感知用户场景，记忆上下文，为用户提供业务辅助（见图 15-10）。

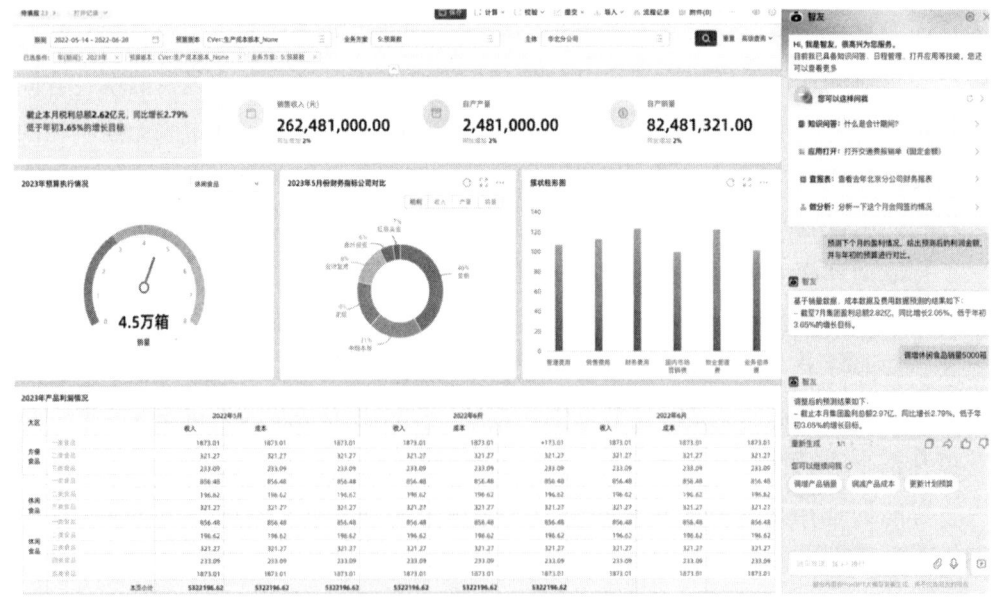

图 15-10　智能助理人机协同

个性化服务：助理可以实时感知当前页面的场景，然后根据场景＋用户偏好推荐不同的知识、下一步操作、决策建议、流程建议、风险提示等。同时也支持定制不同的形象和名称。

多智能体自主协同：支持多个智能体之间通过协作、协调、通信等方式，共同完成任务或实现目标的过程。各智能体具备独立调度能力，能自主感知自身任务，并借助大模型主动规划执行路径。智能体间通过消息和指令进行间接调用，打破单一主控限制。任务流程触发灵活，任意智能体均可通过指令开启。在执行过程中，智能体依据实时情况动态调整策略，相互协作、优势互补。通过信息共享与交互，提升整体决策的科学性与执行效率，确保复杂任务顺利完成，充分发挥多智能体协同的优势（见图 15-11）。

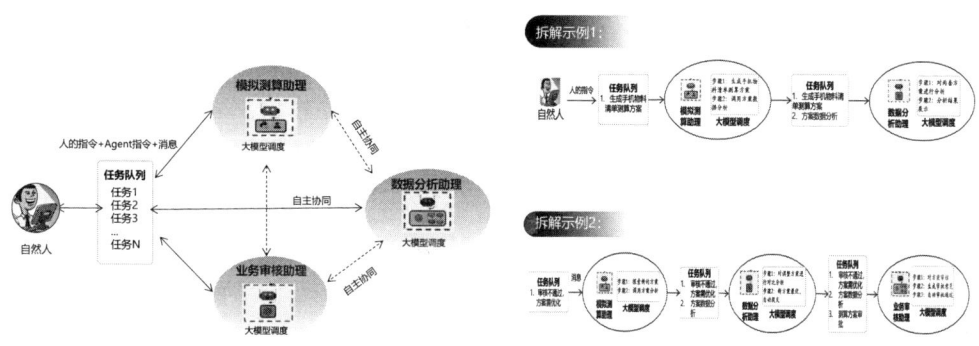

图 15-11　多智能体自主协同工作原理

图 15-11 中多智能体自主协同，通过模拟测算助理、数据分析助理、业务审核助理三个角色完成"生成手机物料清单测算方案"的任务，首先模拟测算助理生成初始的物料清单方案，然后触发数据分析助理对其进行数据分析并进行比较展示。如果方案是最优，则自动提交，由业务审核助理对其进行审核并生成审批意见，并自动审批通过。如果方案不满足，则模拟测算助理根据价格最优或者物料最优的原则进行物料品类自动调整，并进行新一轮分析和审核。

作为员工的智能助理，智友基于 YonGPT 大模型，具备生成式内容反馈的能力，能够以自然语言生成更丰富、更灵活的回应；通过大模型实现了助手式交互服务，能够自动执行任务，提供协助和建议；具备知识问答和业务处理能力，可以帮助员工完成企业中相对固化、重复的密集型任务或流程，以帮助员工更智能、更高效的工作。

三、数智员工

数智员工作为融合了 RPA、大数据大模型、虚拟人等多种技术能力的虚拟劳动力，正深刻改变着企业组织架构，构建起"人＋数智员工"协同工作的创新模式。以下从定义特性、功能价值、管理平台、身份形象以及业务触发等五个方面，对其进行介绍。

定义特性：数智员工以"数字人"的独特形式定义用户身份，被赋予组织角色、功能及数据等关键权限，从而能够深度融入企业的实际业务场景之中。借助技能配置与编排，它能够将企业内原本分散的业务能力进行高效整合与协同，进而实现复杂业务场景的自动化处理，成为企业运营过程中不可或缺的虚拟力量，为企业的发展注入新的活力。

功能价值：数智员工具备丰富且多维度的业务能力，能够为企业带来多方面的显著价值。

（1）自主后台运作：能够自主执行各类流程自动化任务，如定时触发、规则调用以及共享中心派工等，无须人工进行干预，极大地提升了企业的运营效率。

（2）协作语义调用：支持在群聊等协作环境中实现灵活响应，实现人机无缝对接，有效增强了团队协作的效能，促进了信息的快速流通与共享。

（3）任务自动化处理：特别擅长处理重复性高、复杂度低的耗时工作，从而能够将人力资源从烦琐的事务中解放出来，让员工能够专注于更具创造性的任务，提升工作的质量和价值。

（4）流程自动化构建：通过连接 RPA、决策引擎、AI 与人，构建起数字化的业务流程，驱动人与机器人协同工作，为业务的持续发展提供强大动力。

（5）业务智能分析：能够在海量的业务数据中深入挖掘价值，进行智能预测与分析，为企业提供精准的经营决策建议，助力企业实现精准施策，提升决策的科学性和准确性。

（6）人机协同降本：逐步替代组织中部分角色或岗位，实现人机高效协同，有效降低运营成本，提升企业的整体竞争力，使企业在激烈的市场竞争中立于不败之地。

管理平台：用友 BIP 数智员工管理平台为数智员工的全生命周期管理提供了全方位的支持。该平台涵盖了技能管理、技能分配、任务分配以及从入职到离职的完整管理流程，并配备了工作能效统计功能，能够实现对数智员工的统一、高效管理。此外，平台还提供用友 BIP 领域预置的数智员工和技能，客户可以开箱即用，快速部署，从而加速企业的数字化转型进程，提升企业的数字化水平。

身份形象：数智员工拥有与真实员工相似的身份标识，即 BIP 用户身份 ID，并可根据角色需求授予相应的功能和数据权限。其形象设计具有较高的识别度，既可以根据企业品牌形象进行定制，展现企业的独特文化和风格；又可以根据岗位特性进行差异化设计，实现数智员工的精细化管理，让每位数智员工都能发挥独特作用，共同推动企业的发展，形成强大的合力（见图 15-12）。

业务触发：数智员工具备强大的业务触发能力，可基于预设规则和业务数据的变动主动发起流程和业务动作，并主动推送相关信息。例如，可将数智员工放置在流程审批作业上，由数智员工处理大部分的审核作业。这种方式不仅能够实现人机协作，有效控制审核风险，提高审核效率，降低审核成本，还能够实时显示工作量，做到可视可释，让企业管理者对业务流程的处理情况一目了然，便于及时进行调整和优化（见图 15-13）。

图 15-12　数智员工身份形象

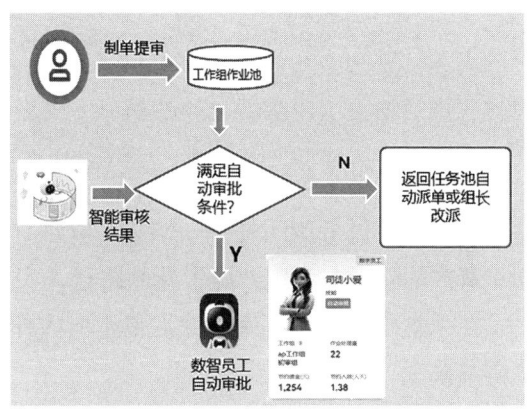

图 15-13　数智员工业务触发

综上所述，数智员工凭借其独特的定义特性、丰富的功能价值、完善的管理平台、鲜明的身份形象以及强大的业务触发能力，正成为企业数字化转型的重要推动力量，为企业的发展带来新的机遇和挑战。

第五节　友智库

在企业运营管理中，企业私域非结构化数据的知识搜索、智能问答和知识赋能需求日益凸显。用友基于 RAG（检索增强生成）应用框架打造的友智库（原名是智能大搜）知识管理与赋能平台产品，旨在将复杂的非结构化数据转化为高效可用的知识和知识图谱，进而实现知识采集、知识管理与运营并全面提供企业知识可搜索、可精准问答、通过图谱可视化呈现，以及对企业业务与组织进行全面赋能（见图15-14）。

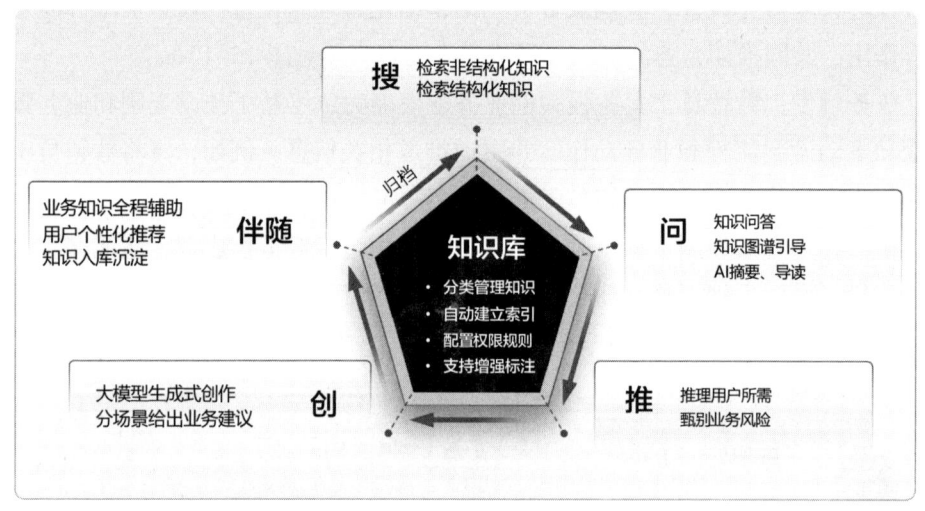

图 15-14　企业知识资产管理与赋能平台

友智库通过五步闭环——采集、管理、搜索、问答、伴随，为企业非结构化知识资产的管理与利用开辟了新的路径，实现了知识对组织和业务的深度赋能。

在采集阶段，友智库广泛汇聚企业内外部的非结构化知识，为后续管理奠定坚实基础。

管理环节则对这些知识进行细致分类、标注，形成有序的知识体系，便于后续的高效利用。

搜索功能作为知识获取的关键，友智库提供了强大的检索能力，支持多模态、多维度的查询方式，确保员工能迅速找到所需知识。

问答环节则进一步提升了知识获取的便捷性，通过智能问答系统，员工可即时解答业务中的疑惑。

伴随是闭环的最后一环，也是友智库的核心价值所在。它确保知识能够全程、全场景地融入员工的工作与业务流程中，实现知识与业务的无缝对接。

此外，友智库还助力企业快速构建多模态智能知识问答与检索能力，提升知识服务的智能化水平。同时，它促进领域与行业知识的沉淀，形成企业独有的知识资产，为组织决策、客户服务等提供有力支撑。

友智库为 AI 的智能认知发展提供了丰富的知识资源。无论是 AI 的推理、总结还是创作能力，都能在友智库的知识滋养下得到显著提升，推动 AI 技术在企业中的创新应用，为企业创造更大的价值。

RAG 作为友智库核心支撑的技术框架，主要解决离线建库问题，包括非结构知识解析、文档切片、向量入库、全文索引等一系列步骤；以及在构建的知识库的基础上进行在线检索并作为上下文送入大模型来生成内容。

RAG 应用中的实施难点：在 RAG 过程中，由于数据来源广泛、结构复杂且缺乏统一标识与组织，准确界定数据上下文成为一大挑战。此外，表格数据的理解与定位同样存在困难，其结构复杂，准确解析比较困难，模型通过表头和行信息去精准定位难度高。另外，企业私域数据量庞大，广泛分散于各部门及业务流程之中。数据类型多样，包括合同、实施方案、汇报材料及规章制度等文档，这增加了数据解析管理与利用的难度。

为应对上述挑战，我们采取了以下策略（见图 15-15）。

快速索引与知识体系化：系统支持对多种文本内容的快速索引与标签提取，用户上传文档后即可进行高效搜索与问答。通过构建知识图谱，将企业知识体系化，使知识变得可见、可用，并建立起知识要素间的相互关联与逻辑推理机制。

精准定位上下文：采用多语义向量索引库与倒排索引库相结合的方式，结合大模型的能力，确保搜索结果的准确性和可靠性。这一方法有效解决了大模型可能出现的幻觉问题，提升了搜索效率与质量。

表格数据解决方案：针对表格数据的理解与定位难题，我们运用特定的表格提取方法，并结合思维链（COT）等技术，实现了对表格信息的精准把握与有效利用。

RAG 包括离线建库——"内容解析、结构切片、多语义向量、打标签、建图谱、向量索引、倒排索引"和在线查找与生成两大部分。离线建库主要是从文档/问答、图片、视频、表格等非结构化数据中进行内容解析成 Markdown 文本、然后利用语义切分为大片段、把大片段按照 500 左右长度切分成小片段，再将这些小片段利用多语义向量技术生成向量并写入向量库，同时建立倒排写入全文索引库。在线查询：通过查询、意图拆解与继承、多路并行查询排序，将检索到的内容作为上下文，与原始的 query 拼成 Prompt，送入大模型生成最终答案。

我们的 RAG 知识问答方案具备以下显著优势（见图 15-16）。

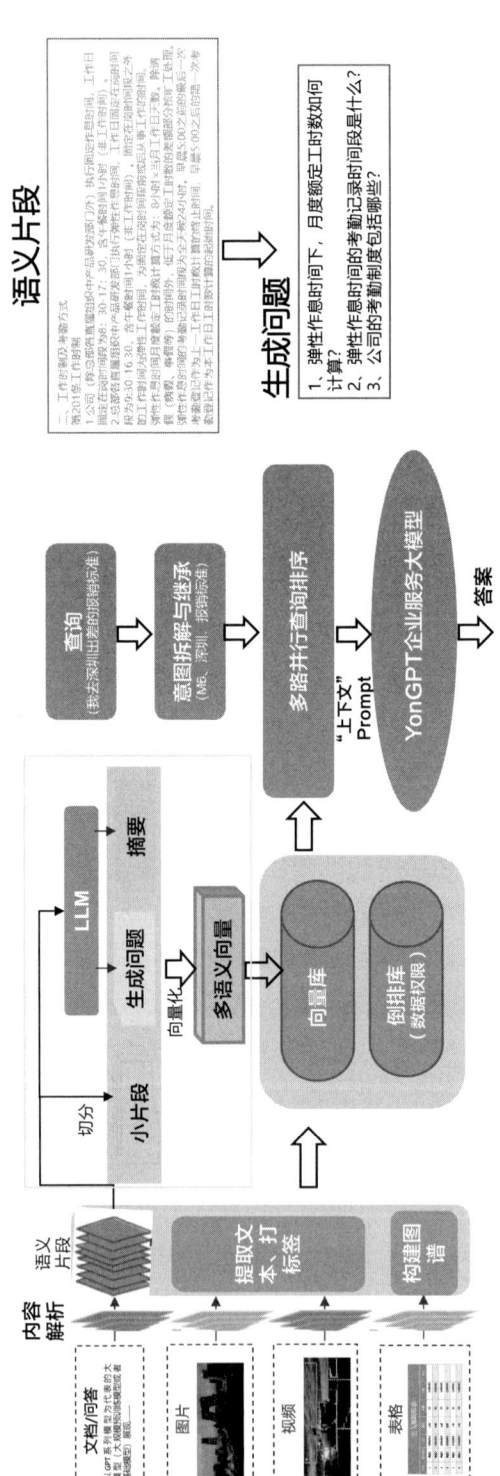

图15-15 RAG应用框架图

创新的索引召回技术：提出多语义向量索引库与倒排索引库召回技术的创新组合，实现了从海量数据中高效检索用户所需信息的能力。

安全的搜索功能：在索引库底层实现基于权限的搜索功能，确保不同权限级别的用户只能访问与其权限相符的数据，有效保障了企业数据的安全性与合规性。

深入的内容理解能力：通过深度学习和自然语言处理等技术手段，实现对查询语句、表格、图片等数据的深入解析与理解，精准把握数据的含义与价值。

知识图谱的有效运用：利用知识图谱实现知识的体系化与整合，将碎片化知识转化为可见、可用的知识体系。通过建立起多维度、多层次的知识关联与逻辑推理机制，为企业决策提供全面、准确的知识支持。

图15-16是友智库总体架构图，拥有三个智能交互入口：BIP—统一AI搜索门户、领域搜问工作台和友智库问答助手。知识来源包括BIP领域知识、企业三方知识、FAQ、知识图谱等，利用文库作为知识上传、存储、权限、标签、目录管理的工具。然后通过索引注册、知识注册、权限注册、标签注册进行RAG搜索和问答的配置管理。应用场景包括AI搜索、RAG问答、知识伴随、知识RAGC等，涵盖了知识收集、加工、管理、搜索、问答、伴随全流程。友智库具有五个特点：①统一管理知识，精细化权限控制；②智能问答，AI导读；③精准推荐，直达应用；④以事找人，智慧协同；⑤知识伴随，融合业务。

1. 统一管理知识，精细化权限控制

友智库将各业务线知识充分融合、纳入文库统一管理中，实现多模态知识的分类存储、索引与标注等。把搜索与企业组织、角色权限相结合，掌控细粒度的知识可访问范围。

2. 智能问答，AI导读

针对复杂、篇幅长的内容，用户可以直接提问。友智库基于长文摘要、身份代入、表格问答、推理分析等能力，实现AI导读，回答用户针对内容理解提出的即时问题。

3. 精准推荐，直达应用

猜用户所想，基于用户意图，推送相关知识资源，同时智能推荐相关业务的系统链接，引导用户从问答搜页面直达领域应用（见图15-17）。

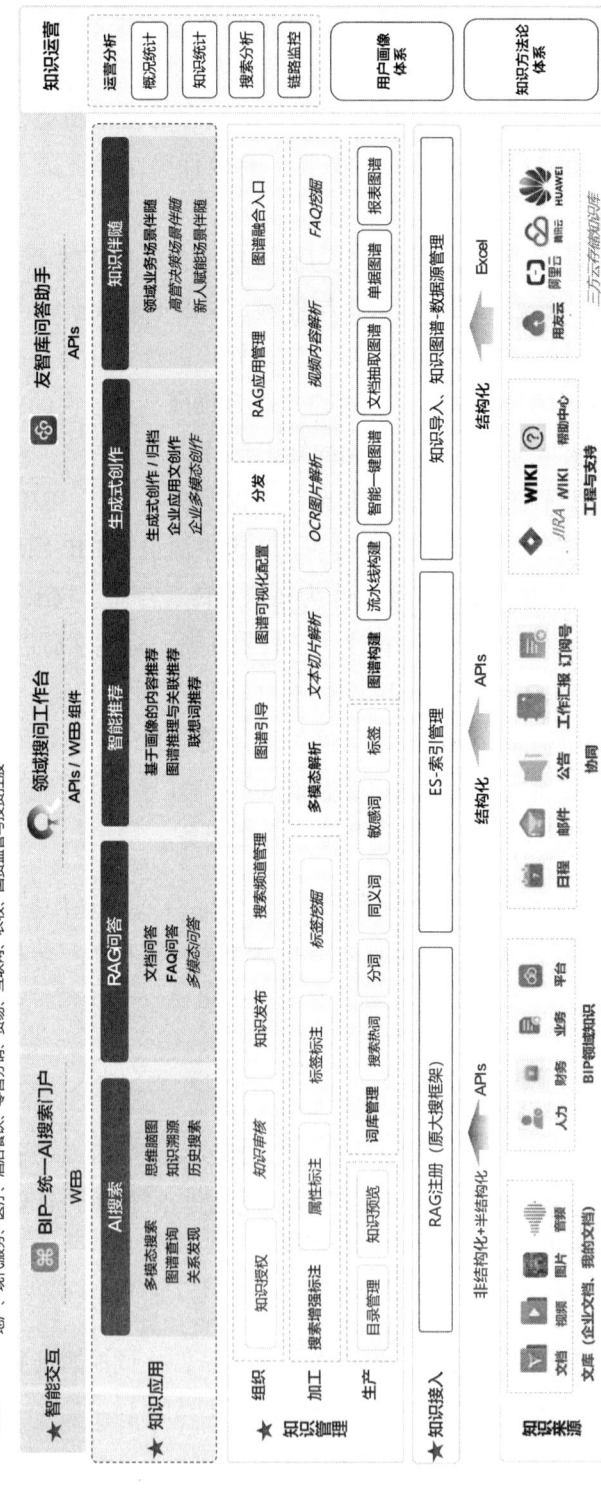

图 15-16 友智库总体架构图

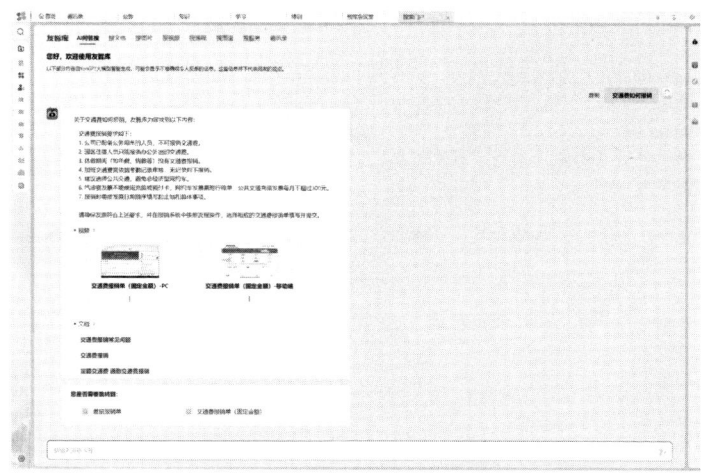

图 15-17　友智库精准推荐

4. 以事找人，智慧协同

基于友智库的图谱关系发现能力，通讯录等传统应用被重新定义，用户可以通过自然语言询问，直接获取跨组织的协作资源链接，实现真正的"以事找人"（见图 15-18）。

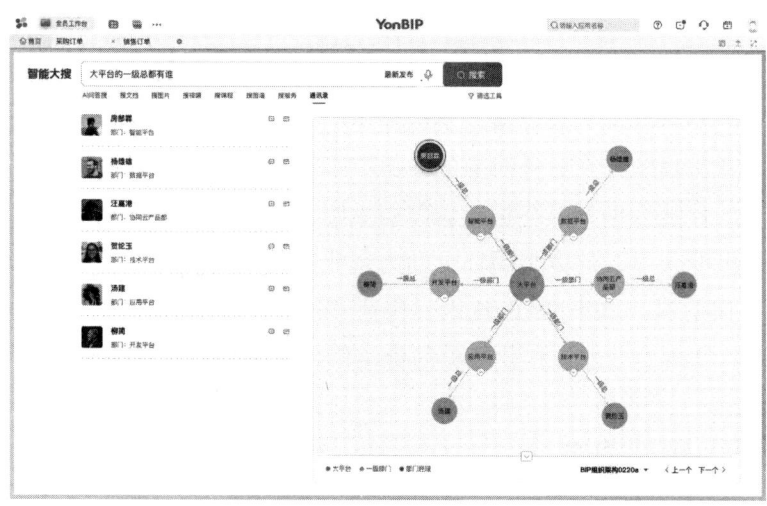

图 15-18　友智库以事找人

5. 知识伴随，融合业务

在业务对象的填报、审核过程中，友智库能主动检索出与当前业务场景相关的伴随数据；同时将推理能力应用于业务稽核与查验，协助审批者按照审查要点生成审核建议，流程完成后实现知识的归档入库（见图 15-19）。

图 15-19　友智库知识伴随

友智库基于 YonGPT 大模型提供了"文库、搜索、智能问答、内容生成"等全新的企业级知识管理解决方案，掌控知识的统一管理和授权访问，将非结构化数据嵌入业务流程中，在业务对象的填报、审核等过程中，主动检索出与当前业务场景相关的伴随数据，最终把知识归档入库，沉淀为资产，打造出"知识全程伴随、经验沉淀入库"的完整闭环，助力企业实现全员提效。同时通过低门槛的知识库及图谱构建，基于 RAG 技术，快速实现问、搜、推、创应用效果，便捷落地大模型，实现企业非结构化数据的价值化。

第六节　知识图谱

知识图谱（认知大脑）构建流水线形成了一个"数据—知识—应用—数据"的闭环，旨在打造一站式知识提取、加工、表示、计算、存储服务平台（见图 15-20）。该流水线从多源数据入手，包括企业内部数据、资讯/论坛数据、上市公司基本数据、专业网站数据、工商及金融证券法规等数据，通过半结构化的提

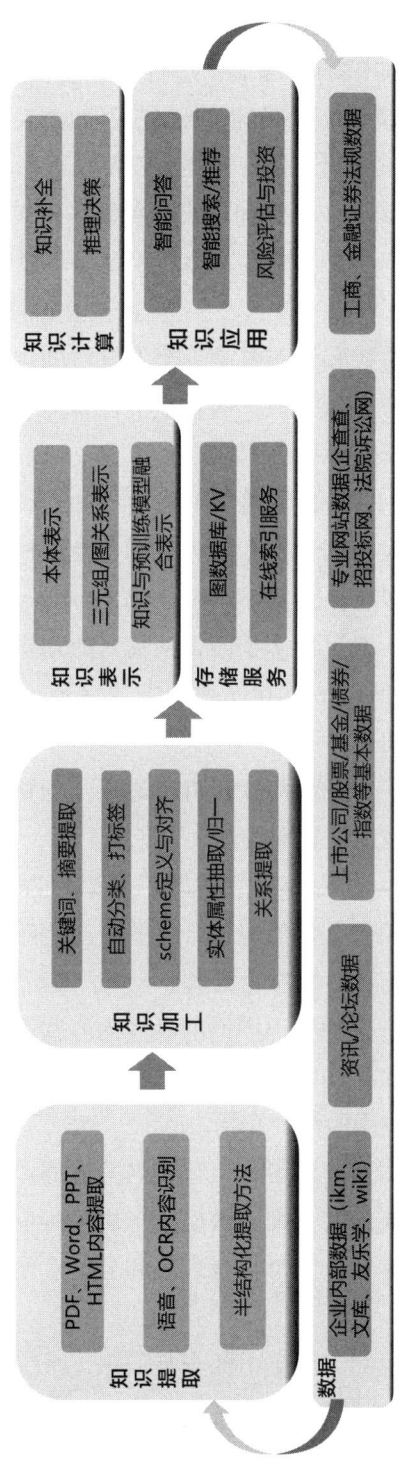

图 15-20 构建一站式知识提取、加工、表示、计算、存储服务平台

取方法，如 PDF、Word、PPT、HTML 内容提取，语音、OCR 内容识别等技术进行知识抽取。随后，经过知识加工环节，进行关键词、摘要提取，自动分类、打标签，scheme 定义与对齐以及实体属性抽取 / 归一和关系提取等处理。在知识表示阶段，采用本体表示、三元组 / 图关系表示以及知识与预训练模型融合表示等方法。最后，通过图数据库 /KV 存储和在线索引服务，实现知识存储服务，并应用于智能问答、智能搜索 / 推荐、风险评估与投资等场景，形成一个完整的知识应用生态。

在财务领域，构建财务费控知识图谱是一个系统性的过程，旨在通过整合财会知识、行业财务知识和财务法规知识，为企业提供智能化的财务费控支持。这一过程可分为以下几个关键步骤（见图 15-21）。

首先，是知识输入阶段。此阶段涵盖了财务会计知识、行业财务知识以及财务法规知识等多个方面，涉及票据分类、税务规则、会计核算、经济行为等具体内容，确保了知识的全面性和准确性。

其次，是抽取挖掘阶段。通过技术手段，从输入的知识中提取关键信息，形成初步的财务知识图谱。图谱以节点和连线的方式展示了不同知识点之间的关系，为后续的应用提供了基础。

再次，是整合补全阶段。对抽取的知识进行进一步的整合和补充，完善图谱的结构和内容，确保知识的完整性和准确性。

最后，是知识推理阶段。利用构建好的知识图谱，进行文本理解、实体推荐、知识推理、问答交互和预警分析等应用。这些应用能够帮助企业更高效地管理和控制财务费用，提升财务管理的智能化水平。

图 15-22 详细展示了财务费控知识图谱的具体内容和结构。财务知识图谱在智能记账中通过整合和分析大量的财务与业务数据，显著提升了记账的自动化和智能化水平。以下是其具体应用的详细介绍。

多维度数据整合：知识图谱整合了包括公司名关键词、行业、经营范围、税收分类、商品名称、金额等在内的多维度数据，形成了一个全面的财务与业务知识体系。这种整合使得系统能够从多个角度理解和分析发票信息，从而提高了分类的准确性。

发票科目自动分类：利用知识图谱中的丰富信息，系统能够自动对发票科目进行分类。例如，系统可以通过公司名关键词和行业信息推断出发票的可能科

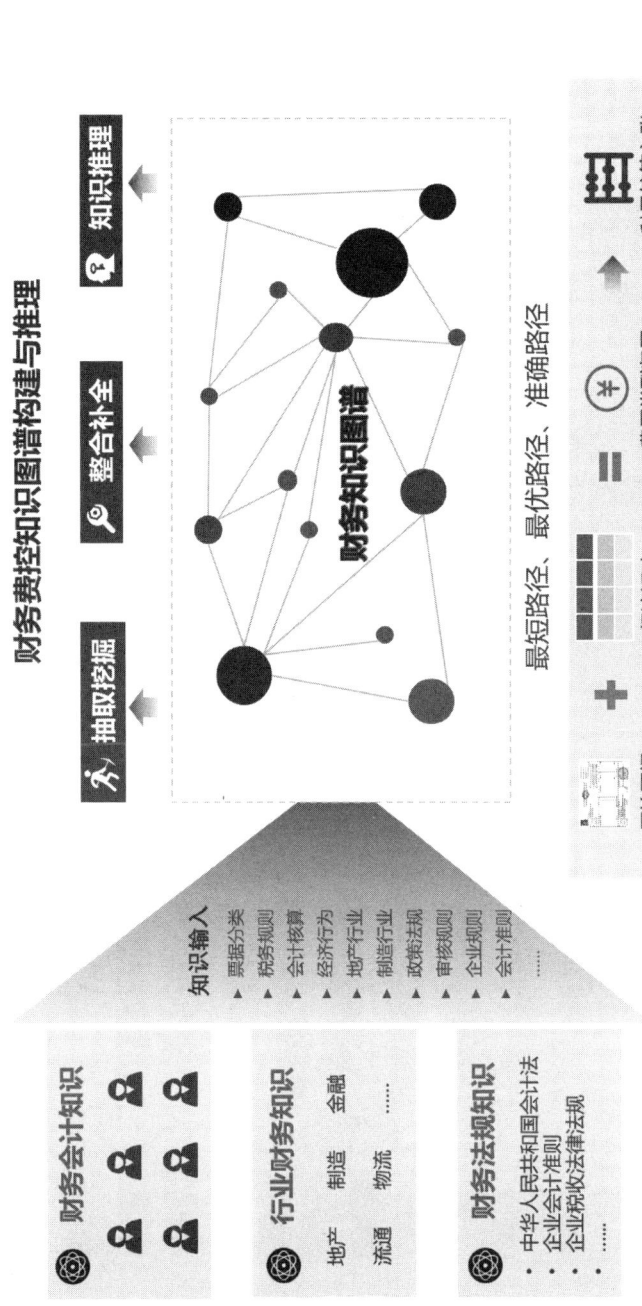

图15-21 财务费控知识图谱构建与推理

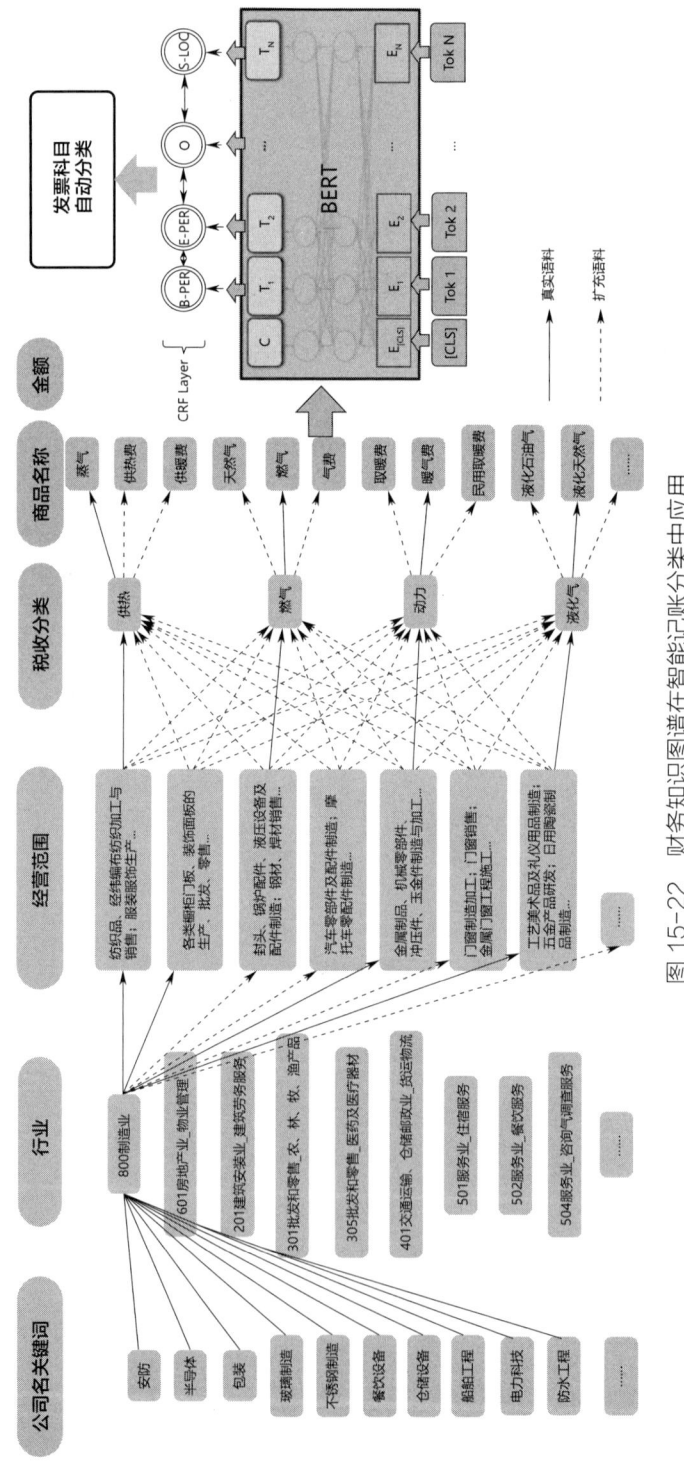

图15-22 财务知识图谱在智能记账分类中应用

目，再结合商品名称和税收分类进行精确匹配，从而减少了人工干预，提高了效率。

深度学习与自学习机制：结合深度学习技术，系统能够不断学习和优化分类模型。通过基础模型识别训练数据，并对不一致的分类结果进行手工校对，系统能够逐步提升分类的准确性。知识图谱为深度学习模型提供了丰富的训练数据和上下文信息，增强了模型的泛化能力。

歧义处理与规则优化：知识图谱中的语义关系和规则可以帮助系统处理分类中的歧义。例如，对于某些模糊的商品名称或经营范围，系统可以利用知识图谱中的关联信息进行推理和判断，确保分类结果的准确性。通过规则修改或剔除歧义，进一步提升了分类的可靠性。

语料扩充与样本生成：对于语料样本较少的情况，知识图谱可以用于生成更多的训练样本。通过挖掘知识图谱中的潜在关系和模式，系统可以生成多样化的训练数据，提升模型的性能和鲁棒性。

提升财务处理效率：通过自动化和智能化的发票科目分类，知识图谱显著提升了财务处理的效率。减少了人工分类的工作量，降低了错误率，使得财务人员能够更专注于高价值的分析和决策工作。

具体应用成效方面，在33个发票科目类别中，模型分类的平均F1值达到了97%，准确率为97.2%，召回率为96.9%。这表明利用构建的财税知识图谱结合深度学习技术，能够有效解决发票科目分类中的歧义问题，显著提升智能记账系统的性能。综上所述，知识图谱在智能记账中通过多维度数据整合、自动分类、深度学习与自学习机制、歧义处理、语料扩充等手段，显著提升了记账的自动化和智能化水平，为企业的财务管理提供了强有力的支持。

第十六章
基于智能化的财务场景

第一节 AI+ 智能会计

一、AI 助力财务会计实现职能的质变与升级

随着 AI 技术不断深入应用,以 DeepSeek 大模型为代表的前沿科技正推动企业财务领域加速智能化转型。基于智能会计的精细化核算,企业通过体系化的智能场景,推动财务会计从基础核算环节向战略决策价值链高端延伸,实现财务职能的质变与升级(见图 16-1)。

1. 会计核算:高度自动化

智能会计的核算模型已经完成标准化场景快速、准确的自动核算,将自动化流程向前后两端拓展。在业务前端,AI 技术可以实现自然语言交互式填写业务信息,为后续的会计核算提供完整的数据。在财务后端,数智员工的应用使得账表提取、业财对账等工作实现了自动化。数智员工能够模拟人类会计的操作行为,自动登录财务系统,提取各类财务报表数据,并与业务系统的数据进行精准核对,及时发现并处理差异,确保业财数据的一致性和准确性。

为了应对资产减值、收入确认等复杂的会计估计场景,以及管理会计中的多维费用分摊问题,AI 技术与模型进行了深度融合。机器学习作为 AI 的核心技术之一,在处理复杂数据和不确定性问题方面具有独特的优势。通过大量的历史数据训练,机器学习算法可以挖掘出数据背后的潜在规律和模式,为复杂的会计估计提供科学合理的依据。例如,在资产减值测试中,机器学习算法可以综合考虑资产的市场价值、未来现金流量、使用寿命等多种因素,自动计算出资产的减值金额,提高了估计的准确性和可靠性。在多维费用分摊方面,AI 技术可以根据不同的成本动因和业务维度,自动建立分摊模型,实现费用的精准分摊,为企业的

第三部分 AI+ 财务应用和展望

图 16-1 智能技术极大提升会计服务能力和效率

成本管理和决策提供有力支持。

2. 财务运营：逐渐无人化

机器学习技术为数智员工注入强大能量，使其深度领悟智能会计的核算模型，同时拥有卓越的数据处理与规则匹配能力。数智员工犹如财务运营的"超级大脑"，能精准剖析交易类型、交易主体及金额等关键要素，并依据这些信息自动推荐账簿、科目以及辅助核算项等账务处理规则，高效完成核算规则的精准匹配，显著提升财务运营效率。此外，数智员工借助自然语言交互功能，可灵活响应各类指令，无论是初始建账、月结协同，还是账期关闭等烦琐事务，都能按时保质完成。由此，实现了 7×24 小时全天候无人化财务运营，为财务管理带来颠覆性变革。

3. 财务稽核：全域透明化

基于智能会计的精细化核算成果，AI 技术凭借其强大的数据处理与分析能力，运用先进的大模型开展异常侦测与合规分析工作。它能够深入财务数据的各类细节，完成智能化的财务审计以及业财合规性检查。以招待费科目余额勾稽关系的合理性稽核为例，AI 可以快速且精准地分析各项科目余额之间的关联，识别出潜在的异常情况。AI 智能审计具有全面覆盖的优势，它打破了传统抽样审计的局限性，将审计范围拓展至全部数据，实现了从局部到全链路的智能稽核转变。这种全域透明的审计方式，大大提高了财务数据的准确性和可靠性。

此外，借助 AI 构建的风险规则与归因分析模型，企业能够持续完善业财数据，根据实际情况自动更新风险阈值。这种智能化的动态风控机制，使得企业能够及时应对各种潜在风险，实现规则的进化与升级。通过 AI 的全方位助力，企业不仅提升了财务稽核的效率和质量，更实现了合规管理的全面升级，为企业的稳健发展奠定了坚实基础。

4. 分析决策：全程智能化

基于智能会计的精细化核算结果，AI 与先进的数据分析技术深度融合，可以突破传统商业智能（BI）固化模式的限制。AI 具备强大的灵活性，能够紧密贴合企业的实际需求，按需自由组合分析维度，实时生成精准度与全面性兼具的财务分析结果。

不仅如此，这种融合拥有强大的数据挖掘能力，能够深入探究数据背后的逻辑，精准提供经营成果的业绩归因。这使得企业管理者能够清晰地洞察业务发展的核心驱动因素，为财务优化资源配置提供了坚实的数据支撑。财务人员可以充分借助 AI 的分析结果，以更加科学、合理的方式分配资源，提升资源的利用效率。

与此同时，AI 为经营决策提供了强有力的数据支持，推动财务人员的角色从传统的"记录者"向"战略顾问"转型。这一转变真正实现了战略赋能，助力企业在复杂多变、竞争激烈的市场环境中，做出更加科学、明智的决策。

二、AI+ 智能会计的核心应用场景

将基础的 AI 自动化能力应用于财务会计领域，能实现财务会计核算、智能月结及财务报表生成等工作的自动化与高效化，显著提升业务处理时效。通过融入 AI 机器学习、大模型推理等先进技术，企业能够进一步拓展并深化财务会计领域的智能化应用，推动财务管理向更精准、更智能的方向发展。

1. 生成式账务处理

生成式账务处理是 AI 在财务会计领域的一项创新应用，它依托先进的 AI 模型技术，实现了从原始凭证到标准会计分录、再到报表的账务处理全流程自动化。这一技术的核心在于其语义理解能力和规则映射机制。

具体而言，生成式账务处理通过 AI 模型对原始凭证（如发票、订单等）进行业务解读，能够自动识别交易类型、金额、科目等关键交易要素。并结合内置的会计准则知识图谱，将解读的业务实质与对应的会计科目进行精准匹配。例如，当系统识别到"采购设备"这一业务场景时，会自动将其对应到固定资产科目。然后，系统运用机器学习技术，根据已匹配的会计科目和交易类型，选择适用的核算规则，并实时校验数据的勾稽关系，最后生成符合规范且精准无误的账务记录。这一过程实现了从交易数据到账务处理的全自动化，大大提高了财务工作的效率与准确性。

此外，生成式账务处理还深度融合了数智员工技术，在月结关账后，能够自动识别业财对账、内部交易对账、银企对账以及财务账表生成等需求，并自主执行任务。数智员工会根据不同账簿的会计要素，智能规划并执行任务流程、下载生成相关报表，为企业的财务管理提供了更加便捷、高效的支持。

2. 智能财务信息质量稽核

借助大模型的推理能力，财务经理可依托智能会计系统对账务数据的准确性与合规性展开高效且全面的检查，以验证科目间余额勾稽关系的合理性。例如，系统能够评估广告费与主营业务收入的比例是否恰当、主营业务收入与主营业务成本的增速是否匹配、主营业务收入与应收账款的增速是否协调等。通过机器学习技术，系统可深度挖掘历史数据规律，明确数据波动的合理区间，自动校验账务数据的正确性，并实时提示异常，助力财务经理及时发现并纠正潜在问题（见图16-2）。

3. AI成本测算及报价建议

在竞争日益激烈的商业环境中，传统财务会计在赋能销售经理开展客户商机成本测算与报价决策时，一方面受限于传统会计按月核算"后视镜视角"的滞后数据，依赖月度成本数据难以支撑商机报价的快速精准响应，导致报价偏差，无法做到"事前算赢"；另一方面原材料价格受地缘政治、市场供需关系等不可控因素影响，快速变化，精准的报价模型需同时适配历史成本基准、追踪原材料市场波动并结合历史盈利水平等复杂规则，人工测算面临多源头数据整合拉通效率低、多版本测算人工校核耗时长、依赖经验判断计算过程不透明等问题，极易因数据失真错失黄金决策窗口。

依托AI大模型技术，智能会计成功破解了这一难题。

借助超级智能体技术可快速精准完成成本测算，给出报价建议。超级智能体整合了智能营销助理和智能会计助理，由智能营销助理获取商机信息（订单、客户、产品、数量等）和企业营销策略（如客户分级折扣、区域定价规则），智能会计助理负责解析产品BOM结构、工艺路线、价格体系和历史订单毛利率信息，超级智能体智能整合商机信息、产品成本信息和历史盈利信息等，动态生成精准成本测算模型，并结合历史订单盈利水平及企业营销策略，快速输出具备市场竞争力的报价建议。

超级智能体还可提供优化产能布局的建议。通过横向对比多个工厂的工艺效率、资源消耗、物流配置等成本差异，例如识别某工厂因工艺标准化程度不足导致的边际成本偏高问题，进而为管理层提供数据驱动的经营策略——如集中生产高毛利产品、推动低效工厂技术升级或动态调整跨区域订单分配，从而在保障客户需求响应的同时，最大化提升全供应链成本效率，实现从"被动核算"向"主动创效"的商业价值跃迁（见图16-3）。

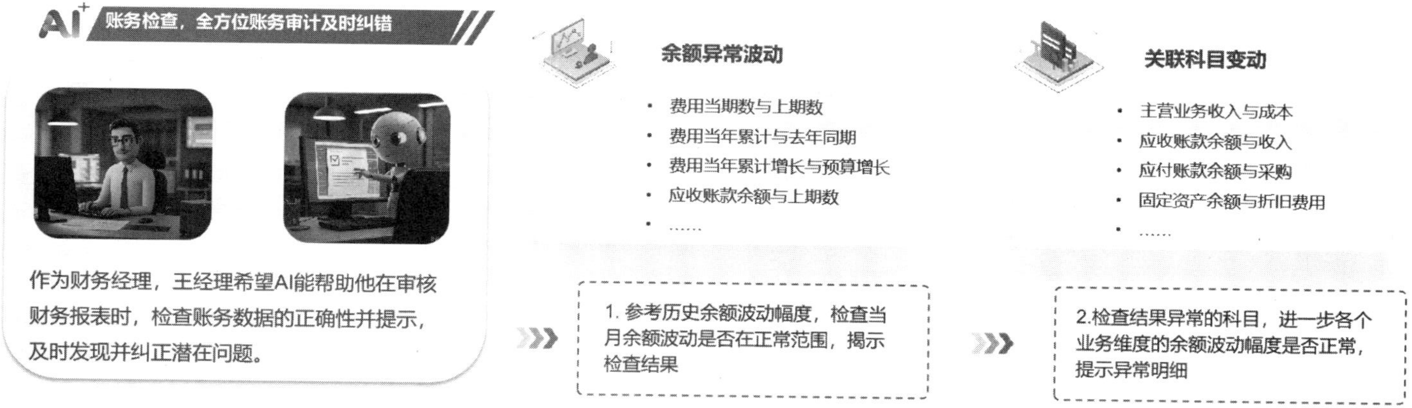

第三部分　AI+ 财务应用和展望

AI+ 账务检查，全方位账务审计及纠错

作为财务经理，王经理希望 AI 能帮助他在审核财务报表时，检查账务数据的正确性并提示，及时发现纠正并正在着的问题。

余额异常波动

- 费用当期数与上期数
- 费用当年累计与去年同期
- 费用当年累计增长与预算增长
- 应收账款余额增长与上期数
- ......

1. 参考历史余额波动幅度，检查当月余额波动是否在正常范围，揭示检查结果

关联科目变动

- 主营业务收入与成本
- 应收账款余额与收入
- 应付账款余额与采购
- 固定资产余额与折旧费用

2. 检查结果异常科目，进一步各业务维度的余额波动幅度是否正常，提示异常明细

图 16-2　智能财务信息质量稽核

AI+ 智能测算成本，助力排产决策

☑ 测算一下订单成本

小友接到一笔订购打地机器人的订单，该产品在国内多个工厂均可生产，在保证产品质量的前提下，需要测算交给哪个工厂生产的成本更低。

生产成本测算

基于客户销售订单的产品信息，[智小成]调用多家工厂的成本测算，计算各工厂的订单生产成本，并给出不同工厂的成本结果

智能助理 智小成

物流费用测算

基于各客户的**所在城市、客户城市**，[智小成]结合订单生产成本和物流费用测算综合成本，并给出不同工厂的综合成本结果

智能助理 智小成

给出各工厂的报价建议

结合各客户历史合作盈利情况、信用情况、目标生产成本和物流费用测算结果，给出工厂选择及报价建议

智能助理 智小成

图 16-3　AI 成本测算及报价建议

4. AI 财务快报与经营诊断

基于智能会计的精细化核算结果，AI 智能财务快报与诊断系统可以通过深度解析公司整体财务指标，精准呈现收入、毛利、费用的分布格局与动态趋势，全景式揭示资源配置效率及经营效益表现。系统基于灵活的多维数据分析，自动计算关键财务指标，智能诊断企业经营健康度，快速定位潜在风险点。通过溯源主要收入来源，系统可识别核心增长引擎与业务脆弱性，同步解析毛利构成，锁定高价值业务环节与盈利隐患。针对费用占比进行智能评估，系统量化资源配置合理性，并输出优化建议。最终，系统以可视化报告清晰呈现企业资源效能与经营质量全貌，为管理层制定价值最大化策略提供数据驱动的决策支撑，助力企业实现可持续增长与风险可控的平衡（见图 16-4）。

三、AI+ 智能会计的技术实现路径

数智员工在自动化核算与无人财务运营场景中，主要依托一站式大模型实现任务智能编排，并通过反馈规则执行结果与人类形成高效协同机制。在智能稽核与分析决策领域，则主要基于超级智能体的认知决策闭环系统，构建从数据采集、分析到决策输出与反馈的完整决策链条（见图 16-5）。

以成本测算及报价建议场景为例，其实现主要包括基于多 Agent 自主协同、内外部数据实时获取整合和思维链推理及动态决策。

1. 多 Agent 自主协同

基于 AI 大模型的超级智能体基于深度语义分析和上下文理解，精准捕捉用户成本测算和报价建议的意图，通过智能任务拆解将复杂目标转化为可执行的子任务，结合各智能体领域技能专长，动态整合智能会计和营销领域的智能体资源，构建起具备动态协作能力的超级智能体，实现该场景涉及子任务的自动化分派和编排。

2. 智能获取内外部数据

借助智能体实时获取数据，通过 API 接口整合内部数据，利用自动化技术抓取社会化数据，高效汇聚核心数据，为成本测算和报价建议提供可靠的数据支持。内部数据涵盖商机、产品 BOM、工艺路线及历史盈利分析，支撑生产成本测算；外部数据整合物流运费、运输距离等信息，助力运输费用测算。通过实时数据获取整合，企业可提升运营效率与响应速度，释放数据资产价值。

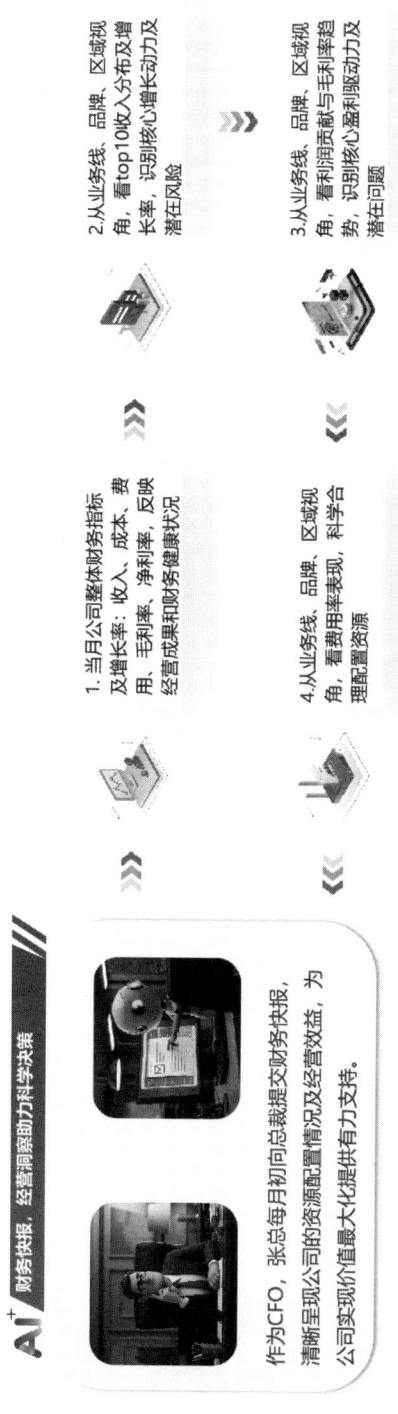

图 16-4　AI 财务快报与经营诊断

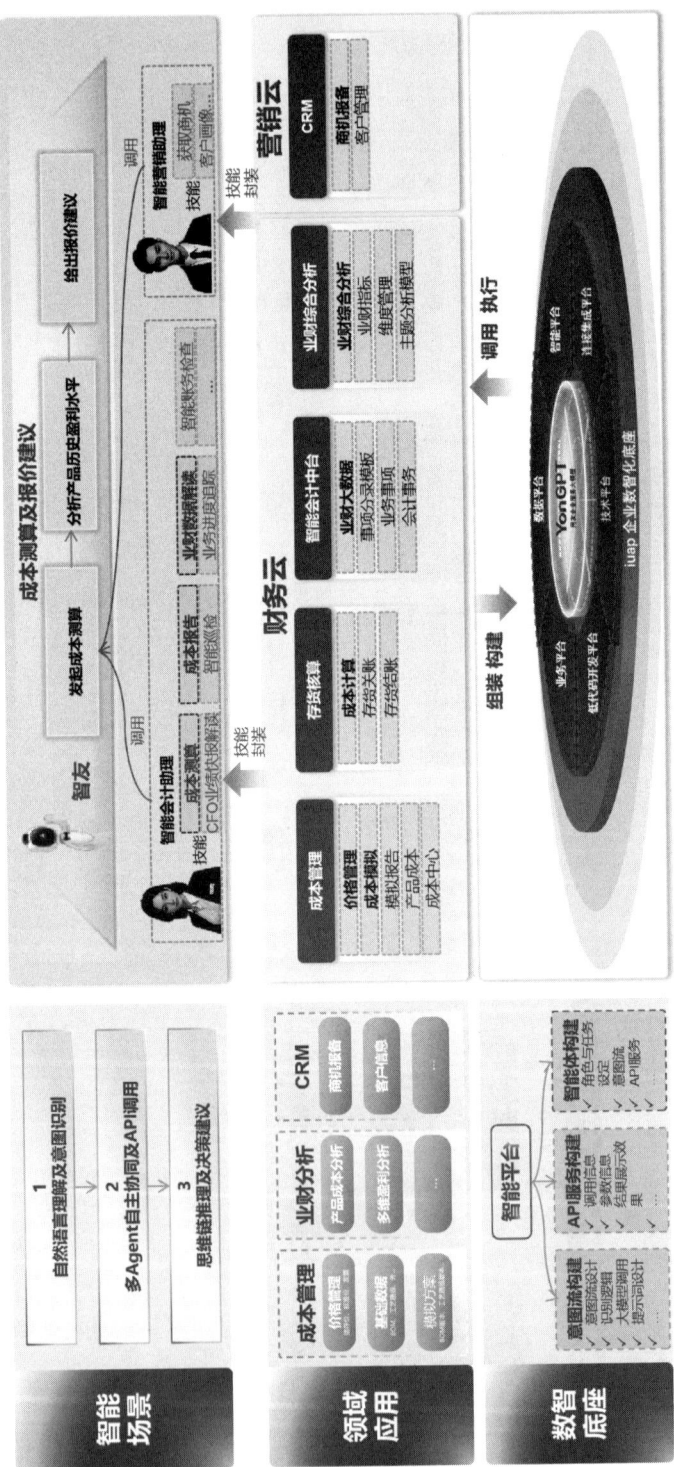

图16-5 AI+智能会计的技术实现路径

3. 思维链推理和动态决策

以多 Agent 自主协同为基础，结合实时获取的数据与思维链推理，计算生产成本、物流费用；结合产品历史盈利水平和营销策略，给出针对性的报价建议，包括含税价、不含税价、预计毛利额及毛利率等信息。

随着技术的持续演进，在自动化、精细化、实时化核算的基础上，企业能够完成数据资产沉淀，并借助 AI 对模型持续优化，让 AI+ 智能会计助力企业实现会计职能从效率型向决策型的价值跃升，塑造新的竞争优势。

第二节 AI+ 商旅费控

一、AI+ 对商旅费控带来的影响

在数字化转型浪潮中，依托 AI+ 大模型驱动，新一代智能费控系统突破传统报销工具的功能边界，通过技术重构与场景创新打造"更佳的体验、更好的管控、更快的分析"三位一体的进化范式（见图 16-6）。

二、AI+ 带来更佳的体验

1. 行程小助手

自然语言交互能实现一句话快速完成出差申请，利用 AI 算法精准匹配推荐行程方案，依据实时路况动态调整出行策略，数据驱动持续优化推荐模型。

（1）自然"语言交互"：采用大语言模型与自然语言处理技术，构建全场景差旅意图理解引擎。员工只需通过自然语言与系统进行交互，无论使用语音还是文字输入，系统即可快速理解意图，自动提取目的地、时间、事件类型、员工的基本信息、历史出差记录等关键信息，关联企业差旅政策获取 TMC 消费资源价格，快速完成出差申请的初步填写和金额预估，极大提高申请效率，节省员工时间。

（2）智能"反馈推荐"：系统依据员工输入的出差信息，结合大数据分析和 AI 算法，智能反馈出多种符合需求的行程方案。结合员工历史选择偏好，综合考虑出行时段的便利性、中转次数等因素。例如，对于商务出差，优先推荐到达时间合理、不影响当天工作安排的方案；对于预算有限的情况，推荐性价比高的行程。

（3）"动态对话"流程：在出行过程中，系统实时监控路况信息，当遇到交

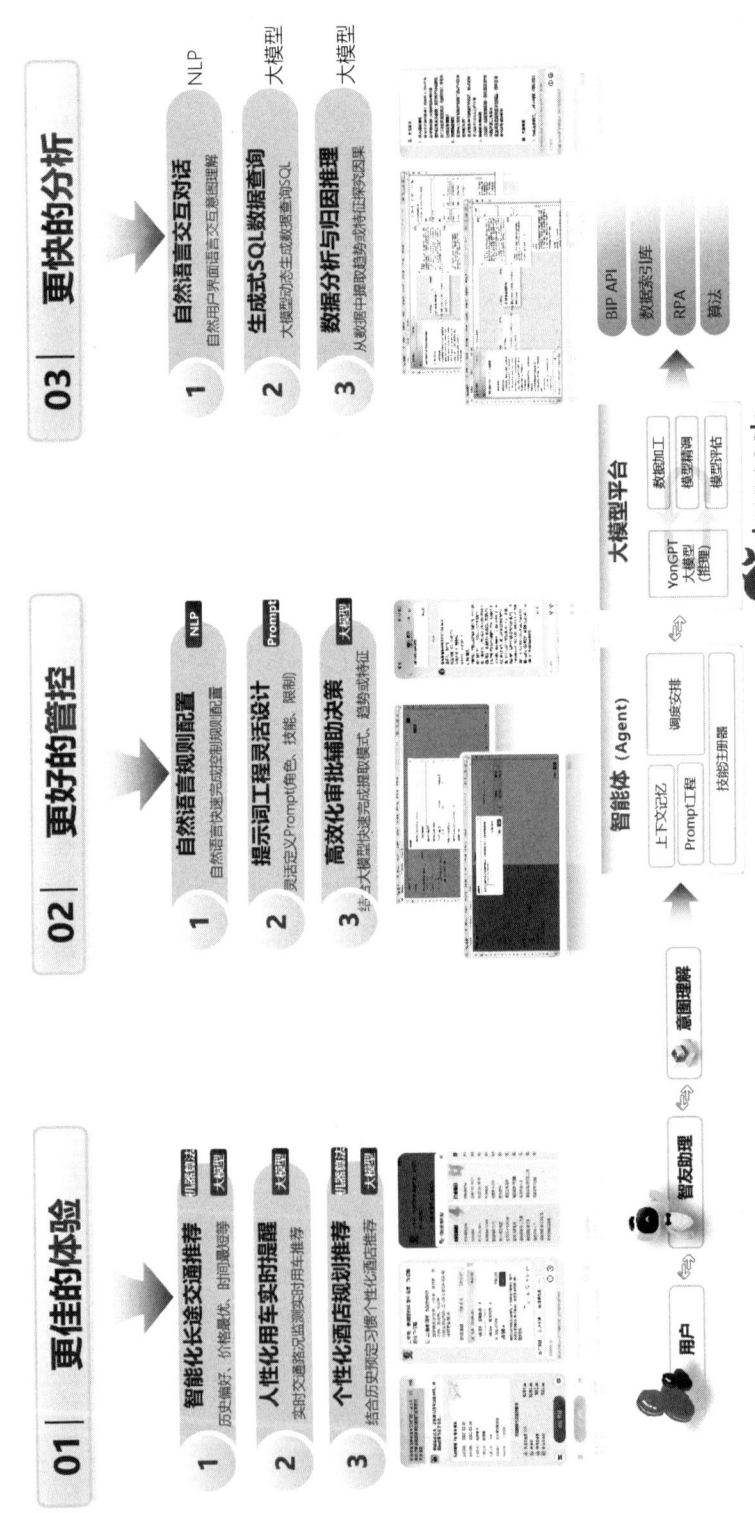

图16-6 "AI+大模型驱动"体验+管控+分析,三位一体进化范式

通拥堵、道路施工等突发情况时，系统会立即分析并为员工提供最佳的用车建议。同时，系统会及时更新预计到达时间，让员工随时掌握行程动态。行程中关键节点异常处理全程保持对话交互，员工可通过语音确认方案变更。

（4）"数据驱动"优化：系统提供多套行程方案的对比功能，将各个方案的关键信息，如价格、时长、舒适度等进行直观展示，方便员工进行选择。并且系统会记录员工的选择偏好，随着数据的不断积累，AI模型会不断优化未来的推荐方式，为员工提供更加个性化、精准的行程建议，让出差出行更加符合员工的实际需求。

2. 知识小助理

通过"搜—问—推—创"构建员工报销全流程知识护航体系，精准检索打破信息壁垒，自然对话化解制度盲区。

（1）"搜"：依托RAG强大的知识检索能力，无论是结构化的报销政策表格、费用标准数据，还是非结构化的报销流程说明文档、常见问题解答，都能迅速被精准定位。员工只需输入关键词，如"业务招待费报销范围"或"差旅费报销所需凭证"，系统即刻在海量知识中筛选匹配，快速反馈相关信息。这不仅节省了员工自行查找资料的时间，还确保了获取信息的准确性和全面性。

（2）"问"：当简单的搜索无法满足需求时，"问"为员工提供了更深入的知识获取途径。员工可以用自然语言与系统进行对话，就像与一位专业的财务顾问面对面交流。比如员工询问"我在外地出差期间的交通补贴是如何计算的"，系统会根据问题，结合知识库内容进行精准分析，然后给出详细、易懂的回复。这种自然语言对话方式打破了传统查询的局限，让员工能更自由地表达自己的疑问。

（3）"推"：基于员工的搜索历史、提问内容以及报销行为数据，进行深度的知识需求分析，为员工日常报销提供个性化的知识推送服务，让员工无须再大海捞针般地寻找知识，系统主动将最有用的信息送到面前。

（4）"创"：借助强大的大模型技术，对问题进行深入理解和分析，然后进行合理的答案创作和回复。大模型能够综合多方面的知识和经验，生成具有针对性和可行性的解决方案。它不仅能提供答案，还会详细解释推理过程。这种智能创作能力，弥补了知识库的不足，为员工在报销过程中遇到的难题提供了有效的解决办法。

三、AI+ 带来更好的管控

1. 自然语言风控建模

AI+ 费控将告别传统规则引擎对 IT 人员的强依赖，企业合规管控迎来自然语言交互革命。财务人员只需用日常语言描述需求实时生成风控规则进行部署。

（1）自然语言"随心配"：通过深度集成自然语言处理与大语言模型技术，彻底革新了传统风控规则的配置逻辑。财务人员无须掌握编程语言或规则引擎语法，仅需以日常口语表达业务诉求，例如输入"禁止跨部门报销差旅费"或"单日餐饮费超 2000 元需附审批"等需求描述，系统即可通过语义理解、意图识别、逻辑推理等能力，自动解析非结构化文本中的管控要点、条件参数及执行逻辑，并实时转化为标准化的规则代码，无缝对接风控引擎完成全流程部署。将规则配置周期从传统模式下 5 天的跨部门协作、人工编码及测试验证，压缩至 15 分钟内的一键生效。

（2）监督防范"零死角"：以"数据穿透、流程闭环、动态监督"为设计理念，结合智能算法对业务流程节点进行毫秒级监测与合规性校验。系统内置多层级风控模型，既能基于预设规则拦截显性违规操作，又可依托机器学习动态识别隐性风险模式，例如通过异常行为检测定位高风险交易，或基于历史数据训练阈值自适应的预警指标。使费用支出业务从申请、审批到支付的全环节实现"发生即合规"，将人工审核工作量削减 90% 甚至更多。

（3）AI 大模型"实时检"：基于千亿级参数的 DeepSeek 大模型，系统构建起具备复杂场景认知与实时推理能力的合规智脑。可对每笔费用单据进行 150 多个维度的特征解构，涵盖金额合理性、票据合规性、行为关联性、时空一致性等微观细节。以毫秒级响应速度完成海量特征提取、风险概率计算及拦截决策生成，实现 7×24 小时无间断的在线监测，保障问题单据的自动拦截准确率突破 99%。

2. 内控审批辅助决策

在企业费用管理流程中，员工提交费用提单后，借助大模型的深度思考和归因推理能力，为内控权限领导提供有力的辅助审批决策支持以及趋势洞察预警。

（1）审批意见建议。系统自动扫描单据中的违规特征，对每笔违规单据进行风险评估，根据风险等级提供不同的应对策略。对于高风险的单据，如涉及重大金额的超合同支出，系统会建议领导立即停止审批流程，并组织相关人员进行调查。系统还会参考企业的历史审批案例，为领导提供类似情况的处理经验。

（2）趋势洞察预警。借助大模型深度思考和归因推理的能力，总结员工提交的单据包含费用数据及关联上下游信息，为内控权限领导提供与业务场景相关的费用业务数据分析与趋势洞察。

四、AI+ 带来更快的分析

1. 全场景数据服务

借助大模型与 ChatBI 能力，为企业各层级管理者提供主题化的深度数据挖掘服务和智能查询的人机交互数据服务。

（1）支出趋势预测。通过结合历史支出数据和收入数据，预测未来月份和年度支出趋势，并对比收入增长情况，帮助管理层评估成本健康度。判断支出增长是否与收入增长匹配，防范成本失控，支持战略规划，识别支出增速过快或偏离预期的异常信号。

（2）供应商评估。通过大模型技术构建供应商风险量化评估体系，实现从风险识别到策略优化的全流程智能管理，有效防范单一供应商依赖风险。当检测到某供应商交易金额占比突增时自动生成供应商依赖风险分析报告，包含风险等级、成因分析、历史趋势对比等内容，并建议推动集中采购或价格谈判，基于历史谈判记录和市场行情生成谈判话术模板。

（3）投入产出效益。通过量化分析营销活动的投入产出效益，帮助管理层评估活动效果；识别高 ROI 活动并复制成功经验，淘汰低效活动，优化预算分配；动态调整资源，聚焦高回报渠道或策略，精准归因分析；明确营销支出与收入增长的因果关系。

2. 生成式数据洞察

脱离传统报表工具对 IT 人员的强依赖，管理人员只需用日常语言描述数据分析需求即可进行实时数据查询、总结分析与归因推理。

（1）自然化人机交互。用户无须具备专业的数据分析知识和掌握复杂的查询语法，只需使用自然化的语言描述自己的数据查询和分析需求，例如"分析过去一年各个一级事业部差旅费的情况""找出本月费用增长异常的部门"等。系统能够准确理解用户的意图，将自然语言转化为可执行的查询任务。

（2）生成式数据查询。结合强大的大模型技术，系统根据用户输入的自然语言需求，动态生成准确的数据查询 SQL 语句。大模型能够深入理解业务逻辑和数据结构，确保生成的 SQL 语句高效、准确地从数据库中提取所需的数据。即使面对复杂的查询需求，也能快速生成合适的 SQL 代码，大大提高数据查询的效率。

（3）数据分析与归因推理。系统对查询到的数据进行全面、深入地分析，运用多种数据分析方法和可视化工具，如统计分析、趋势分析、关联分析等，将数据转化为直观的图表、报表和结论。系统进一步运用归因分析模型和算法，对数据中的关键现象和趋势进行归因推理，找出导致数据变化的根本原因，并提出改善建议。

第三节 AI+ 共享服务

一、AI+ 对财务共享工作的颠覆性影响

（一）技术架构的革命性重构

AI 技术对财务共享的颠覆性影响，首先体现在其对技术架构的系统性重塑。这一重构以"通用大模型—企业私域模型—封装工具"为核心层级，形成了从底层能力到上层应用的完整技术生态，推动财务共享从规则驱动向智能驱动转型。

在底层技术支撑层面，通用大模型构成了财务共享智能升级的基础能力底座。以 DeepSeek、豆包等为代表的通用大模型，凭借强大的自然语言处理、多模态数据融合与知识推理能力，突破了传统财务系统对单一数据类型的处理局限。

中层的企业私域模型平台，则是针对企业个性化需求的垂直领域深化。企业基于自身业务数据、行业特性与管理规则，在通用大模型基础上进行二次训练，形成适配特定场景的私域模型。

上层的封装工具层，通过整合智能体、RPA、多模态识别工具等，形成了可直接应用于财务共享场景的智能化工具集合。这些工具打破了传统财务流程的边界，实现了自动化作业与智能决策的无缝衔接。

（二）岗位体系的结构性变革

AI 技术的渗透引发了财务共享领域岗位体系的深刻变革，传统财务岗位的职能边界被重新定义，三类与 AI 强相关的新岗位应运而生，形成了"技术＋数据＋流程"的新型人才结构。

技术与模型训练类岗位，聚焦于 AI 技术在财务共享中的落地实现。财务 AI 训练师需兼具财务专业知识与机器学习技能，负责业务场景建模、数据标注与模

型优化。例如，通过构建应收账款账龄预测模型，提升财务预测的准确性。算法工程师（财务方向）则侧重优化 AI 模型在财务场景中的应用效果，如开发智能催收模型降低坏账率，或设计反欺诈算法识别可疑交易。

数据训练与分析类岗位，以业财数据为核心资产，挖掘数据背后的管理价值。业财数据分析师通过整合业务与财务数据，构建分析模型以支持决策。风险建模专家则专注于构建风险预警体系，利用知识图谱与机器学习技术，识别信用风险、操作风险等潜在威胁。

流程优化类岗位，基于 AI 分析结果对财务共享流程进行重构与升级。智能流程架构师借助流程挖掘技术，识别冗余审批节点或低效环节，运用 AI 模拟优化方案。例如，某汽车集团通过重构审批流程，将流程效率提升 40%。这些岗位的协作，推动财务共享从经验驱动的流程管理转向数据驱动的智能优化。

（三）财务共享新范式的形成

AI 技术的应用推动财务共享向"智能化作业、自然化交互、智慧化知识生成"的新范式演进，彻底改变了财务共享的价值创造逻辑。

在智能化作业层面，AI 重构了财务共享的流程体系，实现从数据采集到业务处理的全流程自动化。数智员工的广泛应用，使智能填单、智能审核、自动生成凭证等环节无须人工干预。某零售企业通过部署数智员工，将发票处理时间从 3 分钟/单压缩至 15 秒/单，年节省人力成本数百万元。同时，动态任务调度技术基于强化学习优化资源分配，夜间自动化处理量占比大幅提升，使财务共享中心具备"7×24 小时"的连续作业能力。智能质量管控体系通过"规则校验+AI 抽检"模式，将核算差错率降至极低水平，保障了作业质量的稳定性。

自然化交互体系的构建，打破了传统的人机交互的壁垒。智能对话系统支持语音、文字等多模态交互方式，员工可通过自然语言指令完成预算查询、报销提交等操作。某能源集团部署的财务智能助手，通过上下文语义理解技术，实现 70% 的日常咨询自助解决，将响应时间缩短至秒级。虚拟助手与实体财务人员的协同作业，形成了"和谐人机共生"的工作模式，显著提升了操作的便捷性与用户体验。

智慧化知识生成是新范式的核心价值体现。AI 通过知识图谱、预测性分析等技术，将财务数据转化为知识资产。自动报告生成系统能够基于实时数据生成包含风险预警的经营分析报告，为管理层提供决策支持。知识图谱技术则通过构建财务实体关系网络，挖掘潜在风险点与价值关联。

二、AI+ 财务共享的核心应用场景

在企业财务共享体系的革新进程中，AI 技术的深度融合催生出两大核心应用场景：一是以数智员工为载体的人机协同智能作业体系，二是基于大模型构建的智能审核机制。这些场景凭借智能化处理能力，重构财务共享业务流程，推动其向高效、精准、智慧的运营模式跃迁，成为企业实现卓越财务共享的关键支撑。

（一）数智员工：财务共享作业的人机协同新范式

数智员工作为 AI 技术赋能财务共享的核心载体，以智能化为内核，深度融入财务共享作业全流程。其不仅实现传统财务重复工作的智能化处理，更在辅助审核、风险拦截、稽核溯源、个性服务等维度构建高效的人机协同模式，推动财务共享中心标准化业务的智能作业与卓越运营。

1. 智能作业：全流程的智能化覆盖与协同

数智员工贯穿财务共享作业全链条，从智能填单到自动归档，将大量重复性工作转化为智能化操作。在智能填单环节，员工通过自然语言描述业务，数智化员工即可精准提取信息并填单，提升效率；在智能收单环节，其高效处理多类型票据，实现信息的智能化采集与分类。例如，在某集团企业中，数智员工处理票据的效率达每小时千份以上，准确率超 99%，大幅减少人工操作量。

2. 辅助审核：人机优势互补的精准化作业

数智员工在审核环节与财务人员形成优势互补的协同模式。一方面，数智化员工凭借内置规则与智能化分析，快速处理标准化审核任务。另一方面，对于复杂、例外情况，数智员工及时推送至财务人员处理。如遇到特殊业务的费用审核，数智员工标记关键信息，辅助财务人员快速决策，使审核精准度与速度双重提升，实现"简单任务智能化处理，复杂任务人机共判"的高效协同。

3. 风险拦截：实时化的智能风控协同

数智员工依托智能算法与模型，实时监测业财数据，构建风险拦截的首道防线。在业务提单、审核等环节，数智员工实时分析数据，识别异常交易。例如，当发现异常频繁的交易记录，数智员工立即触发预警，拦截风险操作。同时，财务人员可基于数智员工的风险提示，进一步核查确认，形成"智能监测 — 实时预警 — 人工复核"的风控协同链条。

4. 稽核溯源：全流程的智能追踪与协同

数智员工对财务数据进行全面稽核，不仅能发现问题，还可快速追溯根源。在账务处理、业务执行过程中，数智员工记录数据流动轨迹，形成可追溯的电子日志。当出现数据异常或财务差异时，数智员工通过智能分析，定位问题环节，辅助财务人员追溯业务源头。

5. 个性服务：定制化的人机交互协同

数智员工根据用户行为习惯，通过人机交互提供个性化共享服务。在员工提交财务申请、查询业务进度等场景中，数智员工分析历史行为数据，主动推送定制化服务。如针对高频财务数据查询用户，提供个性化报表订阅服务。

（二）基于大模型的智能审核：财务合规的全流程智能守护

基于大模型的智能审核，是 AI 技术在财务共享风控领域的核心应用。其通过自然语言规则处理、非标附件智能化识别及审核过程深度推理，构建覆盖事前、事中、事后的全流程智能审核体系，为财务合规提供坚实保障。

1. 自然语言规则：审核规则的智能化应用

大模型突破传统审核规则的编写与应用局限，直接理解自然语言描述的规则。企业制定审核规则时，无须复杂的技术转化，可直接以自然语言表达。智能化规则处理方式，消除了业务与技术的沟通壁垒，使规则更新与应用更便捷高效，审核规则的响应速度提升 60% 以上。

2. 非标附件识别：非结构化数据的智能化处理

针对银行水单、酒店水单、用车记录、会议纪要等非标附件，基于大模型的智能审核实现非结构化数据的智能化识别。大模型综合分析附件中的图像、文本等信息，提取关键内容。某企业应用后，非标附件识别准确率从 70% 提升至 95%，解决了人工处理非标附件效率低、错误多的难题，深化了智能审核的基础。

3. 审核过程推理：全流程的智能决策支持

在审核过程中，大模型基于财务知识与业务数据，进行深度推理。审核大额采购付款时，大模型关联供应商历史交易、信用评级、采购量等信息，综合判断付款合理性。若发现供应商信用下降且采购量异常，立即触发预警。这种智能化推理使审核从单一规则校验升级为全局智能决策，实现事前（提单、保存）预警。

三、AI+ 财务共享的技术实现逻辑

在 AI 与财务共享深度融合的进程中，技术实现逻辑构成了应用场景落地的核心支撑。其围绕数智员工、智能审核、非标附件处理三大维度展开，通过智能体构建、规则引擎与大模型融合、多模态技术应用等路径，实现财务共享的智能化升级。以下从技术层面深入剖析各模块的实现逻辑。

（一）数智员工的技术构建逻辑

数智员工作为财务共享智能作业的核心载体，其技术实现以智能体为基础，通过自然语言处理、流程交互设计及上下文推理机制，构建高效的人机协同作业体系。

1. 智能体的专项能力构建

数智员工本质是为财务共享作业设计的智能体，其构建需整合多项技术能力。首先，基于人工智能技术封装财务共享各作业环节的专项能力，如智能填单、审核、记账等。通过模块化设计，将业务功能转化为可调用的智能组件，形成覆盖财务共享全流程的能力集合。

其次，智能体通过接口标准化设计，实现与企业现有财务系统、业务平台的无缝对接。无论是 ERP 系统的账务数据，还是 OA 系统的审批流程，数智员工均可通过标准化接口获取数据、执行操作，确保在不同的企业环境中稳定运行。

2. 自然语言 + 流程的交互实现

在自然语言交互层面，依托 NLP 技术，数智员工通过词法分析、句法分析及语义理解模型，将用户自然语言描述转化为操作指令。

在流程交互方面，数智员工基于预设业务流程逻辑引导用户操作。当业务人员发起审核请求，数智员工通过状态机设计，记录交互节点，按既定流程提示用户提交附件、补充信息等，形成"请求 — 引导 — 执行 — 反馈"的闭环交互。

（二）智能审核的技术实现路径

智能审核以规则引擎为基础，结合通用大模型能力，实现自然语言规则处理、非标附件校验及审核过程推理，构建智能化审核体系。

1. 规则引擎与大模型的融合架构

智能审核采用规则引擎与大模型的融合架构。规则引擎承载结构化审核规则，通过高效规则匹配算法处理标准化任务，如校验差旅费发票金额是否超标。

通用大模型则处理复杂场景，如解析合同条款语义，判断付款风险，弥补规则引擎在语义理解与复杂推理上的不足，二者融合兼顾效率与深度。

2. 自然语言规则的技术处理

大模型对自然语言规则进行语义分析，提取关键要素与逻辑关系。大模型识别要素与逻辑，通过规则映射技术转化为可执行审核逻辑，关联具体审核动作。

（三）非标附件处理的技术逻辑

非标附件处理以多模态技术为核心，融合图像、文本、语音等信息模态，构建专门模型，提升识别准确性与全面性。

1. 多模态技术融合架构

采用多模态技术融合架构，整合图像识别、文本分析、语音处理等技术。如处理酒店水单，先通过图像识别提取文字，再用自然语言处理解析语义；若有语音记录，通过语音识别转写文本后分析。多模态融合打破单一技术局限，结合图像语义分析修正 OCR 错误，确保信息提取准确。

2. 多模态模型的构建与训练

基于深度学习框架（如 PyTorch）构建多模态模型，整合特征提取器，如用 CNN 处理图像，用 Transformer 处理文本，通过融合层合并特征。采用标注的非标附件数据集训练，学习多模态数据关联关系。如训练银行水单识别模型，输入图像与标注信息，优化识别效果，使模型准确提取关键信息。

3. 多模态技术的应用优势

多模态技术通过多模态信息相互验证提升识别准确性，结合图像区域分析修正文本识别错误；全面理解附件内容，分析图像布局、格式特征判断真实性；适应复杂场景，通过图像修复、语义推理处理模糊票据，确保非标附件处理的鲁棒性，满足多样化需求。

AI+ 财务共享的技术实现逻辑通过数智员工、智能审核、非标附件处理三大模块协同构建，实现财务共享作业智能化、审核精准化及非标附件处理高效化。数智员工以智能体实现人机协同，智能审核通过规则引擎与大模型融合提升能力，非标附件处理借助多模态技术突破难题。这些技术逻辑共同支撑 AI+ 财务共享应用落地，推动企业财务共享向智能、高效方向发展，为财务数智化转型筑牢技术根基。

第四节　AI+ 企业绩效

一、AI+ 带给全面预算工作的变化及影响

人工智能技术的深度应用，正在引发全面预算管理领域的根本性变革。这一变革不仅体现为技术工具层面的升级，更深刻地重构了预算管理的理论框架与实践模式，推动其从传统的管控工具向战略决策中枢演进。以下从四个核心维度系统阐释 AI 技术带来的关键影响。

（一）预算管理模式：从静态刚性向动态适应性转型

传统预算管理受限于固定周期（如年度预算）的刚性框架，其编制与调整往往滞后于市场环境的变化，导致资源配置与业务需求脱节。AI 技术通过实时数据流处理与机器学习算法，构建起动态预算管理体系。基于物联网设备、业务系统接口等多源数据的实时采集，结合长短期记忆网络、时间序列预测模型等先进算法，企业得以实现滚动预算的持续更新。例如，某跨国制造企业通过部署动态预算系统，将预算调整周期从季度级压缩至天级，在突发供应链中断事件中，应急预算重构效率提升逾 400%。这种动态适应性使预算管理能够敏捷响应市场波动，形成"感知—预测—调整"的闭环机制。

（二）决策支持机制：从经验判断向数据智能跃迁

传统预算决策高度依赖管理者的历史经验与主观判断，存在认知偏差与信息处理能力局限。AI 技术通过多模态数据融合与深度分析，重塑了决策支持体系。自然语言处理技术可解析非结构化数据（如行业政策文本、消费者评论），知识图谱技术构建业务要素关联网络，使得市场趋势识别从定性推测转变为量化推演。某零售企业的实践表明，AI 驱动的需求预测模型将销售误差率从 8.5% 降至 2.7%，同时战略解码速度因关键成功要素的自动提取而提升 3 倍。这种数据智能驱动的决策模式，显著提升了资源配置的精准度与战略落地的可靠性。

（三）业务流程架构：从人工操作为主向全流程自动化升级

传统预算流程中，数据采集、清洗、分析等环节高度依赖人工操作，效率低下且易产生误差。AI 技术通过机器人流程自动化与智能算法的协同应用，实现了端到端的流程再造。智能系统可自动抓取 ERP、CRM 等异构系统的数据，利用回归分析、神经网络等算法完成多场景预算模拟，并通过工作流引擎自动触发审

批与调整指令。某能源集团的案例显示，其预算编制周期从 45 天缩短至 14 天，人工数据处理工作量减少 85%，财务团队得以将 60% 的工作时间投入战略分析。全流程自动化不仅提升了效率，更通过标准化操作规避了人为失误风险。

（四）风险控制体系：从事后纠偏向主动预防演进

传统风险管理侧重于预算执行后的偏差分析，具有明显的滞后性。AI 技术构建了智能化的风险预警与对冲机制，借鉴质量管理中的"海因里希法则"（1:29:300 法则），风险防控应从被动补救转向源头治理，AI 赋能的主动预防则致力于消除底层的隐患征兆。风险防控体系包括两个方面：①建立风险传导图谱。识别"采购价格波动→生产成本上升→销售定价失效→现金流断裂"的连锁反应路径。②构建动态安全边际。传统固定比例预算冗余→AI 根据环境风险指数自动调整冗余度。

传统风险控制像急诊室医生，专注于治疗已发生的病症；AI 赋能的主动防控体系则像健康管理师，通过持续监测生命体征、预测疾病风险、制定预防方案，让企业从"救火队员"转型为"安全建筑师"。这种转变不仅降低了显性损失成本，更重要的是创造了"风险免疫红利"——当竞争对手在应对危机时，你的企业已在布局下一轮增长。

AI 技术对全面预算管理的影响已超越工具改良层面，本质上推动了管理方式的革新。动态适应性重塑了预算的时间维度，数据智能重构了决策的知识基础，流程自动化再造了组织的运作效率，而智能风控则重新定义了风险管理的逻辑起点。这四种变革相互交织，共同推动预算管理从后端控制职能向前端战略赋能角色转型。未来，随着认知计算、群体智能等技术的发展，预算管理将向自主决策、生态协同的高级形态持续进化，成为企业数智化转型的核心枢纽。这一进程要求企业同步推进数据治理体系优化、算法伦理机制建设与复合型人才培养，以实现技术潜力向管理效能的充分转化。

二、AI+ 对全面预算的核心应用场景

随着人工智能技术的快速发展，企业财务管理正经历从传统经验驱动向数据智能驱动的深刻转型。在全面预算管理中，AI 技术的引入不仅重塑了数据处理流程，更通过数据分析、数据洞察与模拟决策三个核心环节，实现了预算编制、执行、分析与优化的全链路智能化。

（一）数据分析：从"人找数据"到"数据自驱"

传统预算管理的核心痛点在于数据的碎片化与人工处理的高成本。财务人员需耗费大量时间在数据收集、清洗与整合中，而 AI 技术的应用彻底改变了这一模式，实现了数据分析的自动化、实时化与多维化。

EPM 智策作为"企业绩效数据分析师"，是调用 DeepSeek 能力的智能体，专注于企业经营数据的分析与解读。既可以通过人机对话、自然语言理解的方式实现图表唤醒，一键打开驾驶舱等；又可以理解用户需求后深度查询数据，不依赖于表单配置、开发工作，并自动生成可视化图表；通过提示词工程可持续训练，满足企业个性化需求。

传统预算分析往往滞后于业务实际，而 AI 通过流式计算引擎，能够实现预算执行数据的秒级更新与可视化呈现。例如，当某一区域销售额出现异常波动时，系统可即时触发预警，并自动关联库存、物流等数据，帮助财务人员快速定位问题根源。此外，AI 的预测性分析功能（如时间序列预测、蒙特卡洛模拟）能够基于历史数据生成多版本预算方案，为决策者提供前瞻性参考。

（二）数据洞察：从"表象分析"到"动因穿透"

数据洞察是 AI 在预算管理中的核心价值所在。通过深度学习与因果推理技术，AI 能够穿透数据表象，揭示影响经营结果的深层动因，并支持动态策略模拟。

EPM 智策能理解用户需求并深度思考，利用 DeepSeek 高效的大数据处理能力缩短数据分析周期，根据现象（利润率不高、周转率低等）关联业务场景，基于数据链条求证影响其的业务动因，帮助用户快速发现问题本质。例如，当四季度收入预算未达预期时，传统分析可能止步于"销量下降"或"渠道表现分化"，而 AI 可通过关联分析发现更深层的原因：如零售渠道缺口可能源于竞争对手促销策略、供应链交付延迟或区域消费习惯变化。AI 通过归因模型（如 SHAP 值分析）量化各动因的贡献度，帮助管理者精准锁定关键问题。

能够将财务指标（如利润率、现金流）与业务指标（如客户留存率、研发投入）动态关联，构建"经营结果—动因—指标"的三层分析框架。例如，某企业计划通过增加研发投入提升产品竞争力，可模拟该策略对销量、成本及利润的连锁影响，并输出量化结论（如"研发费用每增加 10%，长期利润预计提升 5.2%"），为预算分配提供科学依据。

（三）模拟决策：从"静态推演"到"动态博弈"

模拟决策的核心是通过多场景推演预判策略效果，降低决策风险。EPM 智策在此过程中突破了传统模型的线性假设与维度限制，实现了多维、非线性、动态化的策略仿真。

理解用户需求并深度思考，根据用户提出的各项经营策略假设（如工艺改进、采购控制、营销渠道拓展、销售回款账期等），自主思考并模拟多种经营策略对业绩的影响，输出财务指标和经营业绩结果供管理层选择，发挥作战指挥功能。

EPM 智策基于强化学习技术，构建"策略沙盘"，支持多场景动态推演。例如，针对"若采取 ××× 措施，预计成本降低 ×%。对利润影响如何"的问题，不仅能够快速计算财务结果，还能通过敏感性分析揭示策略的潜在风险（如供应链弹性不足或市场需求波动）。这种模拟能力使预算决策从静态"拍板"升级为动态"试错"，大幅降低试错成本。

三、AI+ 全面预算的技术实现逻辑

EPM 智策以"智能体+深度思考"为核心，依托多维数据库、实时计算引擎、AI 算法及灵活的平台架构，构建了一套覆盖数据聚合、动态分析、智能决策的完整技术体系。其技术实现主要围绕以下六个核心模块展开。

（一）多维数据库：数据底座的结构化支撑

多维数据库是 EPM 智策的底层数据架构，通过多维建模技术将业务属性抽象为维度与度量，形成高度结构化的数据存储体系。

维度定义与聚合：每个维度代表一个业务属性（如时间、产品、区域等），支持自定义层次结构（如年—季度—月）。基于业务属性对明细数据进行动态聚合，消除数据冗余（降噪处理），确保数据颗粒度与业务需求匹配。

多维分析能力：提供数据切片、切块、钻取等操作，支持从宏观到微观的多角度探索。例如，用户可快速切换视角，从"区域维度"分析销售数据，再下钻至"产品线维度"定位异常点。

动态扩展性：支持实时添加维度、调整层次结构或新增计算属性，所有变更立即生效，无须重构数据模型。

（二）实时计算引擎：动态响应的核心能力

EPM 智策通过实时计算引擎实现毫秒级数据处理与反馈，打破传统批处理模

式的延迟瓶颈。

实时卷积计算：基于流式计算框架，对多维数据进行动态聚合与指标计算（如预算达成率、毛利率）。

规则触发机制：内置业务规则（如数据校验、合规性检查），在数据更新时自动触发规则执行，实时反馈校验结果。

交互式响应：用户操作（如修改公式、调整维度）即刻触发计算，结果实时呈现，体验类似 Excel 的"即改即显"。

（三）智能体平台：灵活的任务执行载体

智能体平台是连接数据、算法与业务场景的枢纽，支持模块化扩展与定制化开发。

任务编排能力：通过可视化界面配置智能体任务流，例如自动生成合并报表、执行预算模拟等。

异构系统集成：支持与企业现有 ERP、CRM 等系统无缝对接，实现数据实时同步与任务协同。

弹性资源调度：基于云原生架构动态分配计算资源，应对千亿级数据规模下的高并发需求（如集团合并场景）。

（四）EPM 核心算法：业务逻辑的智能化封装

EPM 智策内置的算法库将企业绩效管理的业务逻辑转化为可复用的数学模型，覆盖预算、合并、预测等核心场景。

动态预算模型：基于历史数据与业务规则，构建滚动预测模型，支持多版本预算模拟（如不同汇率、准则下的测算）。

异常归因分析：通过聚类算法与相关性分析定位数据异常（如毛利额偏差），结合业务维度（产品、费用）进行根因追溯。

（五）AI 深度思考：YonGPT 驱动的决策辅助

YonGPT 作为 EPM 智策的 AI 核心，通过自然语言交互与逻辑推理能力，将传统分析升级为"人机协同决策"。

问题解析与路径规划：用户输入问题（如"四季度销售毛利额未达预期的原因"），YonGPT 自动拆解分析步骤，生成数据探查路径（如"下钻产品维度→对比区域销售→归因费用波动"）。

动态学习与优化：基于历史决策数据与用户反馈，持续优化算法模型，提升归因准确率与建议合理性。

可视化交互：以图表、词云等形式直观展示分析结论，支持用户通过自然语言追问细节（如"展示 TOP3 异常产品"）。

（六）AGI 演进架构：从 AI 到组织级智能

EPM 智策的技术路线与 OpenAI 提出的 AGI（通用人工智能）五级演进框架深度契合，逐步实现从工具到组织级智能体的跨越。

Level 1-2（对话与推理）：通过 YonGPT 实现自然语言交互（如问答、报表生成）与基础问题求解（如预算偏差归因）。

Level 3（智能体）：智能体平台支持自动化任务执行（如合并报表生成、实时定价模拟）。

Level 4-5（创新与组织）：未来规划中，AI 将自主优化算法模型（创新者层级），并承担跨部门协同调度等组织级职能。

EPM 智策通过"多维数据库 + 实时计算 + 智能体 + 核心算法 +AI"的融合架构，构建了"数据—模型—智能—决策"闭环：

- **数据层**：多维数据库提供结构化存储与动态扩展能力；
- **模型层**：基于高质量标准化的数据构建模型算法实现毫秒级响应与复杂业务逻辑处理；
- **智能层**：YonGPT 与智能体平台完成从分析到执行的自动化升级；
- **决策层**：YonGPT 与智能体平台完成从分析到执行的自动化升级；AGI 框架指导技术持续向组织级智能迈进。

不仅解决了传统 EPM 系统在实时性、灵活性、智能化方面的短板，更通过深度嵌入业务流，推动企业从"事后分析"转向"前瞻决策"，真正实现"智策先机"。

第五节　AI+ 全球司库

一、AI+ 对司库管理工作的颠覆性影响

全球司库管理的数智化变革推动资金管理从传统的"操作执行"向"战略增值"跃迁，这一变革体现为三个核心维度。

（一）组织能力的结构性升级：从"资金结算"到"战略中枢"

技术驱动下的司库管理职能转型，需要构建具备金融工程、数据科学与战略

决策能力的复合型司库团队，依托 AI 技术构建穿透式监测体系，实现对全球资金头寸、融资授信、外汇敞口等金融资源的全景可视与动态管控。利用模型算法对现金流量的精准预测和构建投融资决策模型，使司库从"后端业务处理者"升级为"前端决策参与者"，在并购重组、风险对冲等场景中发挥核心作用。

（二）业务流程的数智化重塑：从"人工处理"到"人机协同"

企业司库业务流程中利用数智员工、智能助理、超级群等手段提高业务处理效率，实现资金结算智能审核、银行流水智能认领、银行退票精准辨识等复杂场景的自动化处理，大幅降低单笔交易的耗时和提高风险识别效率。这种转变要求司库人员向"业务分析师 +AI 训练师"复合角色转型。

（三）风险防控的智能化进阶：从"被动响应"到"主动免疫"

AI 构建的全天候智能风控体系，可同时追踪几百项风险因子，甄别的准确性将得到大幅提高。数智员工 24 小时监测市场动态，自动跟踪全球法规变化，基于深度学习的量化模型评估风险事件的影响，提高风险预判能力。这种智能化预判使司库更加积极地参与到企业经营管理中。

二、AI+ 司库管理的核心应用场景

全球司库系统通过接入 AI 大模型，用户可通过自然语言指令生成资金日报、周报及运营分析报告，人工操作量大幅降低。与此同时，增强型数智员工能够高效执行复杂结算任务，包括智能单据分类、实时异常交易拦截、银行退票监测与银行流水智能辨识等场景，显著提升资金处理效率。在此基础上，系统通过融合知识图谱与强化学习算法，可自主优化资金运营策略、强化风险主动防范，推动认知决策能力实现跨越式升级。

表 16-1 是一些核心应用场景举例。

表 16-1　AI+ 司库管理的核心应用场景

影响维度	应用场景	实现内容	价值创造
交易执行与合规监控	资金结算审核	基于大模型对制度、合规要求、合同文本等自然语言的理解，自动识别付款单据中的潜在问题和风险。如识别高频突击支付、支付日期早于合同约定的条件等。识别同一合同/客户的重复付款和收款账户异常变更等	合规舞弊风险防范能力大幅提升。平均交易处理时间提高 40%，差错率降低 80% 以上

（续）

影响维度	应用场景	实现内容	价值创造
交易执行与合规监控	银行流水认领	通过大模型对银行交易数据的认领进行特征识别分析，自动匹配业务数据。如对银行流水摘要信息不完整、各银行流水摘要描述不一致等进行辨识匹配	提高银行流水自动匹配的精准度，对异常交易监测并实时预警
	融资合同识别	自动识别和提取合同关键信息（包括合同主体、交易品种、计息规则、金额、期限、偿还规则及违约责任等），将非结构化文本转为结构化数据，一键录入或辅助审核	大幅减少人工录入的工作量和提高数据准确性
资金预测与决策分析	资金预测模拟	通过机器学习分析历史现金流数据，构建动态资金预测模型，识别周期性、随机性资金波动，并建立多情景模拟进行现金流预测分析	资金预测精度提升40%，大幅提高资金使用效益
	决策分析报告	通过大模型对司库系统全量数据进行智能解析，实现资金分析报告自动生成、司库运营效能自动评估。针对投融资决策等场景提供优化策略	激活数据价值，降低操作门槛。优化资金等金融资源配置
风险预警与虚假贸易识别	客商信用分析	通过整合社会化数据，自动识别高风险客商（如涉诉或经营异常企业）和客商交易的异常行为	提升风险预警时效
	风险预警	实时解析社交媒体、新闻数据，结合司库系统全量数据，通过语义分析生成风险预警报告	对于突发事件的风险防范
	虚假贸易排查	基于历史数据和行业经验，通过大模型对客商关联关系、交易频率、交易规模、交易模式、价格波动等多个方面识别异常交易。构建贸易链网络图，找出循环交易、关联方交易等可能涉及虚假贸易的行为	全面提升对于虚假贸易识别的效率和精准度
……	……	……	……

三、AI+ 司库管理的技术实现逻辑

（一）交易执行与合规监控

交易执行与合规监控作为 AI 赋能司库管理的关键应用领域，其技术实现依赖于数据实时处理、策略动态建模、规则自动执行及结果修正反馈。

1. 数据实时处理

基于大模型的自然语言处理能力，对管理制度（包括监管政策如"三重一大"、企业风控条款如审批权限/交易限额、财务资金管理制度等）进行理解和关键条款提取，将其映射为可校验的表达式与规则库。

利用 OCR 技术提取合同扫描件文本，结构化解析生成标准字段数据（交易方、金额、期限等），识别特殊约定（质押物处置条款、付款触发条件等）并标注规则标签。

2. 策略动态建模

基于解析输出的规则条目、结构化标签及关键特征，构建多维校验体系，包括字段映射规则（信息类型与格式合规性校验）、一致性校验规则（逻辑完整性验证）、异常行为监测规则、交易特征判别规则等。同时依据信息变化动态更新，触发规则库不断增量式迭代。

3. 规则自动执行

在资金交易全链路中嵌入实时风险扫描引擎，通过动态风险规则库识别风险场景，如实时核验高频非常规支付、合同付款异常提前、重复支付指令、客户收款账户异常变动等。

4. 结果修正反馈

系统对人工干预修正的记录（如系统误拦截的合规交易、合同识别错误的关键点）进行标注，反向训练模型，提升语义理解精度。

（二）资金预测与决策分析

资金预测与决策分析是 AI 赋能司库管理的重要应用，其技术实现以数据驱动和动态优化为核心，通过融合多源异构数据、构建预测与分析模型、建立动态分析与反馈迭代机制。

1. 多源数据整合与清洗

多源数据融合业务管理、应收应付账款、银行交易等结构化数据，结合付款

条款、政策文件（如外汇管制条例）等非结构化数据，同步整合利率、汇率波动等市场动态数据，建立对资金需求的敏感性指标。

2. 构建预测和分析模型

利用 LSTM 算法识别现金流时序特征（如周期性付款、突发性支出），结合分解趋势项（如季节性销售波动）与调整因子（如突发事件影响）。建立动态修正机制，实时捕获最新交易数据，例如突发性大额支付导致的预测偏差可触发模型参数自动更新。

强化学习策略，模拟不同市场环境下资金管理策略的调整和收益变化，在流动性覆盖率（LCR）、融资成本（如发债利率）和汇率风险间权衡，输出最优资金调配方案。

3. 建立数据动态分析

通过智能体自然语言理解指令意图，调用预测和分析模型，对整合后的数据集进行动态分析和实时预测，将数据分析逻辑和分析结果输出，并能以分析报告、图表、数据比率等形式展示。

4. 执行监控与反馈迭代

系统将结果数据回流至训练集进行实际效果对比，通过 A/B 测试对比不同模型版本的效果（如预测误差率、执行成本），选择最优模型上线。

（三）风险预警与虚假贸易识别

风险预警与虚假贸易识别是风控领域的两大难点，其核心是融合多源数据，通过多维度数据交叉验证交易真实性。技术实现需构建"数据穿透—特征建模—动态决策—效果验证"的全链路智能风控体系。

1. 数据融合与特征信息采集

内部数据整合：解析合同、发票、提单、仓单等文件，提取关键字段（如货物名称、数量、价格、物流路径），并与 ERP 系统中的采购订单、付款记录进行一致性校验。采集物流与仓储数据、进出口申报记录，识别"货物流—资金流—票据流"的数据逻辑矛盾。

外部数据整合：企业征信数据（如工商股权结构、司法涉诉记录），商品价格波动与合同价格的差异，舆情数据（分析新闻中关联企业的负面事件）。

2. 量化特征识别及算法模型建立

解析最新监管政策并自动生成风险判断规则，分析合同、发票、物流单据和结算信息的文本矛盾和风险事项。关联图谱构建多层关系网络，识别循环贸易、关联交易、虚构交易、异常物流路径等事项。

结合交易特征（如价格偏离市场均价幅度、付款周期异常性）、行为特征（如同一人员进行岗位互斥操作、多笔单据修改异常）、历史风险案例标注数据、上下游客商信息异常等建立风险识别模型。

3. 实时风控引擎与动态决策

动态扫描交易数据，自动触发预警和人工复核，并提示关键风险点。通过数据分析进行资金流向追踪，识别最终受益人与敏感账户（如空壳公司），对比合同、出入库、发票、资金结算等信息的一致性。通过语义分析生成实时风险预警报告及相应的风控管理举措，提升司库风险预判和防范能力。

4. 效果验证与优化模型

将风险预警信息和虚假贸易识别交易进行人工复核结果（如误判案例）回流至训练集，通过机器学习优化模型和风控规则库，调整风险防范策略。

第六节　AI+ 税务

一、AI+ 税务为企业管理带来的影响

在数字化快速发展的背景与基础之上，AI 闪亮出现，迅速点燃了与各领域的场景应用接入。这一趋势，也必将给企业税务领域工作带来前所未有的变革与机遇，主要体现在以下六个方面。

1. 提升税务工作效率与准确性

AI 可以有效提升税务数据的自动化管理和处理工作效率，减少人为错误，提升税务工作质量。借助 AI 多模态识别能力，可进行不同来源涉税数据的识别、转化、清洗，并依据申报、统计分析的具体要求，快速、准确地支持申报与分析工作。这种自动化的处理流程将减少了人为错误，提高了税务工作的效率。

此外，AI 可以帮助总结研究并起草文件，可结合企业实际给出文件模板，协助用户进行相关税务文件的编写和生成，提高税务人员的文案工作效率。

2. 实现税务风险的智能监控与预警

AI 通过对大量税务数据和企业经营数据的深入分析,能够为企业提供智能体检服务,并为企业提供风险分析及建议,从而有助于企业及时采取措施防范风险。

3. 优化税收筹划

AI 可以帮助企业更好地理解和运用税收优惠政策,进行科学的税收筹划,降低税务成本,提高经济效益。

4. 提升税务数据分析和决策支持能力

基于 AI 的大数据分析能力,企业可以更加深入地分析税务数据,为决策层提供有力的数据支持,从而提高企业的战略规划和决策水平。

5. 智能辅助个性化服务。

AI 能够提供主动的、个性化的服务。通过聊天机器人可以进行政策咨询、操作指引、常见问题答复,7×24 实时聊天式进行智能辅助服务。

6. 降低企业的税务管理成本

通过 AI 技术的应用,企业可以减少在税务管理上的人力投入,降低管理成本。

综上所述,AI 技术的融入不仅提升了企业税务管理的效率和效果,也为税务服务行业带来了深刻的变革。随着技术的不断进步,未来 AI 在税务管理领域的应用将更加广泛和深入。

二、AI+ 税务在企业管理中主要场景

(一)涉税数据智能化采集

企业管理中,税务工作往往处于业财作业的后端,依赖各种涉税数据进行计税、申报、统计分析等工作,财务人员往往被淹没在数据的海洋中,必须花费很长时间进行采集、清理、输入和审查等工作。数据处理工作效率低下,且容易造成人为错误。

AI 将大幅度提升数据获取自动化水平,借助大模型的多模态识别能力,可实现对多种载体数据的有效识别。通过视觉模型(如 OCR 技术或端到端的多模态模型),可实现对图像/PDF 的解析,精确解析文档位置、表格的边框、标题层级

等空间关系；可以识别表格的物理结构（行、列、合并单元格），提取文字和结构化信息，并将其转换为结构化数据，并实现对表格的检测与重建。

大模型与行业的适配可以不断优化模型，实现对特定任务的微调，从而提升模型的泛化能力，提升对专业术语和特有单据格式的识别准确率。

此外，人工智能可以提供更准确和有用的信息。它可以将税务研究直接带入工作流程，根据数据和不断变化的法规提供预期提示，并减少进行研究、验证来源和了解其影响所需的时间。收集到信息后，AI 可以帮助总结研究并起草文件，提升税务文案的效率。

（二）税务政策与知识的智能咨询与问答

税务工作因其合规性要求、属地性的特点，工作中需要税务指导、法规查询、合规判定等工作。传统方式中，往往需要财务人员进行线下咨询专业人员、培训学习、网站检索等方式进行获取，无法实现简单快速、实时有效的即问即答。

AI 可以实现对税务政策、法规、企业特有知识库（如企业税务规章制度、税务常见问题问答、系统操作指引等）的大数据采集，基于 NPL 技术，创建税务聊天机器人智能体。实现财务人员通过与其"聊天式"的沟通，为财务人员提供智能问答服务，提供个性化税务咨询服务，提供 7×24 实时的税务助理咨询服务。

（三）税收优惠政策智能推荐

传统税务工作中，对税收优惠的管理会存在以下难点：一是内容杂，全貌管理难；二是变化快，动态跟踪难；三是政策多，有效识别难；四是影响大，测算分析难。税收优惠往往依托税务人员个人经验进行管理，缺乏有效的智能辅助与测算管理。

AI 场景下，可以通过整合多源企业大数据（包括历史申报表、发票数据等），利用大模型的信息提取与分析能力，构建动态纳税人画像，涵盖行业特征、税负水平等关键标签。基于涉税数据，采用机器学习算法（如决策树、神经网络）训练优惠政策匹配模型，自动分析企业历史享受情况并提供优化建议，同时设置政策到期智能提醒。进一步对接结构化税务法规库，通过大模型解析政策要素并持续强化学习，实现"政策找人"的精准推送。最终基于历史数据和优惠方案选择，建立预测模型辅助企业进行税收筹划决策。

（四）税务智能体检

将 AI 能力与企业税务风险管理进行全面融合，可有效提升税务风险管理的智能化水平。依托企业的税务风控系统，根据企业风险扫描结果，智能评估企业税务风险态势并给出风险应对指引；可自动生成风险评估报告；在风险管理持续运营上，可对风险指标进行智能推荐，对风险增减、风险阈值、风险等级、计算公式给予优化建议。以上 AI 能力的引入能够辅助财务人员监测企业税务合规状况，帮助企业及时发现和纠正潜在的合规问题，有效降低税务风险。

三、AI+ 税务主要场景的技术实现逻辑

（一）涉税数据智能化采集

可利用 AI 多模态解析能力，实现对涉税数据的智能化采集。这一过程中通过提供税务领域常用资料（如纳税申报表、税务文件等）作为的训练语料，对大模型的识别能力不断进行微调与优化，从而实现稳定可靠的结果输出。

1. 输入预处理

进行文档类型适配，对于图片或 PDF 文件，通过 OCR 工具提取文字和坐标信息；如果是 Word 或 Excel 这类可编辑文件，则直接读取文件里的文字和表格结构。如果文件中同时包含文字、表格和图片（比如一份复杂的报告），系统会先拆分不同部分，再按统一格式整理好，为后续步骤做好准备。

2. 文档结构理解

使用多模态模型识别物理结构（如段落、表格、标题等），识别隐含关系，进行逻辑结构解析。

3. 关键信息提取

对于表格数据，系统会识别每一格的内容，即使有合并的单元格也能正确处理，最终整理成类似 Excel 的规整行列格式。对于普通文本，系统会标记重要信息，就像用荧光笔划重点一样，方便后续直接调用。

4. 后处理与验证

系统会对提取的结果进行智能检查：自动修正不规范的日期或数字格式（如把"2023.1.1"改成"2023-01-01"），核对金额总和是否正确，发现矛盾数据时会打上疑问标记，最后把所有信息按标准格式整理输出。

5. 输出与集成

处理完成后，系统会生成一个结构化数据包，可以通过 API 接口直接推送给其他业务系统使用，也能保存到数据库。同时会记录处理过程中的任何异常情况，方便后续人工复查。

（二）税务政策与知识的智能咨询与问答

1. 构建知识库，向 AI 提供税务教材

通过搜索技术，对接国税总局、专业税务政策法规库、常见税务问题、税务案例等外部来源，获取税务政策文件与信息，由大模型整理成电子资料库。也可对接或上传企业内部知识库，综合内部外来源，为 AI 构建一套税务百科全书的知识库。

2. 训练理解能力，使 AI 听懂问题

使用大模型学习税务术语的同义词和场景；收集历史咨询记录，标注问题类型，为学习提供语料信息；搭建意图识别模型，构建提示词，判断识别用户问题的性质。

3. 精准回复，让 AI 引经据典

在前两个步骤不断完善与优化的基础上，通过检索增强生成（RAG），训练与优化大模型，根据问题从知识库找到匹配答案，让大模型基于知识库生成合理回答，避免 AI 幻觉。

4. 验证与学习，让 AI 建立错题本

可通过设定识别高风险问题，为 AI 建立高压线，进行规范式回复。交互人员对回复进行审核，标记错误答案，反馈给模型迭代训练。记录高频问题，持续优化知识库。

5. 发布智能体，打造税务服务

构建智能员工或智能辅助助手，将 AI 接入企业税务或其他应用系统，提供前台接入，实现 7×24 小时回答用户问题。

（三）税收优惠政策智能推荐

（1）借助多模态与企业大数据，通过大模型的信息提取、分析归纳能力，导入历史申报表，采集系统中已有涉税数据信息，实现对纳税人的基础画像。

（2）基于企业涉税大数据，通过 AI 学习算法，对优惠政策享受条件与计算方法进行训练学习，对历史享受情况进行分析及建议，并进行到期提醒。

（3）在纳税人画像和历史享受情况基础之上，对接税务法规库语料，通过大模型对法规进行要素识别，强化学习，进行适配政策精准推送。

（4）使用机器学习技术训练模型，例如决策树、神经网络、逻辑回归等，根据历史数据和选择的税收优惠方案，建立预测模型，对税收优惠政策进行预测。

（四）智能税务体检

1. 实现涉税数据采集，为税务风险扫描提供基础

此处可利用涉税数据智能化采集中构建的 AI 能力，将散落在各系统的税务数据（申报表、发票、账务）采集成能分析的统一格式数据。

2. 构建多维风险模型

依托数据中台，灵活配置风险指标、风险模型、风险扫描策略，实现自动风险识别和实时预警。

3. 智能风险扫描引擎

传统风险扫描可基于规则引擎检测已知风险模式。在 AI 赋能下，可进行风险扫描能力增强，如采用孤立算法对异常交易进行监测发现，如通过知识图谱关联企业、供应商、行业数据进行动态风险画像分析，从而实现更为全面的风险扫描。

这些风险扫描发现，可反向作为丰富风险指标的来源内容，实现对风险指标及规则的补充与完善。

4. 风险评估与报告生成

AI 综合各项风险指标，给出类似"体检报告"的风险评级，提供处置建议。可通过层次分析法、风险评分卡模型等模型能力，实现对风险指标权重的分配，实现对风险综合得分进行打分。借助 AI 文档模板引擎能力，结合企业提供的报告范本要求，可自动生成分析报告，并由大模型提炼关键风险指标，进行重点分析应对，通过过滤算法推荐相似企业的风险处置方案。

5. 效果验证与持续优化

将智能体检信息进行人工复核，通过反馈优化，优化机器学习模型和风控规则库，训练 AI 根据最新数据和政策来动态调整风险监控策略，优化预警阈值，

优化风险处置推荐方案。

第七节　AI+合同

一、AI+合同为企业管理带来的影响

传统的合同管理方式依赖人工处理，存在效率低、成本高、易出错等问题，尤其是在合同数量庞大、条款复杂的情况下，人工审核和管理往往难以满足企业需求。而智能化的合同管理通过引入 AI、NLP 和大数据技术，为企业带来了以下变化。

1. 提升合同处理效率

智能化合同管理通过自动化流程取代人工操作，大幅缩短了合同起草、审核、签署和执行的时间。例如，合同文本的自动生成、关键信息的智能提取、条款的快速比对等功能，显著减少了人工干预，提高了整体效率。

2. 降低合同风险

智能系统能够自动识别合同中的潜在风险点，如条款缺失、表述模糊、法律合规性问题等，并提供修改建议。这种智能化的风险控制能力，帮助企业避免法律纠纷和经济损失。

3. 优化资源配置

通过对合同数据的深度挖掘和分析，企业可以更好地了解合同执行情况、供应商表现、客户信用等信息，从而优化资源配置，提升运营效率。

4. 支持数据驱动决策

智能化合同管理系统能够生成多维度的数据报告，为企业管理层提供决策支持。例如，通过分析合同履行情况，企业可以及时发现业务瓶颈并采取相应措施。

5. 降本增效

自动化流程减少了人工成本，同时通过风险控制避免了潜在的经济损失，从而降低了企业的综合运营成本。

二、AI+合同在企业管理中主要场景

在智能化合同管理的众多应用场景中，合同大模型智能识别和合同智能审核

是两个最具代表性的核心场景。它们分别解决了合同管理中的信息提取和风险控制问题，为企业提供了高效、精准的解决方案（见图16-7）。

图16-7 实践场景

1. 合同大模型智能识别

合同大模型智能识别主要用于从合同文本中提取关键信息，如合同主体、标的物、金额、期限、违约责任等。通过智能识别技术，企业可以将非结构化的合同文本转化为结构化数据，便于后续的管理和分析。

2. 合同智能审核

合同智能审核则侧重于对合同文本的风险评估。通过预设的审核规则和提示词模板，智能系统能够自动识别合同中的潜在问题，如条款缺失、法律合规性问题、表述不一致等，并提供修改建议。

三、AI+合同主要场景的技术实现逻辑

合同大模型智能识别的核心技术在于其强大的算法模型，而这一模型的训练离不开海量数据的投喂。以下是其实现过程的关键步骤。

1. 数据收集与预处理

在这一步需要收集大量的合同文本数据，包括各类合同模板、历史合同文件

等。这些数据需要经过清洗和标注,以确保其质量和可用性。

2. 模型训练

利用深度学习技术,将标注后的合同数据输入大模型中进行训练。通过反复迭代,模型逐渐学会识别合同文本中的关键信息,如合同主体、金额、期限等。

3. 算法优化

在模型训练过程中,需要不断调整参数和优化算法,以提高识别的准确性和效率。例如,通过引入注意力机制(Attention Mechanism),模型可以更好地理解合同文本的上下文关系。

4. 实际应用

训练完成的模型可以部署到实际业务场景中,自动从合同文本中提取关键信息,并将其结构化存储。这些结构化数据可以用于后续的合同管理、分析和决策支持。

合同大模型智能识别的优势在于其高效性和准确性。通过海量数据的训练,模型能够适应各种复杂的合同文本,并快速提取出所需信息。

合同智能审核可通过定义精准提示词模板实现 DeepSeek 按提示词模板进行(见图 16-8)。

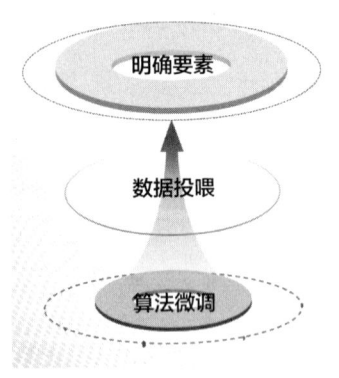

明确要素
企业根据业务需求定义合同字段要素,如合同金额、生效日期、违约责任等。
这些字段要素是合同文本识别的关键目标,为后续数据投喂和模型微调奠定基础。

数据投喂
收集海量包含各类合同字段要素的文本数据,作为大模型的训练素材。
数据多样性确保模型能够适应不同类型的合同文本,提高识别的泛化能力。

算法微调
基于企业定义的字段要素,对大模型进行微调。
通过不断优化模型参数,使其精准识别合同中的关键信息。

图 16-8 "智能起草"技术解码

合同智能审核的核心在于通过定义精准的提示词模板,实现智能系统对合同文本的自动化审查。以下是其实现过程的关键步骤(见图 16-9)。

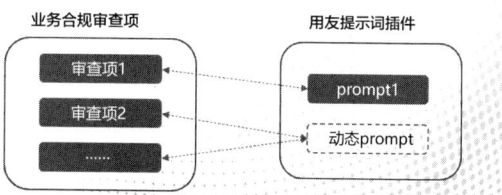

明确审核规则

将规则分解为可执行的逻辑条件,转化为自然语言提示词。
示例:"检查合同金额是否超过100万元,并确认是否包含担保条款。"

反馈与优化

根据反馈调整提示词表述,提升精准性。
示例:"检查合同金额是否超过100万元,并确认是否包含担保条款,只反馈结果,不用做出结论与建议。"

图 16-9 "智能审核"技术解码

1. 定义提示词模板

根据企业的管理需求和合同类型,定义一套精准的提示词模板。这些模板涵盖了合同审核的各个方面,包括法律合规性、条款完整性、风险控制等。例如,提示词模板可能包括"违约责任是否明确""付款条款是否符合公司政策"等。

2. 规则引擎构建

将提示词模板转化为机器可理解的规则,并构建规则引擎。规则引擎是合同智能审核的核心组件,它能够根据预设规则对合同文本进行自动审查。

3. 智能体交互

在审核过程中,智能系统会根据提示词模板与合同文本进行交互,识别出潜在的风险点。例如,如果合同文本中缺少"违约责任"条款,系统会提示用户补充相关内容。

4. 结果输出与建议

审核完成后,系统会生成一份审核报告,列出发现的问题并提出修改建议。用户可以根据报告对合同进行修改,以确保其合规性和完整性。

合同智能审核的优势在于其灵活性和可定制性。企业可以根据自身需求调整提示词模板,从而适应不同的合同类型和管理要求。

第四部分

财务数智化转型中的业财融合与财财融合

第十七章
业财融合

第一节 业财融合的内涵与发展趋势

一、业财融合的内涵

业财融合是指将企业的业务运营管理和财务管理相结合,实现数据、流程和系统的整合,以促进企业高效运营。它强调财务与业务之间的紧密协作,使两者能够协同工作,共同支持企业的战略目标。

(一)业财融合是一种业务和财务双向融合的过程

业财融合不是单向地要求财务向业务的融合或业务向财务方向的融合,而是双向融合的过程,这需要业务与财务同向发力,同频共振。

业财融合应该是组织中业务管理和财务管理两条线的有机整合,业务管理流程嵌入财务管理理念,可以更好地加强业务绩效和经济效益管理,财务管理加入业务内容,可以使财务不拘泥于数字本身,更多为业务工作开展提供针对性管理和分析。

(二)业财融合是业务和财务数据共享、流程协同和资源优化的过程

在业财融合的过程中,打破部门间的数据壁垒是关键的一步,通过实现数据共享,业务部门和财务部门能够实时获取对方的信息,从而做出更加准确和及时的决策。业财融合还涉及业财流程的协同,特别是在财务共享的环境下,原本复杂的流程被重新梳理和优化,从而实现业务和财务流程的共享。业财融合还有助于企业更合理地分配和使用资源,即通过实现业务和财务的共享,以优化资本和人力资源的配置,特别是其中财务人员和业务人员的工作职能可能会相互交融,可能出现界限模糊的现象。

（三）业财融合本质上是为组织创造和实现价值

业财融合不仅是企业内业务与财务部门的结合，更是一种战略层面的整合，其目的是更好地创造和实现企业价值，通过优化资源配置、提高决策质量、加强风险管理和提高企业透明度，以及促进创新和发展，最终实现企业的长期和可持续发展。不为创造价值或者不能创造价值的业财融合是无效的融合。

二、数智化背景下业财融合的发展趋势

业财融合的应用领域随着科技的发展和管理理念的更新在不断演进。以下是基于文献和案例分析等总结出的一些业财融合的发展趋势。

（一）业财融合将伴随着智能化与数智化的转型

大数据、云计算、AI等技术在业财融合中发挥着日益重要的作用。企业正在采用先进的数据分析工具，实现财务数据与业务数据的自动化收集、处理和分析，形成实时、准确的决策依据。数智化财务系统如智能财务软件、RPA的应用，能够自动完成大量重复性工作，将财务人员从烦琐事务中解放出来，更多地参与到业务决策和战略规划中。

这方面的案例近期已逐渐增多，如某企业利用智能财务软件、RPA流程自动化技术，构建了覆盖研发、生产、物流、销售、财务、人力、战略决策等全方位业财融合的管理信息系统，打通订单全流程，实现客户下单到交付的全程可视化、交易在线化、管理移动化、生产透明化，并正在逐步取代流程化、标准化、高频次、低附加值的人工工作，提升工作质量和效率。

（二）业财融合将高度依赖集成化智能财务管理平台

随着ERP、CRM、SCM等系统的广泛应用，特别是智能系统的应用，企业倾向于构建集成化的智能业财融合平台，实现财务信息与供应链、客户关系、人力资源等各种业务数据的无缝连接，以支持全流程的财务管控和实时洞察。

如某公司以财务共享平台建设为抓手，综合应用RPA、知识图谱、专家系统、自然语言处理、商业智能、人脸识别、财务云等技术，整合公司的生产经营、供应链、人力资源、税务、资产等信息系统构建集成化智能财务管理平台，在会计核算、资金结算、资产盘点与对账、税务计算与申报、会计档案管理以及预算编制与分析、预算控制、成本归结与计算、项目管理、税务风险监测等财务会计和管理会计领域进行了智能财务的应用创新，取得了一系列示范性成

效,实现了财务与业务的有效衔接。

(三)业财融合将充分体现管理会计与决策支持的应用

业财融合越来越重视管理会计的应用,通过成本控制、预算管理、绩效考核等方式,将财务管理前置到业务流程中,提供更直接、更具指导意义的决策支持信息。如某公司在财务共享系统基础上,利用智能化技术手段,形成了以财务共享系统为基础平台,以合同管理为主线,以全面预算和项目成本为重点,面向业务、服务战略的管理会计信息化框架体系。充分发挥管理会计的工具作用,深化数据治理,提升合同管理、多维度数据体系、资金预算管控、项目成本管理、业务事项分析、管理驾驶舱、风险预警、绩效评价等方面的财务管理水平,改善业务管理模式,实现财务赋能与价值创造,助力管理会计信息化落地实施,向数智化、智能化转型。

(四)业财融合中将特别注重财务业务伙伴关系的建立

财务部门与业务部门的合作更加紧密,财务人员逐渐成为业务部门的战略合作伙伴,共同参与项目的策划、执行与评估,推动企业整体效益的提升。如某支付公司创造性地建立基于财务三支柱,即财务虚拟SSC、财务数智化CoE和财务BP的数智化财务组织,通过业财专家的密切配合实现其在业财融合中的应用价值。其中财务虚拟SSC是指虚拟财务共享中心,财务数智化CoE是指包括财务专家、技术专家和业务专家的虚拟性财务数智化领导组织,负责财务转型过程中的蓝图设计、路径规划、标准制定、成果验收等工作。财务BP的职能定位是"业务决策中心",通过服务于内部管理者、一线业务人员、财务CoE等,输出项目财务分析报告、各业务的运行分析报告等,起到业务支持的作用。

(五)业财融合将高度关注风险管理与合规性

在业财融合的过程中,企业更加注重将风险管理和内部控制融入业务活动,通过财务部门与业务部门的共同协作,有效识别、量化和应对各类经营风险,确保企业合规运营。如某农垦集团通过建立报表管控系统、智能报告系统、对标预警系统、风险管控系统四个步骤建立起较为完善的智能财务决策支持系统,即通过历史对标、行业对标、省内对标等实现债务风险、盈利能力、发展能力及运营质量的预警分析,实现了集团和分公司层面的风险排查、识别、报告、应对、追溯等全流程闭环式管控。

（六）业财融合将加速实现敏捷财务与实时财务报告

敏捷财务与实时财务报告体现了现代财务管理对速度、准确性和适应性的高要求。业财融合后促使财务强调灵活快速应对变化的能力，以适应不断变化的市场环境和内部需求，要求实现跨部门协作和集成，打破部门间的信息壁垒。同时要求即时数据更新、可进行动态分析与预测的实时财务报告的支持。如某集团以主营业务收入—成本管理为主线，构建了先进快捷的智能财务清结算系统，覆盖机票、酒店、度假三大核心 BU（Business Unit）以及配套的公共支持 BU。破解了合作伙伴多、业务单量大、实时性要求高、涉及领域跨度大、结算对象多、规则复杂多变等众多痛点和难点问题，实现了敏捷型财务与实时财务报告的功能。针对机票、酒店、度假三大核心 BU 下众多庞大的产品类别和渠道，借助信息化工具，完成跟业务参与方（客户、供应商、渠道、经销商等）进行准确、快速算账分钱，并对整个过程进行管理管控，提升结算效率和业务运营能力。与各往来方达成交易—分账—对账—结算—资金结清等全链路过程化闭环管理，智能应对多种业态下的清分结算管理，实现数据透明化，流程可视化。

（七）业财融合需要面向未来的财务人才培养

在业财深度融合背景下，财务人员的角色和技能要求发生了变化，除了传统的财务知识外，还需要掌握业务分析、数据科学、战略规划等方面的知识，以适应业财融合的新要求。如上海国家会计学院在对上市公司 CFO 进行广泛调查的基础上，对智能财务背景下 CFO 的能力框架进行了设计。研究人员发现财务团队正在从组织价值守护、财务报告及风控合规等职能向战略决策支持转变，成为企业的战略伙伴，提供了专业洞察、未来预测和价值创造。认为专业胜任能力是根据既有准则履责的能力，专业胜任能力不仅是原则、标准、概念、事实、程序的知识，也是技术能力、职业技能以及职业价值和职业道德的综合和应用能力，提出知识领域、战略思维、人际能力、工作经验以及价值观和职业道德五个维度的能力框架。

第二节 业财融合的体系与框架

一、业财融合数智化的总体蓝图设计思路

企业业财融合数智化转型的总体蓝图是指企业在业务（运营）和财务两大核心职能之间实现深度融合，并通过数智化与智能化技术的应用，提升管理效率、

优化资源配置、增强决策支持能力的战略规划。业财融合数智化转型的总体蓝图设计，需要全面考虑财务与业务在数智化背景下融合目标、融合内容、融合技术和融合系统等层次的问题。

业财融合数智化转型的蓝图设计，需要充分考虑新一代信息技术给业财融合带来的影响，在构建面向未来的业财融合架构时，需要借鉴和应用事项法会计的理论、数据中台的管理模式、数智化员工和智能程序的介入、大数据治理的理念、人机协同共生的管理思想以及政府相关规制的发展趋势等（见图17-1）。

财务机器人（数智化员工）、知识图谱、规则引擎、自然语言处理、模式识别等智能技术的应用以及数据管理中台的实践，使财务和业务之间的流程、数据、系统隔阂得到了有效的拆解。因此，智能技术的应用使以消除隔阂、共创价值的业财融合成为了可能。事项会计可以提供细颗粒度、低结构化的数据，可采用多种计量属性混合使用、货币计量和非货币计量混合使用的计量方式，对价值信息和非价值信息进行全面的披露，并可使信息使用者按照自己的需求对原始数据进行汇总、计价和评价，因此事项法会计特别适用对业务数据和财务数据的混合管理。

由于企业信息系统集成的中台架构提供企业能够快速、低成本创新的能力，数据中台和业务中台天然地解决了数据共享程度低、业务流程复杂、数据标准规范不统一的问题，真正地让大数据变成服务于企业的资产。因此，中台技术将在业财融合的具体架构中得到有效的应用。此外，业财融合系统应至少包含财务管理、业务管理、数据集成与共享、流程管理与标准化、内部控制与合规性等模块。

二、业财融合数智化转型的蓝图构建

通过分析大量的案例和软件公司的系统解决方案，结合上述的设计思路，我们提出了图Y所示的蓝图示意图，在该图中包括了融合目标、融合内容、融合技术和融合的系统四个层次的内容。

（一）业财融合的融合目标

融合目标包括全面支撑战略、快速服务业务、提高决策质量、防控经营风险四个方面。

全面支撑战略意味着财务活动与企业整体战略目标保持一致。财务部门参与战略规划，提供财务预测和预算编制，确保资源配置与战略目标相匹配。通过财

第四部分 财务数智化转型中的业财融合与财财融合

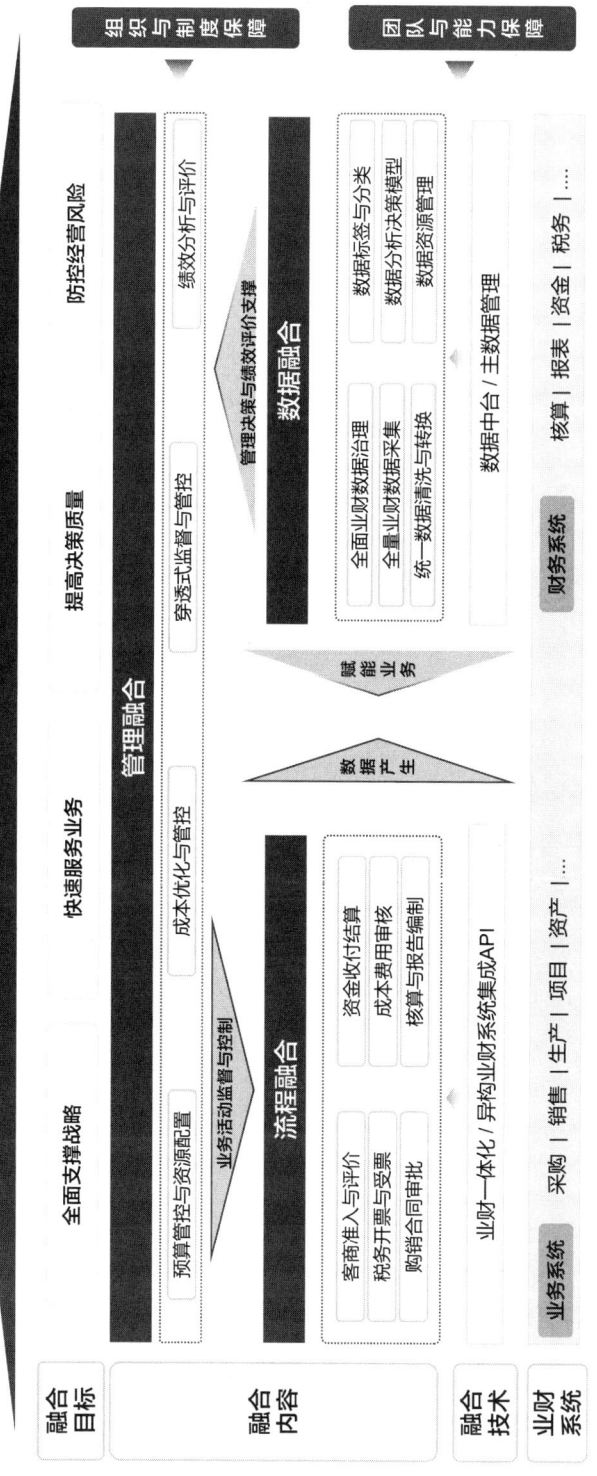

图17-1 业财融合的总体蓝图示意图

363

务指标体系，定期评估战略执行情况，及时调整方向。

快速服务业务强调财务部门能迅速响应业务需求，提供及时、准确的财务支持。通过流程优化和自动化技术，减少审批环节，提高处理速度。提供实时财务数据和分析报告帮助业务部门快速决策。灵活调整预算，确保业务部门在资源分配上的灵活性。建立财务共享服务中心，集中处理基础财务事务，提高服务效率和质量，确保业务运营的高效性和灵活性，支持企业快速适应市场变化。

提高决策质量通过数据驱动的分析和洞察，为管理层提供高质量的决策支持。利用大数据、人工智能技术，对财务和业务数据进行深度分析，提供多维度洞察。构建财务预测模型，预测未来财务状况和市场趋势。开发决策支持系统，提供实时财务分析和建议。通过风险评估和预警系统，及时发现潜在风险，提供风险应对方案，提高决策的科学性和稳健性，帮助企业在复杂的市场环境中做出更明智的决策。

防控经营风险通过建立健全的风险管理体系，识别、评估和控制企业经营风险，确保稳健运营。利用数据挖掘技术，全面识别财务和业务风险，包括市场、信用、操作风险等。建立风险评估模型，量化风险水平，确定优先级。制定风险控制措施，如内部控制制度、风险预警机制、风险对冲策略等，降低风险发生的概率和影响。确保财务活动符合法律法规和监管要求，避免法律和合规风险。

（二）业财融合的融合内容

业财融合的融合内容主要包括业财流程融合、业财数据融合和业财管理融合三个方面。

业财流程融合是指将财务流程与业务流程进行无缝对接，确保业务活动的每一个环节都能得到财务的及时支持和监控。业财流程融合可以提高财务运营和业务运营的效率，减少手工操作，降低错误率，提升响应速度，促进财务和业务转型。具体在业财的流程融合时，需要考虑流程规划、流程梳理、流程设计、流程监控、流程评估、流程优化等内容。业财流程融合的具体案例包括利用RPA技术实现发票处理、数据录入等基础业财流程的自动化；利用数智化技术实时监控业财流程，及时发现和解决问题等。

业财数据融合是指将业务数据与财务数据进行全面整合，实现数据的统一管理和分析。业财数据融合可以打破信息孤岛，提供更全面、准确的数据支持，帮助管理层做出更明智的决策。具体在业财数据融合时，需要考虑数据治理、数据采集、数据清洗与转换、数据标签与分类、数据分析决策模型、数据资源管理等内容。业财数据融合的案例包括：数据标准化，确保业务数据和财务数据的标准一致，便于整合和分析；构建数据中台，以实现数据的集中存储和管理，支持多维度的数据分析；业财数据分析，即利用大数据、人工智能技术，对整合后的数据进行深度分析，提供决策支持等。

业财管理融合是指财务部门深度参与业务管理，提供专业的财务建议和支持，帮助业务部门实现目标。业财管理融合可以提升财务的管理价值，确保财务活动与业务目标一致，支持企业的战略决策。具体在业财管理融合时，需考虑目标计划与资源配置、业务执行与过程管控、绩效分析与考核评价、问题改进与持续优化等内容。业财管理融合的具体案例有：财务人员深入业务部门，了解业务需求，提供定制化的财务服务；业务和财务部门通过建立跨部门的管理团队，共同制定和执行业务策略。

（三）业财融合的融合技术

在数智化转型背景下，业财融合通常会用到很多具体的技术，如大数据分析技术被用于收集和分析大量数据，挖掘有价值的信息，为决策提供依据；云计算技术被用于提供灵活且可扩展的计算资源，支持大规模的数据处理和应用部署；AI 和机器学习技术被用于自动化数据分析、预测建模、风险评估等任务；区块链技术被用于确保交易记录的安全性和透明度，适用于需要高度信任和不可篡改的场景；RPA 技术被用于自动化重复性高的业务流程，减少人为错误并提高效率；物联网（IoT）技术被用于连接物理设备以收集实时数据，有助于监控资产状态和优化运营；数据仓库和数据湖技术被用于集中存储来自不同来源的数据，便于统一管理和分析；数据中台技术被用于构建企业级的数据管理和共享平台，打破数据孤岛，实现跨部门协作等。

这些技术在业财融合中出现了很多应用场景，如使用智能算法进行更精准的预算预测，利用大数据分析识别成本驱动因素，通过可视化仪表板展示各部门及个人的工作成效，运用 AI 技术评估信用风险，应用区块链技术保证货物运输过程中的信息安全，利用 AI 解析复杂的税法规定，引入自动化工具简化内部审计程序等。

（四）业财融合相关的业财系统

不同的企业可能有不同的业务系统和财务系统，一般而言，企业中的典型业务系统有客户关系管理系统（CRM）、供应链管理系统（SCM）、企业资源规划系统（ERP）、项目管理系统（PMS）、电子商务平台、人力资源管理系统（HRMS）、资产管理系统（AMS）、研发管理系统（R&DMS）、制造执行系统（MES）等；财务系统有总账系统 GL、固定资产管理系统（FAMS）、工资管理系统、税务管理系统、预算编制与管理系统、合并报表系统、成本核算系统等。这些系统都是需要通过流程、数据、管理进行融合的信息系统。

第三节 以流程为"基"，筑牢业财融合新纽带

企业的价值源于业务，而财务部门作为企业职能管理部门，通常扮演支撑服务的角色，伴随着业务发展和需要而存在。但一直以来，传统财务思维聚焦于基础核算，过分强调对业务的监督职能，在与业务交互时往往只是说"不"，忽视业务问题的解决和管理需要，限制了财务对企业的价值贡献。流程融合作为业财融合的重要基础，是连接业务和财务的重要纽带，它要求企业不断优化各业务角色和财务角色之间的分工与流转。通过消除流程中的冗余环节、提升流程效率，企业能够实现业务与财务的无缝对接。此外，流程融合还需要关注核心流程的打通与消除信息孤岛问题，以确保业务与财务数据的实时共享与协同。

实施业财融合作为企业在可持续发展中倡导的企业管理新理念和模式，有助于企业实现业务、财务和数智技术的有机结合。流程融合是基础，借助数智技术在流程中的实现集成，使财务管理延伸到业务事前、事中和事后全过程，从而实现财务和业务的优势互补，形成"业务发展借助于财务管理、财务管理融入业务活动"的局面，共同为企业创造价值。

一、流程融合过程中面临的主要问题

1. 流程不合理导致的数据及时性弱

业财的流程融合，往往是以传统核算为主的思维设计，在这种流程主导下，财务人员主要以财务数据的"结果"为依据管控，缺乏业务过程管控。财务数据以周期性的加工为主，统计与分析也存在滞后性，对经营成果反馈不及时。

2. 系统不互通导致的数据连贯性差

企业财务应用系统仍相对独立，部分企业财务系统和业务系统尚未全面链接和集成，业务与财务系统在流程上需要互联互通；数据壁垒、信息孤岛仍不同程

度地存在，系统流程未贯通，导致数据连贯性较差。

3. 技术不成熟导致的数据准确性低

数智化技术不成熟，流程未贯通，大量数据分析与统计模型不完整，财务人员仍需花费大量精力去获得财务管理所需数据，人工取数的差错率造成对数据分析不深入、不准确，仅通过经验判断提供"统计式"分析。

二、流程融合的主要方法

1. 定义流程框架，闭环业财流程

通过构建业财流程全景图，梳理全流程价值链，形成业财融合流程框架。基于业财融合流程，梳理业务、财务活动，识别业财流程关键节点，重塑业财管理与操作边界，整合业财功能与 API 集成接口，实现业财流程的全流程线上化闭环。

2. 消除流程断点，贯通业财数据

随着业财流程断点的消除，从价值链视角，同步推进业财数据的流转和数据资产的积累。通过统一集成财务系统 API，将业务流转过程中的业财数据进行实时的明细转换；依托规则转换能力中心，进行自动校验与业财转换。由此形成标准统一、获取及时、全量可用的业财数据，为沉淀数据资产夯实基础。

3. 重塑业财边界，识别业财能力

通过对业财流程边界的重塑，将原有业务与财务流程中业务性质相通、逻辑完整的业财职能整合为一组能力，形成业财服务"能力"全景图。以管理报告、经营分析结果为导向，对业务流程的梳理与优化，数据的采集与获取、整合与存储、分析与洞察，以及数据的应用与持续改进，均能够充分挖掘业财数据的价值，实现业务与财务的深度融合，提升企业的核心竞争力和精细化管理水平。

4. 前置风控要求，防范业财风险

通过业财流程贯通，有效地在流程中识别和嵌入风险点。将财务相关管理要求，包括操作处理规则、管理控制规则等，通过流程校验、流程审核、流程预警等数智化手段嵌入各业务环节中，加大财务对经营活动的过程管控及风险防范力度，实现风险的事前、事中控制，发挥财务的价值守护职能。

三、流程融合的典型场景

（1）客商准入与评价：客商准入与评价的场景呈现出高度的协同性。业务部门在开拓新客户或供应商时，会首先收集详尽的基础信息，如客户的经营规模、市场声誉、过往合作案例等，供应商的生产能力、产品质量、供货稳定性等。这些信息会实时传递给财务部门。财务部门接收到信息后，会从财务视角展开深度分析：针对客户，评估其财务状况是否稳健，信用评级是否良好，有无潜在的财务风险，以确定给予的信用额度与账期；对于供应商，核算其成本构成是否合理，报价是否符合市场行情，付款条款是否对企业资金流有利。

（2）税务受票与开票：发票信息会实时传递至财务系统，财务人员随即对发票进行严格审核。审核内容涵盖发票的真实性、合规性，以及与业务实际发生情况的匹配度。核对发票上的货物或服务名称、数量、金额是否与采购合同、入库单等业务单据一致。同时，财务人员会依据税务政策，判断该发票的进项税额能否抵扣，这直接影响企业的税务成本与利润。销售商品或提供服务的具体内容、客户信息等。财务部门基于业务数据，在确保收入确认符合会计准则的前提下，按照税务规定开具发票。及时将发票信息同步给业务部门，以便业务人员跟进客户收款情况。

（3）采购成本控制：业务部门在采购需求产生阶段，会详细分析所需物资或服务的规格、质量要求以及预计用量等。财务部门依据过往采购数据、市场价格波动趋势以及预算规划，为业务部门提供采购成本的初步预算范围及成本控制目标（见图17-2）。供应商筛选环节，业务人员会对供应商的资质、产品质量、供货能力等进行实地考察与评估。财务人员则会深入分析供应商的财务状况，包括成本结构、报价合理性等。双方结合评估结果，共同选定性价比高的供应商。通过成本分析发现客商的报价产品质量稳定性，后期维护成本，财务人员从专业角度对合同条款进行审核，特别是涉及价格、付款方式、交货期等关键内容。根据企业资金状况与现金流量预测，建议业务部门选择合适的付款周期，以平衡资金占用成本与采购成本。业务部门实时跟踪订单执行情况，确保货物按时、按质、按量交付。财务部门则密切监控采购款项的支付，对比实际采购成本与预算的差异，及时预警超支风险。一旦发现成本偏离预算，业务与财务迅速联动，共同分析原因并采取纠正措施，如协商调整采购价格、优化采购流程等。

（4）销售定价审批：在业财融合的模式下，销售定价审批不再是简单的业务部门独立决策，而是业务部门与财务部门紧密协同的过程。销售部门在制定产品或服务的销售价格前，会深入调研市场需求、竞争对手定价策略以及客户对价格的敏感度等信息。同时，了解目标客户群体的消费能力与购买倾向，以此初步拟

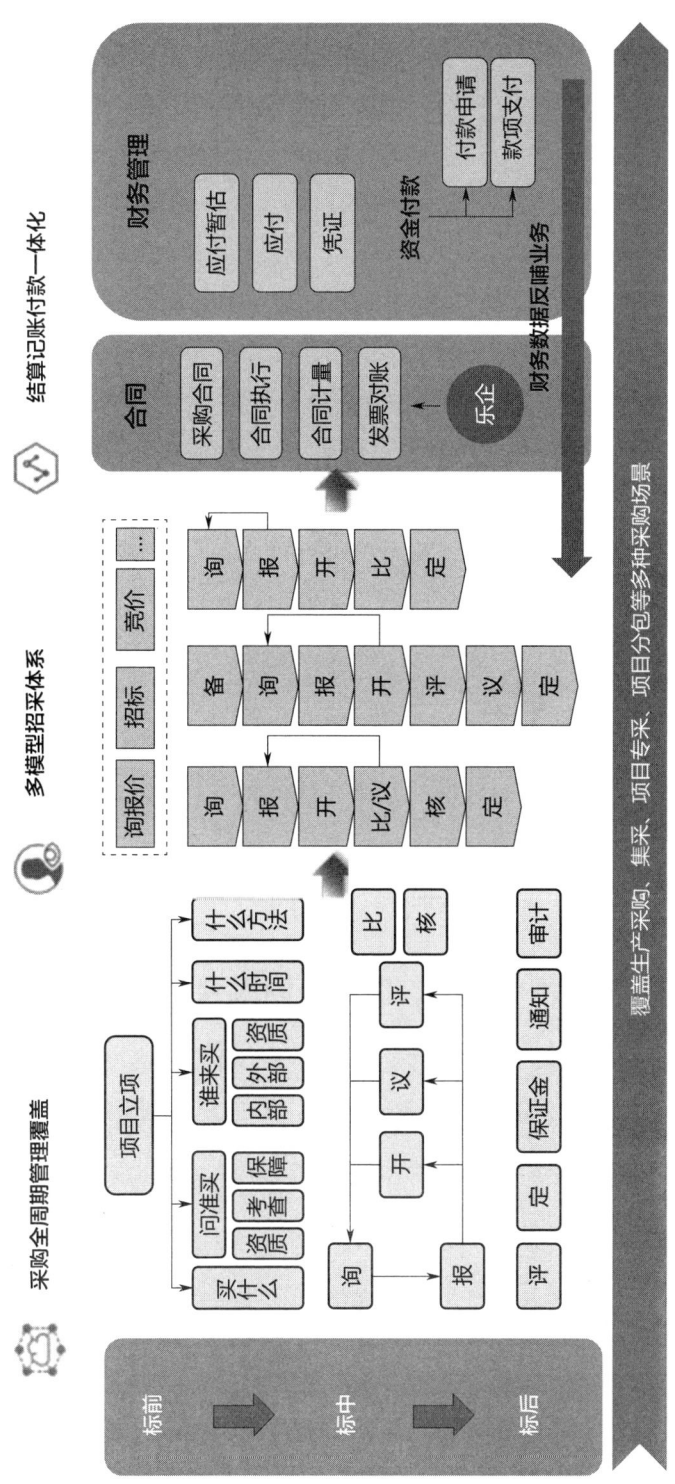

图 17-2 采购到付款的成本控制示例

定销售价格范围。财务部门则从成本与利润角度提供关键数据支持。通过成本加成定价法、目标收益定价法等多种财务定价模型，结合企业的整体战略目标和预算规划，为销售部门提供参考定价。

（5）往来账款跟踪与分析：往来账款跟踪与分析成为业务部门与财务部门紧密配合的重要工作环节。业务部门会及时将销售订单、发货单等信息传递给财务部门。财务部门据此确认应收账款，并建立详细的台账记录，包括客户名称、欠款金额、账期等关键信息。业务人员在日常工作中，会持续跟进客户的业务进展情况，了解客户的经营状况。一旦发现客户可能存在支付风险，如经营困难、负面舆情等，会立即反馈给财务部门。财务部门则利用专业的财务分析工具，对应收账款的账龄进行分析，计算逾期账款比例，并根据不同账龄段制定相应的催收策略。

（6）资金收付款结算：销售业务中，当客户付款时，财务系统自动接收银行收款通知，并与业务订单进行匹配核销。若遇到收款异常，如金额不符、延迟到账等情况，财务部门会立即与业务部门沟通，业务人员协助向客户核实情况，双方共同确保款项及时、准确收回。采购环节中，业务部门在与供应商签订采购合同后，将合同中的付款条款告知财务部门。财务部门依据企业资金状况、付款优先级以及合同约定，制订付款计划。在付款执行前，财务部门再次与业务部门确认货物或服务的验收情况，确保符合付款条件。付款后，及时将付款信息反馈给业务部门，以便其跟进后续业务流程。

第四节　以数据为"源"，激活业财融合新动力

在流程融合的前提下，业务经营过程中的每个环节都会产生大量的数据，而在数智技术支撑下，这些数据与财务的融合，都可以实时地反映并存储在系统中，并根据业务环节的特点及管理重点，可以建立各种数据模型，提供各类业财数据服务，如各细分维度的财务分析（产品、事业部、区域、成本中心、利润中心等）、利润预测、资金预测、产品最优研发工艺路线等，使财务人员能够基于全面的业务数据进行深度分析，为决策提供更具前瞻性的建议。通过数据能精准分析出各产品线的盈利状况，为产品定价、市场推广策略调整提供有力依据。通过数据挖掘，更好地理解业务活动的财务影响，优化业务运营。以数据为"源"，激活业财融合新动力，是现代企业实现数智化转型和智能化管理的关键路径。通

过数据的深度挖掘和应用，企业能够打破业务与财务之间的壁垒，实现更高效的协同和更精准的决策（见图17-3）。

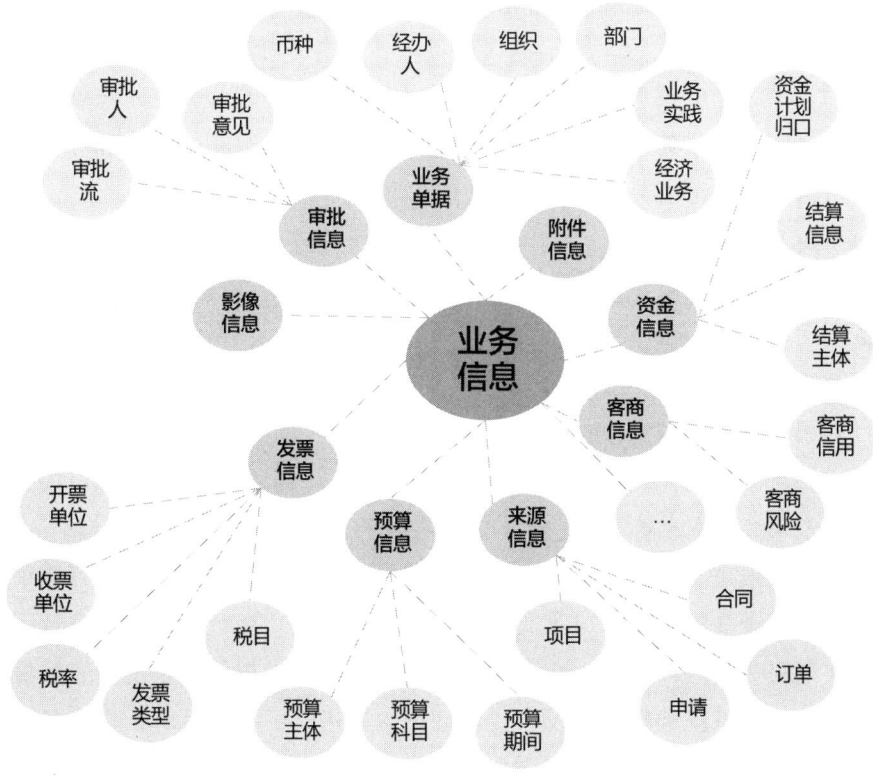

图17-3 业务相关数据图

一、准确、精细、实时地反映经济业务事项的核算结果

（1）数据采集与整理的自动化：财务核算的基础是准确、完整的数据。在数智技术的支持下，企业可以通过各种自动化工具实现数据的自动采集和整理。利用OCR技术，可以快速识别发票、合同、单据等纸质文件中的关键信息，并将其转化为电子数据，直接导入财务系统。同时，借助物联网技术，企业可以实时采集生产设备、物流运输工具等的运行数据，为成本核算和资产核算提供准确的依据。这些自动化的数据采集和整理方式，不仅大大减少了人工录入的工作量和错误，还提高了数据的及时性和准确性，为后续的财务核算工作奠定了坚实的基础。

（2）账务处理的智能化：传统的账务处理工作需要财务人员根据会计准则和

业务实际情况，手动编制记账凭证、登记账簿。这一过程不仅烦琐，而且容易受到人为因素的影响。数智技术的应用使得账务处理实现了智能化。通过AI技术，财务系统可以根据预设的规则和算法，自动识别业务类型，并生成相应的记账凭证。例如，当销售系统记录一笔销售业务时，财务系统可以自动获取销售订单、发货单、发票等相关信息，按照会计准则自动生成销售收入、应收账款等科目的记账凭证。同时，财务系统还可以对账务处理的结果进行实时监控和分析，及时发现异常情况并进行预警，确保账务处理的准确性和合规性。

（3）财务核算的精细化：数智技术的应用使得成本核算更加精细化。利用大数据分析技术，企业可以对生产过程中的各种成本数据进行深入挖掘和分析，准确计算出每个产品、每个项目、每个客户的成本。例如，企业可以利用物联网技术采集生产设备的能耗数据、原材料的消耗数据等，结合生产计划和工艺路线，精确计算出每个产品的直接成本和间接成本。同时，借助新一代智能会计管理工具，完成核算的精细化，还可以建立成本预测模型，根据历史数据和市场变化趋势，预测未来的成本走势，为企业的成本控制和定价决策提供科学依据。

（4）财务报表的实时生成与分析：财务报表是企业财务状况和经营成果的集中体现，对于企业的内外部决策具有重要的参考价值。在数智技术的支持下，企业可以实现财务报表的实时生成和分析。财务系统可以根据预设的报表模板和规则，自动从业务系统和财务系统中提取数据，并进行汇总和计算，生成各种财务报表，如资产负债表、利润表、现金流量表等。同时，借助数据分析工具，财务人员可以对财务报表进行多维度、深层次的分析，挖掘报表数据背后的信息，为企业管理层提供更加全面、深入的财务分析报告。例如，通过数据可视化技术，财务人员可以将财务数据以图表、图形等直观的形式展示出来，让管理层更加清晰地了解企业的财务状况和经营成果，及时发现问题并做出决策。

二、快捷、科学、安全地支撑业务资金运营过程

（1）资金结算管理便捷：数智技术在资金结算领域的应用，大大提高了结算效率和安全性。传统的资金结算方式通常需要人工填写单据、审核签字等烦琐流程，不仅耗费时间和精力，而且容易出现错误和风险。而基于数智技术的电子支付系统和结算平台，实现了资金结算的自动化和实时化。企业可以通过与银行等金融机构的系统对接，实现线上支付、收款、对账等功能，大大缩短了结算周期，降低了结算成本。同时，区块链技术的应用，为资金结算提供了更加安全可

靠的保障。区块链具有去中心化、不可篡改、可追溯等特点，能够有效防止资金结算过程中的欺诈行为和数据篡改风险，确保资金交易的真实性和安全性。

（2）资金预算管理科学：在传统的资金预算管理中，预算编制往往依赖人工经验和历史数据，缺乏对市场动态和业务变化的实时响应能力。数智技术的应用，使得资金预算管理更加科学、精准。通过大数据分析，企业可以实时收集和分析市场数据、行业数据以及企业内部业务数据，准确预测市场需求和业务发展趋势，从而制定更加合理的资金预算。同时，借助人工智能技术，企业可以实现预算编制的自动化和智能化，根据预设的规则和模型，快速生成预算方案，并对预算执行情况进行实时监控和预警。一旦发现预算执行偏差，系统能够及时发出警报，并自动分析偏差原因，为企业管理层提供决策建议，以便及时调整预算策略，确保企业资金的合理使用。

（3）资金风险管理安全：数智技术的应用，为企业的资金风险管理提供了更加有效的手段。通过大数据分析和人工智能技术，企业可以对客户的信用状况进行实时评估和监测，建立客户信用风险模型，提前预警潜在的信用风险。同时，企业可以利用实时数据对自身的资金流动性进行分析和预测，合理安排资金储备和融资计划，确保企业在面临突发情况时能够保持良好的资金流动性。此外，对于涉及跨国业务的企业，数智技术还可以帮助企业实时跟踪汇率波动情况，通过数据分析和模型预测，制定合理的汇率风险管理策略，降低汇率风险对企业资金的影响。

三、集成、透明、前瞻地保障业务合规税务基线

（1）数据实时共享与智能税务申报：数智技术实现了业务系统与税务管理系统的深度集成，打破了数据壁垒，使得业务数据能够实时、准确地传递到税务管理系统中。通过大数据技术，企业可以自动采集销售、采购、库存等各个业务环节的数据，并按照税务申报的要求进行分类、汇总和整理。人工智能技术则能够根据预设的税务规则和算法，自动生成各类税务申报表，大大减少了人工填报的工作量和错误。例如，在增值税申报方面，系统可以自动获取销售发票和采购发票数据，准确计算出应纳税额，并生成增值税申报表，实现了税务申报的自动化和智能化。这不仅提高了税务申报的效率和准确性，还为企业节省了大量的人力成本。

（2）税务风险智能预警与防控：数智技术的应用使得企业能够实时监控税务

风险，及时发现潜在的问题并采取相应的措施进行防控。通过建立大数据分析模型，企业可以对海量的业务数据和税务数据进行多维度的分析，识别出异常交易和潜在的税务风险点。例如，系统可以通过分析企业的发票开具情况、收入成本配比关系等数据，及时发现虚开发票、少计收入等税务风险行为，并自动发出预警信息。同时，AI技术还可以对预警信息进行智能分析，判断风险的严重程度，并提供相应的风险应对建议。这使得企业能够在税务风险发生之前就采取有效的防控措施，降低了企业的税务风险损失。

（3）精准税务规划与决策支持：税务规划是企业税务管理的重要组成部分，对于降低企业税负、提高企业经济效益具有重要意义。数智技术的发展为企业进行精准税务筹划提供了有力的支持。通过大数据分析技术，企业可以对不同地区、不同行业的税收政策进行深入研究和分析，结合企业自身的业务特点和经营状况，制定出最适合企业的税务规划方案。人工智能技术还可以对税务规划方案的实施效果进行模拟和评估，预测不同方案下企业的税负变化情况，为企业管理层提供科学的决策依据。在企业进行投资决策时，税务管理系统可以根据投资项目的相关数据，分析不同投资方式和投资地点下的税收政策差异，为企业提供最优的投资方案建议，帮助企业实现税负的最小化和经济效益的最大化。

四、全面、深入、高效地引领业务战略的落地执行

（1）多源数据的实时采集与整合：数智技术借助大数据技术和数据集成平台，能够实现对企业内外部多源数据的实时采集和高效整合。企业内部的销售系统、采购系统、生产系统等业务系统产生的业务数据，以及财务系统中的财务数据，都可以通过数据接口实时传输到数据集成平台。同时，外部数据如市场行情、行业动态、竞争对手数据等，也可以通过网络爬虫、数据合作等方式收集到平台中。数据集成平台利用数据清洗、转换和加载技术（ETL），对采集到的数据进行标准化处理，消除数据格式和标准的差异，实现数据的统一存储和管理。这样，企业在进行预算编制时，就可以从统一的数据平台中获取全面、准确、实时的数据，为预算编制提供坚实的基础。

（2）数据驱动的预算编制模型优化：数智技术利用人工智能和机器学习算法，能够构建更加精准的数据驱动的预算编制模型。传统的预算编制模型往往基于历史数据和经验假设，缺乏对数据背后潜在规律的深入挖掘。而数智技术通过对大量历史数据和实时数据的分析，能够发现数据之间的复杂关系和趋势，从而

优化预算编制模型。例如，通过对销售数据的分析，结合市场趋势、客户行为数据等，机器学习算法可以预测不同产品、不同地区在不同时间节点的销售情况，为销售预算的编制提供更加准确的依据。同时，对于成本预算，数智技术可以通过对采购成本、生产成本、运营成本等数据的分析，考虑原材料价格波动、生产效率变化等因素，建立更加科学合理的成本预算模型，提高预算编制的准确性和合理性。

（3）预算执行数据的实时监控与分析：在预算执行过程中，数智技术能够实现对预算执行数据的实时监控和深入分析。通过业务系统与预算管理系统的深度集成，业务活动产生的数据能够实时同步到预算管理系统中。预算管理系统利用大数据分析技术，对预算执行数据进行实时监控，对比实际执行数据与预算数据的差异，及时发现预算执行偏差。当项目的费用支出超出预算一定比例时，系统会自动发出预警信息，并通过数据分析找出偏差产生的原因，如业务量增加、费用核算错误等。同时，预算系统还可以对预算执行数据进行多维度的分析，如按部门、项目、时间等维度进行分析，为企业管理层提供更加全面、深入的预算执行情况报告，帮助管理层及时调整预算策略，确保预算目标的实现。

（4）数据共享与协同决策：数智技术打破了部门之间的数据壁垒，实现了数据的共享和协同。业务部门和财务部门可以通过统一的数据平台，实时获取和共享预算相关的数据，共同参与预算管理的各个环节。在预算编制阶段，业务部门可以根据自己掌握的业务数据和市场信息，为预算编制提供更加准确的输入；在预算执行阶段，业务部门可以及时了解预算执行情况，根据预算调整建议调整业务活动；在预算分析阶段，业务部门和财务部门可以共同对预算执行数据进行分析，找出问题所在，提出改进措施。这种数据共享和协同决策的模式，加强了业务部门与财务部门之间的沟通与协作，提高了预算管理的效率和效果。

第五节　以管理为"纲"，把控业财融合新方向

在业财融合的进程里，管理犹如一条贯穿始终的"纲"，精准把控着方向，对企业的运营与发展起着举足轻重的作用。有效的管理体系能够明确各部门职责与分工，使得业务部门与财务部门在业财融合过程中有清晰的行动指南。建立标准化的业务流程和财务制度能确保业务活动从开展之初就符合财务规范，使财务数据的收集与分析也更具准确性和时效性。

管理推动业财深度沟通与协作。业财融合绝非业务与财务的简单相加，而是双方深度的信息共享与协同作业。管理在其中扮演着协调者的角色，通过搭建沟通平台、制定沟通机制，促使业务与财务人员打破部门壁垒。定期的跨部门会议、联合工作小组等管理手段，能让业务人员了解财务数据背后的业务含义，也能让财务人员深入理解业务活动的实际情况。

管理引领业财融合聚焦战略目标。企业战略是业财融合的出发点与落脚点，而管理负责将企业战略细化为具体的业务与财务目标，并通过有效的管控措施确保业财融合围绕战略目标推进。

以管理为"纲"，是企业成功实现业财融合的关键所在。企业应高度重视管理在业财融合中的核心作用，持续完善管理体系、优化管理流程、提升管理效能，充分发挥管理的引领、协调、保障功能，精准把控业财融合新方向，为企业在激烈的市场竞争中赢得优势，实现长远稳健发展。

一、管理融合过程中面临的主要问题

1. 管理目标的不一致与模糊性

业务部门通常更关注市场份额、销售增长、客户满意度等业务指标，而财务部门侧重于成本控制、利润增长、资金安全等财务指标。这种差异可能导致在设定业财融合目标时，双方难以达成共识。例如，业务部门希望加大市场推广投入以获取更多客户，而财务部门则担心营销费用过高影响利润。

2. 资源配置的复杂性

准确评估业财融合所需的人力资源、技术资源和资金资源比较困难。可能会出现人力资源安排不合理，如缺乏既懂业务又懂财务的复合型人才；技术资源不足，如现有系统无法满足业财数据实时共享的要求，但新系统的引入又面临成本高、实施周期长等问题；资金资源分配不当，导致部分关键环节的资源投入不足

3. 问题发现与风险识别的局限性

如果数据质量不高，如存在大量缺失值、异常值或数据不一致的情况，会影响问题发现的准确性。如在成本分析中，成本数据不准确，可能无法发现成本控制方面的实际问题。风险识别方法可能不够全面或灵敏，无法及时发现业财融合过程中的潜在风险。一些新兴的业务模式或市场变化带来的风险，利用传统的风险评估模型可能无法有效识别，导致企业在风险应对上处于被动地位。

4. 缺乏科学的绩效评价体系

业务指标的数据通常来自业务系统，财务指标的数据主要来源于财务核算系统，如会计凭证、财务报表等。这些不同的数据来源可能导致数据格式、统计口径和更新频率的差异，使得构建统一的绩效分析指标体系变得复杂。业务系统中的销售数据可能是实时更新，而财务系统中的收入确认可能遵循特定的会计准则，存在时间差。数智化系统与技术的缺乏，导致科学的评价体系难以很好地推广与实施。

二、管理融合的主要方法

1. 管理目标设定与战略对齐

组织业务部门和财务部门共同参与目标设定会议。深入讨论企业的战略目标，如市场扩张、产品多元化等，然后将其分解为具体的业财融合目标，对于市场扩张战略，业务部门可以设定新市场客户获取数量的目标，财务部门则相应地设定新市场开拓的预算投入和预期投资回报率目标。确定融合目标时，要兼顾业务指标（如销售增长率、客户满意度）和财务指标（如净利润率、资产周转率）。

2. 组建业财融合团队与职责分工

跨部门的业财融合团队（或岗位，如财务 BP），成员包括来自业务部门（销售、采购、生产等）和财务部门的关键人员。团队应具备不同领域的专业知识和经验，能够从业务和财务两个角度共同推进融合工作。业务人员负责提供业务数据、业务流程优化建议以及业务需求的沟通；财务人员负责财务数据的提供和解读、财务风险评估以及财务制度的执行监督。团队负责人协调团队成员的工作、跟踪融合项目的进度和解决团队内部的冲突。

3. 业务目标达成监测

从数据层面看，检查业务和财务数据是否实现了有效整合，是否能够通过数据共享和分析为企业决策提供支持；从流程层面看，评估业务和财务流程是否实现了无缝衔接，是否提高了工作效率和协同性；从决策层面看，观察企业的决策是否更加科学合理，是否充分利用了业财融合的数据和分析结果。

4. 管理改进与优化

定期根据管理融合的评估和目标达成监测的结果，对管理目标进行调整。如果发现原目标过高或过低，不符合企业实际情况，要及时修改目标。如由于市场环境变化，原计划的销售增长率目标无法实现，需要根据市场预测和企业实际能力，重新设定合理的销售增长率目标。目标调整要经过充分的分析和论证，确保新目标具有可实现性和挑战性。基于目标调整和融合过程中发现的问题，对业财融合策略、管理策略进行优化。如果发现数据整合策略在某些业务领域效果不佳，要重新评估数据整合的范围、方法和工具；如果发现流程自动化策略遇到技术瓶颈，要研究新的自动化技术或解决方案。同时，将优化后的策略及时传达给业财融合团队成员，确保大家在新的策略指导下继续推进融合工作。

三、管理融合的核心场景

1. 预算管理与资源配置

借助数智化系统，预算数据能够实时更新。业务活动的变化可以即时反映在预算中，使预算具有动态性。数智化工具使得零基预算的实施更加可行。企业可以通过数据分析，对每个预算项目进行重新评估，而不是基于以往的预算分配模式。利用数智化系统的自动化功能，滚动预算的编制周期可以缩短，更新频率可以提高。企业可以根据业务周期和市场变化，灵活设置滚动预算的周期，如按月或按季度滚动。系统能够自动将最新的业务数据和预测信息纳入下一期预算编制中，使预算能够更好地适应环境变化。利用数据分析模型，企业可以更准确地预测各业务部门和项目对资源的需求。

2. 成本优化与精细管控

在数智化背景下，企业能够通过物联网设备、ERP系统、制造执行系统等工具，收集从原材料采购、生产加工、库存管理到销售配送全流程的成本数据。除了内部数据，企业还可以整合外部数据来丰富成本分析的维度。通过获取市场价格指数、行业平均成本数据、汇率波动信息等，将其与企业内部成本数据相结合，用于对比分析和成本预测。利用数据挖掘技术，企业可以从海量的成本数据中发现隐藏的成本动因和成本结构。通过分析销售数据和营销费用，确定不同产品、不同销售渠道的营销成本效益，找出最有效的营销方式和成本控制重点。同时，还可以采用成本动因分析方法，确定影响成本的关键因素，如产量、批次、复杂度等，为成本优化提供精准方向。借助机器学习算法，构建成本预测模型。企业可以根据历史成本数据和相关业务数据（如市场需求、原材料价格趋势），训练模型来预测未来成本。使用时间序列分析模型预测原材料价格的波动对产品成本的影响,或者利用回归分析模型预测产量变化对单位生产成本的影响,提前做好成本规划和控制措施。

3. 穿透式管控与监督

在管理融合上,穿透式管控与监督是指利用先进的数智技术和智能化工具,打破企业内部各层级、各部门以及业务流程各环节之间的数据壁垒,实现对企业经营活动全面、深入、实时的洞察和控制。这种管控方式能够穿透组织架构和业务流程的表面,深入最底层的业务细节和数据元素,从而确保企业运营符合战略目标、法规要求和风险控制原则。通过穿透式管控,企业可以及时发现潜在的风险因素,无论是财务风险(如资金链断裂风险、债务违约风险)、市场风险(如市场份额下降风险、竞争对手冲击风险),还是运营风险(如生产中断风险、供应链断裂风险)。例如,在财务领域,实时监控资金流向,从最底层的每一笔交易入手,分析资金是否被合理使用,是否存在异常的资金流出,提前预警资金风险。

4. 科学绩效分析与评价

在数智化的背景下,对业务和财务绩效指标进行实时监控。通过仪表盘或报表工具,管理层和相关部门可以随时查看关键绩效指标的实时数据。例如,销售部门可以实时了解销售额、销售增长率、客户转化率等指标的变化情况,财务部门可以实时监控成本费用率、现金流等财务指标,及时发现绩效异常情况。建立动态的绩效反馈机制,当绩效指标出现异常变化时,系统自动向相关责任人发送反馈信息。反馈信息不仅包括绩效指标的变化情况,还包括可能的原因分析和建议措施。例如,当成本费用率超出预算范围时,系统向财务和业务部门发送反馈,提示可能是原材料价格上涨或某项费用支出失控导致的,并建议进行成本分析和控制措施。将绩效评价结果与员工激励机制和资源分配决策相结合。对于绩效优秀的部门和员工,给予奖励(如奖金、晋升机会),激励他们继续保持良好的绩效。同时,根据绩效评价结果,合理分配企业资源,如资金、人力、设备等。如果某个业务部门的绩效突出,且具有良好的发展潜力,可以为其分配更多的资金用于市场拓展或技术升级。

第十八章
财财融合

第一节 财财融合的内涵、价值与意义

一、财财融合的内涵

本章基于实务经验,对财财融合的核心架构与实施路径展开剖析。当前,受业财融合深度不足的制约,企业基础业财数据普遍存在精细化程度不足、数据质量参差不齐等问题,致使财务管理工作长期局限于基础会计核算与报表编制,财务系统建设的整体性规划及系统间的协同融合被严重忽视。随着财务数智化转型的深入,越来越多的企业意识到,财务系统的完整性与融合性是实现数智化转型的关键要素。财务数智化转型的核心目标之一,便是通过全面优化财务系统架构,深化各模块间的数据共享与功能协同,为企业财务管理能力的提升与转型提供坚实支撑,从而释放财务数据的价值潜能,推动企业向战略型财务管理迈进。

从概念本质出发,业财融合聚焦业务与财务的协同交互,而财财融合则以财务系统间的互联互通为核心目标。在财务数智化转型实践中,企业构建的财务系统矩阵涵盖数智司库、智能费控、税务管理等多元模块。数智化转型要求全面覆盖这些系统建设,并强化系统间的数据流通与功能协同,通过智能化流程驱动和数据深度挖掘,推动财务管理向战略决策层进阶。财财融合可进一步拆解为流程融合与数据融合两大维度。

(1)财财流程融合主要体现为围绕特定财务处理场景的全流程链条,打通相关财务系统之间的衔接,实现财务处理流程全部系统化、自动化、智能化,确保所有财务处理过程中的关键控制点的相关财务数据被精准地记录、存储、关联,提升财务运营效率和财务内部控制能力。

(2)财财数据融合主要体现为通过相关财务系统的衔接和集成,实现财务数

据精细、及时的记录、存储、加工、分析、应用,全面满足精细、复杂的财务预测、分析和管理决策需要。

二、财财融合的价值与意义

财务系统间的深度融合不仅是技术迭代的必然产物,而且是企业提升运营效率、优化财务管理、强化决策支持的关键路径。通过财财融合的建设,能够为企业带来以下价值。

1. 提升财务系统运营效率:无缝衔接,流程优化

(1)自动化流程减少人工干预。财务系统间的融合,首先意味着数据交换与处理的自动化水平大幅提升。通过API接口、中间件等技术手段,不同财务系统能够实时同步数据,减少手动输入和导出导入的步骤,极大地降低了人为错误率,提高了数据处理的准确性和时效性。

(2)流程整合提升响应速度。系统融合促进了业务流程的整合与简化,如采购到付款、订单到收款等关键环节的无缝对接,使得财务信息流转更加顺畅。企业能够更快地对市场变化、客户需求做出反应,缩短业务周期,提升整体运营效率。

2. 深化财务系统控制能力:数据洞察,风险控制

(1)数据集成增强透明度。财务系统间的融合实现了数据的全面集成,无论是历史数据还是实时数据,都能在一个统一的平台上进行管理和分析。这种高度的数据透明度有助于管理层及时了解企业财务健康状况,及时发现潜在问题。

(2)风险预警与防控机制。系统融合后,企业能够建立更为完善的财务风险预警系统。通过对关键财务指标的实时监控和趋势分析,企业能够提前识别财务风险,采取有效措施进行干预,确保财务安全。

3. 强化系统决策分析能力:数据驱动,精准决策

(1)智能分析优化资源配置。集成的数据为财务分析提供了丰富的素材,结合大数据、人工智能算法,企业能够进行更深层次的财务分析,如成本效益分析、预算执行情况预测等。这不仅有助于优化资源配置,还能精准识别成本节约点,提升财务绩效。

(2)赋能场景化模拟与预测分析。融合的系统支持复杂的场景模拟和预测分析,如模拟不同市场条件下的财务表现、评估投资项目长期回报等。这种能力极

大地增强了企业对未来不确定性的应对能力,使决策更加科学、稳健。

(3)促进跨部门协同,数据信息共享。系统融合打破了部门壁垒,促进了财务部门与其他业务部门之间的信息共享和协同工作。这不仅有助于确保企业战略在各层面的一致性,还能激发跨部门的创新合作,共同推动企业目标的实现。

第二节　财财融合的整体架构

基于实践经验,用友深度剖析企业财财融合特性,构建系统化架构,为财务数智化转型提供参考(见图18-1)。

从系统应用视角出发,财财融合相关系统涵盖了财务管理领域的所有主流系统,其中包含数智共享、电子会计档案、数智司库、数智化税务、智能费控、智能会计、数智化成本、数智化全面预算、数智化报表、数智化经营分析等系统。这些系统从财务运营的各个环节以及财务数据服务层面,基本覆盖了企业财务管理的主要内容,全面助力企业财务管理的数智化转型与升级。

着眼于财务系统间的融合维度,财财融合系统架构在构建过程中,需达成流程与数据的全方位、精细化融合。在流程层面,各个环节要实现无缝衔接与协同运作,确保业务流转顺畅无阻;在数据层面,需对各类财务数据进行深度整合与交互共享,消除数据孤岛,以实现数据价值的最大化挖掘,为财务管理的高效运作提供坚实支撑。

在财财融合的大背景下,系统架构的核心在于达成全面且精细的流程融合与数据融合,这对于提升财务管理效率与质量至关重要。

1. 流程融合

从流程融合的视角出发,关键的财务运营类系统需实现相关单据与信息的自动衔接和流转,以此达成财务运营与控制的高效化和智能化。以下是典型的财财流程融合场景。

(1)应收产生到应收核算:通过对跨财务系统的深度整合,达成从收入开票、收入稽核清分,到收入及应收确认、应收账龄分析,再到收款取得、收款认领,直至最终收入分析等关键财务流程的无缝对接与高效贯通。这一流程的优化,使得销售与收款环节紧密相连,有效提升了资金回笼速度与财务管理的准确性。

(2)应付产生到应付核算:实现采购发票认证及抵扣、材料入库核算、应付

第四部分 财务数智化转型中的业财融合与财财融合

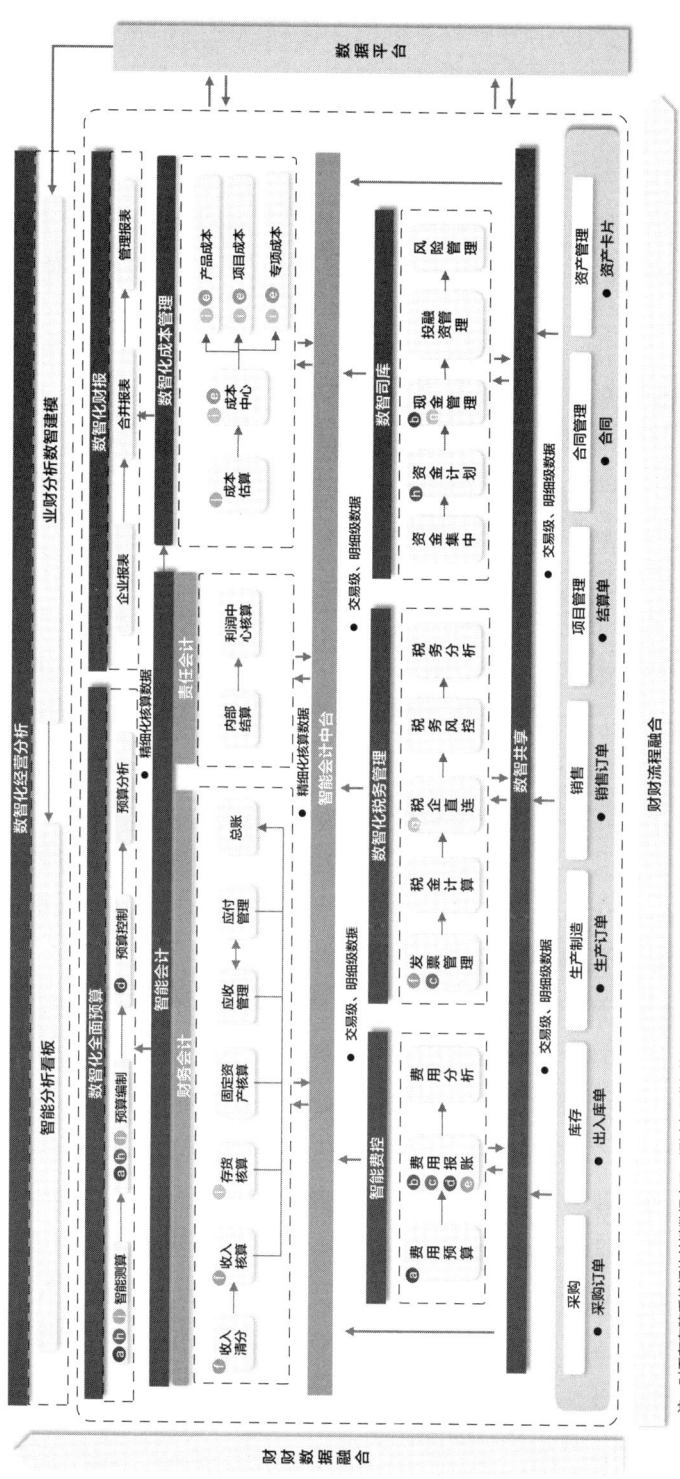

图 18-1 企业财财融合系统架构

核算、资金支付、采购成本分析等关键财务流程的无缝衔接与打通。这不仅确保了采购流程的合规性，还能通过精准的成本分析，为企业采购决策提供有力支持。

（3）费用产生到费用核算：实现从费用预算、费用控制、商旅订单及费用报账、发票认证、费用核算、资金支付、电子档案归档到费用分析的全流程无缝衔接。这种闭环管理模式，有效控制了企业费用支出，提高了资金的使用效率。

2. 数据融合

数据融合层面，需要实现财务数据精细、实时的汇集、存储、加工和分析，以满足财务分析与决策的需求。典型的财财数据融合包括以下几个方面。

（1）数智司库系统：将全面预算、智能费控、智慧税务与智能会计等系统紧密相连，实现了资金计划、控制、收付、核算及分析数据信息的全面贯通，为资金的稳健管理提供了坚实的数据基础，保障了企业资金链的安全。

（2）数智化税务系统：与费控、核算、资金、报表管理等核心财务系统紧密联结，实现涉税数据采集、税金计算、控制、核算与缴款支付、税务分析等关键数据信息的全面贯通，显著提升税务管理的效率与精准度，提高涉税数据的集中透明管理，降低企业税务合规风险，便于企业进行税务统筹与规划。

（3）数智共享系统：作为连接智能费控、智能会计、智慧税务及数智司库等系统的桥梁，借助其集成作业平台，将费用报销、会计核算、税务开票计税及资金收付等烦琐的财务事务性工作进行集中化、标准化处理，极大地推动了财务内部控制的优化与标准化能力的提升。

（4）智能会计：智能会计系统中，智能会计中台是汇聚形成会计大数据的核心功能模块。智能会计中台获取涉财业务系统的交易级、明细级业务数据，包括但不限于供应链、生产制造、销售管理、项目管理、资产管理，以及司库、税务、费控等系统相关数据。智能会计中台进行涉财业务数据到会计数据的转换，针对每个涉财业务的明细信息，形成多维、精细的会计分录，会计分录同时体现价值类信息，以及管理分析所需要的多维度业务信息，同时满足法人口径会计核算及报表披露要求，以及管理口径的多维度管理分析和经营决策需要。

（5）电子会计档案：借助先进集成技术，跨越费用报销、会计核算等多前端财务系统，自动抓取单据关联电子档案附件，依智能规则自动归类，实现档案信息与数据集中化管理，强化系统间的协同。

（6）数智化成本管理系统：基于智能会计中台的精细化核算数据，对产品、项目等口径的成本费用数据进行归集、分摊，实现产品、项目等成本计量及核算，并为后端的数智化报表和经营分析系统提供精细化成本管理数据，实现决策赋能。

（7）数智化全面预算系统：全面预算系统基于精细化的会计大数据，运用模型工具进行预算目标测算、预算编制、预算分析，提高预算预测及分析的精准性。

（8）数智化报表系统：数智化报表系统基于精细化的会计大数据，开展更加精准、高效的合并报表，生成多维、精细的企业管理报表，满足内外部报送、信息披露和管理决策需要。

（9）数智化经营分析系统：综合运用业务及财务的全面大数据，进行数据建模、指标计算、分析及智能看板展示，满足多场景、多维度的财务分析及决策需要。

第三节　财财流程融合，构建高效协同的财务运营新范式

财务流程融合主要围绕实现相关单据、信息、流程的自动衔接和流转，以实现财务运营和控制高效化、智能化。本部分将围绕财财融合在实践中的主要场景进行展开。

1. 应收产生到应收核算：收入清分、确认、收款及应收核销无缝衔接

在新收入准则全面实施的背景下，企业收入管理正经历着一场深刻的变革。企业收入结构的复杂性和确认的精细化要求，使得传统收入管理模式面临严峻挑战。数智化技术的应用，为收入管理带来了全新的解决方案，实现了从收入稽核清分到收入确认、应收管理，再到收入分析的全场景覆盖，构建起完整的收入管理闭环。

智能会计系统作为收入管理的核心平台，通过与税务管理、司库管理、电子会计档案、财务共享中心等系统的深度集成，实现了收入管理流程的全面数智化。

（1）前端收入稽核清分、履约义务信息自动触发收入核算，提升收入核算精准性。在收入确认环节，履约义务、收入稽核清分信息自动触发收入核算，提升收入核算精准性。系统通过整合跨系统的前端收入合同信息、项目执行进度等多

维度数据，确保收入核算的合规性和准确性。对于单笔收入结构复杂的行业，例如电商、零售等，通过前端的收入稽核清分环节，系统能够智能解析复杂的收入流水，实现多方待结算收入的精准拆分和还原。这一创新不仅提升了收入确认的准确性，而且为后续的财务处理奠定了坚实基础。

（2）资金到账自动认领触发自动应收核销，提升应收账款管控效率。司库系统与应收管理系统达成无缝对接。当资金到账时，系统能够凭借智能识别与匹配机制，自动认领款项，生成收款单，并通过收款单即刻触发自动应收核销流程。这一自动化链路的搭建，不仅极大降低了人工处理的时间成本与出错概率，更让企业对应收账款的管控更为及时、精准，全方位提升了资金管理效率。

（3）数智分析系统多源整合收入数据，支持经营决策。收入分析环节，全面预算、数智报表、经营分析类系统实现收入管理的深度分析。通过整合收入核算、应收管理、智能会计中台等多源数据，系统能够生成多维度的收入分析报告，为企业的预算预测和经营决策提供数据支撑。

2. 应付产生到应付核算：发票、应付、分析全流程贯通

采购到付款流程作为企业资金流转的关键环节，其高效运作依赖于财务管理跨系统间的数据信息紧密衔接。这一流程涵盖采购发票认证及抵扣、采购入库核算、应付核算、资金支付、采购成本分析等关键财务流程，实现它们的无缝衔接与打通，对于提升采购相关成本费用的精细化核算及管控至关重要。

（1）发票、入库、应付核算全流程财务精智管控。

- 发票认证阶段，税务系统筑牢内控防线，从源头确保数据合规性、真实性。
- 发票作为企业经济往来的重要凭证，其真实性与合规性直接影响企业财务安全。在采购到付款流程中，每一张发票在进入企业财务流程前，都要经过税务系统的严格检验，确保其来源合法、内容真实，从而杜绝虚假发票带来的财务风险，保障企业财务数据的准确性与合规性。
- 存货核算阶段，依据发票及明细数据实现精细化存货核算，为成本计量和分析奠定坚实数据基础。

随着采购物资顺利入库，存货核算模块将入库成本精准地核算出来。依托智能会计中台的强大支持，采购成本得以精细到品类、供应商、采购组织、仓库等多个维度，为后续的采购成本分析提供了丰富而翔实的数据基础。

（2）智能会计实现应付精准核算，提升资金统筹效率。前端采购发票验真通

过后，智能会计系统迅速进入应付核算流程。它实时跟踪应付账款动态，不仅能准确核算应付金额，还能基于历史数据和市场趋势进行账龄预测与深入分析。这使企业能够提前规划资金安排，合理调整应付策略。

（3）多系统协同实现资金支付与账款核销。当在系统中审核确认付款后，采购付款的自动化流程便被触发。数智司库系统在保障资金安全的前提下，高效地完成资金支付。支付完成的指令实时回传至智能会计系统，精准触发应付账款的核销操作。这一流程通过多系统的协同配合，极大地提高了工作效率，同时借助系统间的校验机制，确保了资金支付的准确性和及时性。

（4）管理会计系统基于精细核算，深挖采购成本优化策略。基于精细化的采购成本核算数据，管理会计系统可对采购成本进行趋势分析、多维度比较分析等。这些深入的分析结果不仅揭示了采购成本的内在规律，更能够提供压降和管控采购成本的建议，企业得以持续优化采购策略，提升企业的竞争力。

3. 费用产生到费用管理：事前预算、事中控制、事后分析全程把控

传统的费控系统虽已实现了费用申请及审批的线上化操作，但在事前预算控制、事中合规检查、事后费用分析等关键环节，仍显得力不从心。由于缺乏有力的系统支撑，大量的手工数据统计与信息搜集工作成了常态，这无疑极大地制约了费用管理效率的提升。

随着财务数智化系统的发展，这一切正悄然发生着改变。通过财务管理系统间的无缝衔接与深度融合，费用管理实现了从费用预算到费用申请及商旅预定、报账，再到发票认证及计税、费用审核与控制、合同审查、费用及应付核算、资金支付、电子档案管理，直至费用分析的全流程贯通。这一变革不仅极大地提升了费用管控的精细化水平，更为企业的财务管理注入了前所未有的活力与效率。

在这场变革中，智能费控系统将费用管理的各个环节紧密串联起来，与预算系统、税务系统、司库系统、智能会计系统、共享系统等众多财务系统之间发生了频繁的流程与数据交互。

（1）协同全面预算系统，提升费用预算精度。在事前费用预算编制环节，数智化系统架构下的全面预算系统与智能费控系统协同，通过结合历史数据进行智能测算，更加科学地确定费用预算目标。费用管理人员则在费控系统中进行详细的费用预算编制，并将数据同步至预算系统，从而进一步提升了预算的准确性。

（2）跨财务系统实现事中费用全流程智控。在事中费用控制环节，将通过跨

财务系统的贯穿，实现费用审批、费用核算、费用支付的全流程线上化、智能化运转。

（3）智能费控发起申请，多环节系统协同审批。费用申请伊始，智能费控系统凭借便捷的交互界面与强大的数据采集功能，实现费用申请与发票单据上传的无缝衔接。这些单据将借助税务管理系统进行严格的发票认证，确保每一笔费用的真实性与合规性。进入费用审批环节，借助数智员工及智能审核规则，审批人员将从费用预算、费用合规性等多个维度进行审批。若企业已建立财务共享中心，预算审批工作将由共享中心人员在财务共享系统中高效完成。

费用管理过程中的审批单据、发票附件等关键资料将被转换为电子档案，通过电子会计档案系统进行妥善归档，确保信息的完整性与可追溯性。

（4）智能会计系统实现费用精细核算与分析。费用核算环节，智能会计系统发挥关键作用。它能够快速完成精细化的费用和应付的核算，体现多维度管理信息，例如费用发生组织、项目、产品、客户等，满足多角度的费用归集、计量与分析需要。

（5）数智司库高效支付，实时反馈触发核销。资金支付成功后，系统将结果实时返回至智能费控系统，并触发智能会计系统进行应付账款的核销。

（6）管理会计深挖费用数据，助力企业决策。在费用分析环节，管理会计系统运用先进的数据挖掘算法与智能分析模型，对费用数据展开多维度、多场景的深度剖析。不仅从费用类型、部门、时间等维度拆解费用结构，还结合业务场景、市场环境等挖掘费用变动趋势。同时，精准分析预算占用情况，通过对比实际与预算差异，为企业成本控制、资源配置、战略规划等决策提供关键数据支撑。

第四节 财财数据融合，激发深度洞察的财务分析新能力

财务数智化系统架构下，数智司库、数智化税务、智能会计、数智化预算、数智化报表和经营分析等系统，通过财务数据融合实现协同增效。这些系统彼此深度交互，从不同维度促进财务数据整合、流转，为企业经营管理和战略决策提供全方位、多维度的数据支持。

1. 数智司库：财务数据融合，促进风控与效率双升

通过数智化司库系统，企业实现从资金计划、投融资、资金调拨、收付款到

资金分析的全流程贯通。资金管理系统与费控、税务、预算、智能会计、电子档案、财务共享等系统深度交互，构建起高效协同的资金管理生态。

（1）数据融合赋能资金智能测算与精准编制。在数智化系统中，预算系统基于历史数据和业务预测，生成资金总盘子数据。资金管理系统则结合上述数据以及各项业务预算，进行精细化、动态化的资金计划编制，确保资金使用与业务需求高度匹配。

在资金计划的基础上，资金管理系统结合企业库存现金余额，动态测算资金盈余或缺口，并据此开展投融资活动。在此过程中，系统自动处理利息或投资收益的取得与支付，同时对金融资产进行估值及减值计算。这些操作与智能会计系统无缝对接，确保资金核算的准确性与时效性。

（2）数据融合促进资金收付款全流程自动化。数智化系统通过与其他系统的深度交互，实现了收付款的全流程自动化。

（3）智能工作流触发资金支付，回传结果完成核销。财务共享完成支付审批后，实时触发资金系统支付流程。支付成功及完成资金认领后，借助数据交互接口，资金系统将结果无缝回传至智能会计系统，精准完成应付核销，极大提升资金流转效率与财务核算的准确性。

（4）税务开票触发资金收款与财务核销。税务系统完成收入开票后，资金系统迅速捕捉开票信息，自动收款并进行收款认领。认领结果即时传输至智能会计系统，自动完成应收核销。这一流程实现了税务、资金与财务系统的深度协同，有效强化企业资金回笼管理，助力企业稳健运营。

（5）数据融合支撑资金风险实时监控与优化。数智化系统，例如智慧风控、经营分析系统，借助先进的数据采集技术，能够实时获取资金的流入流出、余额变动等各类数据。通过对这些数据的实时监测与深度分析，精准识别潜在风险，有效提升资金安全性。系统从时间、业务板块、资金来源与去向等多维度深入剖析资金状况，为企业合理调配资金、优化资金结构提供数据支撑。

2. 数智化税务系统：财务数据融合，构建高效协同税务生态

通过数智化税务系统，企业能够实现从发票管理、税金计算、应缴税费核算到税金缴纳、税务分析的全流程打通，显著提升税务管理效率，降低税务风险。税务系统与智能费控、数智司库、智能会计、电子会计档案、财务共享、数智报表等系统深度交互，构建起一个高效协同的税务生态。

税务管理主要依托于数智化税务系统,在过程中需要与费控、司库、智能会计、电子会计档案、共享等系统实现交互。

(1)数据融合赋能发票管理自动化与智能化。发票管理是税务管理的起点,也是提升税务合规的关键环节。数智化税务系统通过与费控系统、前端业务系统的无缝对接,实现了发票管理的自动化与智能化。

(2)发票智能识别与验真,税务比对保财务安全。员工在费控系统中便捷地扫描发票,利用OCR技术精准提取发票信息并上传。税务系统运用加密算法与大数据比对,查验发票真伪与合规性,为企业财务安全筑牢第一道防线。

(3)自动开票并同步多系统信息。面对销售收入,税务系统凭借数据接口与开票交易无缝对接,实时自动完成发票开具。同时,将开票信息同步至销售、财务等相关业务系统,确保收入确认及时准确,实现账与票的高度一致。

(4)数据融合赋能计税自动化与精准化。

- **自动计税**:涉税数据一体化采集。税务系统基于财务系统,自动获取科目余额、明细凭证、财务报表、资产折旧、支付明细、发票数据等信息,实现财、税、票一体化协同,实现纳税申报数据自动采集,从而助力企业实现自动化申报。

- **税费核算**:智能会计系统的深度参与。税务系统将计算出的税金数据传输至智能会计系统,由后者自动完成税费的精细化核算与账务处理,确保财务数据的准确性与完整性。

- **税金缴纳**:税企直连与资金支付联动。税务系统通过税企直连功能,自动触发司库系统进行资金支付。支付完成后,税务系统向智能会计系统发送指令,由后者自动完成应付账款的核销。这一全自动化流程不仅提升了税金缴纳的效率,还降低了人工操作带来的错误风险。

(5)数据融合实现数据驱动的税务分析与风险管理。税务系统基于各项涉税数据,能够自动生成多维度的税务分析报告,帮助企业全面掌握税务状况。系统通过对税务风险的实时监控与预警,帮助企业及时发现潜在风险。

3. 数智共享系统:多财务系统融合,促进财务运营集中、规范

在大财务系统架构下,财务共享系统与其他财务系统深度集成,促进财务处理集中高效、标准贯通,提升财务管控能力。

(1)与智能会计系统融合:数据同源,账务精准。财务共享系统结合智能审

核技术,对费用报销单、采购发票等进行高效标准化处理。审核通过后,关键数据实时传输至智能会计系统。智能会计系统自动生成会计凭证,确保财务数据从业务发生端到财务核算端的无缝对接,为后续财务报表编制提供坚实可靠的数据基础。

(2)与资金管理系统融合:协同联动,智能管控。共享系统完成付款申请审核后,实时将付款指令及详细支付信息传递至资金管理系统。资金管理系统智能统筹资金支付,实现银行账户资金的高效划转。同时,资金管理系统及时将支付结果反馈给共享系统,构建起资金流转的闭环监控体系。

(3)与预算管理系统融合:全程监控,智能预警。预算管理系统制定精细化预算指标,例如费用预算,并同步至共享系统。共享系统在处理业务单据过程中,运用智能算法实时比对实际业务数据与预算指标;一旦出现偏差,系统启动智能预警机制,及时提醒相关人员。对于超预算申请,系统自动拦截并触发审批流程,确保企业预算执行得到精准管控。

(4)与税务管理系统融合:数据互通,合规无忧。共享系统将发票信息自动传输至税务管理系统。后者依据这些数据自动完成发票验证、税务计算、申报和缴纳,确保税务数据准确、及时,帮助企业严守税务合规底线。

4. 智能会计:财务数据融合,搭建前后端交互的财务数据生态

财务会计系统作为企业财务管理的核心引擎,正从传统的单一核算功能向多维度、智能化方向演进,已经迭代为智能会计。通过数智化技术的深度应用,智能会计系统通过事项会计中台实现精细化核算,与后端管理分析系统无缝衔接,构建起一个高效、智能的财务大数据生态,为企业决策提供强有力的支持。

(1)与前端系统的深度交互:数据驱动的财务核算。智能会计系统通过与前端业务及财务运营类系统的深度交互,获取涉财业务数据,并基于预设的规则参数,触发事项会计中台生成多维、精细的会计分录,支持企业生成多维度核算账表,以及管理报表。智能会计系统的高效运行,离不开与前端业财系统的深度交互。这些系统为智能会计系统提供了丰富的业财源数据,成为精细化财务核算的重要输入来源;其中的财务类系统主要包括智能费控、税务管理、司库系统等。

通过这种深度交互,智能会计系统能够实时获取多维、精细的费用、税务、资金数据,确保财务核算的及时性与准确性。

(2)融合后端管理分析系统:数据赋能决策,联查追溯。智能会计系统不仅

是一个核算工具,更是企业数据赋能的核心引擎。为满足企业各相关系统对财务数据分析的需求,智能会计系统将核算数据传输至全面预算、管理报表及经营分析等系统,赋能精细化决策分析;进一步传输至企业级数据平台或财务数据平台。通过这一平台,财务数据能够被高效整合与共享。

- 与成本系统协作助力精益成本管控。智能会计系统将精准的成本、费用数据实时传输至成本管理系统。成本管理系统运用智能算法,实现产品、项目等多口径的成本精准归集与分摊,为企业成本管控提供强有力的数据支撑。
- 赋能全面预算精准预测。全面预算系统基于智能会计的核算数据,借助大数据分析与预测模型,进行精准目标预测及深度预算分析,有效提升预算管理的科学性与精细化水平,为企业资源合理配置与战略目标达成筑牢根基。
- 融合报表系统,支持数据联查与分析。智能会计系统将核算数据及内部关联交易数据传输至合并报表系统,自动高效生成合并报表。同时,核算数据同步传输至管理报表及经营分析系统,支持多维度的财务数据分析,助力企业战略决策的制定与执行。此外,通过实现将智能会计与企业报表的深度融合,帮助企业有效实现从报表端的数据逐层联查至明细核算数据,乃至前端业务数据,帮助企业更加有效地实现报表数据挖掘、归因分析。

5.数智化成本管理系统:财务数据融合,赋能成本精细管控

成本管理系统不仅是成本数据的归集与计量中心,更是企业实现成本精细化管理和优化的引擎。成本管理系统主要进行产品、项目等成本的归集、计量、分摊,并触发成本结转及核算。成本管理系统在处理过程中主要通过智能会计事项会计中台获取成本费用核算数据,并将成本计量及核算结果数据传输至全面预算、管理报告及经营分析系统,支持对成本的分析、精细化管理及优化。

(1)依托智能会计精细化核算数据,实现精准成本计量。成本管理系统通过与智能会计系统无缝对接,实时获取精细化的产品、项目等成本费用数据。在数据处理环节,成本管理系统能够对所归集的成本费用数据进行智能分摊、汇总与卷集,从而得到产品、项目的全口径成本。这一过程不仅提升了成本数据的透明度,更为企业决策提供了有力支持。

（2）成本精细化核算与计量，助力成本精准预测及精益管控。成本管理系统将成本估算数据无缝传输至全面预算系统，为预算目标的测算与分析提供精准依据。同时，成本数据也被实时推送至后端的管理报表和经营分析系统，助力企业实现成本的精细化分析与高效管理。

6. 数智化全面预算系统：财务数据融合，绘就企业战略地图

全面预算系统不仅承载着预算目标测算、编制、分析与控制的核心职能，更促进"战略计划到分析考核"管理闭环的构建。在系统层面，它通过与智能会计、成本管理、智能费控、数智司库及经营分析等系统的深度协同，构建起一个高效、精准的预实数据生态网络。

（1）依托智能会计精细化核算数据，实现智能测算，提升预测能力。全面预算系统以智能目标测算为起点，依托智能会计与成本管理系统的历史核算数据，结合科学的测算规则与算法，为企业精准制定预算目标。在预算编制环节，系统通过对历史数据的深度挖掘与趋势分析，确保预算的合理性与前瞻性。同时，系统实时获取当期核算数据，为预算分析提供有力支撑，助力企业实现预算执行的动态监控与调整。

（2）专项预算下达分解，促进预算精细化管控。全面预算系统将精准的预算数据传输至智能费控系统。后者依据这些数据，在费用预算编制时，能更加科学合理地规划各项费用支出，避免超支风险。预算数据实时推送至数智司库系统，后者以此为基础，结合企业资金状况，实现资金计划的科学编排与高效执行，提升资金使用效率。

（3）赋能企业管理会计及经营分析，促进企业战略执行督导。预算分析数据通过数据平台输送至各类后端系统。这些数据涵盖了预算执行差异、成本控制成效等多维度信息，后端系统据此开展深层次的管理分析，从战略规划、资源配置等角度助力企业优化决策。

7. 数智化报表系统：数据融合，解锁企业洞察新篇

数智化报表系统主要含合并报表、管理报表模块。它与智能会计、成本管理、数智化经营分析等系统紧密协作，频繁交互数据，为企业提供高价值决策信息。

数智化报表系统通过智能化技术实现了财务数据的深度整合与多维分析。该系统以智能会计系统为数据基础，实时获取精细化核算数据与内部交易数据，构

建起完整的数据采集体系。在数据处理层面，系统依托报表加工规则，实现自动化报表计算、合并对账及抵销处理等。智能会计系统对产品、项目、客商、行业、地区等多维度的精细化核算，不仅满足了常规报表需求，更为管理决策提供了深度的数据洞察。报表系统进一步将处理后的数据实时传输至财务数据平台，为企业经营分析提供持续的数据支持。

8.数智化经营分析系统：数据融合，赋能企业精准决策

数智化经营分析系统主要涵盖分析建模、智能看板等核心功能。系统深度融合企业业财大数据，能满足多维度、多场景的经营决策需求。在财务数智化架构下，智能会计系统提供了扎实的数据基础，并通过管理会计、全面预算、管理报表系统提供经过专业加工后的财务分析数据；经营分析系统根据管理及决策场景，对上述数据进行建模、深度挖掘，为企业管理决策赋能，助力企业在复杂多变的市场环境中精准决策、稳健前行。

第五部分

大型企业财务数智化领先实践

第十九章

云投集团：财务数智化助力云投世界一流财务管理体系建设

第一节 财务数智化转型背景

一、云投集团简介

云南省投资控股集团有限公司（以下简称云投集团）成立于1997年9月5日，前身为云南省开发投资有限公司，现注册资本241.7亿元，是云南省资产规模最大的综合性国有资本投资集团。2022年位列中国企业500强第129位，世界500强第447位，是目前云南省唯一一家世界500强企业。

自成立以来，云投集团在云南省重点项目建设中累计完成投资超过3373亿元，累计融资突破9060亿元，带动社会投资9718亿元。截至2024年末，云投集团合并资产总额5984.74亿元，净资产1952.57亿元，合并营业收入总额1915.04亿元，合并利润总额44亿元。

经过二十多年的发展，云投集团构建了"产业培育＋财务投资＋资本运作"联动互促的三大产业发展模式，积极培育金融、大数据、文旅、康养、公益等产业，全力支持脱贫攻坚、铁路建设、基础医疗和基础教育等公共事业，控股云南能源投资集团、贵研铂业股份公司，是富滇银行第一大股东、红塔证券第二大股东，掌控大理及西双版纳核心旅游资源。主动服务国家"一带一路"，投资参建中老铁路，投资建设吴哥国际机场等。

截至2022年，云投集团下有500多家核算主体，在职员工8000多名，财务人员400名左右。

二、数智化转型动因

随着云投集团的快速发展，业务日趋复杂，对经营数据分析、风险管控的精细化要求日益加深，加上近年来外部环境的不确定性和新技术的广泛应用，以及财务新政策的出台，给财务管理与服务带来的压力与日俱增，需要集团在战略牵引、价值创造、经营风险防控、对外服务保障等方面提供支持。

为实现财务的规范化和信息化管理，云投集团曾于2019年1月上线了第一期财务信息系统，初步实现了财务政策、科目、辅助等基础数据的标准统一。财务共享中心的建立也为云投集团财务管控提升工作添砖加瓦，使业务规范性更强，助力财务转型，促进数据汇集。随着业务的快速发展，第一期财务信息系统难以满足高质量发展的需要，逐步显现以下痛点和难点问题。

（1）财务管理难以支撑业务数智化需求。云投集团资产规模快速增长，业务遍布省内外及东南亚，产业布局多而广，业务日趋复杂，精益运营和精益管理的要求日益加深，财务管理难度增加；已有数智化系统未实现全面贯通，未能覆盖所有财务业务全过程、全场景应用，纵向和横向协同不足；财务业务数据流转未实现统一应用、统一标准和统一规范。

（2）风险防控精准度不高。内控管理存在短板，需要进一步强化财务内控建设，实现内控标准化、流程化和信息化；预算控制精细度不够，需要搭建纵横贯通的预算管理体系；缺乏资金管理工具，资金集约化管控不足，未形成资金支出管控体系，存在资金安全风险；税收政策复杂多变，集团特殊业务和创新业务较多，存在税务风险；财务共享中心业务模式难以适应集团业务多元化现状，亟待转变。

（3）决策支持缺乏数据支撑。财务信息化建设相对落后，基础工作效率低，财务信息效率和质量不高。经营管理亟须实现实时、智能和精准的指标分析能力，需支撑各项数据的可追溯和穿透查询。

为解决以上快速发展中的问题，实现业财深度融合、信息快速传递、服务高质高效、决策精准科学，以财务引领战略，对标世界一流，云投集团亟须探索一条切实可行的财务管理数智化转型之路。

云投集团决定借助于新一轮的项目建设，对标优秀央企、省属国企提升财务管控能力，持续推进财务信息化建设向自动化、智能化、数智化方向发展，提升会计信息质量，提高财务管理效率和质量，加强风险管控。逐步连接各业务系统，推动业财信息全面对接和整合，拓展共享边界，推进经营决策由经验主导向数据和模型驱动转变，提升财务价值创造能力。

第二节 财务数智化赋能过程及解决方案

数智化转型项目的动议之年 2022 年，正是云投集团以进入世界 500 强为新起点推进高质量发展之年，集团决策层认为，财务管理是企业管理的重要环节，全面提升集团财务内部控制体系、资金及债务管理、税务管理、财务共享、财务信息化建设水平，是支持集团高质量发展的重要举措。

一、财务数智化转型目标

云投集团是云南省旗舰国资公司，在云南乃至中国的投资领域具有举足轻重的作用，财务管理体系理应以更高的标准定位，即对标世界一流，建设世界一流财务管理体系为锚。为此，云投集团制订了以数智化转型为抓手的建设世界一流财务管理系统的长期行动计划，并将首期的数智化转型总体思路确定为：依托财务信息化系统的升级，不断夯实财务报告、资金管控、税务管理等基础保障职能，深化拓展成本管控、投融资管理、资本运作等价值创造职能，以财务内部控制体系建设为导向，财务信息化为抓手，财务共享建设为基石，推进财务管理工作逐步向自动化、数智化、智能化转型。云投集团财务转型目标及核心内容可见图 19-1。

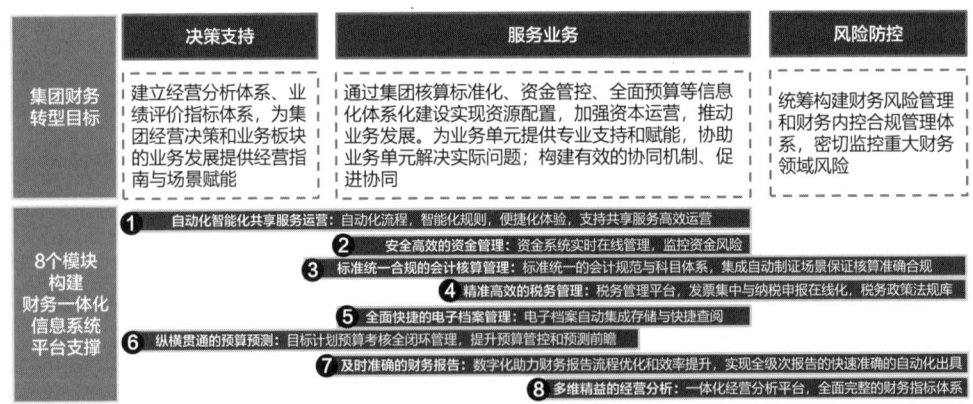

图 19-1 云投集团财务转型目标及核心内容

二、财务数智化建设方案

在数智化背景下，云投集团对原有的财务系统进行优化升级并深化应用，以财务数智化转型为引领，围绕集团总部及各级财务部门管理需要，构建"战略管控、业务运营、共享服务"三位一体的财务数智化体系,在全集团推广费用共享模式,规范制度标准、控制财务风险,通过引入数智化技术减少人为干预,减轻员工工作量,提高工作效率。

通过财务系统升级及深化应用,云投集团充分利用数智化技术推动财务职能由会计核算型向战略管理、数据分析、资源配置、风险防控、利税导向、决策支撑转变,以实时会计、业财融合、财务共享、智能财务为主要内容,完成财务八个子信息系统的建设(见图19-2)。

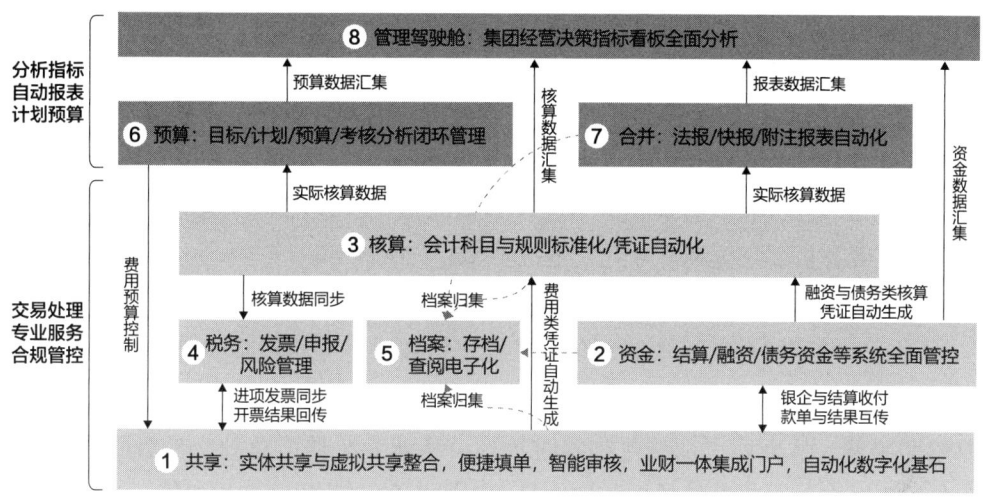

图 19-2 八个子系统内部一体化集成框架图

三、项目的组织架构和人员投入

为保证项目的高质量完成,云投集团成立了强有力的数智化转型项目组织,明确了项目的责任与分工,提高了沟通效率,确保了项目目标实现。

该项目组织由项目指导委员会、项目领导办公室、项目管理办公室及其具体的费用共享组、核算及报表组、资金及债务组、税务及电子档案组、全面预算组和数据分析组等团队组成。具体人员共涉及云投集团25人、数字产业公司18人和项目实施方用友公司60余人,合计有100多人参与。有效的项目团队帮助项目提升了管理专业性,有效识别和应对风险,促进团队合作与知识共享,提高资源利用效率,增加项目透明度。通过经验积累与持续优化,项目组大大提升了项目成功率,为后续项目的优化和迭代提供了宝贵经验和参考。

四、智能财务应用场景选择

在数智化转型的项目建设中,场景选择是指根据具体业务需求和目标,挑选合适的技术应用场景,以实现数智化转型和业务优化。它强调数智技术与实际业务场景的深度融合,通过构建特定的数智化环境,精准满足需求,优化资源配置,提升用户体验,促进技术与业务的融合,增强决策科学性。

场景选择是数智化建设中实现技术落地、提升业务价值的关键环节,对于推动数智化转型具有重要意义。它有助于打破技术与业务之间的隔阂,推动业务创新,确保信息化建设的经济性和可持续性。

云投集团智能财务项目建设依托用友 BIP,根据业务发展的实际需求,在财务核算、合并报表、共享费控、预算管理、资金管理、税务云、电子会计档案、数据仓库与数据分析八个板块,给出了会计核算自动化、财务共享一体化、财资管理智慧化、合并报表自动化、全面预算精细化、税务管理智能化、会计档案电子化、决策分析多维化的"八化"解决方案。

围绕"八化"推动财务数智化转型,系统建设场景如下:

(1)会计核算自动化与精细化。云投集团基于财务核算系统优化升级,旨在提供事后、事中、事前三个时态的数据,覆盖业务与经营全过程的更高价值的全面数据服务,从事后周期记账到实时核算,从业务数据汇总到交易级明细核算,业务发生时自动采集原始单据,实现最小颗粒度的自动化精细化核算。

(2)财务共享一体化。云投集团的财务共享服务中心从费用、往来、资金、资产、总账核算和报表共享到业财融合的信息化共享,使集团财务管控工作得到了有效提升;共享建设过程中,对业务流程和规则进行标准化梳理,流程优化,消除多余的协调以及重复的、非增值的劳动,在一些有规则、大量重复的场景应用方面,引入智能应用,也直接提升了财务工作效率。

(3)财资管理智慧化。云投集团的财资管理贯穿经营活动的各节点,通过先进的数智化技术不断完善财资管理手段,拓展业务范围,升级管理理念,实现三大转变:从关注资金的运营合规向动态资源配置和价值创造转变;从银企直连、电子支付向数智技术支撑的资金预测转变;从信息归集向穿透监测、风险实时管控和资源动态配置转变。三大转变推动云投集团从传统的资金管理到智慧财资的全面转型。

(4)合并报表自动化。云投集团对财务报表的要求进一步提高,从服务对象看，不仅用于外部披露，也服务于内部经营决策分析；从数据内容看，从以财务数据为主到向业务数据逐步延伸；从合并过程上来看，从关注结果到关注合并过程的可视化呈现。原有财务平台升级后能够实现多架构、多口径、多维度数据分析，以规范化的报表及灵活的多维分析系统支撑管理决策，满足集团数据合并要求。

（5）全面预算体系化、精细化。云投集团作为多元化经营、多层级组织的集团企业，在预算管理方面面临着信息传递慢、多行业板块难以整合协调、多利益主体弱化管理效率，以及外延式发展带来的文化融合等问题。此次项目建设，以全面预算管理为抓手，构建1+18套表单模型，1是指适用于全集团的一套公共预算表样（如费用、资产负债等），18是指18套行业预算表（如医院、旅游等行业套表），全方位监控集团业务经营与投资活动，更好地推动集团的战略目标落地。

（6）税务管理自动化、智能化。结合云投集团高质量发展战略，提高集团整体税务风险管理能力也是财务平台升级需要重点考虑的部分，系统化、规范化的税务管理能够更好地满足监管需求。云投集团税务流程自动化包括收、开发票流程自动化、企业税务核算自动化、税务申报自动化、税务事项审核自动化等；税务事项可视化包括多维税务分析、涉税档案管理、税务检查稽查等特殊事项管理、递延所得税等税会差异事项管理、新业务涉税处理评估等。

（7）会计档案电子化。电子会计档案系统能够将协同系统、核算系统、资金系统等产生的电子会计凭证、账簿等会计资料统一归集管理，实现集团会计档案收集、整理、保存、利用、统计、处置等全业务流程的线上操作，在保证电子会计档案原生性的同时，突破档案管理的时空限制，实现数据共享利用，提高工作效率，改善会计档案管理水平，避免人工错误，实现对会计档案全流程、全周期、自动化管理，同时，从低碳角度出发能够节约纸张、打印耗材等，为企业减少成本开支。

（8）决策分析多维化。以业务财务数据为基础构建业财大数据分析平台，打造云投集团统一管理决策数据服务中心，对集团经营活动和财务情况进行分析监控，为科学、精准决策提供有价值的数据分析结果；同时，实现对集团与所属分子公司的关键事项的监测、预警，增强过程管控力度，加强集团风险管控，为财务数据增值赋能，真正实现业财融合，推进集团财务数智化转型。

五、数智技术的应用

在云投集团的数智化转型的项目中，结合场景大量使用了流行的新一代数智技术，包括 RPA、基于规则和知识图谱的知识系统、二维码、OCR、NLP、电子签名、可扩展标记语言（XML）、可视化处理、管理驾驶舱以及人工智能大模型技术等。

例如，在财务共享系统中使用二维码技术、OCR 技术、XML、RPA 以及基于规则的技术等，帮助管理者实现单据智能审核、共享审核、智能填单和发票稽核等功能；在电子档案管理系统中使用 OCR 技术、NLP 技术、规则和知识图谱、电子签名技术等，实现档案电子化归档和管理及查询的智能化；在数据仓库的系统中使用数据存储、集成、处理、分析、可视化、安全治理以及云计算等多项技术。这些技术的综合应用，帮助云投集团有效构建了高效、灵活、安全的数据仓库系统，支持数据驱动的决策和业务创新。同时在合同管理中，首次尝试使用人工智能大模型 GPT 抽取和处理合同信息。

在具体的技术使用上，以目前较为流行的 RPA 技术为例，云投集团陆续利用该技术实现智能审核、单据复核、自动报税、进销项差额对账、国资数据上报、报表生成、资金流水下载、银行回单处理、基础利率导入等自动化处理，大大提高了处理效率和效益。

六、项目实施中遇到的主要问题和解决方法

云投智能财务建设过程中，先后历经重重困难和问题，大部分得以排除和解决，但也留下一些思考供参考。

（1）方案选型。云投财务共享选型初期，曾邀请了专业咨询厂商做财务共享咨询，但最终没能落地。因此项目组建议选择咨询实施一体的厂商或是在咨询阶段就同步引入有经验的建设厂商，能够保证咨询和实施一体化落地。

（2）上线策略。云投财务系统几乎涵盖整个大财务领域，有八条业务线同步开展。为缓解内部资源压力，结合系统关联性，云投集团采用分模块、分领域逐步上线的策略，先后顺序为：核算及报表——合并报表——全面预算——费用共享——资金管理——税务及电子档案，数仓及智能分析贯穿在各子系统上线过程，基于各模块数据，逐步开展数据分析。

（3）主数据档案管理。云投集团在智能财务系统建设之前已经有多个系统运行，包括集团合同管理系统、人力资源系统、OA 系统以及下属各板块搭建的业

务系统，各系统间主数据档案不统一，例如，财务会设置虚拟部门和财务账套做账，人力按照行政组织设置部门。系统建设过程中要统筹考虑主数据问题，本次系统建设引入数据中台做数据清洗，清除客商重复、部门重复等问题。如遇到管理口径的不一致确实要保持系统间原有的档案标准，则通过对照等方式解决。

第三节 管理价值及效果

从 2022 年 7 月项目启动，到 2023 年 1 月财务核算系统上线、4 月预算编制和合并报表系统上线，再到 6 月底费控、共享、财资、数仓等系统全面上线，在近一年的时间内，项目组调研了云投集团总部、二级机构及以下机构共 134 个，梳理了 4346 条审批流程和 25 万个数据档案，开发了 147 个功能模块，测试了 871 个功能验证点，为案例的成功实施打下了坚实的基础。

一、案例实践成效

云投集团通过本期项目建设，有效推动财务数智化转型，以财务内部控制体系建设为导向、财务数智化为抓手、财务共享建设为基石，重塑财务组织和流程，达到改善会计信息质量、提高财务工作效率、降低财务工作成本的目的，并逐步实现基于数据驱动的财务全流程自动化和智能化；以支持战略决策、赋能业务价值创造和防控经营风险，促进财务工作向管理会计及数据分析转型，推进财务管理工作逐步向自动化、数智化、智能化转型，为云投集团新时期战略目标的达成保驾护航。

总体而言，本期项目建设全面覆盖了云投集团近 300 家法人主体，近 500 家核算主体。通过对集团科目体系、核算流程、核算规则的优化，合并报表自动化率达到了 88%，核算和并表业务效率得到大幅提高。资金管理实现了集团 50 余个资金结算、债务业务的全覆盖。共享费控通过对 4520 个费用场景、2178 个共享场景的梳理，构建了 7 个一级管理模块，17 个二级业务循环，37 个三级子流程，实现了云投集团"实体共享＋虚拟共享"新模式。全面预算通过对目标计划体系、组织架构体系、报表体系 3 个体系的整体优化，构建预算主数据、专项预算、归口预算、实际数、合并抵销、预算调整、预算控制、预算分析、预算考核 9 个预算管理内容的全面设计，有效支撑了云投集团预算管理体系。数仓及分析构建了覆盖财务、融资、经营、投资、风控的 5 个分析体系。建设了近 20 个智能分析报告，40 余个大屏和分析看板，

50余张多维报表，超过1000个分析指标，全面反映了云投集团运营、偿债、发展、盈利等多维度能力，有效支撑了集团经营决策，推进集团财务数智化转型。

具体而言，案例项目的重要成效如下。

1. 财务共享提升了集团财务的专业服务智能化水平和使用满意度

在提升智能化水平方面，业务范围基本覆盖财务全业务场景，并大力推进报账和收付两条线的核心业务的标准化与作业规范；将多个信息系统或线下的作业环节进行线上集成，并提高关联度和自动化，使业务流程线上闭环管理且可溯源；共享平台依赖于外围系统主数据质量，直接影响项目建设及后续的生产应用，推动了集团整体的主数据规划进展；通过与业务系统的集成、业务数据结构化和智能技术的引入，大幅提高财务作业的数据质量与数据沉淀，推动作业、管理的数智化转型；梳理集团全部财务作业场景，统一作业标准及规划，提高作业效率，打牢作业智能化、数据赋能基础；通过系统升级和功能优化，提升了作业智能化和自动化水平（如智能审核等）。

在提升使用满意度方面，共享的组织范围覆盖全集团，涉及多业态多组织的境内外142家单位，全员作业模式同步调整；兼容各家单位不同阶段的信息化系统，让云投集团在同一规划框架下，支撑各单位的不同发展阶段需求；在满足集团同质化的核心业务流程的同时，兼顾了共享长中短期建设的需求，给未来新技术、新场景、新系统的引入预留对接空间；通过对作业场景的细分，进一步优化不同角色的作业环境和操作，并通过智能化手段进一步提升用户体验。

2. 资金管理实现了动态配置、集中管控和价值创造

在统一债务管理平台建设方面，实现了债务管理由线下转为线上，覆盖集团全量债务融资事项。通过系统平台对融资事项的履约执行进行预警、校验、抓取，实现集团债务全貌的可视可查可追溯，提升集团防风化债能力。

在统一结算平台建设方面，系统搭建统一出纳结算平台，与17家银行直连，集成前端共享业务系统，实现线上单据填报、提交到出纳结算支付的一体化流程作业。在保持业务完整性的同时匹配相关CA防控措施实现平台化管理，结合RPA技术，解放财务人员，推动财务转型。

在集中管控和闭环管理方面，通过统一结算平台，强化集团对成员单位的监督和控制力，规范共享、资金结算、核算信息传输渠道，避免分段式支付风险，避免信息孤岛。实现计划与结算全量绑定，结算有序进行。搭建集团统一结算平台，全

面集成资金计划,实现全集团资金收支有序进行,避免计划外支出。共享业务流程、结算流程、企业核算一体化设计,形成业财闭环体系。

3. 合并报表系统提高了报表自动生成率以及准确度

全新的合并报表系统基于业务,设置了系统重分类规则,涉及 35 个一级科目,其中 27 个科目可设置规则或可通过接口计算后自动重分类;设置了报表校验规则,月度报表校验规则共 8 条,年度报表校验规则共 118 条,包含合计校验、主表校验、附表与主表间校验、附表与附表校验、合理性校验。这些措施大大提高了报表自动生成率以及准确度,实现合并模块从核算系统单体主附表一键自动取数率 88%。

4. 电子档案系统功能涵盖档案全生命周期,实现全流程线上操作

企业财务电子档案一体化管理系统通过数智化与智能化技术,优化财务档案全生命周期管理,流程涵盖了几个关键环节,即:档案生成与采集、分类与编码、审核与归档、存储与备份、查询与调阅以及销毁与留存等功能。并实现全流程数智化、智能化管理、安全与合规、多系统集成、灾备与恢复等功能。系统通过自动化采集、智能分类、严格权限控制及多重安全机制,实现从"被动存储"到"主动赋能"的转型,显著提升了管理效率,降低了合规风险,支撑了企业数智化战略落地。

5. 税务管理实现了自动化和可视化,实现了能力提升和价值管理

云投集团以服务公司长续高质发展和精益运营为导向,支撑公司未来税务管理数智化升级,以前瞻性视角规划税务平台的建设,实现能力提升和价值创造。在能力提升方面,实现了涉税数据的标准化、计税申报的自动化、风险管理的场景化和经营决策的数智化;在价值创造方面,实现了税费智能测算、税务筹划、风险应对和模式的升级。

6. 财务核算实现了标准化和智能化,降低了审计风险

通过梳理标准统一的科目体系,为交易业务处理提供了规范的记录载体。通过制定标准的科目核算规则,规范了经济事项处理规则,包括核算原则、核算分录、核算时点、核算依据等,同时在辅助核算等方面充分考虑同资金、共享、其他业务系统的一体化,设计多业态多模式的核算支撑体系。通过设计分级财务报表合并体系,满足对外披露需求,公允、完整、真实地反映经营结果,包括合并规则、合并流程,以及基础账套的关账流程、报表模板。以审计披露、主附表联动、内

部管理、多维数据分析为目标对科目、辅助核算项进行梳理，提高财务核算标准化程度，降低审计风险、数据治理风险。

7. 预算管理提高了事前预测、事中控制能力，实现了动态闭环管控

实现了各环节有效管控，即在目标测算及分解、预算编制、预算调整、预算控制、预算审批、预算分析、考核、决策优化等各环节有效管控；实现了动态闭环管控，即实现事前、事中、事后动态闭环管理功能。

8. 决策分析提供了集团管理驾驶舱功能，决策支持能力得到有效提升

通过数据仓库和管理驾驶舱等系统的建设，实现了对集团经营活动和财务情况的分析监控，为科学、精准决策提供有价值的数据分析结果；实现了对集团与所属分子公司的关键事项监测、预警，提升过程管控，加强集团风险管控，为财务数据增值赋能，实现了财务分析、融资分析、经营分析、投资分析、人力资源和风控分析等可视化管理。

二、未来发展展望

"千里之行，始于足下。"云投集团在智能财务系统建设上已经迈出了坚实的步伐。展望未来，仍有很多待完善之处，预计云投集团将从以下几个方面逐步推进：

（1）全业务共享。目前全集团推广的是费用共享，未来要逐步深化应用，按照板块逐步推进财务全业务共享，进一步加强标准化和集团管控工作。

（2）深度业财融合。云投集团财务共享将充分对接到下属各子业务板块的业务系统，逐步实现业财融合，全量凭证自动化。

（3）司库体系精益化、集约化。云投集团资金结算和债务系统、资金计划已搭建完成，在运行成熟后，将进一步与投资管理系统、业务应收应付系统联动，实现资金收付精准预测，降低资金成本，防控资金风险。

（4）智能分析模型拓展。随着业务的开展，数据资产逐步沉淀，未来基于具体的应用板块及场景，云投集团将提炼智能预测分析模型，助力企业决策。

第二十章
中国燃气：财务共享助力中国燃气集团从财务管控到财务赋能转型

中国燃气控股有限公司（以下简称"中国燃气"）是中国最大的跨区域综合能源供应及服务企业之一，香港联交所主板上市企业。经过多年的发展，中国燃气成功构建了以管道天然气业务为主导，液化天然气、液化石油气、智慧能源服务、电力及新能源、新型热采设备和技术的开发及应用、燃气设备及厨房用具、家居生活服务、网格"店商"新零售并举的全业态发展结构。

第一节 中国燃气财务共享中心建设愿景和目标

一、中国燃气财务共享中心建设愿景

中国燃气以打造卓越的赋能型财务共享中心为核心愿景，以赋能财务管理水平提升和赋能集团高质量发展为主要愿景，以提高效率、降低成本、强化管理、促进发展为基础愿景。

中国燃气卓越赋能型财务共享中心通过专业化分工、观念再造、人员再造、流程再造、业财系统融合、业务在线互联等变革，为集团各个业务板块提供高标准、快速响应的财务服务与数据支持，共享企业级财务资源，促进集团财务管理水平全面提升。另外，中国燃气通过财务共享中心的建设，完成了最小"数据集"到大数据的转变，财务团队基于数据通过洞察机会、预警风险，为管理变革保驾护航。与此同时，借助人工智能等新一代数字技术，财务共享中心有能力整合多维业务数据、财务数据和外部数据，成为集团管理变革决胜的关键赋能引擎，从而赋能集团的高质量发展。

首先，中国燃气卓越赋能型财务共享中心通过提供标准化、专业化财务服务，积极探索和应用数字技术，探索和挖掘更多的着力点和价值点，提升整体创

效能力,从而提升财务工作效率;其次,通过优化整合资源,以及人员和组织的集中,实现规模效应,以业务量不变而人员减少或者业务量增加而人员不变的方式,降低财务工作成本;再次,通过释放核算人力,聚焦精力投入深入价值链的业务支持中,提升财务管理水平,并从事后监督向源头治理转变,形成集团公司"大监督"格局,确保各项工作依法合规运行;最后,快速支持集团公司管理变革及业务变化,实现管理模式的快速复制,为新组织提供成熟服务,并通过财务共享中心的数据沉淀,帮助集团构建财务数字化能力,以数据洞察驱动经营决策,为企业数字化转型赋能。

中国燃气通过财务共享变革打造精细财经体系,支撑 EVA 变革体系。其中,一体体现为建设新格局,主要是基于财务共享中心实现业财资税一体化,打造"财资税融内循环+业财双循环"的新格局。两翼体现在建设支撑点,主要包括财务共享中心加强财务信息化建设和加强财务队伍培养。三资体现在建设管控面,主要是基于财务共享中心体系建设、全要素资产管理体系建设、全价值链资本经营体系建设。三率体现为建设精细化,主要是基于财务共享中心实现利率精细化、汇率精细化、税率精细化。五系统体现在建设价值体系,主要是基于财务共享中心建设全面预算系统、经营分析系统、成本管理系统、财务报告系统、管理会计系统。

二、中国燃气财务共享中心建设目标

财务共享中心将以强化企业财务运营过程管控为核心,深入挖掘业财数据的使用价值,优化集团战略管控体系,加快推进集团数字化、智能化转型,实现高质量发展。中国燃气根据业务特点、财务现状以及财务共享本身特征,将建设财务共享中心的目标确定为通过基于五统一标准,搭建一个共享平台,培养两类人才,构建三个体系,塑造四种能力。财务共享中心的首要目标是建设五个统一,分别是会计科目体系统一、会计核算规则统一、财务管理标准统一、财务工作流程统一、财务政策执行统一,为财务共享中心建设打下坚实基础。中国燃气通过搭建统一的财务共享平台与业务系统、核算系统相互融合,从而为财务共享中心的两类人才、三大体系、四种能力提供系统支撑。财务共享中心的建设为企业提供了财务工作高效服务力、财务风险管控力、财务价值链创新引擎力、财务职能价值创造力。中燃集团塑造四种能力的实现是通过构建财经管控体系、人才培养体系、价值创造体系的三个体系得以支撑,并能够培养会计核算、经营支撑的两

类人才。

中国燃气秉承财务共享中心建设可持续发展理念，分阶段展开卓越财务共享中心的建设。财务共享中心初期运营是以实现标准化与规范化为首要目标，从而进一步基于财务共享推动业财融合的落地，进而加速推动财务转型。中国燃气打造卓越财务共享中心可以实现的短期目标主要体现在：

（1）通过统一基础、统一规范、统一标准、统一平台，从而实现标准规范。

（2）打造集中、协同、精细、智能的财务共享体系，提升财务工作效率，从而实现业财协同。

（3）加强财务标准贯彻执行，提高合法、合规性，优化财务业务流程，有效防范风险，从而实现加强管控。

（4）加强对战略目标的量化落地，加强分析与预测，为经营决策提供支撑，从而实现支撑决策。

（5）释放财务精力、实现财务转型，为业务赋能、为经营支撑，从而实现企业助力转型。

第二节　中国燃气财务共享中心建设战略定位与战略职能

中国燃气财务共享中心建设立足当前、平稳推进、优化提升，通过三步走完成转型升级，如图20-1所示。

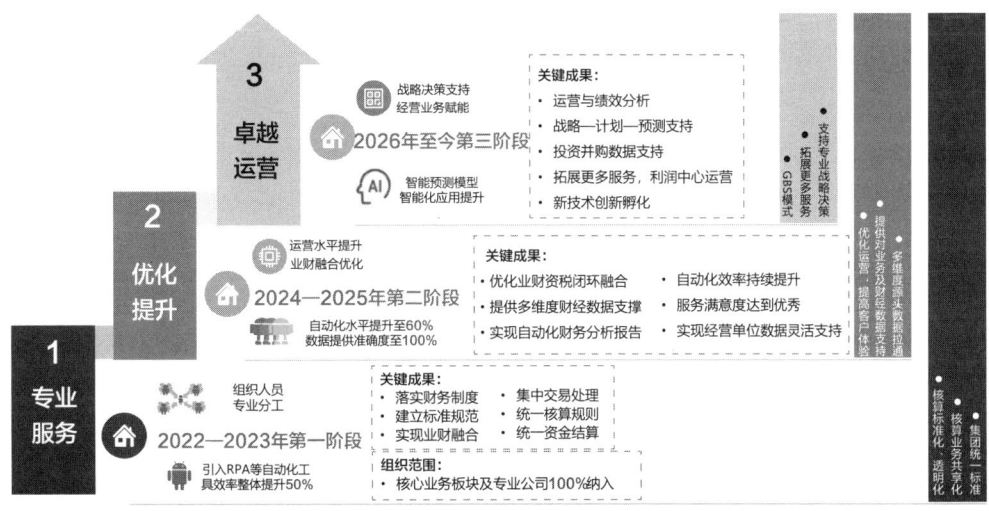

图20-1　中国燃气财务共享中心战略发展

中国燃气财务共享中心第一阶段建设是以财务共享专业服务为目标，主要体现在标准规范执行、核算交易处理、经营管控执行与监督，从而实现管控力度加强、标准化程度提升、规模效益明显提高、效率明显提升、提供强有力财务支持等目标效果，主要定位体现在以下几个方面：

（1）精力聚焦：集团公司处于组建、运营、转型的多期并行阶段，聚焦管理精力至单一中心，共享中心的平稳建设。

（2）管控集中：集团公司对分支单位基础交易处理业务进行集中处理。

（3）基础统一：集团公司的财务制度、业务流程、信息系统和业务操作规范具备一定的标准化基础，且持续优化。

（4）服务标准：集团公司处于业务持续拓展阶段，财务共享中心提供稳定、统一、标准的财务业务服务及准确财务数据。

中国燃气财务共享中心第二阶段建设以优化提升为目标，在第一阶段基础上主要体现为人才培养和服务效率提升，从而实现标准化规范化加强、个性化响应速度提升、规模效益更加显著、服务满意度达到优秀、业务财务协同贯通等目标效果，主要体现在以下几个方面：

（1）通用业务高度标准化：通用业务统一处理，保证通用业务高度标准化。

（2）核心业务响应个性化：业务范围及服务持续优化，对不同业务板块个性化需求响应及时性持续提升。

（3）持续优化提升效率：优化业务流程，持续提高服务效率并提升易用性。

（4）人员优化流动：优化共享中心人员工作效率，并对外输出部分优秀人才，实现人员的协同流动。

（5）初步数据支持：能够初步提供多维度财经数据及业务需求数据，提高对客户需求的响应速度。

中国燃气财务共享中心第三阶段建设以卓越运营为目标，在第一阶段和第二阶段基础上主要体现在数据价值实现，从而实现三支柱协同顺畅、丰富的数据提供、智能化的经营预测、追求价值创造、探索上下游服务等目标效果，主要体现在以下几个方面：

（1）提供财务战略支持：打通战略—业务—计划执行控制通道，财务三支柱协同配合顺畅。

（2）提供丰富的多维度数据：通过业财融合，提供经营管理及业务所需要的多维度数据，并能做到实时提供与在线穿透溯本。

（3）资本运营支撑：为集团投资并购提供风险预测支持及相应的效益预测支撑。

（4）智能化分析：为运营与绩效提供实时智能的灵活数据分析支持及EVA模型预测支撑。

（5）利润中心建立：内部按单计价，实现最大规模成本控制，探索对外服务收入。

第三节　中国燃气财务共享中心建设内容

一、财务共享中心组织与职能设计

中国燃气财务共享中心职责划分依据是基于财务职能现状，将其在集团财务部、财务共享服务中心、各业务单位财务进行切分，遵循"以专业化要求、地域限制为主，结合业务处理的便捷性、时效性、沟通成本等"的原则，开展财务共享中心的组织和职能设计。

财务共享中心根据专业要求可以划分为高度专业化和标准化两个维度。财务专家作为高度专业化人才，具备专业化、分析性的财务职能，活动不受地域限制，需要向管理层、决策层提供支持，具体体现在政策和制度制定、内部控制、合规性，对专业化技能要求较高。

业务伙伴也将作为高度专业化的人才存在，依据财务信息对业务进行判断分析，从而协助业务决策，具体体现为熟悉当地的业务运营，能提供商业洞察力和业务分析，与业务部门紧密相关；业务导向或项目驱动；掌握所在单位/项目业务知识；从财务角度出发对所在单位的管理提供建议；了解业务并具备对业务的分析和判断能力。

共享集中人员作为标准化人才，承担交易处理、基础核算事项等职能，可远程支持财务工作，具体体现在：流程可以高度标准化及集中处理，不受地域限制；大量、重复性的交易处理，注重提升效率；绩效结果易于衡量测算；客户需求标准化；符合核算性及服务导向的技能要求。

驻地支持财务人员也作为标准化人才，承担交易处理、常规活动、现场支持等职能，流程为交易处理性质，但具有业务所在地现场支持的限制，具体体现在与业务紧密相关的活动、使用本地系统、符合当地外部监管机构的要求。

（一）基于财务共享中心的企业财务组织结构

财务共享不断驱动财务组织结构变革，中国燃气将从财务组织垂直管理到"四位一体"的财务组织结构转型。中国燃气依托财务共享中心的建立促进财务组织结构变革，实现集团公司财务架构从"集团、区域中心、经管集团及项目公司垂直脱机分散核算"的传统模式逐步整合为战略财务、业务财务、共享财务、专家团队"四位一体"的共享模式，显著提升集团对财务核算与财务人员的双重管控力度，助力财务转型升级，如图20-2所示。

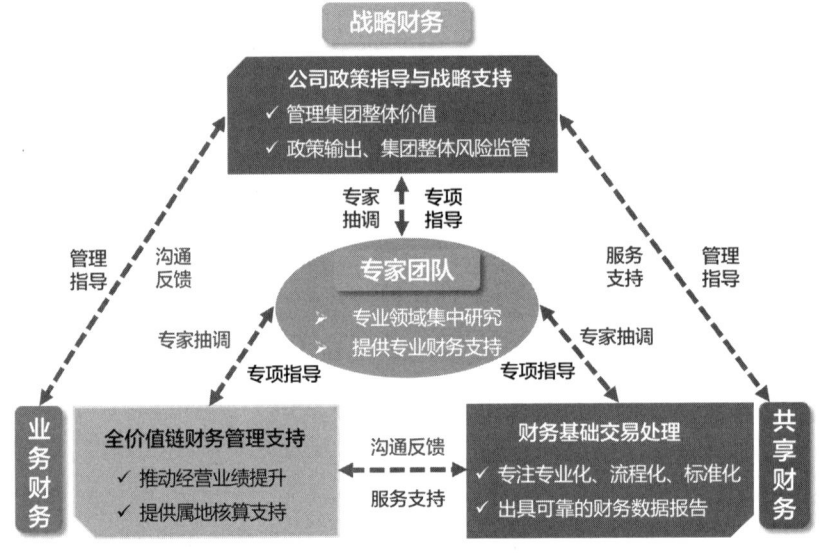

图 20-2 中国燃气基于财务共享中心建立的财务组织结构

中国燃气财务共享中心的组织结构主要体现在共享财务方面，通过专业化、流程化、标准化，实现财务基础交易处理，出具可靠的财务数据报告。与此同时，共享财务将为战略财务和业务财务提供服务支持，也可能成为专家团队的一员。

业务财务承担全价值链财务管理支持职能，可以推动经营业绩提升和提供属地核算支持。与此同时，业务财务将基于业务活动不断地与战略财务和共享财务沟通反馈，保证信息的及时准确，也可能成为专家团队的一员。

战略财务承担公司政策指导与战略支持职能，可以提升管理集团整体价值，以及实现政策输出、集团整体风险监管。与此同时，战略财务将基于集团发展需求管理指导业务财务、共享财务和专家团队。

专家团队具备专业领域集中研究和提供专业财务支持的职能，通过专家抽调的方式为战略财务、业务财务、共享财务提供知识体系和咨询服务。

（二）基于财务共享中心的财务职能边界

中国燃气基于财务共享中心的财务组织结构，必不可忽略战略财务、业务财务、共享财务、专家团队"四位一体"的财务职能边界问题，如图20-3所示。财务共享中心的职能相对比较明确，其核心特点是与业务运作的关系相对松散，更多的是交易层面的职能，因此业务量在企业比较高，但这类财务职能的附加值低。而业务财务与业务运作关系的紧密程度非常高，因此这类财务职能更具有特殊性，业务范围包括业务层面和知识层面，既有低附加值工作，又有高附加值工作。战略财务和专家团队更多的是上升到战略和管理视角，用来指导业务的高质量发展，因此这类财务职能更多地体现在知识层面，其业务数量相对较低，但工作的附加值非常高，并且对共享财务和业务财务都有直接的指导作用。

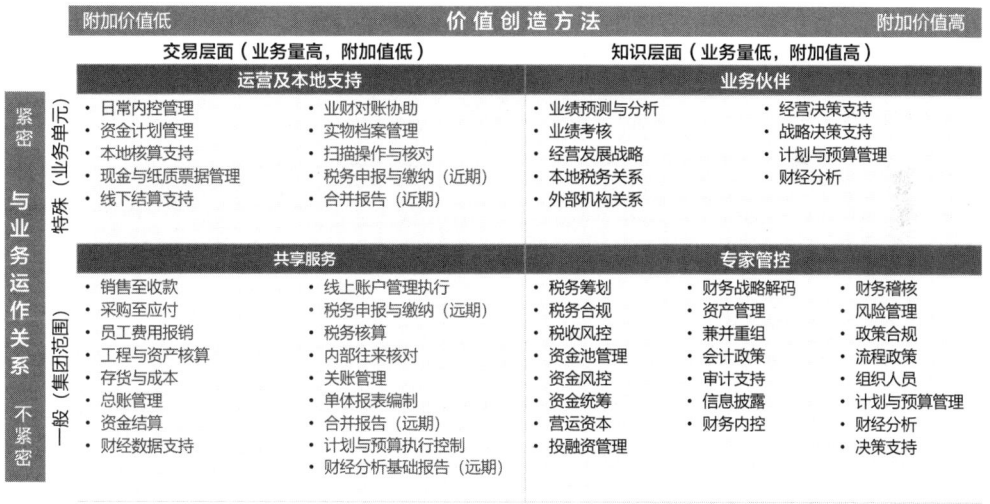

图20-3 中国燃气基于财务共享中心的财务职能边界

（三）财务共享中心内部组织架构

财务共享中心作为创新的管理模式，其内部组织架构的建设对财务共享中心的高效运营至关重要。中国燃气财务共享中心主要由交易处理部、运营管理部、行政管理部组成。其中，交易处理部是财务共享中心的主要业务部门，肩负着财务共享中心日常核算交易处理工作，提供财务标准服务，主要负责费用成本、应收应付、总账、结算等。根据中国燃气的主要业务特征，费用成本组肩负着费用业务核算、库存商品核算、成本业务核算等职能；应收应付组肩负着工程与物资核算、天然气业务核算、液化石油气（LPG）核算、增值核算、热力核算、电力核算、其他应收应付业务核算等职能；总账组肩负着资产薪酬核算、投资税金核算、研发支出核算、总账业务核算等职能；结算组肩负着收款结算、付款结算等职能。

运营管理部肩负着运营管理及考核、提供质量管理服务、提供IT支持服务等职能。运营管理组肩负着服务管理、业务稽核、绩效考核、培训管理、数据应用、业务拓展等职能；质量管理组肩负着质量管理、数据标准、核算规范、流程优化管理等职能；运维支持组肩负着IT系统建设、系统标准化、IT运维等职能。行政管理部主要完成行政与后勤保障的工作，肩负着后勤管理、人员管理、行政支持等职能。

二、财务共享中心业务流程设计

财务共享中心的流程设计可以更好地为企业运营提供标准化的支撑，流程设计需要遵循规范、效率、体验、整合等原则。流程设计的规范原则需要考虑整合并明确流程范围、规范管理标准、满足合规要求、建立流程操作标准、执行标准化账务处理、切分职责界限和明确岗位职能；效率原则需要考虑识别流程效率提升点、提高流程自动化程度（使用OCR影像识别、RPA、智能审核等）、充分利用业务系统的既有功能并明确系统边界、优化流程并减少重复工作；体验原则需要考虑尽量减轻服务对象的工作负担、注重细节设计并充分考虑与业务系统的衔接、搭建友好服务界面；整合原则需要考虑实现数据交互并推动业财融合、深化系统应用并提升系统集成度、打破信息孤岛并整合数据应用。

（一）财务共享中心流程设计依据

财务共享中心流程设计需要遵循一套标准的方法论，才能在财务部门真正使用。财务共享中心流程设计首先需要明确流程框架，再根据业务特征和会计准则详细梳理流程的清单，进一步明确财务工作需要如何核算和结算。财务共享中心流程设计的依据一般是通过五个步骤完成的：第一步确定类别，主要梳理和明确企业最高层次的流程，如管理客户服务、管理信息技术、管理财务资源等；第二步梳理流程组，作为管理财务资源的下一级别，如采购到付款、销售到收款等均是流程组的例子；第三步确定明确的流程清单，是针对流程组之后的下一级分解，根据流程的差异来搭建业务流程分类架构及其清单；第四步分析流程的具体活动，表示执行流程时的关键事件和业务活动；第五步分解流程具体任务，根据业务场景的要素来确认是否分解到具体任务，流程的任务通常要梳理得更细。

中国燃气财务共享中心流程设计的依据如图20-4所示。流程设计的一级主要包括运营流程和管理支持服务，其中运营流程可以更好地支撑财务共享服务中心的赋能，主要包括构建愿景与战略、开发和管理产品与服务、营销和售卖产品与服务、交付实物产品、交付服务、管理客户服务。管理和支持服务流程主要完成企业具体的业务工作，诸如人力资源管理、信息技术管理、财务管理、资产管理、合规风控、管理外部关系、业务能力管理等。流程设计的二级主要体现企业具体职能的细分，以财务管理为例，主要包括销售到应收、采购到应付、备用金与费用报销、资产业务、库存商品、生产成本、资金结算、投资收益、研发支出、内部薪酬、税金、总账等。流程设计的三级是对二级流程的具体细化，由于企业业务不一样，流程细化在不同的财务共享中心具有不同的清单。流程设计的四级是针对每个流程清单具体的事项活动，通过更细的维度和内容对每个流程进行详细阐述。

中国燃气财务共享中心根据业务流程设计框架及板块特性，共设计12个主流程、219个明细流程，具体的流程清单如图20-5所示。中国燃气财务共享中心的流程清单主要涉及销售到应收、采购到应付、生产成本、资产业务、库存商品、备用金与费用报销、投资收益、研发支出、内部薪酬、税金、资金、总账等内容。每个流程清单下面又进一步包括不同的清单明细，这一部分更多地需要结合中国燃气的业务特征才能实现相关财务职能。

（二）财务共享中心流程设计前提

财务共享中心对流程进行设计，需要将财务工作的本质作为流程设计的依据和前提，主要体现在以下八个方面：

第一，电子影像的流转方式。财务共享中心主要考虑扫描点设置在各本地公司，扫描岗归属于各单位；而费用报销可以采用手机拍摄，其他业务通过扫描设备来进行影像上传。

第二，会计档案的保管方式。财务共享中心会计档案由各公司进行本地化保管，一般只装订原始档案，不再打印凭证；银行纸质回单单独装订，不再进行

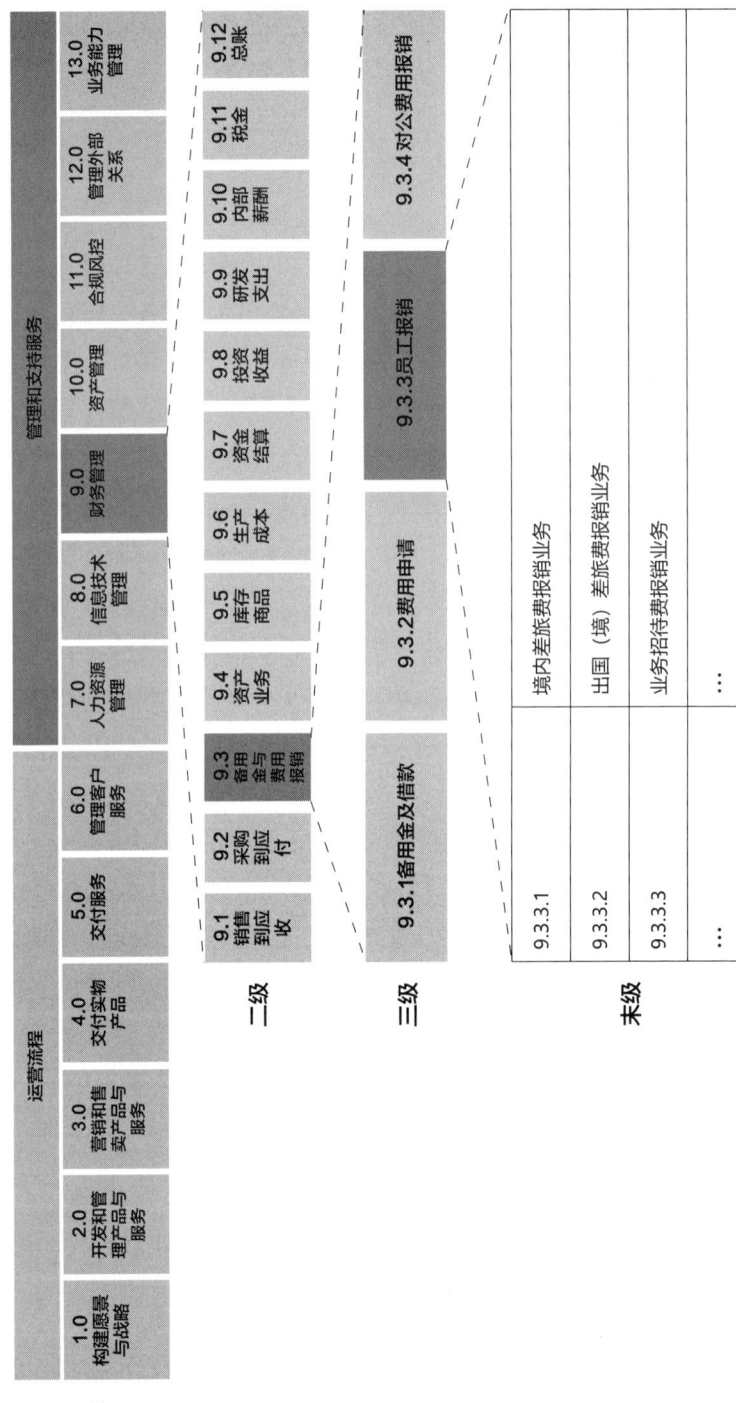

图20-4 中国燃气财务共享中心流程设计依据

备用金与费用报销(13)
- 备用金及借款(2)
- 费用申请(2)
- 员工报销(7)
- 对公费用报销(2)

总账(10)
- 营业外收支(2)
- 账务调整(1)
- 调汇核算(1)
- 损益结转(1)
- 折现业务(1)
- 坏账计提(1)
- 财务费用(1)
- 保证金、押金业务(1)
- 利润分配(1)

库存商品(6)
- 库存商品新增(2)
- 库存商品出库(1)
- 库存商品盘点(1)
- 库存商品减值(1)
- 库存商品处置(1)

资金(52)
- 资金收款业务(5)
- 资金付款业务(6)
- 资金调拨业务(6)
- 票据业务(6)
- 外汇收支结算(7)
- 融资业务(10)
- 利息(3)
- 资金计划(1)
- 金融服务(2)
- 债券(1)
- 其他交易型金融资产(1)

资产业务(19)
- 固定资产业务(9)
- 无形资产业务(4)
- 递延收益业务(1)
- 在建工程(5)

税金(11)
- 税金核算(4)
- 增值税(6)
- 退税(1)

生产成本(7)
- 主营业务成本(5)
- 主营业务成本结转(1)
- 其他成本结转(1)

内部薪酬(4)
- 工资(2)
- 社保福利(2)

采购到应付(35)
- 能源(14)
- 物资设备(11)
- 工程项目(3)
- 技术服务(2)
- 物流服务(2)
- 结算支付(3)

研发支出(3)
- 研发费用支出(1)
- 研发支出归集业务(1)
- 研发支出结转(1)

销售到应收(50)
- 工程施工(3)
- 天然气(9)
- LPG终端(8)
- 增值业务(11)
- 热力(3)
- 电力与新能源(6)
- 贸易与物流(10)
- 其他业务

投资收益(9)
- 短期投资业务(2)
- 长期股权投资业务(3)
- 投资性房地产业务(4)

图20-5 中国燃气财务共享中心流程清单

分拣。

第三，通过共享平台对业务系统进行业财解耦。财务共享中心需要剥离业务系统的财务节点到共享平台，从而保证业务系统的灵活性和稳定性，并通过共享中台的报账平台替换目前使用中的报账平台。

第四，全财经流程的业财融合。财务共享中心需要评价业务系统对当前业务的满足度和提升业务系统的易用性，并通过制度要求，对经济类业务，不准许线下签批或OA审批，必须依赖系统操作来完成作业活动。

第五，基于流程控制点的系统化封装。对中燃集团的财务管理制度需要进行梳理，依据制度要求，财务共享中心将管控点进行系统化封装，来进行自动化的控制。

第六，基于业务场景的智能化处理。财务共享中心初期需要考虑部分场景的智能化处理，主要体现在对于资金对账采用智能化和自动化的作业方式、对于三单匹配采用智能化和自动化的作业方式、对于费用审核通过智能化与人工结合的方式来完成具体作业。

第七，与外部第三方建立连接。财务共享中心与第三方支付平台建立连接，进项发票使用第三方SaaS查验服务并集中勾选认证；通过共享平台实现一键开票；清理账户并补充开通银企直连接口。

第八，职能界面的划分。财务共享中心围绕三支柱体系，构建中燃共享中心、项目公司、经管集团、事业部、大区的职能界面，以及实现不同财务职能的协同关系。

三、财务共享中心信息系统建设

财务共享中心信息系统建设需要中国燃气具有业财系统解耦、第三方系统广泛连接、业财口径一致等前提性要素，可以更好地还原业务系统和财务系统工作本质，提升自动化处理效率，实现业财一体化的关键点。业财系统解耦是财务共享平台建立业财融合中台，实现业务系统与财务系统的解耦，操作简单易用，前端灵活、后端稳定；第三方系统广泛连接使财务共享中心与银企直连、第三方支付（微信、支付宝、POS等）、金税系统、商旅等全面打通，提升自动化处理效率；业财口径一致使财务共享中心通过标准化体系建设，重点在于组织、人员、客商、弹性域、银行账号等与财务相关的主数据，从而实现业务和财务口径一致。

（一）财务共享中心信息系统建设的原则与目标

中国燃气通过分析实施财务共享服务所涉及的核心信息系统现状和功能，基于现有IT资源及诊断结果，考虑财务共享中心各项业务顺利运行所需的系统保障，明确财务共享中心信息系统建设的原则主要考虑：第一，最大程度利用现有系统资源。在进行系统规划设计过程中，充分考虑中燃集团现有的IT资源，结合中燃集团的业务管理现状，并充分考虑财务共享项目的实施进度计划和对业务端产生的影响，提出系统优化和改造建议，确保以最稳妥、切实可行的方式完成系统建设。第二，秉承集团整体信息化规划设计思路。以财务共享系统以开放式、平台化思路设计财务共享系统，确保未来集团各产业单位相关信息系统均可通过接口形式，将财务相关数据纳入财务共享中心。

财务共享中心信息系统建设的主要目标主要体现在以下六个方面：

第一，深化系统应用，统一平台建设。对管理变革和业务变更的需求支撑更灵活，遵从整体设计、技术开放、充分考虑全业务场景的柔性适配，打通断点，破除信息孤岛，统一平台建设。

第二，合理利用现有资源，保证长期效益。充分评估现有财务共享相关系统，提出合理改造建议，以保证中燃已有的资金和技术力量投入的长期效益。

第三，融入最新技术，助力集团发展。融入人工智能、云计算、大数据等新技术，逐步实现互联、精细、智能，助力中燃集团业务发展需求。

第四，落实内部控制，降低管控风险。借助信息系统，逐步形成标准化业务控制节点并内嵌到系统内，强化IT系统内部控制作用，明确各业务节点职能定位，规范管理流程，降低管理风险。

第五，健全标准化体系，统一数据管理。加强核心业务数据的识别、梳理与分析，建立清晰的数据模型，支撑各业务系统间的信息集成、业务协同和数据中心的建设。

第六，加强基础建设，保障信息安全。从硬件到软件，从存储到网络传输，从软件应用到灾备等多角度加强基础环境建设，提高系统性能、稳定性、可维护性与安全性。

（二）财务共享中心信息系统建设整体架构

根据中国燃气系统现状，建议按照"前、中、后"台的模式，设计财务共享平台顶层架构，形成前台服务、中台运营、后台输出的一体化松耦架构。财务共享中心信息系统前台主要是对接中燃集团各个业务系统,并梳理好业财融合点。财务共享中心中台是核心信息系统的部分,通过共享报账中心对接业务事项,并将相关业务单据通过共享运营平台进行流转和处理。财务共享中心通过数据交互,将相关的会计信息通过财务共享中心的后台进行财务处理,主要体现在合并报表、全面预算、财务核算、资金管理等方面。

（三）财务共享中心信息系统建设应用架构

中国燃气财务共享中心基于信息系统整体架构,设计了信息系统的应用架构,如图20-6所示。财务共享中心的应用架构在对接业务系统和财务系统的前提下,通过统一门户帮助业务人员和财务人员进行相关业务操作的交互。财务共享平台是应用架构的核心,业务人员通过共享报账中心对业务进行处理,并借助电子影像系统对各种业务纸质单据进行电子化处理,从而可以电子化地处理各种作业。与此同时,财务共享平台根据业务进行发票管理和资金结算等业务。财务共享平台通过基于事项会计的会计引擎,与后台的财务核心信息系统对接,从而实现各项财务工作的具体内容。

（四）财务共享中心信息系统建设功能架构

中国燃气财务共享中心信息系统在整体架构和应用架构的指引下,明确了财务共享中心功能架构的范围,主要包括共享报账中心、资金结算平台、共享运营平台、发票管理系统、电子影像系统、电子档案系统、移动应用、运营支撑平台。

1. 共享报账中心

财务共享中心的共享报账中心是支撑财务共享模式的核心系统,是员工填单的集中平台,支持核算制度标准化、审批过程电子化、预算控制自动化和财务处理共享化,对接前后端业务系统,建立业财衔接通道,实现业财税资一体化流程。

2. 资金结算平台

财务共享中心建立收款稽核模型,与银企直连、第三方支付集成,针对现金、POS刷卡、第三方支付平台等收款方式,设计自动稽核规则,与CRM、NRP、LPG终端系统及未来电力新能源、热力终端业务系统的集成,实现终端销售的应收款与营收实际到账数据自动稽核,减少手工收入确认和识别的工作量,

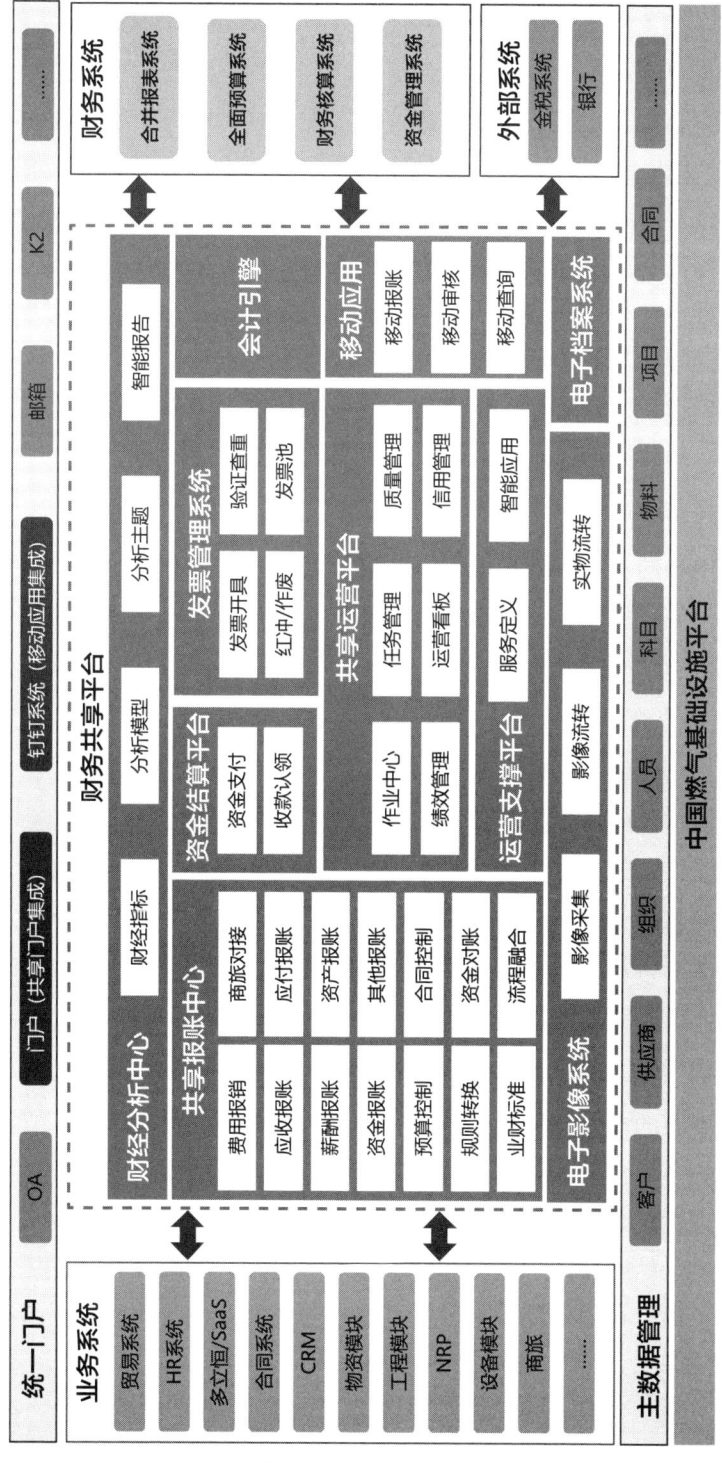

图20-6 中国燃气财务共享中心应用架构

提高工作效率。核对营收款项是否及时到账，保证营业收入的安全。

3. 共享运营平台

财务共享中心共享运营平台的任务管理实现对共享服务中心接收的工作任务进行统一分配、统一调度；质量管理是检查共享服务中心各个岗位人员是否按照操作规范及操作要求处理作业，以提升共享服务中心业务处理的质量；绩效管理负责共享中心各级管理者和员工的绩效管理工作，通过绩效管理持续提升组织绩效；作业中心针对共享中心接收的工作任务，它是由作业人员进行业务处理的操作平台；信用管理对员工单据填报、发票提交等行为进行信用记录，以提升报账的及时性和准确性；运营看板以可视化的运营看板查询日常运营情况，管理人员据此对共享中心的任务情况一目了然，方便进行资源调配。

4. 发票管理系统

财务共享中心的发票管理系统用以实现发票的采集、查验及查重，管理增值税销项发票的全生命周期，与前端共享报账中心对接获取发票信息和开票信息及后端金税系统集成完成销项发票的开具、红冲、作废等。

5. 电子影像系统

财务共享中心的电子影像系统实现异地实物单据信息的快速传递，由传统的纸质报账单附件转为电子化的影像文件，支持系统识别条形码进行自动单据分组；实时跟踪影像文件、纸质票据的状态和地点信息，实现对扫描点的管理；与前台业务系统对接获取附件信息；与共享报账中心集成，实现业务领导审批过程无纸化；与共享运营平台集成，实现财务共享审核会计审核无纸化；与电子档案系统集成，实现会计档案电子化管理。

6. 电子档案系统

财务共享中心的电子档案系统是企业会计档案电子化管理平台，支撑对电子会计档案和实物会计档案的统一管理，帮助企业用电子档案代替实物档案逐步实现会计档案管理无纸化，提升会计档案的调阅效率、降低档案管理的成本。电子档案系统支持电子档案自动采集、存储、管理、检索、借阅等功能；从ERP、资金、发票、电子影像系统自动采集数据、自动生成会计电子档案；支持国家认可的多种存储文件格式，包括PDF、OFD格式等。

7.移动应用

财务共享中心的移动应用强调用户体验,通过移动报账、移动审核、移动查询等移动应用,员工能够随时随地进行业务处理及查询,更好地提升共享中心的服务效率和服务质量。

8.运营支撑平台

财务共享中心借助人工智能等新一代数字技术,实现凭证生成、凭证复核、凭证记账、往来对账、期末关账、应收销账、固定资产核算等会计引擎的智能化;实现智能稽核、智能报账、合规审核、信用计分等共享报账的智能化;实现支付结算、回单核销、资金对账等资金结算的智能化;实现报表对接、报告生成、报表制作、报表报送等报表业务的智能化;实现发票查验、智能认证、智能开票等税务业务的智能化。

第四节　中国燃气财务共享中心的管理价值及应用成效

中国燃气财务共享中心作为集团数字化转型的核心枢纽,负责全国范围内的财务核算、资金管理、税务处理、数据分析等业务,通过智能化系统提升财务管理效率,赋能集团战略决策,作为一种现代化的财务管理模式,推动企业管理全方位的优化与提升,为企业带来了显著的价值和应用成效。

(1)提升财务核算质量和效率,强化集团财务运营过程管控。财务共享中心通过集中处理财务业务,实现了对企业财务运营过程的全面管控,有助于优化集团战略管控体系。

(2)降低财务成本,提高财务运营效率。财务共享中心通过标准化流程和自动化技术的应用,将分散的财务流程集中管理,统一标准和流程,减少了各业务单元在财务职能上的重复投入,并减少冗余的人力、物力等开支,使企业的财务管理活动变得更加精简和高效。

(3)推动集团数字化、智能化转型。财务共享中心的建设是中国燃气加快推进集团数字化、智能化转型的重要举措之一,有助于实现集团的高质量发展。

(4)支持企业战略决策。财务共享中心提供高质量的财务数据和分析报告,为企业管理层提供战略决策支持,并通过大数据分析,能够发现业务运营中的潜在问题与机会,助力企业优化资源配置。

（5）提升合规性与风险管理能力。财务共享中心确保所有财务操作均符合国家法规和行业标准，降低合规风险。集团通过财务共享中心的风险管理系统，能够及时发现并应对财务风险，增强风险管控能力。

（6）促进业务协同与创新。财务共享中心打破部门壁垒，促进财务与业务协同合作，通过财务共享中心的数据支持，推动业务模式创新。

（7）提升员工专业能力。财务共享中心将财务人员从烦琐的日常工作中解放出来，专注于更高价值的财务分析与战略支持工作。

第二十一章
飞鹤乳业：深化业财一体融合，推动财务职能转型

第一节 企业概况

一、基本情况

作为全国乳品行业龙头企业，飞鹤乳业（以下简称飞鹤）始建于1962年，从丹顶鹤故乡齐齐哈尔起步，是中国最早的奶粉企业之一。2018年，飞鹤成为中国婴幼儿奶粉行业首个销售额突破百亿的企业，成为中国婴幼儿奶粉行业第一品牌。2019年，飞鹤在港交所挂牌交易，成为港交所历史上首发市值最大的乳品企业。2020年，飞鹤入选中国民营企业制造业500强，在2019年排名基础上跃升近百位，是增速最快的制造业民营企业之一。

作为中国婴幼儿奶粉品牌，飞鹤荣获了全球卓越制造大奖TPM奖、世界食品品质评鉴大会金奖、中央广播电视总台十大"国品之光"品牌等众多荣誉。飞鹤在企业发展过程中坚持"更适合中国宝宝体质"这一战略定位，坚定不移践行"用户第一、行胜于言、互为成就、永进无潮"的企业价值观，以中国母乳为"黄金标准"，整合全球研发资源，不断升级配方，用对匠心品质的坚守和敢为人先的革新，开启中国宝宝人生之初的美好生活。

二、数智化动因

（一）数字化转型背景

2018年，飞鹤就确立了"3+2+2"的数字化升级战略，以智能制造、ERP系统建设、智能办公等3个具体IT项目为依托，以数据中台和业务中台2个中台为统一支撑，支持新零售和智慧供应链2个核心业务目标的实现，从而推动产业链

的转型升级。

在公司"3+2+2"整体数字化战略指引下，如何有效细化落实财务数字化战略，确保战略规划清晰、落地推进可行，成为摆在财务团队面前的难题。近几年，飞鹤一直保持业务高速增长，财务的服务略显滞后，飞鹤面临业务快速发展与财务支撑不足的矛盾、智能合规管控与机制手段不足的矛盾、财务效率提升与系统工具缺失的矛盾、财务价值创造与数据应用不足的矛盾、财务管理能力与人才队伍不足的矛盾等，这些现实问题成为飞鹤迫切进行财务数字化转型、推动财务共享建设的根本动力。

（二）财务管理现状及需求

作为婴幼儿配方奶粉行业龙头，飞鹤致力于引领产业变革方向，持续推动公司业绩提升。一流的业绩管理需要一流的财务能力支撑，这些都对"以地域和组织强耦合"的传统财务模式和数字化基础提出了新的挑战。

1. 支撑快速扩张的需求

在集团战略推动下，公司规模持续扩大，频繁并购及新业务单元增设使组织架构日益复杂。传统的分散财务模式导致人员数量呈几何式增长，且后备力量不足。当下急需有效方案，来实现财务人员慢速增加，同时对多元多变业务快速响应、灵活接入，为公司战略目标筑牢财务根基。

2. 财务职能转型的需求

从职能看，飞鹤财务人员呈典型"核算型"结构，超70%精力投入审票、记账等基础事项。这些工作流程烦琐、人工重复耗时，导致效率低下。财务人员无暇顾及业务全貌，缺乏全局视角，且对职业发展感到迷茫，工作状态呈现"忙、盲、茫"的状态，这严重制约了财务部门为企业创造价值的能力，亟待探索转型路径以突破困境。

3. 财务风险管控的需求

在分散、手工的财务模式下，集团所制定的政策、制度以及规则，在各分支机构实际执行落地的过程中，因不同财务人员对要求理解存在差异而产生了一定偏差，这种偏差会给企业内控带来诸多隐患，容易产生财务舞弊等风险。为有效解决这些问题，迫切需要借助新的财务管理模式，实现政策制度、工作流程、数据标准的统一执行与全方位监控。

4.系统全面优化的需求

飞鹤在信息系统建设方面已奠定了一定基础,但在系统覆盖完整度、系统集成度、移动化应用层面还存在较大的提升空间,业财一体化流程效率仍需提升。未来需要通过全面的财务共享平台及相关财务系统建设完成系统整体布局,通过业财系统集成,全面实现费用、合同、采购、销售、存货、薪酬、资产等业务域的一体化运作。

5.数据分析赋能的需求

飞鹤各业务单元的财务核算标准不一,导致数据收集汇总时易出现错误、口径不统一,数据质量不高。基于此类数据的分析难以精准反映企业的运营状况,无法为决策赋能。同时,分散的财务数据难以整合利用,全面深入的财务分析受限,管理层缺乏精准、全面的财务洞察,影响了企业战略规划与发展。

面对发展中的诸多挑战,飞鹤亟须借助数智化转型这一有力武器,突破现有困境,实现高效、稳健的可持续发展。

第二节 财务数智化赋能过程及解决方案

一、数智化赋能过程

(一)建设目标

以建设"符合飞鹤乳业自身特色的行业标杆、国内一流的财务共享中心"为整体目标,具体分为以下目标:

1.优化财务流程,提高运营效率

通过财务共享的专业化、标准化、流程化,进一步规范端到端流程操作,对费用报销、应付核算、应收核算、财务结算等关键财务流程进行梳理与优化,去除烦琐的中间环节,通过信息化手段实现流程的自动化流转与审批,逐步降低财务作业成本,提升财务运行效率,实现集团管控的自动化、智能化、数字化,进一步推动业财一体化水平。

2.统一核算标准,提升数据质量

飞鹤财务共享建设致力于消除各业务单元财务核算标准的差异,通过建立统一的财务核算流程与规范,确保在数据收集、记录与汇总过程中,遵循一致的准则,有效减少数据错误,统一数据口径,从源头上保障财务数据的准确性与可靠性，为后续的财务分析与决策提供坚实的数据基础。

3. 加强风险管控，提升智能预警水平

飞鹤加强财务集中管控，构建事前、事中、事后全生命周期内控风险闭环机制。事前梳理业务流程，识别风险点并预设防控措施；事中运用智能技术实时监控财务数据与业务流程，动态预警风险；事后系统收集处理数据，追溯分析风险成因，优化防控措施与流程。最终实现内控流程全部线上化、自动化流转，确保操作可记录、可追溯，提升了风险管控精准度与效率。

4. 推动财务转型，支持战略发展

把财务人员从基础烦琐的核算工作中解放出来，促使其向财务管理、风险控制、决策支持等领域转型。培养具备战略眼光与业务洞察力的财务团队，为飞鹤的业务扩张、市场开拓、产品研发等战略举措提供有力的财务支持，进而推动企业持续发展，巩固行业领先地位。

5. 数据驱动经营，提升管理水平

通过信息技术，完成最小"数据集"到大数据的转变，实现数据智能采集、智能加工、智能分析及应用。借助先进的数据处理与分析技术，挖掘数据之间的内在联系，生成多维度、深层次的财务分析报告。通过财务共享中心的数据沉淀，帮助集团构建财务数字能力，以数据洞察驱动经营决策，为企业数字化转型赋能。

（二）建设过程

飞鹤共享中心建设分为咨询规划期、试点上线期、推广提升期、持续运营期、价值拓展期五个阶段。

1. 咨询规划期（2021年12月—2022年5月）

咨询团队完成共享中心所需的相关方案设计，包括顶层规划方案、组织人力方案、业务流程方案、运营管理方案、信息系统方案、装修及场地布局方案、核算业务SOP指引、实施规划等方案。

2. 试点上线期（2022年5月—2023年7月）

系统侧完成系统开发与上线，包括系统解决方案设计、系统功能及接口开发、集成测试、系统培训及UAT测试、数据收集整理及导入、系统部署切换上线工作，保证系统在试点范围内运行无误。

同时完成筹建财务共享中心的工作，包括试点期人员到位、业务流程优化迭代、标准化优化迭代、共享财务业务及流程培训、硬件设备及场地装修到位、共享上线前宣贯培训等工作，保证共享中心的正常运行。

3. 推广提升期（2023 年 7 月—2023 年 12 月）

完成共享中心推广期建设，包括推广期人员补充到位、系统侧完成推广期开发与上线、新增业务系统解决方案设计、系统功能及接口开发、集成测试、系统培训及 UAT 测试、数据收集、整理及导入、系统部署切换上线等工作，保证共享推广顺利进行。

4. 持续运营期（2024 年 1 月—2024 年 12 月）

完成内部运营优化，包括对于已上线单位流程及标准化应用迭代、已上线系统运营维护及优化、内部运营管理体系建设，不断提升整体的运营管理水平。

5. 价值拓展期（2025 年以后）

飞鹤依托大数据、云计算等技术推动财务价值体系重塑，促使传统记账核算职能向价值创造核心转变。运用数据挖掘、机器学习深度剖析数据关联，构建财务风险预警模型，提前识别经营风险，以数据洞察实现价值赋能。同时打造共享中心品牌，通过宣传其高效流程、优质服务等优势，提升内外部认可度，增强业务部门使用意愿与满意度，强化共享中心影响力。

二、关键解决方案

（一）组织人力

1. 运营模式

通过"流程优化，业务分离，人员分层，集中规模化、IT 工具自动化智能化处理"，建立标准、高效、专业、低成本的以服务为载体，以流程为中心，关注客户满意度的财务共享服务中心，实现"战略财务、业务财务、共享财务"三位一体的财务运营管理新模式（见图 21-1）。

共享财务承担标准化基础职能，集中处理核算、报销、结算等重复性工作，建立标准化流程与自动化报告体系，管理基础数据资产，通过流程优化与技术赋能提升效率和数据质量，为战略及业务财务释放资源。

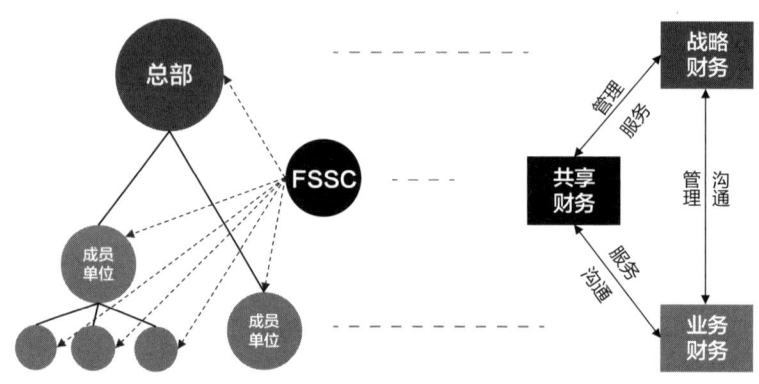

图 21-1 飞鹤财务运营管理新模式

战略财务聚焦顶层设计，负责中长期财务战略规划、投融资模型构建、全面预算管理、风险预警及宏观趋势分析，以财务视角的战略洞察确保资源配置与企业战略目标契合。

业务财务作为业财融合纽带，深入业务单元搭建产品盈利模型、优化资源配置、设计动态 KPI 监控体系，将财务分析嵌入业务运营，为定价、投资等决策提供可行性方案，推动业务增长与财务目标协同。

三者形成"战略引领—业务赋能—基础支撑"的协同机制：战略财务制定方向，业务财务将战略转化为具体业务策略，共享财务提供数据与流程保障。通过战略财务的"望远镜"功能（前瞻性分析）、业务财务的"显微镜"功能（精细化管理）和共享财务的"放大镜"功能（效率提升），共同推动财务职能从核算型向价值创造型转型，构建覆盖战略决策、业务运营、风险管控的全链条财务管理体系。

2. 组织架构

在总部财务中心下设共享财务部，其中设立 6 个业务处理小组和 1 个运营管理组（见图 21-2）。

业务处理小组主要负责集中处理核算、报销、付款等日常交易，严格遵循标准化流程完成应收应付、成本分摊等事务性工作，同时承担原始数据录入、合规审查及电子档案管理职责，确保基础财务工作的准确性与规范性。

运营管理组主要负责建立运营管理机制，包括建立和优化绩效管理体系、质量管理体系及流程优化体系，完善共享中心咨询和投诉渠道，定期开展共享中心满意度调查等，以持续提升运营管理水平。

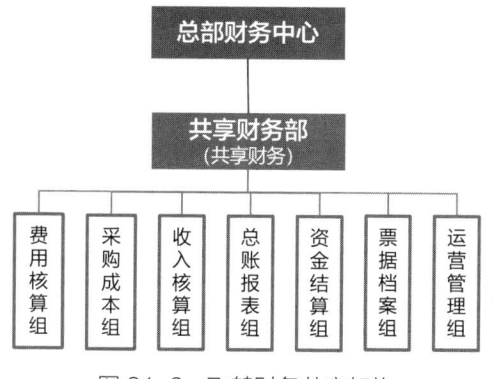

图 21-2　飞鹤财务共享架构

财务共享中心的业务处理组与运营管理组通过职能互补形成高效协作体系，两组通过"执行—优化"闭环实现协同价值：业务处理组将标准化执行中发现的问题反馈至运营管理组，后者通过技术创新与流程再造指导前者改进，最终形成效率提升与风险防控并重的财务管理支撑体系，为企业财务职能转型提供底层保障。

（二）标准化

标准化建设旨在结合各板块主流业务特点、财务核算要求等，打造适配飞鹤各板块业务特点、兼顾统一性与特殊性的会计标准化体系，夯实公司财务共享中心的建设基础。本次项目建设将从政策、科目、核算三大方面开展财务标准化建设。

1. 政策

在满足集团统一管控要求及最新会计准则的要求下，通过系统梳理集团核算业务流程，建立标准化核算体系，更新会计核算手册，为集团统一管控提供合规数据基础，提升财务报告可比性与决策支持能力。

2. 科目

在原有科目体系基础上，优化形成统一规范、结构完整、设置合理、数量精简的会计科目体系，满足共享模式下批量、自动化业务处理的需求，满足报表的取数需求，提升报表的自动生成功能。

3. 核算

业务场景—业务类型：明确各业务类型包含的业务场景，减少人为认知偏差；

业务类型—报账附件：明确规范每一个业务类型的标准报账附件及样例；

业务类型—财务审核规范：明确每一个业务类型的财务审核规范，确保执行一致的审核尺度；

业务类型—账务处理规范（含会计分录、辅助核算、摘要）：明确每一个业务类型的账务处理规范，保证一致的结果输出。

（三）业务流程

通过财务共享实现政策制度、工作流程、数据标准的统一执行与监控。根据此次项目目标，将现有共计11个一级业务流程、104个末级业务流程梳理规范并纳入共享（见图21-3）。

1. 创新应用场景——费用领域

飞鹤全面优化费用报销流程，提升业财衔接效率。通过业务大类、报销单据、业务小类三级联动，简化填单流程，降低学习成本与差错率；保留泛微OA原有申请流程，对接胜意商旅平台，实现前端系统到财务共享的无感衔接，员工行程结束后可一键发起报销，财务统一与服务商结算，避免垫付；差旅单据植入标准，系统自动识别超标事项并提醒，以智能审核替代人工审核，减轻审核压力；新增移动报销功能，电子票夹支持发票归集、同步及结构化处理，辅助智能填单，简化报销流程，支持发票转交满足代报销需求；特殊流程方面，优化电商佣金、毛保费报账流程，实现"业务提单—财务审核—自动生成凭证"闭环。

2. 创新应用场景——采购应付领域

飞鹤采购域通过系统集成与流程优化，打破信息断点，构建业财一体化流程。通过流程梳理及系统开发，实现线上订单、入库单、采购发票"三单匹配"，替代人工核对，将工作效率提升约50%；在NC65与友云采开发电票上传功能，实现发票验重验伪，解决报销难点问题，保障财税合规；实现共享扫描供应商打印的友云采报账单封面条码，可快速匹配到财务共享系统报账工单，同时定位应付单生成凭证，实现三个系统无断点的业财一体化流程；通过集成开发，把存货成本相关凭证数据传递到财务共享系统，实现在财务共享与供应链之间的无缝集成；取消纸质版出入库单据，在系统中联查实现；库存调拨时业务人员也可在共享报账平台发起调拨单据关联OA的调拨申请，实现业财一体化，降低沟通成本。

第五部分　大型企业财务数智化领先实践

1. 费用报销及借款核算流程
8个二级流程：
- 事前申请核算流程
- 员工借款报销核算流程
- 非合同类费用报销核算流程
- 合同类费用报销核算流程
- 紧急付款核算流程
- 账户对外支付核算流程
- 其他预提/摊销核算流程
- 费用发票采集及查验流程

2. 资金核算流程
5个二级流程：
- 资金收款核算流程
- 资金付款核算流程
- 资金调拨核算流程
- 银行理财产品购买及赎回流程
- 银行账户开立、变更、注销流程

3. 采购到付款核算流程
4个二级流程：
- 成本暂估核算流程
- 采购预付核算流程
- 采购报账核算流程
- 采购挂账后付款核算流程

4. 存货到成本核算流程
7个二级流程：
- 材料领用出库核算流程
- 存货入库核算流程
- 委托加工物资核算流程
- 存货调拨核算流程
- 存货盘盈亏核算流程
- 存货处置核算流程
- ……

5. 销售到收款核算流程
3个二级流程：
- 主营业务收入核算流程
- 其他业务收入核算流程
- 销售退回核算流程

6. 资产核算流程
3个二级流程：
- 在建工程核算流程
- 资产核算流程
- 使用权资产核算流程

7. 薪酬核算流程
3个二级流程：
- 工资核算流程
- 五险一金核算流程
- 其他薪酬核算流程

8. 税金核算流程
3个二级流程：
- 税金计提核算流程
- 税金缴纳核算流程
- 增值税发票管理流程

9. 总账核算流程
7个二级流程：
- 总账自制核算流程（记账）
- 总账通用核算流程（收款）
- 总账通用核算流程（付款）
- 费用预提/摊销核算流程
- 对账流程
- 期末关账流程
- 单体报表编制流程

10. 实物单据管理流程
5个二级流程：
- 扫描上传的实物单据管理流程
- 审批/审核逆向流程
- 实物单据退单管理流程
- 实物单据退回重归档流程
- 实物单据补扫流程

11. 会计档案管理流程
4个二级流程：
- 会计档案归档流程
- 会计档案查询及借阅流程
- 会计档案移库流程
- 会计档案销毁流程

图 21-3　业务流程全景图

3. 创新应用场景——合同领域

合同预集成 OA 内合同流程，大大提升了工作效率。在 OA 流转完成的数据自动传递到财务共享系统，减少合同的多端重复填写工作；OA 传递的数据在财务共享系统内形成合同台账，可进行框架合同管理及补充协议管理，解决了原系统框架合同每次付款都需要修改合同金额的问题，规范了合同管理流程；系统自动记录合同执行情况形成合同执行台账，减少手工工作量，提升管理效率；按账期付款的合同，系统可通过账期日期的设置，自动推算到期日，并在到期日前 7 天提示经办人可以发起付款单，降低账期管理人工计算工作量，规避超期未付款风险；如果合同付款为见票即付模式，可通过勾选"立即付款"自动推送付款单，将原先需发起两个流程简化成一个流程，填报效率提升 50%。

4. 创新应用场景——销售收款领域

收款域保障前端数据流程的完整性，提升了整个流程的效率与管控。在 NC65 供应链形成销售应收数据时，后端集成到财务共享系统，业务人员在平台中发起应收单，实现从业务单据到总账记账的全流程记录，打通业财断点，加强业务管控；开具实物发票的申请信息实现同系统内的传递，实现了业财连接，实物发票的结构化信息可永久保存，同时满足不同场景的线上开具发票需求；应收单单据红冲与开具红字发票的操作也在系统操作，形成闭环管理；通用收款的流程增加审核节点，部分场景加入财务 BP 参与其中，明确各岗位职责，提高工作效率，降低错记账风险。

5. 创新应用场景——税务领域

税务域已经实现乐企对接，通过乐企赋能，满足企业数智化升级需求。已实现自动开票，基于数电无限额、无明细行数限制的特性，客户可按需发起开票请求。无须拆分合并，无须财务人员审核，即可自动开票，在提升开票效率的同时，提升客户开票体验；可实时跟踪开票情况，开票时根据客户的交易订单明细开票，开票完成后将开票结果同步至财务系统，可跟踪收入的开票情况，方便税务人员跟踪增值税的未开票收入；实现全量信息管理，通过乐企赋能，获取全量的票据信息，提升收票时效、简化收单流程，数电票模式下，无须递送纸质报销单，提升报销效率。

6. 创新应用场景——资金领域

财务共享系统对资金收付形成独立的结算平台及出纳工作台，集成前端业务进行收付操作。出纳登录系统后，首页清晰显示待审批待结算单据数量，并有支付链路、大额监控等可视化数据支撑出纳工作；支持疑重规则设置，黑名单风险拦截设置，实时预警；设置到账通知自动生单规则，保证数据的高效性和准确性，到账通知支持共享和财务 BP 同时认领；企业与多家银行系统直连，一点接入，降低人员调试成本，支持银行对账单、银行电子回单自动下载，省去银行回单打印、匹配和装册的工作量；同时增加电子汇票与银行系统直联通道的服务，降低管理成本，降低核验票据真伪和保管量大的风险；优化资金收款、资金付款表单，使填写界面更清晰，并将银行理财购买数据和 OA 系统对接，提升效率。

（四）信息系统

飞鹤以本次财务共享为基础，建立"业财税资档一体化"平台，整体架构如图 21-4 所示。

财务共享中心实现业财税资档一体化的重要性在于通过数据驱动的全流程整合，打破业务、财务、税务、资金及档案管理的信息孤岛，构建企业级数据资产体系。这种一体化模式通过自动化技术将业务活动实时转化为会计凭证，同步触发税务计算与发票开具，实现业财数据同源采集与动态校验，有效提升核算效率与准确性，显著降低合规风险与税务成本，缩短资金周转周期，提升千亿级资金运营效率，最终档案管理将纸质单据转化为结构化数据，与业务系统形成数据闭环，为审计追溯与管理分析提供完整证据链，为企业数字化转型提供核心支撑。

1. 系统建设原则

系统建设遵循"用户体验、业财融合、提升效率、风险管控"四大原则进行相关系统建设：

（1）通过改造门户首页、费用报销单据样式，提升用户操作体验。

（2）通过系统间集成，打通业务断点，促进业财深度融合。

（3）通过利用自动化手段，整体提高流程运行效率。

（4）通过建立科学管理运营体系，加强风险管控能力。

2. 系统界面智能升级

飞鹤财务共享中心界面升级后，通过重构交互逻辑与角色专属设计，实现了从传统 NC 系统静态表格向动态智能工作台的跨越：加入首页多职责工作台，增加快捷入口，提升跳转效率，并根据领导、业务人员的及财务人员的不同角色为飞鹤专属定制首页，分别展示必要的信息；提供待办审批入口，财务人员掌握审

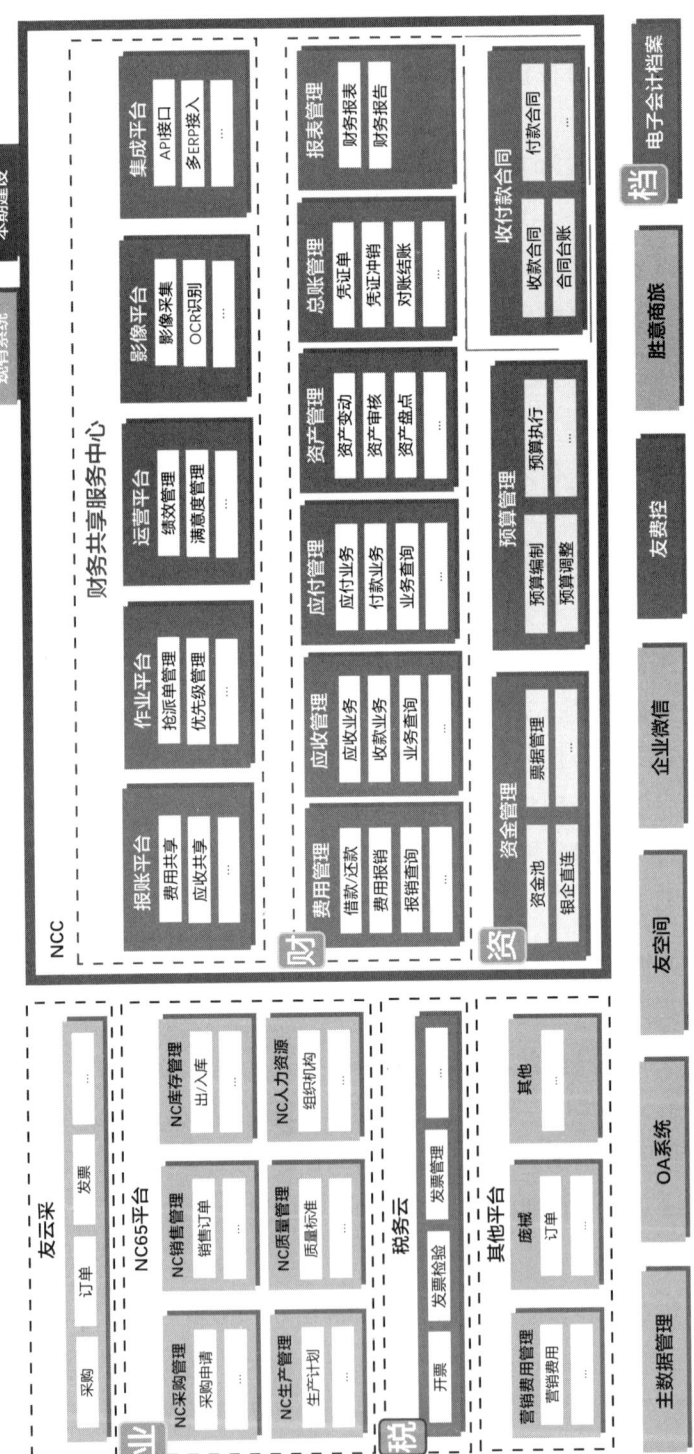

图21-4 飞鹤基于财务共享中心的整体架构

核任务及已审单据状态；同时首页提供可视化视图便于业务领导快速掌握管理数据。较原 NC 系统减少 70% 甚至更多的菜单点击路径，使核算效率提升 50%、决策响应速度加快 40%，真正构建起数据驱动的智能化财务操作平台。

3. 系统全面集成开发

打通业务、财务、税务、资金、档案系统间的孤岛，构建全链路数字化协同体系，通过技术架构重构、数据治理升级和流程再造实现深度业财融合。

（1）基础层：构建数智化的底座平台，通过统一主数据标准、整合多系统数据及微服务架构支撑高并发处理，为全链路数字化提供技术保障。

（2）核算层：实现业财税档的流程自动化，通过订单到凭证自动流转、自动付款处理及资金管控、智能合规校验及档案归档，显著提升核算效率与风险防控能力。

（3）管理层：通过实时数据洞察驱动战略决策，构建智能分析模型优化资源配置，动态预警风险并孵化业务创新，最终实现企业从"事后核算"向"事前预测"的价值创造转型。

另外，为了满足全流程打通，支撑业务整体运营，项目对产品进行功能及接口开发，共计 500 多个开发点，涉及 6 个系统集成对接。

通过财务共享平台建设及业财集成强化，未来飞鹤将实现全业务、全流程、全触点的全面数字化，实现完整、准确、及时的采集获取业务运营及管理过程中的数据，同时依靠系统固化核心业务流程、规范业务操作，通过系统集成实现自动化并提升效能。

（五）运营管理

财务共享中心通过建立组织、制度两大保障机制，建立相关运营管理体系，同时依托运营管理工具实现数据实时抓取、可视化看板监控等功能，以"组织＋制度＋技术"三维模式提升运营管理水平。

1. 影像管理

影像管理在财务流程优化中实现了三大核心价值：通过电子化、影像化存储业务审核要件，消除纸质单据调阅需求，结合双屏同步展示电子单据与影像，使审核效率提升 50% 以上；内置增值税票自动查重验真机制，实时校验错票、假票并触发预警，将发票合规风险降低 70%；运用 OCR+NLP 技术结构化提取发票信息，与系统单据自动比对校验，辅助财务人员快速定位异常数据，减少人工核对工作量40%，构建起"智能识别—自动校验—风险拦截"全流程防控体系，推动审核环节从传统经验判断向数据驱动决策转型。

2. 质量管理

质量管理是财务共享中心的核心，依托系统功能构建完善的管理体系：建立标准化作业流程与质量管控体系，保障核算数据准确率超99.8%；通过日常质量稽核，分析作业问题并制定改进措施，提升共享作业质量；支持整改、申诉仲裁等单据质量全流程闭环管理；可自定义质量稽核报告模板，完成稽核后一键生成报告，提高产出效率。通过质量体系的建设促使共享中心差错率持续下降、客户满意度提升，更通过数据沉淀为企业数字化转型提供核心动能。

3. 信用管理

财务共享系统纳入信用管理体系辅助提升运营质量：依据单据审核要点设定信用增、扣分项，然后，通过对单据的审批自动驱动信用分值的增减；针对信用扣分事项，支持员工申述及质量服务岗对申述的处理；在管理端可以实时查看信用台账，个人端实时查看信用报告，可以清晰查看信用变动及变动原因。财务共享中心通过构建员工信用管理体系实现作业质量与效率双提升。

4. 智能客服

财务共享中心建立智能客服体系提升服务效率、降低运营成本、提高服务质量：智能客服能够提供7×24小时的客户服务，方便业务用户在使用系统遇到问题时，及时、便捷获取问题应答，以及获取人工服务，提升用户体验；运维数据形成知识沉淀，经过加工、分析、提炼，可更新为智能客服自动响应的能力，辅助用户使用，提升前端数据录入质量；智能客服通过数据挖掘和决策模型，能够实现财务数据的深度分析和决策支持。通过智能客服提升企业的管理水平和决策能力，助力企业的战略发展。

第三节 管理特色及效果

一、管理特色

经过多年建设，飞鹤的财务共享服务中心具有以下五大特征：

（1）服务对象全：截至2024年12月底（下同），已囊括24家法人组织（含全部13家工厂），实现应纳尽纳，且设计采用"一个共享服务中心、N个业务处理单元"的战略结构,为未来扩展服务对象做好准备。

(2)业务职能广:财务共享服务全面涵盖十一个职能域,充分发挥服务增值,同时共享中心正在考虑从人力资源等多领域方向全面拓展共享职能。

(3)业务支持深:财务工作向前端业务延伸,深入企业业务价值链,发挥数据优势,支撑经营决策。

(4)运营能力强:已建立成熟的运营管理机制,有专人运营团队,且运营工具广泛、深入应用。

(5)数智化程度高:系统已全面覆盖,充分支持业务,同时系统实现互联互通,业财深度集成。财务共享中心正逐步沉淀为财务数据中心,通过深化新兴技术应用,有力助推集团数字化转型。

二、建设效果

飞鹤财务共享中心的建设以数字化为核心驱动力,在管理效率、风险控制、战略支持等方面取得了较大的建设效果。

(1)提升员工体验:财务共享中心的建设简化了报账流程,提高了报账效率。员工可以通过移动端随时随地进行费用填报,并借助OCR智能采集和智能填单功能,大幅减少了手动填单量,提高了单据填报效率。

(2)提升管理效率:财务共享中心通过流程优化、业务分离、人员分层以及IT工具的自动化智能化处理,实现了财务流程的标准化和高效化。

(3)加强风险管控:财务共享中心通过统一执行政策制度、工作流程和数据标准,有效减少了人为因素导致的偏差,提升了财务数据的真实性、一致性和可比性,及时发现并处理潜在的财务风险。

(4)推动职能转型:财务共享中心通过发挥基础核算处理职能,使财务基础业务处理趋于集中化、标准化、数字化,夯实数据、管理、组织三大转型基础,促进财务职能转型。

(5)强化支持决策:飞鹤财务共享中心的建立为其战略发展注入了核心动能,财务共享中心的建设促进了业务与财务数据的融合,为飞鹤提供了更准确、更全面的数据支持。

(6)产业链协同优化:通过共享建设整合覆盖采购付款、存货成本、销售收款等104个业务场景的标准化流程;通过OCR智能填单、RPA自动化处理,实现核算效率提升40%,报账时间缩短20%~30%;通过统一数据标准消除信息孤岛，为供应链金融、投资决策等提供实时数据支持。2022年，通过数据驱动优化供应链协同，助力营收逆势增长至213.1亿元。

（7）引领行业进程：飞鹤财务共享中心的建设不仅提升了自身的财务管理水平，还为中国乳业的数智化进程树立了标杆。凭借财务共享中心建设，飞鹤荣膺2022中国管理会计创新奖，其"核算型—管理型—战略型"人才梯队培养模式、业财融合的数据中台架构，为行业数字化转型提供实践范式。

多年来，飞鹤坚守品质，不断精进，始终以消费者为中心，坚持用优质的产品与服务回馈客户。未来，飞鹤将持续携手合作伙伴，不断深化战略合作，进一步推动数字化升级，共同引领乳品行业的数字化新浪潮。

第二十二章
某核电集团：借智慧司库之笔，绘财务数智蓝图

在数字浪潮下，央企国企加速司库体系建设，某核电集团以智慧司库为引擎推进财务数智化转型。其创新构建"以数促用、以用促建"的数据服务平台，打通系统壁垒，实现业财数据深度融合，形成紧密的业财融合生态。其聚焦价值创造，凭借先进的数字化架构、精细的资金管控模式及前瞻性的风险预警机制，多维度释放资金潜能，显著提升财务管理水平与竞争力，为大型集团数智化转型树立典范，提供可借鉴的行动指南。

某核电集团（以下简称集团）隶属国务院国资委，为副部级央企，秉持"国际一流的清洁能源集团，全球领先的清洁能源提供商与服务商"战略定位，构建多元业务布局，在清洁能源领域占据关键地位。集团秉持"发展清洁能源，造福人类社会"战略，旗下近千家境内外并表成员公司协同发力，以核电业务为核心支柱，可再生能源业务为新兴增长引擎，且积极开拓新能源等战略性业务，创新驱动转型升级。

集团遵循"严慎细实"工作作风，实施精细化管理，从项目规划至运营全程严格把控，确保高效与安全并行。业务覆盖全国及海外20多个国家，凭借强劲经营与稳健财务，综合效益持续位居央企前列，连续10年斩获国资委考核A级评价，尽显卓越实力与广泛影响力。

第一节 集中型司库筑牢根基，智慧型司库指引航向

早在2008年，集团从资金管理一体化起步，踏上司库探索的征程，依次历经萌芽、成长、卓越、飞跃四个发展阶段，逐步构建起完整的发展脉络与体系。

集团司库体系建设分三阶段阶梯式推进：

（1）萌芽阶段（2008年）：启动集团财务部与财务公司"资金管理一体化"模式，整合资金集中、融资、外汇及担保管理等核心领域，实现管理、操作、资源、信息的集中统一，奠定集中型司库基础，提升核心管理能力。

（2）成长阶段（2017—2018年）：2018年引入"价值型司库"理念，依托财务公司强化集团金融统筹，拓宽资金业务范围。深化业财融合，提升现金流管理效率，完善经营分析与风险预警机制，助力战略决策，推动司库建设跻身行业前沿。

（3）卓越（飞跃）阶段（2023年）：财务公司牵头推进司库体系数字化升级，2023年末全新"智慧司库系统"上线并深度应用，打造"可视、可动、可控、可溯"的一体化平台，形成新一代智慧司库管理体系，支撑集团战略拓展，筑牢世界一流财务管理根基。

上兵伐谋，规划居首。集团司库管理建设起点较高且坚守初心，迅速响应国家号召并落实文件精神，依国资监管数字化智能化提升专项行动之要求，秉持"统一规划、全面规范、系统集成、安全高效、集约精益"理念，勾勒"13481"体系智慧司库管理蓝图，依循"规划先行、一体两翼、以用促治"思路，实现覆盖集团全范围、全业务、全流程，引领集团司库体系步入智慧型新征程。

（1）第一阶段：强基固本，蓄力启航。构筑"智能友好、穿透可视、功能强劲、安全稳固"之司库平台，同步完竣司库全域数据治理大业。

（2）第二阶段：潮头勇立，破浪疾行。对标全球前沿，于全面数字化基石上领航业界，深研应用，凸显"智慧"要旨，彰显数智赋能之力。

第二节　接续奋斗开新局，智慧型司库扬帆起航

2023年4月，用友公司凭借其专业优势承接集团智慧司库管理体系蓝图设计工作，聚焦"智慧"与"数字"核心要义，迅速启动"智慧"司库系统项目建设。至2023年底，全新数字化"智慧司库平台"全面上线运行，各模块协同发力，智能化应用无缝贯穿集团全范围、全业务、全流程，有力推动集团司库体系成功进阶智慧新高度。

一、聚焦八大要点，匠心铸就"13481"世界一流智慧全球司库管理体系新标杆

全球司库管理体系（见图22-1）全景勾绘1套完备的智慧司库蓝图，筑牢1个数字化智慧司库平台根基，依战略、价值、风险3个导向锚定目标，聚焦4类

图22-1 全球司库管理体系

关键职能，凭借8大保障支撑体系构建，塑造具备金融资源资金高可视性、灵活可调动、精准可控性与清晰可溯性的智慧司库管理平台，引领行业数智财务管理发展新潮流。

集团构建智慧司库体系依托于"1个平台+2大支柱子系统+N个业务系统"，达成信息流、业务流与资金流的深度集成，推动业财融合迈向业财一体的新高度，助力智慧司库稳健前行。

1个平台：集团智慧司库平台作为整个体系的核心枢纽，承载着多方面的关键功能与数据交互整合任务。充分借助集团数据中台的强大服务能力，为智慧司库应用提供全方位、坚实的支撑，确保数据的有效流转与利用。

2大支柱子系统：智慧司库业务管理系统、司库监控分析系统。

智慧司库业务管理系统：专注于对成员企业资金业务及其风险的强力管控，通过精准优化资源配置，有力地为集团的统一决策和统筹管理输送切实有效的支撑力量，保障集团资金运作的科学性与高效性。

司库监控分析系统：从多元管理视角出发，精心构建各项经营决策分析模型，对业务的实时动态展开全方位监控与深度分析，为集团及时洞察业务状况、精准把握发展趋势提供关键依据。

N个业务系统：广泛连接内外部20余个业务系统、财务系统及平台系统。在财务端，与财务共享系统、境外资金管理系统、核算系统、电子影像、电子会计档案、银企直连、财务公司核心等系统无缝贯通。

数据特色优势：司库源生数据具备标准、及时、准确、完整的显著特点，且数据来源丰富多样，为上层应用提供了强劲有力的支撑，源源不断地为全面建成具备统筹资源配置能力的资金集中运营管理平台输送丰富的数据资源，奠定了坚实的数据基石。

整合内外部数据，构建资金"生态圈"：在智慧司库平台的构建中，充分运用高性能计算平台，极大地增强了各类数据的运算效能，使其达成亿级数据秒级响应的卓越能力。这一高效运算速度不仅远超行业平均水平，更为集团在瞬息万变的金融市场中抢占先机提供了有力的数据处理保障，无论是资金调配还是风险预警，都能在瞬间完成精准分析与决策响应。

流批一体技术的有效应用，成功汇聚发电量等流式业务数据与结构化数据，依据不同业务场景，能够灵活实现T+0/T+1统计分析与精准研判，在确保高效处理的同时兼顾性能稳定，精准契合业务管理对于风险预警及时性的严格要求。与传统司库体系相比，集团智慧司库体系能够更敏锐地捕捉到市场波动和业务变化，及时调整资金策略，有效降低潜在风险。

此外，AI技术在某核电集团司库体系中发挥重要作用。它可将非结构化数据转化为结构化数据，突破大批量文档数据录入难题，为司库体系提供稳固数据支撑，推动内外资金生态圈协同与信息贯通。在合同审核、风险评估等业务中，AI能快速提取关键信息，自动生成分析报告，提升工作效率与准确性，彰显某核电集团智慧司库体系在数据处理和业务管理方面的领先优势。

二、"三位一体"协同联动：集团司库体系建设的强劲核心引擎

新一代智慧数智司库管理体系以集团财务资产部为中枢，加速构建完善的管理制度与框架，强化顶层设计，形成集团财务资产部统筹总部、财务公司担纲平台实施且与财务共享协同联动、各成员单位贯彻执行的"三位一体"高效架构，支撑起整个司库体系高效有序运转。其协同作用发挥得淋漓尽致，产生了"1+1+1>3"的强大聚合效应。

集团财务资产部：作为战略统筹核心，制定司库政策、规划体系路径，协调跨部门协同，确保司库策略与企业战略、业务流程深度契合，引领资金管理、风险防控等顶层设计。

集团财务公司：担纲执行枢纽，承接集团战略落地，构建资金集中管理与融资服务平台，向上细化战略为操作细则，向下推动基层实施，通过境内外金融网络整合资源，实现资金安全与效益最大化。

成员公司财务部：作为业务财务纽带，衔接一线业务与司库体系，以数据标准整合业务全链条信息（如采购、销售数据），保障业财数据一致，为风险管控提供底层支持。

三、"核级安全"筑牢司库技术底座，赋予坚实"核级保障"

智慧司库平台遵循"四统一"设计准则，采用新一代云化技术架构，首次实现华为云私有化部署，构建自主可控技术底座。

平台联合智科、用友、华为等共建内外数字生态，以司库数据为核心推进业财融合，通过大数据分析、智能算法实现资金动态化、场景化智能分析，赋能战略决策。技术层面首创国产化华为云部署方案，实现计算、存储资源池化管理与高效共享，为集团大型系统建设提供标准化私有云范本，树立核能领域国产云应

用标杆。

安全与交互上,平台集成4A双因子认证及生物识别技术,保障7×24小时安全稳定运行;通过个性化门户与智能交互功能实现"千人千面"用户体验,推动司库管理智能化转型与高效协同。

四、智慧领航,数智赋能:集团司库管理体系创新实践

集团司库管理体系凭借严谨、创新与务实的工作作风,在智能化资金管控方面,借助金融科技创新应用,聚焦智能化资金管控与风险防控创新。

资金管控智能化:实现全球账户全生命周期智能管控,覆盖支付管理、融前审批、资金余额监测等场景,开发资金计划自动化集成系统,通过金融科技手段预警流动性风险,保障资金安全高效流转。

市场风险管理创新:研发货币类衍生品定价估值模型,量化监测外汇敞口矩阵,强化衍生品业务全周期管理,构建央企外汇业务核心竞争力。

数据管理与应用突破:首创内外数据对标分析平台,搭建统一的数据服务平台,实现数据聚合与主数据集中共享,落地集团产权闭环管理,优化流程并降本增效。

风险防控升级:升级异常交易风险监控模型,精准防范虚假贸易、业绩造假等风险,筑牢合规底线。

五、精益管理,筑牢全球账户体系基础

集团智慧司库系统以金融科技为引擎,重构银行账户与资金集中管理模式,通过标准化治理、全链路监控、智能风控的深度融合,打造覆盖账户全生命周期的精益化管理体系,为全球资金高效流转与风险防控奠定坚实基础(见图22-2)。

1. 标准化筑基:构建统一账户管理规范

司库系统以"治理先行"理念,建立集团级账户业务标准体系,覆盖账户类型、管理属性、银行服务等全维度业务要求。通过统一账户开立、变更、销户的规范准则与附件指引,确保成员单位填报精准、执行统一,从源头提升资金透明度。系统将账户属性嵌入风险检查规则,自动识别低效账户、超限额账户等异常状态,结合自动巡检形成常态化风险管控机制,实现账户管理"有章可循、违规必查"。

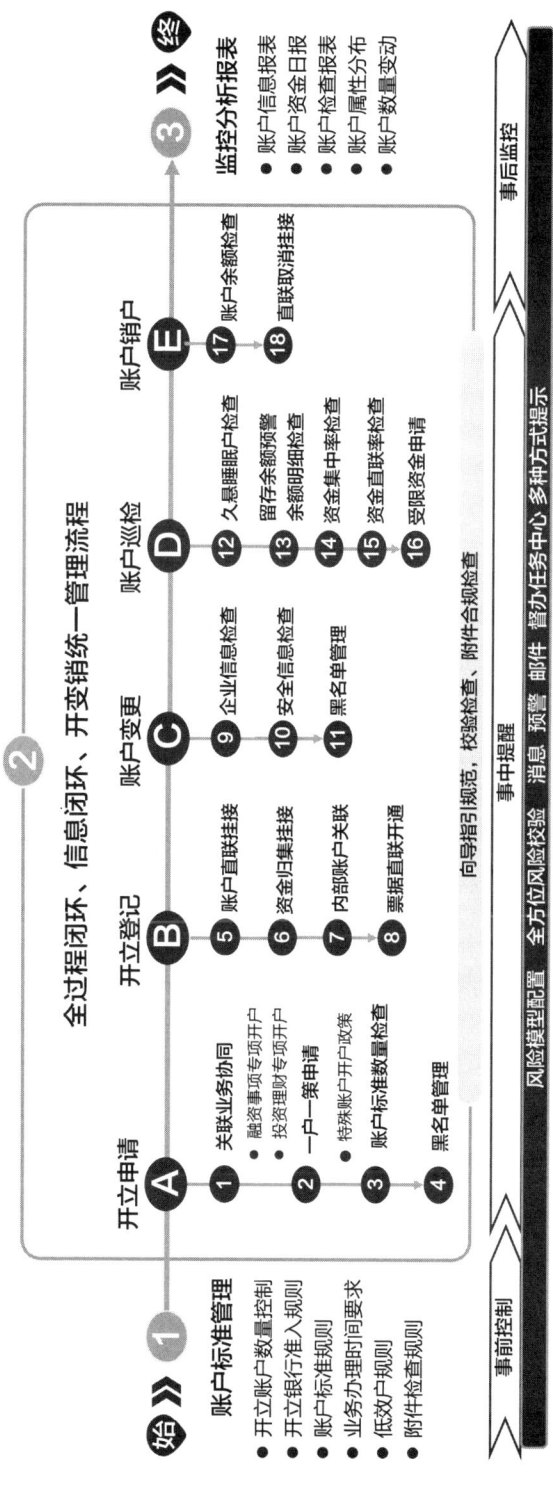

图22-2 全球账户管理体系精益化

2. 全透明监控：全球账户可视可控可溯

在账户布局上，集团推行开户银行"白名单制"，优先选择支持银企直联的银行并限期完成对接，从源头精简冗余账户。境外账户通过 SWIFT、RPA 技术实现 100% 可视，资金流水直接对接核算系统开展自动对账，确保全球资金动态实时穿透。创新应用 OCR 技术，智能比对人民银行账户清单与司库系统数据，精准揪出体外循环账户，成为防范资金舞弊的"智能滤网"，具备广泛推广价值。

3. 闭环化管理：全生命周期风险精准管控

系统整合账户开、变、销全流程的 18 项核心指标，涵盖开户数量标准、直联账户监控率、低效户占比、超期待办数等关键要素，制定分类管控策略：常态化清理低效账户，设定销户时限与留存余额限额，动态优化账户布局。

搭建多场景实时监测模型，自动执行账户完整度巡检、非直联账户超限额预警、每日账实比对、重空断号监控等 10 余个风险任务，定期生成分析报告并联动督办考核体系。每一项数据变动实时反馈至管理流程，形成"监测—预警—整改"的闭环管理，有效遏制资金舞弊与合规风险。

六、技术融合赋能：打造智能风控生态

司库系统与财务共享平台深度协同，账户数据实时同步至核算系统，为集团穿透式管理提供源头支撑，境内外账户自动化对账比例显著提升。实现全球账户监控全覆盖，资金归集效率提升 40%，境内全口径资金集中度超 95%，境外直联率达 99%，构建起"数据通、流程通、管控通"的智能资金池。

实践价值：从规范管理到价值创造的跃升，集团精益化账户管理体系实现三大核心突破。

透明度革命：全球账户可视率 100%，资金流水实时追溯，彻底消除信息盲区；

风险防控升级：利用 OCR 技术精准识别违规账户，多场景监测模型将资金舞弊风险降低 70%；

效率效能双升：账户清理优化后，资金归集周期缩短 50%，银企直联率达 99%，为集团年节约资金管理成本超千万元。

七、多方并举，开拓资金归集创新模式

集团司库建设开启征程以来，资金实现每日自动归集，归集比例一直处于同

行业领先水平。搭建全球五大资金池堪称浓墨重彩的一笔，包括境内财务公司资金池、境外财资中心中国香港及欧洲资金池，以及马来西亚、巴西区域资金池协同发力，采取一地一策实现巴西和马来西亚两个外汇管制国家资金区域集中，区域集中资金超过境外已集中管理资金的50%，成功实现全球资金的高效归集。历经多年发展，境内外全口径资金集中度连续五年稳定维持在86%以上，且在2023年更是突破历史极值，攀升至90.76%，可归集口径资金集中度更是超99%。

八、高效安全，提效智慧统一结算平台

集团智慧统一结算平台的系统结算率处于行业领先地位，并且系统实行强校验、软提醒并举的风险管控模式，增强对资金风险事件发现能力，有效预防和治理腐败，及时发现资金挪用风险，实现全方位的资金安全监控无死角。

打通业务与财务数据链路，构建企业级业、财、银一体化结算应用平台。通过对支付流程的全方位优化、结算接口的统一整合，以及多种支付策略的规范融入，达成对业务的多维度、全流程、自动化与在线式精细管控。针对大额资金预警、高额交易等潜在资金风险实施全过程严密监控，精心构筑坚不可摧的资金风险防火墙，确保资金风险防控万无一失。

出纳环节，迈向无人值守。通过分级授权审批管理机制，员工与供应商的集团内支付借助电子商务平台触发合同付款流程，达成无人值守与场景化审批支付的有机融合。对支付进程实时开展风险提示，针对疑似重复支付、大额交易等关键内控要点实施精准监控，有效降低资金支付风险，同时生成详尽的风险报告，为决策提供有力依据，全方位保障资金安全与运营高效。

自动归档，源头精准追溯。资金结算业务实现源头精细化管理，与前端业务系统数据实时深度穿透。结算流程完结后，系统自动执行标准化电子归档。系统全面上线应用后，结算自动化率飙升至96%以上，各成员单位手续费累计节省千万元，出纳人员精简优化降本约百万元。

九、数字驱动，构建统一票据结算平台

智慧司库系统的票据业务自上线以来，展现出蓬勃的活力与高效的运营态势，月均单据总量达千张，系统登录人次累计数千次，菜单点击量高达几万次，累计签发与签收票据金额达数十亿元。

票据平台：数字化驱动与可视化呈现的完美融合。实现了多银行全量票据从

开立、接收、背书、贴现、托收直至兑付的全流程线上集中管理的创新实践。集团票据信息可实时动态采集，具备精准的兑付预警功能以及强大的查询分析能力，使企业全量票据资源及其变动轨迹清晰直观、一目了然（见图22-3）。

业务操作：效率革命引领高质量发展新路径。与财务共享新平台、SAP系统、财务公司小核心系统以及新一代票据系统无缝对接，并直连多家银行，成功打造一站式票据业务在线处理生态，极大地优化了用户体验。

票据分析：多维度洞察助力资金优化与风险防控。多维度实时展示票据余额、票据结算、票据计划执行、票据融资、票据台账等丰富多样的分析结果，有效降低企业资金风险敞口，提升集团资金管理的科学性与前瞻性。

智慧司库系统票据业务已呈现流程数字化、资源可视化、操作高效化、业财融合化、资源统筹化与分析多维度化等特点。

十、精细严格，深化资金预算管理体系

集团以资金流量"管得住，调得动、调得好"为目标，将资金预算管理作为企业达成金融资源高效配置的核心手段，始终坚定地落实"量入为出、以收定制"的总体原则，全力维护资金链安全以及资金的整体平衡。借助司库系统，全面覆盖境内外所有成员企业，按照年、月、周不同维度开展收、付双向多币种的资金计划填报，精确至日且滚动更新。与多个周边系统的集成关联，实现了预算和业务的自动衔接。对成员单位资金计划执行情况可进行层层下钻式的深度分析，并将偏差率纳入二级成员企业总会计师考核标准，有力地强化了预算的刚性约束，为企业资金的精细化、高效化管理奠定了坚实基础，有力推动了企业在资金管理领域的稳健发展与持续优化（见图22-4）。

源于业务端的计划流，一键自动获取。推动前端业务系统的集成度，构建资金计划预测池，可一键自动调取周边业务系统数据，并可联查企业一线业务系统数据。

主要有四种业务计划途径：一是司库系统与商务合同系统集成，从而精准获取前端合同支付里程碑数据；二是司库系统与业务系统对接，顺利获取未来主营业务收入端数据；三是建立与投、融、票据管理等模块的业务联动机制，一键获取前端信息，并自动填入对应日期的计划明细之中。四是内部往来关联交易集成，一方填报资金计划后，另一方自动接收对应的往来计划明细并进行核实确认，系统自动汇总集成后的各类资金计划数据，源头上保证了关联交易业务上

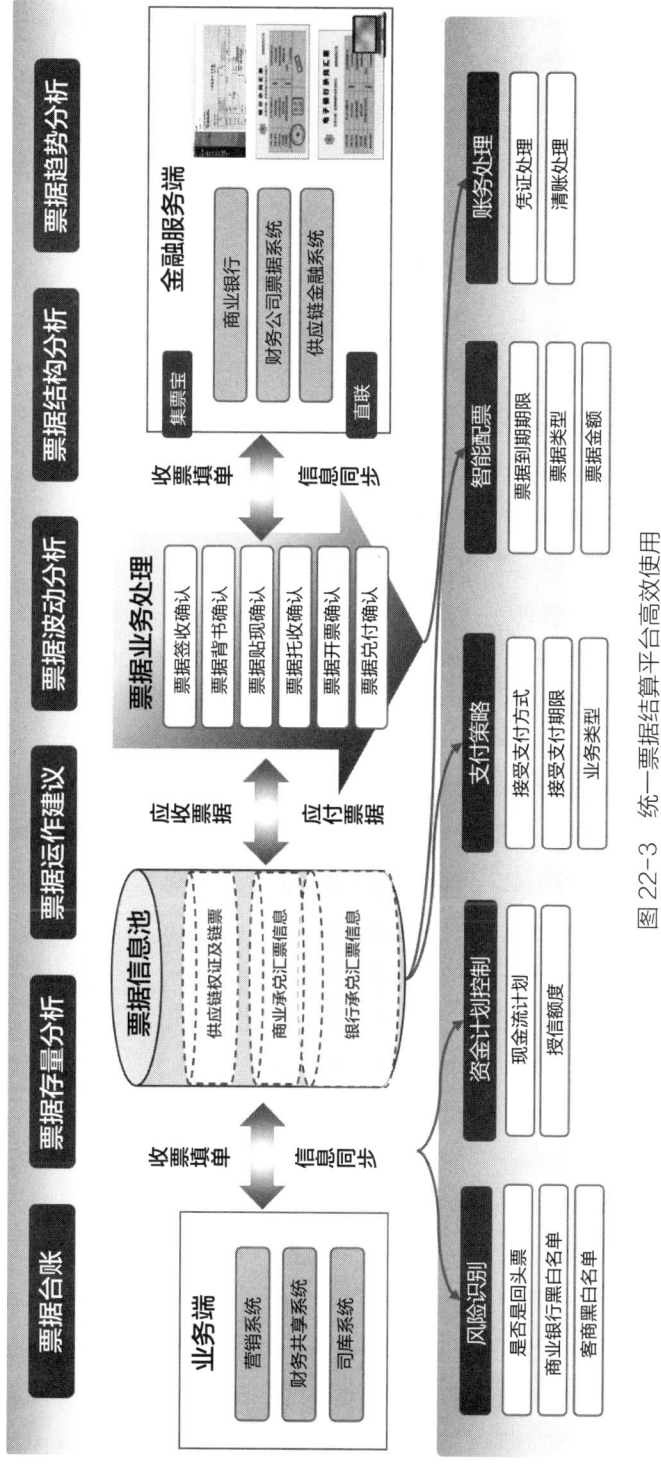

图22-3 统一票据结算平台高效使用

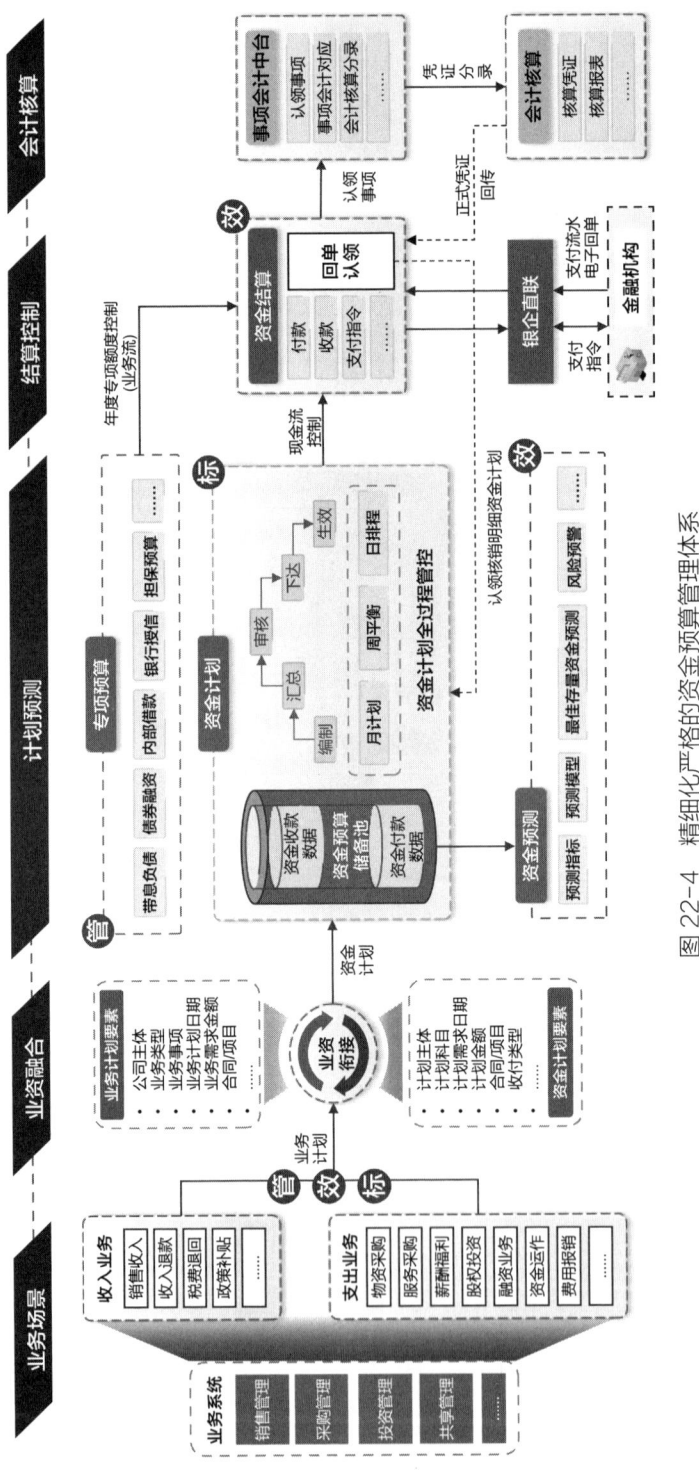

图 22-4 精细化严格的资金预算管理体系

信息的一致性，可以减少约 60% 的资金计划编报工作量，提高了资金计划管理效能。

这四种数据源的有效处理与整合，实现了资金计划与业务系统的深度融合与高效协同，为资金计划管理提供了坚实的数据支撑与高效的操作模式，极大地提升了成员企业填报准确率，并有效降低了人工预测的偶然性和误差率。

多维度预算控制，彰显支付管控智能化。刚柔结合的资金控制流，在业务管控层面，依据业务类型实施分层收支管控，着力细化管控颗粒度，达成资金计划控制中刚性与柔性控制的有机融合，实现单项与总额、年度与月度控制的协同配合，集团整体综合偏差率小于 6%。

十一、统筹融资，预控风险压降融资成本

集团智慧司库管理系统着力打造标准化的融资管理体系，坚持统筹管控，全面防范资金风险，通过流程重塑提升效率效益。债务融资成本极限压降，拓展外部银行授信资源，最大限度地发挥了集团的资信优势，提升了企业对外整体议价的能力，压降存款规模，提高了资金使用效率（见图 22-5）。

跨业务联动防范风险。通过与资金计划及流动性管理联动，以经营性的现金流及到期债务轧差安排资金计划。通过专业化、组合式的融资方案，精准抓住有利窗口，实现资金保障、资产盘活及成本压降目标。集团整体融资成本率下降至 3.2%，集团的存贷比为 2.74%，同时信用评级升至 A2，而担保比率降至 30% 以下。

智能画像辅助决策。在整个融资业务处理过程中融入企业智能画像、金融机构智能画像，充分利用内外部数据，从企业经营风险方面提前监测，在流程中全方位多角度展示借款人及金融机构信息，一键生成评分报告，全面掌握企业经营风险、司法舆情等负面信息作为管理审核业务的辅助决策依据。

与此同时，在担保阈值管控领域，集团着重强化担保业务的事前管控力度，显著提升风险预警能力。通过严谨设定规则，对担保总规模进行动态强控制，以限制违规互保行为，成功实现担保规模的有效压降。

十二、期现合一，创新货币类衍生品管理

集团海外业务覆盖广、周期长，年外汇交易规模庞大，传统表格处理模式导致敞口分析滞后、资金预测偏差大，市场风险防控面临挑战。依托"智慧司库"

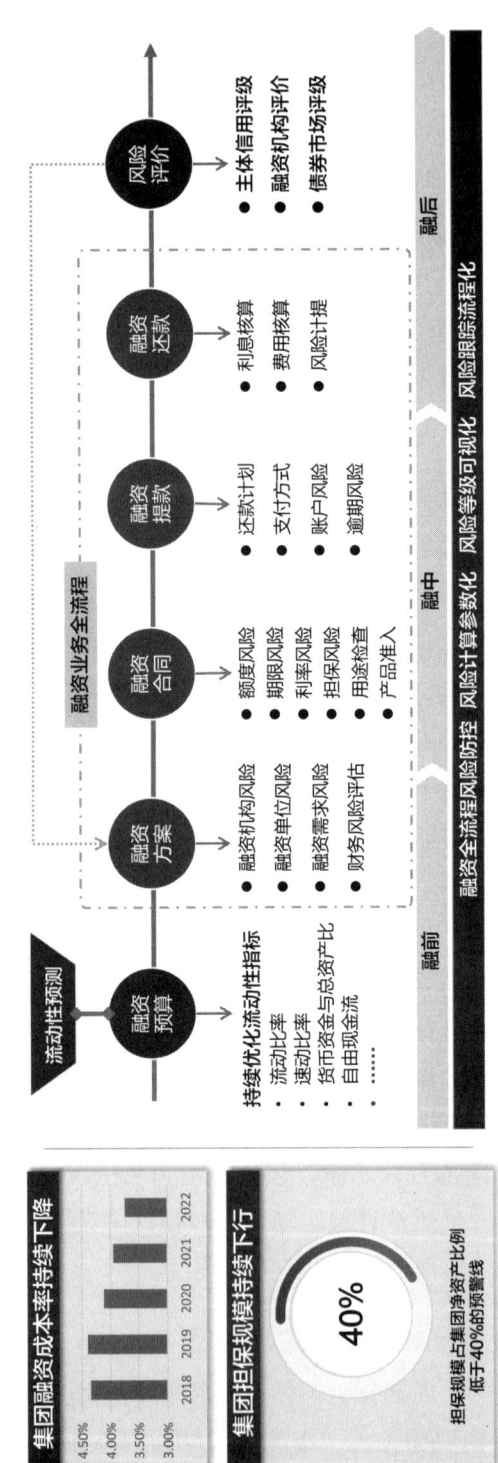

图22-5 高质量融资管理全闭环

系统，集团构建外汇衍生品管理创新模块，以全生命周期数字化管控与自主估值模型突破传统瓶颈，实现风险中性理念落地。

1. 全生命周期数字化管控破局

系统搭建资质核准、计划审批、额度预警、交易控制、报表集成的全流程管理闭环，通过"衍生品年度计划—套保方案—交易执行"三级联动机制，实现总额控制与策略匹配。

计划与套保解耦：年度交易计划设定总额上限，指导套保方案制定，确保套期保值目标与业务敞口精准匹配；

交易强关联管理：通过套保方案绑定衍生品交易与被套期项目，建立"期限合一"对应关系，为套期有效性分析奠定数据基础；

自动化监管报送：自动生成交易台账、敞口分析等报表，实时输出监管数据，管理能效提升60%。

2. 自主估值模型重塑核心能力

创新开发货币衍生品估值系统，打破依赖银行报价的被动局面。

多源数据驱动定价：抓取司库台账交易要素（合约期限、币种、金额）与彭博实时市场数据（即期/远期汇率、贴现因子），构建定价参数库并拟合全期限定价曲线，覆盖远期结售汇、外汇掉期等主流产品。

一键生成公允价值：嵌入自主研发的估值公式，按产品类型（汇率/利率衍生品）自动调用参数计算持仓合约当前市值，支持单笔交易独立估值与全组合浮动盈亏实时统计，市场波动响应时间从T+1缩短至实时。

自主定价能力：成为央企中少数具备全品类衍生品自主估值能力的企业，摆脱外部机构依赖；

风险监测效率：当金融市场剧烈波动时，10分钟内输出全集团衍生品持仓损益，敏感性分析效率提升300%；

决策支持升级：基于"期限合一"数据关联，智能评估套期保值有效性，为动态调整套保策略提供量化依据。

3. 技术赋能下的风险可视且预控优秀实践

该体系实现外汇衍生品业务"管理可视、风险可测、决策可控"。

流程智能化：从交易计划到监管报送全流程线上化，人工干预减少80%；

敞口透明化：多币种风险敞口实时监测，头寸规划偏差率从20%降至3%；

能力差异化：自主估值模型构建企业级外汇风控"数字大脑"，为海外项目锁定汇率波动区间，年平均降低交易成本15%。

集团的实践表明，通过"系统平台化、估值自主化、管控精准化"，可将风险中性理念转化为可落地的数字化工具，为"走出去"企业应对复杂金融环境提供了"数据驱动+模型支撑"的标杆方案，实现从风险防控到价值创造的能力跃升。

十三、动态监控，防控全方位风险新体系

集团智慧监控风险系统借助数字化与智能化技术、创新系统工具，通过分层次集中监控，明确资金风险监控责任，确保能实时掌握分析决策所需的丰富数据。按照资金流转故事线，将资金与管理活动归纳为资源，形成资金筹集、配置、安全和市场资讯，构建6个主题驾驶舱和26个专题看板，300余个监控指标与100多个监控模型，借助配置阈值监控数据，及时精准识别风险隐患，达成对监控指标和模型的动态监测与穿透可视效果。

流动性风险监测模型运用。搭建资金余缺智能监测分析模型，以资金余缺与可用授信比例两个关键指标，对各级企业的未来短期流动性展开监测跟踪，既能整体把握全集团资金余缺，又可详细查看各产业、各公司情况。在融中环节，司库监控分析系统可智能采集成员公司期初现金余额、经营现金流预测、到期还本付息及融资计划中到期债务金额与应付利息金额等数据，自动测算资金状况；基于成员公司与合作金融机构存量授信数据计算可用授信比例，当成员公司资金余缺为负且可用授信比例不足时，系统前置预警，提醒成员公司提前筹备融资，防范流动性风险。

集团司库系统自主研发流动性风险管理模型，从财务公司资产负债管理视角构建全闭环监测体系，实现集团流动性风险的精准管控与智能应对。

1. 资金计划协同：数据驱动的全链路联动

深度耦合资金计划与资产负债：通过业务维度设计，将成员企业资金计划与财务公司资产负债状况精准映射，自动化提取资金计划、执行数据、账户余额等多源信息。

实时生成现金流监测表：整合各单位资金明细与集团运营数据，分币种构建每日资金流入流出表，实现财务公司现金流量的实时统计，为流动性管理奠定数

据基础。

2. 多维度指标监控：量化风险的科学标尺

内置精密计算模型：系统自动运算未来30天每日流动比例、头寸缺口、存贷比、备付率等核心指标，多维度量化财务公司对成员企业的流动性备付水平。

提升监控前瞻性：实时输出关键指标动态，使流动性风险监测更全面、及时，为管理层提供科学决策依据。

3. 智能策略生成：主动干预的闭环管理

阈值映射与策略推送：构建流动性阈值与应对策略的智能关联，提前识别流动性缺口，自动推送资产配置建议（如调整同业资产、扩大存款规模等）。

双向赋能实体企业：财务公司依据系统建议向成员单位发出资金计划调整指引，或联动集团职能部门开展定向资金运营，形成"监测—预警—应对"完整闭环，显著提升流动性管理效能。

模型上线后，财务公司的流动比从濒临监管红线恢复至行业平均水平，备付率等核心指标显著优化，为集团在复杂金融环境中筑牢流动性风险防线，实现了从被动监控到主动管理的跨越。通过数据联动、指标量化、智能决策三大创新，打造"监测精准、响应及时、干预有效"的流动性管理体系，为集团资金安全与高效运作提供了坚实保障。

4. 源头防控，防虚假贸易、提会计质量

集团自主创新异常交易风险监控模型，构建虚假贸易防控体系。

全链路数据融合与动态筛查：整合账务、资金、合同、发票等多元数据，覆盖合同签订到资金结算全环节，实时动态筛查违规交易，形成事前防范、事中监控、事后复盘的全流程防控。

模型定义拓展与个性化策略：融合资金流、账务、报表数据，针对年末大额收入冲销、异常波动等复杂场景深度监控，依据企业收入与毛利水平定制"一企一策"大额收入判断标准，精准识别虚假交易与提前确认收入行为。

智能关联解析与大数据驱动：突破传统单一识别模式，运用智能模糊匹配技术与十大核心监控指标（交易间隔、量差价差等），无须人工关联即可通过全量数据分析精准识别上下游交易链条。

动态风险评估机制：按指标重要性设置分值权重与灵活阈值，系统自动计算风险值并分级预警（红灯/黄灯），支持底层数据穿透查询，提升核查效率。

该模型准确率达90%，模拟运行中揪出疑似违规线索，经追溯调整强化考核威慑，构建起智能化、精准化的虚假贸易风险防控网络，降低数据依赖并提升复杂场景适应性。

5. 事前预控，管控应收应付、清收清欠

在应收应付账款管理实践中，集团以数据贯通为基础、以智能管理为核心，形成多维度创新管理体系。

业财数据全流程贯通溯源：通过深化业财、财财融合，实现前端业务数据与后端交易凭证的无缝下钻关联，确保每笔业务数据的连贯性与可追溯性，为全流程管理奠定精准的数据基础。

构建全闭环管理机制，强化重点供应商风险防控：建立"预警—清收—处理"闭环管理模式，针对重点供应商类型，规范债务核对与处理流程，提前识别潜在风险，提升清收清欠工作的针对性与有效性。

多维智能预警体系赋能精准管控：开展主体、客商、账龄等多维度分析，实现到期账款提前7天精准预警、逾期账款月度动态提示，预警时间可根据业务需求灵活调节。

业财协同压实责任，提升处理效率：通过线上协同作业流程，建立部门接口人机制，将逾期账款责任精准落实到业务与财务责任人，打破部门壁垒，形成规范化、流程化的协同处理模式，显著提升问题解决效率。

客商互联挖掘产业链商机：强化客商关系识别机制，基于产业链上下游关联，挖掘子企业间客供互补商机。例如，通过系统分析新能源与核技术板块的客户购销比例，精准推送适配客户，实现内部客户资源共享，助力核技术公司年增收超千万元，在清收清欠的同时拓展业务增长空间。

这一系列创新举措既夯实了账款管理的风险防控基础，又通过数据价值挖掘为企业创造了新的效益增长点，实现了财务管理与业务发展的双向赋能。

6. 双管齐下，挂靠经营管理监控闭环

在落实国资委专项整治要求过程中，集团依托信息化手段构建起覆盖全级次法人及参股企业的挂靠经营风险闭环管控体系，通过多源数据融合与智能监控，实现对违法违规挂靠行为的精准识别与长效治理。

司库系统中搭建的挂靠经营管理模块，创新性整合了产权数据、外部工商信息及财务记账的收入入账凭证等多维度数据，通过预设逻辑规则与模型算法，对全级次企业展开实时扫描与智能比对。例如，针对股东出资不到位问题，系统自动关联产权数据与企业注册资本、实收资本信息，精准甄别出资异常情形；在挂靠费监测方面，通过抓取财务系统中的收入凭证，运用智能筛选规则穿透识别隐蔽性强的挂靠费用，有效解决了传统人工排查中特征模糊、遗漏率高的难题。

系统每日自动同步工商数据、产权信息及企业实缴/认缴资本比例，经智能运算后即时生成异常预警清单。集团产权管理人员随即介入核实，补充应对措施等关键信息，经审核后推送至司库系统集中展示，形成"数据比对 — 预警生成—人工核验 — 信息同步"的动态跟踪机制。同时，针对挂靠费的监测，系统定期从财务记账系统提取特定期间收入凭证，按规则筛选后自动分发预警清单至相关主体，由各公司财务人员及管理层联动核实，上传经党委认定的支持材料，推动问题从发现到整改的全流程闭环管理。

这种"数据整合 + 智能算法 + 流程闭环"的创新模式，将挂靠经营整治工作从传统人工排查升级为信息化、常态化监管，不仅高效杜绝了假冒国企及违规挂靠现象，更通过全流程留痕与动态协同，形成可复制的长效治理机制，为国资监管信息化建设提供了实践范本。

十四、汇聚整合，构建统一数据服务平台

集团针对早年烟囱式系统导致的集成低效、数据分散等问题，2018年启动企业中台建设，2019—2021年构建含四大中心的中台服务统一门户：服务与数据中心提供16个服务中心、116个共享微服务接口（数据量超1000个），覆盖多业务板块；汇总运营中心可视化服务使用情况；申请中心实现电子授权管理；帮助中心提供建设指引。截至目前，中台为700余个系统提供服务，年度调用量超30亿次，显著提升业务复用能力，避免重复建设。

2023年司库作为数据治理试点，秉持"以用促治"，基于业务场景设计数字化应用，通过数据对象标准规范流向，落地数据标准，打破数据孤岛，构建内外联通生态。集团首创"先治理再实施"实践体系，在超大型系统建设前完成数据治理，为数字化项目开辟新范式。

十五、智慧司库管理体系建设思考

集团司库体系建设以"数据驱动、技术赋能"为核心，通过战略顶层设计与落地实践的深度结合，形成可复制的创新经验，为国有企业数字化转型提供

借鉴。

1. 战略先行：以"一把手工程"筑牢转型根基

顶层定位驱动组织变革：将司库体系作为财务转型核心战略，纳入"一把手工程"，通过自上而下的垂直管理体系打破部门壁垒，推动财务、业务、信息等多部门协同联动。

业财融合构建价值闭环：以业务需求定义财务场景，通过数据贯通实现"业务流—资金流—信息流"三流合一。例如在应收账款管理中，通过业财数据下钻追溯每笔交易凭证，提升风险防控精准度，同时反哺业务决策优化。

2. 数据治理：首创"先治理再落地"实施范式

标准化先行破解数据孤岛：在建设超大型数字化系统前，完成司库域数据治理，统一组织、客户、供应商等主数据标准，建立质量保障机制，确保数据一致性、准确性。

全链路贯通支撑智能应用：整合产权、工商、财务等多源数据，构建覆盖全级次法人及参股企业的风险监控模型（如挂靠经营监测、虚假贸易筛查）。通过智能算法实现风险实时预警，模型准确率超90%，提前识别潜在风险。

3. 数智化重构：打造"可视、可控、可溯"管理平台

智能管控覆盖全业务链：开发智慧司库系统，实现资金核心业务线上化。

动态预警强化风险防控：建立多维度风险预警体系，如应收应付账款到期前7天精准预警、外汇敞口实时监测，通过智能算法自动生成风险值并分级提示，实现风险"早发现、早处置"。

4. 生态融合：构建内外协同的数据价值网络

内部资源集约化管理：通过财务公司搭建资金集中管理平台，实现集团内四大上市主体资金归集比例超90%，年归集资金超百亿元，提升了资金的使用效率。

外部生态拓展赋能业务：对接金融机构、工商、税务等外部数据源，挖掘产业链上下游商机（如核技术与新能源板块客户资源共享），年增收超千万元，同时为成员单位提供定制化金融解决方案。

5. 安全自主：国产化替代筑牢技术底座

核心技术自主可控：在操作系统、数据库、服务器等关键领域实现国产化替

代，首次部署华为云私有化平台，构建自主可控的信息安全体系，为全集团系统建设提供标准化国产方案。

风险防控能力升级：通过国产化技术实现数据加密、双因子认证（4A 体系）及生物识别应用，保障 7×24 小时安全运行，有效抵御外部攻击，树立核能领域数据安全标杆。

实践表明，从"管控"到"创造"的关键跨越，司库体系建设的核心在于：

战略定力：明确司库作为价值创造中枢的定位，通过"一把手"统筹推动跨部门协同；

数据驱动：以治理先行打破数据孤岛，用智能算法激活数据价值；

技术赋能：选择国产化与云化架构，兼顾安全与扩展性；

生态思维：整合内外资源，将司库从"资金管家"升级为"战略赋能平台"。

这些经验为国有企业提供了可复制的路径，从单点突破到体系化创新，从流程线上化到数据资产化，最终实现财务管理从"支撑业务"到"引领业务"的跃升。

第二十三章
某大型装备制造集团：着眼世界一流打造数智化司库精品工程

第一节　企业概况

某大型装备制造集团（以下简称集团）是全球综合性机械工业巨头，拥有28家直管二级企业，12家上市公司。集团拥有12万名员工，是世界500强企业。集团在全球100多个国家和地区设有350多个驻外机构，业务覆盖面广、研发能力强、产业链优势突出。

集团多年来不断拓展业务范围和地理覆盖，以满足不同市场和客户的需求，实现规模经济增长。作为"走出去"的先行者，集团与诸多"一带一路"沿线国家开展经贸合作，建设了近2000个大中型工程项目，涉及新能源和新基建、工业工程、交通运输、电子通信、生态环境、医疗健康、智慧工业、现代农业等国民经济与社会发展重要产业。集团旗下不同产业板块随着项目的扩张，覆盖城市的增多和布局的分散化，形成了业务多元化和全球化的格局。

集团业务的不断扩张和对管理精细化要求的提升，给资金管理带来了极大的挑战。

1. 单位数量众多，业务多元化并全球分布

重组并购多，各企业经营特点和发展过程差异大。成员公司最长至9级企业、超1500户，细分业务范围覆盖19大类、400多项。

2. 管理架构复杂，管理模式多样且资金需求高

集团管理架构复杂，业务板块差异大，业务场景多样化。集团资金管理规模大，资金来源广，各成员公司业务资金需求高、资金流动频繁，对财务管理的集

约化与智能化提出极高要求。

3. 管理能力薄弱，资金系统建设水平差异较大

集团直管 28 家二级企业中仅部分具备基础资金管理能力，一部分企业仅实现结算流程为主的个别功能，其他企业以线下管理为主。

4. 系统搭建多样，财务及业务系统数量众多

集团财务相关系统版本老旧，统建系统较少，孤岛问题严重，自动化水平低。部分企业建立了财务共享中心，但异构系统多，业财衔接不清晰。

5. 数据管理分散，统计数据传统且决策时效滞后

各企业仅有约 80% 的数据已通过系统和手工的方式进行记录，其中仅有约 20% 的数据由系统支撑，数据系统化管理基础相对薄弱。管理层难以实时获取准确的资金流动信息，决策滞后问题突出。

第二节 顶层规划与蓝图设计

一、高度重视，统一部署

集团统一部署司库项目组织推动，构建"总部统筹穿透、平台协同赋能、基层高效执行"的三位一体司库组织架构，以数智化平台为载体驱动管理变革，通过顶层设计牵引、组织架构创新、制度流程固化、技术底座支撑四大保障机制确保项目推进。

在集团层面，组建了三个机构。

司库体系建设领导小组：集团成立了由集团董事长任组长、总经理任常务副组长的领导小组。

司库信息系统建设工作组：成立了由集团分管领导任组长的信息系统建设工作组。

司库信息系统建设项目团队：成立了由总部部门、财务公司及各板块公司骨干联合成立的信息系统建设项目团队。

在各层级企业，组建了两个机构。

各级企业司库体系建设领导小组："一把手"亲自部署和推进，成立本企业司库体系建设领导小组。

各级企业司库信息系统建设工作组：建立由财务负责人和信息化工作负责人

牵头的司库信息系统建设团队。

二、顶层规划，设计方案

集团聚焦数智化全球大司库管理体系的"发展主线"，加强司库能力建设与运营规范。通过现状评估、领先对标、业务规划、系统建设"四位一体"的推进逻辑，基于现状及系统建设重点关注方向，搭建司库项目整体框架。

（1）现状评估：通过"初步摸底→需求宣贯→深度调研→问卷分析→提升建议"五步法完成全盘诊断，输出《现状调研分析报告》，形成差异分析矩阵，定位现有流程与目标体系的差距。

（2）领先对标：建立"央企标杆＋行业龙头"双维度对标矩阵，聚焦五大优化方向——一体化管理、业财资联动、产融共生、金融生态拓展、数智赋能，进行多维度对标分析和经验借鉴。

（3）业务规划：设计业务能力规划蓝图，提升资金运营、资源配置、产业金融运作和决策风控四大核心能力。

（4）系统建设：设计系统建设专项方案，打造业务/核算系统、司库系统、财务公司核心系统贯穿连接，设计集成架构、应用架构、技术架构、数据架构、安全架构。

集团践行全栈国产化信创，司库系统制定信创联合解决方案，确保服务器、存储设备等系统硬件以及操作系统、数据库、应用系统等软件的国产化，实现网络、传输介质、私有云的运行环境全面自主可控。集团构筑从应用到IT基础设施全栈国产化安全技术底座，进一步提高了自主可控能力，为业内企业提供了经验借鉴。

三、着眼一流，打造精品

集团规划"123456"司库体系，构建面向长期价值实现的世界一流全球数智化司库精品工程，实现贯通层级、贯通业财、贯通内外、贯通生态、贯通数据、贯通系统六个层面的融合贯通，发挥体系的最大效能（见图23-1）。

集团展望司库标杆工程，围绕重点能力，打造司库高水平管理体系，提升4种关键能力。

1. 资金运营能力

优化全集团账户管控，实现统一收付款结算；完善内部资金池推动资金集

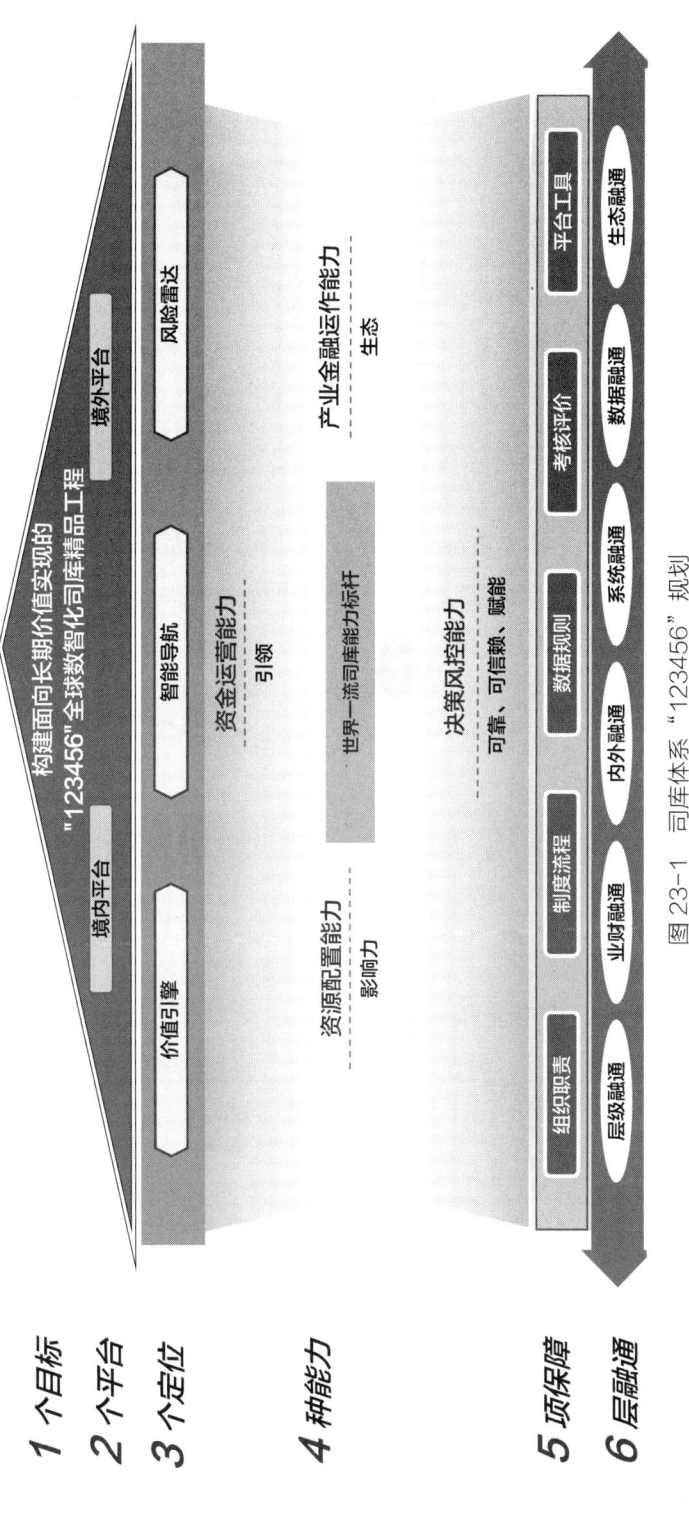

图 23-1 司库体系 "123456" 规划

中，建立内部定价机制；打造线上化的票据管理，集中收票渠道；实现债务管理预算、额度管控，构建市场竞价机制；为投资管理搭建多维评价与分析支撑体系，构建闭环投资管理，提供面向业务的专业资金解决方案，支撑业务、财务健康发展。

2. 资源配置能力

夯实资金预算体系，规范预算编制、审批与管控机制；优化担保管理，实现预算、额度、担保物的管控；提升金融机构关系，构建评级体系，完善考核机制与分级制度；实现内部借款的市场化定价与资质评定；实现金融衍生品的实时交易支撑与风险预警机制。

3. 决策风控能力

提升数据价值，持续丰富分析维度，推动司库体系积极参与公司决策，围绕业务经营各环节提升决策支撑能力，在关键事项上平衡业务收益与风险矛盾，推动公司资源的高效合规利用，助力公司战略有效落地。

通过集中管控、风险防控、精益管理等手段提升财务治理能力，提升司库的整体合规性，实现业务精细化管理，强化风险防控水平。

4. 产业金融运作能力

建设客商信用管理体系，实现应收应付黑名单与清收激励约束；同时在信用管理的基础上准备实现产业链金融和产投互动，强化产业生态建设，提升行业影响力，强化资金的运作价值。

四、循序渐进，精准施策

集团司库建设整体统一规划、分期推进，通过管控筑基、效益赋能、生态共创的"三步走"策略，逐步构建起匹配管理需求的一流司库管理体系。

1. 阶段一：建系统，控风险，提效率

（1）明确司库管理机制，形成管理制度，明确各主体管理职责及运维机制。

（2）明确账户、结算审批管理流程及风险节点，建立集团内部资金池，引导结算业务一点集中。

（3）实现账户、结算全面线上化管理，初步形成线上风险管控机制。

2. 阶段二：优标准，重管控，抓效益

（1）推进司库与各级企业业务系统的集成，实现应集尽集，能集尽集。

（2）强化融资、票据、衍生品、投资等与外部交互程度高的业务线上化，提升集团整体资金管控能力。

（3）构建风险识别、风险预警、风险控制的闭环机制，实现资金安全实时监控。

3. 阶段三：优服务，重生态，强体系

（1）搭建产业链金融平台，实现产投产融互动，提升资金价值。

（2）实现境内外本外币一体化管理，具备在全球范围内统一配置和调度资金等金融资源的能力。

（3）建立全面的司库管理价值分析体系，支撑内部科学决策。

第三节 司库建设与六个突破

一、建设司库系统功能：司库业务全局管理

集团高标准完成司库体系 11 项业务领域和 4 项风险管控的建设内容，同时结合集团财务变革要求，完成了适合企业业务特点和集团管理特色的系统功能（见图 23-2）。

1. 明确司库管理系统与司库交易系统的定位

司库信息系统包含司库管理系统和司库交易处理系统两大部分，司库管理系统是集团统一的资金管理平台，二级板块直接接入司库管理系统，为企业提供各类资金管理功能，如审批、监控、管理分析等。实现对各单位银行账户和资金状况等各类信息的掌握和监控。司库交易系统作为金融机构，提供结算通道、支持计结息、融资、票据、外汇等交易处理，连接各信息平台，发挥服务职能。作为司库后台服务中心，与各金融机构一点接入，统一提供金融服务。

2. 明确司库系统与财务系统的定位

落实财务管理提升三年行动方案的财务数字化转型要求，实现"司核报一体化"。①横向无缝衔接：全集团司库系统、核算系统、报表系统横向全面打通，数据实时交互。②纵向规范统一：以司库集中化建设为契机，进一步推进集团统一核算系统，实现系统间接口的集约化管理与高效衔接。

3. 明确司库系统与业务等相关系统的定位

业务相关系统侧重业务数据管理、业务相关流程审批。司库系统接受各业务

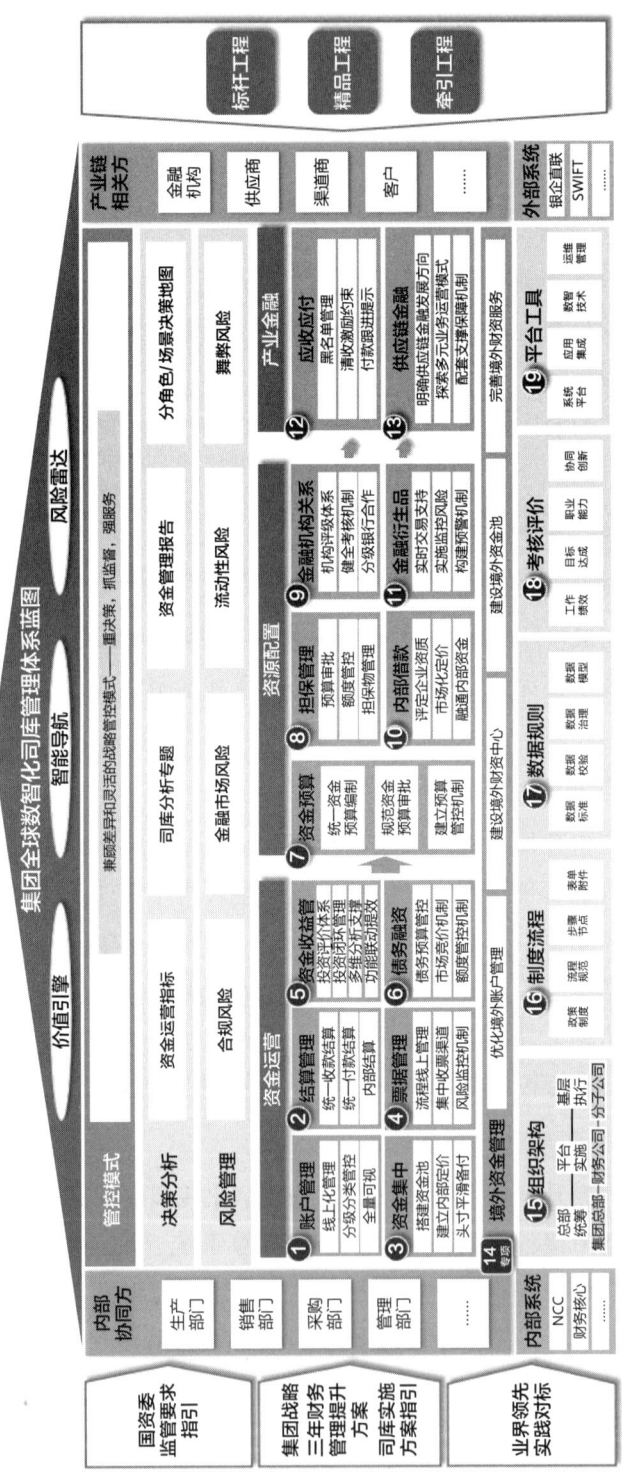

图 23-2　全球数智化司库管理蓝图

系统支付交易指令及资金审批申请，同时司库系统按需将交易、产品数据同步到相关系统。

4.明确集团总部与各二级企业系统建设的定位

结合集团业务多元化、资金管理的集中程度和精细化程度差异大的现状，分层实施。集团公司层面建立统一的司库系统，确定统一技术架构、建设范围及标准，各二级企业分别负责自身体系内企业的实施应用。鼓励支持各二级企业结合自身业务特点，确定进一步的个性化建设需求，组织建设及实施，并与集团司库信息系统进行有效衔接。

二、制度系统双线并行：优化制度，融入系统

制度完善与系统建设同步推进，集团对司库制度体系进行了顶层设计，形成了司库"顶层制度＋管理细则＋工作指引"的制度体系架构，实现司库体系建设制度化、规范化、平台化。

依托司库管理平台建设，推动管理制度、运行机制与信息系统充分融合，为集团和各二级企业提供了有力的管理抓手，促进集团管理水平提升。如通过账户管理模块，实现了集团全级次企业全部账户的线上逐级审批，实时预警低效账户。将银行账户的开销变管控监督与线下流程相结合形成闭环管理，实现集团资金可视、可查、可控，为制度落实情况提供数据支撑。在结算流程中嵌入资金结算管理要求和风险管控规则，将资金结算管理办法落实到线上流程处理的各个环节。

三、系统集成数据治理：开放共享，协同兼容

司库信息系统要实现与集团内已有的各类管理系统集成，平衡好新老系统"破"与"立"的关系，避免重复建设。系统搭建之初就具备了灵活的可扩展性，满足集团和成员单位多模式、多场景的资金管理需求，与内外部多个系统进行数据交互，实现流程贯穿、数据共享。通过丰富的接口实现对外部数据的充分利用，实现与产业链上下游共享数据。

通过司库信息系统建设，统一标准规范集成各层级系统，集团充分发挥司库系统对信息化建设的牵引作用，开展集团到各层级公司的各类系统与司库系统的集成。各企业以司库系统建设应用为基础，打通周边系统的集成和统一，推进"司核报"一体化建设。具体包括以下四个方面。

（1）主数据标准化管理。司库系统建设以"统一标准、统一规范、统一版本"为原则，进行主数据标准化管理，梳理形成每个阶段的集成目标、集成清单、集成主线，按照标准进行数据版本管理。

（2）司库接口规范管理。集团统一发布接口规范，明确集成细则要求，提高集成效率，降低运维难度，并充分考虑扩展能力，有序推进司库与外围系统的集成工作。

（3）司库系统集成管理。司库系统前端集成业务系统、费用系统、人力资源系统、一体化管控平台等应用，后端集成银行系统、财务核算系统、合并报表系统等应用，为各级企业资金结算修建安全、高效、稳定的"结算通道"，实现资金结算不落地，避免结算风险。

（4）司库数据验证管理。司库系统贯通财务账簿和报表数据进行交叉验证，确保司库业务全流程闭环管理，系统间数据一致、准确。司库系统生态融合供应链金融平台、行业机构、上下游对接等应用，汇聚司库"生态圈"数据资源，深挖价值潜能，支撑决策赋能管理。

1. 突破一：提升账户穿透能力，从统计到闭环的管理

集团着力打造账户全生命周期穿透式管理能力，账户管控实施"压存量、控增量"策略，形成从年度账户数量预算、银行账户开销变业务、资金收支到核算分析的全流程闭环管控。

（1）账户管理全部线上审批。开销变全流程线上审批由系统实现分级分类自动流转，境内外银行账户全过程业务闭环管理、信息数据闭环反馈、统一账户管理流程、联动账户控制策略，100%线上审批。建立了开设账户数量控制、开立银行准入限制、账户属性标准规则、业务办理时限要求、低效账户每日巡检、附件检查完备规则等一系列管控措施。通过银企直联、票据直联、RPA等应用，境内外银行账户直联率和可视率大幅提升，票据资源可视率达到100%。

（2）建立全集团账户图谱。通过建立集团级账户图谱，进行从集团总部到子公司、分支机构的多层级账户体系的穿透式可视化管理，打通资金流、信息流和审批流的三流合一。依托司库信息系统，穿透监测各层级账户的实时交易数据，通过银企直联与内部核算系统双重校验，确保每一笔资金动向可追溯至末级账户。司库系统票据工作台、集票宝、久其报表系统的三个系统联动校验，确保票据信息的完整和准确。

（3）集团级资金透视监控。集团管理层可通过司库管理驾驶舱实时查看集团账户资金热力图，对账户开户销户异常、异常大额支付、账户资金偏离度超限等情况进行智能预警，并结合数据分析结果进行相应管理举措的制定，真正实现账户资金管理从统计型向决策型、从事后分析向事前管控的数字化转型。

2. 突破二：提升资金运营能力，从分散到集约的跨越

集团为突破资金分散的效能瓶颈，推动建立全域资金集约化运营体系，构建从企业侧、银行侧两端系统贯通的集约化运营闭环，实现资金、信息、风险的深度融合与管理提升。

（1）搭建集团级资金结算主通道。资金结算统一通道，整合各成员单位分散的收付入口，打通业务与财务数据链路，建立企业级的业财司银一体化结算平台。通过项目实施优化支付流程和统一结算接口规范，对公结算、对私结算两类业务全部融入资金风险管控规则，建立多种结算方式和智能支付策略，实现对资金结算业务多维度、全过程、自动化在线管控，对大额资金预警、异动实时反馈等资金风险全过程监控。

（2）资金集中分层管理。资金归集分层集中建立多种归集模式，支持不同场景。财司账户设置不同归集策略，自动识别账户沉淀资金，建立 T+0 自动扫款模式，实现跨银行、跨币种、跨账户的资金归集和统一调度。通过资金流数据监测和账户用途属性判断，深挖账户沉淀资金的真实原因，不断提高资金归集能力。

（3）应收应付动态管理。对全集团应收应付数据动态监测，建立客商信用体系，获取客商关键信用风险信息，通过客商画像和分级管理，预防交易风险和应收款项清收风险。重点分析应收账款的清理进度、应付账款的违约风险，从应收应付账龄的结构化分析，连接应收应付明细，穿透收付款合同信息，从合同源头判断应收款项清收风险。通过应收应付异常信息及时预警，加强应收款项清收管理，提升流动性管理水平。

（4）保证金业务压降管理。建立集团全口径保证金业务归口管理、全流程线上闭环管理的机制，对工程建设板块保证金实行严格管理，落实分级责任制度，统一保证金集中审批，搭建保证金业务分析模型，进行全集团保证金业务数据专项分析，推进实施保证金保函业务的相关替代手段，进一步降低保证金对公司资金的占用。

3. 突破三：提升预算统筹能力，从静态到动态的控制

集团为破解静态预算与业务动态脱节的管理痛点，构建集团各企业的资金计划编制、控制、执行分析闭环管理的资金预算体系。

（1）资金预算全级次编制。统一资金预算编制规范，通过资金预算编制发布进行全级次应用，实现从集团总部到各二级企业、业务单元、项目部等的预算多层级编制，建立涵盖经营活动现金流、投资活动现金流、融资活动现金流多级分解的预算科目体系。

（2）引入月度滚动预测模式。基于业财深度融合的理念，资金预算编制精度逐层细化，在预测周期内持续吸收最新业务变量，建立多场景资金流动预测方式，逐步提高资金预算数据准确性。规范资金预算上报和预算调整管理机制，逐级审批汇总并对资金预算调整金额和调整原因进行严格审核。

（3）强化预算执行刚性约束。建立预算管控机制，设计不同资金预算科目匹配不同的强弱管控策略，联动资金结算强化预算执行刚性约束，通过付款申请流程和资金结算流程双重约束，对超预算、无来源、未匹配的付款业务实施系统自动拦截。

（4）全面洞察预算执行分析。通过资金预算数字监控大屏，分析各类资金业务预算构成情况及指标变化情况。实时追踪各层级预算消耗进度与业务动因关联性，动态分析资金预算执行情况，形成"滚动预测—智能控制—动因分析—举措优化"的持续改进循环。

4. 突破四：提升资源配置能力，从单点到关联的应用

为打破传统资源配置的孤岛效应，集团构建"预算—授信—担保—融资—内部借款"等多维联动的资源配置管理体系，打造全要素穿透式管理体系。

（1）授信及债务融资严格管理。债务融资全级次、全场景、全品种、全周期、全线上管理，授信额度实时关联融资合同生效、放款执行、本息偿还等关键节点，确保授信资源分配与业务需求精准对齐。建立债务融资和担保业务全过程管理，将授信管理、银行贷款、银团贷款、项目贷款、财务公司贷款、债券发行、融资租赁等多项融资业务全流程线上管理。

（2）债务风险两监控、两提醒。实现授信资源全局可视、授信余额动态提醒，做到债务风险"两监控"（融资利率监控和融资业务风险监控）、"两提醒"（融资业务到期提醒和账户可用余额提醒）。

（3）借款与融资担保关联管理。实现从担保人到被担保人、借款人到出借人的链路闭环，每笔业务实现一次关联生单，实现关联方数据共享。业务办理进度可视、审批程序可控，做到异常利率、业务规模、业务风险的三类监测预警。

对担保业务风险开展专项评估建设，建立风险规则库监控不合规担保合同，对担保合同相关要素动态监测风险变化，定期输出担保风险管理台账，判断担保风险类型、担保成因，并进行担保风险清理的线上进度管理。

（4）金融衍生业务专项管控。建立金融衍生业务资质准入到交易风险的管控体系，集团统一金融衍生业务专项预算控制、资质管理、套保方案审核，实施金融衍生业务的监督管理、报告管理、风险预警、敞口估值和压力测试等管控措施。

5. 突破五：提升风险控制能力，从事后到事前的防控

集团在司库体系建设过程中，强化底线思维，强化风险管控，将司库系统安全建设和安全管理作为司库体系建设的重中之重。全面遵循安全保密要求、健全系统运维体系，保障数据安全和系统稳定。

集团搭建"74421"风险管理体系，在系统功能上单独建立风险管理模块，覆盖操作风险、合规风险、舞弊风险、信用风险、市场风险、流动性风险、信息科技风险共7类风险；建立名单管理、规则管理、模型管理、预警管理共4类风险管控机制；实现全品种、全级次、全过程、全用户的4个全面风险管控；涵盖自动生成风险管理报告、风险管理大屏的2类展示维度；贯通1条系统链路，实现与久其系统的数据整合与校验。同时建设民企挂靠及虚假贸易识别等专项功能模块。

6. 突破六：提升决策支撑能力，从经验到数据的研判

集团"司核报"一体化贯通全集团各产业板块的业财审批和数据监控，依托司库数据平台建立从资金后端到业务前端的全流程分析模型，实现从资金流动到业务动因的穿透式分析。

（1）挖掘数据价值，进行科学研判。按账户分析、存量资金分析、资金结算分析、票据分析、融资授信分析、担保分析、应收应付分析、风险分析8大主题嵌入400余个指标，全面挖掘数据价值，将对业务的人为判断转变为数据驱动的科学决策。

对资金头寸、融资成本、利率汇率等进行多维度、全方位的分析研判，及时

识别风险隐患。结合市场数据，对企业基本信息、经营状况、资金收支波动规律等进行客观分析，优化资金预算和流动性管理，为企业重大经营投资活动提供决策支持，提升全球资金运营、资源配置、决策风控、产融运作 4 种核心能力。

（2）健全评价指标，金融机构量化评价。健全金融机构评价指标体系，对每家合作金融机构的分值、权重、应用范围、控制范围等形成评价和管控机制，指标与业务数据联动形成金融机构数字画像，为集团和成员单位提供决策依据，促进金融机构合作评价的指标化、数据化、科学化。

（3）整合资讯信息，赋能业务经营。依托司库数据平台连接集成 Wind 金融市场数据，引入实时行情、金融资讯和分析研报，融入集团及成员单位经营信息，建立"金融资讯"主控室，涵盖宏观经济、财经新闻、股票、债券、利率、汇率、大宗商品、金融机构市场研报、集团相关行业研报、集团内部新闻等领域，为成员公司提供全方位资讯参考，赋能业务经营。

第四节　建设体会与价值总结

一、建设体会与思考

（1）高位谋划，深入规划。以司库系统建设为数智化转型核心抓手，将司库体系嵌入集团战略布局，实现"以点带面"推动整体数字化升级，强化顶层设计的牵引作用。

（2）资源协同，全员共建。建立高效统筹机制，以充足的投入攻坚克难，确保全员深度参与，保障项目落地执行力。

（3）架构分层，稳敏结合。狠抓渠道统一及过程管控，前端司库管理系统进行"全集团统一管理"，后端司库交易系统（财务公司）发挥"内部银行与后台服务中心"职能。

（4）功能全面，广泛兼容。覆盖司库全业务场景的标准化模块设计，兼顾兼容性与扩展性，确保系统功能既能满足多元需求，又能通过统一标准降低运维复杂度，支撑高质量运营。

（5）数智赋能，深度集成。以"司核报一体化"为核心，打通财务全链路（司库、核算、报表系统应用等），并整合扩展项目模块、合同模块、预算模块、费控模块、影像系统、电子档案、管理会计、BI 等，构建端到端数字化闭环。

（6）提升管理、加强服务。司库信息系统既要实现管理目标，又要提供便利化的服务；在集团总部和二级企业更多面向管理视角，通过系统建设助推管理水平提升。对成员单位，重视提供便捷的服务，简化操作，实现资金结算和金融服务的便捷高效运行，提升成员单位使用的获得感。

二、建设亮点与价值

1. 实现"五个统一"，推进强总部建设，服务各企业需求

（1）统一司库系统：形成全集团统一的资金等金融资源的管理系统，帮助各级企业以司库系统建设为牵引，逐步推进各类周边系统的统一和规范。

（2）统一结算通道：直连银行及财务公司，司库系统作为各级次企业进行资金结算的统一通道，成为集团与各银行系统连接的统一出口。

（3）统一银行管理：明确各银行账户全部纳入司库系统，逐步将资金业务向授权银行集中，降低资金风险，提高资金管理效益。

（4）统一审批规则：将资金分级审批、大额资金支付渠道、账户审批、U盾管理等共性的审批规则在系统中进行固化，实现关键审批规则的统一。

（5）统一数据管理：司库系统对资金管理关键人员、客商档案、银行机构、业务品种、业务单元等各类数据信息标准的统一管理。

2. 建成"五道防线"，全面保障资金安全

（1）人员角色准入：所有人员登录需进行身份信息、手机号及人脸识别。确保各类人员身份真实且唯一，从人员准入源头把好第一道关。

（2）不相容岗位分离：梳理各类不相容岗位，固化在系统中，包括系统管理员与应用管理员分离、账户录入与启用分离、出纳与其他岗位分离。

（3）U盾分类控制权限：实施U盾权限分类控制，系统对资金支付发起人、系统管理员等关键岗位建立U盾校验，确保业务操作、业务审批的真实唯一。

（4）分层设置复核权限：在系统中限定所有结算业务必须有复核人员，并按结算业务金额分层设置审批权限，结算审批流程由系统控制。

（5）关键人员白名单校验：支付经办、复核人员名单由集团统一在系统中进行维护，系统自动对关键人员名单进行校验，如不通过则不允许资金支付。

3. 覆盖"五个全面"，推进深层次运用与管控

（1）全级次应用：全级次法人单位全部纳入司库管理，支持企业结合管理需要，增加分公司、工厂、代表处等非法人单位纳入司库系统。

（2）全功能应用：在司库规定范围的业务功能基础上，补充建设了八大业务功能模块，全面覆盖了企业司库管理需求，实现司库业务的全功能上线应用。

（3）全体量应用：集团各企业司库业务全体量应用，各类业务全量可视、明细可追查。

（4）全过程应用：各业务操作全流程在司库系统内实现线上管理，每笔业务过程控制及审批流程均清晰可视。

（5）全周期应用：各业务模块实现在线发起、在线审批、在线追溯、在线管理、在线分析和展示的全生命周期线上化管理。

4. 管理"能力跃升"，量化价值卓有成效

（1）账户管理基础持续夯实：账户数量大幅压降，境内外银行账户直连率均超过国资委验收标准，账户可视化程度高。

（2）资金集中管理能力提升：统一结算渠道取得突破性进展，系统结算率大幅提升。资金集中度和可归集资金集中度均超过国资委验收标准。

（3）决策风控管理成效初具：推进数据应用，开发监测模型和综合数据监测表，实现对集团境内企业银行账户、资金结算、债务融资、票据等业务信息的实时及定期可视。建立资金风险监控与预警模型，实现对业务处理过程的监控。

集团通过司库体系建设，不仅破解了装备制造集团资金管理的"老大难"问题，而且以数字化手段重构了企业财务治理体系，为大型集团企业提供了可复制的转型路径。其经验表明：司库建设需以顶层设计为牵引，以技术融合为支撑，以风险管控为核心，最终实现资金价值的最大化释放。未来，随着数智化技术的持续迭代，司库体系将成为企业穿越经济周期、构建核心竞争力的关键基础设施。

第二十四章
某国际领先航空集团：基于价值创造的管理会计体系有效激活组织

第一节 航空集团管理会计体系项目背景介绍

一、案例基本介绍

该航空集团是国有大型航空运输集团，由国务院国有资产监督管理委员会履行出资人职责，是中国运输飞机最多、航线网络最发达、年客运量最大的航空运输集团。

该航空集团致力于建设"三个一流"航空运输企业。在组织管理上，形成了"总部管总、驻场单位主建、分子公司、营业部办事处主战"的管理新格局，推行内部矩阵式管理，集团业务板块总部直管各分子公司相应部门，管理决策跨越法人条线直接传达和执行。

二、航空集团开展财务数智化转型动因

该航空集团作为大型国有航空运输企业，在持续发展过程中面临着一系列管理挑战与痛点，这些挑战从战略、运营、财务多方面推动了其财务数智化转型的需求，主要体现在以下几个方面：

（一）经济环境不确定性带来的挑战

1. 经济增长放缓与不确定性增加

近年来的整体经济环境加大了航空业经营的不确定性，企业对未来经营与财务状况的预期变得更加困难。该航空集团需要延伸企业管理，横向打通业财全价值链，纵向精细化管理数据维度，以更好地应对市场波动。

2. 航空业市场波动的特殊性

航空业作为周期性行业，受宏观经济波动、突发事件、油价变化等多种因素影响较大。特别是近年来，国内线路虽迅速回暖，但国际航线继续低迷，运力投放急剧下降，对企业的精细化管理提出了更高要求。在这种背景下，该航空集团需要更加精准地把握各业务单元的成本收益状况，优化资源配置，实现成本领先优势。

3. 内部资源优化的迫切性

面对资源约束和成本压力增加，该航空集团必须更高效地配置和使用内部资源。推行内部市场化核算机制可以将资源使用与价值创造紧密挂钩，建立资源投入自我约束机制，引导各单位在资源使用上做出更加经济有效的决策。

（二）战略发展的内在需求

1. 战略转型驱动下的管理机制变革

该航空集团推进"实现一流的盈利能力"战略目标，坚持价值创造导向，致力于建设世界一流航空运输企业。根据"三二四五三"战略框架，"五"是党的领导、治理结构、战略管理、市场机制和企业文化五个体系。推行内部市场化机制已成为企业治理五大原则之一，是实现战略目标和推进市场化治理的必然要求。

2. 盈利能力提升的迫切性

面对日益激烈的航空市场竞争，该航空集团迫切需要构建稳定持续的盈利能力。传统财务核算体系难以准确反映各业务单元的真实价值贡献，难以发挥价值管理对经营决策的有效引导作用。特别是在经济下行压力增大的背景下，"瘦身健体，提质增效"已成为应对市场竞争的必然选择，这对航空公司提升管理会计水平提出了更高要求。

（三）复杂组织架构下的管理痛点

1. 矩阵式管理带来的核算挑战

该航空集团采用"大运行"模式，实行矩阵式管理，即集团业务板块由总部直管各分子公司的相应部门，管理层级的汇报和决策下达跨越法人条线。这种组织架构导致传统按法人主体的财务核算难以满足管理需求，无法准确反映各责任单位的经营绩效，也难以对矩阵组织形式下的权责利进行精细化管理。

2. 多主体架构下的核算难题

该航空集团拥有数百个法人主体，各主体间存在大量转场交易和内部结算，传统按法人核算难以反映真实经营业绩。特别是在集中化运营方面，已成立统一的运行指挥中心，对全国航线进行统一调配；成立销售委员会负责所有支撑飞机运营的资源调动。这种集中化运营模式与分散的法人架构之间存在管理冲突，迫切需要新的核算体系加以协调。

（四）财务管理转型的内在驱动

1. 财务组织转型的需要

该航空集团已建成三位一体的财务组织架构，实现了战略财务、业务财务、共享服务的职能分工。其中，业务财务部门聚焦于企业经济活动的管理和分析，承担着把"责任账"算清楚的职责。这一职能转型需要有"数据+平台+应用"的财务数智化平台支撑，构建满足财务会计核算、管理会计核算的业财深度融合的财务数据中台。

2. 精细化管理的支撑需求

该航空集团需要对资源投入、经营成果等进行更实时、更精细、更多维的记录与度量，以提升企业的管理水平和经营效益。传统的财务核算体系只满足了法定财务报告要求，难以为精细化管理提供数据支持，特别是难以支持阿米巴管理模式，实现内部各个责任单元的责任会计管理。

3. 价值创造导向的强化

该航空集团希望引入市场化机制和价值管理理念，把所有单位视为价值中心进行管理，提高资源使用效率和效益。这种价值创造导向需要开展内部市场化核算，通过模拟市场交易，计算各单位的价值贡献，并作为绩效考核的重要依据。传统的业财分离模式难以支持这一转型需求。

综上所述，该航空集团推动基于价值创造的管理会计体系建设，是在经济环境变化、战略转型、组织管理、财务转型等多重因素驱动下的必然选择。通过构建内部市场化核算机制，该航空集团希望打通业财融合，精细化责任核算，提升资源配置效率，最终实现成本领先优势和高质量发展目标。

第二节 财务数智化赋能过程及解决方案

一、财务数智化赋能过程

该航空集团的财务数智化转型是一个系统性工程,需要从战略、组织、流程、系统等多维度进行协同设计与实施。基于内部市场化管理的精细化管理会计信息加工,既是该航空集团响应市场化改革的重要举措,也是其构建一流航空企业的必由之路。

(一)财务数智化目标设计

该航空集团结合自身发展战略和管理诉求,设计了清晰的财务数智化目标体系,为后续建设提供了明确的方向指引。

1. 总体目标

围绕公司"实现一流的盈利能力"战略目标,坚持价值创造导向,通过构建内部市场化核算体系,加强财务、采购和资产的集中共享,推进市场化核算和标准管理,全面支持经营活动和投资管理,建立资源投入自我约束机制,实现成本领先优势、资产高效配置,充分挖掘公司有限资源的价值创造能力,推动各项业务高质量发展,为建设世界一流航空运输企业提供有力支持。

2. 具体目标

依托现有"1+8+N"价值管理报表体系,通过全面推进市场化核算,建立权责对等、规则统一的内部市场化交易机制,制定覆盖到每个业务单元的价值报表,搭建与财务报表相匹配的价值报表体系。

(二)财务数智化建设方案设计

该航空集团的财务数智化建设方案以"价值创造"为核心,采用"管理会计体系规划+管理会计平台实施+管理会计核算体系"三位一体的实施路径。

1. 管理会计体系规划

通过对业务的深入调研,明确管理会计活动的具体需求,形成该航空集团管理会计体系框架,并设计具体框架落地规划路径。管理会计体系规划从整体架构出发,囊括绩效目标分解与转化、内部责任中心预算体系、内部责任中心核算体系、业绩评价及考核四大模块,构建了一个闭环的管理体系。

2. 管理会计平台实施

基于管理会计体系框架及价值创造业务场景，实施管理会计应用系统基础平台。平台建设遵循"整体规划、分步实施、适度超前、管理先行"的原则，涵盖各个层次的业务以及信息化系统架构，结合公司经营管理和业务操作实际需求，以规划为先导、以需求为导向、以网络为基础、以应用为重心、以效益为目标、以数据为核心，整合各种信息化资源，提升信息化职能，为公司高速发展提供决策数据支持。

3. 管理会计核算体系

围绕"价值创造"场景，梳理责任中心，根据业务关系明确交易规则及定价，实现内部市场化的责任会计核算体系。根据需求及领先实践，设计实现管理会计报告及绩效考核分析，为价值管理提供数据支撑。

（三）建设内容与范围

该航空集团财务数智化建设的内容涵盖了组织、业务、数据、技术等多个维度，具体包括以下内容：

1. 组织范围

建设范围包含集团本部及全口径的所有单位，在 2020 年实现约 800 个三级单位价值报表的覆盖。主要包括三大类组织：

（1）航空运输单位：优化和完善现有的"1+8+N"体系，通过模拟定价将业务产出转化为收入，匹配相应的资源占用和成本消耗，形成价值贡献评估结果。

（2）机关单位：计算各单位的责任成本范围和分配的间接数据，建立机关总部和每个机关单位的价值报表。

（3）业务运营单位：评估本单位负责具体生产保障任务的价值贡献，构建"$1+\sum A$"的价值评估模型。

2. 用户范围

（1）财务部：作为核心用户，负责数据治理和模型构建，是系统的主要设计者和维护者。

（2）机关及运营部：作为信息消费者，主要使用系统查询报表，了解各部门的价值贡献情况。

（3）业务部：作为专业支持者，参与模型构建，提供业务领域的专业知识和需求。

3. 业务内容

基于内部市场化核算的需要，主要建设内容包括：

（1）内部交易规则及定价：梳理并构建各责任单位之间的业务关系，设计内部交易规则，制定内部服务价格标准。

（2）战略解码与量化指标：将公司战略目标分解为可量化的KPI指标，确保价值评估与战略方向一致。

（3）价值创造报表体系：设计并实现多层级的价值管理报表，包括基本情况、产出指标、投入指标、关键指标和参考指标五个部分。

（4）数据收集清洗转换：构建数据采集、清洗和转换机制，确保数据质量和一致性。

（5）成本分摊体系：设计多维度的成本分摊模型，实现成本的合理分配和精确核算。

（6）数据可视化：设计直观、易用的数据可视化界面，支持多维度数据分析和展示。

二、财务数智化关键解决方案

该航空集团管理会计系统架构如图24-1所示。该航空集团基于内部市场化管理理念，构建了一套完整的财务数智化解决方案体系，通过精细化的管理会计信息加工，实现了组织价值的精准评估与有效激活。以下将从整体框架、关键业务场景、业务解决方案和数智技术应用四个维度对该航空集团的财务数智化关键解决方案进行详细阐述。

（一）基于内部市场化的价值核算解决方案

1. 整体框架

该航空集团构建了一套以"价值创造"为导向的内部市场化核算框架，该框架将企业内部责任单位视为价值创造中心和市场经营主体，采用模拟市场交易的方式评估各单位的价值贡献。核算框架主要包括三个核心组成部分：

（1）价值评估模型。价值评估模型的原则是将各单位的每项业务或资产都视为独立经营体，该航空集团按市场化的方式采购相关服务或保障，通过内部模拟计算其价值贡献。该模型主要包括两个子模型：

第五部分 大型企业财务数智化领先实践

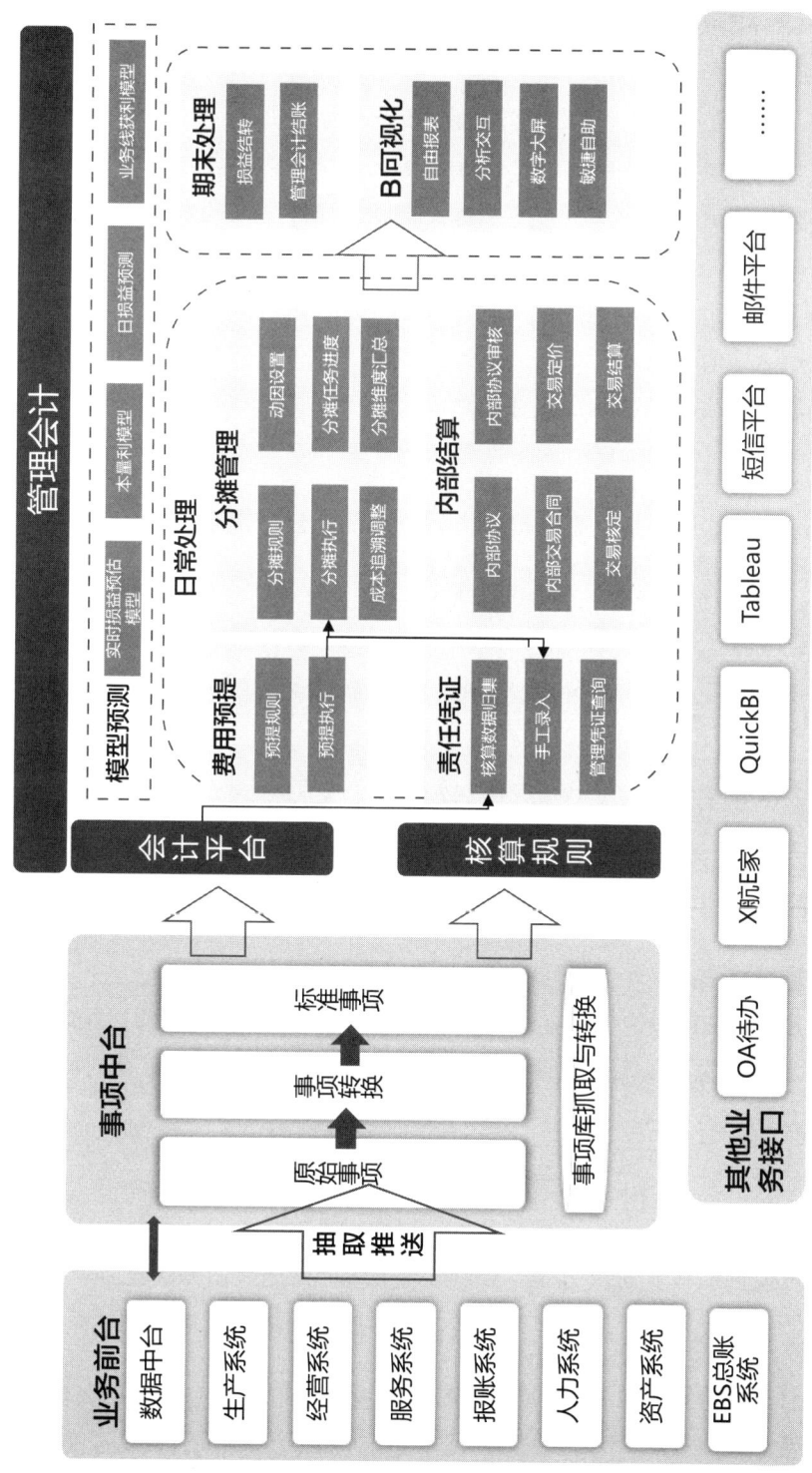

图 24-1 该航空集团管理会计系统架构

- **"1+8+N"价值评估模块**：其中，"1"主要是指机关行政单位模块；"8"是指航空主业模块，包括客货营销、飞行、运行指挥、机务维修、地服、乘务、保卫等八项业务；"N"是指后勤保障特色业务，如出勤楼、IT、基建、食堂、培训等。各单位的价值评估就是航空公司按市场价向各单位采购这些服务并确认为收入，与各单位提供服务保障发生的成本进行比较，产生模拟利润。
- **矩阵系统价值贡献模型**：考虑到管理口径的组织具有矩阵概念，构建了"$1+\sum A$"的价值评估模型。例如，客运业务价值评估既包括公司客运业务的价值评估，也包括区域营销中心、分子公司市销部、营业部、办事处等矩阵管理下属单位或子业务的价值评估。

（2）价值贡献点识别机制。价值贡献点是能为公司带来效益的各项活动，该航空集团将其分为三个方面：

- **基础服务**：为公司航班提供基础保障服务所获得的模拟收入。
- **增值服务**：开展逾重行李、升舱、保险代理等增值服务所获得的模拟收入或实际收入提成。
- **第三方服务**：为外部单位提供服务所获得的实际收入。

（3）内部交易定价规则。内部交易定价按照有利于优化资源配置、有利于鼓励业务协同、有利于聚焦主业重点的原则确定，主要采用以下定价方法：

- **市场价格法**：有外部市场参考价的业务优先采用市场定价。
- **政府或行业指导价**：没有市场参考价的参考政府定价或行业同等服务价格。
- **成本倒推法**：在无上述参考价时，按照能覆盖成本并略有盈利的原则确定价格标准。
- **协商法**：内部模拟市场交易双方通过协商达成价格标准。

2. 业务解决方案

（1）价值创造核算解决方案。该航空集团构建了全面的价值创造核算解决方案，将责任会计核算与价值管理有机结合，形成了闭环的价值管理体系。

- **责任主体界定**：将企业内部划分为约800个三级单位作为责任主体，明确各责任主体的职责范围和价值创造点。

- **责任成本归集**：对各责任主体的成本费用进行精细化归集，区分直接成本和间接费用，确保成本归集的准确性和完整性。
- **内部模拟收入核算**：基于价值贡献点和内部交易定价规则，计算各责任主体的内部模拟收入，反映其价值创造能力。
- **价值贡献评估**：将内部模拟收入与责任成本对比，计算各责任主体的价值贡献，形成多维度的价值评估结果。
- **价值报表体系**：构建包含基本情况、产出指标、投入指标、关键指标和参考指标五个部分的价值管理报表体系，全面展示各责任主体的价值创造情况。

（2）内部交易管理解决方案。为确保内部交易的公平性和有效性，该航空集团构建了完善的内部交易管理解决方案：

- **内部交易识别**：明确内部交易的范围和类型，包括内部服务交易、内部资源调配和内部结算交易等。
- **内部交易协议管理**：建立规范的内部交易协议管理机制，明确交易双方的权责关系和交易条件。
- **内部交易价格管理**：构建科学的内部交易定价机制，确保交易价格的合理性和公允性。
- **内部交易结算管理**：建立高效的内部交易结算流程，确保内部交易及时结算和准确记录。
- **内部交易监督机制**：设立专门的监督机构，对内部交易进行监督和评估，防止不当交易行为。

（3）价值评估与应用解决方案。该航空集团构建了全面的价值评估与应用解决方案，将价值评估结果应用于企业管理的各个方面：

- **价值评估模型应用**：将价值评估模型应用于各责任主体，形成多维度的价值评估结果。
- **价值分析应用**：基于价值评估结果进行多维度的价值分析，发现价值创造的关键因素和优化空间。
- **价值改进应用**：基于价值分析结果制订价值改进计划，提升责任主体的价值创造能力。

- **价值激励应用**：将价值评估结果与绩效考核和激励机制相结合，激发责任主体创造价值的积极性。
- **价值导向决策应用**：将价值评估结果作为资源配置和战略决策的重要依据，促进资源向价值创造能力强的责任主体倾斜。

3. 数智技术应用

（1）大数据技术应用。该航空集团应用大数据技术支撑内部市场化核算，主要体现在以下方面：

- **数据采集与集成**：应用大数据采集和集成技术，从企业内外部数据源收集和整合数据，为内部市场化核算提供全面、准确的数据基础。
- **数据存储与处理**：采用分布式存储和处理技术，支持海量数据的高效存储和实时处理，满足内部市场化核算的数据处理需求。
- **数据分析与挖掘**：应用数据挖掘和机器学习算法，发现数据中的隐藏模式和价值规律，为内部市场化核算提供决策支持。

（2）人工智能技术应用。该航空集团应用人工智能技术提升内部市场化核算的智能化水平：

- **智能定价算法**：应用机器学习算法，构建智能化的内部交易定价模型，提高定价的科学性和合理性。
- **预测分析模型**：应用预测分析技术，对责任主体的成本、收入和价值贡献进行预测，为管理决策提供前瞻性参考。
- **异常识别模型**：应用异常检测算法，实时监控内部交易数据的异常情况，防范交易风险和数据造假。

（3）可视化技术应用。该航空集团应用数据可视化技术，提升内部市场化核算的直观性和易用性：

- **多维数据展示**：应用多维数据可视化技术，从不同维度展示责任主体的价值创造情况，支持多角度分析和比较。
- **动态数据展示**：应用动态数据展示技术，实时反映责任主体的价值创造动态，支持及时调整和优化。
- **交互式分析**：应用交互式数据分析技术，支持用户自定义分析视角和维度，提高数据分析的灵活性和针对性。

（二）事项会计驱动的智能会计解决方案

1. 整体框架

该航空集团构建了一套基于事项会计理论的智能会计解决方案框架，该框架将传统的会计处理模式转变为以事项为中心的会计信息加工模式，实现了业务数据到财务数据的智能转换和处理，如图 24-2 所示。

整体框架主要包括四个核心组成部分：

（1）智能会计中台架构。
- **事项中心**：负责业务事项的标准化定义、采集和处理。
- **航空事项库**：存储航空业特有的业务事项模板和处理规则。
- **会计规则中心**：定义会计处理规则，确保会计处理的一致性。
- **会计中心**：执行会计处理逻辑，生成会计分录。
- **财务公共中心**：提供会计科目、成本中心等公共基础数据。

（2）业财融合模式。
- **业务场景化**：识别和定义标准化的业务场景。
- **场景事项化**：将业务场景转化为标准事项。
- **事项标准化**：建立统一的事项处理规则。
- **核算智能化**：实现事项到会计分录的智能转换。

（3）数据集成架构。
- **数据接口层**：与各业务系统建立标准化的数据接口。
- **数据转换层**：将业务数据转换为标准格式的事项数据。
- **数据处理层**：基于事项数据进行会计处理和分析。
- **数据应用层**：提供多维度的数据应用和展示服务。

（4）报表服务体系。
- **财务报表服务**：生成标准化的财务报表，满足外部报告需求。
- **管理报表服务**：生成多维度的管理报表，支持内部管理决策。
- **价值报表服务**：生成价值评估报表，反映责任主体的价值创造情况。
- **自定义报表服务**：支持用户自定义报表，满足个性化分析需求。

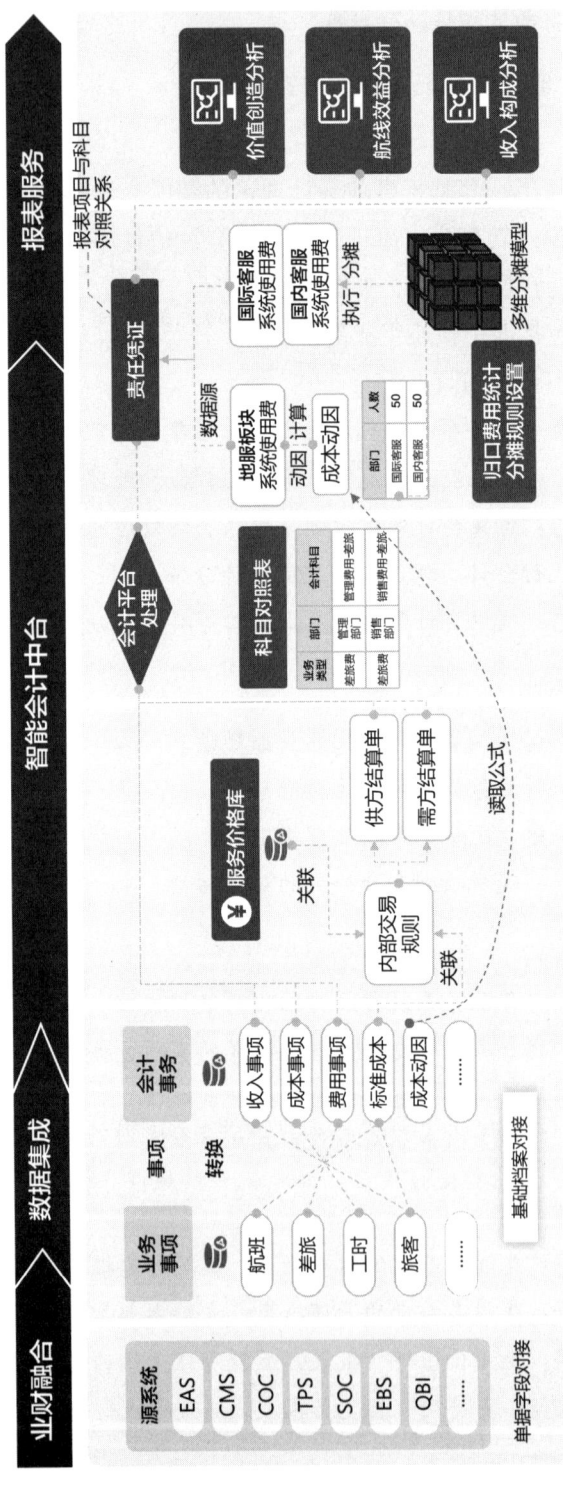

图 24-2 基于事项会计的智能会计解决方案

2. 关键业务场景

（1）场景一：业财一体化数据处理。
- **业务痛点**：传统的业财数据处理存在脱节问题，业务数据转换为财务数据过程中信息丢失严重，无法支持精细化管理。
- **解决方案**：基于智能会计中台，构建业财一体化的数据处理机制，将业务事项实时转换为财务事项，保留业务信息的完整性和连续性。
- **实现效果**：实现了业务数据到财务数据的无缝衔接，保留了丰富的业务信息，为精细化管理提供了数据支持。

（2）场景二：多维成本核算。
- **业务痛点**：航空业成本构成复杂，传统成本核算方式难以满足多维度、多颗粒度的成本分析需求。
- **解决方案**：基于智能会计中台，构建多维成本核算模型，实现按组织、按业务、按航线、按航班等多维度的成本核算。
- **实现效果**：满足了多维度成本分析的需求，为成本管控和价格决策提供了科学依据。

（3）场景三：内部交易自动结算。
- **业务痛点**：内部交易量大面广，传统手工结算方式效率低下，难以支持内部市场化管理需求。
- **解决方案**：基于智能会计中台，构建内部交易自动结算机制，实现内部交易的自动识别、自动定价、自动结算和自动核算。
- **实现效果**：提高了内部交易处理效率，降低了人工干预风险，为内部市场化管理提供了有力支持。

（4）场景四：实时价值报告。
- **业务痛点**：传统财务报告滞后性强，难以支持及时的价值评估和决策调整。
- **解决方案**：基于智能会计中台，构建实时价值报告机制，随时生成最新的价值评估报告，支持及时决策。
- **实现效果**：实现了价值评估的实时性，提高了管理决策的及时性和准确性。

3. 业务解决方案

（1）事项标准化解决方案。该航空集团构建了全面的事项标准化解决方案，将复杂多样的业务活动转化为标准化的事项，实现业务到财务的无缝衔接：

- **业务事项定义**：对航空业务进行全面梳理，将39大类供应链业务（包含382个供应链场景）整合为15大类业财事项，建立标准化的事项定义体系。
- **事项处理规则设计**：针对每类业务事项，设计标准化的处理规则，包括事项识别、数据提取、参数设置等，确保事项处理的一致性和准确性。
- **事项数据模型构建**：设计标准化的事项数据模型，确保事项数据的完整性和一致性，建立事项数据与业务数据、财务数据的映射关系。
- **事项处理流程优化**：优化事项处理流程，确保事项数据的实时性和准确性，提高事项处理效率。
- **事项质量控制机制**：建立事项质量控制机制，确保事项数据的质量和可靠性，防范数据风险。

（2）会计核算规则解决方案。该航空集团构建了科学的会计核算规则解决方案，确保会计处理的规范性和一致性：

- **会计科目体系设计**：基于航空业务特性，设计适应精细化管理需求的会计科目体系，实现会计科目与业务事项的映射。
- **会计分录生成规则**：针对每类业务事项，设计标准化的会计分录生成规则，建立分录生成的条件判断逻辑，处理复杂业务场景下的条件分支。
- **会计处理自动化**：实现事项到会计分录的自动转换，减少人工干预，建立会计处理的审核机制，确保会计处理的准确性。
- **会计处理一致性控制**：确保相同类型事项的会计处理一致性，防止处理口径不一致导致的数据偏差。
- **会计处理灵活性支持**：支持会计处理规则的灵活配置和调整，适应业务变化和管理需求的变化。

（3）业财数据集成解决方案。该航空集团构建了高效的业财数据集成解决方案，实现业务数据和财务数据的无缝衔接：

- **数据接口设计**：设计标准化的业务系统数据接口，确保业务数据的及时获取和有效处理，实现实时和批量数据接口，满足不同场景下的数据集成需求。

- **数据转换规则**：设计数据转换规则，确保业务数据到事项数据的有效转换，保留业务数据的完整性和连续性。
- **数据校验与清洗**：构建数据校验规则体系，确保数据的完整性和准确性，实现数据清洗机制，处理数据中的异常和错误。
- **数据同步机制**：建立业务数据与财务数据的实时同步机制，确保数据的一致性，实现增量数据同步，提高数据同步效率。
- **数据治理流程**：建立数据治理流程，保障数据质量，实现数据的全生命周期管理。

（4）多维分析与报告解决方案。该航空集团构建了全面的多维分析与报告解决方案，满足不同层级用户的分析和决策需求：

- **多维数据模型构建**：构建多维数据模型，支持多角度、多层次的数据分析，满足不同用户的分析需求。
- **报表模板设计**：设计标准化的报表模板体系，支持复杂报表的快速构建，实现报表元素的重用和组合，提高报表开发效率。
- **自助分析工具**：提供自助分析工具，支持用户自定义分析视角和维度，提高数据分析的灵活性和针对性。
- **可视化展示**：提供丰富的可视化展示方式，直观展示数据分析结果，提高数据解读的直观性和易用性。
- **报告推送机制**：建立报告自动生成和推送机制，确保用户及时获取所需报告，提高决策的及时性。

第三节　管理价值及效果

该航空集团构建的基于价值创造的管理会计体系，通过内部市场化核算机制的建立，实现了组织的有效激活和管理升级。下面从管理价值视角对该体系进行以下总结：

一、战略执行力提升，推动企业转型

该航空集团管理会计体系作为落实"三二四五三"战略框架的重要抓手，为集团的战略落地提供了有力支撑。

（一）战略目标具象化

管理会计体系将抽象的战略目标转化为具体的价值创造指标，使"建设具有全球竞争力的世界一流航空运输企业"这一宏观目标能够分解到各业务单元，实现了战略目标的具象化和可操作化。通过"1+8+N"价值评估模块和矩阵系统价值贡献模型，将战略目标转化为可量化的价值贡献指标，使各责任单位清晰理解自身在战略实现中的定位与责任。

（二）市场化改革推进器

内部市场化核算体系作为企业治理的五大原则之一，成为推动该航空集团市场化改革的重要工具。通过引入内部交易机制和市场化定价规则，将外部市场机制引入内部管理，改变了传统的行政化管理模式，提高了资源配置效率，为企业市场化改革提供了实践平台和方法论支撑。

（三）价值创造理念深化

通过管理会计体系的建设与应用，该航空集团将价值创造理念深植于企业文化中。各责任单位不再仅仅关注自身活动的执行情况，而是更加关注如何创造价值、提升价值，形成了以价值创造为导向的企业文化，为企业高质量发展奠定了思想基础。

二、资源配置效率提升，实现效益最大化

管理会计体系通过内部市场化机制，优化了企业内部资源配置，提高了资源使用效率。

（一）资源使用自我约束机制形成

在内部市场化核算体系下，各责任单位不再仅仅被视为成本中心，而是作为价值创造中心，其资源使用与价值创造直接挂钩。各责任单位在使用资源时自然会考虑成本效益，形成自我约束机制，避免了资源的浪费和低效使用。这种机制特别是在"大运行"模式下，有效避免了原成本管控模式的局限，使各单位在转变职责的同时也建立了新的资源使用意识。

（二）资源向高价值创造领域倾斜

通过价值创造的评估和比较，企业能够清晰识别哪些业务领域、哪些责任单位能够创造更高的价值。这为资源配置决策提供了科学依据，推动资源向高价值

创造领域倾斜，实现了资源配置的优化。该航空集团通过价值管理报表，可以让各级管理人员了解每项业务占用了多少资源、花了多少成本以及带来了多少贡献，从而发现价值提升空间并采取改进措施。

（三）规模效应与专业化优势充分发挥

"大运行"模式下，核心资源如飞行资源由总部统一管理，通过内部市场化核算，既保持了集中管理的规模效应，又通过明确的内部交易规则和价值评估，调动了各责任单位的积极性。如飞行资源的集中调配提高了航线网络的效率，而责任会计核算则确保了相关收益和成本能够公平分配，实现了资源专业化管理与分散使用的双重优势。

三、组织活力显著提升，激发内生动力

管理会计体系通过内部市场化机制，有效激活了组织活力，激发了内生发展动力。

（一）权责利对等的组织机制形成

通过构建与管理口径相匹配的责任体系，实现了矩阵式管理模式下的权责利对等。各责任单位既有清晰的职责边界，又有与之相匹配的权力和利益分配，解决了矩阵式管理中权责不明确的问题。特别是在"大运行"模式下，责任会计核算明确了"总部管总、驻场单位主建、分子公司营业部办事处主战"格局中各自的责任和价值创造，使组织运行更加顺畅。

（二）价值贡献可视化的激励效果

价值管理报表体系使各责任单位的价值贡献变得可视化和可比较，自然形成了竞争和激励机制。各责任单位不仅能看到自身的价值创造，还能与同类单位进行横向比较，激发了价值创造的内生动力。同时，价值报表还可以通过与同类单位比较历史值变化，展示改进成效，强化了积极变革的动力。

（三）内部创新创业的环境营造

内部市场化核算打破了传统的"大锅饭"模式，为内部创新创业提供了土壤。各责任单位在完成基础服务的同时，能够通过开展增值服务和第三方服务获得额外的价值贡献，激发了创新创业精神。在地服等板块，除了基础服务，还识别了增值服务（如逾重行李、升舱服务等）和第三方服务（如代理外航服务）作为价值创造点，为内部创新提供了方向和动力。

四、管理数智化水平提升,构建数据驱动型决策模式

该航空集团管理会计体系的建设,推动了管理数智化转型,构建了数据驱动型决策模式。

(一)业财融合深度提升

通过智能会计中台的建设,该航空集团实现了业务数据与财务数据的深度融合。事项中台基于事项法会计理论,构建了业财融合的数据底座,在多业务系统与会计服务之间建立了"精细、多维、实时"的业务事项数据采集与梳理平台。这种融合改变了传统的"流程型"业财关系,转向"数据驱动型"的业财融合,使业务信息能够大量保留并传递到财务端,支持多维度的数据分析和决策。

(二)数据价值挖掘能力增强

管理会计体系的建设推动了大数据、人工智能等技术在管理决策中的应用。通过构建智能分析平台,企业能够从海量数据中挖掘有价值的信息和模式,支持预测分析和决策优化。智能分析平台能够支持自助式分析和报表能力,帮助各层级用户灵活构建分析情境,支持更快更准的辅助决策。

(三)实时管理模式形成

基于智能会计中台和大数据技术,该航空集团实现了从月度管理向实时管理的转变。管理者能够实时获取责任单位的价值创造情况,进行及时干预和调整,提高了管理的时效性和灵活性。该航空集团的月度结账周期已经缩短至1~2天,甚至可实现月初第一个工作日完成月报,极大提升了决策反应速度。

综上所述,该航空集团基于价值创造的管理会计体系在战略执行、资源配置、组织活力和管理数智化等方面创造了显著价值,有效支撑了企业的高质量发展。这一体系不仅解决了该航空集团在"大运行"模式下面临的管理挑战,还为国有企业推进内部市场化改革提供了有益借鉴,展现了管理会计在企业转型升级中的重要作用。

第二十五章
某大型通信服务商：集中预算平台助力创建世界一流信息服务科技创新公司

第一节 集中化预算平台建设背景

按照国家电信体制改革的总体部署，该集团公司于2000年4月20日成立。1997年部分业务资产在中国香港和美国纽约上市。2004年实现主营业务资产整体境外上市。当前，该集团公司正全面落实创世界一流"力量大厦"战略部署，以"创世界一流企业，做网络强国、数字中国、智慧社会主力军"为目标，以"推进数智化转型，实现高质量发展"为主线，加快"三转"（业务发展从通信服务向信息服务转、业务市场从ToC向CHBN（个人市场、家庭市场、政企市场和新业务市场）转、发展方式从资源要素驱动向创新驱动）转，拓展"三化"（线上化、智能化、云化），深化"三融"（融合、融通、融智），提升"三力"（能力、合力、活力），全面实施"5G+"计划，统筹推进CHBN全向发力、融合发展，努力成为具有全球竞争力的、世界一流的信息服务科技创新公司。

在数字经济与全球化竞争的双重背景下，作为全球领先的通信服务提供商，该集团公司近年来积极推进集中化全面预算系统建设，其建设背景包括以下三方面：

一、政策驱动：积极落实国家相关部门监管政策要求

《"十四五"数字经济发展规划》明确提出，国有企业需通过数字化手段提升管理效能，"形成数据驱动的智能决策能力"。作为国资委直接监管的中央企业，该集团公司率先落实国家战略，将全面预算管理作为资源配置的核心工具，亟须

通过集中化预算系统实现预算全流程数智化，以满足国资委对央企"经营数据全口径、全周期穿透式监管"的要求。此外，财政部制定的《管理会计应用指引》中强调，企业需建立覆盖全业务、全层级、全流程的预算管理体系。原有分省建设预算系统模式下，预算编制标准不统一、执行偏差难追溯，导致部分省份存在超支或资源浪费现象，期望通过集中化系统统一预算语言，实时监控预算执行进度，提高预算执行透明度。最后，2022年2月，国务院国资委发布了《关于中央企业加快建设世界一流财务管理体系的指导意见》，要求中央企业要完善纵横贯通的全面预算管理体系。该集团公司财务部期望通过集中化预算系统建设，实现预算管理从集团、省公司、专业机构（公司）、地市到区县公司的纵向贯通，同时实现省公司和专业公司（机构）之间的横向协同。

二、技术驱动：新一代数智技术赋能预算管理模式升级

过去超大型企业集团构建集中预算系统时，由于数据量大、并发用户多导致预算系统响应速度慢、宕机等问题非常突出，企业只能选择在各二级单位独立部署预算系统。但近年来，随着云计算、大数据和人工智能技术的集群式发展，预算系统大数据量的存储、计算能力及智能化能力取得了突飞猛进的发展。期望依托自主研发的云平台，基于集中化预算系统实现全国数据实时汇聚与计算；通过分布式存储技术以快速处理全国各省公司及专业公司的预算数据；同时，通过大数据分析挖掘历史预算执行规律，为资源分配提供智能预测模型等。

三、管理驱动：精准配置资源支撑"力量大厦"战略落地

截至2022年该集团公司启动集中化预算系统建设之前，各省分散建设的全面预算管理系统已历经十余年，从最初"统一方案、分片区建设"，到31省推广、逐步扩展至全部专业公司和直属单位，有效保障了生产经营和业务发展对预算管理的支撑要求。但随着该集团公司从传统移动通信运营商向CHBN业务的全面转型以及国有企业高质量发展要求下，业绩压力越来越大，现有分散粗放管理的预算模式已经难以适应新时期资源配置和管控的要求，主要体现在：

（1）预算与战略的衔接度不高：原有分散预算资源配置模式与"十四五"战略无法有效衔接，CHBN全向发力战略未与预算有效关联。比如，如何匹配专项资源保障移动云、IT云、手机信用购、泛终端销售、5G重点产品、DICT大单等重点工作的落地，这些公司战略投入如何准确科学计量与评价资源的投入产出。

（2）预算与业务的匹配度不强：预算模式未能跟上业务模式的变化，比如传统 2C 市场逐步饱和，2B 市场逐步成为业务发展的重点方向，但 2B 项目化的业务模式与传统 2C 通信业务预算模式（全程全网项目化）不匹配，众多专业（机构）公司的预算模式也需要体系化重塑和构建。

（3）预算组织间的协同度不深：总部和各省公司和专业公司缺乏统一集中的预算系统支撑，导致预算纵向不能自上而下贯穿，横向未能全面覆盖；纵向组织间预算信息贯穿存在不畅，横向组织间存在预算信息壁垒（省公司和专业公司之间、条线管控部门之间）；内外部产业链协同管理水平不高等问题突出。

（4）预算管控精准度不高：预算项目过程管控仍存在薄弱环节，预算编制与执行两张皮的现象仍存在，预算执行与财务报表数据仍存在差异，预算执行控制标准不统一，执行偏差难追溯，部分省份存在超支或资源浪费现象。

第二节　集中化预算平台建设思路和应用蓝图

一、集中化预算平台建设思路

为达成上述目标，集团集中化预算平台建设从以下 6 个原则出发，以设计和建设一个与战略紧密衔接、与业务高度匹配的数智化预算平台。

1. 标准统一

为避免分散预算模式下给各省下达预算目标信息不对称的问题，集中预算平台首先要解决的问题是基于集团战略出发，将企业经营活动涉及的所有资源要素（资金、人力、网络、数据、技术、客户等）以"全要素"方式纳入统一规划与动态调配框架，以改变传统预算以财务结果指标（收入、成本、利润）为核心的管理思路。为此，以全要素为抓手全面梳理业务和财务指标的口径，完成各级指标的拆分、细化及数据口径的标准化。同时，对预算的流程进行统一和规范，在全集团形成统一的预算管理"语言"，实现"车同轨，书同文"。

2. 战略闭环

持续迭代精细化管理，从经营战略到预算编制，从预算编制到预算执行，从预算执行到考核，从考核评价到战略制定，形成首尾呼应的管理闭环。通过上述闭环的迭代，提升战略目标制定的准确性，也促进预算执行、考核评定的完成度，在业务经营上真正实现"年初提得准，年底做得到"。

3. 多元支撑

基于"CHBN"业务，构建满足2B业务和专业公司新业务的预算资源配置模型，在统一管控要求的基础上，将差异化预算管控策略融入预算管理全流程中，实现预算管理的"标准化"和"个性化"有机结合。

4. 智能应用

借助底层平台，实现多终端的便捷管理，应用AI算法等先进技术，实现重点业务场景的智能处理，如收入目标智能预测等。

5. 业财一体

集中化预算管理系统与周边相关业务系统进行紧密集成，以构建一个高效、高体验的数智化预算系统，实现预算编制有历史数据参考，预算分析和滚动预测可实时获取实际数，预算控制点融于业务流程，实现"无预算不开支，有预算不超支"。

6. 横纵贯通

积极响应国资委建设一流财务和财政部的管理会计指引要求，建立横向到边，对全业务的覆盖，将各个业务线的经营战略从收入到成本统筹纳入预算管理体系；同时纵向完成全组织的贯通，从集团到经营一线实现上下一盘棋，将集团的战略层层贯彻执行到经营的末梢。

二、集中化预算平台应用架构

全面预算数智化管理平台应用架构如图25-1所示。最底层为统一数智化底座，通过统一集成平台接口为上层的预算应用提供基础能力，包括统一用户平台、统一待办系统、统一流程平台、统一通知平台和统一日志平台等。预算应用层包括预算管理各应用功能：个人工作台、预算编制管理、预算执行管理、滚动预算管理、预算评估管理、预算分析管理、合同预算管理、数智化管理和系统管理。

个人工作台支持分角色展示不同的首页内容，对于领导类角色，登录后主要展示预算执行分析数据，包括：关键指标预算执行分析、战略投入预算执行分析、条线预算执行分析、重点产品效益分析共四个页签，普通用户登录后主要展示待办及已办、待阅及已阅、公告通知等常规信息。

预算编制管理是年度预算相关功能入口，包含战略标签、年度编制、预算目

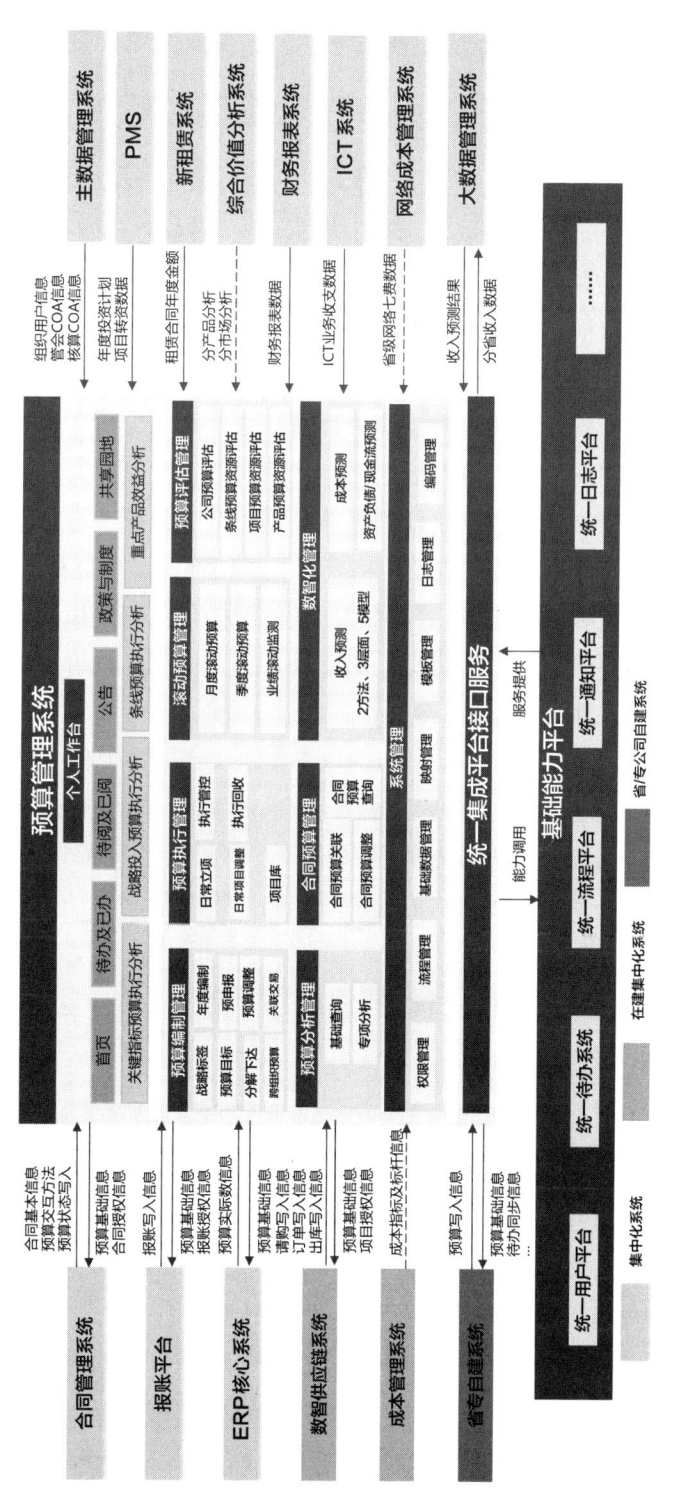

图 25-1 全面预算数智化管理平台应用架构

标、分解下达及预算调整等。通过预算编制管理，实现战略标签制定、预算目标设定、预算编制、分解下达、跨组织预算编制、关联交易预算编制下达，实现预算全过程、全要素、横纵向协同管理。

预算执行管理实现从日常立项、日常项目调整、执行管控到执行回收的端到端流程。合同预算管理是项目执行管理的核心延伸，其核心功能是合同预算关联、合同预算调整、合同预算查询。

滚动预测管理的核心功能是月度滚动预算、季度滚动预算和随时发起的业绩滚动监测。

预算评估管理的核心功能是对预算执行情况进行跟踪分析，将执行情况与年度目标比、与去年同期比、与成本标杆比，从而找到年度目标实现的差异点；通过分析差异原因，提出预算改进建议和具体措施；持续监控改进情况，确保改进措施落实到位。预算分析评估的视角包括公司、条线部门、项目和产品。

数智化管理的核心功能是收入预测和成本的智能化预测应用，共支持宏观经济参数预测、日均环比趋势拟合模型、出账维度预测模型、量价维度预测模型和多元监督预测模型五种预测方法。

此外，围绕预算系统的周边系统包括以下集团统建的集中化业务和财务系统：主数据管理系统、PMS（项目管理系统）、新租赁系统、综合价值分析系统、财务报表系统、ICT系统、网络成本管理系统、大数据管理系统、合同管理系统、报账平台、ERP核心系统、数智供应链系统和成本管理系统等。

第三节　集中化预算平台数智化应用场景

一、年度计划预算编制

年度计划预算编制是各级单位按照总部在预算系统制定的编制模型进行资源配置的过程。计划预算的编制采用"三下二上"的模式，先自上而下设定预算目标，再通过自下而上的编制评审过程，围绕年度预算目标达成，进行资源配置的过程。

1."一下"流程：确定年度目标并下发编制指南

"一下"流程的核心内容是确定年度目标、下发预算编制指导文件和"统一语言"的预算编制模板。集团总部在每年9月底前，根据集团战略要求及集团公司管理层对下一年预算目标的总体要求，编制集团年度预算编制指导性文件，下发到各二级单位（各省和专业公司）。同时，在数智化预算系统中更新年度预算编制模版。

2."一上"流程：基于全要素模型编制年度预算

"一上"流程的核心内容是各二级公司（各省公司和专业公司）基于总部下达的预算编制指导文件和统一预算编制模版启动年度预算编制。

为了在预算编制过程中清晰评价各单位收入、成本、效益、资金、资产、负债预算的合理性，使目标制定更加科学客观，目标分解更加透明公正，管理过程更加精细高效，集团构建了全新的全要素预算编制模型。通过主体模型、基础数据模型、应用模型、审核模型的联动，实现业务指标、市场数据、资源标杆、历史数据的全面引入，实现会计要素的勾稽关系转换和生产经营链条的要素联动，全面提升预算编制数据的准确性及客观性。

在收入预算方面，为了准确衡量各省公司的收入预算的合理性，既要考虑人口、经济发展水平等宏观要素，现有用户数、APPU值等业务因素，也要考虑资源因素。

在支出方面，预算编制基于"基本+专项"的资源配置模式进行预算编制。

（1）专项资源配置：围绕战略专项进行投入，实现"战略标签化"管理。为实现预算和战略的紧密衔接，确保资源配置对准公司战略发展重点任务，通过预算数智化平台实现了专项资源匹配。如年初已经明确规划的IT云、移动云、战略研发等资源，将战略举措提炼成"战略标签"，通过战略标签强化战略对预算的引领作用，业务层面预算资源配置的对象是项目，战略标签打在项目上，可以清晰反映集团基于战略的资源配置，通过项目全过程管理实现集团战略资源配置和管控的全过程闭环管理。

（2）基本资源配置：围绕日常运营基于"标杆×业务量"配置。为实现不断对标提效，总部以集中化预算系统建设为契机，进一步完善覆盖全要素、全板块的预算模型，深化驱动因素解析，细化预算标杆体系，将统一预算模型打造成为左右协同、上下贯通的"沟通媒介"，统一话语体系，消除信息不对称，提升预算管理的科学性和有效性。

3."二下"流程：智能预测助力制定各省业绩目标

集中化预算平台充分利用智能化技术和移动业务系统积累的丰富的业务数据，实现了对各省收入和成本目标的智能预测。采用宏观经济模型、日均环比拟合、量价驱动测算、多元监督学习等一揽子预测工具，可以按年度预测出各省公司不同预测方法下的收入数据，同时计算不同方法预测结果的最大值、最小值、中位数和平均值，从而为集团和省公司之间确定最终目标提供客观独立的参考基线，如图25-2所示。

图25-2 通服收入智能预测方法示意

4."二上"流程：二级单位分档业绩目标认领

集团实行预算目标认领制。以"高目标认领、高资源配置、高考核得分"为原则，鼓励各单位争创更高的业绩，取得了很好的激励效果。以2021年为例，各省上报的通服收入增幅为5%，最后认领收入增幅为6.5%，实际完成8%。图25-3为集团根据各省收入预测数据设计各省公司目标分档，集团对省公司下发收入、利润预算目标分档收集表。各省公司参考预算数智化平台智能预测结果，结合省侧"一上"编制的预算数据，选择分档业绩目标上报集团。

5."三下"流程：集团下达全面业绩目标并锁定

集团根据预算数智化平台智能预测数据以及"二上"各单位认领的目标数据，对省专公司分别下达更全面的预算目标，包含财务指标和业务指标。

（1）集团向省公司下达全面业绩目标。集团向各省下达全面业绩目标过程中，基于分类管理原则，根据各省公司宏观环境、市场地位、盈利能力、发展阶段、经营短板等因素，明确不同的预算要求，实行目标差异化管理，分别设置通服收入和净利润预算目标，引导省公司强优势、补短板、提效率。对省公司考核体系既重视结果指标，又重视市场前置指标，全面贯彻公司基于规模的价值经营

图 25-3　省公司分档业绩目标认领

和 CHBN 全向发力、融合发展等要求。市场份额是检验各省公司经营成果最客观的标准，总部将涵盖行业对标分析的运营健康度评价结果纳入业绩评优条件，同时考核各单位收入、利润对全网的贡献，引导各省公司关注市场地位提升。

（2）集团向专业公司下达全面业绩目标。根据专业公司定位，按照市场拓展、产品、运营和基础支撑四类设置差异化考核体系，牵引产品竞争力和支撑能力不断提升。

（3）省公司/专业公司资源向下继续分解下达。省公司对地市公司、专业公司对下级单位按需开展预算分解，制定地市公司/下级单位年度预算目标方案，支持分线条汇总、审核、分解。

地市公司根据下达的指标，组织开展预算分解，支持分解到条线、部门、科目、项目层级。

二、项目化预算执行控制

日常预算资源配置实行全项目化管理，"项目"是全年关键战略举措逐步分解的一系列可独立成项的具体的工作计划，同时作为衔接业财的桥梁，也是预算编制、后续预算执行、跟踪、控制的基本单元、对象和载体。年度预算目标下达后，各省专公司通过项目化预申报进行业务部门资源需求摸底，辅助预算目标分解，形成本单位预算池。再对经常性费用、项目化支出以及全网结算、固定支出等费用进行日常项目立项。在日常执行时，日常项目管理过程覆盖全业务环节，涵盖请购、合同签订、订单下达、库存出库、业务报账，最后通过ERP获取预算实际发生数。通过与业务系统的深度融合，可进行全业务链条的预算执行监控与分析，实现日常预算项目全生命周期的闭环管理，如图25-4所示。

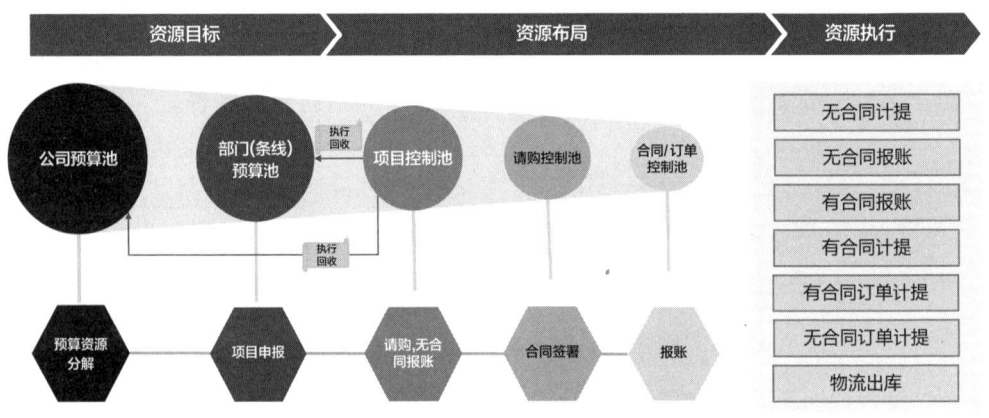

图 25-4 预算执行控制模式

1. 日常项目立项：无立项不支出

日常预算管理以月度、季度或年度为期间，以运营支出预算为核心，以业务项目为管理方式，坚持无项目不安排预算资源的原则，所有费用实行一事一议的项目立项。

2. 预算执行控制：业务全链路受控

日常预算的执行和控制是指各级预算管理组织按相关预算管理权责，在经审批后正式下达预算指标的指引下，围绕绩效指标，合理配置预算资源，管理各项经营活动的过程。预算的执行与控制是全面预算管理中的核心环节，是预算目标实现的具体过程。日常预算执行实行公司预算池、条线预算池、部门预算池、项目预算池、合同预算池、订单预算池的多层嵌套控制模式，通过大池包小池，层层包围的套娃模式严格执行"无预算不开支，有预算不超支"的全链路管控模式。

（1）请购环节预算控制。请购申请时，需要关联预算已经审批通过的预算项目，调用预算系统进行预算控制，以避免采购申请金额超预算额度。如果请购的额度超过原项目申请的额度，必须先追加项目预算额度，再进行请购申请。

（2）合同环节预算控制。合同起草（审批、归档）、合同变更、合同解除等需要进行预算检查及控制。合同签订时，需要关联项目预算信息，调用预算系统进行预算控制，以避免合同签署金额超请购预算额度。如果合同签署的额度超过项目申请的预算额度，必须先追加项目预算额度，再进行合同签署。

（3）订单环节预算控制。框架合同下单时，需要关联已经审批通过的预算项目，调用预算系统进行预算控制，以避免订单金额超预算额度。如果订单额度超过原项目申请的预算额度，必须先追加项目预算额度，再进行下单。

（4）库存环节预算控制。成本费用类存货库存领用申请时，需关联预算项目做预算管控。如果出库领用申请的额度超过原项目申请的预算额度，必须先追加项目预算额度，再进行出库领用申请。

（5）报账环节预算控制。报账单起草、审批、退回、导入 ERP，需要进行预算检查及控制。报账时涉及成本类费用，要求报账单关联预算，并调用预算系统进行管控校验。如果报账金额超预算金额，需追加预算额度后方可继续报账。

三、定期及不定期滚动预测

集团公司滚动预测包括月度滚动预测、季度滚动预测和集团按需不定期发起的中期、年度业绩滚动监测。

集团构建了收入与利润的常态化滚动预测模型，采取上级预测、下级确认和调整的方式，再由系统实现自下而上的数据归集和汇总。保证管控和上报的预算数据的一致性。

在滚动预测任务启动后，集中化预算平台通过设置业务规则自动从 ERP 系统获取已发生月份（业绩滚动监测，获取已发生日）的实际数，从收入、成本智能预测模块自动获取未来至年底的智能预测数据。各单位预算管理人员参考智能化预测结果，编制当期至年底的滚动预测全年损益，滚动预测数据经各二级单位归口部门审批、二级公司财务部审批后，向集团财务部提交。以月度滚动预测为例，相关编制表如图 25-5 所示。

图25-5 月度预测编制表

集团根据预测结果识别经营问题并向管理层提出业务改进和资源配置建议，以确保年度经营目标达成。常态化收入利润滚动预测有效破解了预算和执行"两张皮"以及收入、利润预测的难题，实现了预算数据的各级互通、上下一致，提高了预算管理的可靠度和灵活性，实现业绩管控"一盘棋"。

四、预算多维评估和分析

全面预算管理的核心落脚到资源配置。在预算编制和滚动预测阶段，集中化预算管理平台实现了纵横贯通的资源配置；在预算执行控制阶段，实现了全链路的资源管控；在评估和分析阶段，核心是实现了完成情况和资源投入执行进度的可视化管控。集中化预算管理平台可以实现了多维度的资源评估和分析，包括组织、科目、条线、市场、产品、活动、项目和战略标签等，各部门可以根据需要实现任意维度组合的评估分析，评估分析的主要应用场景如下：

1. 各级主体预算执行评估

集团、省专、地市等各级公司可以根据需要自定义预算执行评估的指标，并从年度目标、半年度进度目标、年度进度目标、滚动预算目标、累计完成、执行调整、调整后发生值、预算执行率、与目标偏差等方面评估预算执行情况。

2. 条线部门执行进度和分析

条线管理是成本费用管控的重要口径。集团和省公司条线归口部门都可以实时了解条线归口预算的执行情况。其中，市场、政企条线评估编制模型主要包含条线收入、支出、刚控、效益等；网络条线、计划条线、综合条线评估编制模型主要包含条线支出、标杆、刚控等指标。

3. 项目分析满足多部门管理诉求

对于项目执行部门，可以查询项目的立项金额、预算金额、已经执行数以及占用数，包括采购需求占用、合同占用、采购执行占用、报账占用等；也可以查询项目下的各活动、费用类型、责任部门的项目执行情况。

对于战略部门或者条线部门，关注更粗颗粒度基于战略标签的项目汇总执行分析，从而掌握相关战略推进进度和资源投入情况。

4. 产品视角的资源评估和分析

将产品视角的资源投入和成本计算与收入相匹配，实现产品的投入产出分析，实现四大板块各产品视角的资源评估分析。

5. 多维度任意组合评估和分析

集中化预算平台基于多维模型实现预算管理的灵活编制和分析。在预算编制环节，可按组织、条线、市场、产品、项目及战略标签、活动、科目等维度汇总各层级预算，进行多视角综合平衡；在预算分析环节，可按任意维度组合评价和分析预算执行情况，实现各层级纵横贯通的数据拉通和共享，提升分析和评估的效率。

五、业绩考核和应用

1. 科学的业绩考核体系

为有效衔接战略，以战略目标为导向，集团公司根据行业特点，全面梳理KPI业绩体系价值树，从经营结果、关键管理流程、客户价值、管理重点、未来持续发展影响因素等方面精心设计基本考核指标体系框架，并结合国际通行的平衡计分卡理论筛选匹配的关键指标，构建了以效益及价值为中心、以结果指标为主、以客户感知为导向、长短期指标相结合的多维度的考核指标体系框架。

在业绩考核方法上，持续加强分类研究、实施分类考核，创新目标核定机制、减少上下博弈问题。一是依据战略重点和职责定位，对下属公司按经营责任进行分类。每年修订业绩考核框架体系时，重新审视公司分类，针对战略重点和定位变化及时修订分类。二是积极借鉴先进经验，减少信息不对称带来的目标博弈问题。引入目标认领法、改善法和比高法等方法，逐步替代目标法开展考核，有效提高了考核结果的区分度，同时发挥了业绩考核向先进水平看齐、鼓励先进、鞭策后进的导向作用。

2. 考核结果多场景应用

在考核结果应用上，将业绩考核结果与下属公司薪酬、业绩评价和管理层考评挂钩，保证业绩考核对下属公司的激励效用。下属公司整体人工成本以及领导人员薪酬与业绩考核结果挂钩，体现"业绩升、薪酬升；业绩降、薪酬降"的管理导向。下属公司业绩评价与业绩考核结果挂钩，按照业绩考核得分，设置A、B、C、D四个业绩级别，并以通报的方式发布业绩评价结果。下属公司管理层考评与业绩考核结果挂钩，业绩考核结果作为公司管理层考评的重要组成部分，是工作绩效的量化评价，也是管理层任免的重要参考因素。

第四节　集中化预算平台应用成效

以"一流预算管理体系"支撑"世界一流财务管理体系"，以公司"世界一流财务管理体系"支撑"创世界一流企业"的战略目标，通过构建全集团集中化、数智化的预算管理平台，替换总部及各下属单位分散建设的预算管理系统，优化涵盖预算编制、预算执行、滚动预测、预算评估等全闭环预算管理流程，进一步提升集团资源配置效率和精准度，打造卓越的战略执行力，取得了显著的成效。

1. 实现了资源配置一盘棋

通过"集中化、数智化"的预算平台实现预算流程"上下贯通、横向协同"，建立全要素资源配置模型，统一资源配置语言，促进预算管理标准化、规范化、协同化，全面提升资源配置效率和精准度，引导集团战略落地。

（1）战略闭环：支撑公司"战略-预算-考核-薪酬"闭环管理体系，实现预算资源以"项目库"模式对准战略进行配置，并以市场化的考核激励体系确保战略到执行流程高效运行。

（2）要素全面：从财务全要素覆盖（收入、成本、利润、资产、负债等）到业务全价值链管理联动（采购、网络、市场、政企、客服）、业务动因拆解（业务量明细、标杆明细等），构建各省公司标准化、透明化的预算编制和评估体系。

（3）纵横贯通：纵向上打通了从集团各部门、31个省公司及27个专业公司、地市公司、区县公司到网格共五级责任主体的数据和信息贯通，横向上实现了军种主建单位（27家专业公司和主战单位（31个省公司）之间的预算协同，实现了跨组织收入、成本预算、结算关联；系统承载共2万以上用户，是目前业内单一预算系统最大承载用户量。实现了从总部、省专公司到所属单位的全级次穿透，实现了全集团规则统一，资源可视可管。

2. 实现了预算管控一张网

通过"集中化、数智化"的预算管理平台和其他业务系统之间的集成衔接，促进管理协同，实现全链路预算执行管控，实现"无预算不开支，有预算不超支"。

（1）高效集成：实现了与13个集团统建的异构系统的高效集成，改变了传统预算重编制轻执行管控的窘态，总部只能依靠滞后的事后报表了解预算执行情况。

（2）严格管控：实现了从项目立项、采购申请、合同签订、订单下达、物资出库、报账和入账的全流，彻底统一和标准化了各二级单位的管控流程，改变了传统预算管理编制和执行"两张皮"的窘态。

（3）高效协同：实现了省专公司到所属单位的协同化管理，包括统签统结、统签分结和统结分签等。

3. 实现了价值评估一把尺

规范预算管理基础业务数据，提升预算执行数据准确性，形成多维度、可视化的预算报表体系。通过对全集团的预算数据挖掘、分析，为管理层提供决策支持。